《今注本二十四史》編委會
二十四史研究資料集刊

史記考證文獻彙編

四川出版集團
巴蜀書社
人民出版社

本書出版得到國家古籍整理出版專項經費資助

第二冊目錄

史記正義

［唐］張守節

文淵閣四庫全書本

史記正義卷四十一

唐 張守節 撰

越世家第十一　史記史十一

越王勾踐其先禹之苗裔吳越春秋云禹周行天下還歸大越登茅山以朝四方羣臣封有功爵有德崩而葬焉至少康恐禹迹宗廟祭祀之絶乃封其庶子於越號曰無餘賀循會稽記云少康其少子號曰于越越國之稱始此越絶記云無餘都會稽山南故越城是也而夏后帝少康之庶子也封於會稽以奉守禹之祀文身斷髮披草萊

而邑焉後二十餘世至於允常輿地志云越侯傳國三十餘葉歷殷至周敬王時有越侯夫譚子曰允常拓土始大稱王春秋貶為子號為於越杜注云於語發聲也允常之時與吳王闔廬戰而相怨伐允常卒子勾踐立是為越王元年吳王闔廬聞允常死乃興師伐越越王勾踐使死士挑戰三行至吳陳呼而自剄吳師觀之越因襲擊吳師吳師敗於檇李射傷吳王闔廬闔廬且死告其子夫差曰必毋忘越三年勾踐聞吳王夫差日夜勤兵且以報越越欲先吳未發往伐之范蠡諫曰不可臣聞兵者凶器也戰者逆德也爭者事之末也陰謀逆德好用凶器試身於所末上帝禁之行者不利越王曰吾已決之矣遂興師吳王聞之悉發精兵擊越敗之夫椒越王乃以餘兵五千人保棲於會稽吳王追而圍之越王謂范蠡曰會稽典錄云范蠡字少伯越之上將軍也本是楚宛三戶人佯狂倜儻負俗文種為宛令遣吏謁奉吏還曰范蠡本國狂人生有此病種笑曰吾聞士有賢俊之姿必有佯狂之譏內懷獨見之明外有不知之毁此固非二三子之所知也駕車而往蠡避之後知種之必來謂兄嫂曰今日有客願假衣冠有頃種至抵掌而談旁人觀者聳聽之矣以不聽子故至於此為之奈何蠡對曰持

滿者與天定傾者與人節事者以地卑辭厚禮以遺之不許而身與之市卑作言辭厚遺亦窮不許乎越王身往事之如市買貨易以利此是定傾危之計勾踐曰諾乃令大夫種行成於吳吳越春秋云大夫種姓文名種字子禽荊平王時為宛令之三戶之里范蠡從人竇犢而吠之從吏恐文種慙令人引衣而鄣之文種曰無鄣也吾聞犬之所吠者人今吾到此有聖人之氣行而求之來至於此且人身而犬吠者謂我是人也乃下車拜蠡不為禮膝行頓首曰君王亡臣勾踐使陪臣種敢告下執事勾踐請為臣妻為妾吳王將許之子胥言於吳王曰天以越賜吳勿許也種還以報勾踐勾踐欲殺妻子燔

寶器觸戰以死種止勾踐曰夫吳太宰嚭貪可誘以利
請間行言之於是勾踐乃以美女寶器令種間獻吳太
宰嚭嚭受乃見大夫種於吳王種頓首言曰願大王赦
勾踐之罪盡入其寶器不幸不赦勾踐將盡殺其妻子
燔其寶器悉五千人觸戰必有當也嚭因說吳王曰越
以服為臣若將赦之此國之利也吳王將許之子胥進
諫曰今不滅越後必悔之勾踐賢君種蠡良臣若反國
將為亂吳王弗聽卒赦越罷兵而歸勾踐之困會稽也

喟然歎曰吾終於此乎種曰湯繫夏臺文王囚羑里晉
重耳犇翟齊小白犇莒其卒王霸由是觀之何遽不為
福乎吳既赦越越王勾踐反國乃苦身焦思置膽於坐
坐臥即仰膽飲食亦嘗膽也曰女忘會稽之恥邪身自
耕作夫人自織食不加肉衣不重采折節下賢人厚遇
賓客振貧弔死與百姓同其勞欲使范蠡治國政蠡對
曰兵甲之事種不如蠡鎮撫國家親附百姓蠡不如種
於是舉國政屬大夫種而使范蠡與大夫柘稽行成為

質於吳二歲而吳歸蠡勾踐自會稽歸七年拊循其士
民士民欲用以報吳大夫逢同諫曰國新流亡今乃復
殷給繕飾備利吳必懼懼則難必至且鷙鳥之擊也必
匿其形今夫吳兵加齊晉怨深於楚越名高天下實害
周室德少而功多必淫自矜為越計莫若結齊親楚附
晉以厚吳吳之志廣必輕戰是我連其權三國伐之越
承其弊可克也勾踐曰善居二年吳王將伐齊子胥諫
曰未可臣聞勾踐食不重味與百姓同苦樂此人不死

必為國患吳有越腹心之疾齊與吳疥癬也願王釋齊
先越吳王弗聽遂伐齊敗之艾陵虜齊高國以歸讓子
胥子胥曰王毋喜王怒子胥欲自殺王聞而止之越大
夫種曰臣觀吳王政驕矣請試嘗之貸粟以卜其事請
貸吳王欲與子胥諫勿與王遂與之越乃私喜子胥言
曰王不聽諫後三年吳其墟乎太宰嚭聞之乃數與子
胥爭越議因讒子胥曰伍員貌忠而實忍人其父兄不
顧安能顧王王前欲伐齊員彊諫已而有功用是反怨

王王不備伍員員必為亂與逢同共謀讒之王王始不從乃使子胥於齊聞其託子於鮑氏王乃大怒曰伍員果欺寡人欲反使人賜子胥屬鏤劍以自殺子胥大笑曰我令而父霸我又立若若初欲分吳國半予我我不受已今若反以讒誅我嗟乎嗟乎一人固不能獨立報使者曰必取吾眼置吳東門以觀越兵入也於是吳任嚭政居三年勾踐名范蠡曰吳已殺子胥導諛者衆可乎對曰未可至明年春吳王北會諸侯於黃池吳國精

兵從王惟獨老弱與太子留守勾踐復問范蠡蠡曰可矣乃發習流二千（謂先慣習流利戰陣死者二千人也）教士四萬人君子六千人諸御千人伐吳吳師敗遂殺吳太子吳告急於王王方會諸侯于黃池懼天下聞之乃祕之吳王已盟黃池乃使人厚禮以請成越越自度亦未能滅吳乃與吳平其後四年越復伐吳吳士民罷弊輕銳盡死於齊晉而越大破吳因而留圍之三年吳師敗越遂復棲吳王於姑蘇之山吳王使公孫雄肉袒膝行而前請成越王

曰孤臣夫差敢布腹心異日嘗得罪於會稽夫差不敢逆命得與君王成以歸今君王舉玉趾而誅孤臣孤臣惟命是聽意者亦欲如會稽之赦孤臣之罪乎勾踐不忍欲許之范蠡曰會稽之事天以越賜吳吳不取今天以吳賜越越其可逆天乎且夫君王蚤朝晏罷非為吳邪謀之二十二年一旦而棄之可乎且夫天與弗取反受其咎伐柯者其則不遠君忘會稽之厄乎勾踐曰吾欲聽子言吾不忍其使者范蠡乃鼓進兵曰王已屬政

於執事使者去不者且得罪吳使者泣而去勾踐憐之乃使人謂吳王曰吾置王甬東君百家吳王謝曰吾老矣不能事君王遂自殺乃蔽其面（令之而衣是其遺象也越絕云吳王曰聞命矣以三寸帛幎吾兩目使死者有知吾慙見伍子胥公孫聖以為無知吾恥生者越王則解綬以幎其目遂伏劍而死幎音覓顏野王云大巾覆也）曰吾無面以見子胥也越王乃葬吳王而誅太宰嚭勾踐已平吳乃以兵北渡淮與齊晉諸侯會於徐州致貢於周周元王使人賜勾踐胙命為伯勾踐已去渡淮南以淮上地與楚歸吳所侵宋地於

宋與魯泗東方百里當是時越兵橫行於江淮東諸侯畢賀號稱霸王范蠡遂去自齊遺大夫種書曰蜚鳥盡良弓藏狡兔死走狗烹越王為人長頸鳥喙可與共患難不可與共樂子何不去種見書稱病不朝人或讒種且作亂越王乃賜種劍曰子教寡人伐吴七術越絕云九術一曰尊天事鬼二曰重財帛以遺其君三曰遺敵粟藁以空其邦四曰遺之好美以熒其志五曰遺之巧匠使起宮室高臺以盡其財以疲其力六曰貴其諛臣使之易伐七曰彊其諫臣使之自殺八曰邦家富而備利器九曰堅甲利兵以承其獘寡人用其三而敗吴其四在子子為我從

先王試之種遂自殺勾踐卒子王鼫與立王鼫與卒子王不壽立王不壽卒子王翁立王翁卒子王翳立王翳卒子王之侯立王之侯卒子王無彊立王無彊時越興師北伐齊西伐楚與中國爭彊當楚威王之時越北伐齊齊威王使人說越王曰越不伐楚大不王小不霸圖越之所為不伐楚者為不得晉也韓魏固不攻楚韓之攻楚覆其軍殺其將則葉陽翟危葉式涉反今許州葉縣陽翟河陽翟縣也二邑此時屬韓與楚犬牙交境韓若伐楚恐二邑為楚所危魏亦覆其軍殺其將則陳上蔡不安陳今陳州也上蔡今豫州上蔡邑縣也二邑此時屬魏與楚犬牙交境魏若伐楚恐二國為楚所危也故二晉之事越也言韓魏與楚隣令越合於二晉而伐楚不至於覆軍殺將馬汗之力不效所重於得晉者何也從不至已下此是齊使者重難越王越王曰所求於晉者不至頓刃接兵而況于攻城圍邑乎頓刃蘖營壘也接兵戰也越王言韓魏之事越猶不至頓刃接兵而況更有攻城圍邑韓魏始復予言畏秦齊而故事越也願魏以聚大梁之下願齊之試兵南陽莒地以聚常郯之境則方城之外不南方城山在許州葉縣西南十八里外謂許州豫州等言魏兵在大梁之下楚方城之兵不得南伐越也淮泗之間不東商於

析酈宋胡之地酈音擿括地志云商洛縣則古商國城也荊州圖副云鄧州內鄉縣東七里於村即於中地也括地志又云鄧州內鄉縣楚邑也故酈縣在鄧州新城縣西北三十里按商於析酈在商鄧二州界縣邑也夏路以左括地志云故長城在鄧州內鄉縣東七十五里南入穰縣北連翼望山無土之處累石為楚國襄王控霸南土爭強中國多築列城於北方以適華夏號為方城按此說則氏為得云邑徒衆少不足備秦嶢武二關之道也不足以備秦江南泗上不足以待越矣江南洪饒等州春秋時為楚東境也泗上徐州春秋時楚北境也二境並與越隣言不足當伐越則齊秦韓魏得志於楚也是二晉不戰而分地不耕而穫之不此之為而頓刃於河山之間以為齊秦用所待者

如此其失計柰何其以此王也齊使者曰幸也越之不亡也吾不貴其用智之如目見豪毛而不見其睫也今王知晉之失計而不自知越之過是目論也王所待於晉者非其馬汗之力也又非可與合軍連和也將待之以分楚衆也今楚衆已分何待於晉越王曰柰何曰楚三大夫張九軍北圍曲沃括地志云曲沃故城在陝縣西三十二里於中在鄧州内鄉縣東七里兩時曲沃屬魏於中屬秦二地相近故楚圍之於中以至無假之關者三千七百里按無假之關當在江南長沙之西北也言從曲沃於中西至漢中巴巫黔中千餘里不備秦魯也景翠之軍北聚魯齊南陽魯兗州也齊密州莒縣邑南至泗上也南陽鄧州也時屬韓也言楚又備此三國也分散有大此者乎分有大此者乎且王之所求者鬬晉楚也晉楚不鬬越兵不起是知二五而不知十也此時不攻楚臣以是知越大不王小不伯復讎龐長沙復扶富反言令越北欲鬬晉楚南復讎敵楚之四邑龐長沙竟陵澤也龐長沙出粟之地竟陵澤出材木之地此邑近長沙潭衡之境越若寬兵西通無假之關則西邑不得北上貢於楚之郢都矣戰國時永郴衡潭岳鄂江洪饒並是東南境屬楚也袁吉虔撫歙宣並越西境屬越也楚之粟也竟陵澤楚之材也越窺兵通無假之關此四邑者不上貢事於

郢矣臣聞之圖王不王其敝可以伯然而不伯者王道失也故願大王之轉攻楚也於是越遂釋齊而伐楚楚威王興兵而伐之大敗越殺王無彊盡取故吳地至浙江北破齊於徐州而越以此散諸族子爭立或為王或為君濱於江南海上今台州臨海縣是也服朝於楚後七世至閩君搖佐諸侯平秦漢高祖復以搖為越王以奉越後東越閩君皆其後也范蠡吳越春秋云蠡字少伯乃楚宛三户人也越絕云在越為范蠡在齊為鴟夷子皮在陶為朱公又云君楚曰范伯謂大夫種曰三王則三皇之苗裔也五伯乃五帝之末世也天運歷紀千一至黃帝之元執辰破巳霸王之氣見於地户伍子胥以是挾弓矢干吳王於是要大夫種入吳此時馮同相與戒之伍子胥在自餘不能關其詞蠡曰吳越之邦同風共俗地户之位非吳則越欲為彼我為我及越王常與言盡日方去事越王句踐既苦心戮力與句踐深謀二十餘年竟滅吳報會稽之恥北渡兵於淮以臨齊晉號令中國以尊周室句踐以霸而范蠡稱上將軍還反國范蠡以為大名之下難以久居且句踐為人可與同患難與處安為書辭句踐曰臣聞主憂臣勞主辱臣死昔者君王辱於會稽所以不死為此事也今既以雪恥

臣請從會稽之誅句踐曰孤將與子分國而有之不然將加誅于子范蠡曰君行令臣行意乃裝其輕寶珠玉自與其私徒屬乘舟浮海以行終不反於是句踐表會稽以為范蠡奉邑范蠡浮海出齊變姓名自謂鴟夷子皮耕於海畔苦身戮力父子治產居無幾何致產數千萬齊人聞其賢以為相范蠡喟然歎曰家居則致千金居官則致卿相此布衣之極也久受尊名不祥乃歸相印盡散其財以分與知友鄉黨而懷其重寶閒行以去

止于陶（括地志云陶山在濟州平陰縣東二十五里止此山之陽也今山南五里猶有朱公家）以為此天下之中交易有無之路通為生可以致富矣於是自謂陶朱公復約要父子耕畜廢居候時轉物逐什一之利居無何則致貲累巨萬天下稱陶朱公朱公居陶生少子少子及壯而朱公中男殺人囚於楚朱公曰殺人而死職也然吾聞千金之子不死於市告其少子往視之乃裝黃金千溢置褐器中載以一牛車且遣其少子朱公長男固請欲行朱公不聽長男曰家有長子曰家督今弟有罪大人不遣乃遣少弟是吾不肖欲自殺其母為言曰今遣少子未必能生中子也而先空亡長男奈何朱公不得已而遣長子為一封書遺故所善莊生（年表云周元王四年越滅吳范蠡遂去齊歸定陶後遺莊生金莊周與魏惠王周元王同時從周元王四年至齊宣王元年一百三十年此莊生非莊子）曰至則進千金于莊生所聽其所為慎無與爭事長男既行亦自私齎數百金至楚莊生家負郭披藜藋到門居甚貧然長男發書進千金如其父言莊生曰可疾去矣慎毋留即弟出勿問所以

然長男既去不過莊生而私留以其私齎獻遺楚國貴人用事者莊生雖居窮閻然以廉直聞於國自楚王以下皆師尊之及朱公進金非有意受也欲以成事後復歸之以為信耳故金至謂其婦曰此朱公之金有如病不宿誡後復歸勿動而朱公長男不知其意以為殊無短長也莊生間時入見楚王言某星宿某此則害於楚楚王素信莊生曰今為奈何莊生曰獨以德為可以除之楚王曰生休矣寡人將行之王乃使使者封三錢之

府楚貴人驚告朱公長男曰王且赦曰何以也曰每王且赦常封三錢之府昨暮王使使封之朱公長男以為赦弟固當出也重千金虛棄莊生無所為也乃復見莊生莊生驚曰若不去邪長男曰固未也初為事弟弟今議自赦故辭生去莊生知其意欲復得其金曰若自入室取金長男即自入室取金持去獨自歡幸莊生羞為兒子所賣乃入見楚王曰臣前言某星事王言欲以修德報之今臣出道路皆言陶之富人朱公之子殺人囚楚其家多持金錢賂王左右故王非能恤楚國而赦乃以朱公子故也楚王大怒曰寡人雖不德耳奈何以朱公之子故而施惠乎令論殺朱公子明日遂下赦令朱公長男竟持其弟喪歸至其母及邑人盡哀之唯朱公獨笑曰吾固知必殺其弟也彼非不愛其弟顧有所不能忍者也是少與我俱見苦為生難故重棄財至如少弟者生而見我富乘堅驅良逐狡兔豈知財所從來故輕去之非所惜吝前日吾所為欲遣少子固為其能棄

財故也而長者不能故卒以殺其弟事之理也無足悲者吾日夜固以望其喪之來也故范蠡三徙成名於天下非苟去而已所止必成名卒老死于陶故世傳曰陶朱公

盛弘之荆州記云荆州華容縣西有陶朱公冢樹碑云是越范蠡范蠡本宛三戶人與文種俱入越吳亡後自適齊而終陶朱公登仙未聞葬此所由括地志云陶朱公冢也又云濟州平陰縣東三十里陶山南五里有陶公冢并止于陶山之陽按葬處有三未詳其處

太史公曰禹之功大矣漸九川定九州至於今諸夏艾安及苗裔句踐苦身焦思終滅彊吳北觀兵中國以尊周室號稱霸王句踐可不謂賢哉蓋有禹之遺烈焉范蠡三遷皆有榮名名垂後世臣主若此欲毋顯得乎

史記正義卷四十一

欽定四庫全書

史記正義卷四十二

唐 張守節 撰

鄭世家第十二　史記四十二

鄭桓公友者周厲王少子而宣王庶弟也宣王立二十
二年友初封於鄭封三十三歲百姓皆便愛之幽王以
為司徒和集周民周民皆說河雒之閒人便思之為司
徒一歲幽王以褒后故王室治多邪諸侯或畔之於是

桓公問太史伯曰王室多故予安逃死乎太史伯對曰
獨雒之東土河濟之南可居公曰何以對曰地近虢鄶
括地志云洛州汜水縣古東虢叔之國東虢君
也又云故鄶城在鄭州新鄭縣東北三十二里 虢鄶之
君貪而好利百姓不附今公為司徒民皆愛公公誠請
居之虢鄶之君見公方用事輕分公地公誠居之虢鄶
之民皆公之民也公曰吾欲南之江上何如對曰昔祝
融為高辛氏火正其功大矣而其於周未有興者楚其
後也周衰楚必興興非鄭之利也公曰吾欲居西方何
如對曰其民貪而好利難久居公曰周衰何國興者對
曰齊秦晉楚乎夫齊姜姓伯夷之後也伯夷佐堯典禮
秦嬴姓伯翳之後也伯翳佐舜懷柔百物及楚之先皆
嘗有功於天下而晉武王克紂後成王封叔虞于唐其
地阻險以此有德與周衰並亦必興矣桓公曰善於是
卒言王東徙其名雒東而虢鄶果獻十邑竟國之二歲
犬戎殺幽王於驪山下并殺桓公鄭人共立其子掘突
上求勿反
下戶骨反 是為武公武公十年娶申侯女 括地志云故
申城在鄧州

南陽縣北三十里左傳
云鄭武公取於申也 為夫人曰武姜生太子寤生生
之難及生夫人弗愛後生少子叔段段生易夫人愛之
二十七年武公疾夫人請公欲立段為太子公弗聽是
歲武公卒寤生立是為莊公莊公元年封弟段於京號
太叔祭仲曰京大於國非所以封庶也莊公曰武姜欲
之我弗敢奪也段至京繕治甲兵與其母武姜謀襲鄭
二十二年段果襲鄭武姜為內應莊公發兵伐段段走
伐京京人畔段段出奔鄢 鄢音烏古反今新鄭縣南鄢頭
有村多方家舊作鄔音偃杜預

云鄢今鄢陵也鄢潰段出奔共按今衛州共城縣是也於是莊公遷其母
武姜於城潁疑許州臨潁縣是也誓言曰不至黃泉毋相見也居
歲餘已悔思母潁谷之考叔括地志云潁水源出洛州嵩高縣東南三十里
陽乾山今俗名潁山泉源出山之東谷其側有古人居處俗名為潁墟故老云是潁考叔之故居即酈元注水經
所謂潁谷也有獻於公公賜食考叔曰臣有母請君食賜臣
母莊公曰我甚思母惡負盟柰何考叔曰穿地至黃泉
則相見矣於是遂從之見母二十四年宋繆公卒公子
馮奔鄭鄭侵周地取禾二十五年衛州吁弒其君桓公

自立與宋伐鄭以馮故也二十七年始朝周桓王桓王
怒其取禾弗禮也二十九年莊公怒周弗禮與魯易祊
許田三十三年宋殺孔父三十七年莊公不朝周周桓
王率陳蔡虢衛伐鄭莊公與祭仲高渠彌發兵自救王
師大敗祝瞻射中王臂祝瞻請從之鄭伯止之曰犯長
且難之況敢陵天子乎乃止夜令祭仲問王疾三十八
年北戎伐齊齊使求救鄭遣太子忽將兵救齊齊釐公
欲妻之忽謝曰我小國非齊敵也時祭仲與俱勸使取

之曰君多內寵太子無太援將不立三公子皆君也所
謂三公子者太子忽其弟突次弟子亹也四十三年鄭
莊公卒初祭仲甚有寵於莊公莊公使為卿公使娶鄧
女生太子忽故祭仲立之是為昭公莊公又娶宋雍氏
女生厲公突雍氏有寵於宋宋莊公聞祭仲之立忽乃
使人誘召祭仲而執之曰不立突將死亦執突以求賂
焉祭仲許宋與宋盟以突歸立之昭公忽聞祭仲以宋
要立其弟突九月辛亥忽出奔衛己亥突至鄭立是為

厲公厲公四年祭仲專國政厲公患之陰使其壻雍糾
欲殺祭仲糾妻祭仲女也知之謂其母曰父與夫孰親
母曰父一而已人盡夫也女乃告祭仲祭仲反殺雍糾
戮之於市厲公無柰祭仲何怒糾曰謀及婦人死固宜
哉夏厲公出居邊邑櫟祭仲迎昭公忽六月乙亥復入
鄭即位秋鄭厲公突因櫟人殺其大夫單伯遂居之諸
侯聞厲公出奔伐鄭弗克而去宋頗予厲公兵自守於
櫟鄭以故亦不伐櫟昭公二年自昭公為太子時父莊

公秋以高渠彌為卿太子忽惡之莊公弗聽卒用渠彌為卿及昭公即位懼其殺已冬十月辛卯渠彌與昭公出獵射殺昭公於野祭仲與渠彌不敢入厲公乃更立昭公弟子亹為君是為子亹也無謚號子亹元年七月齊襄公會諸侯於首止鄭子亹往會高渠彌相從祭仲稱疾不行所以然者子亹自齊襄公為公子之時嘗會鬬相仇及會諸侯祭仲請子亹無行子亹曰齊彊而厲公居櫟即不往是率諸侯伐我內厲公我不如往往何

遽必辱且又何至是卒行於是祭仲恐齊并殺之故稱疾子亹至不謝齊侯齊侯怒遂伏甲而殺子亹高渠彌亡歸歸與祭仲謀召子亹弟公子嬰於陳而立之是為鄭子是歲齊襄公使彭生醉拉殺魯桓公鄭子八年齊人管至父等作亂弑其君襄公十二年宋人長萬弑其君湣公鄭祭仲死十四年故鄭亡厲公突在櫟者使人誘劫鄭大夫甫瑕要以求入瑕曰舍我我為君殺鄭子而入君厲公與盟乃舍之六月甲子瑕殺鄭子及其二子而迎厲公突突自櫟復入即位初內蛇與外蛇鬬於鄭南門中內蛇死居六年厲公果復入入而讓其伯父原曰我亡國外居伯父無意入我亦甚矣原曰事君無二心人臣之職也原知罪矣遂自殺厲公於是謂甫瑕曰子之事君有二心矣遂誅之瑕曰重德不報誠然哉厲公突後元年齊桓公始霸五年燕衛與周惠王弟頹伐王王出奔溫立弟頹為王六年惠王告急鄭厲公發兵擊周王子頹弗勝於是與周惠王歸王居於櫟七年

春鄭厲公與虢叔襲殺王頹而入惠王於周秋厲公卒子文公踕立厲公初立四歲亡居櫟居櫟十七歲復入立七歲與亡凡二十八年文公十七年齊桓公以兵破蔡遂伐楚至召陵二十四年文公之賤妾曰燕姞夢天與之蘭曰余為伯儵余爾祖也以是為而子蘭有國香以夢告文公文公幸之而予之草蘭為符遂生子名曰蘭三十六年晉公子重耳過文公弗禮文公弟叔詹曰重耳賢且又同姓窮而過君不可無禮文公曰諸侯亡

公子過者多矣安能盡禮之詹曰君如弗禮遂殺之弗殺使即反國為鄭憂矣文公弗聽三十七年春晉公子重耳反國立是為文公秋鄭入滑滑聽命已而反與衛於是鄭伐滑周襄王使伯犕請滑鄭文公怨惠王之亡在櫟而文公父厲公入之而惠王不賜厲公爵祿又怨襄王之與衛滑故不聽襄王請而囚伯犕王怒與翟人伐鄭弗克冬翟攻伐襄王襄王出奔鄭鄭文公居王于氾三十八年晉文公入襄王成周四十一年助楚擊晉

自晉文公之過無禮故背晉助楚四十三年晉文公與秦穆公共圍鄭討其助楚攻晉者及文公過時之無禮也初鄭文公有三夫人寵子五人皆以罪蚤死公怒溉逐羣公子子蘭奔晉從晉文公圍鄭時蘭事晉文公甚謹愛幸之乃私於晉以求入鄭為太子晉於是欲得叔詹為僇鄭文公恐不敢謂叔詹言詹聞言於鄭君曰臣謂君君不聽臣晉卒為患然晉所以圍鄭以詹詹死而赦鄭國詹之願也乃自殺鄭人以詹尸與晉晉文公曰必欲一見鄭君辱之而去鄭人患之乃使人私於秦曰破鄭益晉非秦之利也秦兵罷晉文公欲入蘭為太子以告鄭鄭大夫石癸曰吾聞姞姓乃后稷之元妃其後當有興者子蘭母其後也且夫人子盡已死餘庶子無如蘭賢今圍急晉以為請利孰大焉遂許晉與盟卒而立子蘭為太子晉兵乃罷去四十五年文公卒子蘭立是為繆公繆公元年春秦繆公使三將將兵欲襲鄭至滑逢鄭賈人弦高詐以十二牛勞軍故秦兵不至而還

晉敗之於崤初往年鄭文公之卒也鄭司城繒賀以鄭情賣之秦兵故來三年鄭發兵從晉伐秦敗秦兵於汪往年楚太子商臣弒其父成王代立二十一年與宋華元伐鄭華元殺羊食士不與其御羊斟怒以馳鄭鄭囚華元宋贖華元元亦亡去晉使趙穿以兵伐鄭二十二年鄭繆公卒子夷立是為靈公靈公元年春楚獻黿於靈公子家子公將朝靈公子公之食指動謂子家曰佗日指動必食異物及入見靈公進黿羹子公笑曰果然

靈公問其笑故具告靈公靈公名之獨弗予羹子公怒染其指嘗之而出公怒欲殺子公子公與子家謀先夏弑靈公鄭人欲立靈公弟去疾去疾讓曰必以賢則去疾不肖必以順則公子堅長堅者靈公庶弟去疾之兄也於是乃立子堅是爲襄公襄公立將盡去繆氏繆氏者殺靈公子公之族家也去疾曰必去繆氏我將去之乃止皆以爲大夫襄公元年楚怒鄭受宋賂縱華元伐鄭鄭背楚與晉親五年楚復伐鄭晉來救之六年子家

卒國人復逐其族以其弑靈公也七年鄭與晉盟鄢陵八年楚莊王以鄭與晉盟來伐圍鄭三月鄭以城降楚楚王入自皇門鄭襄公肉袒掔羊以迎曰孤不能事邊邑使君王懷怒以及弊邑孤之罪也敢不惟命是聽君王遷之江南及以賜諸侯亦惟命是聽若君王不忘厲宣王桓武公哀不忍絶其社稷錫不毛之地使復得改事君王孤之願也然非所敢望也敢布腹心惟命是聽莊王爲却三十里而後舍楚羣臣曰自郢至此士大夫亦久勞矣今得國舍之何如莊王曰所爲伐伐不服也今已服尚何求乎卒去晉聞楚之伐鄭發兵救鄭其來持兩端故遲比至河楚兵已去晉將率或欲渡或從還卒渡河莊王聞還擊晉鄭反助楚大破晉軍於河上十年晉來伐鄭以其反晉而親楚也十一年楚莊王伐宋宋告急于晉晉景公欲發兵救宋伯宗諫晉君曰天方開楚未可伐也乃求壯士得霍人解楊字子虎誆楚令宋毋降過鄭鄭與楚親乃執解楊而獻楚楚王厚賜與

約使反其言令宋趣降三要乃許於是楚登解楊樓車令呼宋遂負楚約而致其晉君命曰晉方悉國兵以救宋宋雖急慎毋降楚晉兵今至矣楚莊王大怒將殺之解楊曰君能制命爲義臣能承命爲信受吾君命以出有死無隕莊王曰若之許我已而背之其信安在解楊曰所以許王欲以成吾君命也將死顧謂楚君曰爲人臣毋忘盡忠得死者楚王諸弟皆諫王赦之於是赦解楊使歸晉爵之爲上卿十八年襄公卒子悼公濆立悼

公元年鄭公惡鄭於楚悼公使弟睔於楚自訟訟不直楚囚睔於是鄭悼公來與晉平遂親睔私於楚子反子反言歸睔於鄭二年楚伐鄭晉兵來救是歲悼公卒立其弟睔是為成公成公三年楚共王曰鄭成公孤有德焉使人來與盟成公私與盟秋成公朝晉晉曰鄭私平於楚執之使欒書伐鄭四年春鄭患晉圍公子如乃立成公庶兄繻為君其四月晉聞鄭立君乃歸成公鄭人聞成公歸亦殺君繻迎成公晉兵去十年背晉盟盟于

楚晉厲公怒發兵伐鄭楚共王救鄭晉楚戰鄢陵楚兵敗晉射傷楚共王目俱罷而去十三年晉悼公伐鄭兵於洧上括地志云洧水在鄭州新鄭縣北三里古新鄭城南韓詩外傳云鄭俗二月桃花水出時會於溱洧水上以自祓除按在古城城南與溱水合鄭城守晉亦去十四年成公卒子惲立是為釐公釐公五年鄭相子駟朝釐公釐公不禮子駟怒使廚人藥殺釐公赴諸侯曰釐公暴病卒立釐公子嘉嘉時年五歲是為簡公簡公元年諸公子謀欲誅相子駟子駟覺之反盡誅諸公子二年晉伐鄭鄭與盟晉去冬又與楚盟子駟畏誅故兩親晉楚三年相子駟欲自立為君公子子孔使尉止殺相子駟而代之子孔又欲自立子產曰子駟為不可誅之今又效之是亂無時息也於是子孔從之而相鄭簡公四年晉怒鄭與楚盟伐鄭鄭與盟楚共王救鄭敗晉兵簡公欲與晉平楚又囚鄭使者十二年簡公怒相子孔專國權誅之而以子產為卿十九年簡公如晉請衛君還而封子產以六邑子產讓受其三邑二十二年吳使延陵季子於

鄭見子產如舊交謂子產曰鄭之執政者侈難將至政將及子子為政必以禮不然鄭將敗子產厚遇季子二十三年諸公子爭寵相殺又欲殺子產公子或諫曰子產仁人鄭所以存者子產也勿殺乃止二十五年鄭使子產於晉問平公疾平公曰卜而曰實沈臺駘為祟史官莫知敢問對曰高辛氏有二子長曰閼伯季曰實沈居曠林不相能也日操干戈以相征伐后帝弗臧遷閼伯于商邱主辰商人是因故辰為商星遷實沈于大夏

主參唐人是因服事夏商括地志云故唐城在絳州翼城縣西二十里徐才宗國都城記云唐國帝堯之裔子所封春秋云夏孔甲時有堯苗裔劉累者以豢龍事孔甲夏后嘉之賜曰御龍氏以更豕韋之後龍一雌死潛醢之以食夏后既而使求之懼而遷于魯縣夏后蓋別封劉累之後于夏之墟為唐侯至周成王時唐人作亂成王滅之而封大叔遷唐人子孫於杜謂之杜伯范氏所在周為唐杜氏地記云唐氏在大夏之墟屬河東安縣今在絳地西北一百里有唐城者以為唐舊國然則叔虞之封即此地也其季世曰唐叔虞當武王邑姜方娠大叔夢帝謂已余命而子曰虞乃與之唐屬之參而蕃育其子孫及生有文在其掌曰虞遂以命之及成王滅唐而國太叔焉故參

為晉星由是觀之則實沉參神也昔金天氏有裔子曰昧為玄冥師生允格臺駘臺駘能業其官宣汾洮障大澤以處太原帝用嘉之國之汾川沈姒蓐黃實守其祀今晉主汾川而滅之由是觀之則臺駘汾洮神也然是二者不害君身山川之神則水旱之菑禜之日月星辰之神則雪霜風雨不時禜之若君疾飲食哀樂女色所生也平公及叔嚮曰善博物君子也厚為之禮於子產二十七年夏鄭簡公朝晉冬畏楚靈王之彊又朝楚子產從二十八年鄭君病使子產會諸侯與楚靈王盟於申誅齊慶封三十六年簡公卒子定公寧立秋定公朝晉昭公定公元年楚公子棄疾弒其君靈王而自立為平王欲行德諸侯歸靈王所侵鄭地于鄭四年晉昭公卒其六卿彊公室卑子產謂韓宣子曰為政必以德毋忘所以立六年鄭火公欲禳之子產曰不如修德八年楚太子建來奔十年太子建與晉謀襲鄭鄭殺建建子勝奔吳十一年定公如晉晉與鄭謀誅周亂臣入敬王

于周十三年定公卒子獻公蠆立獻公十三年卒子聲公勝立當是時晉六卿彊侵奪鄭鄭遂弱聲公五年鄭相子產卒括地志云子產墓在新鄭縣西南三十五里鄭元注水經云子產冢在洧水上累石為方墳墳東北向鄭城杜預云言不忘本也鄭人皆哭泣悲之如亡親戚子產者鄭成公少子也為人仁愛人事君忠厚孔子嘗過鄭與子產如兄弟云及聞子產死孔子為泣曰古之遺愛也兄事子產八年晉范中行氏反晉告急於鄭鄭救之晉伐鄭敗鄭軍於鐵括地志云鐵州在滑州衛南縣東南十五里十四年宋

景公滅曹二十年齊田常弑其君簡公而常相於齊二十二年楚惠王滅陳孔子卒二十六年晉知伯伐鄭取九邑三十七年聲公卒子哀公易立哀公八年鄭人弑哀公而立聲公弟丑是為共公共公三年晉滅知伯三十年共公卒子幽公已立幽公元年韓武子伐鄭殺幽公鄭人立幽公弟駘是為繻公繻公十五年韓景侯伐鄭取雍邱鄭城京十六年鄭伐韓敗韓兵於負黍括地志云負黍亭在洛州陽城縣西南三十五里故周邑也二十年韓趙魏列為諸侯二

十三年鄭圍韓之陽翟二十五年鄭君殺其相子陽二十七年子陽之黨共弑繻公駘而立幽公弟乙為君是為鄭君鄭君乙立二年鄭負黍反復歸韓十一年韓伐鄭取陽城二十一年韓哀侯滅鄭并其國

太史公曰語有之以權利合者權利盡而交踈甫瑕是也甫瑕雖以劫殺鄭子內厲公厲公終背而殺之此與晉之里克何異守節如荀息身死而不能存奚齊變所從來亦多故矣

史記正義卷四十二

欽定四庫全書

史部

史記正義卷四十三　四十五

詳校官編修臣李如筠

欽定四庫全書

史記正義卷四十三

唐　張守節　撰

趙世家第十三　史記四十三

趙氏之先與秦共祖至中衍中音仲為帝大戊御其後世蜚廉有子二人而命其一子曰惡來事紂為周所殺其後為秦惡來弟曰季勝其後為趙季勝生孟增孟增幸于周成王是為宅皋狼皋狼生衡父衡父生造父造父幸

欽定四庫全書　史記正義　卷四十三　一

于周繆王造父取驥之乘匹乘食證反四曰乘兩曰匹取八駿品其力使均馴與桃林括地志云桃林在陜州桃林縣西至潼關皆為桃林塞地山海經云夸父之山北有林焉名曰桃林廣闊三百里中多馬造父于此得驊騮騄耳之乘獻周穆王也盜驪驊騮綠耳獻之繆王繆王使造父御西巡狩見西王母樂之忘歸而徐偃王反括地志云大徐城在泗州徐城縣北三十里古之徐國也博物志云徐君宮人娠生卵以為不祥棄于水濱孤獨母有犬名鵠倉銜所棄卵以歸覆煖之遂成小兒生偃王故宮人聞之更收養之及長襲為徐君後鵠倉臨死生角而九尾實黃龍也鵠倉或名后倉也繆王日馳千里馬攻徐偃王大破之乃賜造父以趙城晉州趙城縣即造父邑也由此為趙

氏自造父已下六世至奄父曰公仲周宣王時伐戎為御及千畝戰括地志云千畝原有晉州岳陽縣北九十里也奄父脫宣王奄父生叔帶叔帶之時周幽王無道去周如晉事晉文侯始建趙氏于晉國自叔帶以下趙宗益興五世而生趙夙趙夙晉獻公之十六年伐霍魏耿而趙夙為將伐霍霍公求犇齊晉大旱卜之曰霍太山為祟使趙夙召霍君于齊復之以奉霍太山之祀晉復穰晉獻公賜趙夙耿夙生共孟當魯閔公之元年也共孟生趙衰字子餘趙衰卜

事晉獻公及諸公子莫吉卜事公子重耳吉即事重耳重耳以驪姬之亂亡奔翟趙衰從翟伐廧咎如得二女翟以其少女妻重耳長女妻趙衰而生盾初重耳在晉時趙衰妻亦生趙同趙括趙嬰齊趙衰從重耳出亡凡十九年得反國重耳為晉文公趙衰為原大夫居原任國政括地志云原平故城漢原平縣也在代州崞縣南三十五里崞音郭按宗忠說非也括地志云故原城在懷州濟原縣西北二里左傳云襄王以原賜晉文公原不服文公伐原以示信原降以趙衰為原大夫即此也原本周畿內邑也文公所以反國及霸多趙衰計策語在晉事

中趙衰既反晉晉之妻固要迎翟妻而以其子盾為適嗣晉妻三子皆下事之晉襄公之六年而趙衰卒謚為成季趙盾代成季任國政二年而晉襄公卒太子夷皋年少盾為國多難欲立襄公弟雍雍時在秦使使迎之太子母日夜啼泣頓首謂趙盾曰先君何罪釋其適子而更求君趙盾患之恐其宗與大夫襲誅之迺遂立太子是為靈公發兵距所迎襄公弟于秦者靈公既立趙盾益專國政靈公立十四年益驕趙盾驟諫靈公弗聽

及食熊蹯胹不熟殺宰人持其尸出趙盾見之靈公由此懼欲殺盾盾素仁愛人嘗所食桑下餓人反扞救盾盾以得亡未出境而趙穿弒靈公而立襄公弟黑臀是為成公趙盾復反任國政君子譏盾為正卿亡不出境反不討賊故太史書曰趙盾弒其君晉景公時而趙盾卒謚為宣孟子朔嗣趙朔晉景公之三年朔為晉將下軍救鄭與楚莊王戰河上朔娶晉成公姊為夫人晉景公之三年大夫屠岸賈欲誅趙氏初趙盾在時夢見叔

帶持要而哭甚悲已而笑拊手且歌盾卜之兆絕而後好趙史援占之曰此夢甚惡非君之身乃君之子然亦君之咎至孫趙將世益衰屠岸賈者始有寵于靈公及至于景公而賈為司寇將作難乃治靈公之賊以致趙盾徧告諸將曰盾雖不知猶為賊首以臣弑君子孫在朝何以懲辠請誅之韓厥曰靈公遇賊趙盾在外吾先君以為無罪故不誅今諸君將誅其後是非先君之意而今妄誅妄誅謂之亂臣有大事而君不聞是無君也

屠岸賈不聽韓厥告趙朔趣亡朔不肯曰子必不絕趙祀朔死不恨韓厥許諾稱疾不出賈不請而擅與諸將攻趙氏于下宮殺趙朔趙同趙括趙嬰齊皆滅其族趙朔妻成公姊有遺腹走公宮匿趙朔客曰公孫杵臼杵臼謂朔友人程嬰曰胡不死程嬰曰朔之婦有遺腹若幸而男吾奉之即女也吾徐死耳居無何而朔婦免身生男屠岸賈聞之索于宮中夫人置兒絝中祝曰趙宗滅乎若號即不滅若無聲及索兒竟無聲已脫程嬰謂

公孫杵臼曰今一索不得後必且復索之奈何公孫杵臼曰立孤與死孰難程嬰曰死易立孤難耳公孫杵臼曰趙氏先君遇子厚子彊為其難者吾為其易者請先死乃二人謀取他人嬰兒負之衣以文葆匿山中程嬰出謬謂諸將軍曰嬰不肖不能立趙孤誰能與我千金吾告趙氏孤處諸將皆喜許之發師隨程嬰攻公孫杵臼杵臼謬曰小人哉程嬰昔下宮之難不能死與我謀匿趙氏孤兒今又賣我縱不能立而忍賣之乎抱兒呼

曰天乎天乎趙氏孤兒何罪請活之獨殺杵臼可也諸將不許遂殺杵臼與孤兒諸將以為趙氏孤兒良已死皆喜然趙氏真孤乃反在程嬰卒與俱匿山中居十五年晉景公疾卜之大業之後不遂者為祟景公問韓厥厥知趙孤在乃曰大業之後在晉絕祀者其趙氏乎夫自中衍者皆嬴姓也中衍人面鳥噣降佐殷帝大戊及周天子皆有明德下及幽厲無道而叔帶去周適晉事先君文侯至于成公世有立功未嘗絕祀今吾君獨滅

趙宗國人哀之故見龜策唯君圖之景公問趙尚有後子孫乎韓厥具以實告于是景公乃與韓厥謀立趙孤兒召而匿之宮中諸將入問疾景公因韓厥之衆以脅諸將而見趙孤趙孤名曰武諸將不得已乃曰昔下宮之難屠岸賈爲之矯以君命并命羣臣非然孰敢作難微君之疾羣臣固且請立趙後今君有命羣臣之願也于是召趙武程嬰徧拜諸將遂反與程嬰趙武攻屠岸賈滅其族復與趙武田邑如故及趙武冠爲成人程嬰

乃辭諸大夫謂趙武曰昔下宮之難皆能死我非不能死我思立趙氏之後今趙武既立爲成人復故位我將下報趙宣孟與公孫杵臼趙武啼泣頓首固請曰武願苦筋骨以報子至死而子忍去我死乎程嬰曰不可彼以我爲能成事故先我死今我不報是以我事爲不成遂自殺趙武服齊衰三年爲之祭邑春秋祠之世世勿絕（今河東趙氏祠先人猶別舒一座祭二士矣）趙氏復位十一年而晉厲公殺其大夫三郤欒書畏及乃遂弒其君厲公更立襄公

曾孫周是爲悼公晉由此大夫稍彊趙武續趙宗二十七年晉平公立平公十二年而趙武爲正卿十三年吳延陵季子使于晉曰晉國之政卒歸于趙武子韓宣子魏獻子之後矣趙武死謚爲文子文子生景叔景叔之時齊景公使晏嬰于晉晏嬰與晉叔向語嬰曰齊之政後卒歸田氏叔向亦曰晉國之政將歸六卿六卿侈矣而吾君不能恤也趙景叔卒生趙鞅是爲簡子趙簡子在位晉頃公之九年簡子將合諸侯戍于周其明年入

周敬王于周辟弟子朝之故也晉頃公之十二年六卿以法誅公族祁氏羊舌氏分其邑爲十縣六卿各令其族爲之大夫晉公室由此益弱後十三年魯賊臣陽虎來奔趙簡子受賂厚遇之趙簡子疾五日不知人大夫皆懼醫扁鵲視之出董安于問扁鵲曰血脉治也而何怪在昔秦繆公嘗如此七日而寤寤之日告公孫支與子輿曰我之帝所甚樂吾所以久者適有學也帝告我晉國將大亂五世不安其後將霸未老而死霸者之子

且令而國男女無別公孫支書而藏之秦讖于是出矣獻公之亂文公之霸而襄公敗秦師於殽而歸縱淫此子之所聞今主君之疾與之同不出三日疾必間間必有言也居二日半簡子寤語大夫曰我之帝所甚樂與百神游于鈞天廣樂九奏萬舞不類三代之樂其聲動人心有一熊欲來援我帝命我射之中熊熊死又有一羆來我又射之中羆羆死帝甚喜賜我二笥皆有副吾見兒在帝側帝屬我一翟犬曰及而子之壯也以賜之

帝告我晉國且世衰七世而亡（謂晉定公出公哀公幽公烈公孝公靜公為七世靜公二年為三晉所滅據此及年表簡公子疾在定公十一年）嬴姓將大敗周人于范魁之西（嬴趙姓也周人謂衛也晉亡之後趙成侯三年衛取都鄙七十三是也賈逵云川阜曰魁也）而亦不能有也今余思虞舜之勳適余將以其胄女孟姚配而七世之孫董安于受言而書藏之以扁鵲言告簡子簡子賜扁鵲田四萬畝他日簡子出有人當道辟之不去從者怒將刃之當道者曰吾欲有謁于主君從者以聞簡子召之曰譆吾有所見子晰也當道者曰屏左右願有謁簡子屏人當道者曰主君之疾臣在帝側簡子曰然有之子之見我我何為當道者曰帝令主君射熊與羆皆死簡子曰是且何也當道者曰晉國且有大難主君首之帝令主君滅二卿夫熊與羆皆其祖也（范氏中行氏之祖也）簡子曰帝賜我二笥皆有副何也（副謂皆子姓也）當道者曰主君之子將克二國于翟皆子姓也（謂代及智氏也）簡子曰吾見兒在帝側帝屬我一翟犬曰及而子之長以賜之夫兒何謂以賜翟犬當道者曰兒主君之子也

翟犬者代之先也主君之子且必有代及主君之後嗣且有革政而胡服（令時服也廢除裘裳也）并二國于翟（武靈王略中山地至寧葭西略胡地至樓煩榆中是也）簡子問其姓而延之以官當道者曰臣野人致帝命耳遂不見簡子書藏之府異日姑布子卿見簡子簡子徧召諸子相之子卿曰無為將軍者簡子曰趙氏其滅乎子卿曰吾嘗見一子于路殆君之子也簡子召子毋卹毋卹至則子卿起曰此真將軍矣簡子曰此其母賤翟婢也奚道貴哉子卿曰天所授雖賤必

貴自是之後簡子盡召諸子與語毋卹最賢簡子乃告諸子曰吾藏寳符于常山上先得者賞諸子馳之常山上求無所得毋卹還曰已得符矣簡子曰奏之毋卹曰從常山上臨代代可取也地道記云恒山在上曲陽縣西北百四十里北行四百五十里得恒山岋号飛狐口北則代郡也簡子于是知毋卹果賢乃廢太子伯魯而以毋卹為太子後二年晉定公之十四年范中行作亂明年春簡子謂邯鄲大夫午曰歸我衛士五百家吾將置之晉陽午許諾歸而其父兄不聽倍言趙鞅捕午囚之晉陽乃告邯鄲人曰我私有誅午也諸君欲誰立遂殺午趙稷涉賓以邯鄲反晉君使籍秦圍邯鄲荀寅范吉射與午善不肯助秦而謀作亂董安于知之十月范中行氏按會食邑于范因為范氏又中行寅本姓荀自荀偃將中軍為中行因號中行氏元與智氏因承襲逝狀姓荀氏伐趙鞅鞅奔晉陽晉人圍之范吉射荀寅仇人魏襄等謀逐荀寅以梁嬰父代之逐吉射以范臯繹代之荀躒言于晉侯曰君命大臣始亂者死今三臣始亂而獨逐鞅用刑不均請皆逐之十一月荀躒韓不佞魏哆奉公命以伐范中行氏不克范中行氏反伐公公擊之范中行敗走丁未二子奔朝歌韓魏以趙氏為請按趙鞅被范中行伐乃奔晉陽以其罪輕故韓魏為請晉君而得入絳十二月辛未趙鞅入絳盟于公宮其明年知伯文子謂趙鞅曰范中行雖信為亂安于發之是安于與謀也晉國有法始亂者死夫二子已伏罪而安于獨在趙鞅患之安于曰臣死趙氏定晉國寧吾死晚矣遂自殺趙氏以告知伯然後趙氏寧孔子聞趙簡子不請晉君而執邯鄲午保晉陽

故書春秋曰趙鞅以晉陽畔趙簡子有臣曰周舍好直諫周舍死簡子每聽朝常不悦大夫請辠簡子曰大夫無罪吾聞千羊之皮不如一狐之腋諸大夫朝徒聞唯唯不聞周舍之鄂鄂是以憂也簡子由此能附趙邑而懷晉人晉定公十八年趙簡子圍范中行于朝歌中行文子奔邯鄲明年衛靈公卒簡子與陽虎送衛太子蒯聵于衛衛不内居戚括地志云故戚城在相州澶水縣東三十里杜預云戚衛邑在頓丘縣西有戚城是也晉定公二十一年簡子拔邯鄲中行文子奔

栢人簡子又圍栢人中行文子范昭子遂奔齊趙竟有邯鄲栢人范中行餘邑入于晉趙名晉卿實專晉權奉邑侔于諸侯晉定公三十年定公與吳王夫差爭長于黃池趙簡子從晉定公卒長吳定公三十七年卒而簡子除三年之喪期而已是歲越王勾踐滅吳晉出公十一年知伯伐鄭趙簡子疾使太子毋卹將而圍鄭知伯醉以酒灌擊毋卹毋卹羣臣請死之毋卹曰君所以置毋卹為能忍詢然亦愠知伯知伯歸因謂簡子使廢毋

卹簡子不聽毋卹由此怨知伯晉出公十七年簡子卒太子毋卹代立是為襄子趙襄子元年越圍吳年表及趙世家云左傳越滅吳在簡子三十五年已在襄子元年前十五年矣何得更有越圍吳之事從此此下至問吳王是三十年事文說誤在此耳襄子降喪食使楚隆問吳王左傳云哀公二十年簡子死襄子嗣立以越圍吳故降父之祭饌而使楚隆慰問王為哀公十三年簡子在黃池之役與吳王質言曰好惡同之故滅祭饌及問吳王也而趙世家及六國年表云此年晉定公卒簡子除三年之喪服朞而已按簡子死及使吳年月皆誤與左傳文不同襄子姊前為代王夫人簡子既葬未除服北登夏屋括地志云夏屋山一名賈屋山今名賈母山在代州鴈門縣東北三十五里夏屋與句注山相接蓋北方之險亦天下之阻路所以分別內外也請代王使廚人操銅枓音斗合作枓其形方有柄取斟水器說文云鉤也以食代王及從者行斟陰令宰人各以枓擊殺代王及從官遂興兵平代地其姊聞之泣而呼天摩笄自殺代人憐之所死地名之為摩笄之山笄令簪也括地志云摩笄山一名磨笄山亦名為山在蔚州飛狐縣東北百五十里魏土地記云代郡東南二十五里有馬頭山趙襄子既殺代王使人迎其婦代王夫人曰以弟慢夫非仁也以夫怨弟非義也磨笄自殺而死使者亦自殺也遂以代封伯魯子周為代成君伯魯者襄子兄故太子太子蚤死故封其子襄子立四年知

伯與趙韓魏盡分其范中行故地晉出公怒告齊魯欲以伐四卿四卿恐遂共攻出公出公奔齊道死知伯乃立昭公曾孫驕是為晉懿公知伯益驕請地韓魏韓魏與之請地趙趙不與以其圍鄭之辱知伯怒遂率韓魏攻趙趙襄子懼乃奔保晉陽原過從後至于王澤括地志云王澤在絳州正平縣南七里也見三人自帶以上可見自帶以下不可見與原過竹二節莫通曰為我以是遺趙毋卹原過既至以告襄子襄子齋三日親自剖竹有朱書曰趙毋卹

余霍泰山山陽侯天使也三月丙戌余將使女反滅知氏女亦立我百邑余將賜女林胡之地至于後世且有伉王亦黑龍面而鳥噣鬒麋髭顏大膺大胷脩下而馮左袵界乘奄有河宗 穆天子傳云河宗之子孫則栢絮按蓋在龍門河之上流嵐勝二州之地也 至于休溷諸貉 音陌自河宗休溷諸貉乃戎狄之地也 南伐晉別 趙南伐晉之別邑謂韓魏之邑也 北滅黑姑 亦戎國 襄子再拜受三神之令三國攻晉陽歲餘引汾水灌其城城不浸者三版 何休云八尺曰版 城中懸釜而炊易子而食羣臣皆有外心禮益慢

唯高共不敢失禮襄子懼乃夜使相張孟同私于韓魏韓魏與合謀以三月丙戌三國反滅知氏共分其地于是襄子行賞高共為上張孟同曰晉陽之難唯共無功襄子曰方晉陽急羣臣皆懈惟共不敢失人臣禮是以先之于是趙北有代南并知氏彊于韓魏遂祠三神于百邑使原過主霍泰山祠祀 括地志云三神祀今名原過祠今在霍山側也 其後娶空同氏 括地志云崆峒山在蕭州福祿縣東南六十里古西戎地又原州平高縣西百里亦有崆峒山即黃帝問廣成子道處俱是西戎地未知孰是 生五子襄子為伯魯之不立也不肯立子且必欲傳位與伯魯子代成君成君先死乃取代成君子浣立為太子襄子立三十三年卒浣立是為獻侯獻侯少即位在中牟 按五鹿在魏州元城縣東十二里鄴即相州蕩陽縣西五十八里有牟山蓋中牟邑在此山側也 襄子弟桓子逐獻侯自立于代一年卒國人曰桓子立非襄子意乃共殺其子而復迎立獻侯十年中山武公初立十三年城平邑十五年獻侯卒子烈侯籍立烈侯元年魏文侯伐中山使太子擊守之六年魏韓趙皆相立為諸侯追尊獻子為獻

侯烈侯好音謂相國公仲連曰寡人有愛可以貴之乎公仲曰富之可貴之則否烈侯曰然夫鄭歌者槍石二人吾賜之田人萬畝公仲曰諾不與居一月烈侯從代來問歌者田公仲曰求未有可者有頃烈侯復問公仲終不與乃稱疾不朝番吾君 括地志云番吾故城在恒州房山縣東二十里番蒲古今音異耳 自代來謂公仲曰君實好善而未知所持今公仲相趙于今四年亦有進士乎公仲曰未也番吾君曰牛畜荀欣徐越皆可公仲乃進三人及朝烈侯復問歌

者田何如公仲曰方使擇其善者牛畜侍烈侯以仁義約以王道烈侯逌然逌音由古字與攸同言牛畜以仁義約以王道故止歌者田攸攸氣行皃寬緩也明日荀欣侍以選練舉賢任官使能明日徐越侍以節財儉用察度功德所與無不充君說烈侯使使謂相國曰歌者之田且止官牛畜為師荀欣為中尉徐越為內史漢書百官公卿表云少府內史周官秦因之掌治京師賜相國衣二襲九年烈侯卒弟武公立武公十三年卒趙復立烈侯太子章是為敬侯是歲魏文侯卒敬侯元年武公子朝作

亂不克出奔魏趙始都邯鄲二年敗齊于靈丘三年救魏于廩丘大敗齊人四年魏敗我兔臺築剛平兔臺剛平並在河北以侵衛五年齊魏為衛攻趙取我剛平六年借兵于楚伐魏取棘蒲今趙州平棘縣古棘蒲邑八年拔魏黃城括地志云故黃城在魏州冠氏縣南十里因黃溝為名按陳留外黃城非隨所別也九年伐齊齊伐燕趙救燕十年與中山戰于房子趙州房子縣是十一年魏韓趙共滅晉分其地伐中山又戰于中人括地志云中山故城一名中人亭在定州唐縣東北四十一里春秋時鮮虞國之中人邑也十二年敬侯卒子成侯種立成侯

元年公子勝與成侯爭立為亂二年六月雨雪三年大戊午為相伐衛取鄉邑七十三魏敗我藺地里志云屬西河郡也四年與秦戰高安蓋在河東敗之五年伐齊于鄄濮州鄄城縣是也魏敗我懷攻鄭敗之以與我長子六年中山築長城伐魏敗涿澤涿音濁徐廣云長杜有濁澤非也括地志云濁水源出蒲州解縣東北平地爾時魏都安邑韓趙伐魏豈河南至長杜也解縣濁水近于魏都當是也圍魏惠王七年侵齊至長城齊長城西頭在齊州平陰縣太山記云太山西北有長城緣河經太山千餘里瑯琊入海括地志云所優處在密州南三十里也與韓攻周八年與韓分周以為兩括地志云史記周顯

二年西周惠公封少子班于鞏為東周其子武公為秦所滅郭緣生述征記云鞏縣本周鞏伯邑九年與齊戰阿下阿東阿也今濟州東阿縣也十年攻衛取甄十一年秦攻魏趙救之石阿蓋在石隰等州界也十二年秦攻魏少梁少梁故城在同州韓城縣南二十二里古少梁國也趙救之十三年秦獻公使庶長國伐魏少梁虜其太子痤魏敗我澮取皮牢括地志云澮水縣在絳州翼城縣東南二十五里按皮牢當在澮之側成侯與韓昭侯遇上黨十四年與韓攻秦十五年助魏攻齊十六年與韓魏分晉封晉君以端氏端氏澤州縣也十七年成侯與魏惠王遇葛孽括地

志云澮水縣在絳州翼城縣東南二十五里按皮牢當在澮之側十九年與齊宋會平陸兗州縣也平陸城與即古厥國與燕會阿括地志云故葛城一名依城又名西阿城在瀛州高陽縣西北五十里以徐兗二水並過其西又徂經其北曲曰阿以齊有東阿故曰西阿城地理志云瀛州屬河間趙分也按燕趙即此也二十年魏獻榮椽因以為檀臺鄭元云榮屋翼也說文云椽欜也屋梠之兩頭起者為榮也括地志云檀臺在洺州臨洺縣北二里二十一年魏圍我邯鄲二十二年魏惠王拔我邯鄲齊亦敗魏于桂陵括地志云故桂城在曹州乘縣東北二十一里故老云此即桂陵也二十四年魏歸我邯鄲與魏盟漳水上秦攻我藺二十五年成侯卒公子緤

與太子肅侯爭立緤敗亡奔韓肅侯元年奪晉君端氏徙處屯留括地志云屯留故城在潞州長子縣東北三十里本漢屯留縣城也二年與魏惠王遇于陰晉地里志云華陰縣魏之陰晉秦惠文王更名寧秦高帝更名華陰今屬華州三年公子范襲邯鄲不勝而死四年朝天子六年攻齊拔高唐七年公子刻攻魏首垣蓋在河北也十一年秦孝公使商君伐魏虜其將公子卬趙伐魏十二年秦孝公卒商君死十五年起壽陵徐廣云在常州魏惠王卒十六年肅侯游大陵括地志云大陵城在并州文水縣北十三里漢大陵縣城出于鹿門并州盂縣西有白鹿泓魏出自鹿山南海蓋鹿門在北山水之側也大戊午扣馬曰耕事方急一日不作百日不食肅侯下車謝十七年圍魏黃不克黃城在魏州前拔之却為魏令趙圍之與築長城劉伯莊云蓋從雲中以北至代按趙長城從蔚州北西至嵐州北盡趙界又疑此長城在漳水之北趙南界十八年齊魏伐我我決河水灌之兵去二十二年張儀相秦趙疵與秦戰敗秦殺疵河西取我藺離石二十三年韓舉與齊魏戰死于桑丘括地志云桑丘城在易州遂城縣界或云在泰山非也此時齊伐桑丘三晉皆來救之不得在泰山有桑丘縣此說甚誤也二十四年肅侯卒秦楚燕齊魏出銳師各萬人

來會葬子武靈王立武靈王元年陽文君趙豹相梁襄王與太子嗣韓宣王與太子倉來朝信宮在洺州臨洺縣也武靈王少未能聽政博聞師三人左右司過二人及聽政先問先王貴臣肥義加其秩國三老年八十月致其禮三年城鄗四年與韓會于區鼠蓋在河北五年娶韓女為夫人八年韓擊秦不勝而去五國相王趙獨否曰無其實敢處其名乎令國人謂己曰君九年與韓魏共擊秦秦敗我斬首八萬級齊敗我觀澤括地志云觀澤故城在魏州頓丘縣東十八里

也十年秦取我西都及中陽齊破燕燕相子之為君君反

為臣十一年王召公子職于韓立以為燕王使樂池送之

十三年秦拔我藺虜將軍趙莊〔本一作庇音疋婢反〕楚魏王來過邯

鄲十四年趙何攻魏十六年秦惠王卒王遊大陵他日王

夢見處女鼓琴而歌詩曰美人熒熒兮顏若苕之榮〔苕音條毛〕

〔詩疏云苕饒也幽州謂之翹饒蔓似勞豆而細葉似蒺藜而青其華細綠色可生食味如小豆藿也又本草經云陵苕生下濕水中七八月生華紫草可以染帛煮沐頭髮即黑也〕命乎命乎曾無我嬴〔按命名也嬴姓嬴也言世衆名其美好曾無我好嬴也重言名呼者以詖說衆也〕異日王飲酒樂數言

欽定四庫全書　史記正義　卷四十三　二十

所夢想見其狀吳廣聞之因夫人而內其女娃嬴孟姚也

孟姚甚有寵于王是為惠后十七年王出九門〔本戰國時趙邑戰國策云本有宮室而居趙武靈王改為九門〕為野臺〔括地志云野臺一名義臺在定州樂縣西南西南六十三里〕

以望齊中山之境十八年秦武王與孟說舉龍文赤鼎

絕臏而死趙王使代相趙固迎公子稷于燕送歸立為秦

王是為昭王十九年春正月大朝信宮召肥義與議天下

五日而畢王北略中山之地至于房子〔趙州縣也〕遂之代北至

無窮西至河登黃華之上〔黃華蓋西河側之山名也〕召樓緩謀曰我

先王因世之變以長南藩之地屬阻漳滏之險立長城

又取藺郭狼敗林人〔即林胡也〕於荏而功未遂今中山在我腹

心北有燕〔地理志云趙分晉北有信都中山又得郡之高陽鄚州鄉東有清河之間又得渤海郡東平舒等七縣在河以北故言北有燕〕東有胡〔趙東有瀛州之東北營州之境即東胡烏丸之地服虔云東胡烏丸之先後為鮮卑也〕西有林胡樓煩秦韓之邊〔林胡樓煩即嵐勝之北也嵐勝以南石州離石藺等七國時趙邑邊也秦隔河也晉洺潞澤等州皆七國時韓地為並趙西境也〕而無

彊兵之救是亡社稷奈何夫有高世之名必有遺俗之

累吾欲胡服樓緩曰善羣臣皆不欲于是肥義侍王曰

欽定四庫全書　史記正義　卷四十三　二十一

簡襄主之烈計胡翟之利為人臣者寵有孝悌長幼順

明之節通有補民益主之業〔寵貴寵也通達理也凡為人臣有孝弟長幼順明之節制者得貴寵也有補民益主之功業者為達理也〕此兩者臣之分也今吾欲繼

襄主之跡開于胡翟之鄉而卒世不見也〔卒子律反盡也言盡世間不見補民益主之忠臣也〕為敵弱〔我為胡服敵人必困弱也〕用力少而功多可以

毋盡百姓之勞而序往古之勳〔厚重也往古謂趙簡子襄子也〕夫有高

世之功者負遺俗之累〔負留也言古周公孔子留衣冠禮義之俗今變為胡服是負留風俗之譴累也〕有獨智之慮者任驁民之怨〔言世有獨計智之思慮者必任隱逸〕

敖慢之民怨望也令吾將胡服騎射以教百姓而世必議寡人奈何肥義曰臣聞疑事無功疑行無名王既定負遺俗之慮殆無顧天下之議矣夫論至德者不和于俗成大功者不謀于衆昔者舜舞有苗禹袒裸國非以養欲而樂志也務以論德而約功也愚者闇成事智者覩未形則王何疑焉王曰吾不疑胡服也吾恐天下笑我也狂夫之樂智者哀焉愚者所笑賢者察焉世有順我者胡服之功未可知也雖驅世以笑我胡地中山吾必有之

于是遂胡服矣使王緤告公子成曰寡人胡服將以朝也亦欲叔服之家聽于親而國聽于君古今之公行也子不反親臣不逆君兄弟之通義也今寡人作教易服而叔不服吾恐天下議之也制國有常利民為本從政有經令行為上明德先論于賤而行政先信于貴今胡服之意非以養欲而樂志也事有所止而功有所出鄭元云止至也為人君止於仁為人臣止於敬為人子止於孝為人父止於慈與國人交止於信按出猶成也事成功立然後善也今寡人恐叔之逆從政之經以輔叔之議且寡人聞之事利國者行無邪因貴戚者名不累故願慕公叔之義以成胡服之功使緤謁之叔請服焉公子成再拜稽首曰臣固聞王之胡服也臣不佞寢疾未能趨走以滋進也王命之臣敢對因竭其愚忠曰臣聞中國者蓋聰明徇智之所居也萬物財用之所聚也賢聖之所教也仁義之所施也詩書禮樂之所用也異敏技能之所試也遠方之所觀赴也蠻夷之所義行也今王舍此而襲遠方之服變古之教易古之道逆人之

心而怫學者離中國故臣願王圖之也使者以報王曰吾固聞叔之疾也我將自往請之王遂往之公子成家因自請之曰夫服者所以便用也禮者所以便事也聖人觀鄉而順宜因事而制禮所以利其民而厚其國也夫翦髮文身錯臂左衽甌越之民也按屬南越故言甌越也輿地志云交阯周時為駱越秦時曰西甌文身斷髮避龍則西甌駱又在番吾之西南越及甌駱皆芈姓也世本云越芈姓也與楚同祖是也黑齒雕題卻冠秫絀大吳之國也故禮服莫同其便一也鄉異而用變事異而禮易是以聖人果可

以利其國不一其用果可以便其事不同其禮儒者一師而俗異中國同禮而教離況於山谷之便乎故去就之變智者不能一遠近之服賢聖不能同窮鄉多異曲學多辨不知而不疑異于己而不非者公焉而衆求盡善也今叔之所言者俗也吾所言者所以制俗也吾國東有河薄洛之水按安平縣屬定州也與齊中山同之爾時齊與中山相親中山趙共薄洛水故言與齊中山同之須有舟楫之備無舟楫之用自常山以至代上黨東有燕東胡之境而西有樓煩秦韓之邊今無

騎射之備故寡人無舟楫之用夾水居之民將何以守河薄洛之水變服騎射以備燕三胡秦韓之邊且昔者簡主不塞晉陽以及上黨而襄主并戎取代以攘諸胡此愚智所明也先時中山負齊之彊兵侵暴吾地係累上音計下力追反吾民引水圍鄗微社稷之神靈則鄗幾于不守也先王醜之而怨未能報也今騎射之備近可以便上黨之形而遠可以報中山之怨而叔順中國之俗以逆簡襄之意惡變服之名以忘鄗事之醜非寡人之所望也公子成再拜稽首曰臣愚不達于王之義敢道世俗之聞臣之辠也今王將繼簡襄之意以順先王之志臣敢不聽命乎再拜稽首乃賜胡服明日服而朝于是始出胡服令也趙文趙造周袑趙俊皆諫止王毋胡服如故法便王曰先王不同俗何古之法帝王不相襲何禮之循宓戲神農教而不誅黄帝堯舜誅而不怒及至三王隨時制法因事制禮法度制令各順其宜衣服器械各便其用故禮也不必一道而便國不必古聖人之興也不相襲而王夏殷之衰也不易禮而滅然則反古

未可非而循禮未足多也且服奇者志淫則是鄒魯無奇行也俗辟者民易則是吳越無秀士也且聖人利身謂之服便事謂之禮夫進退之節衣服之制者所以齊常民也非所以論賢者也故齊民與俗流賢者與變俱故諺曰以書御者不盡馬之情以古制今者不達事之變循法之功不足以高世法古之學不足以制今子不及也遂胡服招騎射二十年王略中山地至寧葭西略

胡地至榆中勝州北河北岸也林胡王獻馬歸使樓緩之秦仇
液之韓王賁之楚富丁之魏趙爵之齊代相趙固主胡
致其兵二十一年攻中山趙袑為右軍許鈞為左軍公
子章為中軍王并將之牛翦將車騎趙希并將胡代趙
與之陘與音與陘音荆陘陘山也在并州陘縣東南十八里然趙希并將代趙之兵與諸軍向并陘之
側共出定州上曲陽縣合軍攻取丹丘華陽鴟上之關合軍曲陽括地志云上曲陽故城在定州
曲陽縣西五里按合軍曲陽即上曲陽也以在常山郡也攻取丹丘蓋邢州丹丘縣也華陽
括地志云北岳有五別名一曰蘭臺府二曰列女宮三曰華陽臺四曰紫臺五曰太一宮按此岳恒山在定州恒陽縣

北百四十里鴟之塞上昌之反下先代反徐廣曰鴟一作鴻上故關今名汝城在定州唐縣東北六
十里本晉鴻上關城也又有鴻上水源出唐縣北葛洪山接北岳恒山與鴻上塞皆在定州然一本作鳴字誤
也王軍取鄗石邑括地志云石邑故城在恒州鹿泉縣南三十五里六國時舊邑封龍
括地志云封龍山一名飛龍山在恒州鹿泉縣南四十五里邑因山為名東垣中山獻四邑
和王許之罷兵二十三年攻中山二十五年惠后卒使
周袑胡服傅王子何二十六年復攻中山攘地北至燕
代西至雲中九原二十七年五月戊申大朝于東宮傳
國立王子何以為王王廟見禮畢出臨朝大夫悉為臣

肥義為相國并傅王是為惠文王惠文王惠后吳娃子
也武靈王自號為主父主父欲令子主治國而身胡服
將士大夫西北略胡地而欲從雲中九原直南襲秦于
是詐自為使者入秦秦昭王不知已而怪其狀甚偉非
人臣之度使人逐之而主父馳已脫關矣審問之乃主
父也秦人大驚主父所以入秦者欲自略地形因觀秦
王之為人也惠文王二年主父行新地遂出代西遇樓
煩王于西河而致其兵三年滅中山遷其王于膚施今延

州膚施縣也起靈壽北地方從代道大通還歸行賞大赦置
酒酺五日封長子章為代安陽君括地志云東安陽故城在朔州定襄縣界
地志云東安陽縣屬代郡章素侈心不服其弟所立主父又使田不
禮相章也李兑謂肥義曰公子章彊壯而志驕黨眾而
欲大殆有私乎田不禮之為人也忍殺而驕二人相得
必有謀陰賊起一出身徼幸夫小人有欲輕慮淺謀徒
見其利而不顧其害同類相推俱入禍門以吾觀之必
不久矣子任重而勢大亂之所始禍之所集也子必先

患仁者愛萬物而智者備禍于未形不仁不智何以為國子奚不稱疾毋出傳政于公子成毋為怨府毋為禍梯肥義曰不可昔者主父以王屬義也曰毋變而度毋異而慮堅守一心以殁而世義再拜受命而籍之今畏不禮之難而忘吾籍變孰大焉進受嚴命退而不全負孰甚焉變負之臣不容于刑諺曰死者復生生者不愧肥義報李兌云必盡傳何為王不可懼章及田不禮而生異心使死者復更變生并見在生者並見傳王無變令我不愧之若荀息也吾言已在前矣吾欲全吾言安得全吾身

且夫貞臣也難至而節見忠臣也累至而行明子則有賜而忠我矣雖然吾有語在前者也終不敢失李兌曰諾子勉之矣吾見子已今年耳涕泣而出李兌數見公子成以備田不禮之事異日肥義謂信期曰上首申也公子與田不禮甚可憂也其于義也聲善而實惡此為人也不子不臣吾聞之也姦臣在朝國之殘也讒臣在中主之蠹也此人貪而欲大內得主而外為暴矯令為慢以擅一旦之命不難為也禍且逮國今吾憂之夜而忘寐饑而忘食盜賊出入不可不備自今以來若有召王者必見吾面我將先以身當之無故而王乃入信期曰善哉吾得聞此也四年朝羣臣安陽君亦來朝主父令王聽朝而自從旁觀窺羣臣宗室之禮見其長子章傫然也反北面為臣詘于其弟心憐之于是乃欲分趙而王章于代計未決而輟主父及王游沙丘異宮在邢州平鄉縣東北二十里矣公子章即以其徒與田不禮作亂詐以主父令召王肥義先入殺之高信即與王戰公子成與李兌自國

至乃起四邑之兵入距難殺公子章及田不禮滅其黨賊而定王室公子成為相號安平君李兌為司寇公子章之敗往走主父主父開之謂不責其反叛之罪容其入宮藏也成兌因圍主父宮公子章死公子成李兌謀曰以章故圍主父即解兵吾屬夷矣乃遂圍主父令宮中人後出者夷宮中人悉出主父欲出不得又不得食探爵鷇而食之三月餘而餓死沙丘宮括地志云趙武靈王墓在蔚州靈丘縣東三十里應說是也主父定死乃發喪赴諸侯是時王少成兌專政畏誅故圍

主父主父初以長子章為太子後得吳娃愛之為不出者數歲生子何乃廢太子章而立何為王吳娃死愛弛憐故太子欲兩王之猶豫未決故亂起以至父子俱死為天下笑豈不痛乎主父死惠文王立立五年與燕鄚易八年城南行唐行寒庚反括地志云行唐縣屬冀州為南行唐築城九年趙梁將與齊合軍攻韓至魯關下劉伯莊云蓋在南河魯陽關按汝州魯山縣古穀陽縣及十年秦自置為西帝十一年董叔與魏氏伐宋得河陽于魏秦取梗陽括地志云梗陽故城在幷州清源縣南百二十步分晉陽縣置本漢

榆次縣地春秋晉大夫祁氏邑也十二年趙梁將攻齊十三年韓徐為將攻齊公主死十四年相國樂毅將趙秦韓魏燕攻齊取靈丘蔚丘縣也與秦會中陽括地志云中陽故縣在汾州隰城縣南十里漢中陽縣也十五年燕昭王來見趙與韓魏秦共擊齊齊王敗走燕獨深入取臨菑十六年秦復與趙數擊齊人患之蘇厲為齊遺趙王書曰臣聞古之賢君其德行非布于海內也教順非洽于民人也祭祀時享非數常于鬼神也甘露降時雨至年穀豐熟民不疾疫衆人善之然而賢主

圖之今足下之賢行功力非數加于秦也怨毒積怒非素深于齊也秦趙與國以彊徵兵于韓秦誠愛趙乎其實憎齊乎物之甚者賢主察之秦非愛趙而憎齊也欲亡韓而吞二周故以齊餤天下恐事之不合故出兵以劫魏趙恐天下畏已也故出質以為信恐天下亟反也故徵兵于韓以威之聲以德與國實而伐空韓臣以秦計為必出于此夫物固有勢異而患同者楚久伐而中山亡今齊久伐而韓必亡破齊王與六國分其利也亡

韓秦獨擅之收二周西取祭器秦獨私之賦田計功王之獲利孰與秦多說士之計曰韓亡三川河南之地兩州之間魏亡晉國河北之地安邑河內市朝未變而禍已及矣燕盡齊之北地去沙丘鉅鹿斂三百里沙丘邢州也鉅鹿冀州也齊北界貝州也斂減也言破齊滅韓之後燕之南界秦之東界相去減三百里趙國在中間也矣韓之上黨去邯鄲百里燕秦謀王之河山閒三百里而通矣秦之上郡鄜延等州也近挻關至于榆中者千五百里秦以三郡攻王之上黨秦上黨郡今澤潞儀沁等四州之地兼相州之半韓總有之至七國時趙得儀沁二州之地韓猶有潞州及澤

州之半半屬趙魏沁州在羊腸坂之西儀并代三州在句注山之南秦以三郡攻趙之澤潞則句注之南趙無地然秦始皇置上黨郡此言之者太史公却引前書也他皆倣此羊腸之西太行山坂道名南屬懷州北屬澤州句注之南句注山在代州西北也非王有已踰句注斬常山而守之三百里而通于燕代馬胡犬不東下言秦踰句注山斬常山而守之西北代馬胡犬不東入趙沙州崑山之玉亦不出至趙矣鄒瑛云胡地野大似狐而小昆山之玉不出此三寶者亦非王有已王久伐齊從彊秦攻韓其禍必至于此願王孰慮之且齊之所以伐者以事王也以趙王為事也而秦必伐之也天下屬行以謀王也上音燭下胡郎反言

秦欲令齊稱帝與約五國共滅趙三分趙地燕秦之約成而兵出有日矣五國三分王之地謂秦齊韓魏燕三分趙之地也齊倍五國之約而殉王之患齊王以身從趙王之患也西兵以禁彊秦秦廢帝請服言秦齊相約欲更重稱帝故言廢帝也反高平根柔于魏返還也括地志云高平故城在懷州河陽縣西四十里紀年云魏哀王改向曰高平也根柔未詳兩邑魏地也反巠分先俞于趙巠音邢分宇誤當作山字耳括地志云句注山一名西陘山在代州雁門縣西北四十里俞音戍郭注云西喻即雁門山也按西先聲相近蓋陘山西喻二山之地並在代州雁門縣皆趙地也齊之事王宜為上佼而令乃抵皋謂共秦伐齊也臣恐天下後事王者之不敢自

必也願王孰計之也今王毋與天下攻齊天下必以王為義齊抱社稷而厚事王天下必盡重王義王以天下善秦秦暴王以天下禁之是一世之名寵制于王也于是趙乃輟謝秦不擊齊王與燕王遇廉頗將攻齊昔陽括地志云昔陽故城一名陽城在并州樂平縣東春秋釋地名云昔陽肥國所都也樂平城冶縣東昔陽城肥姓自狄別種也樂平縣城漢冶縣城也取之十七年樂毅將趙師攻魏伯陽括地志云伯陽故城一名邯會城在相州鄴縣西五十五里七國時魏邑漢邯會城而秦怨趙不與已擊齊伐趙拔我兩城十八年秦拔我石城地理志云

右北平有石城縣括地志云石城在相州林慮縣西南九十里疑相州石城是王再之衛東陽決河水括地志云東陽故城在貝州歷亭縣界按東陽先屬衛今屬趙河歷貝州南東北流過河南岸即魏地也故言王再之衛東陽伐魏氏也伐魏氏大潦漳水出魏冉來相趙十九年秦敗我二城趙與魏伯陽趙奢將攻齊麥丘取之二十年廉頗將攻齊王與秦昭王遇西河外二十一年趙徙漳水武平西括地志云武平亭今名渭城在瀛州文安縣北七十二里按二十七年又徙漳水武平南二十二年大疫置公子丹為太子二十三年樓昌將攻魏幾音祈傳云伐齊幾拔之又戰國策云秦敗閼與及攻魏幾按幾邑或屬

齊或屬魏當在相路之間也不能取十二月廉頗將攻幾取之二十
四年廉頗將攻魏房子拔之因城而還又攻安陽取之二
十五年燕周將攻昌括地志云故昌城在淄州淄川縣東北四十里也城高唐
取之與魏共擊秦秦將白起破我華陽括地志云故華陽城在鄭州管
城縣南四十里司馬彪云華陽亭在今洛州密縣是時魏韓趙聚兵于華陽西攻秦得一將軍二
十六年取東胡今營州也歐代地二十七年徙漳水武平南
封趙豹為平陽君河水出大潦二十八年藺相如伐齊
至平邑括地志云平邑故城在魏州昌樂縣東北四十里也罷城北九門大城恒州

九門縣城燕將成安君公孫操弒其王二十九年秦韓相攻
而圍閼與上於連反下音預括地志云閼與聚落今名烏蘇城在潞州銅鞮縣西北二十里又儀州
順和縣城亦云韓閼與邑二所未詳又有閼與山在洛州武安縣西五十里蓋是也趙使趙奢將
擊秦大破秦軍閼與下賜號為馬服君因馬服山為號也虞喜志林云
馬兵之首也號曰馬服者言能服馬也括地志云馬服山邯鄲縣西北十里也三十三年惠文
王卒太子丹立是為孝成王孝成王元年秦伐我拔三
城趙王新立太后用事秦急攻之趙氏求救于齊齊曰
必以長安君長安君者以長安善故名也為質兵乃出太后不肯大

臣彊諫太后明謂左右曰復言長安君為質者老婦必
唾其面左師觸龍言願見太后太后盛氣而胥之入徐
趨而坐自謝曰老臣病足曾不能疾走不得見久矣竊
自恕而恐太后體之有所苦也故願望見太后太后曰
老婦恃輦而行曰食得毋衰乎曰恃粥耳曰老臣閒者
殊不欲食乃彊步日三四里少益嗜食和于身也太后
曰老婦不能太后不和之色少解左師公曰老臣賤息
舒祺最少不肖而臣衰竊憐愛之願得補黑衣之缺以
衛王宮昧死以聞太后曰敬諾年幾何矣對曰十五歲

矣雖少願及未填溝壑而託之太后曰丈夫亦愛憐少
子乎對曰甚于婦人太后笑曰婦人異甚對曰老臣竊
以為媼之愛燕后賢于長安君太后曰君過矣不若長
安君之甚左師公曰父母愛子則為之計深遠媼之送
燕后也持其踵為之泣念其遠也亦哀之矣已行非不
思也祭祀則祝之曰必勿使反豈非計長久為子孫相
繼為王也哉太后曰然左師公曰今三世以前至于趙

主之子孫為侯者其繼有在者乎曰無有曰微獨趙諸侯有在者乎曰老婦不聞也曰此其近者禍及其身遠者及其子孫豈人主之子侯則不善哉位尊而無功奉厚而無勞而挾重器多也今媼尊長安君之位而封之以膏腴之地多與之重器而不及今令有功于國一旦山陵崩長安君何以自託于趙老臣以媼為長安君之計短也故以為愛之不若燕后太后曰諾恣君之所使之于是為長安君約車百乘質于齊齊兵乃出子義聞之曰人主之子骨肉之親也猶不能持無功之尊無勞

之奉而守金玉之重也而況于予乎齊安平君括地志云安平城在青州臨海縣東十九里古紀之酅邑也田單將趙師而攻燕中陽燕無中陽括地志云中山故城一名中人亭在定州唐縣東北四十一里爾時屬燕國也拔之又攻韓注人邑名也括地志云注城在汝州梁縣西十五里蓋是其地也拔之二年惠文后卒田單為相四年王夢衣偏裻之衣杜預云偏左右異色裻在中左右異故曰偏按裻衣背縫也乘飛龍上天不至而墜見金玉之積如山明日王召筮史敢占之曰夢衣偏裻之衣者殘也乘飛龍

上天不至而墜者有氣而無實也見金玉之積如山者憂也後三日韓氏上黨守馮亭使者至曰韓不能守上黨入之于秦其吏民皆安為趙不欲為秦有城市邑十七願再拜入之趙財王所以賜吏民王大喜召平陽君豹告之曰馮亭入城市邑十七受之何如對曰聖人甚禍無故之利王曰人懷吾德何謂無故乎對曰夫秦蠶食韓氏地中絕不令相通固自以為坐而受上黨之地也韓氏所以不入于秦者欲嫁其禍于趙也秦服其勞而趙受其利雖彊大不能得之于小弱小弱顧能得之

于彊大乎豈可謂非無故之利哉且夫秦以牛田之秦食韓氏國中斷不通夫牛耕田種穀至秋則收之成熟之義也言秦代韓上黨勝有日矣若牛田之必冀收穫矣水通糧秦從渭水漕糧東入河洛軍擊韓上黨也蠶食上乘倍戰者乘冰證反蠶食桑葉漸進必盡也司馬法云百畝為夫夫三為屋屋三為井井十為通通十為城城出革車一乘七十二人也上乘天下第一也倍戰力攻也韓國四戰之地軍士慣習倍于餘國裂上國之地上國秦地也言韓上黨之地以列為秦國之地其政已行趙不可與秦作難必莫受馮亭十七邑也其政行不可與為難必勿受也王曰今發百萬之軍而攻踰年歷

歲未得一城也今以城市邑十七幣吾國馮亭將十七邑入趙若幣
帛之見遺此大利也此大利也趙豹出王召平陵君與趙禹而告
之對曰發百萬之軍而攻踰歲未得一城今坐受城市
邑十七此大利不可失也王曰善乃令趙勝受地告馮
亭曰敝國使者臣勝敝國君使勝致命以萬户都三封
太守爾時未合言太守至漢景帝始加太守此言太衍字也千户都三封縣令皆
世世為侯吏民皆益爵三級吏民能相安皆賜之六金
馮亭垂涕不見使者曰吾不處三不義也為主守地不

能死固不義一矣入之秦不聽主令不義二矣賣主地
而食之不義三矣趙遂發兵取上黨廉頗將軍軍長平
括地志云長平故城在澤州高平縣西二十一里即白起敗括于長平處七年廉頗免而趙
括代將秦人圍趙括趙括以軍降卒四十餘萬皆阬之
王悔不聽趙豹之計故有長平之禍焉王還不聽秦秦
圍邯鄲武垣令括地志云武垣城今瀛州城是也故傅豹王容蘇射率燕
衆反燕地武垣北是屬趙與燕接境故云率燕衆反燕地也趙以靈丘括地志云靈丘
蔚州理縣也封楚相春申君八年平原君如楚請救還楚來

救及魏公子無忌亦來救魏公子傳云趙王以鄗為公子湯沐邑年表云九年公子
無忌救邯鄲圍在九年其文錯誤耳秦圍邯鄲乃解十年燕攻昌壯壯字誤當
作城括地志云昌城故城在冀州信都縣西北五里此時屬趙故攻之也五月拔之趙將樂
乘慶舍攻秦信梁軍破之信梁蓋王齕號也秦本紀云昭襄王五十年王齕從唐拔
寧新中寧新中更名安陽今相州理縣也年表云韓魏楚救趙新中軍秦兵罷是也太子死而秦
攻西周拔之徙父祺出趙見秦拔西周故令徙父祺將兵出境也十一年城
元氏元氏趙州縣也縣上原武陽君鄭安平死收其地十二年
邯鄲廥燒十四年平原君趙勝死十五年以尉文封相

國廉頗為信平君尉文蓋蔚州地也信平廉頗號也言篤信而平和也燕王令丞
相栗腹約驩以五百金為趙王酒還歸報燕王曰趙氏
壯者皆死長平其孤未壯可伐也王召昌國君樂閒而
問之對曰趙四戰之國也其民習兵伐之不可王曰吾
以衆伐寡二而伐一可乎對曰不可王曰吾即以五而
代一可乎對曰不可燕王大怒羣臣皆以為可燕卒起
二軍車二千乘栗腹將而攻鄗卿秦將而攻代廉頗為
趙將破殺栗腹虜卿秦樂閒三人皆燕將姓也十六年廉頗圍燕

以樂乘為武襄君襄舉也上也言樂乘功最高也十七年假相大將武
襄君攻燕圍其國十八年延陵鈞率師從相國平君助
魏攻燕秦拔我榆次三十七城十九年趙與燕易土以
龍兑括地志云北新城故城在易州遂南城縣西南二十里按遂城縣西南二十五里有龍山邢子勵趙
記云龍山有四麓各有一穴大如車輪春風出東秋風出西夏風出南冬風出北不相奪倫按蓋謂龍兑也
汾門括地志云易州永樂縣有徐水出廣昌嶺三源奇發同瀉一澗流至北平縣東南歷石門中俗謂之
龍門水經其間斧斲南出解石城并蓋汾字誤也遂城及永樂安新城縣地也臨樂括地志云臨鄉故城
在幽州同安六十七里也與燕燕以葛武陽括地志云故葛城又名西河城在瀛州高陽縣

西北五十里平舒括地志云平舒故城在蔚州靈丘縣北九十三里也與趙二十年秦
王攻初立秦拔我晉陽二十一年孝成王卒廉頗將攻
繁陽括地志云繁陽故城在相州內黃縣東北二十七里應劭云繁水之北故曰繁陽也取之使
樂乘代之廉頗攻樂乘樂乘走廉頗亡入魏子偃立是
為悼襄王悼襄王元年大備行大備之禮也魏欲通平邑中牟
之道不成平邑在魏州昌樂縣東北三十里相州汾陰縣西五十八里有牟山按中牟山之側時二
邑皆屬魏欲渡黃河作道相通遂不成也二年李牧將攻燕拔武遂方城括地
志云易州遂城戰國時武遂城也方城故在幽州固安縣南十七里時二邑屬燕趙使李牧拔之也秦召

春平君因而留之泄鈞人姓名也為之謂文信侯曰春平君
者趙王甚愛之而郎中妬之故相與謀曰春平君入秦
秦必留之故相與謀而內之秦也今君留之是絕趙而
郎中之計中也君不如遣春平君而留平都輿地里志云平都縣
在新興郡與陽周縣相近春平君者言行信于王王必厚割趙而
賂平都文信侯曰善因遣之按太子即春平君也城韓皋三年龐
煖將攻燕禽其將劇辛四年龐煖將趙楚魏燕之銳師
攻秦蕞不拔移攻齊取饒安饒安滄州縣也七國時屬齊戰國時屬趙五年

傅抵上音付下音邸趙將姓名將居平邑慶舍將東陽屬貝州在河河北岸也
外師守河梁河外阿南岸魏州地也河梁橋六年封長安君以饒即饒陽也
瀛州饒陽縣東二十里饒陽故城漢縣也明長安縣是號也魏與趙鄴九年趙攻燕
取貍陽城按燕無貍陽疑貍字誤當作漁陽故城在檀州密雲縣南十八里燕漁陽郡城也按趙東
界至瀛州則檀州在北趙攻燕取漁陽城也兵未罷秦攻鄴拔之悼襄王卒
子幽繆王遷立幽繆王遷元年城柏人二年秦攻武城
扈輒率師救之軍敗死焉三年秦攻赤麗宜安括地志云宜安
故城在恒州槀城縣西南二十里也李牧率師與戰肥下括地志云肥纍故城在恒州槀

城縣西七里春秋時肥子國白狄別種也卻之封牧為武安君四年秦攻番吾上音婆又音盤又作蒲括地志云蒲吾城在恒州房山縣東二十里也李牧與之戰卻之五年代地大動自樂徐以西北至平陰樂徐在晉州平陰在汾也臺屋墻垣太半壞地坼東西百三十步其坼溝見在赤在晉汾二州界也六年大饑民謠言曰趙為號秦為笑以為不信視地之生毛七年秦人攻趙趙大將李牧將軍司馬尚將擊

李牧誅司馬尚免趙忽及齊將顏聚代之趙忽軍破顏聚亡去以王遷降淮南子云趙王遷流於房陵思故鄉則為作山木之謳聞之者莫不隕涕括地志云趙王遷墓在房州房陵縣西九里也八年十月邯鄲為秦

太史公曰吾聞馮王孫曰趙王遷其母倡也嬖於悼襄王悼襄王廢適子嘉而立遷遷素無行信讒故誅其良將李牧用郭開豈不謬哉秦既虜遷趙之亡大夫共立嘉為王王代六歲秦進兵破嘉遂滅趙以為郡

史記正義卷四十三

欽定四庫全書

史記正義卷四十四

唐 張守節 撰

魏世家第十四

史記四十四

魏之先畢公高之後也畢公高與周同姓武王之伐紂而高封于畢括地志云畢原在雍州萬年縣西南二十八里于是為畢姓其後絕封為庶人或在中國或在夷狄其苗裔曰畢萬事晉獻公獻公之十六年趙夙為御畢萬為右以伐霍耿魏

滅之以耿封趙夙以魏封畢萬魏城在陝州芮城縣北五里鄭元詩譜云魏姬姓之國武王伐紂而封焉為大夫卜偃曰畢萬之後必大矣萬滿數也魏大名也以是始賞天開之矣天子曰兆民諸侯曰萬民今命之大以從滿數其必有衆初畢萬卜事晉遇屯之比辛廖占之曰吉屯固比入吉孰大焉其必蕃昌畢萬封十一年晉獻公卒四子爭更立晉亂而畢萬之世彌大從其國名為魏氏生武子魏武子以魏諸子事晉公子重耳晉獻公之二十一年武子從重耳出亡十

九年反重耳立為晉文公而令魏武子襲魏氏之後封
列為大夫治于魏生悼子魏悼子徙治霍晉州霍邑縣漢彘縣也後漢改曰永安隋改曰霍邑本春秋時霍伯國也生魏絳魏絳事晉悼公悼公三
年會諸侯悼公弟楊干亂行魏絳僇辱楊干悼公怒曰
合諸侯以為榮今辱吾弟將誅魏絳或說悼公悼公止
卒任魏絳政使和戎翟戎翟親附悼公之十一年曰自
吾用魏絳八年之中九合諸侯戎翟和子之力也賜之
樂三讓然後受之徙治安邑安邑在絳州夏縣安邑故城是魏絳卒謚

為昭子生魏嬴嬴生魏獻子獻子事晉昭公昭公卒而六
卿彊公室卑晉頃公之十二年韓宣子老魏獻子為國
政晉宗室祁氏羊舌氏相惡六卿誅之盡取其邑為十
縣六卿各令其子為之大夫獻子與趙簡子中行文子
范獻子並為晉卿其後十四歲而孔子相魯後四歲趙
簡子以晉陽之亂也而與韓魏共攻范中行氏魏獻子
生魏侈魏侈與趙鞅共攻范中行氏魏侈之孫曰魏桓
子與韓康子趙襄子共伐滅知伯知音智括地志云故智城在蒲州虞鄉縣西北四十里古今地名云解縣有智城蓋謂此也分其地桓子之孫曰文侯都
魏文侯元年秦靈公之元年也與韓武子趙桓子周威
王同時六年城少梁十三年使子擊圍繁龐出其民十
六年伐秦築臨晉元里十七年伐中山使子擊守之趙
倉唐傅之子擊逢文侯之師田子方于朝歌引車避下
謁田子方不為禮子擊因問曰富貴者驕人乎且貧賤
者驕人乎子方曰亦貧賤者驕人耳夫諸侯而驕人則
失其國大夫而驕人則失其家貧賤者行不合言不用

則去之楚越若脫躧然奈何其同之哉子擊不懌而去
西攻秦至鄭而還築雒陰合陽雒漆沮水也城在水南郃陽郃水之北括地志云郃陽故城在同州河西縣南三里雒陰在同州西也二十二年魏趙韓列為諸
侯二十四年秦伐我至陽狐括地志云陽狐郭在魏州元城縣東北三十里也
二十五年子擊生子罃文侯受子夏經藝客段干木過
其閭未嘗不軾也過先卧反文侯軾干木閭也皇甫謐高士傳云木晉人也守道不仕魏文侯欲見造其門干木踰牆避之文侯以客禮待之出過其閭而軾其僕曰君何軾曰段干木賢者也不趣勢利懷君子之道隱處窮巷聲馳千里吾安得勿軾干木光乎德寡人光乎勢干木富乎義寡人富乎財勢不若德

貴財不若義高又請為相不肯後卑已固請見與語文侯立倦不敢息淮南子云段干木晉之大駔而為文侯師呂氏春秋云魏文侯見段干木立倦而不敢息及見翟璜踞于堂而與之言翟璜不悅文侯曰段干木官之則不肯祿之則不受今汝欲官則相至欲祿則上卿至既受吾賞又責吾禮無乃難乎秦嘗欲伐魏或曰魏君賢人是禮國人稱仁上下和合未可圖也文侯由此得譽于諸侯任西門豹守鄴而河內稱治古帝王之都多在河東河北故呼河北為河內河南為河外又云河從龍門南至華陰東至衛州即東北入海曲繞冀州故言河內云也魏文侯謂李克曰先生嘗教寡人曰家貧則思良妻國亂則思良相今所置非成則璜二子何如李克對曰臣聞之卑不謀尊疏不謀戚臣在闕門之外不

敢當命文侯曰先生臨事勿讓李克曰君不察故也居視其所親富視其所與達視其所舉窮視其所不為貧視其所不取五者足以定之矣何代克哉文侯曰先生就舍寡人之相定矣李克趨而出過翟璜之家翟璜曰今者聞君召先生而卜相果誰為之李克曰魏成子為相矣翟璜忿然作色曰以耳目之所覩記臣何負于魏成子西河之守臣之所進也君內以鄴為憂臣進西門豹君謀欲伐中山臣進樂羊中山已拔無使守之臣進先生君之子無傅臣進屈侯鮒臣何以負于魏成子李克曰且子之言克于子之君者豈將比周以求大官哉君問而置相非成則璜二子何如克對曰君不察故也居視其所親富視其所與達視其所舉窮視其所不為貧視其所不取五者足以定之矣何待克哉是以知魏成子之為相也且子安得與魏成子比乎魏成子以食祿千鍾什九在外什一在內是以東得卜子夏田子方

段干木此三人者君皆師之子之所進五人者君皆臣之子惡得與魏成子比也翟璜逡巡再拜曰璜鄙人也失對願卒為弟子二十六年虢山崩壅河括地志云虢山在陝州陝縣西二里臨黃河今臨河有岡阜似是穎山之餘也三十二年伐鄭城酸棗敗秦于注括地志云注城在汝州梁縣西十五里注或作鑄也三十五年齊伐取我襄陵三十六年秦侵我陰晉三十八年伐秦敗我武下括地志云故武城一名武之平城在華州鄭縣東十三里得其將識是歲文侯卒子擊立是為武侯魏武侯元年趙敬侯初立公子朔為亂不

勝奔魏與魏襲邯鄲魏敗而去二年城安邑王垣括地志云故城漢垣縣本魏王垣也在絳州垣縣西北二十里也 七年伐齊至桑丘年表云齊伐燕取桑丘故魏救燕伐齊至桑丘也括地志云桑丘故城俗名敬城在易州遂城縣界也 九年翟敗我于澮括地志云澮高山又云澮山在絳州翼城縣東北二十五里澮水出北山也 使吳起伐齊至靈丘靈丘蔚州縣也時屬齊故三晉伐之也 齊威王初立十一年與韓趙三分晉地滅其後十三年秦獻公縣櫟陽十五年敗趙北藺在石州趙之西北屬趙故云趙北藺也 十六年伐楚取魯陽今汝州魯山縣也 武侯卒子罃立是為惠王惠王元年初武侯卒

也子罃與公中緩中音仲 爭為太子公孫頎自宋入趙自趙入韓謂韓懿侯曰魏罃與公中緩爭為太子君亦聞之乎今魏罃得王錯挾上黨固半國也因而除之按除魏罃及王錯也 破魏必矣不可失也懿侯說乃與趙成侯合軍并兵以伐魏戰于濁澤魏氏大敗魏君為趙謂韓曰除魏君立公中緩割地而退我且利韓曰不可殺魏君人必曰暴割地而退人必曰貪不如兩分之魏分為兩不彊于宋衛則我終無魏之患矣趙不聽韓不說以其少

卒夜去惠王之所以身不死國不分者二家謀不和也若從一家之謀則魏必分矣故曰君終無適子其國可破也二年魏敗韓于馬陵敗趙于懷三年齊敗我觀觀音館魏州觀城縣古之觀國國語云觀國夏啓子太康第五弟之所封也夏衰滅之矣 五年與韓會宅陽城括地志云宅陽故城一名北宅在鄭州滎陽縣東南十七里也 武堵為秦所敗六年伐取宋儀臺九年伐敗韓于澮與韓戰少梁虜我將公孫座取龐秦獻公卒子孝公立十年伐取趙皮牢彗星見十二年星晝墜有聲十四年與趙會鄗十五年魯

衛宋鄭君來朝十六年與秦孝公會杜平侵宋黃池宋復取之十七年與秦戰元里秦取我少梁圍趙邯鄲十八年拔邯鄲趙請救于齊齊使田忌孫臏救趙敗魏桂陵十九年諸侯圍我襄陵築長城塞固陽塞先代反括地志云榆揚縣漢舊縣也在銀州銀城縣界按魏築長城自鄭濱洛北庭銀州至勝州固陽縣為塞也固陽有連山東至黃河西南至夏會等州榆音固 二十年歸趙邯鄲與盟漳水上邯鄲洛州縣也漳水名漳水源出洛州武安縣三門山也 二十一年與秦會彤趙成侯卒二十八年齊威王卒中山君相魏三十年魏伐趙孫臏傳云魏與

（趙攻韓韓告急齊此文誤耳魏伐趙趙請救齊齊使孫臏救趙敗魏桂陵乃在十八年也）趙告急齊齊宣王用孫子計救趙擊魏魏遂大興師使龐涓將而令太子申為上將軍過外黃外黃徐子（括地志云故圍城有南北二城在汴州雍丘縣界本屬外黃即太子申見徐子之地也）謂太子曰臣有百戰百勝之術太子曰可得聞乎客曰固願效之曰太子自將攻齊大勝并莒（莒密州縣也在齊東南言從西破齊并至莒地則齊上盡矣）則富不過有魏貴不益為王若戰不勝齊則萬世無魏矣此臣之百戰百勝之術也太子曰諾請必從公之言而還矣客

欽定四庫全書　　史記正義　卷四十四

曰太子雖欲還不得矣彼勸太子戰攻欲啜汁者眾（啜穿悅反汁之入反冀功勳者眾也）太子雖欲還恐不得矣太子因欲還其御曰將出而還與北同太子果與齊人戰敗于馬陵（虞喜志林云馬陵在濮州鄄城縣東北六十里有陵間谷深峻可以置伏按龐涓敗即此也徐說馬陵在魏州元城縣東南一里龐涓敗非此地也田完世家云宣王二年魏伐趙與韓親共擊魏趙不利戰于南梁韓氏請于齊齊使田忌嬰將孫子為師救趙韓已擊魏大破之馬陵按南梁在汝州又此傳云太子為上將軍過外黃又孫臏傳云魏與趙攻韓韓告急齊齊使田忌將而往直走大梁魏將龐涓聞之去韓而歸齊軍已過而西矣按孫子減竈退軍三日行至馬陵逐敗龐涓虜魏太子申大破魏軍營當如虞喜之說從汴州外黃退至濮州東北六十里是也然趙韓共擊魏戰國於南梁韓急請救于齊齊師走大梁敗魏馬陵豈合更渡河北至魏州元城哉徐說定非也）齊虜魏太子申殺將軍涓軍遂大破三十一年秦趙齊共伐我秦將商君詐我將軍公子卬而襲奪其軍破之秦用商君東地至河而齊趙數破我安邑近秦于是徙治大梁（陳留風俗傳云魏之都也卑萬十葉徙大梁按今汴州浚儀也）以公子赫為太子三十三年秦孝公卒商君亡秦歸魏魏怒不入三十五年與齊宣王會平阿南惠王數敗于軍旅卑禮厚幣以招賢者鄒衍淳于髡孟軻皆至梁梁惠王曰

欽定四庫全書　　史記正義　卷四十四　　九

寡人不佞兵三折于外太子虜上將死國以空虛以羞先君宗廟社稷寡人甚醜之叟不遠千里辱幸至弊邑之廷將何以利吾國孟軻曰君不可以言利若是夫君欲利則大夫欲利大夫欲利則庶人欲利上下爭利國則危矣為人君仁義而已矣何以利為三十六年復與齊王會甄是歲惠王卒子襄王立襄王元年與諸侯會徐州相王也追尊父惠王為王五年秦敗我龍賈軍四萬五千于雕陰（括地志云雕陰故縣在鄜州洛交縣北三十里雕陰故城是也）圍我焦

曲沃括地志云故焦城在陝縣東北百步古號城中東北隅周同姓也曲沃有城在陝縣西南三十二里按今有曲沃店也予秦河西之地自華州北至同州並魏河北之地盡入秦也六年與秦會應應乙陵反括地志云故應城故應鄉也在汝州魯山縣東三十里秦取我汾陰皮氏括地志云汾陰故城在蒲州汾陰縣北九里皮氏故城在絳州龍門縣西一百八十步也焦魏伐楚敗之陘山括地志云陘山在鄭州新鄭縣西南三十里七年魏盡入上郡于秦括地志云上郡故城在綏州上縣東南五十里秦魏之上郡地也按丹鄜延綏等州北至固陽並上郡地魏築長城界秦自華州鄭縣已北濱洛至慶州洛源縣自於山即東北至勝州固陽縣東至河西上郡之地盡入于秦秦降我蒲陽在隰州隰川縣蒲邑故城是也八年秦歸我焦曲沃十二年楚敗我襄陵諸侯執政與秦相張儀會齧桑十三年張儀相魏魏有女子化為丈夫秦取我曲沃絳州桐鄉縣晉曲沃邑平周十三州志云古平周縣在汾州介休縣西五十里也十六年襄王卒子哀王立張儀復歸秦哀王元年五國共攻秦韓魏楚趙燕也不勝而去二年齊敗我觀津括地志云觀津城在冀州棗陽縣東南二十五里本趙邑今屬魏也五年秦使樗里子伐取我曲沃走犀首岸門括地志云岸門在許州長社縣西北十八里今名西武亭六年秦求立公子政為太子與秦會臨晉七年攻齊與秦伐燕八年伐衛拔列

城二衛君患之如耳魏大夫姓名也見衛君曰請罷魏兵免成陵君可乎衛君曰先生果能孤請世世以衛事先生如耳見成陵君曰昔者魏伐趙斷羊腸拔閼與閼於連反與音預羊腸坂道在太行山上南口懷州北口潞州閼與故城在潞州及儀州岩斷羊腸拔閼與北連恒州則趙國東西斷而為三也約斬趙趙分而為二所以不亡者魏為從主也今衛已迫亡將西請事于秦與其以秦醳衛不如以魏醳衛醳音釋衛之德魏必終無窮成陵君曰諾如耳見魏王曰臣有謁于衛衛故周室之別也其稱小國多寶器今國迫于難而寶器不出者其心以為攻衛醳衛不以王為主故寶器雖出必不入于王也臣竊料之先言醳衛者必受衛者也如耳出成陵君入以其言見魏王魏王聽其說罷其兵免成陵君終身不見九年與秦王會臨晉張儀魏章皆歸于魏魏相田需死楚害張儀犀首薛公楚相昭魚謂蘇代曰田需死吾恐張儀犀首薛公有一人相魏者也代曰然相者欲誰而君便之昭魚曰吾欲太子之自相也代曰請為君北必相之昭魚曰奈

何對曰君其為梁王代請說君昭魚曰奈何對曰代也從楚來昭魚甚憂曰田需死吾恐張儀犀首薛公有一人相魏者也代曰梁王長主也必不相張儀張儀相必右秦而左魏犀首相必右韓而左魏薛公相必右齊而左魏梁王長主也必不便也王曰然則寡人孰相代曰莫若太子之自相太子之自相是三人者皆以太子為非常相也皆將務以其國事魏欲得丞相璽也以魏之彊而三萬乘之國輔之魏必安矣故曰莫若太子之自

相也遂北見梁王以此告之太子果相魏十年張儀死十一年與秦武王會應十二年太子朝于秦秦來伐我皮氏未拔而解十四年秦來歸武王后十六年秦拔我蒲反陽晉封陵陽晉當作晉陽也史文誤括地志云晉陽故城今名晉城在蒲州虞鄉縣西三十五里表云魏哀王十六年秦拔晉陽即此城也封陵亦在蒲州按陽晉故城在曹州解在蘇秦傳也十七年與秦會臨晉秦予我蒲反十八年與秦伐楚二十一年與齊韓共敗秦軍函谷二十三年秦復予我河外及封陵為和哀王卒子昭王立昭王元年秦拔我襄城

二年與秦戰我不利三年佐韓攻秦秦將白起敗我軍伊闕二十四萬六年予秦河東地方四百里芒卯以詐重七年秦拔我城大小六十一八年秦昭王為西帝齊湣王為東帝月餘皆復稱王歸帝九年秦拔我新垣曲陽之城年表及括地志云曲陽故城在懷州濟源縣西十里新垣近曲陽未詳端的所之處也十年齊滅宋宋王死我溫十二年與秦趙韓燕共伐齊敗之濟西湣王出亡燕獨入臨菑與秦王會西周即王城也今河南郡城也十三年秦拔我安城括地志云安城故城豫州汝陵縣東南七十一里兵

到大梁去十八年秦拔郢楚王徙陳十九年昭王卒子安釐王立安釐王元年秦拔我兩城二年又拔我二城軍大梁下韓來救予秦溫以和三年秦拔我四城斬首四萬四年秦破我及韓趙殺十五萬人走我將芒卯魏將段干子請予秦南陽以和蘇代謂魏王曰欲璽者段干子也欲地者秦也今王使欲地者制璽使欲璽者制地魏氏地不盡則不知已且夫以地事秦譬猶抱薪救火薪不盡火不滅王曰是則然也雖然事始已行不可更

矣對曰王獨不見夫博之所以貴梟者便則食不便則止矣今王曰事始已行不可更是何王之用智不如用梟也博頭有刻為梟鳥形者擲得梟者合食其子若不便則為餘行也　九年秦拔我懷十年秦太子外質于魏死十一年秦拔我郪丘郪七私反又音妻地理志云汝南郡新郪縣應劭曰秦伐魏取郪丘漢興為新郪章帝封殷後更名宋也　秦昭王謂左右曰今時韓魏與始孰彊對曰不如始彊王曰今時如耳魏齊與孟嘗芒卯孰賢對曰不如王曰以孟嘗芒卯之賢率彊韓魏以攻秦猶無奈寡人何也今以無能

之如耳魏齊而率弱韓魏以伐秦其無奈寡人何亦明矣左右皆曰甚然中旗馮琴對曰王之料天下過矣當晉六卿之時知氏最彊滅范中行又率韓魏之兵以圍趙襄子于晉陽決晉水以灌晉陽之城括地志云晉水源出并州晉陽縣西懸甕山山海經云懸甕之山晉水出焉東南流注汾水昔趙襄子堡晉陽智氏防山以水灌之不沒者三版其瀆乘高西注入晉陽城以周溉灌東南出城注于汾陽也　不湛者三版知伯行水魏桓子御韓康子為參乘知伯曰吾始不知水之可以亡人之國也乃今知之汾水可以灌安邑安邑在絳州夏縣本魏都汾水東北歷安邑西南入河也　絳水可以灌平陽平陽晉州本韓都也括地志云絳水一名白水今名弗泉源出絳山飛泉奮湧揚波注縣積壑一十許丈望之極為奇觀矣按引北灌平陽城也　魏桓子肘韓康子韓康子履魏桓子肘足接于車上而知氏地分身死國亡為天下笑今秦兵雖彊不能過知氏韓魏雖弱尚賢其在晉陽之下也此方其用肘足之時也願王之必勿易也于是秦王恐齊楚相約而攻魏魏使人求救于秦冠蓋相望也而秦救不至魏人有唐雎者年九十餘矣謂魏王曰老臣請西說秦王令兵先臣

出魏王再拜遂約車而遣之唐雎到入見秦王秦王曰丈人芒然乃遠至此甚苦矣夫魏之來求救數矣寡人知魏之急已唐雎對曰大王已知魏之急而救不發者臣竊以為用策之臣無任矣夫魏一萬乘之國也然所以西面而事秦稱東藩受冠帶祠春秋者以秦之彊足以為與也今齊楚之兵已合于魏郊矣而秦救不發亦將賴其未急也使之大急彼且割地而約從王尚何救焉必待其急而救之是失一東藩之魏而彊二敵之齊

楚則王何利焉于是秦昭王遽為發兵救魏魏氏復定趙使人謂魏王曰為我殺范痤吾請獻七十里之地魏王曰諾使吏捕之圍而未殺痤因上屋騎危謂使者曰與其以死痤市不如以生痤市有如痤死趙不予王地則王將奈何故不若與先定割地然後殺痤魏王曰善痤因上書信陵君曰痤故魏之免相也趙以地殺痤而魏王聽之有如彊秦亦將襲趙之欲則君且奈何信陵君言于王而出之魏王以秦救之故欲親秦而伐韓以

求故地無忌謂魏王曰秦與戎翟同俗有虎狼之心貪戾好利無信不識禮義德行苟有利焉不顧親戚兄弟若禽獸耳此天下之所識也非有所施厚積德也故太后母也而以憂死穰侯舅也功莫大焉而竟逐之兩弟無罪而再奪之國此于親戚若此而況于仇讎之國乎今王與秦共伐韓而益近秦患臣甚惑之而王不識則不明羣臣莫以聞則不忠今韓氏以一女子奉一弱主内有大亂外交彊秦魏之兵王以為不亡乎韓亡秦有

鄭地與大梁鄰王以為安乎王欲得故地今負彊秦之親王以為利乎秦非無事之國也韓亡之後必將更事更事必就易與利就易與利必不伐楚與趙矣是何也夫越山踰河絶韓上黨而攻彊趙是復閼與之事秦必不為也若道河内倍鄴朝歌絶漳滏水與趙兵決于邯鄲之郊是知伯之禍也秦又不敢伐楚道涉山谷行三千里劉伯莊云秦兵向楚有兩道谷是西道河外東道從褒斜入梁州即東南至申州攻石城止險阨之塞也而攻冥阨之塞冥音盲括地志云石城山在申州鍾山縣東南二十一里魏攻冥阨即此

山上有石故城注水經云或言在鄳指此山也呂氏春秋云九塞此其三也所行甚遠所攻甚難秦又不為也若道河外倍大梁從河外出函谷關歷同州南至鄭州東向陳州背大梁也則右蔡左召陵上蔡縣在豫州北七十里邵陵故城亦在豫州郾城縣東四十五里並在陳州西從汴州南行向陳州之西郊則上蔡邵陵在南向向東背身之右定無左字也與楚兵決于陳郊秦又不敢故曰秦必不伐楚與趙矣又不攻衛與齊矣衛齊皆在韓趙魏之東故秦不伐也夫韓亡之後兵出之日非魏無攻已秦固有懷茅茅卯包反懷州武陟縣西十一里故懷城本周邑後屬晉左傳云周與鄭人蘇忿生十二邑其一曰攢茅括地志云在懷州獲嘉縣東北二十五里也獲嘉占修武

也邢丘括地志云平皋故城在懷州武德縣東南二十里本邢丘邑也以其在河之皋地也城垝津以臨河內垝音詭字誤當作延括地志云延津故俗字名臨津故城在衛州清淇縣西南二十六里杜預云汲郡城南有延津是也河內共汲必危有鄭地得垣雍雍於用反括地志云故城在鄭州原武縣西北七里釋例地名卷縣理武垣城也言韓亡之後秦有鄭地得垣雍城從滎澤決溝歷雍灌大梁是也決滎澤水灌大梁大梁必亡王之使者出過而惡安陵氏于秦括地志云隱陵縣西北十五里李奇云六國時為安陵也言魏王使者出向秦云共伐韓以成過失而更惡安陵氏于秦令伐之重非也秦之欲誅之久矣秦葉陽昆陽與武陽鄰括地志云葉陽今許州葉縣也昆陽故城在許州葉縣北二十五里

舞陽故城在葉縣東十里州時葉陽昆陽屬秦舞陽屬魏也聽使者之惡之隨安陵氏而亡之隨猶聽也無忌說言使者惡安陵氏亦聽秦亡安陵氏然繞舞陽之北以東臨許許必危矣秦有許地魏國可無害繞舞陽之北以東臨許南國必危南國今許州許昌縣南西四十里許昌故城是也此是屬韓在魏之南故言南國括地志云周時為許國武王伐紂所封地里志云潁川許縣古許國姜姓四岳之後文叔所封二十四君為楚所滅三卿皆晉其地屬韓國無害已夫憎韓不愛安陵氏可也夫不患秦之不愛南國非也異日者秦在河西晉國去梁千里河西同州也晉國都絳州魏都安邑皆在河東去大梁有千里也有河山以闌之有周韓以間之從林鄉

軍括地志云宛陵故城在鄭州新鄭縣東北三十八里本鄭鄢縣也按劉徐二說是其地也以至于今秦七攻魏五入囿中括地志云圃田澤在鄭州管城縣東三里周禮云豫州藪曰圃田也邊城盡拔文臺墮垂都焚墮許規反括地志云文臺在曹州宛句縣西北六十五里也林木伐麋鹿盡而國繼以圍又長驅梁北東至陶衛之郊陶曹州定陶也衛即宋州楚丘縣衛文公都之秦兵歷取其郊也北至平監所亡于秦者山南山北山華山也華山之東南七國時鄭州屬韓汝州屬魏華山之北同華銀綏並魏地也河外河內河外謂華州以東至虢陝河內謂蒲州以東至懷衛也大縣數十名都數百秦乃在河西晉去梁千里而禍若是矣又

況于使秦無韓有鄭地無河山而闌之無周韓而間之去大梁百里禍必由此矣異日者從之不成也楚魏疑而韓不可得也今韓受兵三年秦橈之以講識亡不聽投質于趙請為天下鴈行頓刃楚趙必集兵皆識秦之欲無窮也非盡亡天下之國而臣海內必不休矣是故臣願以從事王王速受楚趙之約趙挾韓之質以存韓而求故地韓必效之無忌令魏王速受楚趙之從趙楚挾持韓之質以存韓而魏以求地韓必效之勝于與秦伐韓又與秦隣之禍殃也此士民不勞而故地得其功多

于與秦共伐韓而又與彊秦鄰之禍也夫存韓安魏而
利天下此亦王之天時已通韓上黨于共甯共衛州共城縣甯懷州脩武縣本殷之甯邑韓詩外傳云武王伐紂勒兵于甯故曰脩武今魏開通共甯之道使韓上黨得直路而行也使道安成括地志云故安城在鄭州原武縣東南二十里時屬魏也出入賦之是
魏重質韓以其上黨也今有其賦足以富國韓必德魏
愛魏重魏畏魏韓必不敢反魏是韓則魏之縣也魏得
韓以為縣衛大梁河外必安矣今不存韓二周安陵必
危楚趙大破衛齊甚畏天下西鄉而馳秦入朝而為臣

不久矣二十年秦圍邯鄲信陵君無忌矯奪將軍晉鄙
兵以救趙括地志云魏德故城一名晉鄙城在衛縣西北五十里即公子無忌矯奪晉鄙兵故名魏德城也趙得全無忌因留趙二十六年秦昭王卒三十年
無忌歸魏率五國兵攻秦敗之河內走蒙驁魏太子增
質于秦秦怒欲因魏太子增或為增謂秦王曰公孫喜
固謂魏相曰請以魏疾擊秦秦王怒必囚增魏王又怒
擊秦秦必傷今王囚增是喜之計中也故不若貴增而
合魏以疑之于齊韓秦乃止增三十一年秦王政初立
三十四年安釐王卒太子增立是為景湣王信陵君無
忌卒景湣王元年秦拔我二十城以為秦東郡二年秦
拔我朝歌衛徙野王三年秦拔我汲五年秦拔我垣蒲
陽衍括地志云故垣地本魏王垣也在絳州垣縣西北二十里蒲邑故城在隰州隰川縣南四十五里在蒲水之北故曰蒲陽衍地名在鄭州十五年景湣王卒子王假立王假元
年燕太子丹使荊軻刺秦王秦王覺之三年秦灌大梁
虜王假遂滅魏以為郡縣
太史公曰吾適故太梁之墟墟中人曰秦之破梁引河

溝而灌大梁三月城壞王請降遂滅魏說者皆曰魏以
不用信陵君故國削弱至于亡余以為不然天方令秦
平海內其業未成魏雖得阿衡之佐曷益乎

史記正義卷四十四

史記正義卷四十五

唐 張守節 撰

韓世家第十五　史記四十五

韓之先與周同姓姓姬氏其後苗裔事晉得封于韓原（括地志云韓原在同州韓城縣西南八里又韓城在縣南十八里故古韓國也古今地名云韓武子食菜于韓原故城也）曰韓武子武子後三世有韓厥從封姓為韓氏韓厥晉景公之三年晉司寇屠岸賈將作亂誅靈公之賊

趙盾趙盾已死矣欲誅其子趙朔韓厥止賈賈不聽厥告趙朔令亡朔曰子必能不絕趙祀死不恨矣韓厥許之及賈誅趙氏厥稱疾不出程嬰公孫杵臼之藏趙孤趙武也厥知之景公十一年厥與郤克將兵八百乘伐齊敗齊頃公于鞌（音安貽地志云故鞍城名俗名馬鞍城在濟州平陰縣十里）獲逢丑父于是晉作六卿而韓厥在一卿之位號為獻子晉景公十七年病卜大業之不遂者為祟韓厥稱趙成季之功今後無祀以感景公景公問曰尚有世乎厥于是言趙武而復與故趙氏田邑續趙氏祀晉悼公之十年韓獻子老獻子卒子宣子代宣子徙居州（括地志云懷州武德縣本周司寇蘇忿生之州邑也）晉平公十四年吳季札使晉曰晉國之政卒歸于韓魏趙矣晉頃公十二年韓宣子與趙魏共分祁氏羊舌氏十縣晉定公十五年宣子與趙簡子侵伐范中行氏宣子卒子貞子代立貞子徙居平陽（平陽晉州城是也）貞子卒子簡子代簡子卒子莊子代莊子卒子康子代康子與趙襄子魏桓子共敗知伯分其地地益大大于

諸侯康子卒子武子代武子二年伐鄭殺其君幽公十六年武子卒子景侯立景侯虔元年伐鄭取雍丘二年鄭敗我負黍六年與趙魏俱得列為諸侯九年鄭圍我陽翟景侯卒子列侯取立列侯三年聶政殺韓相俠累九年秦伐我宜陽取六邑十三年列侯卒子文侯立是歲魏文侯卒文侯二年伐鄭取陽城伐宋到彭城執宋君七年伐齊至桑丘鄭反晉九年伐齊至靈丘（靈丘蔚州縣也此時屬燕也）十年文侯卒子哀侯立哀侯元年與趙魏分晉

國二年滅鄭因徙都鄭六年韓嚴弑其君哀侯而子懿
侯立懿侯二年魏敗我馬陵在魏州元城縣東南一里五年與魏惠
王會宅陽在鄭州也九年魏敗我澮澮古外反在陵州澮水之上也十二年
懿侯卒子昭侯立昭侯元年秦敗我西山二年宋取我
黃池魏取朱六年伐東周河南鞏縣取陵觀邢丘八年申不
害相韓脩術行道國內以治諸侯不來侵伐十年韓姬
弑其君悼公十一年昭侯如秦二十二年申不害死二
十四年秦來拔我宜陽二十五年旱作高門屈宜臼曰

昭侯不出此門何也不時吾所謂時者非時日也人固
有利不利時昭侯嘗利矣不作高門往年秦拔宜陽今
年旱昭侯不以此時卹民之急而顧益奢此謂時絀舉
嬴二十六年高門成昭侯卒果不出此門子宣惠王立
宣惠王五年張儀相秦八年魏敗我將韓舉十一年君
號為王與趙會區鼠十四年秦伐敗我鄢今許州鄢陵縣西北十五
里有鄢陵故城是也十六年秦敗我脩魚虜得韓將鯫申差于濁
澤按濁澤者盖誤當作觀澤年表云秦惠文王更元八年與韓戰斬首八萬韓宣惠王十六年秦敗我脩魚
得將軍申差魏哀王二年齊敗我觀澤趙武靈王九年與韓魏擊秦齊愍王七年敗魏世家云濁澤定誤矣徐
廣又云濁澤在長社不曉錯誤之甚括地志云觀澤在魏州頓丘縣東十八里韓氏急公仲謂
韓王曰與國非可恃也今秦之欲伐楚久矣王不如因
張儀為和于秦賂以一名都具甲與之南伐楚此以一
易二之計也韓王曰善乃警公仲之行將西購于秦楚
王聞之大怒召陳軫告之陳軫曰秦之欲伐楚久矣今
又得韓之名都一而具甲秦韓并兵而伐楚此秦所禱
祀而求也今已得之矣楚國必伐矣王聽臣為之警四

境之內起師言救韓命戰車滿道路發信臣多其車重
其幣使信王之救已也縱韓不能聽我韓必德王也必
不為鴈行以來是秦韓不和也兵雖至楚不大病也為
能聽我絕和于秦秦必大怒以厚怨韓韓之南交楚必
輕秦輕秦其應秦必不敬是因秦韓之兵而免楚國之
患也楚王曰善乃警四境之內興師言救韓命戰車滿
道路發信臣多其車重其幣謂韓王曰不穀國雖小已
悉發之矣願大國遂肆志于秦不穀將以楚徇韓韓王

明之大說乃止公仲之行公仲曰不可夫以實伐我者秦也以虛名救我者楚也王恃楚之虛名而輕絶彊秦之敵王必為天下大笑且楚韓非兄弟之國也又非素約而謀伐秦也已有伐形因發兵言救韓此必陳軫之謀也且王已使人報于秦矣今不行是欺秦也夫輕欺彊秦而信楚之謀臣恐王必悔之韓王不聽遂絶于秦秦因大怒益甲伐韓大戰楚救不至韓十九年大破我岸門括地志云岸門在許州長社縣西北十八里今名西武亭矣太子倉質于秦以

和二十一年與秦共攻楚敗楚將屈丐斬首八萬于丹陽左傳例云楚居丹陽今枝江縣故城是也是歲宣惠王卒太子倉立是為襄王襄王四年與秦武王會臨晉其秋秦使甘茂攻我宜陽五年秦拔我宜陽括地志云故韓城一名宜陽城在洛州福昌縣東十四里韓宜陽城也斬首六萬秦武王卒六年秦復與我武遂九年秦復取我武遂十年太子嬰朝秦而歸十一年秦伐我取穰穰人羊反鄧州縣也郭仲產南雍州記云楚之別邑秦初侵楚封公子悝為穰侯後屬韓秦昭王取之也與秦伐楚敗楚將唐眛十二年太子嬰死公子咎公子

蟣虱爭為太子時蟣虱質于楚蘇代謂韓咎曰蟣虱亡在楚楚王欲內之甚今楚兵十餘萬在方城之外括地志云方城山在許州葉縣西南十八里左傳云楚大夫屈完對齊侯曰楚國方城以為城杜注云方城山在南陽葉縣南公何不令楚王築萬室之都雍氏之旁括地志云故雍氏城在洛州陽翟縣二十五里故老云黃帝臣雍父作杵臼也韓必起兵以救之公必將矣公因以韓楚之兵奉蟣虱而內之其聽公必矣必以楚韓封公也韓咎從其計楚圍雍氏韓求救于秦秦未為發使公孫昧入韓公仲曰子以秦為且救韓乎對曰秦

王言之曰請道南鄭藍田南鄭梁州縣藍田雍州縣秦王言或出雍州西南至鄭或出雍州東南歷藍田出嶢關俱繞楚北境以待韓使而東救雍氏如此遲緩近不合于楚矣出兵于楚以待公殆不合矣公仲曰子以為果乎對曰秦王必祖張儀之故智楚威王攻梁也張儀謂秦王曰與楚攻魏魏折而入于楚韓固其與國也是孤秦也不如出兵以到之魏楚大戰秦取西河之外以歸今其狀陽言與韓其實陰善楚公待秦而到必輕與楚戰楚陰得秦之不用也必易與公相支也公戰而勝楚遂與公乘楚施

三川而歸祧猶設也三川各天子都也言韓戰勝楚則秦與韓駕御于楚即于天子之都張設救韓之功行霸王之迹加威諸侯乃歸咸陽是也公戰不勝楚楚塞三川守之楚乃塞南河四關守之韓不能救三川公不能救也竊為公患之司馬庚三反于郢甘茂與昭魚遇于商於其言收璽實類有約也公仲恐曰然則奈何曰公必先韓而後秦先身而後張儀先以身有韓之計而後知張儀為秦到魏之計不如急以國合于齊楚公不如亟以國合于齊楚齊楚必委國于公公之所惡者張儀也惡烏故反公孫眛言公仲所惡者張儀到魏之計雖以國合于齊楚其實猶不輕欺無秦也其實猶不無

秦也于是楚解雍氏圍自此已上十二年並是楚後圍雍氏赧王之十五年一段事也前注徐廣云楚圍雍氏之下是楚前圍雍氏赧王三年事徐說非也徐見下文云先身而後張儀及公之所惡者張儀也言張儀尚存楚又兩度圍雍氏故生此前後之見甚誤也然是公孫眛却述張儀時事說韓相公仲耳蘇代又謂秦太后弟芊戎曰公叔伯嬰恐秦楚之內蟣虱也公何不為韓求質于楚為于偽反後同質子蟣虱蘇代令芊戎為韓求蟣虱入於韓楚不聽公叔嬰知秦楚不以蟣虱為事必以韓合于秦楚王聽入質子於韓當云楚王不聽入質子於韓秋前脫不字耳次下云知秦楚不以蟣虱為事重明脫不字楚王聽入質子于韓則公叔伯嬰知秦楚之不以蟣虱為事必以韓合于秦

楚秦楚挾韓以窘魏魏氏不敢合于齊是齊孤也公又為秦求質子于楚楚不聽怨結于韓韓挾齊魏以圍楚楚必重公言韓合齊魏以圍楚楚必尊重芊戎以求秦救矣公挾秦楚之重以積德于韓公叔伯嬰必以國待公于是蟣虱竟不得歸韓自此已前蘇代數計皆不成故韓竟立咎為太子也韓立咎為太子齊魏王來蘇代為韓立計故得齊魏王來十四年與齊魏王共擊秦至函谷而軍馬十六年秦與我河外及武遂襄王卒太子咎立是為釐王釐王三年使公孫喜率周魏攻秦秦敗我二十

萬虜喜伊闕五年秦拔我宛宛於元反宛鄧州縣也時屬韓也六年與秦武遂地二百里此武遂及上武遂皆宜陽近地十年秦敗我師於夏山十二年與秦昭王會西周而佐秦攻齊齊敗湣王出亡十四年與秦會兩周間二十一年使暴鳶救魏音捐韓將姓名為秦所敗鳶走開封二十三年趙魏攻我華陽司馬彪云華陽山名在密縣鄭州管城縣南四十里韓告急于秦秦不救韓相國謂陳筮曰事急願公雖病為一宿之行陳筮見穰侯穰侯曰事急乎故使公來陳筮曰未急也穰侯怒曰是可以為

公之主使乎夫冠蓋相望告敝邑甚急公來言未急何也陳筮曰彼韓急則將變而佗從以未急故復來耳穰侯曰公無見王請今發兵救韓八日而至敗趙魏于華陽之下是歲釐王卒子桓惠王立桓惠王元年伐燕九年秦拔我陘城汾旁 陘音刑秦拔陘城于汾水之旁陘故城在絳曲沃縣西北二十里汾水之旁也 十年秦擊我于太行 太行山在懷州河內縣北二十五里也 我上黨郡守以上黨郡降趙十四年秦拔趙上黨 韓上黨也從太行西北澤路等州是也 殺馬服子卒四十餘萬于長平十七年秦拔我陽城負黍 古今地名云負黍在洛州陽城西三十七里也 二十二年秦昭王卒二十四年秦拔我城皋滎陽二十六年秦悉拔我上黨二十九年秦拔我十三城三十四年桓惠王卒子王安立王安五年秦攻韓韓急使韓非使秦秦留非因殺之九年秦虜王安盡入其地為潁川郡韓遂亡 亡在秦始皇帝十七年

太史公曰韓厥之感晉景公紹趙孤之子武以成程嬰公孫杵臼之義此天下之陰德也韓氏之功于晉未覩

其大者也然與趙魏終為諸侯十餘世宜乎哉

史記正義卷四十五

欽定四庫全書

史部

史記正義卷四十六至五十一

詳校官編修臣李如筠

欽定四庫全書

史記正義卷四十六

唐 張守節 撰

田敬仲完世家第十六　史記四十六

陳完者陳厲公佗之子也完生周太史過陳陳厲公使卜完卦得觀之否是為觀國之光利用賓于王此其代陳有國乎不在此而在異國乎非此其身也在其子孫若在異國必姜姓姜姓四嶽之後杜預云姜姓之先為堯四嶽也物莫能兩大陳衰此其昌乎陳滑公周敬王四十一年為楚惠王所滅齊簡公周敬王三十九年被田常所殺　厲公者陳文公少子也其母蔡女文公卒厲公兄鮑立是為桓公桓公與佗異母及桓公病蔡人為佗殺桓公鮑及太子免而立佗為厲公厲公既立娶蔡女蔡女淫於蔡人數歸厲公亦數如蔡桓公之少子林怨厲公殺其父與兄乃令蔡人誘厲公而殺之林自立是為莊公故陳完不得立為陳大夫厲公之殺以淫出國故春秋曰蔡人殺陳佗罪之也莊公卒立弟杵臼是

為宣公宣公十一年殺其太子禦寇禦寇與完相愛恐
禍及已完故奔齊齊桓公欲使為卿辭曰羈旅之臣幸
得免負檐君之惠也不敢當高位桓公使為工正工巧之長
若將作大匠齊懿仲欲妻完卜之占曰是謂鳳皇于蜚和鳴
鏘鏘有嬀之後將育于姜五世其昌並于正卿八世之
後莫之與京卒妻完完之奔齊齊桓公立十四年矣完
卒謚為敬仲仲生穉孟夷敬仲之如齊以陳字為田氏
按敬仲既奔齊不欲稱本故國號故改陳字為田氏田穉孟夷生湣孟莊田湣孟

莊生文子須無田文子事齊莊公晉之大夫欒逞作亂
於晉來奔齊齊莊公厚客之晏嬰與田文子諫莊公弗
聽文子卒生桓子無宇田桓子無宇有力事齊莊公甚
有寵無宇卒生武子開與釐子釐音僖也乞田釐子乞事齊
景公為大夫其收賦稅於民以小斗受之其粟予民以
大斗行陰德於民而景公弗禁由此田氏得齊衆心宗
族益彊民思田氏晏子數諫景公景公弗聽已而使於
晉與叔向私語曰齊國之政其卒歸於田氏矣晏嬰卒

後范中行氏反晉晉攻之急范中行請粟於齊田乞欲
為亂樹黨於諸侯乃說景公曰范中行數有德於齊齊
不可不救齊使田乞救之而輸之粟景公太子死後有
寵姬曰芮子生子荼景公病命其相國惠子與高昭子
以子荼為太子景公卒兩相高國立荼是為晏孺子而
田乞不說欲立景公他子陽生陽生素與乞歡晏孺子
之立也陽生奔魯田乞偽事高昭子國惠子者每朝代
參乘言曰始諸大夫不欲立孺子孺子既立君相之大

夫皆自危謀作亂又給大夫曰高昭子可畏也及未發
先之諸大夫從之田乞鮑牧與大夫以兵入公室攻高
昭子昭子聞之與國惠子救公公師敗田乞之衆追國
惠子惠子奔莒遂反殺高昭子晏孺子奔魯田乞使人
之魯迎陽生陽生至齊匿田乞家請諸大夫曰常之母
有魚菽之祭幸而來會飲會飲田氏田乞盛陽生橐中
置坐中央發橐出陽生曰此乃齊君矣大夫皆伏謁將
盟立之田乞誣曰吾與鮑牧謀共立陽生也鮑牧怒曰

大夫忘景公之命乎諸大夫欲悔陽生乃頓首曰可則立之不可則已鮑牧恐禍及已乃復曰皆景公之子何為不可遂立陽生於田乞之家是為悼公乃使人遷晏孺子於駘（音臺又音台賈逵云齊地也）而殺孺子荼悼公既立田乞為相專齊政四年田乞卒子常代立是為田成子鮑牧與齊悼公有郄弑悼公齊人共立其子壬是為簡公田常成子與監止俱為左右相相簡公田常心害監止監止幸於簡公權弗能去於是田常復脩釐子之政以大斗

出貸以小斗收齊人歌之曰嫗乎采芑歸乎田成子齊大夫朝御鞅諫簡公曰田監不可並也君其擇焉君弗聽子我者監止之宗人也常與田氏有郤田氏疏族田豹事子我有寵子我曰吾欲盡滅田氏適以豹代田氏宗豹曰臣於田氏疏矣不聽已而豹謂田氏曰子我將誅田氏田氏弗先禍及矣子我舍公宮田常兄弟四人乘如公宮欲殺子我子我閉門簡公與婦人飲檀臺（在青州臨淄縣東北一里）將欲擊田常太史子餘曰田常非敢為亂將

除害簡公乃止田常出聞簡公怒恐誅將出亡田子行曰需事之賊也田常於是擊子我子我率其徒攻田氏不勝出亡田氏之徒追殺子我及監止簡公出奔田氏之徒追執簡公于徐州（齊之西北界上地名在勃海郡東平縣也）簡公曰蚤從御鞅之言不及此難田氏之徒恐簡公復立而誅己遂殺簡公簡公立四年而殺於是田常立簡公弟驁是為平公平公即位田常為相田常既殺簡公懼諸侯共誅己乃盡歸魯衛侵地西約晉韓魏趙氏南通吳越之使

修功行賞親於百姓以故齊復定田常言於齊平公曰德施人之所欲君其行之刑罰人之所惡臣請行之行之五年齊國之政皆歸田常田常於是盡誅鮑晏監止及公族之彊者而割齊自安平以東（括地志云安平城在青州臨淄縣東十九里古紀國之鄰邑青州即北海郡也）至琅邪（琅邪沂州也從安平已東萊登沂密等州皆自為田常封邑也）自為封邑封邑大於平公之所食田常乃選齊國中女長子七尺以上為後宮後宮以百數而使賓客舍人出入後宮者不禁及田常卒有七十餘男田常卒子

襄子盤代立相齊常謚為成子田襄子既相齊宣公三晉殺知伯分其地襄子使其兄弟宗人盡為齊郡邑大夫與三晉通使且有以齊國襄子卒子莊子白立田莊子相齊宣公宣公四十三年伐晉毀黃城圍陽狐括地志云故黃城在魏州冠氏縣南十里陽狐郭在魏州元城縣東北三十二里也明年伐魯葛及安陵括地志云故魯城在許昌縣南四十里本魯朝宿邑長葛故城在許州長葛縣北十二里鄭之葛邑也隅陵故城在許州隅陵縣西北十五里李奇云六國時為安陵也明年取魯之一城莊子卒子太公和立田太公相齊宣公宣公四十八年取魯

之郕音成括地志云故郕城在兗州泗水縣西北五十里說文云郕魯孟邑是也明年宣公與鄭人會西城伐衛取毋丘括地志云故貫城即古貫國故貫今名濛澤城在曹州濟陰縣南五十六里也宣公五十一年卒田會自廩丘反宣公卒子康公貸立貸立十四年淫於酒婦人不聽政太公乃遷康公於海上食一城以奉其先祀明年魯敗齊平陸兗州縣也三年太公與魏文侯會濁澤求為諸侯魏文侯乃使使言周天子及諸侯請立齊相田和為諸侯周天子許之康公之十九年田和立為齊侯列於周室紀元年齊

侯太公和立二年和卒子桓公午立桓公午五年秦魏攻韓韓求救於齊齊桓公召大臣而謀曰蚤救之孰與晚救之騶忌曰不若勿救段干朋曰不救則韓且折而入於魏不若救之田臣思曰過矣君之謀也秦魏攻韓楚趙必救之是天以燕予齊也桓公曰善乃陰告韓使者而遣之韓自以為得齊之救因與秦魏戰楚趙聞之果起兵而救之齊因起兵襲燕國取桑丘括地志云桑丘故城俗名敀城在易州遂城縣爾時齊伐燕桑丘魏趙來救之魏趙世家並云伐齊至桑丘皆是易州六年救

衛桓公卒子威王因齊立是歲故齊康公卒絕無後奉邑皆入田氏齊威王元年三晉因齊喪來伐我靈丘靈丘河東尉州縣接靈丘此時屬齊三晉因喪伐之韓魏趙世家云伐齊至靈丘皆是尉州三年三晉滅晉後而分其地六年魯伐我入陽關括地志云魯陽關故城在兗州博城縣南二十九里西臨汶水也晉伐我至博陵在濟州西界也七年衛伐我取薛陵九年趙伐我取甄威王初即位以來不治委政卿大夫九年之間諸侯並伐國人不治於是威王名即墨大夫而語之曰自子之居即墨也萊州膠水縣南六十里即墨故城是也

毀言日至然吾使人視即墨田野闢民人給官無留事東方以寧是子不事吾左右以求譽也封之萬家召阿大夫語曰自子之守阿譽言日聞然使使視阿田野不闢民貧苦昔日趙攻甄（音絹即濮州甄城縣北今在即墨字上也）子弗能救衛取薛陵子弗知是子以幣厚吾左右以求譽也是日烹阿大夫及左右嘗譽者皆并烹之遂起兵西擊趙魏敗魏於濁澤而圍惠王惠王請獻觀以和解趙人歸我長城於是齊國震懼人人不敢飾非務盡其誠齊國大

治諸侯聞之莫敢致兵於齊二十餘年騶忌子以鼓琴見威王威王説而舍之右室須臾王鼓琴騶忌子推戶入曰善哉鼓琴王勃然不説去琴按劍曰夫子見容未察何以知其善也騶忌子曰夫大弦濁以春温者君也小弦廉折以清者相也攫之深醳之愉者政令也鈞諧以鳴大小相益回邪而不相害者四時也吾是以知其善也王曰善語音騶忌子曰何獨語音夫治國家而弭人民皆在其中王又勃然不説曰若夫語五音之紀信

未有如夫子者也若夫治國家而弭人民又何為乎絲桐之間騶忌子曰夫大弦濁以春温者君也小弦廉折以清者相也攫之深而舍之愉者政令也鈞諧以鳴大小相益回邪而不相害者四時也夫復而不亂者所以治昌也連而徑者所以存亡也故曰琴音調而天下治夫治國家而弭人民者無若乎五音者王曰善騶忌子見三月而受相印淳于髡見之曰善説哉髡有愚志願陳諸前騶忌子曰謹受教淳于髡曰得全全昌失全全

亡騶忌子曰謹受令請謹毋離前淳于髡曰狶膏棘軸所以為滑也然而不能運方穿騶忌子曰謹受令請謹事左右淳于髡曰弓膠昔幹所以為合也然而不能傅合疏罅騶忌子曰謹受令請謹自附于萬民淳于髡曰狐裘雖弊不可補以黄狗之皮騶忌子曰謹受令請謹擇君子毋雜小人其間淳于髡曰大車不較不能載其常任琴瑟不較不能成其五音騶忌子曰謹受令請脩法律而督姦吏淳于髡説畢趨出至門而面其僕曰

是人者吾語之微言五其應我若響之應聲是人必封不久矣居朞年封以下邳號曰成侯威王二十三年與趙王會平陸二十四年與魏王會田於郊魏王問曰王亦有寶乎威王曰無有梁王曰若寡人國小也尚有徑寸之珠照車前後各十二乘者十枚奈何以萬乘之國而無寶乎威王曰寡人之所以為寶與王異吾臣有檀子者使守南城則楚人不敢為寇東取泗上十二諸侯皆來朝吾臣有朌子者使守高唐則趙人不敢東漁於

河吾吏有黔夫者使守徐州則燕人祭北門趙人祭西門徙而從者七千餘家吾臣有種首者使備盜賊則道不拾遺將以照千里豈特十二乘哉梁惠王慙不懌而去二十六年魏惠王圍邯鄲趙求救於齊齊威王召大臣而謀曰救趙孰與勿救騶忌子曰不如勿救段干朋曰不救則不義且不利威王曰何也對曰夫魏氏并邯鄲其於齊何利哉且夫救趙而軍其郊是趙不伐而魏全也故不如南攻襄陵襄陵故城在兖州鄒縣也以弊魏邯鄲拔而

乘魏之弊威王從其計其後成侯騶忌與田忌不善公孫閲謂成侯忌曰公何不謀伐魏田忌必將戰勝有功則公之謀中也戰不勝非前死則後北而命在公矣於是成侯言威王使田忌南攻襄陵十月邯鄲拔齊因起兵擊魏大敗之桂陵在曹州乘氏縣東北二十一里於是齊最彊於諸侯自稱為王以令天下三十三年殺其大夫牟辛三十五年公孫閲又謂成侯忌曰公何不令人操十金卜於市曰我田忌之人也吾三戰而三勝聲威天下欲為大

事亦吉乎不吉乎卜者出因令人捕為之卜者驗其辭於王之所田忌聞之因遂率其徒襲攻臨淄求成侯不勝而犇三十六年威王卒子宣王辟彊立宣王元年秦用商鞅周致伯於秦孝公二年魏伐趙趙與韓親共擊魏趙不利戰於南梁括地志云故梁在汝州西南二百步晉太康地記云戰國時謂南梁者別之於大梁少梁也古蠻子邑也宣王召田忌復故位韓氏請救於齊宣王召大臣而謀曰蚤救孰與晚救騶忌子曰不如勿救田忌曰弗救則韓且折而入於魏不如蚤救之孫

子曰夫韓魏之兵未弊而救之是吾代韓受魏之兵顧反聽命于韓也且魏有破國之志韓見亡必東面而愬於齊矣吾因深結韓之親而晚承魏之弊則可重利而得尊名也宣王曰善乃陰告韓之使者而遣之韓因恃齊五戰不勝而東委國於齊齊因起兵使田忌田嬰將孫子為帥救韓趙以擊魏大敗之馬陵殺其將龐涓虜魏太子申其後三晉之王皆因田嬰朝齊王於博望括地志云博望故城在鄭州向城縣東南四十五里盟而去七年與魏王會平阿南沛郡平阿縣也明年復會甄魏惠王卒明年與魏襄王會徐州諸侯相王也十年楚圍我徐州十一年與魏伐趙趙決河水灌齊魏兵罷十八年秦惠王稱王宣王喜文學游說之士自如騶衍淳于髡贅衍齊之稷下先生也田駢白眠反藝文志云田駢齊人游稷下號天口駢作田子二十五篇也接子齊人藝文志云接子二篇在道家流慎到趙人戰國時處士藝文云作慎子四十二篇也環淵楚人孟子傳云環淵著書上下篇也之徒七十六人皆賜列弟為上大夫不治而議論是以齊稷下學士復盛且數百千人十九年宣王卒子湣王地立湣王

元年秦使張儀與諸侯執政會于齧桑三年封田嬰於薛四年迎婦于秦七年與宋攻魏敗之觀澤十二年攻魏楚圍雍氏秦敗屈丐蘇代謂田軫曰臣願有謁於公其為事甚完使楚利公成為福不成亦為福今者臣立於門客有言曰魏王謂韓馮張儀曰煮棗將拔齊兵又進子來救寡人則可矣不救寡人寡人弗能拔此特轉辭也秦韓之兵毋東旬餘則魏氏轉韓從秦秦逐張儀交臂而事齊楚此公之事成也田軫曰奈何使無東對曰韓馮之救魏之辭必不謂韓王曰馮以為魏必曰馮將以秦韓之兵東卻齊宋馮因摶三國之兵乘屈丐之弊南割於楚故地必盡得之矣張儀救魏之辭必不謂秦王曰儀以為魏必曰儀且以秦韓之兵東距齊宋儀將摶三國之兵乘屈丐之弊屈丐楚將為秦所敗今更欲乘之南割於楚名存亡國實伐三川而歸此王業也公令楚王與韓氏地使秦制和謂秦王曰請與韓地而王以施三川施張故也言秦王於天子都張設迫脅也韓氏之兵不用而得地於楚韓馮之

東兵之辭且謂秦何曰秦兵不用而得三川伐楚韓以窘魏魏氏不敢東是孤齊也張儀之東兵之辭且謂何曰秦韓欲地而兵有案聲威發於魏魏氏之欲不失齊楚者有資矣魏氏轉秦韓爭事齊楚楚王欲而無與地公令秦韓之兵不用而得地有一大德也蘇代謂陳軫令秦韓之兵不戰伐而得地陳軫於秦韓豈不有大恩德秦韓之王劫於韓馮張儀而東兵以徇服魏公常執左券以責於秦韓左券下右券上也蘇代說陳軫以上券令秦韓不用兵得地而以券責秦韓卻韓馮張儀以徇服魏故秦韓善陳軫而惡張儀多取矣此

其善於公而惡張子多資矣十三年秦惠王卒二十三年與秦擊敗楚於重丘二十四年秦使涇陽君質於齊二十五年歸涇陽君于秦孟嘗君薛文入秦即相秦文亡去二十六年齊與韓魏共攻秦至函谷軍焉二十八年秦與韓河外以和兵罷二十九年趙殺其主父齊佐趙滅中山三十六年王為東帝秦昭王為西帝蘇代自燕來入齊見於章華東門括地志云齊城章華之東有閭門武鹿門也齊王曰嘻善子來秦使魏冉致帝子以為何如對曰王之問臣也卒而患之所從來微願王受之而勿備稱也秦稱之天下安之王乃稱之無後也且讓爭帝名無傷也秦稱之天下惡之王因勿稱以收天下此大資也且天下立兩帝王以天下為尊齊乎尊秦乎王曰尊秦曰釋帝天下愛齊乎愛秦乎王曰愛齊而憎秦曰兩帝立約伐趙孰與伐桀宋之利王曰伐桀宋利對曰夫約鈞然與秦為帝而天下獨尊秦而輕齊釋帝則天下愛齊而憎秦伐趙不如伐桀宋之利故願王明釋帝以收天下倍

約賓秦無爭重而王以其閒舉宋夫有宋衛之陽地危按衛此時河南獨有濮陽也有濟西趙之阿東國危阿東阿也爾時屬趙故云東國危有淮北楚之東國危淮北徐泗也東國謂下相僮取慮也有陶平陸梁門不開陶定陶今曹州也平陸兗州縣也縣在大梁東界釋帝而貸之以伐桀宋之事國重而名尊燕楚所以形服天下莫敢不聽此湯武之舉也敬秦以為名而後使天下憎之此所謂以卑為尊者也願王孰慮之於是齊去帝復為王秦亦去帝位三十八年伐宋秦昭王怒曰吾愛宋與愛新城陽

晉括地志云新城故城在宋州宋城縣界陽晉故城在曹州乘氏縣西北三十六里同韓聶與吾友也而攻吾所愛何也蘇代為齊謂秦王曰韓聶之攻宋所以為王也齊彊輔之以宋楚魏必恐恐必西事秦是王不煩一兵不傷一士無事而割安邑也年表云秦昭王二十一年魏納安邑及河内此韓聶之所禱於王也秦王曰吾患齊之難知一從一衡其說何也對曰天下國令齊可知乎齊以攻宋其知事秦以萬乘之國自輔不西事秦則宋治不安中國白頭游敖之士皆積智欲離齊秦之交伏

式結軼西馳者未有一人言善齊者也伏式東馳者未有一人言善秦者也何則皆不欲齊秦之合也何晉楚之智而齊秦之愚也晉楚合必議齊秦齊秦合必圖晉楚請以此決事秦王曰諾於是齊遂伐宋宋王出亡死於溫懷州有溫城齊南割楚之淮北西侵三晉欲以并周室為天子泗上諸侯鄒魯之君皆稱臣諸侯恐懼三十九年秦來伐拔我列城九十四年燕秦楚三晉合謀各出銳師以伐敗我濟西王解而郤燕將樂毅遂入臨淄盡取齊之寶藏器湣王出亡之衛衛君辟宮舍之稱臣而共具湣王不遜衛人侵之湣王去走鄒魯有驕色鄒魯君弗内遂走莒楚使淖齒將兵救齊因相齊湣王淖齒遂殺湣王而與燕共分齊之侵地鹵器鹵掠齊寶器也湣王之遇殺其子法章變名姓為莒太史敫家庸太史敫女奇法章狀貌以為非恒人憐而常竊衣食之而與私通焉淖齒既以去莒莒中人及齊亡臣相聚求湣王子欲立之法章懼其誅已也久之乃敢自言我湣王子也於是

莒人共立法章是為襄王以保莒城而布告齊國中王已立在莒矣襄王既立立太史氏女為王后是為君王后生子建太史敫曰女不取媒因自嫁非吾種也汙吾世終身不覩君王后君王后賢不以不覩故失人子之禮襄王在莒五年田單以即墨攻破燕軍迎襄王於莒入臨菑齊故地盡復屬齊齊封田單為安平君安平城在青州臨淄縣東十九里古紀之酅邑也十四年秦擊我剛壽十九年襄王卒子建立王建立六年秦攻趙齊楚救之秦計曰齊楚救

趙親則退兵不親遂攻之趙無食請粟於齊齊不聽周子曰不如聽之以退秦兵不聽則秦兵不却是秦之計中而齊楚之計過也且趙之於齊楚扞蔽也（此時秦伐趙上黨欲先無憂伐齊楚故言趙之於齊楚為扞蔽也）猶齒之有脣也脣亡則齒寒今日亡趙明日患及齊楚且救趙之務宜若奉漏甕沃焦釜也夫救趙高義也却秦兵顯名也義救亡國威却彊秦之兵不務為此而務愛粟為國計者過矣齊王弗聽秦破趙於長平四十餘萬遂圍邯鄲十六年秦滅周君

王后卒二十三年秦置東郡二十八年王入朝秦秦王政置酒咸陽三十五年秦滅韓三十七年秦滅趙三十八年燕使荊軻刺秦王秦王覺殺軻明年秦破燕燕王亡走遼東明年秦滅魏秦兵次於歷下四十二年秦滅楚明年虜代王嘉滅燕王喜四十四年秦兵擊齊齊王聽相后勝計不戰以兵降秦秦虜王建遷之共（今衛州共城縣也）遂滅齊為郡天下壹并於秦秦王政立號為皇帝始君王后賢事秦謹與諸侯信齊亦東邊海上秦日夜攻三晉燕楚五國各自救於秦以故王建立四十餘年不受兵君王后死后勝相齊多受秦間金多使賓客入秦秦又多予金客皆為反間勸王去從朝秦不修攻戰之備不助五國攻秦秦以故得滅五國五國已亡秦兵卒入臨淄民莫敢格者王建遂降遷於共故齊人怨王建不蚤與諸侯合從攻秦聽姦臣賓客以亡其國歌之曰松耶柏耶住建共者客耶疾建用客之不詳也

太史公曰蓋孔子晚而喜易易之為術幽明遠矣非通

人達才孰能注意焉故周太史之卦田敬仲完占至十世之後及完奔齊懿仲卜之亦云田乞及常所以比犯二君專齊國之政非必事勢之漸然也蓋若遵厭兆祥云

史記正義卷四十六

史記正義卷四十七

唐 張守節 撰

孔子世家第十七 孔子無侯伯之位而稱世家者太史公以孔子布衣傳十餘世學者宗之自天下王侯中國言六藝者宗於夫子可謂至聖故為世家 史記四十七

孔子生魯昌平鄉陬邑 括地志云故鄒城在兖州泗水縣東南六十里昌平山在泗水縣南六十里孔子生昌平鄉蓋鄉取山為名故闕里在泗水縣南五十里輿地志云鄒城西界闕里有尼丘山按今尼丘山在兖州鄒城闕里即此也括地志云兖州曲阜縣魯城西南三里有闕里中有孔子宅宅中有廟

伍緝之從征記云闕里背洙面泗即此也按夫子生在鄒長徙曲阜乃號闕里 其先宋人也曰孔防叔防叔生伯夏伯夏生叔梁紇 括地志云叔梁紇廟亦名尼丘山祠在兖州泗水縣五十里尼丘山東趾地里志云魯縣有尼丘山有叔梁紇廟 紇與顏氏女野合而生孔子 男八月生齒八歲毀齒二八十六陽道通八八六十四陽道絕女七月生齒七歲毀齒二七十四陰道通七七四十九陰道絕婚姻過此者皆為野合故家語云梁紇娶魯施氏女生九女乃求婚於顏氏顏氏有三女小女徵在據此婚過六十四矣 禱於尼丘得孔子魯襄公二十二年而孔子生生而首上圩頂 括地志云女陵山在曲阜縣南二十八里干寶三日紀云徵在生孔子空桑之地今名空竇在魯南山之空竇中無水當祭時洒掃以告輒有清泉自石門出足以周用祭訖泉枯今俗名女陵山 故因名曰丘云字仲尼姓孔氏丘生而叔梁紇死葬於防山 括地志云防山在兖州曲阜縣東二十五里禮記云孔子母合葬於防也 防山在魯東由是孔子疑其父墓處母諱之也

孔子為兒嬉戲常陳俎豆 俎豆以木為之受四升高尺二寸大夫以上赤雲氣諸侯加象飾足天子玉飾也 設禮容孔子母死乃殯五父之衢 括地志云五父衢在兖州曲阜縣西南二里魯城內衢道也 蓋其慎也 慎謂以紼引棺就殯所也 郰人 上音鄒 輓父之母誨孔子父墓然後往合葬於防焉孔子要絰季氏饗士孔子與往 與音預季氏為饌飲魯文學之士孔子與迎而往陽虎以孔子

少故折之也 陽虎絀曰季氏饗士非敢饗子也孔子由是退

孔子年十七魯大夫孟釐子病且死誡其嗣懿子曰孔丘聖人之後滅於宋其祖弗父何始有宋而嗣讓厲公及正考父佐戴武宣公三命茲益恭故鼎銘云一命而僂再命而傴三命而俯循牆而走亦莫敢余侮饘於是粥於是以餬余口其恭如是吾聞聖人之後雖不當世必有達者今孔丘年少好禮其達者歟吾即沒若必師之及釐子卒懿子與魯人南宮敬叔往學禮焉是歲季

武子卒平子代立孔子貧且賤及長嘗為季氏史料量平嘗為司職吏而蓄蕃息由是為司空已而去魯斥乎齊逐乎宋衛困於陳蔡之間於是反魯孔子長九尺有六寸人皆謂之長人而異之魯復善待由是反魯魯南宮敬叔言魯君曰請與孔子適周魯君與之一乘車兩馬一豎子俱適周問禮蓋見老子云辭去而老子送之曰吾聞富貴者送人以財仁人者送人以言吾不能富貴竊仁人之號送子以言曰聰明深察而近於死者好

議人者也博辯廣大危其身者發人之惡者也為人子者毋以有已為人臣者毋以有已孔子自周反于魯弟子稍益進焉是時也晉平公淫六卿擅權東伐諸侯楚靈王兵彊陵轢中國齊大而近於魯魯小弱附於楚則晉怒附於晉則楚來伐不備於齊齊師侵魯魯昭公之二十年而孔子蓋年三十矣齊景公與晏嬰來適魯景公問孔子曰昔秦穆公國小處辟其霸何也對曰秦國雖小其志大處雖辟行中正身舉五羖（百里奚也）爵之大夫

起纍紲之中與語三日授之以政以此取之雖王可也其霸小矣景公說孔子年三十五而季平子與郈昭伯以鬬鷄故（郈音后括地志云鬬雞臺二所相去十五步在兗州曲阜縣東南三里魯城中左傳昭二十五年季氏與郈昭伯鬬雞季氏芥雞翼郈氏為金距之處）得罪魯昭公昭公率師擊平子平子與孟氏叔孫氏三家共攻昭公昭公師敗奔於齊齊處昭公乾侯（相州城　縣東南三十里斥丘故城本春秋時乾侯之邑）其後頃之魯亂孔子適齊為高昭子家臣欲以通乎景公與齊太師語樂聞韶音學之三月不知肉味齊人稱之景

公問政孔子孔子曰君君臣臣父父子子景公曰善哉信如君不君臣不臣父不父子不子雖有粟吾豈得而食諸他日又復問政於孔子孔子曰政在節財景公說將欲以尼谿田封孔子晏嬰進曰夫儒者滑稽而不可軌法倨傲自順不可以為下崇喪遂哀破產厚葬不可以為俗游說乞貸不可以為國自大賢之息周室既衰禮樂缺有間今孔子盛容飾繁登降之禮趨詳之節累世不能殫其學當年不能究其禮君欲用之以移齊俗

非所以先細民也後景公敬見孔子不問其禮異日景公止孔子曰奉子以季氏吾不能以季孟之閒待之齊大夫欲害孔子孔子聞之景公曰吾老矣弗能用也孔子遂行反乎魯孔子年四十二魯昭公卒於乾侯定公立定公立五年夏季平子卒桓子嗣立季桓子穿井得土缶中若羊問仲尼云得狗仲尼曰以丘所聞羊也丘聞之木石之怪夔罔閬水之怪龍罔象土之怪墳羊吴伐越墮會稽得骨節專車吴使使問仲尼骨何者最大

仲尼曰禹致羣神於會稽山防風氏後至禹殺而戮之其節專車此為大矣吴客曰誰為神仲尼曰山川之神足以綱紀天下其守為神社稷為公侯皆屬於王者客曰防風何守仲尼曰汪罔氏之君守封禺之山為釐姓在虞夏商為汪罔於周為長翟今謂之大人客曰人長幾何仲尼曰僬僥氏三尺短之至也長者不過十之數之極也於是吴客曰善哉聖人桓子嬖臣曰仲梁懷與陽虎有隙陽虎欲逐懷公山不狃止之其秋懷益驕陽虎執懷桓子怒陽虎因囚桓子與盟而醳之醳音釋陽虎由此益輕季氏季氏亦僭於公室陪臣執國政是以魯自大夫以下皆僭離於正道故孔子不仕退而脩詩書禮樂弟子彌衆至自遠方莫不受業焉定公八年公山不狃不得意於季氏因陽虎為亂欲廢三桓之適適音嫡更立其庶孽陽虎素所善者遂執季桓子桓子詐之得脱定公九年陽虎不勝奔于齊是時孔子年五十公山不狃以費畔季氏使人召孔子孔子循道彌久溫溫無

所試莫能已用曰蓋周文武起豐鎬而王今費雖小儻庶幾乎欲往子路不説止孔子孔子曰夫召我者豈徒哉如用我其為東周乎然亦卒不行其後定公以孔子為中都宰一年四方皆則之由中都宰為司空由司空為大司寇定公十年春及齊平夏齊大夫黎鉏言於景公曰魯用孔丘其勢危齊乃使使告魯為好會會於夾谷魯定公且以乘車好往孔子攝相事曰臣聞有文事者必有武備有武事者必有文備古者諸侯出疆必具

官以從請具左右司馬定公曰諾具左右司馬會齊侯夾谷為壇位土階三等以會遇之禮相見揖讓而登獻酬之禮畢齊有司趨而進曰請奏四方之樂景公曰諾於是旍旄羽袚矛戟劍撥鼓噪而至孔子趨而進歷階而登不盡一等舉袂而言曰吾兩君為好會夷狄之樂何為於此請命有司有司却之不去則左右視晏子與景公景公心怍麾而去之有頃齊有司趨而進曰請奏宮中之樂景公曰諾優倡侏儒為戲而前孔子趨而進

歷階而登不盡一等曰匹夫而熒惑諸侯者罪當誅請命有司有司加法焉手足異處景公懼而動知義不若歸而大恐告其羣臣曰魯以君子之道輔其君而子獨以夷狄之道教寡人使得罪於魯君為之柰何有司進對曰君子有過則謝以質小人有過則謝以文君若悼之則謝以實於是齊侯乃歸所侵魯之鄆汶陽龜陰之田鄆今鄆州鄆城縣在兗州龔丘縣東北五十四里故謝城在龔丘縣東七十里齊歸侵魯龜陰之田以謝魯魯築城於此以旌孔子之功因名謝城以謝過定公十三年夏孔子言於

定公曰臣無藏甲大夫毋百雉之城使仲由為季氏宰將墮三都於是叔孫氏先墮郈括地志云郈亭在鄆州宿城縣東三十二里季氏將墮費公山不狃叔孫輒率費人襲魯公與三子入於季氏之宮登武子之臺費人攻之弗克入及公側孔子命申句須樂頎下伐之費人北國人追之敗諸姑蔑括地志云姑蔑故城在兗州泗水縣東四十五里按泗水縣本漢卞縣地二子奔齊遂墮費將墮成括地志云故郕城在兗州泗水縣西北五十里公斂處父謂孟孫曰墮成齊人必至于北門且成孟氏之保障無成是無孟

氏也我將弗墮十二月公圍成弗克定公十四年孔子年五十六由大司寇行攝相事有喜色門人曰聞君子禍至不懼福至不喜孔子曰有是言也不曰樂其以貴下人乎於是誅魯大夫亂政者少正卯與聞國政三月粥羔豚者弗飾賈男女行者別於塗塗不拾遺四方之客至乎邑者不求有司皆予之以歸齊人聞而懼曰孔子為政必霸霸則吾地近焉我之為先并矣盍致地焉犂鉏曰請先嘗沮之沮之而不可則致地庸遲乎於是

選齊國中女子好者八十人皆衣文衣而舞康樂文馬三十駟遺魯君陳女樂文馬於魯城南高門外季桓子微服往觀再三將受乃語魯君為周道游往觀終日怠於政事子路曰夫子可以行矣孔子曰魯今且郊如致膰乎大夫則吾猶可以止桓子卒受齊女樂三日不聽政郊又不致膰俎於大夫孔子遂行宿乎屯而師已送曰夫子則非罪孔子曰吾歌可夫歌曰彼婦之口可以出走彼婦之謁可以死敗蓋優哉游哉維以卒歲師已反桓子曰孔子亦何言師已以實告桓子喟然歎曰夫子罪我以羣婢故也夫孔子遂適衛主於子路妻兄顏濁鄒家衛靈公問孔子居魯得祿幾何對曰奉粟六萬衛人亦致粟六萬（六萬小斗計當今二千石也周之斗升觔兩皆用小也）居頃之或譖孔子於衛靈公靈公使公孫余假一出一入孔子恐獲罪焉居十月去衛將適陳過匡（故匡城在滑州城縣西南十里）顏刻為僕以其策指之曰昔吾入此由彼缺也（琴操云孔子到匡郭外顏淵舉策指匡穿垣曰往與陽貨正從此入匡人聞其言告君曰往者陽貨今復來乃率衆圍孔子數日乃

和琴而歌音曲甚哀有暴風擊軍士僵仆於是匡人乃知孔子聖人自解也）匡人聞之以為魯之陽虎陽虎嘗暴匡人匡人於是遂止孔子孔子狀類陽虎拘焉五日顏淵後子曰吾以汝為死矣顏淵曰子在回何敢死匡人拘孔子益急弟子懼孔子曰文王既沒文不在茲乎天之將喪斯文也後死者不得與于斯文也天之未喪斯文也匡人其如予何孔子使從者為甯武子臣於衛然後得去去即過蒲（括地志云故蒲城在滑州匡城縣北十五里匡城本漢長垣縣）月餘反乎衛主蘧伯玉家靈公夫人有南子者使人謂孔子曰四方之君子不辱欲與寡君為兄弟者必見寡小君寡小君願見孔子辭謝不得已而見之夫人在絺帷中孔子入門北面稽首夫人自帷中再拜環珮玉聲璆然（璆音虬）孔子曰吾鄉為弗見見之禮答焉子路不說孔子矢之曰予所不者天厭之天厭之居衛月餘靈公與夫人同車宦者雍渠參乘出使孔子為次乘招搖市過之孔子曰吾未見好德如好色者也於是醜之去衛過曹是歲魯定公卒孔子去曹適宋與

弟子習禮大樹下宋司馬桓魋欲殺孔子拔其樹孔子去弟子曰可以速矣孔子曰天生德於予桓魋其如予何孔子適鄭與弟子相失孔子獨立郭東門鄭人或謂子貢曰東門有人其顙似堯其項類臯陶其肩類子產然自要以下不及禹三寸纍纍若喪家之狗子貢以實告孔子孔子欣然笑曰形狀末也而似喪家之狗然哉然哉孔子遂至陳主於司城貞子家歲餘吳王夫差伐陳取三邑而去趙鞅伐朝歌楚圍蔡蔡遷于吳吳敗越王

勾踐會稽有隼集于陳廷而死楛矢貫之石砮矢長尺有咫隼音準毛詩義疏鷂屬齊人謂之鷙正或謂之題肩或曰雀鷹春化為布穀此屬數種皆為隼陳湣公使使問仲尼仲尼曰隼來遠矣此肅慎之矢也肅慎國記云肅慎其地在夫餘國東北河六十日行其弓四尺強勁弩射四百步今之靺鞨國方有此矢昔武王克商通道九夷百蠻使各以其方賄來貢使無忘職業於是肅慎貢楛矢石砮長尺有咫先王欲昭其令德以肅慎矢分大姬配虞胡公而封諸陳分同姓以珍玉展親分異姓以遠方職使無忘服故分陳以肅慎矢試

求之故府果得之孔子居陳三歲會晉楚爭彊更伐陳及吳侵陳陳常被寇孔子曰歸與歸與吾黨之小子狂簡進取不忘其初於是孔子去陳過蒲會公叔氏以蒲畔蒲人止孔子弟子有公良孺者以私車五乘從孔子其為人長賢有勇力謂曰吾昔從夫子遇難於匡今又遇難於此命也已吾與夫子再罹難寧鬬而死鬬甚疾蒲人懼謂孔子曰苟毋適衞吾出子與之盟出孔子東門孔子遂適衞子貢曰盟可負邪孔子曰要盟也神不

聽衞靈公聞孔子來喜郊迎問曰蒲可伐乎對曰可靈公曰吾大夫以為不可今蒲衞之所以待晉楚也衞在濮州蒲在滑州在衞西也韓魏及楚從西向東伐先在蒲後及衞以衞伐之無乃不可乎孔子曰其男子有死之志婦人有保西河之志吾所伐者不過四五人靈公曰善然不伐蒲靈公老怠於政不用孔子孔子喟然歎曰苟有用我者期月而已三年有成孔子行佛肸為中牟宰趙簡子攻范中行伐中牟佛肸畔使人召孔子孔子欲往子路曰由聞諸夫子其

身親為不善者君子不入也今佛肹親以中牟畔子欲往如之何孔子曰有是言也不曰堅乎磨而不磷不曰白乎涅而不淄我豈匏瓜也哉焉能繫而不食孔子擊磬有荷蕢而過門者曰有心哉擊磬乎硜硜乎莫已知也夫而已矣孔子學鼓琴師襄子十日不進師襄子曰可以益矣孔子曰丘已習其曲矣未得其數也有閒曰已習其數可以益矣孔子曰丘未得其志也有閒曰已習其志可以益矣孔子曰丘未得其為人也有閒曰有

所穆然深思焉有所怡然高望而遠志焉曰丘得其為人黯然而黑幾然而長眼如望羊如王四國非文王其誰能為此也師襄子辟席再拜曰師蓋云文王操也孔子既不得用於衛將西見趙簡子至於河而聞竇鳴犢舜華之死也臨河而嘆曰美哉水洋洋乎丘之不濟此命也夫子貢趨而進曰敢問何謂也孔子曰竇鳴犢舜華晉國之賢大夫也趙簡子未得志之時須此兩人而後從政及其已得志殺之乃從政丘聞之也刳胎殺天

則麒麟不至郊竭澤涸漁則蛟龍不合陰陽覆巢毀卵則鳳皇不翔何則君子諱傷其類也夫鳥獸之於不義也尚知辟之而況乎丘哉乃還息乎陬鄉作為陬操以哀之而反乎衛入主蘧伯玉家他日靈公問兵陳孔子曰俎豆之事則嘗聞之軍旅之事未之學也明日與孔子語見蜚鴈仰視之色不在孔子孔子遂行復如陳夏衛靈公卒立孫輒是為衛出公六月趙鞅內太子蒯聵于戚陽虎使太子絻八人衰絰偽自衛迎者哭而入遂

居焉冬蔡遷于州來是歲魯哀公三年而孔子年六十矣齊助衛圍戚以衛太子蒯聵在故也夏魯桓釐廟燔南宮敬叔救火孔子在陳聞之曰灾必於桓釐廟乎已而果然秋季桓子病輦而見魯城喟然歎曰昔此國幾興矣以吾獲罪於孔子故不興也顧謂其嗣康子曰我即死若必相魯相魯必召仲尼後數日桓子卒康子代立已葬欲召仲尼公之魚曰昔吾先君用之不終終為諸侯笑今又用之不能終是再為諸侯笑康子曰則誰

名而可曰必名冉求於是使使名冉求冉求將行孔子曰魯人名求非小用之將大用之也是日孔子曰歸乎歸乎吾黨之小子狂簡斐然成章吾不知所以裁之子贛知孔子思歸送冉求因誡曰即用以孔子為招云冉求既去明年孔子自陳遷于蔡蔡昭公將如吳吳召之也前昭公欺其臣遷州來後將往大夫懼復遷公孫翩射殺昭公楚侵蔡秋齊景公卒明年孔子自蔡如葉葉公問政孔子曰政在來遠附邇他日葉公問孔子於子

路子路不對孔子聞之曰由爾何不對曰其為人也學道不倦誨人不厭發憤忘食樂以忘憂不知老之將至云爾去葉反于蔡長沮桀溺耦而耕孔子以為隱者使子路問津焉括地志云黃城山俗名菜山在許州葉縣西南二十五里聖賢冢墓記云黃城山即長沮桀溺所耕處下有東流水則子路問津處也長沮曰彼執輿者為誰子路曰為孔丘曰是魯孔丘與曰然曰是知津矣桀溺謂子路曰子為誰曰為仲由曰子孔丘之徒與曰然桀溺曰悠悠者天下皆是也而誰以易之且與其從辟人之士豈若從辟世之士哉耰而不輟子路以告孔子孔子憮然曰鳥獸不可與同羣天下有道丘不與易也他日子路行遇荷蓧丈人曰子見夫子乎丈人曰四體不勤五穀不分孰為夫子植其杖而芸子路以告孔子曰隱者也復往則亡孔子遷于蔡三歲吳伐陳楚救陳軍于城父聞孔子在陳蔡之閒楚使人聘孔子孔子將往拜禮陳蔡大夫謀曰孔子賢者所刺譏皆中諸侯之疾今者久留陳蔡之閒諸大夫所設行皆非仲尼之意今楚大國

也來聘孔子孔子用於楚則陳蔡用事大夫危矣於是乃相與發徒役圍孔子於野不得行絕糧從者病莫能興孔子講誦弦歌不衰子路慍見曰君子亦有窮乎孔子曰君子固窮小人窮斯濫矣子貢色作孔子曰賜爾以予為多學而識之者與曰然非與孔子曰非也予一以貫之孔子知弟子有慍心乃召子路而問曰詩云匪兕匪虎率彼曠野吾道非耶吾何為於此子路曰意者吾未仁耶人之不我信也意者吾未知耶人之不我行

也孔子曰有是乎由譬使仁者而必信安有伯夷叔齊
言仁者必使四方信之安有伯夷叔齊餓死乎使智者而必行安有王子比干
言智者必使處事通行安有王子比干剖心哉子路出子貢入見孔子曰賜詩
云匪兕匪虎率彼曠野吾道非邪吾何為於此子貢曰
夫子之道至大也故天下莫能容夫子夫子蓋少貶焉
孔子曰賜良農能稼而不能為穡良工能巧而不能為
順君子能脩其道綱而紀之統而理之而不能為容今
爾不脩爾道而求為容賜而志不遠矣子貢出顏回入

見孔子曰回詩云匪兕匪虎率彼曠野吾道非邪吾何
為於此顏回曰夫子之道至大故天下莫能容雖然夫
子推而行之不容何病不容然後見君子夫道之不脩
也是吾醜也夫道既已大脩而不用是有國者之醜也
不容何病不容然後見君子孔子欣然而笑曰有是哉
顏氏之子使爾多財吾為爾宰於是使子貢至楚楚昭
王興師迎孔子然後得免昭王將以書社地七百里封
孔子楚令尹子西曰王之使使諸侯有如子貢者乎曰

無有王之輔相有如顏回者乎曰無有王之將率有如
子路者乎曰無有王之官尹有如宰予者乎曰無有且
楚之祖封於周號為子男五十里今孔丘述三王之法
明周召之業王若用之則楚安得世世堂堂方數千里
乎夫文王在豐武王在鎬百里之君卒王天下今孔丘
得據土壤賢弟子為佐非楚之福也昭王乃止其秋楚
昭王卒于城父楚狂接輿歌而過孔子曰鳳兮鳳兮何
德之衰往者不可諫兮來者猶可追也已而已而今之

從政者殆而孔子下欲與之言趨而去弗得與之言於
是孔子自楚反乎衛是歲也孔子年六十三而魯哀公
六年也其明年吳與魯會繒徵百牢括地志云故鄫城在沂丞縣地理志
云繒縣屬東海縣也太宰嚭召季康子康子使子貢往然後得已
孔子曰魯衛之政兄弟也是時衛君輒父不得立在外
諸侯數以為讓而孔子弟子多仕於衛衛君欲得孔子
為政子路曰衛君待子而為政子將奚先孔子曰必也
正名乎子路曰有是哉子之迂也何其正也孔子曰野

哉由也夫名不正則言不順言不順則事不成事不成則禮樂不興禮樂不興則刑罰不中刑罰不中則民無所錯手足矣夫君子爲之必可名言之必可行君子於其言無所苟而已矣其明年冉有爲季氏將師與齊戰於郎克之括地志云郎亭在徐州滕縣西五十三里季康子曰子之於軍旅學之乎性之乎冉有曰學之於孔子季康子曰孔子何如人哉對曰用之有名播之百姓質諸鬼神而無憾求之至於此道雖累千社夫子不利也康子曰我欲召之

可乎對曰欲召之則毋以小人固之則可矣而衛孔文子將攻太叔問策於仲尼仲尼辭不知退而命載而行曰鳥能擇木木豈能擇鳥乎文子固止會季康子逐公華公賓公林以幣迎孔子孔子歸魯孔子之去魯凡十四歲而反乎魯魯哀公問政對曰政在選臣季康子問政曰舉直錯諸枉則枉者直康子患盜孔子曰苟子之不欲雖賞之不竊然魯終不能用孔子孔子亦不求仕孔子之時周室微而禮樂廢詩書缺追迹三代之禮序書傳上紀唐虞之際下至秦繆編次其事曰夏禮吾能言之杞不徵也殷禮吾能言之宋不足徵也足則吾能徵之矣觀殷夏所損益曰後雖百世可知也以一文一質周監二代郁郁乎文哉吾從周故書傳禮記自孔氏孔子語魯太師樂其可知也始作翕如縱之純如皦如繹如也以成吾自衛反魯然後樂正雅頌各得其所古者詩三千餘篇及至孔子去其重重逐龍反取可施於禮義上采契后稷中述殷周之盛至幽厲之缺始於衽

席故曰關雎之亂以爲風始亂理也詩小序云關雎后妃之德也風之始也所以風天下而正夫婦也毛萇云關關和聲雎鳩王雎也鳥摯而有別后妃悅樂君子之德無不和諧又不淫色慎固幽深若雎鳩之有別然後可以風化天下夫婦有別則父子親父子親則君臣敬君臣敬則朝廷正朝廷正則王化成也按王雎金口鶚也鹿鳴爲小雅始小序云鹿鳴宴群臣嘉賓也既飲食之又實幣帛筐篚以將其厚意然後忠臣嘉賓得盡其心矣毛萇云鹿得苹呦呦然鳴而相呼懇誠發乎中以興嘉樂賓客當有懇誠相招呼以成禮也文王爲大雅始小序云文王受命作周鄭元云文王初爲西伯有功於民其德著見於天故天命之以爲王使君天下清廟爲頌始小序云清廟祀文王也周公既成雒邑朝諸侯率以祀文王焉毛萇云清廟者祭有清明之德者之宮也謂祭文王天德清明文王

象禹故祭之而歌此詩也三百五篇孔子皆弦歌之以求合韶武雅頌之音禮樂自此可得而述以備王道成六藝孔子晚而喜易序序易序卦也夫子作十翼謂上彖下彖上象下象上繫下繫文言序卦說卦雜卦也易正義曰文王既繇六十四卦分為上下篇先後之次其理不易孔子就上下二經各序其相次之義彖吐亂反上彖卦下辭下彖爻卦下辭易正義曰夫子所作統論一卦之義或說其卦德或說其卦義或說其卦名莊氏云彖斷也言斷定一卦之義也繫如字又音系易正義云繫辭者聖人繫屬此辭於爻卦之下分為上下篇者以爾編重大是以分之又言系辭者取綱系之義也象上象卦辭下象爻辭易正義云萬物之體自然各有形象聖人設卦以寫萬物之象令夫子釋此卦之象也說卦易正義云說卦者陳說八卦德業變

化法象所為也文言易正義云夫子贊明易道申說義理釋乾坤二卦經文之言故稱文言又雜卦者六十四卦以為義於序卦之外別言聖人之興因時而作隨其事宜不必相因襲當有損益又云雜揉衆卦錯綜其義或以同相類或以異相明按史不出雜卦故附之讀易韋編三絕曰假我數年若是我於易則彬彬矣孔子以詩書禮樂教弟子蓋三千焉身通六藝者七十有二人如顏濁鄒之徒濁音卓鄒音騶顏濁鄒非七十七人數也頗受業者甚衆孔子以四教文行忠信絕四毋意毋必毋固毋我所慎齊戰疾子罕言利與命與仁不憤不啟舉一隅不以三隅反則弗復也其於鄉黨

恂恂似不能言者其於宗廟朝廷辯辯言唯謹爾朝與上大夫言誾誾如也與下大夫言侃侃如也入公門鞠躬如也趨進翼如也君召使儐色勃如也君命召不俟駕行矣魚餒肉敗割不正不食席不正不坐食於有喪者之側未嘗飽也是日哭則不歌見齊衰瞽者雖童子必變三人行必得我師德之不脩學之不講聞義不能徙不善不能改是吾憂也使人歌善則使復之然後和之子不語怪力亂神子貢曰夫子之文章可得聞也夫

子言天道與性命弗可得聞也已顏淵喟然嘆曰仰之彌高鑽之彌堅瞻之在前忽焉在後夫子循循然善誘人博我以文約我以禮欲罷不能既竭我才如有所立卓爾雖欲從之蔑由也已達巷黨人童子曰大哉孔子博學而無所成名子聞之曰我何執執御乎執射乎我執御矣牢曰子云不試故藝魯哀公十四年春狩大野括地志云獲麟堆在鄆州鉅野縣東十二里春秋哀十四年經云西狩獲麟國都城記云鉅野故城東十里澤中有土臺廣輪西五十步俗云獲麟堆去魯城可三百餘里叔孫氏車子鉏商獲

獸以為不祥仲尼視之曰麟也取之曰河不出圖雒不出書吾已矣夫顏淵死孔子曰天喪予及西狩見麟曰吾道窮矣喟然歎曰莫知我夫子貢曰何為莫知子子曰不怨天不尤人下學而上達知我者其天乎不降其志不辱其身伯夷叔齊乎謂柳下惠少連降志辱身矣謂虞仲夷逸隱居放言行中清廢中權我則異於是無可無不可子曰弗乎弗乎君子病沒世而名不稱焉吾道不行矣吾何以自見於後世哉乃因史記作春秋上

至隱公下訖哀公十四年十二公據魯親周故殷運之三代殷中也又中運夏殷周之事也約其文辭而指博故吳楚之君自稱王而春秋貶之曰子踐土之會實召周天子而春秋諱之曰天王狩於河陽推此類以繩當世貶損之義後有王者舉而開之春秋之義行則天下亂臣賊子懼焉孔子在位聽訟文辭有可與人共者弗獨有也至於為春秋筆則筆削則削子夏之徒不能贊一辭弟子受春秋孔子曰後世知丘者以春秋而罪丘者亦以春秋明

歲子路死於衛孔子病子貢請見孔子方負杖道遥於門曰賜汝來何其晚也孔子因歎歌曰太山壞乎梁柱摧乎哲人萎乎因以涕下謂子貢曰天下無道久矣莫能宗予夏人殯於東階周人於西階殷人兩柱閒昨暮予夢坐奠兩柱之閒予始殷人也後七日卒括地志云漢封夫子十二代孫志為褒城侯生光為丞相封侯平帝封孔霸孫莽二千戶為褒城侯後漢封十七代孫志為褒成侯魏封二十二代孫羨為崇聖侯晉封二十三代孫震為奉聖亭侯後魏封二十七代孫為崇聖大夫孝文帝又封三十一代孫珍為崇聖侯高齊改封珊為恭聖侯周武帝改封鄒國公隋文帝仍舊封鄒國公

煬帝改為紹聖侯皇唐給復二十戶封孔子裔孫孔德倫為褒聖侯也孔子年七十三以魯哀公十六年四月己丑卒哀公誄之曰旻天不弔不慭遺一老俾屏余一人以在位煢煢余在疚嗚呼哀哉尼父毋自律子貢曰君其不沒於魯乎夫子之言曰禮失則昏名失則愆失志為昏失所為愆生不能用死而誄之非禮也稱余一人非名也孔子葬魯城北泗上弟子皆服三年三年心喪畢相訣而去則哭各復盡哀或復留唯子貢廬於冢上凡六年然後去弟子及魯人往

從冢而家者百有餘室因命曰孔里魯世世相傳以歲時奉祠孔子冢而諸儒亦講禮鄉飲大射於孔子冢孔子冢大一頃故所居堂弟子內後世因廟藏孔子衣冠琴車書至于漢二百餘年不絕高皇帝過魯以太牢祠焉諸侯卿相至常先謁然後從政孔子生鯉字伯魚伯魚年五十先孔子死伯魚生伋字子思年六十二嘗困於宋子思作中庸子思生白字子上年四十七子上生求字子家年四十五子家生箕字子京年四十六子京

生穿字子高年五十一子高生子慎年五十七嘗為魏相子慎生鮒年五十七為陳王涉博士死於陳下鮒弟子襄年五十七嘗為孝惠皇帝博士遷為長沙太守長九尺六寸子襄生忠年五十七忠生武武生延年及安國安國為今皇帝博士至臨淮太守蚤卒安國生卬卬生驩

太史公曰詩有之高山仰止景行行止雖不能至然心鄉往之余讀孔氏書想見其為人適魯觀仲尼廟堂車服禮器諸生以時習禮其家余低回留之不能去云天下君王至于賢人衆矣當時則榮沒則已焉孔子布衣傳十餘世學者宗之自天子王侯中國言六藝者折中於夫子可謂至聖矣

史記正義卷四十七

欽定四庫全書

史記正義卷四十八

唐 張守節 撰

史記四十八

陳涉世家第十八

陳勝者陽城人也即河南陽城縣也字涉吳廣者陽夏人也括地志云陳州太康縣本漢陽夏縣也字叔陳涉少時嘗與人傭耕輟耕之壟上悵恨久之曰苟富貴無相忘傭者笑而應曰若為傭耕何富貴也陳涉太息曰嗟乎燕雀安知鴻鵠之志

哉二世元年七月發閭左適戍漁陽九百人屯大澤鄉括地志云漁陽故城在檀州密雲縣南十八里在漁水之陽也陳勝吳廣皆次當行為屯長會天大雨道不通度已失期失期法皆斬陳勝吳廣乃謀曰今亡亦死舉大計亦死等死死國可乎陳勝曰天下苦秦久矣吾聞二世少子也不當立當立者乃公子扶蘇扶蘇以數諫故上使外將兵今或聞無罪二世殺之百姓多聞其賢未知其死也項燕為楚將數有功愛士卒楚人憐之或以為死或以為亡今誠以吾衆詐自稱公子扶蘇項燕為天下唱宜多應者吳廣以為然乃行卜卜者知其指意曰足下事皆成有功然足下卜之鬼乎陳勝吳廣喜念鬼曰此教我先威衆耳乃丹書帛曰陳勝王置人所罾魚腹中卒買魚烹食得魚腹中書固以怪之矣又閒令吳廣之次近所旁叢祠中夜篝火狐鳴呼曰大楚興陳勝王卒皆夜驚恐旦日卒中往往語皆指目陳勝吳廣素愛人士卒多為用者將尉醉廣故數言欲亡忿恚尉令辱之以激怒其衆尉果笞

廣尉劍挺廣起奪而殺尉陳勝佐之并殺兩尉召令徒屬曰公等遇雨皆已失期失期當斬藉第令毋斬而戍死者固十六七且壯士不死即已死即舉大名耳王侯將相寧有種乎徒屬皆曰敬受命乃詐稱公子扶蘇項燕從民欲也袒右稱大楚為壇而盟祭以尉首陳勝自立為將軍吳廣為都尉攻大澤鄉收而攻蘄蘄下乃令符離人葛嬰將兵徇蘄以東攻銍酇苦柘譙皆下之行收兵比至陳車六七百乘騎千餘卒數萬人攻陳今陳州城

也本楚襄王築古陳國城也陳守令皆不在獨守丞與戰譙門中弗
勝守丞死乃入據陳數日號令召三老豪傑與皆來會
計事三老豪傑皆曰將軍身被堅執銳伐無道誅暴秦
復立楚國之社稷功宜為王陳涉乃立為王號為張楚
當此時諸郡縣苦秦吏者皆刑其長吏殺之以應陳涉
乃以吳叔為假王監諸將以西擊滎陽令陳人武臣張
耳陳餘徇趙地令汝陰人鄧宗徇九江郡當此時楚兵
數千人為聚者不可勝數葛嬰至東城立襄彊為楚王

括地志云東城故城在濠州定遠縣東南五十里也嬰後聞陳王已立因殺襄彊
還報至陳陳王誅殺葛嬰陳王令魏人周市北徇魏地
吳廣圍滎陽李由為三川守守滎陽吳叔弗能下陳王
徵國之豪傑與計以上蔡人房君蔡賜為上柱國豫州吳房縣本房子國是所封也周文陳之賢人也嘗為項燕軍視日事春
申君自言習兵陳王與之將軍印西擊行收兵至關車
千乘卒數十萬至戲即京東戲亭也軍焉秦令少府章邯免酈
山徒人奴產子悉發以擊楚大軍盡敗之周文敗走出

關止次曹陽括地志云曹陽故亭亦名好陽亭在陝州桃林縣東南十四里崔浩云曹陽坑名自南出北通於河按魏武帝改曰好陽也二三月章邯追敗之復走次澠池
澠池河南府縣是也十餘日章邯擊大破之周文自剄軍遂不戰
武臣到邯鄲自立為趙王陳餘為大將軍張耳召騷為
左右丞相陳王怒捕繫武臣等家室欲誅之柱國曰秦
未亡而誅趙王將相家屬此生一秦也不如因而立之
陳王乃遣使者賀趙而徙繫武臣等家屬宮中而封其
子張敖為成都君成都蜀郡縣涉遙封之趣趙兵亟入關趙王將

相相與謀曰王王趙非楚意也楚已誅秦必加兵於趙
計莫如毋西兵使使北徇燕地以自廣也趙南據大河
北有燕代楚雖勝秦不敢制趙若楚不勝秦必重趙趙
乘秦之弊可以得志於天下趙王以為然因不西兵而
還故上谷卒史韓廣將兵北徇燕地燕故貴人豪傑謂
韓廣曰楚已立王趙又已立王燕雖小亦萬乘之國也
願將軍立為燕王韓廣曰廣母在趙不可燕人曰趙方
西憂秦南憂楚其力不能禁我且以楚之彊不敢害趙

王將相之家趙獨安敢害將軍之家韓廣以為然乃自立為燕王居數月趙奉燕王母及家屬歸之燕當此之時諸將之徇地者不可勝數周市北徇地至狄狄人田儋殺狄令自立為齊王以齊反擊周市市軍散還至魏地欲立魏後故甯陵君咎為魏王括地志云宋州寧陵縣城古甯陵縣也時咎在陳王所不得之魏魏地已定欲相與立周市為魏王周市不肯使者五反陳王乃立甯陵君咎為魏王遣之國周市卒為相將軍田臧等相與謀曰周章軍已

破矣秦兵旦暮至我圍滎陽城弗能下秦軍至必大敗不如少遺兵足以守滎陽悉精兵迎秦軍今假王驕不知兵權不可與計非誅之事恐敗因相與矯王令以誅吴叔獻其首於陳王陳王使使賜田臧楚令尹印使為上將田臧乃使諸將李歸等守滎陽城自以精兵西迎秦軍於敖倉與戰田臧死軍破章邯進兵擊李歸等滎陽下破之李歸等死陽城人鄧說將兵居郟屬海州疑郏當作郏音紀洽反郏卽春秋時鄭地楚郏敖葬之今汝州郏縣城是鄧說是陽城人陽城河南府縣與郏城縣相近又走陳蓋郏字誤作郯耳章邯別將擊破之鄧說軍散走陳銍人伍徐將兵居許括地志云許州許昌縣本漢許縣地理志云許縣故國姜姓四岳之後大叔所封二十四君為楚所滅漢以為縣魏文帝卽位改許曰許昌也章邯擊破之伍徐軍皆散走陳陳王誅鄧說陳王初立時陵人秦嘉銍人董緤符離人朱雞石取慮人鄭布徐人丁疾等皆特起將兵圍東海今海州也守慶於郯陳王聞乃使武平君畔為將軍監郯下軍秦嘉不受命嘉自立為大司馬惡屬武平君告軍吏曰武平君年少不知兵事勿聽因矯以王命殺武

平君畔章邯已破伍徐擊陳柱國房君死章邯又進兵擊陳西張賀軍陳王出監戰軍破張賀死臘月陳王之汝陰還至下城父其御莊賈殺以降秦陳勝葬碭音唐今宋州碭山縣是謚曰隱王陳王故涓人將軍呂臣為倉頭軍起新陽括地志云新陽故城在豫州真陽縣西南四十二里漢新陽縣城應劭云在新水之陽也攻陳下之殺莊賈復以陳為楚初陳王至陳令銍人宋留將兵定南陽入武關留已徇南陽聞陳王死南陽復為秦宋留不能入武關乃東至新蔡遇秦軍宋留以軍降秦秦

傳留至咸陽車裂留以徇秦嘉等聞陳王軍破出走乃立景駒為楚王引兵之方與（房預二音方與兖州縣也）欲擊秦軍定陶下（今曹州也）使公孫慶使齊王欲與并力俱進齊王曰聞陳王戰敗不知其死生楚安得不請而立王公孫慶曰齊不請楚而立王楚何故請齊而立王且楚首事當令於天下田儋誅殺公孫慶秦左右校復攻陳下之呂將軍走收兵復聚鄱盜當陽君黥布之兵相收復擊秦左右校破之清波復以陳為楚會項梁王懷王孫心為楚

王陳勝王凡六月已為王王陳其故人嘗與庸耕者聞之之陳扣宮門曰吾欲見涉宮門令欲縛之自辯數乃置不肯為通陳王出遮道而呼涉陳王聞之乃召見載與俱歸入宮見殿屋帷帳客曰夥頤涉之為王沈沈者楚人謂多為夥故天下傳之夥涉為王由陳涉始客出入愈益發舒言陳王故情或說陳王曰客愚無知顓妄言輕威陳王斬之諸陳王故人皆自引去由是無親陳王者陳王以朱房為中正胡武為司過主司群臣諸將徇地至令之不是者繫而罪之以苛察為忠其所不善者弗下吏輒自治之陳王信用之諸將以其故不親附此其所以敗也陳勝雖已死其所置遣侯王將相竟亡秦由涉首事也高祖時為陳涉置守冢三十家碭至今血食

褚先生曰地形險阻所以為固也兵革刑法所以為治也猶未足恃也夫先王以仁義為本而以固塞文法為枝葉豈不然哉吾聞賈生之稱曰秦孝公據殽函之固

擁雍州之地君臣固守以窺周室有席卷天下包舉宇內囊括四海之意并吞八荒之心當是時也商君佐之內立法度務耕織脩守戰之備外連衡而鬬諸侯於是秦人拱手而取西河之外孝公既沒惠文王武王昭王蒙故業因遺策南取漢中西舉巴蜀東割膏腴之地收要害之郡諸侯恐懼會盟而謀弱秦不愛珍器重寶肥饒之地以致天下之士合從締交相與為一當此之時齊有孟嘗趙有平原楚有春申魏有信陵此四君者皆

明知而忠信寬厚而愛人尊賢而重士約從連衡兼韓魏燕趙宋衛中山之衆於是六國之士有甯越徐尚蘇秦杜赫之屬為之謀齊明周最(音聚)陳軫昭滑樓緩翟景蘇厲樂毅之徒通其意吳起孫臏帶他兒良王廖田忌廉頗趙奢之倫制其兵嘗以什倍之地百萬之師仰關而攻秦秦人開關而延敵九國之師逡巡而不敢進秦無亡矢遺鏃之費而天下固已困矣於是從散約敗爭割地而賂秦秦有餘力而制其弊追亡逐北伏尸百萬

流血漂櫓因利乘便宰割天下分裂山河彊國請服弱國入朝施及孝文王莊襄王享國之日淺國家無事及至始皇奮六世之餘烈振長策而御宇內吞二周而亡諸侯履至尊而制六合執敲朴以鞭笞天下威振四海南取百越之地以為桂林象郡百越之君俛首係頸委命下吏乃使蒙恬北築長城而守藩籬卻匈奴七百餘里胡人不敢南下而牧馬士亦不敢貫弓而報怨於是廢先王之道燔百家之言以愚黔首墮名城殺豪俊收

天下之兵聚之咸陽銷鋒鍉鑄以為金人十二以弱天下之民然後踐華為城因河為池據億丈之城臨不測之谿以為固良將勁弩守要害之處信臣精卒陳利兵而誰何天下已定始皇之心自以為關中之固金城千里子孫帝王萬世之業也始皇既沒餘威振於殊俗然而陳涉甕牖繩樞之子甿隸之人而遷徙之徒也材能不及中人非有仲尼墨翟之賢陶朱猗頓之富也躡足行伍之間俛仰阡陌之中率罷散之卒將數百之衆而

轉攻秦斬木為旗天下雲會響應贏糧而景從山東豪俊遂並起而亡秦族矣且天下非小弱也雍州之地殽函之固自若也陳涉之位非尊於齊楚燕趙韓魏宋衛中山之君也鉏櫌棘矜非銛於句戟長鎩也適戍之衆非儔於九國之師也深謀遠慮行軍用兵之道非及鄉時之士也然而成敗異變功業相反也嘗試使山東之國與陳涉度長絜大比權量力則不可同年而語矣然而秦以區區之地致萬乘之權抑八州而朝同列百有餘

年矣然後以六合為家殽函為宫一夫作難而七廟隳身死人手為天下笑者何也仁義不施而攻守之勢異也

史記正義卷四十八

史記正義卷四十九

唐 張守節 撰

外戚世家第十九　史記四十九

自古受命帝王及繼體守文之君非獨内德茂也蓋亦有外戚之助焉夏之興也以塗山而桀之放也以末喜殷之興也以有娀紂之殺也嬖妲己周之興也以姜原及大任而幽王之禽也淫於褒姒故易基乾坤詩始關

雎書美釐降春秋譏不親迎夫婦之際人道之大倫也禮之用唯婚姻為兢兢夫樂調而四時和陰陽之變萬物之統也可不慎與人能弘道無如命何甚哉妃匹之愛君不能得之於臣父不能得之於子況卑下乎既驩合矣或不能成子姓能成子姓矣或不能要其終豈非命也哉孔子罕稱命蓋難言之也非通幽明之變惡能識乎性命哉

太史公曰秦以前尚略矣其詳靡得而記焉漢興呂娥

姁為高祖正后男為太子及晚節色衰愛弛而戚夫人有寵其子如意幾代太子者數矣及高祖崩呂氏夷戚氏誅趙王而高祖後宮唯獨無寵疏遠者得無恙呂后長女為宣平侯張敖妻敖女為孝惠皇后呂太后以重親故欲其生子萬方終無子詐取後宮人子為子及孝惠帝崩天下初定未久繼嗣不明於是貴外家王諸呂以為輔而以呂祿女為少帝后欲連固根本牢甚然無益也高后崩合葬長陵祿產等懼誅謀作亂大臣征之天誘

其統卒滅呂氏唯獨置孝惠皇后居北宮括地志云北宮在雍州長安縣西北十三里與桂宮相近在長安故城中迎立代王是為孝文帝奉漢宗廟此豈非天邪非天命孰能當之

薄太后父吳人姓薄氏秦時與故魏王宗家女魏媼通生薄姬而薄父死山陰因葬焉括地志云檝山在越州會稽縣西北三里一名稷山檝音壯洽反及諸侯畔秦魏豹立為魏王而魏媼內其女於魏宮媼之許負所相相薄姬云當生天子是時項羽方與漢王相距滎陽天下未有所定豹初與漢擊楚及聞許負言心獨喜因背漢而畔中立更與楚連和漢使曹參等擊虜魏王豹以其國為郡而薄姬輸織室豹已死漢王入織室見薄姬有色詔內後宮歲餘不得幸始姬少時與管夫人趙子兒相愛約曰先貴無相忘已而管夫人趙子兒先幸漢王漢王坐河南宮成皋臺括地志云各州汜水縣古東虢州故鄭之制邑漢之成皋縣也此兩美人相與笑薄姬初時約漢王聞之問其故兩人具以實告漢王漢王心慘然憐薄姬是日召而幸之薄姬曰昨暮夜妾夢蒼龍據吾

腹高帝曰此貴徵也吾為女遂成之一幸生男是為代王其後薄姬希見高祖高祖崩諸御幸姬戚夫人之屬呂太后怒皆幽之不得出宮而薄姬以希見故得出從子之代為代王太后太后弟薄昭從如代代王立十七年高后崩大臣議立後疾外家呂氏彊皆稱薄氏仁善故迎代王立為孝文皇帝而太后改號曰皇太后弟薄昭封為軹侯薄太后母亦前死葬櫟陽北於是乃追尊薄父為靈文侯會稽郡置園邑三百家長丞已下吏奉

守冢寢廟上食祠如法而櫟陽北亦置靈文侯夫人園如靈文侯園儀薄太后以為母家魏王後早失父母其奉薄太后諸魏有力者於是名復魏氏及尊賞賜各以親疏受之薄氏侯者凡一人薄太后後文帝二年以孝景帝前二年崩葬南陵括地志云南陵故縣在雍州萬年縣東南二十四里漢南陵縣本薄太后陵邑陵在東北去縣六里以呂后會葬長陵故特自起陵近孝文皇帝霸陵

竇太后趙之清河觀津人也在冀州棗強縣東北二十五里呂太后時

竇姬以良家子入宮侍太后太后出宮人以賜諸王各五人竇姬與在行中竇姬家在清河欲如趙近家請其主遣宦者吏謂宦者為吏主發遣宮人也必置我籍趙之伍中宦者忘之誤置其籍代伍中籍奏詔可當行竇姬涕泣怨其宦者不欲往相彊乃肯行至代代王獨幸竇姬生女嫖後生兩男而代王王后生四男先代王未入立為帝而王后卒後代王立為帝而王后所生四男更病死孝文帝立數月公卿請立太子而竇姬長男最長立為太子立竇姬為皇后女嫖為長公主其明年立少子武為代王已而又徙梁是為梁孝王竇皇后親早卒葬觀津括地志云竇少君墓在冀州武邑縣東南二十七里於是薄太后乃詔有司追尊竇后父為安成侯母曰安成夫人令清河置園邑二百家長丞奉守比靈文園法竇皇后兄竇長君弟曰竇廣國字少君少君年四五歲時家貧為人所略賣其家不知其處傳十餘家至宜陽為其主入山作炭寒臥岸下百餘人岸崩盡壓殺臥者少君獨得脫不死自卜數日當

為侯從其家之長安聞竇皇后新立家在觀津姓竇氏廣國去時雖小識其縣名及姓又常與其姊採桑墮用為符信上書自陳竇皇后言之於文帝召見問之具言其故果是又復問他何以為驗對曰姊去我西時與我決於傳舍中丐沐沐我請食飯我乃去於是竇后持之而泣泣涕交橫下侍御左右皆伏地泣助皇后悲哀乃厚賜田宅金錢封公昆弟家於長安絳侯灌將軍等曰吾屬不死命乃且縣此兩人兩人所出微不可不為擇

師傅賓客又復效呂氏大事也於是乃選長者士之有節行者與居竇長君少君由此為退讓君子不敢以尊貴驕人竇皇后病失明文帝幸邯鄲愼夫人尹姬皆毋子孝文帝崩孝景帝立乃封廣國為章武侯 括地志云滄州魯城縣 長君前死封其子彭祖為南皮侯 括地志云故南皮城在滄州南皮縣北四里漢南皮縣也 吴楚反時竇太后從昆弟子竇嬰任俠自喜將兵以軍功為魏其侯竇氏凡三人為侯竇太后好黃帝老子言帝及太子諸竇不得不讀黃帝老子尊其術

竇太后後孝景帝六歲建元六年崩合葬霸陵遺詔盡以東宮金錢財物賜長公主嫖

王太后槐里人 括地志云大丘故城一名槐里亦曰廢丘城在雍州始平縣東南十里也 母曰臧兒臧兒者故燕王臧荼孫也臧兒嫁為槐里王仲妻生男曰信與兩女而仲死臧兒更嫁長陵田氏生男蚡勝臧兒長女嫁為金王孫婦生一女矣而臧兒卜筮之曰兩女皆當貴因欲奇兩女乃奪金氏金氏怒不肯予決乃内之太子宮太子幸愛之生三女一男男方在身時王美人夢日入其懷以告太子太子曰此貴徵也未生而孝文帝崩孝景帝即位王夫人生男先是臧兒又入其少女兒姁兒姁生四男景帝為太子時薄太后以薄氏女為妃及景帝立立妃曰薄皇后皇后毋子毋寵薄太后崩廢薄皇后景帝長男榮其母栗姬栗姬齊人也立榮為太子長公主嫖有女欲予為妃栗姬妬而景帝諸美人皆因長公主見景帝得貴幸皆過栗姬栗姬日怨怒謝長公主不許長公主欲予王夫人王夫人許

之長公主怒而日讒栗姬短於景帝曰栗姬與諸貴夫人幸姬會常使侍者祝唾其背挾邪媚道景帝以故望之景帝嘗體不安心不樂屬諸子為王者於栗姬曰百歲後善視之栗姬怒不肯應言不遜景帝恚心嗛之而未發也長公主日譽王夫人男之美景帝亦賢之又有曩者所夢日符計未有所定王夫人知帝望栗姬因怒未解陰使人趣大臣立栗姬為皇后大行奏事畢曰子以母貴母以子貴今太子母無號宜立為皇后景帝怒

曰是而所宜言邪遂案誅大行而廢太子為臨江王栗姬愈恚恨不得見以憂死卒立王夫人為皇后其男為太子封皇后兄信為蓋侯景帝崩太子襲號為皇帝尊皇太后母臧兒為平原君（德州縣也）封田蚡為武安侯（括地志云武安故城在洛州武安縣西南七里六國時趙邑漢武安縣城也）勝為周陽侯（括地志云周陽故城在絳州聞喜縣東二十九里也）景帝十三男一男為帝十二男皆為王而兒姁早卒其四子皆為王王太后長女號曰平陽公主（括地志云平陽故城即晉州城西面今平陽故城東面也城記云堯築也）次為南宮公主（南宮冀州縣也）次為林慮公主（林慮相州縣也）蓋侯信好酒田蚡勝貪巧於文辭王仲早死葬槐里追尊為共侯置園邑二百家及平原君卒從田氏葬長陵置園比共侯園而王太后後孝景帝十六歲以元朔四年崩合葬陽陵（括地志云陽陵在雍州咸陽縣東四十里）王太后家凡三人為侯

衛皇后字子夫生微矣蓋其家號曰衛氏（衛青傳云父鄭季為吏給事平陽侯家與侯妾衛媪通生青故冒衛氏）出平陽侯邑子夫為平陽主謳者武帝初即位數歲無子平陽主求諸良家子女十餘

人飾置家武帝祓霸上還因過平陽主主見所侍美人上弗說既飲謳者進上望見獨說衛子夫是日武帝起更衣子夫侍尚衣軒中得幸（尚主也於主衣車中得幸也）上還坐驩甚賜平陽主金千斤主因奏子夫奉送入宮子夫上車平陽主拊其背曰行矣彊飯勉之即貴無相忘入宮歲餘竟不復幸武帝擇宮人不中用者斥出歸之衛子夫得見涕泣請出上憐之復幸遂有身尊寵日隆召其兄衛長君弟青為侍中而子夫後大幸有寵凡生三女一男男名據初上為太子時娶長公主女為妃立為帝妃立為皇后姓陳氏無子上之得為嗣大長公主有力焉以故陳皇后驕貴聞衛子夫大幸恚幾死者數矣上愈怒陳皇后挾婦人媚道其事頗覺於是廢陳皇后而立衛子夫為皇后陳皇后母大長公主景帝姊也數讓武帝姊平陽公主曰帝非我不得立已而棄捐吾女壹何不自喜而倍本乎平陽公主曰用無子故廢耳陳皇后求子與醫錢凡九千萬然竟無子衛子夫已立為皇后

先是衛長君死乃以衛青為將軍擊胡有功封為長平
侯青三子在襁褓中皆封為列侯及衛皇后所謂姊衛
少兒少兒生子霍去病以軍功封冠軍侯號驃騎將軍
青號大將軍立衛皇后子據為太子衛氏枝屬以軍功
起家五人為侯及衛后色衰趙之王夫人幸有子為齊
王王夫人早卒而中山李夫人有寵有男一人為昌邑
王名賀李夫人早卒其兄李延年以音幸號協律者故倡也
兄弟皆坐姦族是時其長兄廣利為貳師將軍伐大宛
不及誅還而上既夷李氏後憐其家乃封為海西侯漢武帝令李廣利征大宛國近西海故號海西侯也

他姬子二人為燕王廣陵王其母無寵以憂死及李夫
人卒則有尹婕妤之屬更有寵然皆以倡見非王侯有
土之士女不可以配人主也
褚先生曰疑此元成之間褚少孫續之也臣為郎時問習漢家故事者
鍾離生曰王太后在民間時所生子女者按後封修成君者父
為金王孫王孫已死景帝崩後武帝已立王太后獨在

而韓王孫名嫣素得幸武帝承閒曰言太后有女在長
陵也武帝曰何不早言乃使使往先視之在其家武帝
乃自往迎取之蹕道先驅旄騎出橫城門括地志云渭橋本名橫橋架渭水上在雍州咸陽縣東南二十二里按此橋對門也乘輿馳至長陵當小市西
入里里門閉暴開門乘輿直入此里通至金氏門外止
使武騎圍其宅為其亡走身自往取不得也即使左右
羣臣入呼求之家人驚恐女亡匿內中牀下扶持出門
令拜謁武帝下車泣曰嚄嚄責失辭驚愕貌也大姊何藏之深也

詔副車載之廻車馳還而直入長樂宮行詔門著引籍
武帝道上詔令通名狀於門使引入至太后所通到謁太后太后曰帝倦矣何
從來帝曰今者至長陵得臣姊與俱來顧曰謁太后太
后曰女某邪曰是也太后為下泣女亦伏地泣武帝奉
酒前為壽奉錢千萬奴婢三百人公田百頃甲第以賜
姊太后謝曰為帝費焉於是召平陽主南宮主林慮主
三人俱來謁見姊因號曰脩成君有子男一人女一人
男號為脩成子仲女為諸侯王王后此二子非劉氏以

故太后憐之脩成子仲驕恣陵折吏民皆患苦之

衛子夫立為皇后后弟衛青字仲卿以大將軍封為長平侯四子長子伉為侯世子侯世子常侍中貴幸其三弟皆封為侯各千三百戶一曰陰安侯（括地志云陰安故城在魏州頓丘縣北六十里也）二曰發干侯（括地志云發干故城在博州堂邑縣西南二十三里）三曰宜春侯（括地志云宜春故城在豫州汝陽縣西六十七里）貴震天下天下歌之曰生男無喜生女無怒獨不見衛子夫霸天下是時平陽主寡居當用列侯尚主主與左右議長安中列侯可為夫者皆言大將軍可主笑曰此出吾家常使令騎從我出入耳奈何用為夫乎左右侍御者曰今大將軍姊為皇后三子為侯富貴振動天下主何以易之乎於是主乃許之言之皇后令白之武帝乃詔衛將軍尚平陽公主焉

褚先生曰丈夫龍變傳曰蛇化為龍不變其文家化為國不變其姓丈夫當時富貴百惡滅除光耀榮華貧賤之時何足累之哉

武帝時幸夫人尹婕妤邢夫人號娙娥衆人謂之娙何娙何秩比中二千石容華秩比二千石婕妤秩比列侯常從婕妤遷為皇后尹夫人與邢夫人同時並幸有詔不得相見尹夫人自請武帝願望見邢夫人帝許之即令他夫人飾從御者數十人為邢夫人來前尹夫人前見之曰此非邢夫人身也帝曰何以言之對曰視其身貌形狀不足以當人主矣於是帝乃詔使邢夫人衣故衣獨身來前尹夫人望見之曰此眞是也於是乃低頭俛而泣自痛其不如也諺曰美女入室惡女之仇

褚先生曰浴不必江海要之去垢馬不必騏驥要之善走士不必賢世要之知道女不必貴種要之貞好傳曰女無美惡入室見妒士無賢不肖入朝見嫉美女者惡女之仇豈不然哉

鉤弋夫人姓趙氏河間人也（括地志云鉤弋宮在長安城中門名堯母門也）得幸武帝生子一人昭帝是也武帝年七十乃生昭帝昭帝時年五歲耳衛太子廢後未復立太子而燕王旦上書願歸國入宿衛武

帝怒立斬其使者於北闕上居甘泉宮召畫工圖畫周公負成王圖於是左右羣臣知武帝意欲立少子也後數日帝譴責鉤弋夫人夫人脫簪珥叩頭帝曰引持去送掖庭獄夫人還顧帝曰趣行女不得活夫人死雲陽宮（括地志云雲陽宮秦之甘泉宮在雍州雲陽縣西北八十里秦始皇作甘泉宮去長安三百里黃帝以來祭圜丘處也）時暴風揚塵百姓感傷使者夜持棺往葬之（括地志云雲陽陵漢鉤弋夫人陵也往雲陽縣西北五十八里孝武帝鉤弋趙婕妤昭帝之母齊人姓趙少好清靜六年臥病右手捲飲食少望氣者云東北有貴人推而得之召到姿色甚佳武帝持其手伸之得玉鉤後生昭帝

武帝末年殺夫人殯之而尸香一日昭帝更葬之棺但存絲履也宮記云武帝思之為起通靈臺於甘泉常有一青鳥集臺上往來至宣帝時乃止）封識其處其後帝閒居問左右曰人言云何左右對曰人言且立其子何去其母乎帝曰然是非兒曹愚人所知也往古國家所以亂者由主少母壯也女主獨居驕蹇淫亂自恣莫能禁也女不聞呂后邪故諸為武帝生子者無男女其母無不譴死豈可謂非賢聖哉昭然遠見為後世計慮固非淺聞愚儒之所及也諡為武豈虛哉

史記正義卷四十九

史記正義卷五十

唐 張守節 撰

史記五十

楚元王世家第二十

楚元王劉交者（年表云都彭城）高祖之同母少弟也字游高祖兄弟四人長兄伯伯蚤卒始高祖微時嘗辟事時時與客過巨嫂食嫂厭叔叔與客來嫂詳為羹盡櫟釜賓客以故去已而視釜中尚有羹高祖由此怨其嫂及高祖

為帝封昆弟而伯子獨不得封太上皇以為言高祖曰某非忘封之也為其母不長者耳於是乃封其子信為羹頡侯（括地志云羹頡山在媯州懷戎縣東南十五里按高祖取其山名為侯號者怨故也）而王次兄仲於代高祖六年已禽楚王韓信於陳乃以弟交為楚王都彭城即位二十三年卒子夷王郢立夷王四年卒子王戊立王戊立二十年冬坐為薄太后服私姦削東海郡春戊與吳王合謀反其相張尚太傅趙夷吾諫不聽戊則殺尚夷吾起兵與吳西攻梁破棘壁（括地志云大棘故城在宋州寧陵縣西七十里州即梁棘壁）至昌邑南（括地志云有梁丘故城在曹州成武縣東北三十二里也）與漢將周亞夫戰漢絕吳楚糧道士卒飢吳王走楚王戊自殺軍遂降漢漢已平吳楚孝景帝欲以德侯子續吳以元王子禮續楚竇太后曰吳王老人也宜為宗室順善今乃首率七國紛亂天下奈何續其後不許吳許立楚後是時禮為漢宗正乃拜禮為楚王奉元王宗廟是為楚文王文王立三年卒子安王道立安王二十二年卒子襄王經立襄王立十四年卒子王純

代立王純立地節二年中人上書告楚王謀反王自殺國除入漢為彭城郡（漢書云王純嗣十六年子延壽嗣與趙何齊謀反延壽自殺立三十二年國除與此不同地節是宣帝年號去天漢四年二十九年仍隔昭帝世言到地節二年以下者蓋褚先生誤也）

趙王劉遂者（年表云都邯鄲）其父高祖中子名友謚曰幽幽王以憂死故為幽高后王呂祿於趙一歲而高后崩大臣誅諸呂呂祿等乃立幽王子遂為趙王孝文帝即位二年立遂弟辟彊取趙之河間郡為河間王（河間今瀛州也）以為文王立十三年卒子哀王福立一年卒無子絕後國

除入于漢遂旣王趙二十六年孝景帝時坐晁錯以適削趙王常山之郡吳楚反趙王遂與合謀起兵其相建德内史王悍諫不聽遂燒殺建德王悍發兵屯其西界欲待吳與俱西北使匈奴與連和攻漢漢使曲周侯酈寄擊之趙王遂還城守邯鄲相距七月吳楚敗於梁不能西匈奴聞之亦止不肯入漢邊欒布自破齊還乃并兵引水灌趙城趙城壞趙王自殺邯鄲遂降（邯鄲洛州縣也）趙幽王絶後

太史公曰國之將興必有禎祥君子用而小人退國之將亡賢人隱亂臣貴使楚王戊毋刑申公遵其言趙任防與先生豈有篡殺之謀為天下僇哉賢人乎賢人乎非質有其内惡能用之哉甚矣安危在出令存亡在所任誠哉是言也

史記正義卷五十

欽定四庫全書

史記正義卷五十一

唐　張守節　撰

荆燕世家第二十一　史記五十一

荆王劉賈（年表云都吳也）諸劉者不知其何屬初起時漢王元年還定三秦劉賈為將軍定塞地從東擊項籍漢四年漢王之敗成皋北渡河得張耳韓信軍軍脩武深溝高壘使劉賈將二萬人騎數百渡白馬津入楚地（括地志云黎陽

一名白馬津在滑州白馬縣北三十里按賈從此津南過入楚地也）燒其積聚以破其業無以給項王軍食而已楚兵擊劉賈賈輒壁不肯與戰而與彭越相保漢五年漢王追逐籍至固陵（括地志云固陵名在陳州宛丘縣西北四十二里）使劉賈南渡淮圍壽春（今壽州壽春縣是也）還至使人閒招楚大司馬周殷周殷反楚佐劉賈舉九江迎漢王黥布兵皆會垓下共擊項籍漢王因使劉賈將九江兵與太尉盧綰西南擊臨江王共尉共尉已死以臨江為南郡（今荆州也）漢六年春會諸侯於陳（今陳州也）廢楚王信

因之分其地為二國當是時也高祖子幼昆弟少又不賢欲王同姓以鎮天下乃詔曰將軍劉賈有功及擇子弟可以為王者羣臣皆曰立劉賈為荆王王淮東五十二城括地志云西北四十里盛北縣是也高祖弟交為楚王王淮西三十六城淮以西徐泗濠等州也因立子肥為齊王始王昆弟劉氏也高祖十一年秋淮南王黥布反東擊荆荆王賈與戰不勝走富陵括地志云富陵故城在楚州盱眙縣東北六十里為布軍所殺高祖自擊破布十二年立沛侯劉濞為吳王王故荆地

燕王劉澤者諸劉遠屬也高帝三年澤為郎中高帝十一年澤以將軍擊陳豨得王黄為營陵侯括地志云營陵故城在青州北海縣南三十里高后時齊人田生游乏資以畫干營陵侯澤澤大說之用金二百斤為田生壽田生已得金即歸齊二年澤使人謂田生曰弗與矣田生如長安不見澤而假大宅令其子求事呂后所幸大謁者張子卿居數月田生子請張卿臨親脩具張卿許往田生盛帷帳共具譬如列侯張卿驚酒酣乃屏人說張卿曰臣觀諸侯王邸第百餘皆高祖一切功臣今呂氏雅故本推轂高帝就天下功至大又親戚太后之重太后春秋長諸呂弱太后欲立呂產為呂王王代太后又重發之恐大臣不聽今卿最幸大臣所敬何不風大臣以聞太后太后必喜諸呂已王萬户侯亦卿之有高后紀云封張卿為建陵侯太后心欲之而卿為内臣不急發恐禍及身矣張卿大然之乃風大臣語太后太后朝因問大臣大臣請立呂產為呂王太后賜張卿千斤金張卿以其半與田生田生弗受

因說之曰呂產王也諸大臣未大服今營陵侯澤諸劉為大將軍獨此尚觖望今卿言太后列十餘縣王之彼得王喜去諸呂王益固矣張卿入言太后然之乃以營陵侯劉澤為琅邪王琅邪王乃與田生之國田生勸澤急行毋留出關太后果使人追止之已出即還及太后崩琅邪王澤乃曰帝少諸呂用事劉氏孤弱乃引兵與齊王合謀西欲誅諸呂至梁聞漢遣灌將軍屯滎陽澤還兵備西界遂跳驅至長安代王亦從代至諸將相與

琅邪王共立代王為天子天子乃徙澤為燕王乃復以琅邪予齊復故地澤王燕二年薨謚為敬王傳子嘉為康王至孫定國與父康王姬姧生子男一人奪弟妻為姬與子女三人姧定國有所欲誅殺臣肥如令郢人郢人等告定國定國使謁者以他法劾捕格殺郢人以滅口至元朔元年郢人昆弟復上書具言定國陰事以此發覺詔下公卿皆議曰定國禽獸行亂人倫逆天當誅上許之定國自殺國除為郡

太史公曰荆王王也由漢初定天下未集故劉賈雖屬疏然以策為王塡江淮之閒劉澤之王權激呂氏然劉澤卒南面稱孤者三世事發相重豈不為偉乎

史記正義卷五十一

欽定四庫全書

史部

史記正義卷五十二至五十九

詳校官編修臣李如筠

欽定四庫全書

史記正義卷五十二

唐 張守節 撰

史記五十二

齊悼惠王世家第二十二

齊悼惠王（年表云都臨淄）劉肥者高祖長庶男也其母外婦也曰曹氏高祖六年立肥為齊王食七十城諸民能齊言者皆予齊王齊王孝惠帝兄也孝惠帝二年齊王入朝惠帝與齊王燕飲亢禮如家人呂太后怒且誅齊王齊王懼不得脫乃用其內史勳計獻城陽郡（括地志云濮州雷澤縣本漢城陽縣按後為郡也）以為魯元公主湯沐邑呂太后喜乃得辭就國悼惠王即位十三年以惠帝六年卒子襄立是為哀王哀王元年孝惠帝崩呂太后稱制天下事皆決於高后二年高后立其兄子酈侯（按音呆蓋反括地志云故酈城在鄆州鄆城縣西北四十里蓋此縣是也）呂台為呂王割齊之濟南郡（括地志云濟南故城在淄州長山縣西北三十五里）為呂王奉邑哀王三年其弟章入宿衛於漢呂太后封為朱虛侯以呂祿女妻之後四年封章弟

興居為東牟侯皆宿衛長安中哀王八年高后割齊琅邪郡（今沂州也）立營陵侯劉澤為琅邪王其明年趙王友入朝幽死于邸三趙王皆廢高后立諸呂為三王擅權用事朱虛侯年二十有氣力忿劉氏不得職嘗入侍高后燕飲高后令朱虛侯劉章為酒吏章自請曰臣將種也請得以軍法行酒高后曰可酒酣章進飲歌舞已而曰請為太后言耕田歌高后兒子畜之笑曰顧而父知田耳若生而為王子安知田乎章曰臣知之太后曰試為我言田章曰深耕穊種立苗欲疏非其種者鉏而去之呂后默然頃之諸呂有一人醉亡酒章追拔劍斬之而還報曰有亡酒一人臣謹行法斬之太后左右皆大驚業已許其軍法無以罪也因罷自是之後諸呂憚朱虛侯雖大臣皆依朱虛侯劉氏為益彊其明年高后崩趙王呂祿為上將軍呂王產為相國皆居長安中聚兵以威大臣欲為亂朱虛侯章以呂祿女為婦知其謀乃使人陰出告其兄齊王欲令發兵西朱虛侯東牟侯為內

應以誅諸吕因立齊王為帝齊王既聞此計乃與其舅父駟鈞郎中令祝午中尉魏勃陰謀發兵齊相召平聞之乃發卒衛王宫魏勃紿召平曰王欲發兵非有漢虎符驗也而相君圍王固善勃請為君將兵衛衛王召平信之乃使魏勃將兵圍王宫勃既將兵使圍相府召平曰嗟乎道家之言當斷不斷反受其亂乃是也遂自殺於是齊王以駟鈞為相魏勃為將軍祝午為内史悉發國中兵使祝午東詐琅邪王曰吕氏作亂齊王發兵欲

西誅之齊王自以兒子年少不習兵革之事願舉國委大王大王自高帝將也習戰事齊王不敢離兵使臣請大王幸之臨菑見齊王計事并將齊兵以西平關中之亂琅邪王信之以為然西馳見齊王齊王與魏勃等因留琅邪王而使祝午盡發琅邪國而并將其兵琅邪王劉澤既見欺不得反國乃說齊王曰齊悼惠王高皇帝長子推本言之而大王高皇帝適長孫也當立今諸大臣狐疑未有所定而澤於劉氏最為長年大臣固待澤決計今大王留臣無為也不如使我入關計事齊王以為然乃益具車送琅邪王琅邪王既行齊遂舉兵西攻吕國之齊南於是齊哀王遺諸侯王書曰高帝平定天下王諸子弟悼惠王於齊悼惠王薨惠帝使留侯張良立臣為齊王惠帝崩高后用事春秋高聽諸吕擅廢高帝所立又殺三趙王隱王如意幽王友梁王恢徙燕趙並高祖子也滅梁燕趙梁王恢燕王建梁王恢徙趙分滅無後也以王諸吕分齊國為四琅邪郡封劉澤濟南郡以為吕王奉邑城陽郡為魯元公主湯沐邑也忠臣進諫上惑亂不聽今高后

崩皇帝春秋富未能治天下固恃大臣諸將今諸吕又擅自尊官聚兵嚴威劫列侯忠臣矯制以令天下宗廟所以危今寡人率兵入誅不當為王者漢聞齊發兵而西相國吕産乃遣大將軍灌嬰東擊之灌嬰至滎陽乃謀曰諸吕將兵居關中欲危劉氏而自立我今破齊還報是益吕氏資也乃留兵屯滎陽使使喻齊王及諸侯與連和以待吕氏之變而共誅之齊王聞之乃西取其故濟南郡亦屯兵於齊西界以待約吕禄吕産欲作亂

關中朱虛侯與太尉勃丞相平等誅之朱虛侯首先斬呂產於是太尉勃等乃得盡誅諸呂而琅邪王亦從齊至長安大臣議欲立齊王而琅邪王及大臣曰齊王母家駟鈞惡戾虎而冠者也方以呂氏故幾亂天下今又立齊王是欲復為呂氏也代王母家薄氏君子長者且代王又親高帝子於今見在且最為長以子則順以善人則大臣安於是大臣乃謀迎立代王而遣朱虛侯以誅呂氏事告齊王令罷兵灌嬰在滎陽聞魏勃本教齊

王反既誅呂氏罷齊兵使使召責問魏勃勃曰失火之家豈暇先言大人而後救火乎因退立股戰而栗恐不能言者終無他語灌將軍熟視笑曰人謂魏勃勇妄庸人耳何能為乎乃罷魏勃魏勃父以善鼓琴見秦皇帝及魏勃少時欲求見齊相曹參家貧無以自通乃常獨早夜掃齊相舍人門外相舍人怪之以為物而伺之得勃勃曰願見相君無因故為子掃欲以求見於是舍人見勃曹參因以為舍人一為參御言事參以為賢言之

齊悼惠王悼惠王召見則拜為內史始悼惠王得自置二千石及悼惠王卒而哀王立勃用事重於齊相王既罷兵歸而代王來立是為孝文帝孝文帝元年盡以高后時所割齊之城陽琅邪濟南郡復與齊而徙琅邪王王燕益封朱虛侯東牟侯各二千户是歲齊哀王卒太子側立是為文王齊文王元年漢以齊之城陽郡立朱虛侯為城陽王以齊濟北郡（今濟州濟北王所都）立東牟侯為濟北王二年濟北王反漢誅殺之地入于漢後二年孝文

帝盡封齊悼惠王子罷軍等七人（罷音不）皆為列侯齊文王立十四年卒無子國除地入于漢後一歲孝文帝以所封悼惠王子分齊為王齊孝王將閭以悼惠王子楊虛侯為齊王故齊別郡盡以王悼惠王子子志為濟北王子辟光為濟南王子賢為菑川王子卬為膠西王子雄渠為膠東王與城陽齊凡七王齊孝王十一年吳王濞楚王戊反興兵西告諸侯曰將誅漢賊臣晁錯以安宗廟膠西膠東菑川濟南皆擅發兵應吳楚欲與齊齊

孝王狐疑城守不聽三國兵共圍齊齊王使路中大夫告於天子天子復令路中大夫還告齊王善堅守吾兵今破吴楚矣路中大夫至三國兵圍臨菑數重無從入三國將劫與路中大夫盟曰若反言漢已破矣齊趣下三國不且見屠路中大夫既許之至城下望見齊王曰漢已發兵百萬使太尉周亞夫擊破吴楚方引兵救齊齊必堅守無下三國將誅路中大夫齊初圍急陰與三國通謀約未定會聞路中大夫從漢來喜及其大臣乃

復勸王毋下三國居無何漢將欒布平陽侯等兵至齊擊破三國兵解齊圍已而復聞齊初與三國有謀將欲移兵伐齊齊孝王懼乃飲藥自殺景帝聞之以為齊首善以迫劫有謀非其罪也乃立孝王太子壽為齊王是為懿王續齊後而膠西膠東濟南菑川王咸誅滅地入于漢徙濟北王王菑川齊懿王立二十二年卒子次景立是為厲王齊厲王其母曰紀太后太后取其弟紀氏女為厲王后王不愛紀氏女太后欲其家重寵令其長女紀翁主入王宮正其後宮毋令得近王欲令愛紀氏女王因與其姊翁主姦齊有宦者徐甲入事漢皇太后皇太后有愛女曰脩成君脩成君非劉氏太后憐之脩成君有女名娥太后欲嫁之於諸侯宦者甲乃請使齊必令王上書請娥皇太后喜使甲之齊是時齊人主父偃知甲之使齊以取后事亦因謂甲即事成幸言偃女願得充王後宮甲既至齊風以此事紀太后大怒曰王有后後宮具備且甲齊貧人急乃為宦者入事漢無補益乃欲亂吾王家且主父偃何為者乃欲以女充後宮

徐甲大窮還報皇太后曰王已願尚娥然有一害恐如燕王燕王者與其子昆弟姦新坐以死亡國故以燕感太后太后曰無復言嫁女齊事事浸潯不得聞於天子主父偃由此亦與齊有郤主父偃方幸於天子用事因言齊臨菑十萬户市租千金人衆殷富巨於長安此非天子親弟愛子不得王此今齊王於親屬益疏乃從容言呂太后時齊欲反吴楚時孝王幾為亂今聞齊王與

其姊亂於是天子乃拜主父偃為齊相且正其事主父偃既至齊乃急治王後宮宦者為王通於姊翁主所者令其辭證皆引王王年少懼大罪為吏所執誅乃飲藥自殺絶無後是時趙王懼主父偃一出廢齊恐其漸踈骨肉乃上書言偃受金及輕重之短天子亦既囚偃公孫弘言齊王以憂死毋後國入漢非誅偃無以塞天下之望遂誅偃齊厲王立五年死毋後國入于漢齊悼惠王後尚有二國城陽及菑川菑川地比齊天子憐齊為

悼惠王冢園在郡割臨菑東環悼惠王冢園邑盡以予菑川以奉悼惠王祭祀城陽景王章（年表云都莒也）齊悼惠王子以朱虛侯與大臣共誅諸呂而章身首先斬相國呂王產於未央宮孝文帝既立益封章二千戶賜金千斤孝文二年以齊之城陽郡立章為城陽王立二年卒子喜立是為共王共王八年徙王淮南（年表云都陳也）四年復還王城陽凡三十三年卒子建延立是為頃王頃王二十八年卒子義立是為敬王敬王九年卒子武立是為惠

王惠王十一年卒子順立是為荒王荒王四十六年卒子恢立是為戴王戴王八年卒子景立至建始三年（建始成帝年號從建始四年上至天漢四年六十七矣蓋諸先生次之）十五歲卒濟北王興居（都濟州也）齊悼惠王子以東牟侯助大臣誅諸呂功少及文帝從代來興居曰請與太僕嬰入清宮廢少帝共與大臣尊立孝文帝孝文帝二年以齊之濟北郡立興居為濟北王與城陽王俱立立二年反始大臣誅呂氏時朱虛侯功尤大許盡以趙地王朱虛侯盡以梁地王東

牟侯及孝文帝立聞朱虛東牟之初欲立齊王故絀其功及二年王諸子乃割齊二郡以王章興居章興居自以失職奪功章死而興居聞匈奴大入漢漢多發兵使丞相灌嬰擊之文帝親幸太原以為天子自擊胡遂發兵反於濟北天子聞之罷丞相及行兵皆歸長安使棘蒲侯柴將軍擊破虜濟北王王自殺地入于漢為郡後十二年文帝十六年復以齊悼惠王子安都侯（安都故城在瀛州高陽縣西南三十九里）志為濟北王十一年吳楚反時志堅守不與諸侯

合謀吳楚已平徙志王菑川濟南王辟光（辟音壁都濟南郡）齊悼惠王子以勒侯孝文十六年為濟南王十一年與吳楚反漢擊破殺辟光以濟南為郡地入于漢菑川王賢（年表云淄川王都劇故城在青州壽光縣西三十一里）齊悼惠王子以武城侯（貝州縣）文帝十六年為菑川王十一年與吳楚反漢擊破殺賢天子因徙濟北王志王菑川志以齊悼惠王子以安都侯王濟北菑川王反毋後乃徙濟北王王菑川凡立三十五年卒謚為懿王子建代立是為靖王二十年卒子遺代立是為頃王三十六年卒子終古立是為思王二十八年卒子尚立是為孝王五年卒子橫立至建始（亦褚少孫次之）三年十一歲卒膠西王卬（卬五郎反年表云都高苑括地志云高苑故城在淄州長川縣北四里）齊悼惠王子以昌平侯（括地志云昌平故城在幽州東南六十里也）文帝十六年為膠西王十一年與吳楚反漢擊破殺卬地入于漢為膠西郡膠東王雄渠（年表云都高墨按即墨故城在萊州膠東縣南六十里）齊悼惠王子以白石侯（白石古城在德州安德縣北二十里）文帝十六年為膠東王十一年與吳楚反漢擊破殺

雄渠地入于漢為膠東郡

太史公曰諸侯大國無過齊悼惠王以海內初定子弟少激秦之無尺土封故大封同姓以填萬民之心及後分裂固其理也

史記正義卷五十二

欽定四庫全書

史記正義卷五十三

唐 張守節 撰

蕭相國世家第二十三　史記五十三

蕭相國何者沛豐人也以文無害為沛主吏掾高祖為布衣時何數以吏事護高祖高祖為亭長常左右之高祖以吏繇咸陽吏皆送奉錢三何獨以五秦御史監郡者與從事常辨之何乃給泗水卒史事第一秦御史欲

入言徵何何固請得毋行及高祖起為沛公何常為丞督事沛公至咸陽諸將皆爭走金帛財物之府分之何獨先入收秦丞相御史律令圖書藏之沛公為漢王以何為丞相項王與諸侯屠燒咸陽而去漢王所以具知天下阸塞戶口多少彊弱之處民所疾苦者以何具得秦圖書也何進言韓信漢王以信為大將軍語在淮陰侯事中漢王引兵東定三秦何以丞相留收巴蜀填撫諭告使給軍食漢二年漢王與諸侯擊楚何守關中侍太子治櫟陽為法令約束立宗廟社稷宮室縣邑輒奏上可許以從事即不及奏上輒以便宜施行上來以聞關中事計戶口轉漕給軍漢王數失軍遁去何常興關中卒輒補缺上以此專屬任何關中事漢三年漢王與項羽相距京索之閒上數使使勞苦丞相鮑生謂丞相曰王暴衣露蓋數使使勞苦君者有疑君心也為君計莫若遣君子孫昆弟能勝兵者悉詣軍所上必益信君於是何從其計漢王大說漢五年既殺項羽定天下論

功行封羣臣爭功歲餘功不決高祖以蕭何功最盛封為酇侯所食邑多功臣皆曰臣等身被堅執銳多者百餘戰少者數十合攻城略地大小各有差今蕭何未嘗有汗馬之勞徒持文墨議論不戰顧反居臣等上何也高帝曰諸君知獵乎曰知之知獵狗乎曰知之高帝曰夫獵追殺獸兔者狗也而發蹤指示獸處者人也今諸君徒能得走獸耳功狗也至如蕭何發蹤指示功人也且諸君獨以身隨我多者兩三人今蕭何舉宗數十人

皆隨我功不可忘也羣臣皆莫敢言列侯畢已受封及奏位次皆曰平陽侯曹參身被七十創攻城略地功最多宜第一上已橈功臣多封蕭何至位次未有以復難之然心欲何第一關內侯鄂君進曰羣臣議皆誤夫曹參雖有野戰略地之功此特一時之事夫上與楚相距五歲常失軍亡衆逃身遁者數矣然蕭何常從關中遣軍補其處非上所詔令召而數萬衆會上之乏絕者數矣夫漢與楚相守滎陽數年軍無見糧蕭何轉漕關中給食不乏陛下雖數亡山東蕭何常全關中以待陛下此萬世之功也今雖亡曹參等百數何缺於漢漢得之不必待以全奈何欲以一旦之功而加萬世之功哉蕭何第一曹參次之高祖曰善於是乃令蕭何賜帶劍履上殿入朝不趨上曰吾聞進賢受上賞蕭何功雖高得鄂君乃益明於是因鄂君故所食關內侯邑封為安平侯括地志云澤州安平縣本漢安平縣是日悉封何父子兄弟十餘人皆有食邑乃益封何二千戶以帝嘗繇咸陽時何送我獨

贏奉錢二也漢十一年陳豨反高祖自將至邯鄲未罷淮陰侯謀反關中呂后用蕭何計誅淮陰侯語在淮陰事中上已聞淮陰侯誅使使拜丞相何為相國益封五千戶令卒五百人一都尉為相國衛諸軍皆賀召平獨弔召平者故秦東陵侯秦破為布衣貧種瓜於長安城東瓜美故世俗謂之東陵瓜從召平以為名也召平謂相國曰禍自此始矣上暴露於外而君守於中非被矢石之事而益君封置衛者以今者淮陰侯新反於中疑君心矣夫置衛衛君非以寵君也願君讓封勿受悉以家私財佐軍則上心說相國從其計高帝乃大喜漢十二年秋黥布反上自將擊之數使使問相國何為相國為上在軍乃拊循勉力百姓悉以所有佐軍如陳豨時客有說相國曰君滅族不久矣夫君位為相國功第一可復加哉然君初入關中得百姓心十餘年矣皆附君常復孳孳得民和上所為數問君者畏君傾動關中今君胡不多買田地賤貰貸貰音世又食夜反賒也下天得反以自汙上

心乃安於是相國從其計上乃大說上罷布軍歸民道遮行上書言相國賤彊買民田宅數千萬上至相國謁上笑曰夫相國乃利民民所上書皆以與相國曰君自謝民相國因為民請曰長安地狹上林中多空地棄願令民得入田毋收槀為禽獸食上大怒曰相國多受賈人財物乃為請吾苑乃下相國廷尉械繫之數日王衛尉侍前問曰相國何大罪陛下繫之暴也上曰吾聞李斯相秦皇帝有善歸主有惡自與今相國多受賈豎金

而為民請吾苑以自媚於民故繫治之王衛尉曰夫職事苟有便於民而請之眞宰相事陛下柰何乃疑相國受賈人錢乎且陛下距楚數歲陳豨黥布反陛下自將而往當是時相國守關中搖足則關以西非陛下有也相國不以此時為利今乃利賈人之金乎且秦以不聞其過亡天下李斯之分過又何足法哉陛下何疑宰相之淺也高帝不懌是日使使持節赦出相國相國年老素恭謹入徒跣謝高帝曰相國休矣相國為民請苑吾不許我不過為桀紂主而相國為賢相吾故繫相國欲令百姓聞吾過也何素不與曹參相能及何病孝惠自臨視相國病因問曰君即百歲後誰可代君者對曰知臣莫如主孝惠曰曹參何如何頓首曰帝得之矣臣死不恨矣何置田宅必居窮處為家不治垣屋曰後世賢師吾儉不賢毋為勢家所奪孝惠二年相國何卒括地志云蕭何墓在雍州咸陽縣東北三十七里謚為文終侯後嗣以罪失侯者四世絕天子輒復求何後封續酇侯功臣莫得比焉

太史公曰蕭相國何於秦時為刀筆吏錄錄未有奇節及漢興依日月之末光何謹守管籥因民之疾秦法順流與之更始淮陰黥布等皆以誅滅而何之勳爛焉位冠羣臣聲施後世與閎夭散宜生等爭烈矣

史記正義卷五十三

欽定四庫全書

史記正義卷五十四

唐　張守節　撰

曹參世家第二十四　史記五十四

平陽侯晉州城即平陽故城也曹參者沛人也按沛今徐州縣也秦時為沛獄掾而蕭何為主吏居縣為豪吏矣高祖為沛公而初起也參以中涓從將擊胡陵縣名在方與南方與方音房與音預兗州縣也攻秦監公軍大破之東下薛擊泗水守軍薛郭西復

攻胡陵取之徙守方與方與反為魏擊之曹參擊方與豐反為魏攻之賜爵七大夫擊秦司馬𡰥音夷軍碭東破之取碭狐父括地志云狐父亭在宋州碭山縣東南三十里祁善置括地志云故祁城在宋州下邑縣東北四十九里漢祁城縣也言取碭狐父及祁縣之善置又攻下邑以西至虞宋州下邑縣在州東百一十里漢下邑城今碭山縣是虞城縣在州北五十里古虞國商均所封擊章邯車騎攻爰戚音寂劉音七歷反今在兗州南近亢父縣及亢父括地志云亢父故城在兗州任城縣南五十一里先登遷為五大夫北救東阿今濟州東阿也擊章邯軍陷陳追至濮陽攻定陶取臨濟淄州高苑縣西北二里北狄故城安縣改曰臨濟南救雍丘擊李由軍破之殺李由虜秦候一人秦將章邯破殺項梁也沛公與項羽引而東楚懷王以沛公為碭郡長將碭郡兵於是乃封參為執帛號曰建成君遷為戚公即爰戚縣也是時屬沛郡屬碭郡其後從攻東郡尉軍破之成武南擊王離軍成陽南成陽故城濮州雷澤縣是史記云武王封弟季載於成其後遷於成之陽故曰成陽也復攻之杠里大破之追北西至開封擊趙賁軍破之圍趙賁開封城中西擊秦將楊熊軍於曲遇曲丘羽反遇牛恭反司馬彪郡國志云中牟有曲遇聚按中牟鄭州縣也破之虜

秦司馬及御史各一人遷為執珪從攻陽武括地志云陽武故城在鄭州陽武縣東北十八里漢陽武縣城也下轘轅緱氏緱氏洛州縣也括地志云轘轅故關在洛州緱氏縣東南四十里十三州志云轘轅道凡十二曲是險道絕河津津濟渡處括地志云平陰故津在洛州洛陽縣東北五十里還擊趙賁軍尸北破之破趙賁軍於尸鄉之北也括地志云尸鄉亭在洛州偃師縣在洛州東南也從南攻犨與南陽守齮戰陽城郭東陷陳陷南陽守於陽城郭東也取宛虜齮盡定南陽郡從西攻武關嶢關括地志云故武關在商州商洛縣東九十里藍田關在雍州藍田縣東南九十里即秦嶢關也取之前攻秦軍藍田南雍州藍田縣在州東南八十里因藍田山為名又

夜擊其北秦軍大破遂至咸陽滅秦項羽至以沛公為漢王漢王封參為建成侯從至漢中（梁州本漢中郡）遷為將軍從還定三秦初攻下辯故道（括地志云成州同谷縣本漢下辯道又云鳳州兩當縣本漢故道縣在州西五十里）雍斄（斄作斄音貽括地志云故雍縣南七里故斄城一名武功縣西南二十二里古邰國也）擊章平軍於好畤南（括地志云好畤城在雍州好畤縣東南十三里）破之圍好畤取壤鄉擊三秦軍壤東及高櫟（音歷皆村邑名壤鄉今在雍州武功縣東南二十餘里高壤坊是高櫟近壤鄉也）破之復圍章平章平出好畤走因擊趙賁內史保軍破之東取咸陽更命曰新

城參將兵守景陵二十日三秦使章平等攻參參出擊大破之賜食邑於寧秦參以將軍引兵圍章邯於廢丘（周曰犬丘秦更名廢丘漢更名槐里今故城在雍州始平縣東南十里）以中尉從漢王出臨晉關（即蒲津關也在臨晉縣故言臨晉關今在同州也）至河內下脩武（今懷州獲嘉縣古脩武也）渡圍津（括地志云黎陽津一名白馬津在滑州白馬縣北三十里帝王世紀云白馬縣南有韋城故豕韋國也續漢書郡國志云白馬縣有韋城）東擊龍且項他定陶破之東取碭蕭彭城（徐州二縣）擊項籍軍漢軍大敗走參以中尉圍取雍丘王武反於黄程處反於燕往擊盡破之柱天

侯反於衍氏又進破取衍氏擊羽嬰於昆陽追至葉還攻武彊（括地志云武彊故城在鄭州管城縣東北三十一里）因至滎陽參自漢中為將軍中尉從擊諸侯及項羽敗還至滎陽凡二歲高祖三年拜為假左丞相入屯兵關中月餘魏王豹反以假左丞相別與韓信東攻魏將軍孫遬軍東張（括地志云張陽故城一名東張城在蒲州虞鄉縣西北四十里）大破之因攻安邑得魏將王襄擊魏王於曲陽（括地志云上曲陽定州恒陽縣是下曲陽在定州鼓城縣西五里）追至武垣（括地志云武垣縣今瀛州城是地理志云武垣縣屬涿郡也）生得魏王豹取平陽

（晉州城是）得魏王母妻子盡定魏地凡五十二城賜食邑平陽因從韓信擊趙相國夏說軍於鄔東大破之斬夏說韓信與故常山王張耳引兵下井陘擊成安君而令參還圍趙別將戚將軍於鄔城中戚將軍出走追斬之乃引兵詣敖倉漢王之所韓信已破趙為相國東擊齊參以右丞相屬韓信攻破齊歷下軍遂取臨菑還定濟北郡攻著漯陰平原鬲盧（括地志云平原故城在德州平原縣東南十里故鬲城在德州安德縣西北十五里盧縣今濟州理縣是也）已而從韓信擊龍且軍於上假

密大破之斬龍且虜其將軍周蘭定齊凡得七十餘縣得故齊王田廣相田光其守相許章及故齊膠東將軍田既韓信為齊王引兵詣陳與漢王共破項羽而參留平齊未服者項籍已死天下定漢王為皇帝韓信徙為楚王齊為郡參歸漢相印高帝以長子肥為齊王而以參為齊相國以高祖六年賜爵列侯與諸侯剖符世世勿絕食邑平陽萬六百三十戶號曰平陽侯除前所食邑以齊相國擊陳豨將張春軍破之黥布反參以齊相

國從悼惠王將兵車騎十二萬人與高祖會擊黥布軍大破之南至蘄還定竹邑相蕭留（括地志云徐州符離縣城漢竹邑城也李奇云今竹邑也故相城在符離縣西北九十里輿地志云宋共公自睢陽徙相子城又還睢陽蕭徐州縣也古蕭叔國城也故留城在徐州沛縣東南五十里張良所封）參功凡下二國縣一百二十二得王二人相三人將軍六人大莫敖郡守司馬候御史各一人孝惠帝元年除諸侯相國法更以參為齊丞相參之相齊齊七十城天下初定悼惠王富於春秋參盡召長老諸生問所以安集百姓如齊故俗諸儒以百數言人人殊參未知所定聞膠西有蓋公善治黃老言使人厚幣請之既見蓋公蓋公為言治道貴清靜而民自定推此類具言之參於是避正堂舍蓋公焉其治要用黃老術故相齊九年齊國安集大稱賢相惠帝二年蕭何卒參聞之告舍人趣治行吾將入相居無何使者果召參參去屬其後相曰以齊獄市為寄慎勿擾也後相曰治無大於此者乎參曰不然夫獄市者所以并容也今君擾之姦人安所容也吾是以先之參始微時

與蕭何善及為將相有郤至何且死所推賢唯參參代何為漢相國舉事無所變更一遵蕭何約束擇郡國吏木詘於文辭重厚長者即召除為丞相史吏之言文刻深欲務聲名者輒斥去之日夜飲醇酒卿大夫以下吏及賓客見參不事事來者皆欲有言至者參輒飲以醇酒間之欲有所言復飲之醉而後去終莫得開說以為常相舍後園近吏舍吏舍日飲歌呼從吏惡之無如之何乃請參游園中聞吏醉歌呼從吏幸相國召按之乃

反取酒張坐飲亦歌呼與相應和參見人之有細過專掩匿覆蓋之府中無事參子窋為中大夫惠帝怪相國不治事以為豈少朕與乃謂窋曰若歸試私從容問而父曰高帝新棄羣臣帝富於春秋君為相日飲無所請事何以憂天下乎然無言吾告若也窋既洗沐歸間侍自從其所諫參參怒而笞窋二百曰趣入侍天下事非若所當言也至朝時惠帝讓參曰與窋胡治乎乃者我使諫君也參免冠謝曰陛下自察聖武孰與高帝上曰

朕乃安敢望先帝乎曰陛下觀臣能孰與蕭何賢上曰君似不及也參曰陛下言之是也且高帝與蕭何定天下法令既明今陛下垂拱參等守職遵而勿失不亦可乎惠帝曰善君休矣參為漢相國出入三年卒謚懿侯子窋代侯百姓歌之曰蕭何為法顜若畫一曹參代之守而勿失載其清淨民以寧一平陽侯窋高后時為御史大夫孝文帝立免為侯立二十九年卒謚為靜侯子奇代侯立七年卒謚為簡侯子時代侯時尚平陽公主生子襄時病癘歸國立二十三年卒謚夷侯子襄代侯襄尚衛長公主生子宗立十六年卒謚為共侯子宗代侯征和二年中宗坐太子死國除

太史公曰曹相國參攻城野戰之功所以能多若此者以與淮陰侯俱及信已滅而列侯成功唯獨參擅其名參為漢相國清靜極言合道然百姓離秦之酷後參與休息無為故天下俱稱其美矣

史記正義卷五十四

史記正義卷五十五

唐　張守節　撰

留侯世家第二十五　史記五十五

留侯（括地志云故留城在徐州沛縣東南五十五里今城內有張良廟也）張良者其先韓人也（括地志云城父在汝州郟縣東三十里韓里也）大父開地相韓昭侯宣惠王襄哀王父平相釐王悼惠王悼惠王二十三年平卒卒二十歲秦滅韓良年少未宦事韓韓破良家僮三百人弟死不葬悉以家財求客刺秦王為韓報仇以大

父父五世相韓故良嘗學禮淮陽（今陳州也）東見倉海君（漢書武帝紀云元年東夷穢君南閭等降為倉海郡今貊穢國得之太史公修史時已降為郡自書之括地志云穢貊在高麗南新羅北東至大海西）得力士為鐵椎重百二十斤秦皇帝東游良與客狙擊秦皇帝博浪沙中（晉地理記云鄭州陽武縣有博浪沙按今當官道也）誤中副車秦皇帝大怒大索天下求賊甚急為張良故也良乃更名姓亡匿下邳良嘗閒從容步游下邳圯上有一老父衣褐至良所直墮其履圯下顧謂良曰孺子下取履良愕然欲毆之為其老彊忍下取履父曰履我良業為取履因長跪履之父以足受笑而去良殊大驚隨目之父去里所復還曰孺子可教矣後五日平明與我會此良因怪之跪曰諾五日平明良往父已先在怒曰與老人期後何也去曰後五日早會五日雞鳴良往父又先在復怒曰後何也去曰後五日復早來五日良夜未半往有頃父亦來喜曰當如是出一編書曰讀此則為王者師矣後十年興十三年孺子見我濟

北穀城山下黃石即我矣（括地志云穀城山一名黃山在濟州東河縣東濟州故濟北郡孔文祥云黃石公鬚眉皆白杖丹藜履赤舄）遂去無他言不復見旦日視其書乃太公兵法也（七錄云太公兵法一帙三卷太公姜子牙周文王師封齊侯也）良因異之常習誦讀之居下邳為任俠項伯嘗殺人從良匿後十年陳涉等起兵良亦聚少年百餘人景駒自立為楚假王在留良欲往從之道遇沛公將數千人略地下邳西遂屬焉沛公拜良為廄將良數以太公兵法說沛公沛公善之常用其策良為他人言皆不省良曰沛

公殆天授故遂從之不去見景駒及沛公之薛見項梁項梁立楚懷王良乃說項梁曰君已立楚後而韓諸公子橫陽君成賢可立為王益樹黨項梁使良求韓成立以為韓王以良為韓申徒與韓王將千餘人西略韓地得數城秦輒復取之往來為游兵潁川沛公之從雒陽南出轘轅良引兵從沛公下韓十餘城擊破楊熊軍沛公乃令韓王成留守陽翟與良俱南攻下宛西入武關沛公欲以兵二萬人擊秦嶢下軍良說曰秦兵尚彊未可輕

臣聞其將屠者子賈豎易動以利願沛公且留壁使人先行為五萬人具食益為張旗幟諸山上為疑兵令酈食其持重寶啗秦將秦將果畔欲連和俱西襲咸陽沛公欲聽之良曰此獨其將欲叛耳恐士卒不從不從必危不如因其解擊之沛公乃引兵擊秦軍大破之遂北至藍田再戰秦兵竟敗遂至咸陽秦王子嬰降沛公沛公入秦宮宮室帷帳狗馬重寶婦女以千數意欲留居之樊噲諫沛公出舍沛公不聽良曰夫秦為無道故沛公得至此夫為天下除殘賊宜縞素為資今始入秦即安其樂此所謂助桀為虐且忠言逆耳利於行毒藥苦口利於病願沛公聽樊噲言沛公乃還軍霸上項羽至鴻門下欲擊沛公項伯乃夜馳入沛公軍私見張良欲與俱去良曰臣為韓王送沛公今事有急亡去不義乃具以語沛公沛公大驚曰為將奈何良曰沛公誠欲倍項羽邪沛公曰鯫生教我距關無內諸侯秦地可盡王故聽之良曰沛公自度能卻項羽乎沛公默然良久曰

固不能也今為奈何良乃固要項伯項伯見沛公沛公與飲為壽結賓婚合項伯具言沛公不敢倍項羽所以距關者備他盜也及見項羽後解語在項羽事中漢元年正月沛公為漢王王巴蜀漢王賜良金百鎰珠二斗良具以獻項伯漢王亦因令良厚遺項伯使請漢中地項王乃許之遂得漢中地漢王之國良送至襃中括地志云襃谷在梁州襃城縣北五十里南中山昔秦欲伐蜀路無由入乃刻石為牛五頭置金於後偽言此牛能屎金以遺蜀蜀侯貪信之乃令五丁共引牛塹山堙谷致之成都秦遂尋道伐之因號曰石牛道蜀賦以石門在漢

中之西褒中之北是又云斜水源出褒城縣西北衙嶺山與褒水同源而流派漢書溝洫志云褒水通沔斜水通渭皆以行船遣良歸韓良因說漢王曰王何不燒絕所過棧道示天下無還心以固項王意乃使良還行燒絕棧道良至韓韓王成以良從漢王故項王不遣成之國從與俱東良說項王曰漢王燒絕棧道無還心矣乃以齊王田榮反書告項王項王以此無西憂漢心而發兵北擊齊項王竟不肯遣韓王乃以為侯又殺之彭城良亡閒行歸漢王漢王亦已還定三秦矣復以良為成信侯從

東擊楚至彭城漢敗而還至下邑漢王下馬踞鞍而問曰吾欲捐關以東等弃之誰可與共功者良進曰九江王黥布楚梟將與項王有郄彭越與齊王田榮反梁地此兩人可急使而漢王之將獨韓信可屬大事當一面即欲捐之捐之此三人則楚可破也漢王乃遣隨何說九江王布而使人連彭越及魏王豹反使韓信將兵擊之因舉燕代齊趙然卒破楚者此三人力也張良多病未嘗特將也常為畫策臣時時從漢王漢三年項羽急圍漢王滎陽漢王恐憂與酈食其謀橈楚權食其曰昔湯伐桀封其後於杞武王伐紂封其後於宋今秦失德棄義侵伐諸侯社稷滅六國之後使無立錐之地陛下誠能復立六國後世畢已受印此其君臣百姓必皆戴陛下之德莫不鄉風慕義願為臣妾德義已行陛下南鄉稱霸楚必斂衽而朝漢王曰善趣刻印先生因行佩之矣食其未行張良從外來謁漢王方食曰子房前客有為我計橈楚權者具以酈生語告於子房曰何如良曰誰為陛下畫此計者

陛下事去矣漢王曰何哉張良對曰臣請藉前箸為大王籌之曰昔者湯伐桀而封其後於杞者度能制桀之死命也今陛下能制項籍之死命乎曰未能也其不可一也武王伐紂封其後於宋者度能得紂之頭也今陛下能得項籍之頭乎曰未能也其不可二也武王入殷表商容之閭釋箕子之拘封比干之墓今陛下能封聖人之墓表賢者之閭式智者之門乎曰未能也其不可三也發鉅橋之粟散鹿臺之錢以賜貧窮今陛下能散

府庫以賜貧窮乎曰未能也其不可四矣殷事已畢偃革為軒倒置干戈覆以虎皮以示天下不復用兵今陛下能偃武行文不復用兵乎曰未能也其不可五矣休馬華山之陽示以無所為今陛下能休馬無所用乎曰未能也其不可六矣放牛桃林之陰以示不復輸積今陛下能放牛不復輸積乎曰未能也其不可七矣且天下游士離其親戚棄墳墓去故舊從陛下游者徒欲日夜望咫尺之地今復六國立韓魏燕趙齊楚之後天下

游士各歸事其主從其親戚反其故舊墳墓陛下與誰取天下乎其不可八矣且夫楚唯無彊六國立者復橈而從之陛下焉得而臣之誠用客之謀陛下事去矣漢王輟食吐哺罵曰豎儒幾敗而公事令趣銷印漢四年韓信破齊而欲自立為齊王漢王怒張良說漢王漢王使良授齊王信印語在淮陰事中其秋漢王追楚至陽夏南戰不利而壁固陵諸侯期不至良說漢王漢王用其計諸侯皆至語在項籍事中漢六年正月封功臣良未嘗有戰鬭功高帝曰運籌策帷帳中決勝千里外子房功也自擇齊三萬戶良曰始臣起下邳與上會留此天以臣授陛下陛下用臣計幸而時中臣願封留足矣不敢當三萬戶乃封張良為留侯與蕭何等俱封六年上已封大功臣二十餘人其餘日夜爭功不決未得行封上在雒陽南宮從復道望見諸將往往相與坐沙中語上曰此何語留侯曰陛下不知乎此謀反耳上曰天下屬安定何故反乎留侯曰陛下起布衣以此屬取

天下今陛下為天子而所封皆蕭曹故人所親愛而所誅者皆生平所讐怨今軍吏計功以天下不足徧封此屬畏陛下不能盡封恐又見疑平生過失及誅故即相聚謀反耳上乃憂曰為之奈何留侯曰上平生所憎羣臣所共知誰最甚者上曰雍齒與我故數嘗窘辱我我欲殺之為其功多故不忍留侯曰今急先封雍齒以示羣臣羣臣見雍齒封則人人自堅矣於是上乃置酒封雍齒為什方侯 括地志云雍齒城在益州什邡縣南四十步漢什邡縣漢初封雍齒為侯國

而急趣丞相御史定功行封羣臣罷酒皆喜曰雍齒尚為侯我屬無患矣劉敬說高帝曰都關中上疑之左右大臣皆山東人多勸上都雒陽雒陽東有城皐西有殽黽倍河向伊雒其固亦足恃留侯曰雒陽雖有此固其中小不過數百里田地薄四面受敵此非用武之國也夫關中左殽函殽三殽山也在洛州永寧縣西北二十里函谷關在陝州桃林縣西南十二里右隴蜀隴山南連蜀之岷山故云右隴蜀也沃野千里南有巴蜀之饒北有胡苑之利博物志云北有胡苑之塞按上郡北地之北與胡接可以牧養禽獸又多致胡

馬故謂胡苑之利也阻三面而守獨以一面東制諸侯諸侯安定河渭漕輓天下西給京師諸侯有變順流而下足以委輸此所謂金城千里天府之國也劉敬說是也於是高帝即日駕西都關中留侯從入關留侯性多病即道引不食穀杜門不出歲餘上欲廢太子立戚夫人子趙王如意大臣多諫爭未能得堅決者也呂后恐不知所為人或謂呂后曰留侯善畫計筴上信用之呂后乃使建成侯呂澤劫留侯曰君常為上謀臣今上欲易太子君安得高枕而臥乎留侯曰始上數在困急之中幸用臣筴今天下安定以愛欲易太子骨肉之閒雖臣等百餘人何益呂澤彊要曰為我畫計留侯曰此難以口舌爭也顧上有不能致者天下有四人四人者年老矣皆以為上慢侮人故逃匿山中義不為漢臣然上高此四人今公誠能無愛金玉璧帛令太子為書卑辭安車因使辯士固請宜來來以為客時時從入朝令上見之則必異而問之問之上知此四人賢則一助也於是呂后

令呂澤使人奉太子書卑辭厚禮迎此四人四人至客建成侯所漢十一年黥布反上病欲使太子將往擊之四人相謂曰凡來者將以存太子太子將兵事危矣乃說建成侯曰太子將兵有功則位不益太子無功還則從此受禍矣且太子所與俱諸將皆嘗與上定天下梟將也今使太子將之此無異使羊將狼也皆不肯為盡力其無功必矣臣聞母愛者子抱今戚夫人日夜侍御趙王如意常抱居前上曰終不使不肖子居愛子之上

明乎其代太子位必矣君何不急請呂后承閒為上泣言黥布天下猛將也善用兵今諸將皆陛下故等夷乃令太子將此屬無異使羊將狼莫肯為用且使布聞之則鼓行而西耳上雖病彊載輜車卧而護之諸將不敢不盡力上雖苦為妻子自彊於是呂澤立夜見呂后呂后承閒為上泣涕而言如四人意上曰吾惟豎子固不足遣而公自行耳於是上自將兵而東羣臣居守皆送至灞上留侯病自彊起至曲郵見上曰臣宜從病甚楚

人剽疾願上無與楚人爭鋒因說上曰令太子為將軍監關中兵上曰子房雖病彊卧而傅太子是時叔孫通為太傅留侯行少傅事漢十二年上從擊破布軍歸疾益甚愈欲易太子留侯諫不聽因疾不視事叔孫太傅稱說引古今以死爭太子上詳許之猶欲易之及燕置酒太子侍四人從太子年皆八十有餘鬚眉皓白衣冠甚偉上怪之問曰彼何為者四人前對各言名姓曰東園公角里先生綺里季夏黄公上乃大驚曰吾求公數歲公避逃我今公何自從吾兒游乎四人皆曰陛下輕士善罵臣等義不受辱故恐而亡匿竊聞太子為人仁孝恭敬愛士天下莫不延頸欲為太子死者故臣等來耳上曰煩公幸卒調護太子四人為壽已畢趨去上目送之召戚夫人指示四人者曰我欲易之彼四人輔之羽翼已成難動矣呂后真而主矣戚夫人泣上曰為我楚舞吾為若楚歌歌曰鴻鵠高飛一舉千里羽翮已就横絶四海横絶四海當可奈何雖有矰繳尚安所施歌數闋戚夫

人噓唏流涕上起去罷酒竟不易太子者留侯本招此四人之力也留侯從上擊代出奇計馬邑下及立蕭何相國所與上從容言天下事甚衆非天下所以存亡故不著留侯乃稱曰家世相韓及韓滅不愛萬金之資為韓報讎彊秦天下振動今以三寸舌為帝者師封萬戶位列侯此布衣之極於良足矣願棄人間事欲從赤松子游耳乃學辟穀道引輕身會高帝崩呂后德留侯乃彊食之曰人生一世間如白駒過隙何至自苦如此乎留

侯不得已彊聽而食後八年卒謚為文成侯子不疑代
侯子房始所見下邳圯上老父與太公書者後十三年
從高帝過濟北果見穀城山下黃石取而葆祠之留侯
死并葬黃石冢括地志云漢張良墓在徐州沛縣東六十五里與留城相近也每上冢
伏臘祠黃石留侯不疑孝文帝五年坐不敬國除
太史公曰學者多言無鬼神然言有物至如留侯所見
老父予書亦可怪矣高祖離困者數矣而留侯常有功
力焉豈可謂非天乎上曰夫運籌筴帷帳之中決勝千

里外吾不如子房余以為其人計魁梧奇偉至見其圖
狀貌如婦人好女蓋孔子曰以貌取人失之子羽留侯
亦云

史記正義卷五十五

欽定四庫全書

史記正義卷五十六

唐 張守節 撰

陳丞相世家第二十六　史記五十六

陳丞相平者陽武戶牖鄉人也陳留風俗傳云東昏縣衛地故陽武之戶牖鄉也括地志云東昏故城在汴州陳留縣東北九十里少時家貧好讀書有田三十
畝獨與兄伯居伯常耕田縱平使游學平為人長美色
人或謂陳平曰貧何食而肥若是其嫂嫉平之不視家

生產曰亦食糠覈耳有叔如此不如無有伯聞之逐其
婦而棄之及平長可娶妻富人莫肯與者貧者平亦恥
之久之戶牖富人有張負張負女孫五嫁而夫輒死人
莫敢娶平欲得之邑中有喪平貧侍喪以先往後罷為
助張負既見之喪所獨視偉平平亦以故後去負隨平
至其家家乃負郭窮巷以弊席為門然門外多有長者
車轍張負歸謂其子仲曰吾欲以女孫予陳平張仲曰
平貧不事事一縣中盡笑其所為獨奈何予女乎負曰

人固有好美如陳平而長貧賤者乎卒與女爲平貧乃假貸幣以聘予酒肉之資以内婦負誡其孫曰毋以貧故事人不謹事兄伯如事父事嫂如母平既娶張氏女齎用益饒游道日廣里中社平爲宰分肉食甚均父老曰善陳孺子之爲宰平曰嗟乎使平得宰天下亦如是肉矣陳涉起而王陳使周市略定魏地立魏咎爲魏王與秦軍相攻於臨濟陳平固已前謝其兄伯從少年往事魏王咎於臨濟魏王以爲太僕説魏王不聽人或讒

之陳平亡去久之項羽略地至河上陳平往歸之從入破秦賜平爵卿項羽之東王彭城也漢王還定三秦而東殷王反楚項羽乃以平爲信武君將魏王咎客在楚者以往擊降殷王而還項王使項悍拜平爲都尉賜金二十溢居無何漢王攻下殷王項王怒將誅定殷者將吏陳平懼誅乃封其金與印使使歸項王而平身間行杖劍亡渡河船人見其美丈夫獨行疑其亡將要中當有金玉寶器目之欲殺平平恐乃解衣臝而佐刺船船

人知其無有乃止平遂至修武降漢因魏無知求見漢王漢王召入是時萬石君奮爲漢王中涓受平謁入見平平等七人俱進賜食王曰罷就舍矣平曰臣爲事來所言不可以過今日於是漢王與語而説之問曰子之居楚何官曰爲都尉是日乃拜平爲都尉使爲參乘典護軍諸將盡讙曰大王一日得楚之亡卒未知其高下而即與同載反使監護軍長者漢王聞之愈益幸平遂與東伐項王至彭城爲楚所敗引而還收散兵至滎陽

以平爲亞將屬於韓王信軍廣武絳侯灌嬰等咸讒陳平曰平雖美丈夫如冠玉耳其中未必有也臣聞平居家時盜其嫂事魏不容亡歸楚歸楚不中又亡歸漢今日大王尊官之令護軍臣聞平受諸將金金多者得善處金少者得惡處平反覆亂臣也願王察之漢王疑之召讓魏無知無知曰臣所言者能也陛下所問者行也今有尾生孝己之行而無益於勝負之數陛下何暇用之乎楚漢相距臣進奇謀之士顧其計誠足以利國家

不耳且盜嫂受金又何足疑乎漢王召讓平曰先生事魏不中遂事楚而去今又從吾游信者固多心乎平曰臣事魏王魏王不能用臣說故去事項王項王不能信人其所任愛非諸項即妻之昆弟雖有奇士不能用平乃去楚聞漢王之能用人故歸大王臣躶身來不受金無以為資誠臣計畫有可采者願大王用之使無可用者金具在請封輸官得請骸骨漢王乃謝厚賜拜為護軍中尉盡護諸將諸將乃不敢復言其後楚急攻絕漢

甬道圍漢王於滎陽城久之漢王患之請割滎陽以西以和項王不聽漢王謂陳平曰天下紛紛何時定乎陳平曰項王為人恭敬愛人士之廉節好禮者多歸之至於行功爵邑重之士亦以此不附今大王慢而少禮士廉節者不來然大王能饒人以爵邑士之頑鈍嗜利無恥者亦多歸漢誠各去其兩短襲其兩長天下指麾則定矣然大王恣侮人不能得廉節之士顧楚有可亂者彼項王骨鯁之臣亞父鍾離眛龍且周殷之屬不過數人耳大王誠能出捐數萬斤金行反間間其君臣以疑其心項王為人意忌信讒必內相誅漢因舉兵而攻之破楚必矣漢王以為然乃出黃金四萬斤與陳平恣所為不問其出入陳平既多以金縱反間於楚軍宣言諸將鍾離眛等為項王將功多矣然而終不得裂地而王欲與漢為一以滅項氏而分王其地項羽果意不信鍾離眛等項王既疑之使使至漢漢王為太牢具舉進見楚使即佯驚曰吾以為亞父使乃項王使復持去更以

惡草具進楚使楚使歸具以報項王項王果大疑亞父亞父欲急攻下滎陽城項王不信不肯聽亞父聞項王疑之乃怒曰天下事大定矣君王自為之願請骸骨歸歸未至彭城疽發背而死陳平乃夜出女子二千人滎陽城東門楚因擊之陳平乃與漢王從城西門夜出去遂入關收散兵復東其明年淮陰侯破齊自立為齊王使使言之漢王漢王大怒而罵陳平躡漢王漢王亦悟乃厚遇齊使使張子房卒立信為齊王封平以戶牖鄉

用其奇計策卒滅楚常以護軍中尉從定燕王臧荼漢六年人有上書告楚王韓信反高帝問諸將諸將曰亟發兵坑豎子耳高帝默然問陳平平固辭謝曰諸將云何上具告之陳平曰人之上書言信反有知之者乎曰未有曰信知之乎曰不知陳平曰陛下精兵孰與楚上曰不能過平曰陛下將用兵有能過韓信者乎上曰莫及也平曰今兵不如楚精而將不能及而舉兵攻之是趣之戰也竊為陛下危之上曰為之柰何平曰古者天

子巡狩會諸侯南方有雲夢陛下第出僞游雲夢會諸侯於陳陳楚之西界（陳今陳州也韓信都彭城號楚王故陳州為楚西界也）信聞天子以好出游其勢必無事而郊迎謁謁而陛下因禽之此特一力士之事耳高帝以為然乃發使告諸侯會陳吾將南游雲夢上因隨以行行未至陳楚王信果郊迎道中高帝豫具武士見信至即執縛之載後車信呼曰天下已定我固當烹高帝顧謂信曰若毋聲而反明矣武士反接之遂會諸侯于陳盡定楚地還至雒陽赦

信以為淮陰侯而與功臣剖符定封於是與平剖符世世勿絕為戶牖侯平辭曰此非臣之功也上曰吾用先生謀計戰勝剋敵非功而何平曰非魏無知臣安得進上曰若子可謂不背本矣乃復賞魏無知其明年以護軍中尉從攻反者韓王信於代卒至平城為匈奴所圍七日不得食高帝用陳平奇計使單于閼氏圍以得開高帝既出其計祕世莫得聞高帝南過曲逆上其城望見其屋室甚大曰壯哉縣吾行天下獨見洛陽與是耳

顧問御史曰曲逆戶口幾何對曰始秦時三萬餘戶間者兵數起多亡匿今見五千戶於是乃詔御史更以陳平為曲逆侯盡食之除前所食戶牖其後常以護軍中尉從攻陳豨及黥布凡六出奇計輒益邑凡六益封奇計或頗祕世莫能聞也高帝從破布軍還病創徐行至長安燕王盧綰反上使樊噲以相國將兵攻之既行人有短惡噲者高帝怒曰噲見吾病乃冀我死也用陳平謀而召絳侯周勃受詔牀下曰陳平亟馳傳載勃代噲

將平至軍中即斬噲頭二人既受詔馳傳未至軍行計之曰樊噲帝之故人也功多且又乃呂后弟呂須之夫有親且貴帝以忿怒故欲斬之則恐後悔寧囚而致上上自誅之未至軍為壇以節召樊噲噲受詔即反接載檻車傳詣長安而令絳侯勃代將將兵定燕反縣平行聞高帝崩平恐呂太后及呂嬃讒怒乃馳傳先去逢使者詔平與灌嬰屯於滎陽平受詔立復馳至宮哭甚哀因奏事喪前呂太后哀之曰君勞出休矣平畏讒之就

因固請得宿衛中太后乃以為郎中令曰傅教孝惠是後呂嬃讒乃不得行樊噲至則赦復爵邑孝惠帝六年相國曹參卒以安國侯王陵為右丞相陳平為左丞相王陵者故沛人始為縣豪高祖微時兄事陵陵少文任氣好直言及高祖起沛入至咸陽陵亦自聚黨數千人居南陽不肯從沛公及漢王之還攻項籍陵乃以兵屬漢項羽取陵母置軍中陵使至則東鄉坐陵母欲以招陵陵母既私送使者泣曰為老妾語陵謹事漢王漢王

長者也無以老妾故持二心妾以死送使者遂伏劍而死項王怒烹陵母陵卒從漢王定天下以善雍齒雍齒高帝之仇而陵本無意從高帝以故晚封為安國侯安國侯既為右丞相二歲孝惠帝崩高后欲立諸呂為王問王陵王陵曰不可問陳平陳平曰可呂太后怒乃佯遷陵為帝太傅實不用陵陵怒謝疾免杜門竟不朝請七年而卒陵之免丞相呂太后乃徙平為右丞相以辟陽侯審食其為左丞相左丞相不治常給事於中食其亦沛

人漢王之敗彭城西楚取太上皇呂后為質食其以舍人侍呂后其後從破項籍為侯幸於呂太后及為相居中百官皆因決事呂嬃常以前陳平為高帝謀執樊噲數讒曰陳平為相非治事日飲醇酒戲婦女陳平聞日益甚呂太后聞之私獨喜面質呂嬃於陳平曰鄙語曰兒婦人口不可用顧君與我何如耳無畏呂嬃之讒也呂太后立諸呂為王陳平偽聽之及呂太后崩平與太尉勃合謀卒誅諸呂立孝文皇帝陳平本謀也審食其

免相孝文帝立以為太尉勃親以兵誅呂氏功多陳平欲讓勃尊位乃病謝孝文帝初立怪平病問之平曰高祖時勃功不如臣平及誅諸呂臣功亦不如勃願以右丞相讓勃於是孝文帝乃以絳侯勃為右丞相位次第一平徙為左丞相位次第二賜平金千斤益封三千戶居頃之孝文皇帝既益明習國家事朝而問右丞相勃曰天下一歲決獄幾何勃謝曰不知問天下一歲錢穀出入幾何勃又謝不知汗出沾背愧不能對於是上亦

問左丞相平平曰有主者上曰主者謂誰平曰陛下即問決獄責廷尉問錢穀責治粟內史上曰苟各有主者而君所主者何事也平謝曰主臣陛下不知其駑下使待罪宰相宰相者上佐天子理陰陽順四時下育萬物之宜外鎮撫四夷諸侯內親附百姓使卿大夫各得任其職焉孝文帝乃稱善右丞相大慙出而讓陳平曰君獨不素教我對陳平笑曰君居其位不知其任邪且陛下即問長安中盜賊數君欲彊對邪於是絳侯自知其能不如平遠矣居頃之絳侯謝病請免相陳平專為一丞相孝文帝二年丞相陳平卒謚為獻侯子共侯買代侯二年卒子簡侯恢代侯二十三年卒子何代侯三十三年何坐略人妻棄市國除始陳平曰我多陰謀是道家之所禁吾世即廢亦已矣終不能復起以吾多陰禍也然其後曾孫陳掌以衛氏親貴戚願得續封陳氏然終不得

太史公曰陳丞相平少時本好黃帝老子之術方其割

肉俎上之時其意固已遠矣傾側擾攘楚魏之間卒歸高帝常出奇計救紛糾之難振國家之患及呂后時事多故矣然平竟自脫定宗廟以榮名終稱賢相豈不善始善終哉非知謀孰能當此者乎

欽定四庫全書

史記正義卷五十七

唐　張守節　撰

絳侯周勃世家第二十七　史記五十七

絳侯周勃者沛人也其先卷人括地志云故卷城在鄭州原武縣西北七里釋例地名云卷縣所理垣雍城也從沛勃以織薄曲為生常為人吹簫給喪事材官引彊高祖之為沛公初起勃以中涓從攻胡陵下方與方與反與戰卻適攻豐擊秦軍碭東還軍留

及蕭復攻碭破之下下邑先登賜爵五大夫攻蒙虞取之擊章邯車騎殿定魏地攻爰戚東緡緡眉貧反括地志云東緡故城漢縣也在兗州金鄉縣界以往至栗括地志云屬沛郡也取之攻齧桑先登擊秦軍阿下破之追至濮陽下甄城攻都關定陶襲取宛朐宛劬二音今曹州縣在州西四十七里得單父善甫二音宋州縣也令夜襲取臨濟攻張以前至卷破之擊李由軍雍丘下攻開封先至城下為多後章邯破殺項梁沛公與項羽引兵東如碭自初起沛還至碭一歲二月楚懷王封沛公號安武侯為碭郡長沛公拜勃為虎賁令以令從沛公定魏地攻東郡尉於城武破之擊王離軍破之攻長社先登攻潁陽緱氏緱音句洛州縣絕河津即古平陰津在洛州洛陽縣東北五十里擊趙賁軍尸北南攻南陽守齮破武關嶢關破秦軍於藍田至咸陽滅秦項羽至以沛公為漢王漢王賜勃爵為威武侯從入漢中拜為將軍還定三秦至秦賜食邑懷德括地志云懷德故城在同州朝邑縣西南四十三里攻槐里好畤最擊趙賁內史保於咸陽最北攻漆今幽州新平縣古漆縣也擊章平姚卬軍西定汧口肩

反今隴州汧源縣本漢汧縣地也還下郿音眉括地志云郿縣故城在岐州郿縣東北十五里頻陽括地志云頻陽故城在宜州土門縣南三里今土門縣併入同官縣屬雍州宜州廢也圍章邯廢丘破西丞括地志云西縣故城在秦州上邽縣西南九十里本漢西縣也破西縣丞擊盜巴軍破之攻上邽音圭秦州縣也東守嶢關轉擊項籍攻曲逆最還守敖倉追項籍籍已死因東定楚地泗川東海郡凡得二十二縣還守雒陽櫟陽賜與潁陽侯共食鍾離括地志云潁陰故城在陳州南頓縣西北鍾離故城在濠州鍾離縣東北五里以將軍從高帝擊反者燕王臧荼破之易下括地志云易縣故城在幽州歸義縣東南十五里燕

桓侯所徙都臨易是也所將卒當馳道為多賜爵列侯剖符世世
勿絕食絳括地志云絳邑城漢絳縣在絳州曲沃縣南二里或以為秦之舊馳道也八千一
百八十户號絳侯以將軍從高帝擊反韓王信於代降
下霍人霍音瓆又音蘇寡反顏師古云音山寡反按霍字當作葰地理志云葰人縣屬太原郡括地志云葰人故城在代州繁畤縣界漢葰人縣也按樊噲列傳作霍人其音亦同以前至武泉括地志云武泉故城在朔州北二百二十里擊胡騎破之武泉北轉攻韓信軍
銅鞮括地志云銅鞮故城在潞州銅鞮縣東十五里州西六十五里在并州東南也破之還降
太原并州縣從銅鞮還并降六城也六城擊韓信胡騎晉陽下破之下

晉陽後擊韓信軍於硰石按在樓煩縣西北破之追北八十里
還破樓煩地理志云在鴈門郡括地志云在并州崞縣界三城因擊胡騎平城
下地理志云在鴈門郡括地志云朔州定襄本漢平城縣所將卒當馳道為多勃
還為太尉擊陳豨屠馬邑所將卒斬豨將軍乘馬絺擊
韓信陳豨趙利軍於樓煩破之得豨將宋最鴈門守圂
因轉攻得雲中守遬括地志云雲中故城在勝州榆林縣東北四十里秦雲中郡丞
相箕肆將勳定鴈門郡十七縣雲中郡十二縣因復擊
豨靈邱破之括地志云靈丘故城在蔚州靈丘縣東十里漢縣也斬豨得豨丞相

程縱將軍陳武都尉高肆定代郡九縣燕王盧綰反勃
以相國代樊噲將擊下薊得綰大將抵丞相偃守陘太
尉弱御史大夫施屠渾都括地志云幽州昌平縣太漢渾都縣破綰軍上
蘭括地志云嬀州懷戎縣東北有馬蘭溪水恐是也復擊破綰軍沮陽括地志云上谷郡故城在嬀州懷戎縣東北百一十里燕上谷秦因不改漢為沮陽縣追至長城即馬邑長城亦名燕長城在嬀州北今是定上谷十二縣右北平十六縣遼西遼東
二十九縣漁陽二十二縣最從高帝得相國一人丞相
二人將軍二千石各三人別破軍二下城三定郡五縣

七十九得丞相大將各一人勃為人木彊敦厚高帝以
為可屬大事勃不好文學每召諸生說士東鄉坐而責
之趣為我語其椎少文如此勃既定燕而歸高祖已崩
矣以列侯事孝惠帝六年置太尉官下云以勃為太尉十歲高后崩按孝惠六年高后八年崩是十年耳而功臣表及將相表云高后四年置太尉官未詳以勃為太尉
十歲高后崩呂祿以趙王為漢上將軍呂產以呂王為
漢相國秉漢權欲危劉氏勃為太尉不得入軍門陳平
為丞相不得任事於是勃與平謀卒誅諸呂而立孝文

皇帝其語在呂后孝文事中文帝既立以勃為右丞相賜金五千斤食邑萬户居月餘人或說勃曰君既誅諸呂立代王威震天下而君受厚賞處尊位以寵久之即禍及身矣勃懼亦自危乃謝請歸相印上許之歲餘丞相平卒上復以勃為丞相十餘月上曰前日吾詔列侯就國或未能行丞相吾所重其率先之乃免相就國歲餘每河東守尉行縣至絳絳侯勃自畏恐誅常被甲令家人持兵以見之其後人有上書告勃欲反下廷尉廷

尉下其事長安逮捕勃治之勃恐不知置辭吏稍侵辱之勃以千金與獄吏獄吏乃書牘背示之曰以公主為證公主者孝文帝女也勃太子勝之尚之故獄吏教引為證勃之益封受賜盡以予薄昭及繫急薄昭為言薄太后太后亦以為無反事文帝朝太后太后以冒絮提文帝曰絳侯綰皇帝璽將兵於北軍不以此時反今居一小縣顧欲反邪文帝既見絳侯獄辭乃謝曰吏事方驗而出之於是使使持節赦絳侯復爵邑絳侯既出曰吾嘗將百萬軍然安知獄吏之貴乎絳侯復就國孝文帝十一年卒謚為武侯子勝之代侯六歲尚公主不相中坐殺人國除絕一歲文帝乃擇絳侯勃子賢者河内守亞夫封為條侯括地志云故蓨城俗名南條城在德州蓨縣南十二里漢縣續絳侯後

條侯亞夫自未侯為河内守時許負相之曰君後三歲而侯侯八歲為將相持國秉貴重矣於人臣無兩其後九歲而君餓死亞夫笑曰臣之兄已代父侯矣有如卒子當代亞夫何說侯乎然既已貴如負言又何說餓死指示我許負指其口曰有從理入口此餓死法也居三

歲其兄絳侯勝之有罪孝文帝擇絳侯子賢者皆推亞夫乃封亞夫為條侯續絳侯後文帝之後六歲匈奴大入邊乃以宗正劉禮為將軍軍霸上廟記云霸陵即霸上按霸陵城在雍州萬年縣東北二十五里祝茲侯徐厲為將軍軍棘門孟康云秦時宫也括地志云棘門在渭北十餘里秦王門名也以河内守亞夫為將軍軍細柳括地志云細柳倉在雍州咸陽縣西南二十里也以備胡上自勞軍至霸上及棘門軍直馳入將以下騎送迎已而之細柳軍軍士吏被甲

銳兵刃彀弓弩持滿天子先驅至不得入先驅曰天子且至軍門都尉曰將軍令曰軍中聞將軍令不聞天子之詔居無何上至又不得入於是上乃使使持節詔將軍吾欲入勞軍亞夫乃傳言開壁門壁門士吏謂從屬車騎曰將軍約軍中不得驅馳於是天子乃按轡徐行至營將軍亞夫持兵揖曰介冑之士不拜請以軍禮見天子為動改容式車使人稱謝皇帝敬勞將軍成禮而去既出軍門羣臣皆驚文帝曰嗟乎此真將軍矣曩者

霸上棘門軍若兒戲耳其將固可襲而虜也至於亞夫可得而犯邪稱善者久之月餘三軍皆罷乃拜亞夫為中尉漢書百官表云中尉秦官掌徼巡京師武帝太初元年更名執金吾應劭云吾者禦也掌執金吾以禦非常顏師古云金吾鳥名主辟不祥天子出行職主先導以備非常故執此鳥之象因以名官也孝文且崩時誡太子曰即有緩急周亞夫真可任將兵文帝崩拜亞夫為車騎將軍孝景三年吳楚反亞夫以中尉為太尉漢書百官表云太尉秦官掌武元狩四年置大將軍大司馬即今十二衛大將軍及兵部尚書也東擊吳楚因自請上曰楚兵剽輕難與爭鋒願以梁委之

絕其糧道乃可制上許之太尉既會兵滎陽吳方攻梁梁急請救太尉引兵東北走昌邑深壁而守梁日使使請太尉太尉守便宜不肯往梁上書言景帝景帝使使詔救梁太尉不奉詔堅壁不出而使輕騎兵弓高侯等弓高滄州縣也絕吳楚兵後食道吳兵乏糧飢數欲挑戰終不出夜軍中驚內相攻擊擾亂至於太尉帳下太尉終卧不起頃之復定後吳奔壁東南陬太尉使備西北已而其精兵果奔西北不得入吳兵既餓乃引而去太尉出

精兵追擊大破之吳王濞棄其軍而與壯士數千人亡走保於江南丹徒括地志云丹徒故城在潤州丹徒縣東南十八里漢丹徒縣也晉太康地志云吳王濞反丹徒越人殺之於此城南徐州記云秦使赭衣鑿其地因謂之丹徒鑿處今在故縣西北六里丹徒峴東南連亘盤紆屈曲有象龍形故秦鑿絕頸瀆百餘步又夾坑龍首以毀其形坑之所在即今龍目二湖悉成田也漢兵因乘勝遂盡虜之降其兵購吳王千金月餘越人斬吳王頭越人即丹徒人越滅吳丹徒地屬楚秦滅楚後置三十六郡丹徒縣屬會稽郡故以丹徒為越人也以告凡相攻守三月而吳楚破平於是諸將乃以太尉計謀為是由此梁孝王與太尉有郤歸復

置太尉官五歲遷為丞相景帝甚重之景帝廢栗太子丞相固爭之不得景帝由此疏之而梁孝王每朝常與太后言條侯之短竇太后曰皇后兄王信可侯也景帝讓曰始南皮章武侯先帝不侯及臣即位乃侯之信未得封也竇太后曰人主各以時行耳（人主作人生）自竇長君在時竟不得侯死後乃封其子彭祖顧得侯吾甚恨之帝趣侯信也景帝曰請得與丞相議之丞相議之亞夫曰高皇帝約非劉氏不得王非有功不得侯不如約天

下共擊之今信雖皇后兄無功侯之非約也景帝默然而止其後匈奴王徐盧等五人降景帝欲侯之以勸後丞相亞夫曰彼背其主降陛下陛下侯之則何以責人臣不守節者乎景帝曰丞相議不可用乃悉封徐盧等為列侯亞夫因謝病景帝中三年以病免相頃之景帝居禁中召條侯賜食獨置大胾無切肉又不置櫡條侯心不平顧謂尚席取櫡景帝視而笑曰此不足君所乎條侯免冠謝上起條侯因趨出景帝以目送之曰此怏怏者非少主臣也居無何條侯子為父買工官尚方甲楯五百被可以葬者取庸苦之不予錢庸知其盜買縣官器怒而上變告子事連汙條侯書既聞上上下吏吏簿責條侯條侯不對景帝罵之曰吾不用也召詣廷尉（景帝見條侯不對簿因責罵之曰吾不任用汝也故召詣廷尉使重推勘其餘既皆非也）廷尉責曰君侯欲反邪亞夫曰臣所買器乃葬器也何謂反邪吏曰君侯縱不反地上即欲反地下耳吏侵之益急初吏捕條侯條侯欲自殺夫人止之以故不得死遂入廷尉

因不食五日嘔血而死國除絕一歲景帝乃更封絳侯勃他子堅為平曲侯續絳侯後十九年卒謚為共侯子建德代侯十三年為太子太傅坐酎金不善元鼎五年有罪國除條侯果餓死死後景帝乃封王信為蓋侯

太史公曰絳侯周勃始為布衣時鄙樸人也才能不過凡庸及從高祖定天下在將相位諸呂欲作亂勃匡國家難復之乎正雖伊尹周公何以加哉亞夫之用兵持威重執堅刃穰苴曷有加焉足已而不學守節不遜終

以窮困悲夫

史記正義卷五十七

欽定四庫全書

史記正義卷五十八

唐 張守節 撰

梁孝王世家第二十八　史記五十八

梁孝王武者孝文皇帝子也而與孝景帝同母母竇太后也孝文帝凡四男長子曰太子是為孝景帝次子武次子參次子勝漢書勝作揖人云諸姬生代孝王參梁懷王揖言諸姬者眾妾卑賤史不書姓故云諸姬也孝文帝即位二年以武為代王括地志云中都故城在汾州平

遙縣西十一里以參為太原王括地志云并州太原城即古晉陽城智伯與韓魏攻趙襄子於晉陽即此城是也以勝為梁王括地志云宋州宋城縣在州南二里外城中本漢之睢陽縣也漢文帝封子武於大梁以其卑濕徙睢陽故改曰梁也二歲徙代王為淮陽王即古陳國城也以代盡與太原王號曰代王參立十七年孝文後二年卒謚為孝王子登嗣立是為代共王立二十九年元光二年卒子義立是為代王十九年漢廣關以常山為限而徙代王王清河括地志云清陽故城在貝州清縣西北八里也清河王徙以元鼎三年也初武為淮陽王十年而梁王勝

卒謚為梁懷王懷王最少子愛幸異於他子其明年徙淮陽王武為梁王梁王之初王梁孝文帝之十二年也梁王自初王通歷已十一年矣梁王十四年入朝十七年十八年比年入朝留其明年乃之國二十一年入朝二十二年孝文帝崩二十四年入朝二十五年復入朝是時上未置太子也上與梁王燕飲嘗從容言曰千秋萬歲後傳於王王辭謝雖知非至言然心内喜太后亦然其春吴楚齊趙七國反吴楚先擊梁棘壁括地志云大棘故城在宋州寧陵縣西南七十里

殺數萬人梁孝王城守睢陽而使韓安國張羽等為大將軍以距吴楚吴楚以梁為限不敢過而西與太尉亞夫等相距三月吴楚破而梁所破殺虜略與漢中分明年漢立太子其後梁最親有功又為大國居天下膏腴地地北界泰山西至高陽四十餘城皆多大縣孝王竇太后少子也愛之賞賜不可勝道於是孝王築東苑方三百餘里括地志云兔園在宋州宋城縣東南十里葛洪西京雜記云梁孝王苑中有落猿巖棲龍岫鴈池鶴洲鳬島諸宮觀相連奇果佳樹瑰禽異獸靡不畢備俗人言梁孝王竹園也廣睢陽城七十里大治宮室為複道自宮連屬於平臺五十餘里得賜天子旌旗出從千乘萬騎東西馳獵擬於天子出言蹕入言警招延四方豪桀自山以東游說之士莫不畢至齊人羊勝公孫詭鄒陽之屬公孫詭多奇邪計初見王賜千金官至中尉梁號之曰公孫將軍梁多作兵器弩弓矛數十萬而府庫金錢且百巨萬珠玉寶器多於京師二十九年十月梁孝王入朝景帝使使持節乘輿駟馬迎梁王於關下既朝上疏因留

以太后親故王入則侍景帝同輦出則同車游獵射禽獸上林中梁之侍中郎謁者著籍引出入著竹略反籍謂名簿也若今通引出入門也天子殿門與漢官宦無異十一月上廢栗太子竇太后心欲以孝王為後嗣大臣及袁盎等有所關說於景帝竇太后義格亦遂不復言以梁王為嗣事由此以事秘世莫知乃辭歸國其夏四月上立膠東王為太子梁王怨袁盎及議臣乃與羊勝公孫詭之屬陰使人刺殺袁盎及他議臣十餘人逐其賊未得也於是天

子意梁王逐賊果梁使之乃遣使冠蓋相望於道覆按梁捕公孫詭羊勝公孫詭羊勝匿王後宫使者責二千石急梁相軒丘豹（姓軒丘名豹也）及内史韓安國進諫王王乃令勝詭皆自殺出之上由此怨望於梁王梁王恐乃使韓安國因長公主謝罪太后然後得釋上怒稍解因上書請朝既至關茅蘭說王使乘布車從兩騎入匿於長公主園漢使使迎王王已入關車騎盡居外不知王處太后泣曰帝殺吾子景帝憂恐於是梁王伏斧質於闕

下謝罪然後太后景帝大喜相泣復如故悉召王從官入關然景帝益疏王不同車輦矣三十五年冬復朝上疏欲留上弗許歸國意忽忽不樂北獵良山（括地志云梁山在鄆州壽張縣南三十五里即獵處也）有獻牛足出背上孝王惡之六月中病熱六日辛謚曰孝王孝王慈孝每聞太后病口不能食居不安寢常欲留長安侍太后太后亦愛之及聞梁王薨竇太后哭極哀不食曰帝果殺吾子景帝哀懼不知所為與長公主計之乃分梁為五國盡立孝王男五人為王女五人皆食湯沐邑於是奏之太后太后乃說為帝加壹飡梁孝王長子買為梁王是為共王子明為濟川王子彭離為濟東王子定為山陽王子不識為濟陰王孝王未死時財巳巨萬計不可勝數及死藏府餘黄金尚四十餘萬斤他財物稱是梁共王三年景帝崩共王立七年卒子襄立是為平王

梁平王襄十四年母曰陳太后共王母曰李太后李太后親平王之大母也而平王之后姓任曰任王后任王

后甚有寵於平王襄初孝王在時有罍樽直千金孝王誡後世善保罍樽無得以與人任王后聞而欲得罍樽平王大母李太后曰先王有命無得以罍樽與人他物雖百巨萬猶自恣也任王后絶欲得之平王襄直使人開府取罍樽賜任王后李太后大怒漢使者來欲自言平王襄及任王后遮止閉門李太后與爭門措指遂不得見漢使者李太后亦私與食官長及郎中尹霸等士通亂（張先生舊本有士字先生疑是衍字又不敢除故以朱大點其字中心今按食官長及郎中尹霸等）

是士人太后與通亂其義亦通矣　而王與任太后以此使人風止李太后李太后內有淫行亦已後病薨病時任后未嘗請病薨又不持喪元朔中睢陽人類犴反者人有辱其父而與淮陽太守客出同車太守客出下車類犴反殺其仇於車上而去淮陽太守怒以讓梁二千石二千石以下求反甚急執反親戚反知國陰事乃上變事具告知王與大母爭樽狀時丞相以下見知之欲以傷梁長吏其書聞天子天子下吏驗問有之公卿請廢襄為庶人天

子曰李太后有淫行而梁王襄無良師傅故陷不義乃削梁八城梟任王后首于市梁餘尚有十城襄立三十九年卒謚為平王子無傷立為梁王也

濟川王明者梁孝王子以桓邑侯孝景中六年為濟川王七歲坐射殺其中尉漢有司請誅天子弗忍誅廢明為庶人遷房陵地入于漢為郡

濟東王彭離者梁孝王子以孝景中六年為濟東王二十九年彭離驕悍無人君禮昏暮私與其奴亡命少年數十人行剽殺人取財物以為好所殺發覺者百餘人國皆知之莫敢夜行所殺者子上書言漢有司請誅上不忍廢以為庶人遷上庸地入于漢為大河郡

山陽哀王定者梁孝王子以孝景中六年為山陽王九年卒無子國除地入于漢為山陽郡

濟陰哀王不識者梁孝王子以孝景中六年為濟陰王一歲卒無子國除地入于漢為濟陰郡

太史公曰梁孝王雖以親愛之故王膏腴之地然會漢

家隆盛百姓殷富故能植其財貨廣宮室車服擬于天子然亦僭矣褚先生曰臣為郎時聞之於宮殿中老郎吏好事者稱道之也竊以為令梁孝王怨望欲為不善者事從中生今太后女主也以愛少子故欲令梁王為太子大臣不時正言其不可狀阿意治小私說意以受賞賜非忠臣也齊如魏其侯竇嬰之正言也何以有後禍景帝與王燕見侍太后飲景帝曰千秋萬歲之後傳王太后喜說竇嬰在前據地言曰漢法之約傳子適孫

今帝何以得傳弟擅亂高帝約乎於是景帝默然無聲太后意不說故成王與小弱弟立樹下取一桐葉以與之曰吾用封汝周公聞之進見曰天王封弟甚善成王曰吾直與戲耳周公曰人主無過舉不當有戲言言之必行之於是乃封小弟以應縣括地志云故應城故應鄉也在汝州魯山縣東四十里呂氏春秋云成王戲削桐葉為圭以封叔虞非應侯也又汲冢古文云殷時已有應國非成王所造也是後成王沒齒不敢有戲言言必行之孝經曰非法不言非道不行此聖人之法言也今主上不宜出好言於

梁王梁王上有太后之重驕蹇日久數聞景帝好言千秋萬世之後傳王而實不行又諸侯王朝見天子漢法凡當四見耳如到入小見到正月朔旦奉皮薦璧玉賀正月法見後三日為王置酒賜金錢財物後二日復入小見辭去凡留長安不過二十日小見者燕見於禁門內飲於省中非士人所得入也今梁王西朝因留且半歲入與人主同輦出與同車示風以大言而實不與令出怨言謀畔逆乃隨而憂之不亦遠乎非大賢人不知退讓今漢之儀法朝見賀正月者常一王與四侯俱朝見十餘歲一至今梁王常比年入朝見久留鄙語曰驕子不孝非惡言也故諸侯王當為置良師傅相忠言之士如汲黯韓長孺等敢直言極諫安得有患害蓋聞梁王西入朝謁竇太后燕見與景帝俱侍坐於太后前語言私說太后謂帝曰吾聞殷道親親周道尊尊其義一也安車大駕用梁孝王為寄景帝跪席舉身曰諾罷酒出帝召袁盎諸大臣通經術者曰太后言如是何謂也皆對曰太后意欲立梁王為帝太子帝問其狀袁盎等

曰殷道親親者立弟周道尊尊者立子殷道質質者法天親其所親故立弟周道文文者法地尊者敬也敬其本始故立長子周道太子死立適孫殷道太子死立其弟帝曰於公何如皆對曰方今漢家法周周道不得立弟當立子故春秋所以非宋宣公宋宣公死不立子而與弟弟受國死復反之與兄之子弟之子爭之以為我當代父後即刺殺兄子為故國亂禍不絕故春秋曰君子

大居正宋之禍宣公為之臣請見太后白之袁盎等入見太后太后言欲立梁王梁王即終欲誰立太后曰吾復立帝子袁盎等以宋宣公不立正生禍禍亂後五世不絶小不忍害大義狀報太后太后乃解說即使梁王歸就國而梁王聞其義出於袁盎諸大臣所怨望使人來殺袁盎袁盎顧之曰我所謂袁將軍者也公得毋誤乎刺者曰是矣刺之置其劍劍著身視其劍新治問長安中削厲工工曰梁郎某子來治此劍以此知而發覺之發

使者捕逐之獨梁王所欲殺大臣十餘人文吏窮本之謀反端頗見太后不食日夜泣不止景帝甚憂之問公卿大臣大臣以為遣經術吏往治之乃可解於是遣田叔呂季主往治之此二人皆通經術知大禮來還至霸昌廐括地志云漢霸昌廐在雍州萬年縣東北三十八里取火悉燒梁之反辭但空手來對景帝景帝曰何如對曰言梁王不知也造為之者獨其幸臣羊勝公孫詭之屬為之耳謹以伏誅死梁王無恙也景帝喜說曰急趨謁太后太后聞之立起坐飡氣平復故曰不通經術知古今之大禮不可以為三公及左右近臣少見之人如從管中闚天也

史記正義卷五十八

史記正義卷五十九

唐 張守節 撰

五宗世家第二十九　史記五十九

孝景皇帝子凡十三人為王而母五人同母者為宗親栗姬子曰榮德閼于程姬子曰餘非端賈夫人子曰彭祖勝唐姬子曰發王夫人兒姁子曰越寄乘舜

河間獻王德以孝景帝前二年用皇子為河間王好儒

學被服造次必於儒者山東諸儒多從之游二十六年卒子共王不害立四年卒子剛王基代立十二年卒子頃王授代立

臨江哀王閼于以孝景帝前二年用皇子為臨江王三年卒無後國除為郡

臨江閔王榮以孝景前四年為皇太子四歲廢用故太子為臨江王四年坐侵廟壖垣為宮上徵榮榮行祖於江陵北門荊州圖副云漢臨江閔王榮始都江陵城坐侵廟壖地為宮被徵出城北門而車軸折父老切流涕曰吾王不反矣既而繫死自此後北門存而不啟蓋為榮不以道終也既已上車軸折車廢江陵父老流涕竊言曰吾王不反矣榮至詣中尉府簿中尉郅都責訊王王恐自殺葬藍田燕數萬銜土置冢上百姓憐之榮最長死顏師古云榮實最長而傳居二王後者以其從太子廢後乃為王也無後國除地入于漢為南郡

右三國本王皆栗姬之子也

魯共王餘以孝景前二年用皇子為淮陽王二年吳楚反破後以孝景前三年徙為魯王好治宮室苑囿狗馬

季年好音不喜辭辯為人吃二十六年卒子光代為王初好音輿馬晚節嗇晚節猶言末年時嗇貪悋也惟恐不足於財

江都易王非以孝景前二年用皇子為汝南王吳楚反時非年十五有材力上書願擊吳景帝賜非將軍印擊吳吳已破二歲徙為江都王治吳故國以軍功賜天子旌旗元光五年匈奴大入漢為賊非上書願擊匈奴上不許非好氣力治宮觀招四方豪桀驕奢甚立二十六年卒子建立為王七年自殺淮南衡山謀反時建頗聞

其謀自以為國近淮南恐一日發為所并即陰作兵器而時佩其父所賜將軍印載天子旗以出易王死未葬建有所說易王寵美人淖姬夜使人迎與奸服舍中及淮南事發治黨與頗及江都王建建恐因使人多持金錢事絕其獄而又信巫祝使人禱祠妄言建又盡與其姊弟姦事既聞漢公卿請捕治建天子不忍使大臣即訊王王服所犯遂自殺國除地入于漢為廣陵郡

膠西于王端以孝景前三年吳楚七國反破後端用皇

子為膠西王端為人賊戾又陰痿（委危反不能御婦人）一近婦人病之數月而有愛幸少年為郎為郎者頃之與後宮亂端禽滅之及殺其子母數犯上法漢公卿數請誅端天子為兄弟之故不忍而端所為滋甚有司再請削其國去大半端心愠遂為無訾省（顏師古云訾財也省視也言不能視錄資財）府庫壞漏盡腐財物以巨萬計終不得收徙令吏毋得收租賦端皆去衛封其宮門從一門出游數變名姓為布衣之他郡國相二千石往者奉漢法以治端輒求其罪告之無罪者詐藥殺之所以設詐究變彊足以距諫智足以飾非相二千石從王治則漢繩以法故膠西小國而所殺傷二千石甚衆立四十七年卒竟無男代後國除地入于漢為膠西郡

右三國本王皆程姬之子也

趙王彭祖以孝景前二年用皇子為廣川王趙王遂反破後彭祖王廣川四年徙為趙王十五年孝景帝崩彭祖為人巧佞卑諂足恭而心刻深好法律持詭辯以中

人彭祖多內寵姬及子孫相二千石欲奉漢法以治則害於王家是以每相二千石至彭祖衣皁布衣自行迎除二千石舍多設疑事以作動之得二千石失言中忌諱輒書之二千石欲治者則以此迫劫不聽乃上書告及汙以姦利事彭祖立五十餘年相二千石無能滿二歲輒以罪去大者死小者刑以故二千石莫敢治而趙王擅權使使即縣為賈人榷會入多於國經租稅以是趙王家多金錢然所賜姬諸子亦盡之矣彭祖取故江

都易王寵姬王建所盜與姦淖姬者為姬甚愛之彭祖
不好治宮室禨祥好為吏事上書願督國中盜賊常夜
從走卒行徼邯鄲中諸使過客以彭祖險陂莫敢留邯
鄲其太子丹與其女及同產姊姦與其客江充有郤充
告丹丹以故廢趙更立太子
中山靖王勝以孝景前三年用皇子為中山王十四年
孝景帝崩勝為人樂酒樂五教反好內有子枝屬百二十餘
人常與兄趙王相非曰兄為王專代吏治事王者當日

聽音樂聲色趙王亦非之曰中山王徒日淫不佐天子
拊循百姓何以稱為藩臣立四十二年卒子哀王昌立
一年卒子昆侈代為中山王
右二國本王皆賈夫人之子也
長沙定王發發之母唐姬故程姬侍者景帝召程姬程
姬有所辟不願進而飾侍者唐兒使夜進上醉不知以
為程姬而幸之遂有身已乃覺非程姬也及生子因命
曰發以孝景前二年用皇子為長沙王以其母微無寵
故王卑溼貧國立二十七年卒子康王庸立二十八年
卒子鮒鮈立為長沙王
右一國本王唐姬之子也
廣川惠王越以孝景中二年用皇子為廣川王十二年
卒子齊立為王齊有幸臣桑距已而有罪欲誅距距亡
王因禽其宗族距怨王乃上書告王齊與同產姦自是
之後王齊數上書告言漢公卿及幸臣所忠等所忠姓名
膠東康王寄以孝景中二年用皇子為膠東王二十八

年卒淮南王謀反時寄微聞其事私作樓車鏃矢戰守
備候淮南之起及吏治淮南之事辭出之寄於上最親
寄母王夫人即王皇后之妹於上為從母故寄於諸兄弟最為親愛也意傷之發病而死
不敢置後於是上聞寄有長子者名賢母無寵少子名
慶母愛幸寄常欲立之為不次因有過遂無言上憐之
乃以賢為膠東王奉康王嗣而封慶於故衡山地為六
安王膠東王賢立十四年卒謚為哀王子慶為王六安
王慶以元狩二年用膠東康王子為六安王

清河哀王乘以孝景中三年用皇子爲清河王十二年卒無後國除地入于漢爲清河郡

常山憲王舜以孝景中五年用皇子爲常山王舜最親景帝少子驕怠多淫數犯禁上常寛釋之立三十二年卒太子勃代立爲王初憲王舜有所不愛姬生長男梲梲以母無寵故亦不得幸於王王后脩生太子勃王内多所幸姬生子平子商王王后希得幸及憲王病甚諸幸姬常侍病故王后亦以妬媢不常侍病輒歸舍醫進

藥太子勃不自嘗藥又不宿留侍病及王薨王后太子乃至憲王雅不以長子梲爲人數及薨又不分與財物郎或説太子王后令諸子與長子梲共分財物太子王后不聽太子代立又不收恤梲梲怨王后太子漢使者視憲王喪梲自言憲王病時王后太子不侍及薨六日出舍太子勃私姦飲酒博戲擊筑與女子載馳環城過市入牢視囚天子遣大行騫驗王后及問王勃請逮勃所與姦諸證左王又匿之吏求捕勃大急使人致擊笞掠擅出漢所疑囚者有司請誅憲王后脩及王勃上以脩素無行使梲陷之罪勃無良師傅不忍誅有司請廢王后脩徙王勃以家屬處房陵上許之勃王數月遷于房陵國絶月餘天子爲最親乃詔有司曰常山憲王蚤夭后妾不和適孽誣爭陷于不義以滅國朕甚閔焉其封憲王子平三萬户爲真定王封子商三萬户爲泗水王 泗水海州

真定王平元鼎四年用常山憲王子爲真定王泗水思

王商以元鼎四年用常山王憲王子爲泗水王十一年卒子哀王安世立十一年卒無子於是上憐泗水王絶乃立安世弟賀爲泗水王

右四國本王皆王夫人兒姁子也其後漢益封其支子爲六安王泗水王二國凡兒姁子孫於今爲六王

太史公曰高祖時諸侯皆賦得自除内史以下漢獨爲置丞相黄金印諸侯自除御史廷尉正博士擬于天子

自吳楚反後五宗王世漢為置二千石去丞相曰相銀
印諸侯獨得食租税奪之權其後諸侯貧者或乘牛車也

乾隆御覽之寶

史記正義卷五十九

欽定四庫全書

史部

史記正義卷六十至六十七

詳校官編修臣李如筠

史記正義卷六十

唐 張守節 撰

三王世家第三十 史記六十

大司馬臣去病昧死再拜上疏皇帝陛下陛下過聽使臣去病待罪行間宜專邊塞之思慮暴骸中野無以報乃敢惟他議以干用事者誠見陛下憂勞天下哀憐百姓以自忘虧膳貶樂損郎員皇子賴天能勝衣趨拜至

今無號位師傅官陛下恭讓不恤羣臣私望不敢越職而言臣竊不勝犬馬心昧死願陛下詔有司因盛夏吉時定皇子位唯陛下幸察臣去病昧死再拜以聞皇帝陛下三月乙亥御史臣光守尚書令奏未央宮制曰下御史六年三月戊申朔乙亥御史臣光守尚書令丞非下御史書到言丞相臣青翟御史大夫臣湯太常臣充大行令臣息太子少傅臣安行宗正事昧死上言大司馬去病上疏曰陛下過聽使臣去病待罪行間宜專邊

塞之思慮暴骸中野無以報乃敢惟他議以干用事者誠見陛下憂勞天下哀憐百姓以自忘虧膳貶樂損郎員皇子賴天能勝衣趨拜至今無號位師傅官陛下恭讓不卹羣臣私望不敢越職而言臣竊不勝犬馬心昧死願陛下詔有司因盛夏吉時定皇子位唯願陛下幸察制曰下御史臣謹與中二千石二千石臣賀等公孫賀議古者裂地立國並建諸侯以承天子所以尊宗廟重社稷也今臣去病上疏不忘其職因以宣恩乃道天子

卑讓自貶以勞天下慮皇子未有號位臣青翟臣湯等宜奉義遵職愚憧而不逮事方今盛夏吉時臣青翟臣湯等昧死請立皇子臣閎臣旦臣胥為諸侯王昧死請所立國名制曰蓋聞周封八百姬姓並列或子男附庸禮支子不祭云並建諸侯所以重社稷朕無聞焉且天非為君生民也朕之不德海內未洽乃以未教成者彊君連城即股肱何勸其更議以列侯家之三月丙子奏未央宮丞相臣青翟御史大夫臣湯昧死言臣謹與列

侯臣嬰齊中二千石二千石臣賀諫大夫博士臣安等
議曰伏聞周封八百姬姓並列奉承天子康叔以祖考
顯而伯禽以周公立咸為建國諸侯以相傅為輔百官
奉憲各遵其職而國統備矣竊以為並建諸侯所以重
社稷者四海諸侯各以其職奉貢祭支子不得奉祭宗
祖禮也封建使守藩國帝王所以扶德施化陛下奉承
天統明開聖緒尊賢顯功興滅繼絶續蕭文終之後于
鄼襃厲羣臣平津侯等公孫弘所封平津鄉在滄州鹽山南四十一里也昭六

親之序明天施之屬使諸侯王封君得推私恩分子弟
戶邑錫號尊建百有餘國而家皇子為列侯則尊卑相
踰列位失序不可以垂統於萬世臣請立臣閎臣旦臣
胥為諸侯王三月丙子奏未央宫制曰康叔親屬有十
而獨尊者襃有德也周公祭天命郊故魯有白牡騂剛
之牲羣公不毛賢不肖差也高山仰之景行嚮之朕甚
慕焉所以抑未成家以列侯可四月戊寅奏未央宫丞
相臣青翟御史大夫臣湯昧死言臣青翟等與列侯吏

二千石諫大夫博士臣慶等議昧死奏請立皇子為諸
侯王制曰康叔親屬有十而獨尊者襃有德也周公祭
天命郊故魯有白牡騂剛之牲羣公不毛賢不肖差也
高山仰之景行嚮之朕甚慕焉所以抑未成家以列侯
可臣青翟臣湯博士臣將行等伏聞康叔親屬有十武
王繼體周公輔成王其八人皆以祖考之尊建為大國
康叔之年幼周公在三公之位而伯禽據國於魯蓋爵
命之時未至成人康叔後扞祿父之難伯禽殄淮夷之

亂昔五帝異制周爵五等春秋三等皆因時而序尊卑
高皇帝撥亂世反諸正昭至德定海内封建諸侯爵位
二等皇子或在繈緥而立為諸侯王奉承天子為萬世
法則不可易陛下躬親仁義體行聖德表裏文武顯慈
孝之行廣賢能之路内襃有德外討彊暴極臨北海匈奴
傳云霍去病伐匈奴北臨翰海西湊月氏湊音臻氏音支至月氏月氏西戎國名在葱嶺之西也
匈奴西域舉國奉師興械之費不賦於民虛御府之藏
以賞元戎開禁倉以賑貧窮減戍卒之半百蠻之君靡

不鄉風承流稱意遠方殊俗重譯而朝澤及方外故珍
獸至嘉穀興天應甚彰今諸侯支子封至諸侯王臣青
翟臣湯等竊伏熟計之皆以為尊卑失序使天下失望
不可臣請立臣閎臣旦臣胥為諸侯王四月癸未奏未
央宮留中不下丞相臣青翟大僕臣賀行御史大夫事
太常臣充太子太傅臣安行宗正事昧死言臣青翟等
前奏大司馬臣去病上疏言皇子未有號位臣謹與御
史大夫臣湯中二千石二千石諫大夫博士臣慶等昧

死請立皇子臣閎等為諸侯王陛下讓文武躬自切及
皇子未教羣臣之議儒者稱其術或誖其心陛下固辭
弗許家皇子為列侯臣青翟等竊與列侯臣壽成等二
十七人議皆曰以為尊卑失序高皇帝建天下為漢太
祖王子孫廣支輔先帝法則弗改所以宣至尊也臣請
令史官擇吉日具禮儀上御史奏輿地圖他皆如前故
事制曰可四月丙申奏未央宮大僕臣賀行御史大夫
事昧死言太常臣充言卜入四月二十八日乙巳可立
諸侯王臣昧死奏輿地圖請所立國名禮儀別奏臣昧
死請制曰立皇子閎為齊王旦為燕王胥為廣陵王四
月丁酉奏未央宮六年四月戊寅朔癸卯御史大夫湯
下丞相丞相下中二千石二千石下郡太守諸侯相丞
書從事下當用者如律令

維六年四月乙巳皇帝使御史大夫湯廟立子閎為齊
王曰於戲小子閎受茲青社朕承祖考維稽古建爾國
家封于東土世為漢藩輔於戲念哉恭朕之詔惟命不

于常人之好德克明顯光義之不圖俾君子怠悉爾心
允執其中天祿永終厥有僁不臧乃凶于而國害于爾
躬於戲保國乂民可不敬與王其戒之

右齊王策

維六年四月乙巳皇帝使御史大夫湯廟立子旦為燕
王曰於戲小子旦受茲玄社朕承祖考維稽古建爾國
家封于北土世為漢藩輔於戲葷粥氏虐老獸心侵犯
寇盜加以姦巧邊萌於戲朕命將率徂征厥罪萬夫長

千夫長三十有二君皆來降旗奔師葷粥徙域北州以綏悉爾心毋作怨毋俷德俷音符味反毋乃廢備非教士不得從徵於戲保國乂民可不敬與王其戒之

右燕王策

維六年四月乙巳皇帝使御史大夫湯廟立子胥為廣陵王曰於戲小子胥受玆赤社朕承祖考維稽古建爾國家封于南土世為漢藩輔古人有言曰大江之南謂京口南至荆州以南也五湖之間其人輕心楊州保疆三代要服不

及以政於戲悉爾心戰戰兢兢乃惠乃順毋侗好佚毋邇宵人維法維則書云臣不作威不作福靡有後羞於戲保國乂民可不敬與王其戒之

右廣陵王策

太史公曰古人有言曰愛之欲其富親之欲其貴故王者壃土建國封立子弟所以褒親親序骨肉尊先祖貴支體廣同姓於天下也是以形勢彊而王室安自古至今所由來久矣非有異也故弗論著也燕齊之事無足采者然封立三王天子恭讓羣臣守義文辭爛然甚可觀也是以附之世家

褚先生曰臣幸得以文學為侍郎好覽觀太史公之列傳列傳中稱三王世家文辭可觀求其世家終不能得竊從長老好故事者取其封策書編列其事而傳之令後世得觀賢主之指意蓋聞孝武帝之時同日而俱拜三子為王封一子於齊一子於廣陵一子於燕各因子才力智能及土地之剛柔人民之輕重為作策以申戒

之謂王世為漢藩輔保國治民可不敬與王其戒之夫賢主所作固非淺聞者所能知非博聞彊記君子者所不能究竟其意至其次序分絕文字之上下簡之參差長短皆有意人莫之能知謹論次其真草詔書編于左方令覽者自通其意而解說之

王夫人者趙人也與衛夫人並幸武帝而生子閎閎且立為王時其母病武帝自臨問之曰子當為王欲安所置之王夫人曰陛下在妾又何等可言者帝曰雖然意

所欲欲於何所王之王夫人曰願置之雒陽武帝曰雒陽有武庫敖倉天下衝阨漢國之大都也先帝以來無子王於雒陽者去雒陽餘盡可王夫人不應武帝曰關東之國無大於齊者齊東負海而城郭大古時獨臨菑中十萬戶天下膏腴地莫盛於齊者矣王夫人以手擊頭謝曰幸甚王夫人死而帝痛之使使者拜之曰皇帝謹使使太中大夫明奉璧一賜夫人為齊王太后子閎王齊年少無有子立不幸早死國絕為郡天下稱齊不

宜王云所謂受此土者諸侯王始封者必受土於天子之社歸立之以為國社以歲時祠之春秋大傳曰天子之國有泰社東方青南方赤西方白北方黑上方黃故將封於東方者取青土封於南方者取赤土封於西方者取白土封於北方者取黑土封於上方者取黃土各取其色物裹以白茅封以為社此始受封於天子者也此之為主土主土者立社而奉之也朕承祖考祖者先也考者父也維稽古維者度也念也稽者當也當順古之道也齊地多變詐不習於禮義故戒之曰恭朕之詔唯命不可為常人之好德能明顯光不圖於義使君子怠慢悉若心信執其中天祿長終有過不善乃凶于而國而害于若身齊王之國左右維持以禮義不幸中年早夭然全身無過如其策意傳曰青采出於藍而質青於藍者教使然也遠哉賢主昭然獨見誡齊王以慎內誡燕王以無作怨無俷德誡廣陵王以慎外無作威與福夫廣陵在吳越之地其民精而輕故誡之曰江湖之

間其人輕心揚州葆疆三代之時迫要使從中國俗服不大及以政教以意御之而已無侗好佚無邇宵人維法是則無長好佚樂馳騁弋獵淫康而近小人常念法度則無羞辱矣三江五湖有魚鹽之利銅山之富天下所仰故誡之曰臣不作福者勿使行財幣厚賞賜以立聲譽為四方所歸也又曰臣不作威者勿使因輕以倍義也會孝武帝崩孝昭帝初立先朝廣陵王胥厚賞賜金錢財幣直三千餘萬益地百里邑萬戶會昭帝崩宣

帝初立緣恩行義以本始元年中裂漢地盡以封廣陵王胥四子一子為朝陽侯[括地志云朝陽故城在鄧州穰縣南八十里應劭云在朝水之陽也]一子為平曲侯[地理志云平曲縣屬東海郡又云在瀛州文安縣北七十里]一子為南利侯[括地志云南利故城在豫州上蔡縣東八十五里]最愛少子弘立以為高密王[括地志云高密故城在密州高密縣西南四十里]其後胥果作威福通楚王使者楚王宣言曰我先元王高帝少弟也封三十二城今地邑益少我欲與廣陵王共發兵云廣陵王為上我復王楚三十二城如元王時事發覺公卿有

司請行罰誅天子以骨肉之故不忍致法於胥下詔書無治廣陵王獨誅首惡楚王傳曰蓬生麻中不扶自直白沙在泥中與之皆黑者土地教化使之然也其後胥復祝詛謀反自殺國除燕土墝埆北迫匈奴其人民勇而少慮故誡之曰葷粥氏無有孝行而禽獸心以竊盜侵犯邊民朕詔將軍往征其罪萬夫長千夫長三十有二君皆來降旗奔師葷粥徙域遠處北州以安矣悉若心無作怨者勿使從俗以怨望也無俷德者勿使上背德也無廢備者無乏武備常備匈奴也非教士不得從徵者言非習禮義不得在於側也會武帝年老長而太子不幸薨未有所立而旦使來上書請身入宿衛於長安孝武見其書擊地怒曰生子當置之齊魯禮義之鄉乃置之燕趙果有爭心不讓之端見矣於是使使即斬其使者於闕下會武帝崩昭帝初立旦果作怨而望大臣自以長子當立與齊王子劉澤等謀為叛逆出言曰我安得弟在者今立者乃大將軍子也欲發兵事發覺當誅昭帝緣恩寬忍抑案不揚公卿使大臣請遣宗正

與太中大夫公户滿意御史二人偕往使燕風喻之到燕各異日更見責王宗正者主宗室諸劉屬籍先見王為列陳道昭帝實武帝子狀侍御史乃復見王責之以正法問王欲發兵罪名明白當坐之漢家有正法王犯纖介小罪過即行法直斷耳安能寬王驚動以文法王意益下心恐公户滿意習於經術最後見王稱引古今通義國家大禮文章爾雅謂王曰古者天子必內有異

姓大夫所以正骨肉也外有同姓大夫所以正異族也周公輔成王誅其兩弟故治武帝在時尚能寬王今昭帝始立年幼富於春秋未臨政委任大臣古者誅罰不阿親戚故天下治方今大臣輔政奉法直行無敢所阿恐不能寬王王可自謹無自令身死國滅為天下笑於是燕王旦乃恐懼服罪叩頭謝過大臣欲和合骨肉難傷之以法其後旦復與左將軍上官桀等謀反宣言曰我次太子太子不在我當立大臣共抑我云云大將軍

光輔政與公卿大臣議曰燕王旦不改過悔正行惡不變於是脩法直斷行罰誅旦自殺國除如其策指有司請誅旦妻子孝昭以骨肉之親不忍致法寬赦旦妻子免為庶人傳曰蘭根與白芷漸之滫中言雖香草以米汁漬之無復香氣君子不欲附近庶人不服者為漸漬然也以旦謀叛君子庶人皆不附近君子不近庶人不服者所以漸然也宣帝初立推恩宣德以本始元年中盡復封燕王旦兩子一子為安定侯漢表在鉅鹿郡立燕故太子建為廣陽王括地志云廣陽故城今在幽州良鄉縣東北三十七里以奉燕王祭祀

史記正義卷六十

史記正義卷六十一

唐 張守節 撰

老子伯夷列傳第一

其人形跡可序列故云列傳老子莊子開元二十三年奉勅升為列傳首處夷齊上然漢武帝之時佛教未興道教已設道則禁惡咸致正理制禦邪人未有佛教可導故列老莊於申韓之上今既佛道齊妙興法乖流理居列傳之首也

史記六十一

老子者朱韜玉禮及神仙傳云老子楚國苦縣瀨鄉曲仁里人姓李名耳字伯陽一名重耳外字老身長八尺八寸黃色美眉長耳大目廣額疏齒方口厚脣額有三五達理日角月懸鼻有雙柱耳有三門足蹈二五手把十文周時人李母八十一年而生又玄妙玉女夢流星入口八十一載逍遙李樹下廼剖左腋而生又云玄妙玉女夢流星入口而有娠七十二年而生老子又上元經云李母晝夜見五色珠大如彈丸自天下因吞之即有娠張君相云君子者是號非名老考也子孳也考教眾理達成聖孳乃孳生萬物善化濟物無遺也楚苦縣厲鄉曲仁里人也國年表云淮陽國景帝三年廢至天漢修史之時楚節王純都彭城相近疑苦此時屬楚國故太史公書之括地志云苦縣在亳州谷陽縣界有老子宅及廟廟中有九井尚存在今亳州真源縣也厲音賴晉太康地記云苦縣城東有瀨鄉祠老子所生地也姓李氏名耳字伯陽謚曰聃聃耳漫無輪也神仙傳云外字曰聃按字號也疑老子耳漫無輪故小號曰聃也周守藏室之史也藏在浪反孔子適周將問禮於

老子老子曰子所言者其人與骨皆已朽矣獨其言在耳且君子得其時則駕不得其時則蓬累而行蓬沙磧上轉行也累轉行貌也言君子得明主則駕車而事不遭時則若蓬轉流移而行可止則止也蓬其狀若皤蒿細葉蔓生於沙漠中風吹則根斷隨風轉移也皤蒿江東呼為斜蒿云吾聞之良賈深藏若虛君子盛德容貌若愚去子之驕氣與多欲態色與淫志態之容色與淫欲之志皆無益於夫子須去除也是皆無益於子之身吾所以告子若是而已孔子去謂弟子曰鳥吾知其能飛魚吾知其能游獸吾知其能走走者可以為罔游者可以為綸飛者可以為矰至於龍吾不能知其乘風雲而上天吾今日見老子其猶龍邪老子脩道德其學以自隱無名為務居周久之見周之衰廼遂去至關抱朴子云老子西遊遇關令尹喜於散關為喜著道德經一卷謂之老子或以為函谷關括地志云散關在岐州陳倉縣東南五十二里函谷關在陝州桃林縣西南十二里關令尹喜曰子將隱矣彊為我著書彊其兩反為于偽反於是老子廼著書上下篇言道德之意五千餘言而去莫知其所終或曰老萊子亦楚人也太史公疑老子或是老萊子故書之列仙傳云老萊子楚人當時世亂逃世耕於蒙山之陽莞葭為牆蓬蒿為室杖木為牀蓍

艾為席菹芰為食墾山播種五穀楚王至門迎之遂去至於江南而止曰鳥獸之毛可績而衣其遺粒足食也著書十五篇言道家之用與孔子同時云蓋老子百有六十餘歲或言二百餘歲蓋或皆疑辭也世不的知故言蓋及或也王清云老子以周平王時見衰於是去孔子世家云孔子問禮於老子在周景王時孔子蓋年三十也去平王十二王此傳云儋即老子也秦獻公與烈王同時去平王二十一王說者不一不可知也故葛仙公序云老子體于自然生乎太始之先起乎無因經歷天地終始不可稱載以其脩道而養壽也自孔子死之後百二十九年而史記周太史儋見秦獻公曰始秦與周合而離離五百歲而復合合七十歲而霸王者出

焉或曰儋即老子或曰非也世莫知其然否老子隱君子也老子之子名宗宗為魏將封于段干宗子注之樹反注子宮宮玄孫假作瑕音遐假仕於漢孝文帝而假之子解為膠西王卬太傅因家于齊焉世之學老子者則絀儒學儒學亦絀老子道不同不相為謀豈謂是邪李耳無為自化清靜自正此都結老子之教也言無所造為而自化清淨不擾而民自歸正也莊子者蒙人也郭緣生述征記云蒙縣莊周之本邑也名周周嘗為蒙漆園吏括地志云漆園故城在曹州冤句縣北十七里此云莊周為漆園吏即此按其城古屬蒙縣與

梁惠王齊宣王同時其學無所不闚然其要本歸於老子之言故其著書十餘萬言大抵率寓言也率音律寓音遇率猶類也寓寄也作漁父盜跖胠篋胠音丘魚反篋音苦頰反胠開也篋箱類也此莊子三篇名皆詆訿自古聖君賢臣孔子之徒營求名譽咸以喪身非抱素任真之道也以詆訿孔子之徒以明老子之術畏累虛亢桑子之屬皆空語無事實莊子云庚桑楚者老子弟子北居畏累之山成玄英云山在魯亦云在深州此屬寄庚桑楚以明至人之德衛生之經若槁木無情死灰無心禍福不至惡有人災言莊子雜篇庚桑楚已下皆空設言語無有實事也然善屬書離辭屬音燭離辭猶力折其辭句也指事類情用剽剝儒墨

剽疋妙反剽猶攻擊也雖當世宿學不能自解免也其言洸洋自恣以適已洋音翔已音紀故自王公大人不能器之楚威王聞莊周賢威王當周顯王三十年使使厚幣迎之許以為相莊周笑謂楚使者曰千金重利卿相尊位也子獨不見郊祭之犧牛乎養食之數歲衣以文繡以入太廟當是之時雖欲為孤豚豈可得乎不肯也豚小豬臨宰時願為孤小豚不可得也子亟去無污我我寧游戲污瀆之中自快無為有國者所羈終身不仕以快吾志焉莊子云莊子釣於濮水之上楚王使大夫往曰願以境內累莊子持竿不

顧曰吾聞楚有神龜死二千歲矣巾笥藏之廟堂之上此龜寧無為留骨而貴乎寧生曳尾泥中乎夫曰寧曳尾塗中莊子曰往矣吾將曳尾於塗中與此傳不同也

夫學者載籍極博猶考信於六藝詩書雖缺然虞夏之文可知也堯將遜位讓於虞舜舜禹之閒岳牧咸薦乃試之於位典職數十年舜禹皆典職事二十餘年然後踐帝位功用既興然後授政示天下重器王者大統傳天下若斯之難也而說者曰堯讓天下於許由皇甫謐高士傳云許由字武仲堯聞致天下而讓焉乃退而遁於中嶽潁水之陽箕山之下隱堯又召為九州長由不欲聞之洗耳於潁水濱時有

巢父牽犢欲飲之見由洗耳問其故對曰堯欲召我為九州長惡聞其聲是故洗耳巢父曰子若處高岸深谷人道不通誰能見子子故浮游欲聞求其名譽汙吾犢口牽犢上流飲之許由歿葬此山亦名許由山在洛州陽城縣南十三里許由不受恥之逃隱及夏之時有卞隨務光者此何以稱焉經史唯稱伯夷叔齊不及許由卞隨務光者不少槩見何以哉故言何以稱焉為不稱說之也

太史公曰余登箕山其上蓋有許由冢云孔子序列古之仁聖賢人如吳太伯伯夷之倫詳矣余以所聞由光義至高其文辭不少槩見何哉槩古代反孔子曰伯夷叔齊不念舊惡怨是用希求仁得仁又何怨乎余悲伯夷之意睹軼詩可異焉

其傳曰伯夷叔齊孤竹君之二子也括地志云孤竹古城在盧龍縣南十二里殷時諸侯孤竹國也父欲立叔齊及父卒叔齊讓伯夷伯夷曰父命也遂逃去叔齊亦不肯立而逃之國人立其中子於是伯夷叔齊聞西伯昌善養老盍往歸焉及至西伯卒武王載木主號為文王東伐紂伯夷叔齊叩馬而諫曰父死不葬爰及干戈可謂孝乎以臣弒君可謂仁

乎左右欲兵之太公曰此義人也扶而去之武王已平殷亂天下宗周而伯夷叔齊恥之義不食周粟隱於首陽山曹大家注幽通賦云夷齊餓於首陽山在隴西首又戴延之西征記云洛陽東北首陽山有夷齊祠今在偃師縣西北又孟子云夷齊避紂居北海之濱首陽山說文云首陽山在遼西史傳及諸書夷齊餓於首陽凡五所各有案據先後不詳莊子云伯夷叔齊西至岐陽見周武王伐殷曰吾聞古之士遭治世不避其任遇亂世不為苟存今天下闇周德衰其並乎周以塗吾身也不若避之以絜吾行二子北至於首陽之山遂飢餓而死又下詩登彼西山是今清源縣首陽山在岐陽西北明即夷齊餓死處也采薇而食之陸機毛詩草木疏云薇山菜也莖葉皆似小豆蔓生其味亦如小豆藿可作羹亦可生食也及餓且

死作歌其辭曰登彼西山兮采其薇矣以暴易暴兮不知其非矣神農虞夏忽焉没兮我安適歸矣于嗟徂兮命之衰矣遂餓死於首陽山由此觀之怨邪非邪或曰天道無親常與善人若伯夷叔齊可謂善人者非邪積仁絜行如此而餓死且七十子之徒仲尼獨薦顔淵為好學然回也屢空糟糠不厭而卒蚤夭天之報施善人其何如哉盜跖日殺不辜按蹠者黄帝時大盜之名以柳下惠弟為天下大盜故世放古號之盜蹠肝人之肉暴戾恣睢睢仰白目怒貌也言盜蹠兇暴恣戾恣性怒白目也

聚黨數千人橫行天下竟以壽終括地志云盜跖冢在陝州河北縣西二十里河北縣本漢大陽縣也又今齊州平陵縣有盜跖冢未詳也是遵何德哉此其尤大彰明較著者也若至近世操行不軌專犯忌諱而終身逸樂富厚累世不絶或擇地而蹈之謂北郭駱駝佀等是也時然後出言行不由徑非公正不發憤而遇禍災者不可勝數也余甚惑焉儻所謂天道是邪非邪儻音他蕩反儻未定之詞也為天道不敵的言是非故云儻也子曰道不同不相為謀亦各從其志也太史公引孔子之言證前事也言天道人道不同一任其運遇亦各從其志意也故曰富貴如

可求雖執鞭之士吾亦為之如不可求從吾所好歲寒然後知松柏之後凋舉世混濁清士乃見言天下汎亂清潔之士不撓不苟合於盜跖也豈以其重若彼其輕若此哉重謂盜跖等也輕謂夷齊由光等也君子疾没世而名不稱焉君子疾沒後禮名堙滅而不稱若夷齊顔回絜行立名後代稱述亦太史公欲漸見已立名著述之美也賈子曰貪夫狥財狥財迷反狥求也賈云己身從物曰狥烈士狥名夸者死權衆庶馮生太史公引賈子鵩作史記若貪夫狥名夸者死權衆庶貪生乃感其史記同明相照同類相求天欲雨而柱礎潤謂同德者相應雲從龍風從虎聖人作而萬覩此有識也聖人有養生之德萬

物有長養之情故相感應也此以上至同明相照是周易乾象辭也太史公引此等相感者欲見述作之意合萬物有睹也孔子殁後五百歲而已當之故作史記使萬物見覩之也太史公序傳云先人有言自周公卒五百歲而有孔子孔子卒後至於今五百歲有能紹明世正易傳繼春秋本詩書禮樂之際意在斯乎小子何敢讓焉作述六經云易著天地陰陽四時五行故長於變禮經紀人倫故長於行書記先王之事故長於政詩記山川谿谷禽獸草木牝牡雌雄故長於風樂樂所立故長於和春秋辯是非故長於治人是故禮以節人樂以發和書以導事詩以達意易以道化春秋以道義撥亂世反之正莫近於春秋按述作而萬物睹見伯夷叔齊雖賢得夫子而名益彰伯夷叔齊雖有賢行得夫子稱揚而名益彰著萬物雖有生養之性得太史作述而世事益睹見顔淵雖篤學附驥尾而行

顧曰吾聞楚有神龜死二千歲矣巾笥藏之廟堂之上此龜寧無爲留骨而貴乎寧生曳尾泥中乎大夫曰寧曳尾塗中莊子曰往矣吾將曳尾於塗中與此傳不同也

夫學者載籍極博猶考信於六藝詩書雖缺然虞夏之文可知也堯將遜位讓於虞舜舜禹之間岳牧咸薦乃試之於位典職數十年舜禹皆典職事二十餘年然後踐帝位功用既興然後授政示天下重器王者大統傳天下若斯之難也而說者曰堯讓天下於許由皇甫謐高士傳云許由字武仲堯聞致天下而讓焉乃退而遁於中嶽潁水之陽箕山之下隱堯又召爲九州長由不欲聞之洗耳於潁水濱時有

欽定四庫全書　史記正義 卷六十一　五

巢父牽犢欲飲之見由洗耳問其故對曰堯欲召我爲九州長惡聞其聲是故洗耳巢父曰子若處高岸深谷人道不通誰能見子子故浮游欲聞求其名譽汙吾犢口牽犢上流飲之許由歿葬此山亦名許由山在洛州陽城縣南十三里許由不受恥之逃隱及夏之時有卞隨務光者此何以稱焉經史唯稱伯夷叔齊不及許由卞隨務光者不少槩見何以哉故言何以稱焉爲不稱說之也太史公曰余登箕山其上蓋有許由冢云孔子序列古之仁聖賢人如吳太伯伯夷之倫詳矣余以所聞由光義至高其文辭不少槩見何哉槩古代反孔子曰伯夷叔齊不念舊惡怨是用希求仁得仁又何怨乎余悲伯夷之意睹軼詩可異焉

其傳曰伯夷叔齊孤竹君之二子也括地志云孤竹古城在盧龍縣南十二里殷時諸侯孤竹國也父欲立叔齊及父卒叔齊讓伯夷伯夷曰父命也遂逃去叔齊亦不肯立而逃之國人立其中子於是伯夷叔齊聞西伯昌善養老盍往歸焉及至西伯卒武王載木主號爲文王東伐紂伯夷叔齊叩馬而諫曰父死不葬爰及干戈可謂孝乎以臣弒君可謂仁

欽定四庫全書　史記正義 卷六十一　六

乎左右欲兵之太公曰此義人也扶而去之武王已平殷亂天下宗周而伯夷叔齊恥之義不食周粟隱於首陽山曹大家注幽通賦云夷齊餓於首陽山在隴西首又戴延之西征記云洛陽東北首陽山有夷齊祠今在偃師縣西北又孟子云夷齊避紂居北海之濱首陽山說文云首陽山在遼西史傳及諸書夷齊餓於首陽凡五所各有案據先後不詳莊子云伯夷叔齊西至岐陽見周武王伐殷曰吾聞古之士遭治世不避其任遇亂世不爲苟存今天下闇周德衰其並乎周以塗吾身也不若避之以絜吾行二子北至於首陽之山遂飢餓而死又下詩登彼西山是今清源縣首陽山在岐陽西北明即夷齊餓死處也采薇而食之陸璣毛詩草木疏云薇山菜也莖葉皆似小豆蔓生其味亦如小豆藿可作羹亦可生食也及餓且

死作歌其辭曰登彼西山兮采其薇矣以暴易暴兮不知其非矣神農虞夏忽焉沒兮我安適歸矣于嗟徂兮命之衰矣遂餓死於首陽山由此觀之怨邪非邪或曰天道無親常與善人若伯夷叔齊可謂善人者非邪積仁絜行如此而餓死且七十子之徒仲尼獨薦顏淵為好學然回也屢空糟糠不厭而卒蚤夭天之報施善人其何如哉盜跖日殺不辜（按跖者黄帝時大盜之名以柳下惠弟為天下大盜故世俗古號之盜跖）肝人之肉暴戾恣睢（睢仰白目怒貌也言盜跖兇暴恣戾恣性怒白目也）

聚黨數千人橫行天下竟以壽終（括地志云盜跖冢在陝州河北縣西二十里河北縣本漢大陽縣也又今齊州平陵縣有盜跖冢未詳也）是遵何德哉此其尤大彰明較著者也若至近世操行不軌專犯忌諱而終身逸樂富厚累世不絕或擇地而蹈之（謂北郭路跑俱等是也）時然後出言行不由徑非公正不發憤而遇禍災者不可勝數也余甚惑焉儻所謂天道是邪非邪（儻音他蕩反儻未定之詞也為天道不敵的言是非故云儻也）子曰道不同不相為謀亦各從其志也（太史公引孔子之言證前事也言天道人道不同一任其運遇亦各從其志意也）故曰富貴如可求雖執鞭之士吾亦為之如不可求從吾所好歲寒然後知松栢之後凋舉世混濁清士乃見（言天下泯亂清潔之士不撓不苟合於盜跖也）豈以其重若彼其輕若此哉（重謂盜跖等也輕謂夷齊由光等也）君子疾沒世而名不稱焉（君子疾沒後惧名堙滅而不稱若夷齊顏回絜行立名後代稱述亦太史公欲漸見己立名著述之美也）賈子曰貪夫徇財（徇財述反徇求也顏云已身從物曰徇）烈士徇名夸者死權眾庶馮生（太史公引賈子譬作史記若貪夫徇名夸者死權眾庶貪生乃成其史記）同明相照同類相求（天欲雨而柱礎潤謂同德者相應）雲從龍風從虎聖人作而萬覩（此有識也聖人有養生之德萬

物有長養之情故相感應也此以上至同明相照是周易乾象辭也太史公引此等相感者欲見述作之意合萬物有睹也孔子殁後五百歲而已當之故作史記使萬物見覩之也太史公序傳云先人有言自周公卒五百歲而有孔子孔子卒後至於今五百歲有能紹明世正易傳繼春秋本詩書禮樂之際意在斯乎小子何敢讓焉作述六經云易著天地陰陽四時五行故長於變禮經紀人倫故長於行書記先王之事故長於政詩記山川谿谷禽獸草木牝牡雌雄故長於風樂樂所立故長於和春秋辯是非故長於治人是故禮以節人樂以發和書以導事詩以達意易以道化春秋以道義撥亂世反之正莫近於春秋按述作而萬物睹見）伯夷叔齊雖賢得夫子而名益彰（伯夷叔齊雖有賢行得夫子稱揚而名益彰著萬物雖有生養之性得太史作述而世事益睹見）顏淵雖篤學附驥尾而行

蓋顯巖穴之士趨舍有時若此類名堙滅而不稱悲夫（趨音趨舍音捨趨向也捨廢也言隱處之士時有附驥尾而名晓達若堙滅不稱數者亦可悲痛）閭巷之人欲砥行立名者（砥音旨礪行脩德在鄉閭者若不託貴大之士何得封侯爵賞而名留後代也）非附青雲之士惡能施於後世哉

史記正義卷六十一

史記正義卷六十二

唐　張守節　撰

管晏列傳第二　史記六十二

管仲夷吾者穎上人也（韋昭云管夷姬姓之後管嚴之子敬仲也）少時常與鮑叔牙游鮑叔知其賢管仲貧困常欺鮑叔鮑叔終善遇之不以為言已而鮑叔事齊公子小白管仲事公子糾及小白立為桓公公子糾死管仲囚焉鮑叔遂進管仲（齊世家云鮑叔曰君將治齊則高傒與叔牙足矣且欲霸王非管夷吾不可夷吾之居國國重不可失也

桓公從之韋昭云鮑叔齊大夫姒姓之後鮑叔之子叔牙也）管仲既用任政於齊（管子云相齊以九惠之教一曰老二曰慈三曰孤四曰疾五曰獨六曰病七曰通八曰賑九曰絕也）齊桓公以霸九合諸侯一匡天下管仲之謀也管仲曰吾始困時嘗與鮑叔賈分財利（賈音古）多自與鮑叔不以我為貪知我貧也吾嘗為鮑叔謀事而更窮困鮑叔不以我為愚知時有利不利也吾嘗三仕三見逐於君鮑叔不以我為不肖知我不遭時也吾嘗三戰三走鮑叔不以我為

怯知我有老母也公子糾敗召忽死之吾幽囚受辱鮑叔不以我為無恥知我不羞小節而恥功名不顯於天下也生我者父母知我者鮑子也鮑叔既進管仲以身下之子孫世祿於齊有封邑者十餘世常為名大夫天下不多管仲之賢而多鮑叔能知人也管仲既任政相齊國語云齊桓公使鮑叔為相辭曰臣之不若夷吾者五寛和惠民不若也治國家不失其柄不若也忠惠可結於百姓不若也制禮義可法於四方不若也執枹鼓立於軍門使百姓皆加勇不若也以區區之齊在海濱齊國東濱海也通貨積財富國彊兵與俗同好惡

故其稱曰倉廩實而知禮節衣食足而知榮辱上服度則六親固上之服御物有制度則六親堅固也六親謂外祖父母一父母二姊妹三妻兄弟之子四從母之子五女之子六也王弼云父母兄弟妻子也四維不張國乃滅亡下令如流水之原令順民心故論卑而易行言為政令卑下鮮少而百姓易作行也俗之所欲因而予之俗之所否因而去之其為政也善因禍而為福轉敗而為功貴輕重慎權衡輕重謂恥辱也權衡謂得失也有恥辱甚貴重之有得失甚戒慎之桓公實怒少姬南襲蔡管仲因而伐楚責包茅不入貢於周室桓公實北征山戎而

管仲因而令燕脩召公之政於柯之會今齊州東河也桓公欲背曹沬之約沬莫葛反管仲因而信之以劫許之歸魯侵地諸侯由是齊故曰知與之為取政之寶也管仲富擬於公室有三歸反坫三歸二姓女也婦人謂嫁曰歸齊人不以為侈管仲卒括地志云管仲冢在青州臨淄縣南二十一里牛山之阿說苑云齊桓公使管仲治國管仲對曰賤不能臨貴桓公以為上卿而國不治曰何故管仲對曰貧不能使富桓公賜之齊市租而國不治桓公曰何故對曰疏不能制近桓公立以為仲父齊國大安而遂霸天下孔子曰管仲之賢而不得此三權者亦不能使其君南面而稱伯齊國遵其政常彊於諸侯後百餘年而有晏子焉

晏平仲嬰者萊之夷維人也晏氏齊記云齊城三百里有夷安即晏平仲之邑漢為夷安縣屬高密國應劭云故萊夷維邑事齊靈公莊公景公以節儉力行重於齊既相齊食不重肉妾不衣帛其在朝君語及之即危言謂己被擾非云功能語不及之即危行行下孟反謂君不知己增修業行畏責及也國有道即順命無道即衡命衡秤也謂國無道則制秤量之可行即行以此三世顯名於諸侯越石父賢在縲紲中縲音力追反縲黑索也紲繫也晏子春秋云晏子之晉至中牟覩弊冠反裘負薪息於途側晏子問曰何者對曰我石父也苟免饑凍為人臣僕晏子解左驂贖之載與俱歸按與此文小異也晏子出遭之塗解左驂

贖之載歸弗謝入閨久之越石父請絶晏子戄然（戄眛縛反）注皇覽云晏子冢在臨淄城南菑水南桓公冢西北括地志云齊桓公墓在清州臨淄縣東南二十三里鼎足上又云齊晏嬰冢在齊子城北門外晏子云吾生近市死豈易吾志乃葬故宅後人名曰清節里按恐皇覽誤乃管仲冢也攝衣冠謝曰嬰雖不仁免子於厄何子求絶之速也石父曰不然吾聞君子詘於不知已而信於知已者方吾在縲紲中彼不知我也夫子既已感寤而贖我是知已知已而無禮固不如在縲紲之中晏子於是延入為上客晏子為齊相出其御之妻從門閒而闚其夫其夫為相御擁大蓋策駟馬意氣揚揚甚自得也既而歸其妻請去夫問其故妻曰晏子長不滿六尺身相齊國名顯諸侯今者妾觀其出志念深矣常有以自下者今子長八尺乃為人僕御然子之意自以為足妾是以求去也其後夫自抑損晏子怪而問之御以實對晏子薦以為大夫

太史公曰吾讀管氏牧民山高乘馬輕重九府（七略云管子十八篇在法家）及晏子春秋（七略云晏子春秋七篇在儒家）詳哉其言之也既見其著書欲觀其行事故次其傳至其書世多有之是以不論論其軼事（軼音逸）管仲世所謂賢臣然孔子小之豈以為周道衰微桓公既賢而不勉之至王乃稱霸哉（言管仲世所謂賢臣孔子所以小之者蓋以為周道衰桓公賢主管仲何不勸勉輔弼至於帝王乃自稱霸主哉故孔子小之云蓋為前疑夫子小管仲為此）語曰將順其美匡救其惡故上下能相親也（言管仲相齊順百姓之美匡救國家之惡令君臣百姓相親者是管之能也）豈管仲之謂乎方晏子伏莊公尸哭之成禮然後去豈所謂見義不為無勇者邪至其諫說犯君之顏此所謂進思盡忠退思補過者哉假令晏子而在余雖為之執鞭所忻慕焉

史記正義卷六十二

欽定四庫全書

史記正義卷六十三

唐　張守節　撰

申不害韓非列傳第三　史記六十三

申不害者京人也（按地志云京縣故城縣東南二十里鄭之京邑也）故鄭之賤臣學術以干韓昭侯昭侯用為相内脩政教外應諸侯十五年終申子之身國治兵彊無侵韓者申子之學本於黄老而主刑名著書二篇號曰申子（阮孝緒七畧云申子三卷也）

韓非者（阮孝緒七畧云韓子二十卷韓世家云王安五年非使秦九年虜王安韓非七）韓之諸公子也喜刑名法術之學而其歸本於黄老非為人口吃（音訖）不能道說而善著書與李斯俱事荀卿（孫卿子二十二卷名況趙人楚蘭陵令避漢宣帝諱改姓孫也）斯自以為不如非非見韓之削弱數以書諫韓王韓王不能用於是韓非疾治國不務脩明其法制執勢以御其臣下富國彊兵而以求人任賢反舉浮淫之蠹而加之於功實之上以為儒者用文亂法而俠者以武犯禁寬則寵名譽之人急則用介冑之士（介甲也冑兜鍪也）今者所養非所用所用非所養悲廉直不容於邪枉之臣觀往者得失之變（韓非見王安不用忠良今國消弱故觀往古有國之君則得失之變異而作韓子二十卷）故作孤憤五蠹内外儲說林說難十餘萬言然韓非知說之難為說難書甚具終死於秦不能自脫說難曰凡說之難非吾知之有以說之難也（凡說難識情理不當人主之心恐犯逆鱗說之難知故言非吾知之有以說之乃為難）又非吾辯之難能明吾意之難也（能分明吾意以說之亦又未為難也尚非甚難）又非吾敢橫失能盡之難也（橫擴孟反又非吾敢有橫失詞理能盡說己之情此難是難尚非極難）

凡說之難在知所說之心可以吾說當之（前者三說並未為難凡說之難者正在於此言深辨知前人意可以吾說當之關與前人心會說則行乃是難矣）所說出於為名高者也而說之以厚利則見下節而遇卑賤必棄遠矣所說出於厚利者也而說之以名高則見無心而遠事情必不收矣所說實為厚利而顯為名高者也（前人必欲厚利詐慕名高則陽收其說實踈遠之）而說之以名高則陽收其身而實踈之若說之以厚利則陰用其言而顯棄其身（前人好利厚詐慕名高說之以厚利則陰用說者之言而斷不收其身說七不可不察）此之不

可不知也夫事以密成語以泄敗未必其身泄之也而語及其所匿之事 事多相類語言或說其相類之事前人覺悟便成漏泄故身危也 如是者身危貴人有過端而說者明言善議以推其惡者則身危 人主有過失之端緒而引美善之議以推人主之惡則身危 周澤未渥也而語極知 渥霑濡也人臣事君未滿周里之恩澤而說事當理事行有功君不以為恩德故德亡 說行而有功則德亡說不行而有敗則見疑如是者身危 說事不行或行有敗壞則必致危殆若此者身危也 夫貴人得計而欲自以為功說者與知焉則身危 與音預人主先得其計已功說者知前發其蹤跡身必危也 彼顯

有所出事迺自以為也故說者與知焉則身危 人主明所出事乃以有所營為說者預知其計而說者身亡危 彊之以其所必不為 彊其兩反人主必不欲有為而說者彊令為之 止之以其所不能已者身危 人主已營為而說者彊止之者身危 故曰與之論大人則以為閒己 閒音紀莧反說彼大人之短以為譏已之事情乃為刺譏閒之 與之論細人則以為鬻權 鬻音育劉伯莊云論則疑其挾詐賣已之權 論其所愛則以為借資 說人主愛行人主以為借己之資籍也 論其所憎則以為嘗己 論說人主所憎惡人主則以為嘗試於己也 徑省其辭則不知而屈之 省山景反 汎濫博文則多而久之 汎濫浮辭也博聞廣言句也言浮說廣陳必多詞理悖乃永久人主疲倦 順事陳意則曰怯懦而不盡 懦音乃亂反說者陳言順人主之意則或怯懦而不盡事情也 慮事廣肆則曰草野而倨侮 草野猶鄙陋也廣陳言詞多有鄙陋乃成倨傲侮慢 此說之難不可不知也凡說之務在知飾所說之所敬而滅其所醜彼自知其計則無以其失窮之 前人自知其失謀說士無以失說窮極之乃為訕上也 自勇其斷則無以其敵怒之 斷音端亂反劉伯莊云貴人斷甲為是說者以乙破之乙之理難同怒以下敵上也 自多其力則無以其難槩之 古代反 規異事與同計譽異人與同行者則以飾之無傷也 劉伯莊云貴人與甲同計與乙同行者說士陳言無傷甲乙也

有與同失者則明飾其無失也 人主與甲同失說者文飾甲之無失 大忠無所拂辭悟言無所擊排迺後申其辯知焉此所以親近不疑 拂悟當為咈忤古字假借耳咈違也忤逆也言大忠之事擬安民興化事在匡弼君初亦不擊排乃後周澤霑濡君臣道合乃敢辯智說焉此所以親近而不見疑是知盡之難 知盡之難也 言說士知諛說之難也為能盡此諛說之道得當人主之心君臣相合乃是知盡之難也 得曠日彌久而周澤既渥深計而不疑交爭而不罪迺明計利害以致其功直指是非以飾其身以此相持此說之成也 夫知盡之難則君臣道合故得曠日彌久而周澤既渥深計而君不

疑與君交爭而不罪而得明計國之利害以致其功直指是非任爵祿於身以此君臣相執持此說之成也
伊尹為庖殷本紀云乃為有莘氏媵臣負鼎俎以滋味說湯致王道是也百里奚為虜
晉世家云襲滅虞公及大夫百里奚以媵秦穆姬也皆所由干其上也故此二子
者皆聖人也猶不能無役身而涉世如此其汙也汙音烏故
反庖虜是汙則非能仕之所設也宋有富人天雨牆壞其子
曰不築且有盜其鄰人之父亦云暮而果大亡其財其
家甚知其子而疑鄰人之父其子隣父說皆當矣而切見疑非處知則難乎昔
者鄭武公欲伐胡世本云胡歸姓也括地志云胡城在豫州郾城縣界迺以其子

妻之因問羣臣曰吾欲用兵誰可伐者關其思曰胡可
伐迺戮關其思曰胡兄弟之國也子言伐之何也胡君
聞之以鄭為親己而不備鄭鄭人襲胡取之此二說者
其知皆當矣當當浪反然而甚者為戮薄者見疑非知之難
也處知則難矣昔者彌子瑕見愛於衛君衛國之法竊
駕君車者罪至刖既而彌子之母病人聞往夜告之彌
子矯駕君車而出君聞之而賢之曰孝哉為母之故而
犯刖罪與君游果園彌子食桃而甘不盡而奉君君曰
愛我哉忘其口而念我及彌子色衰而愛弛得罪於君
君曰是嘗矯駕吾車又嘗食我以其餘桃故彌子之行
未變於初也前見賢而後獲罪者愛憎之至變也故有
愛於主則知當而加親見憎於主則罪當而加疏故諫
說之士不可不察愛憎之主而後說之矣夫龍之為蟲
也龍蟲類也故言龍之為蟲可擾狎而騎也然其喉下有逆鱗徑尺
人有嬰之則必殺人人主亦有逆鱗說之者能無嬰人
主之逆鱗則幾矣說者能不犯人主逆鱗則庶幾矣人或傳其書至秦

秦王見孤憤五蠹之書曰嗟乎寡人得見此人與之游
死不恨矣李斯曰此韓非之所著書也秦因急攻韓韓
王始不用非及急迺遣非使秦秦王悅之未信用李斯
姚賈害之毀之曰韓非韓之諸公子也今王欲并諸侯
非終為韓不為秦此人之情也今王不用久留而歸之
此自遺患也不如以過法誅之秦王以為然下吏治非
李斯使人遺非藥使自殺韓非欲自陳不得見秦王後
悔之使人赦之非已死矣申子韓子皆著書傳于後世

學者多有余獨悲韓子為說難而不能自脫耳

太史公曰老子所貴道虛無因應變化於無為故著書辭稱微妙難識莊子散道德放論要亦歸之自然申子卑卑施之於名實韓子引繩墨切事情明是非其極慘礉少恩皆原於道德之意而老子深遠矣

史記正義卷六十三

欽定四庫全書

史記正義卷六十四

唐　張守節　撰

司馬穰苴列傳第四　史記六十四

司馬穰苴者田完之苗裔也（穰音若羊反苴音子徐反曰穰苴為司馬官主兵）齊景公時晉伐阿甄而燕侵河上（河上黄河南岸地即滄德二州北界）齊師敗績景公患之晏嬰乃薦田穰苴曰穰苴雖田氏庶孽然其人文能附衆武能威敵願君試之景公召穰苴

與語兵事大說之以為將軍將兵扞燕晉之師穰苴曰臣素卑賤君擢之閭伍之中加之大夫之上士卒未附百姓不信人微權輕願得君之寵臣國之所尊以監軍乃可於是景公許之使莊賈往穰苴既辭與莊賈約曰旦日日中會於軍門穰苴先馳至軍立表下漏待賈賈素驕貴以為將已之軍而已為監不甚急（已音紀監甲暫反）親戚左右送之留飲日中而賈不至穰苴則仆表決漏入行軍勒兵申明約束約束既定夕時莊賈乃至穰苴曰

何後期為賈謝曰不佞大夫親戚送之故留穰苴曰將受命之日則忘其家臨軍約束則忘其親援枹鼓之急則忘其身（援作摽枹音孚謂鼓梃也）今敵國深侵邦内騷動士卒暴露於境君寢不安席食不甘味百姓之命皆懸於君何謂相送乎召軍正問曰軍法期而後至者云何對曰當斬莊賈懼使人馳報景公請救既往未及反於是遂斬莊賈以徇三軍三軍之士皆振慄久之景公遣使者持節赦賈馳入軍中穰苴曰將在軍君令有所不受問軍

正曰軍中不馳今使者馳云何正曰當斬使者大懼穰苴曰君之使不可殺之乃斬其僕車之左駙馬之左驂以徇三軍（駙音附劉伯莊云駙者箱外之立木承重校者殉行示也）遣使者還報然後行士卒次舍井竈飲食問疾醫藥身自拊循之悉取將軍之資糧享士卒身與士卒平分糧食最比（比作畀必耳反）其羸弱者三日而後勒兵病者皆求行爭奮出為之赴戰晉師聞之為罷去燕師聞之度水而解（度黃河水北去而解）於是追擊之遂取所亡封内故境而引兵歸未至國釋兵旅解約束誓盟而後入邑景公與諸大夫郊迎勞師成禮然後反歸寢既見穰苴尊為大司馬田氏日以益尊於齊已而大夫鮑氏高國之屬害之譖於景公景公退穰苴苴發疾而死田乞田豹之徒由此怨高國等其後及田常殺簡公盡滅高子國子之族至常曾孫和因自立為齊威王用兵行威大放穰苴之法（放方往反）而諸侯朝齊齊威王使大夫追論古者司馬兵法而附穰苴於其中因號曰司馬穰苴兵法

太史公曰余讀司馬兵法閎廓深遠雖三代征伐未能竟其義如其文也亦少襃矣若夫穰苴區區為小國行師何暇及司馬兵法之揖讓乎世既多司馬兵法以故不論著穰苴之列傳焉

史記正義卷六十四

欽定四庫全書

史記正義卷六十五

唐 張守節 撰

孫子吳起列傳第五　史記六十五

孫子武者齊人也（魏武帝云孫子者齊人事於吳王闔閭為吳將作兵法十三篇）以兵法見於吳王闔廬闔廬曰子之十三篇（七録云孫子兵法三卷案十三篇為上卷又有中下二卷）吾盡觀之矣可以小試勒兵乎對曰可闔廬曰可試以婦人乎曰可於是許之出宮中美女得百

八十人孫子分為二隊以王之寵姬二人各為隊長皆令持戟令之曰汝知而心與左右手背乎婦人曰知之孫子曰前則視心左視左手右視右手後即視背婦人曰諾約束既布乃設鈇鉞即三令五申之於是鼓之右婦人大笑孫子曰約束不明申令不熟將之罪也復三令五申而鼓之左婦人復大笑孫子曰約束不明申令不熟將之罪也既已明而不如法者吏士之罪也乃欲斬左右隊長吳王從臺上觀見且斬愛姬大駭趣使使

下令曰寡人已知將軍能用兵矣寡人非此二姬食不甘味願勿斬也孫子曰臣既已受命為將將在軍君命有所不受遂斬隊長二人以徇用其次為隊長於是復鼓之婦人左右前後跪起皆中規矩繩墨無敢出聲於是孫子使使報王曰兵既整齊王可試下觀之唯王所欲用之雖赴水火猶可也吳王曰將軍罷休就舍寡人不願下觀孫子曰王徒好其言不能用其實於是闔廬知孫子能用兵卒以為將西破彊楚入郢北威齊晉顯

名諸侯孫子與有力焉孫武既死（七録云越絶十六卷或云伍子胥撰）後百餘歲有孫臏臏生阿鄄之間臏亦孫武之後世子孫也孫臏嘗與龐涓俱學兵法龐涓既事魏得為惠王將軍而自以為能不及孫臏乃陰使召孫臏臏至龐涓恐其賢於已疾之則以法刑斷其兩足而黥之欲隱勿見齊使者如梁（今汴州）孫臏以刑徒陰見說齊使齊使以為奇竊載與之齊齊將田忌善而客待之忌數與齊諸公子馳逐重射孫子見其馬足不甚相遠馬有上中下輩

於是孫子謂田忌曰君弟重射臣能令君勝田忌信然之與王及諸公子逐射千金射音石逐而射賭千金及臨質孫子曰今以君之下駟與彼上駟取君上駟與彼中駟取君中駟與彼下駟既馳三輩畢而田忌一不勝而再勝卒得王千金於是忌進孫子於威王威王問兵法遂以為師其後魏伐趙趙急請救於齊齊威王欲將孫臏臏辭謝曰刑餘之人不可於是乃以田忌為將而孫子為師居輜車中坐為計謀田忌欲引兵之趙孫子曰夫解雜

亂紛糾者不控捲救鬬者不搏撠批亢擣虛形格勢禁則自為解耳今梁趙相攻輕兵銳卒必竭於外老弱罷於內君不若引兵疾走大梁據其街路衝其方虛彼必釋趙而自救是我一舉解趙之圍而收弊於魏也田忌從之魏果去邯鄲與齊戰於桂陵大破梁軍後十五年魏與趙攻韓韓告急於齊齊使田忌將而往直走大梁魏將龐涓聞之去韓而歸齊軍既已過而西矣孫子謂田忌曰彼三晉之兵素悍勇而輕齊齊號為怯善戰者因其勢而利導之兵法百里而趣利者蹶上將五十里而趣利者軍半至使齊軍入魏地為十萬竈明日為五萬竈又明日為三萬竈龐涓行三日大喜曰我固知齊軍怯入吾地三日士卒亡者過半矣乃棄其步軍與其輕銳倍日并行逐之孫子度其行暮當至馬陵馬陵道狹而旁多阻隘可伏兵乃斫大樹白而書之曰龐涓死于此樹之下於是令齊軍善射者萬弩夾道而伏期曰暮見火舉而俱發龐涓果夜至斫木下見白書乃鑽火

燭之讀其書未畢齊軍萬弩俱發魏軍大亂相失龐涓自知智窮兵敗乃自剄曰遂成豎子之名齊因乘勝盡破其軍虜魏太子申以歸孫臏以此名顯天下世傳其兵法

吴起者衛人也好用兵嘗學於曾子事魯君齊人攻魯魯欲將吴起吴起取齊女為妻而魯疑之吴起於是欲就名遂殺其妻以明不與齊也魯卒以為將將而攻齊大破之魯人或惡吴起曰起之為人猜忍人也其少時

家累千金游仕不遂遂破其家鄉黨笑之吴起殺其謗已者三十餘人而東出衛郭門與其母訣齧臂而盟曰起不為卿相不復入衛遂事曾子居頃之其母死起終不歸曾子薄之而與起絶起乃之魯學兵法以事魯君魯君疑之起殺妻以求將夫魯小國而有戰勝之名則諸侯圖魯矣且魯衛兄弟之國也而君用起則是棄衛魯君疑之謝吴起吴起於是聞魏文侯賢欲事之文侯問李克曰吴起何如人哉李克曰起貪而好色然用兵司

馬穰苴不能過也於是魏文侯以為將擊秦拔五城起之為將與士卒最下者同衣食卧不設席行不騎乘親裹贏糧與士卒分勞苦卒有病疽者起為吮之卒母聞而哭之人曰子卒也而將軍自吮其疽何哭為母曰非然也往年吴公吮其父其父戰不旋踵遂死於敵吴公今又吮其子妾不知其死所矣是以哭之文侯以吴起善用兵廉平盡能得士心乃以為西河守以拒秦韓魏文侯既卒起事其子武侯武侯浮西河而下中流顧

而謂吴起曰美哉乎山河之固此魏國之寶也起對曰在德不在險昔三苗氏左洞庭右彭蠡德義不脩禹滅之夏桀之居左河濟右泰華伊闕在其南羊腸在其北脩政不仁湯放之殷紂之國左孟門右太行常山在其北大河經其南脩政不德武王殺之由此觀之在德不在險若君不脩德舟中之人盡為敵國也武侯曰善即封吴起為西河守甚有聲名魏置相相田文吴起不悦謂田文曰請與子論功可乎田文曰可起曰將三軍使

士卒樂死敵國不敢謀子孰與起文曰不如子起曰治百官親萬民實府庫子孰與起文曰不如子起曰守西河而秦兵不敢東鄉韓趙賓從子孰與起文曰不如子起曰此子三者皆出吾下而位加吾上何也文曰主少國疑大臣未附百姓不信方是之時屬之於子乎屬之於我乎起默然良久曰屬之子矣文曰此乃吾所以居子之上也吴起乃自知弗如田文田文既死公叔為相尚魏公主而害吴起公叔之僕曰起易去也公叔曰奈

何其僕曰吳起為人節廉而自喜名也君因先與武侯言曰夫吳起賢人也而侯之國小又與彊秦壤界臣竊恐起之無留心也武侯即曰奈何君因謂武侯曰試延以公主起有留心則必受之無留心則必辭矣以此卜之君因召吳起而與歸即令公主怒而輕君吳起見公主之賤君也則必辭於是吳起見公主之賤魏相果辭魏武侯武侯疑之而弗信也吳起懼得罪遂去即之楚楚悼王素聞起賢至則相楚明法審令捐不急之官廢

公族疏遠者以撫養戰鬭之士要在彊兵破馳說之言從橫者於是南平百越北并陳蔡却三晉西伐秦諸侯患楚之彊故楚之貴戚盡欲害吳起及悼王死宗室大臣作亂而攻吳起吳起走之王尸而伏之擊起之徒因射刺吳起并中悼王悼王既葬太子立乃使令尹盡誅射吳起而并中王尸者坐射起而夷宗死者七十餘家

太史公曰世俗所稱師旅皆道孫子十三篇吳起兵法世多有故弗論論其行事所施設者語曰能行之者未必能言能言之者未必能行孫子籌策龐涓明矣然不能蚤救患於被刑吳起說武侯以形勢不如德然行之於楚以刻暴少恩亡其軀悲夫

史記正義卷六十五

欽定四庫全書

史記正義卷六十六

唐 張守節 撰

伍子胥列傳第六　　史記六十六

伍子胥者楚人也名員員父曰伍奢員兄曰伍尚其先曰伍舉以直諫事楚莊王有顯故其後世有名於楚楚平王有太子名曰建使伍奢為太傅費無忌為少傅無忌不忠於太子建平王使無忌為太子取婦於秦秦女好無忌馳歸報平王曰秦女絶美王可自取而更為太

子取婦平王遂自取秦女而絶愛幸之生子軫更為太子取婦無忌既以秦女自媚於平王因去太子而事平王恐一旦平王卒而太子立殺己乃因讒太子建建母蔡女也無寵於平王平王稍益疏建使建守城父備邊兵頃之無忌又日夜言太子短於王曰太子以秦女之故不能無怨望願王少自備也自太子居城父將兵外交諸侯且欲入為亂矣平王乃召其太傅伍奢考問之

伍奢知無忌讒太子於平王因曰王獨奈何以讒賊小臣疏骨肉之親乎無忌曰王今不制其事成矣王且見禽於是平王怒囚伍奢而使城父司馬奮揚往殺太子行未至奮揚使人先告太子太子急去不然將誅太子建亡奔宋無忌言於平王曰伍奢有二子皆賢不誅且為楚憂可以其父質而召之不然且為楚患王使使謂伍奢曰能致汝二子則生不能則死伍奢曰尚為人仁呼必來員為人剛戾忍詬能成大事彼見來之并禽其

勢必不來王不聽使人召二子曰來吾生汝父不來今殺奢也伍尚欲往員曰楚之召我兄弟非欲以生我父也恐有脫者後生患故以父為質詐召二子二子到則父子俱死何益父之死往而令讎不得報耳不如奔他國借力以雪父之恥俱滅無為也伍尚曰我知往終不能全父命然恨父召我以求生而不往後不能雪恥終為天下笑耳謂員可去矣汝能報殺父之讎我將歸死尚既就執使者捕伍胥伍胥貫弓執矢嚮使者使者不敢進伍

胥遂亡聞太子建之在宋往從之奢聞子胥之亡也曰楚國君臣且苦兵矣伍尚至楚楚并殺奢與尚也伍胥既至宋宋有華氏之亂乃與太子建俱奔於鄭鄭人甚善之太子建又適晉晉頃公曰太子既善鄭鄭信太子太子能為我内應而我攻其外滅鄭必矣滅鄭而封太子太子乃還鄭事未會會自私欲殺其從者從者知其謀乃告之於鄭鄭定公與子産誅殺太子建建有子名勝伍胥懼乃與勝俱奔吳到昭關昭關欲執之伍胥遂

與勝獨身步走幾不得脱追者在後至江江上有一漁父乘船知伍胥之急乃渡伍胥伍胥既渡解其劍曰此劍直百金以與父父曰楚國之法得伍胥者賜粟五萬石爵執珪豈徒百金劍邪不受伍胥未至吳而疾止中道乞食至於吳吳王僚方用事公子光為將伍胥乃因公子光以求見吳王久之楚平王以其邊邑鍾離與吳邊邑卑梁氏俱蠶兩女子爭桑相攻乃大怒至於兩國舉兵相伐吳使公子光伐楚拔其鍾離居巢而歸伍子

胥説吳王僚曰楚可破也願復遣公子光公子光謂吳王曰彼伍胥父兄為戮於楚而勸王伐楚者欲以自報其讎耳伐楚未可破也伍胥知公子光有内志欲殺王而自立未可説以外事乃進專諸於公子光退而與太子建之子勝耕於野五年而楚平王卒初平王所奪太子建秦女生子軫及平王卒軫竟立為後是為昭王吳王僚因楚喪使二公子將兵往襲楚楚發兵絶吳兵之後不得歸吳國内空而公子光乃令專諸襲刺吳王僚

而自立是為吳王闔廬闔廬既立得志乃召伍員以為行人而與謀國事楚誅其大臣郤宛伯州犁伯州犁之孫伯嚭亡奔吳吳亦以嚭為大夫前王僚所遣二公子將兵伐楚者道絶不得歸後聞闔廬弑王僚自立遂以其兵降楚楚封之於舒闔廬立三年乃興師與伍胥伯嚭伐楚拔舒遂禽故吳反二將軍因欲至郢將軍孫武曰民勞未可且待之乃歸四年吳伐楚取六與潛五年伐越敗之六年楚昭王使公子囊瓦將兵伐吳吳使伍員

迎擊大破楚軍於豫章取楚之居巢九年吳王闔廬謂子胥孫武曰始子言郢未可入今果何如二子對曰楚將囊瓦貪而唐蔡皆怨之王必欲大伐之必先得唐蔡乃可闔廬聽之悉興師與唐蔡伐楚與楚夾漢水而陳吳王之弟夫槩將兵請從王不聽遂以其屬五千人擊楚將子常子常敗走奔鄭於是吳乘勝而前五戰遂至郢己卯楚昭王出奔庚辰吳王入郢昭王出亡入雲夢盜擊王王走鄖鄖公弟懷曰平王殺我父我殺其子不

亦可乎鄖公恐其弟殺王與王奔隨今有楚昭王故城昭王奔隨之處宮之北城即是吳兵圍隨謂隨人曰周之子孫在漢川者楚盡滅之隨人欲殺王王子綦匿王已自為王以當之隨人卜與王於吳不吉乃謝吳不與王始伍員與申包胥為交員之亡也謂包胥曰我必覆楚包胥曰我必存之及吳兵入郢伍子胥求昭王既不得乃掘楚平王墓出其尸鞭之三百然後已申包胥亡於山中使人謂子胥曰子之報讎其以甚乎吾聞之人衆者勝天天定亦能破人申包胥言聞人衆者雖一時凶暴勝天及天降其凶亦破於彊暴之人今子故平王之臣親北面而事之今至於僇死人此豈其無天道之極乎伍子胥曰為我謝申包胥曰吾日暮塗遠吾故倒行而逆施之於是申包胥走秦告急求救於秦秦不許包胥立於秦廷晝夜哭七日七夜不絶其聲秦哀公憐之曰楚雖無道有臣若是可無存乎乃遣車五百乘救楚擊吳六月敗吳兵於稷會吳王久留楚求昭王而闔廬弟夫槩乃亡歸自立為王闔廬聞之乃釋楚而歸擊其

弟夫槩夫槩敗走遂奔楚楚昭王見吳有内亂乃復入郢封夫槩於堂谿案今豫州吳縣在州西北九十里為堂谿氏楚復與吳戰敗吳吳王乃歸後二歲闔廬使太子夫差將兵伐楚取番楚懼吳復大來乃去郢徙於鄀當是時吳以伍子胥孫武之謀西破彊楚北威齊晉南服越人其後四年孔子相魯後五年伐越越王句踐迎擊敗吳於姑蘇傷闔廬指姑蘇當作檇李乃文誤也左傳云戰檇李傷將指卒於陘是也解在吳世家軍郤闔廬病創將死謂太子夫差曰爾忘句踐殺爾父乎夫

差對曰不敢忘是夕闔廬死夫差既立為王以伯嚭為太宰習戰射二年後伐越敗越於夫湫（太湖中椒山也解在吳世家）越王勾踐乃以餘兵五千人棲於會稽之上（上地名在越州會稽縣東南十二里）使大夫種厚幣遺吳（高誘云大夫種姓文氏字子禽楚之郢人）太宰嚭以請和求委國為臣妾吳王將許之伍子胥諫曰越王為人能辛苦今王不滅後必悔之吳王不聽用太宰嚭計與越平其後五年而吳王聞齊景公死而大臣爭寵新君弱乃興師北伐齊伍子胥諫曰勾踐食不重味

弔死問疾且欲有所用之也此人不死必為吳患今吳之有越猶人之有腹心疾也而王不先越而乃務齊不亦謬乎吳王不聽伐齊大敗齊師於艾陵（括地志云艾山在兖州博城縣南百六十里本齊博邑）遂威鄒魯之君以歸（鄒召居兖州鄒縣魯曲阜縣）益疏子胥之謀其後四年吳王將北伐齊越王勾踐用子貢之謀乃率其衆以助吳而重寶以獻遺太宰嚭太宰嚭既數受越賂其愛信越殊甚日夜為言於吳王吳王信用嚭之計伍子胥諫曰夫越腹心之病今信其浮辭

詐偽而貪齊破齊譬猶石田無所用之且盤庚之誥曰有顛越不恭劓殄滅之俾無遺育無使易種于茲邑此商之所以興願王釋齊而先越若不然後將悔之無及而吳王不聽使子胥於齊子胥臨行謂其子曰吾數諫王王不用吾今見吳之亡矣汝與吳俱亡無益也乃屬其子於齊鮑牧而還報吳吳太宰嚭既與子胥有隙因讒曰子胥為人剛暴少恩猜賊其怨望恐為深禍也前日王欲伐齊子胥以為不可王卒伐之而有大功子胥

恥其計謀不用乃反怨望而今王又復伐齊子胥專愎彊諫沮毀用事徒幸吳之敗以自勝其計謀耳今王自行悉國中武力以伐齊而子胥諫不用因輟謝佯病不行王不可不備此起禍不難且嚭使人微伺之其使於齊也乃屬其子於齊之鮑氏夫為人臣內不得意外倚諸侯自以為先王之謀臣今不見用常鞅鞅怨望願王早圖之吳王曰微子之言吾亦疑之乃使使賜伍子胥屬鏤之劍曰子以此死伍子胥仰天歎曰嗟乎讒臣嚭

為亂吳王乃反誅我我令若父霸自若未立時諸公子
爭立我以死爭之於先王幾不得立幾音祈若既得立欲
分吳國予我我顧不敢望也然今若聽諛臣言以殺長
者乃告其舍人曰必樹吾墓上以梓令可以為器器謂棺也以吳必亡也左傳云樹吾墓檟檟亦材也吳其亡乎而抉吾眼縣吳東門之上東門鯆鱃門謂鯆鱃門也今名葑門鯆音普姑反鱃音覆浮反越軍開示浦子胥濤盪羅城開此門有鯆鱃隨濤入故以名門顧野王云鯆魚一名江脉欲風則涌也以觀越寇之入滅吳也乃自剄
死吳王聞之大怒乃取子胥尸盛以鴟夷革盛音成榼音古曷反

浮之江中案年表云吳王夫差十一年也吳人憐之為立祠於江上吳地記曰越軍於蘇州東南三十里三江口又向下三里臨江北岸立壇殺白馬祭子胥杯動酒盡後因立廟於此江上今其側有浦名上壇浦至晉會稽太守麋豹移廟吳郭東門內道南今廟見在因命曰胥山吳地記云胥山太湖邊胥湖東岸山西臨胥湖山有古葬胥二王廟按其廟不干子胥事太史誤矣張注又非
吳王既誅伍子胥遂伐齊齊鮑氏殺其君悼公而立陽
生吳王欲討其賊不勝而去其後二年吳王召魯衛之
君會之橐皋橐皋故縣在廬州巢縣西北五十六里其明年因北大會
諸侯於黃池在汴州封丘縣南七里以令周室越王句踐襲殺吳

太子破吳兵吳王聞之乃歸使使厚幣與越平後九年
越王句踐遂滅吳殺王夫差而誅太宰嚭以不忠於其
君而外受重賂與己比周也紕鼻二音伍子胥初所與俱亡
故楚太子建之子勝者在於吳吳王夫差之時楚惠王
欲召勝歸楚葉公諫曰上式涉反杜預云子高沉諸梁勝好勇而陰求
死士殆有私乎惠王不聽遂召勝使居楚之邊邑鄢鄢音偃括地志云故鄢城在豫州郾城縣南五里與褒信白亭相近號為白公括地志云白亭在豫州褒南四十二里又有白公故城又許州扶溝縣北四十五里北又有白亭也白公歸楚三年而

吳誅子胥白公勝既歸楚怨鄭之殺其父乃陰養死士
求報鄭歸楚五年請伐鄭楚令尹子西許之兵未發而
晉伐鄭鄭請救於楚楚使子西往救與盟而還白公勝
怒曰非鄭之仇乃子西也勝自礪劍人問曰何以為勝
曰欲以殺子西子西聞之笑曰勝如卵耳何能為也其
後四歲白公勝與石乞襲殺楚令尹子西司馬子綦於
朝石乞曰不殺王不可乃劫之王如高府石乞從者屈
固負楚惠王亡走昭夫人之宮葉公聞白公為亂率其

國人攻白公白公之徒敗亡走山中自殺（左傳云白公奔而縊）而虜石乞而問白公尸處不言將亨石乞曰事成為卿不成而亨固其職也終不肯告其尸處遂亨石乞而求惠王復立之

太史公曰怨毒之於人甚矣哉王者尚不能行之於臣下況同列乎向令伍子胥從奢俱死何異螻蟻棄小義雪大恥名垂於後世悲夫方子胥窘於江上道乞食志豈嘗須臾忘郢邪故隱忍就功名非烈丈夫孰能致此

哉白公如不自立為君者其功謀亦不可勝道者哉

欽定四庫全書

史記正義卷六十七

唐　張守節　撰

仲尼弟子列傳第七　史記六十七

孔子曰受業身通者七十有七人皆異能之士也德行顏淵閔子騫冉伯牛仲弓政事冉有子路言語宰我子貢文學子游子夏師也僻（音辟）參也魯柴也愚由也喭（吸音畔）回也屢空賜不受命而貨殖焉億則屢中孔子之所嚴事於周則老子於衛蘧伯玉於齊晏平仲於楚老萊

子於鄭子產於魯孟公綽數稱臧文仲柳下惠銅鞮伯華介山子然孔子皆後之不並世（鞮丁奚反按銅鞮潞州縣）

顏回者魯人也字子淵少孔子三十歲（少戌妙反）顏淵問仁孔子曰克己復禮天下歸仁焉孔子曰賢哉回也一簞食一瓢飲在陋巷人不堪其憂回也不改其樂回也如愚退而省其私亦足以發回也不愚用之則行捨之則藏唯我與爾有是夫（欒字永高平人晉尚書郎作論疑釋十卷及語駁虛二卷）回年

二十九髮盡白蚤死孔子哭之慟曰自吾有回門人益親魯哀公問弟子孰為好學孔子對曰有顔回者好學不遷怒不貳過不幸短命死矣今也則亡

閔損字子騫少孔子十五歲孔子曰孝哉閔子騫人不間於其父母昆弟之言不仕大夫不食汙君之祿如有復我者必在汶上矣

冉耕字伯牛孔子以為有德行伯牛有惡疾孔子往問之自牖執其手曰命也夫斯人也而有斯疾命也夫

冉雍字仲弓仲弓問政孔子曰出門如見大賓使民如承大祭在邦無怨在家無怨孔子以仲弓為有德行曰雍也可使南面仲弓父賤人孔子曰犂牛之子騂且角雖欲勿用山川其舍諸

冉求字子有少孔子二十九歲為季氏宰季康子問孔子曰冉求仁乎曰千室之邑百乘之家求也可使治其賦仁則吾不知也復問子路仁乎孔子對曰如求求問曰聞斯行諸子曰行之子路問聞斯行諸子曰有父兄在如之何其聞斯行之子華怪之敢問問同而答異孔子曰求也退故進之由也兼人故退之

仲由字子路卞人也少孔子九歲子路性鄙好勇力志伉直冠雄雞佩豭豚陵暴孔子孔子設禮稍誘子路子路後儒服委質因門人請為弟子子路問政孔子曰先之勞之請益曰無倦子路問君子尚勇乎孔子曰義之為上君子好勇而無義則亂小人好勇而無義則盜子路有聞未之能行唯恐有聞孔子曰片言可以折獄者

其由也與由也好勇過我無所取材若由也不得其死然衣敝緼袍與衣狐貉者立而不恥者其由也與由也升堂矣未入於室也季康子問仲由仁乎孔子曰千乘之國可使治其賦不知其仁子路喜從游遇長沮桀溺荷蓧丈人子路為季氏宰季孫問曰子路可謂大臣與孔子曰可謂具臣矣子路為蒲大夫辭孔子孔子曰蒲多壯士又難治然吾語汝恭以敬可以執勇寬以正可以比衆恭正以靜可以報上初衛靈公有寵姬曰南子靈

公太子蕢聵得過南子懼誅出奔及靈公卒而夫人欲立公子郢郢不肯曰亡人太子之子輒在於是衛立輒為君是為出公出公立十二年其父蕢聵居外不得入子路為衛大夫孔悝之邑宰蕢聵乃與孔悝作亂謀入孔悝家遂與其徒襲攻出公出公奔魯而蕢聵入立是為莊公方孔悝作亂子路在外聞之而馳往遇子羔出衛城門謂子路曰出公去矣而門已閉子可還矣毋空受其禍子路曰食其食者不避其難子羔卒去有使者入

城城門開子路隨而入造蕢聵蕢聵與孔悝登臺子路曰君焉用孔悝請得而殺之蕢聵弗聽於是子路欲燔臺蕢聵懼乃下石乞壺黶攻子路擊斷子路之纓子路曰君子死而冠不免遂結纓而死孔子聞衛亂曰嗟乎由死矣已而果死故孔子曰自吾得由惡言不聞於耳是時子貢為魯使於齊

宰予字子我利口辯辭既受業問三年之喪不已久乎君子三年不為禮禮必壞三年不為樂樂必崩舊穀既沒新穀既升鑽燧改火期可已矣子曰於汝安乎曰安汝安則為之君子居喪食旨不甘聞樂不樂故弗為也宰我出子曰予之不仁也子生三年然後免於父母之懷夫三年之喪天下之通義也宰我晝寢子曰朽木不可雕也糞土之牆不可圬也宰我問五帝之德子曰予非其人也宰我為臨菑大夫與田常作亂以夷其族孔子耻之

端木賜衛人字子貢少孔子三十一歲子貢利口巧辭

孔子常黜其辯問曰汝與回也孰愈對曰賜也何敢望回回也聞一以知十賜也聞一以知二子貢既已受業問曰賜何人也孔子曰汝器也曰何器也曰瑚璉也陳子禽問子貢曰仲尼焉學子貢曰文武之道未墜於地在人賢者識其大者不賢者識其小者莫不有文武之道夫子焉不學而亦何常師之有又問曰孔子適是國必聞其政求之與抑與之與子貢曰夫子溫良恭儉讓以得之夫子之求之也其諸異乎人之求之也子貢問

曰富而無驕貧而無諂何如孔子曰可也不如貧而樂道富而好禮田常欲作亂於齊憚高國鮑晏故移其兵欲以伐魯孔子聞之謂門弟子曰夫魯墳墓所處父母之國國危如此二三子何為莫出子路請出孔子止之子張子石請行孔子弗許子貢請行孔子許之遂行至齊說田常曰君之伐魯過矣夫魯難伐之國其城薄以卑其地狹以泄其君愚而不仁大臣偽而無用其士民又惡甲兵之事此不可與戰君不如伐吴夫吴城高以

厚地廣以深甲堅以新士選以飽重器精兵盡在其中又使明大夫守之此易伐也田常忿然作色曰子之所難人之所易子之所易人之所難而以教常何也子貢曰臣聞之憂在內者攻彊憂在外者攻弱今君憂在內吾聞君三封而三不成者大臣有不聽者也今君破魯以廣齊戰勝以驕主破國以尊臣而君之功不與焉則交日踈於主是君上驕主心下恣羣臣求以成大事難矣夫上驕則恣臣驕則爭是君上與主有郤下與大臣交爭也如此則君之立於齊危矣故曰不如伐吴伐吴不勝民人外死大臣內空是君上無彊臣之敵下無民人之過孤主制齊者唯君也田常曰善雖然吾兵業已加魯矣去而之吴大臣疑我奈何子貢曰君按兵無伐臣請往使吴王令之救魯而伐齊君因以兵迎之田常許之使子貢南見吴王說曰臣聞之王者不絕世霸者無彊敵千鈞之重加銖兩而移今以萬乘之齊而私千乘之魯與吴爭彊竊為王危之且夫救魯顯名也伐齊

大利也以撫泗上諸侯誅暴齊以服彊晉利莫大焉名存亡魯實困彊齊智者不疑也吴王曰善雖然吾嘗與越戰棲之會稽越王苦身養士有報我心子待我伐越而聽子子貢曰越之勁不過魯吴之彊不過齊王置齊而伐越則齊已平魯矣且王方以存亡繼絕為名夫伐小越而畏彊齊非勇也夫勇者不避難仁者不窮約智者不失時王者不絕世以立其義今存越示諸侯以仁救魯伐齊威加晉國諸侯必相率而相吴霸業成矣且

王必惡越臣請東見越王令出兵以從此實空越名從
諸侯以伐也吳王大說乃使子貢之越越王除道郊迎
身御至舍而問曰此蠻夷之國大夫何以儼然辱而臨
之子貢曰今者吾說吳王以救魯伐齊其志欲之而畏
越曰待我伐越乃可如此破越必矣且夫無報人之志
而令人疑之拙也有報人之意使人知之殆也事未發
而先聞危也三者舉事之大患勾踐頓首再拜曰孤嘗
不料力乃與吳戰困於會稽痛入於骨髓日夜焦脣乾

舌徒欲與吳王接踵而死孤之願也遂問子貢子貢曰
吳王為人猛暴羣臣不堪國家敝於數戰士卒弗忍百
姓怨上大臣內變子胥以諫死太宰嚭用事順君之過
以安其私是殘國之治也今王誠發士卒佐之以徼其
志重寶以說其心卑辭以尊其禮其伐齊必也彼戰不
勝王之福矣戰勝必以兵臨晉臣請北見晉君令共攻
之弱吳必矣其銳兵盡於齊重甲困於晉而王制其敝
此滅吳必矣越王大說許諾送子貢金百鎰劍一良矛

二子貢不受遂行報吳王曰臣敬以大王之言告越王
越王大恐曰孤不幸少失先人內不自量抵罪於吳軍
敗身辱棲于會稽國為虛莽賴大王之賜使得奉俎豆
而脩祭祀死不敢忘何謀之敢慮後五日越使大夫種
頓首言於吳王曰東海役臣孤勾踐使者臣種敢脩下
吏問於左右今竊聞大王將興大義誅彊救弱困暴齊
而撫周室請悉起境內士卒三千人孤請自被堅執銳
以先受矢石因越賤臣種奉先人藏器甲二十領鈇屈

盧之矛步光之劍以賀軍吏吳王大說以告子貢曰越
王欲身從寡人伐齊可乎子貢曰不可夫空人之國悉
人之衆又從其君不義君受其幣許其師而辭其君吳
王許諾乃謝越王於是吳王乃遂發九郡兵伐齊子貢
因去之晉謂晉君曰臣聞之慮不先定不可以應卒兵
不先辨不可以勝敵今夫齊與吳將戰彼戰而不勝越
亂之必矣與齊戰而勝必以其兵臨晉晉君大恐曰為
之奈何子貢曰脩兵休卒以待之晉君許諾子貢去而

之魯吴王果與齊人戰於艾陵大破齊師獲七將軍之
兵而不歸果以兵臨晉與晉人相遇黄池之上吴晉争
彊晉人擊之大敗吴師越王聞之涉江襲吴去城七里
而軍吴王聞之去晉而歸與越戰於五湖三戰不勝城
門不守越遂圍王宫殺夫差而戮其相破吴三年東向
而霸故子貢一出存魯亂齊破吴彊晉而霸越子貢一
使使勢相破十年之中五國各有變子貢好廢舉與時
轉貨貲喜揚人之美不能匿人之過常相魯衛家累千

金卒終於齊
言偃吴人字子游少孔子四十五歲子游既已受業為
武城宰括地志云在兖州即南城也輿地志云南武城縣魯武邑城子游為宰者也在泰山郡孔
子過聞弦歌之聲孔子莞爾而笑曰割雞焉用牛刀子
游曰昔者偃聞諸夫子曰君子學道則愛人小人學道
則易使孔子曰二三子偃之言是也前言戲之耳孔子
以為子游習於文學
卜商字子夏少孔子四十四歲子夏問巧笑倩兮美目
盼兮素以為絢兮何謂也子曰繪事後素曰禮後乎孔
子曰商始可與言詩已矣子貢問師與商孰賢子曰師
也過商也不及然則師愈與曰過猶不及子謂子夏曰
汝為君子儒無為小人儒孔子既没子夏居西河教授
西河郡今汾州也爾雅云兩河間曰冀州禮記云自東河至於西河河東故號龍門河為西河漢因為西河郡汾州也子夏所教處括地志云謁泉山一名隱泉山在汾州郿城縣北四十里注水經云其山岸壁五崖半有一石室去地五十丈頂上平地十許頃隨國集記云此為子夏石室退老西河居此有卜商神祠今見在為
魏文侯師文侯都安邑孔子卒後子夏教於西河之上文侯師事之咨問國政焉其子死

哭之失明
顓孫師陳人字子張少孔子四十八歲子張問干禄孔
子曰多聞闕疑慎言其餘則寡尤多見闕殆慎行其餘
則寡悔言寡尤行寡悔禄在其中矣他日從在陳蔡間
困問行孔子曰言忠信行篤敬雖蠻貊之國行也言不
忠信行不篤敬雖州里行乎哉立則見其參於前也在
輿則見其倚於衡夫然後行子張書諸紳子張問士何
如斯可謂之達矣孔子曰何哉爾所謂達者子張對曰

在國必聞在家必聞孔子曰是聞也非達也夫達者質直而好義察言而觀色慮以下人在國及家必達夫聞也者色取仁而行違居之不疑在國及家必聞

曾參南武城人 括地志云南武城在兗州子游為宰者地里志云定襄有武城清河有武城故此云南武城也 字子輿少孔子四十六歲孔子以為能通孝道 韓詩外傳云曾子曰吾嘗仕為吏祿不過鍾釜尚猶欣欣而喜者非以為多也樂道養親也親沒之後吾嘗南游於越得尊官堂高九仞榱提三尺轉轂百乘然猶北向而泣者非為賤也悲不見吾親也 故授之業作孝經死於魯

欽定四庫全書　史記正義　卷六十七　十三

澹臺滅明 括地志云延津在滑州靈昌縣東北里注水經注黃河水至此為之延津昔澹臺子羽齎千金之璧渡河陽侯波起兩蛟夾舟子羽曰吾可以義求不可以威劫操劍斬蛟蛟死乃投璧於河三投而輒躍出乃毀璧而去亦無怪意即此津也 武城人 括地志云亦在兗州 字子羽少孔子三十九歲狀貌甚惡欲事孔子孔子以為材薄既已受業退而修行行不由徑非公事不見卿大夫南游至江從弟子三百人設取予去就名施乎諸侯孔子聞之曰吾以言取人失之宰予以貌取人失之子羽 按澹臺子羽墓在兗州鄒城縣是也

宓不齊字子賤 顏氏家訓云兗州永郡城舊單父縣地也東有子賤碑世所立乃云濟南伏生即子賤之後是虙之與伏古來通字誤為宓較可明矣虙字從音呼寧從音綿下俱為必世傳寫誤也 少孔子四十九歲孔子謂子賤君子哉魯無君子斯焉取斯子賤為單父宰 宋州縣也說苑云宓子賤理單父彈琴身不下堂單父理巫馬期以星出以星入而單父亦理巫馬期問其故宓子賤曰我之謂在人子之謂在力任力者勞任人者逸 反命於孔子曰此國有賢不齊者五人教不齊所以治者孔子曰惜哉不齊所治者小所治者大則庶幾矣

原憲字子思子思問恥孔子曰國有道穀國無道穀恥

欽定四庫全書　史記正義　卷六十七　十三

也子思曰克伐怨欲不行焉可以為仁乎孔子曰可以為難矣仁則吾弗知也孔子卒原憲亡在草澤中子貢相衛而結駟連騎排藜藿入窮閻過謝原憲原憲攝敝衣冠見子貢子貢恥之曰夫子豈病乎原憲曰吾聞之無財者謂之貧學道而不能行者謂之病若憲貧也非病也子貢慚不懌而去終身恥其言之過也

公冶長齊人字子長孔子曰長可妻也雖在累紲之中非其罪也以其子妻之

南宮括字子容問孔子曰羿善射奡盪舟（羿音詣盪大浪反）俱不得其死然禹稷躬稼而有天下孔子弗答容出孔子曰君子哉若人上德哉若人國有道不廢國無道免於刑戮三復白珪之玷以其兄之子妻之

公皙哀字季次孔子曰天下無行多為家臣仕於都唯季次未嘗仕

曾蒧字皙侍孔子孔子曰言爾志蒧曰春服既成冠者五六人童子六七人浴乎沂風乎舞雩詠而歸孔子喟

爾嘆曰吾與蒧也

顏無繇（繇音由）字路路者顏回父父子嘗各異時事孔子顏回死顏路貧請孔子車以葬孔子曰材不材亦各言其子也鯉也死有棺而無椁吾不徒行以為之椁以吾從大夫之後不可以徒行

商瞿（瞿具俱反）魯人字子木少孔子二十九歲孔子傳易於瞿瞿傳楚人馯臂子弘（馯音汗顏師古云馯姓也漢書及荀卿子皆云字子弓此作弘蓋誤也應劭云子弓子夏門人）弘傳江東人矯子庸疵（漢書作橋庇云魯人顏師古云橋庇字子庸）疵傳燕人周子家豎（豎音時與反周豎字子家漢書稱作周醜也）豎傳淳于人光子乘羽（光乘字羽括地志云淳于國在密州安丘縣東三十里古之州國周武王封淳于國）羽傳齊人田子莊何（儒林傳云田何字子莊）何傳東武人王子中同（括地志云東武縣今密州諸城縣是也漢作王同字子仲）同傳菑川人楊何（漢書云字叔元按商瞿至楊何凡八代）何元朔中以治易為漢中大夫

高柴字子羔（家語云齊人）少孔子三十歲子羔長不盈五尺受業孔子孔子以為愚子路使子羔為費郈宰（括地志云鄆州宿縣二十三里郈亭）孔子曰賊夫人之子子路曰有民人焉有社

稷焉何必讀書然後為學孔子曰是故惡夫佞者

漆彫開字子開（家語云蔡人字子若少孔子十一歲習尚書不樂仕）孔子使開仕對曰吾斯之未能信孔子說

公伯僚字子周（家語有申繚子周古史考云疑公伯僚是讒愬之人孔子不責而云命非弟子之流也）周愬子路於季孫子服景伯以告孔子曰夫子固有惑志僚也吾力猶能肆諸市朝孔子曰道之將行命也道之將廢命也公伯僚其如命何

司馬耕字子牛牛多言而躁問仁於孔子孔子曰仁者

其言也訒曰其言也訒斯可謂之仁乎子曰為之難言之得無訒乎問君子子曰君子不憂不懼曰不憂不懼斯可謂之君子乎子曰內省不疚夫何憂何懼

樊須字子遲家語云魯人少孔子三十六歲樊遲請學稼孔子曰吾不如老農請學圃曰吾不如老圃樊遲出孔子曰小人哉樊須也上好禮則民莫敢不敬上好義則民莫敢不服上好信則民莫敢不用情夫如是則四方之民襁負其子而至矣焉用稼樊遲問仁子曰愛人問智

曰知人

有若家語云魯人字有子少孔子三十三歲不同少孔子十三歲有若曰禮之用和為貴先王之道斯為美小大由之有所不行知和而和不以禮節之亦不可行也信近於義言可復也恭近於禮遠恥辱也因不失其親亦可宗也孔子既沒弟子思慕有若狀似孔子弟子相與共立為師師之如夫子時也他日弟子進問曰昔夫子當行使弟子持雨具已而果雨弟子問曰夫子何以知之夫子曰詩不云乎月離于畢俾滂沱矣昨暮月不宿畢乎他日月宿畢竟不雨商瞿年長無子其母為取室家語云瞿年三十八無子母欲更娶室孔子曰瞿年過四十當有五丈夫子果然中備云魯人商瞿使向齊國瞿年四十今後使行遠路畏慮恐絕無子夫子正月與瞿母筮告曰後有五丈夫子子貢曰何以知子曰卦遇大畜艮之二世九二甲寅木為世立五景行水為應世生外象生象來爻生互內象艮別子應有五子一子短命顏回云何以知之內象是本子一艮變為二醜三陽爻五於是五子一子短命何以知短命他以故也孔子使之齊瞿母請之孔子曰無憂瞿年四十後當有五丈夫子已而果然敢問夫子何以知此有若默然無以應弟子起曰有子避之此非子之座也

公西赤字子華少孔子四十二歲子華使於齊冉有為其母請粟孔子曰與之釜請益曰與之庾冉子與之粟五秉孔子曰赤之適齊也乘肥馬衣輕裘吾聞君子周急不繼富

巫馬施字子旗少孔子三十歲陳司敗問孔子曰魯昭公知禮乎孔子曰知禮退而揖巫馬旗曰吾聞君子不黨君子亦黨乎魯君娶吳女為夫人命之為孟子孟子

姓姬諱稱同姓故謂之孟子魯君而知禮孰不知禮施以告孔子孔子曰丘也幸苟有過人必知之臣不可言君親之惡為諱者禮也

梁鱣字叔魚少孔子二十九歲

顏幸字子柳少孔子四十六歲

冉孺字子魯少孔子五十歲

曹卹字子循少孔子五十歲

伯虔字子析少孔子五十歲家語云子皙

公孫龍字子石少孔子五十三歲家語云衛人孟子云趙人莊子云堅白之談也

自子石已右三十五人頗有年名及受業聞見于書傳其四十有二人無年及不見書傳者紀于左

冉季字子產家語云冉季字子産

公祖句茲字子之句音鉤

秦祖字子南

漆雕哆字子斂

顏高字子驕孔子在衛南子招夫子為次乘過市顏高為御

漆雕徒父

壤駟赤字子徒

商澤

石作蜀字子明

任不齊字選

公良孺字子正孔子周游常以家車五乘從孔子孔子世家亦云語在三十五人中今在三十二人數恐太史公誤也

后處字子里

秦冉字開家語云無此人王肅家語此等惟三十七人其公良孺秦商顏亥仲叔會四人家語有事迹而史記闕公伯僚秦冉鄡單家語不載而別有琴牢陳亢縣亶三人

公夏首字乘

奚容箴字子皙衛人

公堅定字子中

顏祖字襄魯人

鄡單字子家

句井疆句作鉤

罕父黑字子索
秦商字子丕家語云魯人字丕茲
申黨字周魯人
顏之僕字叔
榮旂字子祺
縣成字子祺縣音玄
左人郢字行
燕伋字思

鄭國字子徒家語云薛邦字徒史記作國者避高祖諱薛字與鄭字誤耳
秦非字子之
施之常字子恒
顏噲字子聲
步叔乘字子車
原亢籍亢作冗仁勇反
樂欬字子聲魯人
廉絜字庸

叔仲會字子期
顏何字冉
狄黑字哲
邽巽字子斂
孔忠
公西輿如字子上
公西蒧字子上

太史公曰學者多稱七十子之徒譽者或過其實毀者

或損其真鈞之未覩厥容貌則論言弟子籍出孔氏古文近是余以弟子名姓文字悉取論語弟子問并次為篇疑者闕焉

史記正義卷六十七

欽定四庫全書

史部

史記正義卷六十八至七十一

詳校官編修臣李如篤

史記正義卷六十八

唐 張守節 撰

商君列傳第八 史記六十八

商君者秦封於商故號商君衛之諸庶孽公子也名鞅姓公孫氏其祖本姬姓也鞅少好刑名之學事魏相公叔座為中庶子公叔座知其賢未及進會座病魏惠王親往問病曰公叔病有如不可諱將奈社稷何公叔曰座之中庶

子公叔鞅年雖少有奇才願王舉國而聽之王嘿然王且去座屏人言曰王即不聽用鞅必殺之無令出境王許諾而去公叔座召鞅謝曰今者王問可以為相者我言若王色不許我我方先君後臣因謂王即弗用鞅當殺之王許我汝可疾去矣且見禽鞅曰彼王不能用君之言任臣又安能用君之言殺臣乎卒不去惠王既去而謂左右曰公叔病甚悲乎欲令寡人以國聽公孫鞅也豈不悖哉悖音背公叔既死公孫鞅聞秦孝公下令國

中求賢者將脩繆公之業東復侵地廼遂西入秦因孝公寵臣景監以求見孝公孝公既見衛鞅語事良久孝公時時睡弗聽罷而孝公怒景監曰子之客妄人耳安足用邪景監以讓衛鞅衛鞅曰吾說公以帝道其志不開悟矣後五日復求見鞅鞅復見孝公益愈然而未中旨罷而孝公復讓景監景監亦讓鞅鞅曰吾說公以王道而未入也請復見鞅鞅復見孝公孝公善之而未用也罷而去孝公謂景監曰汝客善可與語矣鞅曰吾說

公以霸道其意欲用之矣誠復見我我知之矣衛鞅復見孝公公與語不自知厀之前於席也語數日不厭景監曰子何以中吾君吾君之驩甚也鞅曰吾說君以帝王之道比三代（比必寐反說者以五帝三王之事比並孝公以三代帝王之道方興孝公曰太久遠吾不能）而君曰久遠吾不能待且賢君者各及其身顯名天下安能邑邑待數十百年以成帝王乎故吾以彊國之術說君君大說之耳然亦難以比德於殷周矣孝公既用衛鞅鞅欲變法恐天下議己衛鞅曰疑行無名

疑事無功且夫有高人之行者固見非於世有獨知之慮者必見敖於民（敖五到反）愚者闇於成事知者見於未萌民不可與慮始而可與樂成論至德者不和於俗成大功者不謀於衆是以聖人苟可以彊國不法其故苟可以利民不循其禮孝公曰善甘龍曰不然聖人不易民而教知者不變法而治因民而教不勞而成功緣法而治者吏習而民安之衛鞅曰龍之所言世俗之言也常人安於故俗學者溺於所聞以此兩者居官守法可也

非所與論於法之外也三代不同禮而王五伯不同法而霸智者作法愚者制焉賢者更禮不肖者拘焉杜摯曰利不百不變法功不十不易器法古無過循禮無邪衛鞅曰治世不一道便國不法古故湯武不循古而王夏殷不易禮而亡反古者不可非而循禮者不足多孝公曰善以衛鞅為左庶長卒定變法之令令民為什五（或為十保或為伍保）而相收司連坐不告姦者腰斬告姦者與斬敵首同賞匿姦者與降敵同罰民有二男以上不分異

者倍其賦民有二男不別為活者一人出兩課有軍功者各以率受上爵為私鬬者各以輕重被刑大小僇力本業耕織致粟帛多者復其身事末利及怠而貧者舉以為收孥宗室非有軍功論不得為屬籍明尊卑爵秩等級各以差次名田宅臣妾衣服以家次有功者顯榮無功者雖富無所芬華令既具未布恐民之不信已乃立三丈之木於國都市南門募民有能徙置北門者予十金民怪之莫敢徙復曰能徙者予五十金有一人徙之輒予五十金以

明不欺卒下令令行於民朞年秦民之國都言初令之不便者以千數於是太子犯法衛鞅曰法之不行自上犯之將法太子太子君嗣也不可施刑刑其傅公子虔黥其師公孫賈明日秦人皆趨令行之十年秦民大説道不拾遺山無盜賊家給人足民勇於公戰怯於私鬬鄉邑大治秦民初言令不便者有來言令便者衛鞅曰此皆亂化之民也盡遷之於邊城其後民莫敢議令於是以鞅為大良造將兵圍魏安邑降之居三年作為築

冀闕宮庭於咸陽秦自雍徙都之而令民父子兄弟同室內息者為禁而集小都鄉邑聚為縣置令丞凡三十一縣為田開阡陌封疆南北曰阡東西曰陌按謂驛塍也疆音彊封聚土也疆界也謂界上封記也而賦稅平平斗桶權衡丈尺行之四年公子虔復犯約劓之居五年秦人富彊天子致胙音左故反於孝公諸侯畢賀其明年齊敗魏兵於馬陵虜其太子申殺將軍龐涓其明年衛鞅說孝公曰秦之與魏譬若人之有腹心疾非魏并秦秦即并魏何者魏居嶺阨之西都安邑

與秦界河而獨擅山東之利利則西侵秦病則東收地今以君之賢聖國賴以盛而魏往年大破於齊諸侯畔之可因此時伐魏魏不支秦必東徙東徙秦據河山之固東鄉以制諸侯此帝王之業也孝公以為然使衛鞅將而伐魏魏使公子卬將而擊之軍既相距衛鞅遺魏將公子卬書曰吾始與公子驩今俱為兩國將不忍相攻可與公子面相見盟樂飲而罷兵以安秦魏魏公子卬以為然會盟已飲而衛鞅伏甲士而襲虜魏公子卬

因攻其軍盡破之以歸秦魏惠王兵數破於齊秦國內空日以削恐乃使使割河西之地獻於秦以和而魏遂去安邑徙都大梁（從蒲州安邑徙汴州浚儀也）梁惠王曰寡人恨不用公叔座之言也衛鞅既破魏還秦封之於商（於商在鄧州內鄉縣東七里古於邑也商洛縣在商州東八十九里本商邑周之商國按十五邑近此三邑）十五邑號為商君商君相秦十年宗室貴戚多怨望者趙良見商君商君曰鞅之得見也從孟蘭皋今鞅請得交可乎趙良曰僕弗敢願也孔丘有言曰推賢而戴者進聚

不肖而王者退僕不肖故不敢受命僕聞之曰非其位而居之曰貪位非其名而有之曰貪名僕聽君之義則恐僕貪位貪名也故不敢聞命商君曰子不說吾治秦與趙良曰反聽之謂聰內視之謂明自勝之謂彊虞舜有言曰自卑也尚矣君不若道虞舜之道無為問僕矣商君曰始秦戎翟之教父子無別同室而居今我更制其教而為其男女之別大築冀闕營如魯衛矣子觀我治秦也孰與五羖大夫賢趙良曰千羊之皮不如一狐之掖千人之諾諾不如一士之諤諤武王諤諤以昌殷紂墨墨以亡（以殷紂比商君）君若不非武王乎則僕請終日正言而無誅可乎商君曰語有之矣貌言華也至言實也苦言藥也甘言疾也夫子果肯終日正言鞅之藥也鞅將事子子又何辭焉趙良曰夫五羖大夫荊之鄙人也（百里奚南陽宛人屬楚故云荊）聞秦繆公之賢而願望見行而無資自粥於秦客被褐食牛期年繆公知之舉之牛口之下而加之百姓之上秦國莫敢望焉相秦六七年而東伐鄭

三置晉國之君一救荊國之禍發教封內而巴人致貢施德諸侯而八戎來服由余聞之款關請見五羖大夫之相秦也勞不坐乘暑不張蓋行於國中不從車乘不操干戈功名藏於府庫德行施於後世五羖大夫死秦國男女流涕（音替）童子不歌謠春者不相杵此五羖大夫之德也今君之見秦王也因嬖人景監以為主非所以為名也相秦不以百姓為事而大築冀闕非所以為功也刑黥太子之師傅殘傷民以駿刑是積怨畜禍也教

之化民也深於命民之効上也捷於令今君又左建外易非所以為教也君又南面而稱寡人日繩秦之貴公子詩曰相鼠有體人而無禮人而無禮何不遄死以詩觀之非所以為壽也公子虔杜門不出已八年矣君又殺祝懽而黥公孫賈詩曰得人者興失人者崩此數事者非所以得人也君之出也後車十數從車載甲多力而駢脅者為驂乘持矛而操闟戟者顧野王云鋋也方言云矛吳揚江淮南楚五湖之間為之鋋其柄謂之矜釋名云戟格也旁有格旁車而趨此一物不

具君固不出書曰恃德者昌恃力者亡君之危若朝露尚將欲延年益壽乎則何不歸十五都都孫秋封商於十五邑故云十五都灌園於鄙勸秦王顯巖穴之士養老存孤敬父兄序有功尊有德可以少安君尚將貪商於之富寵秦國之教畜百姓之怨秦王一旦捐賓客而不立朝秦國之所以收君者豈其微哉亡可翹足而待商君弗從後五月而秦孝公卒太子立公子虔之徒告商君欲反發吏捕商君商君亡至關下欲舍客舍客人不知其是商君也曰商君之法舍人無驗者坐之商君喟然歎曰嗟乎為法之敝一至此哉去之魏魏人怨其欺公子卬而破魏師弗受商君欲之他國魏人曰商君秦之賊秦彊而賊入魏弗歸不可遂內秦商君既復入秦走商邑與其徒屬發邑兵北出擊鄭秦發兵攻商君殺之於鄭黽池黽池去鄭三百里蓋秦兵至鄭破商邑兵而商君東走至黽乃擒殺之秦惠王車裂商君以徇曰莫如商鞅反者遂滅商君之家

太史公曰商君其天資刻薄人也跡其欲干孝公以帝

王術挾持浮說非其質矣且所因由嬖臣及得用刑公子虔欺魏將卬不師趙良之言亦足發明商君之少恩矣余嘗讀商君開塞耕戰書與其人行事相類卒受惡名於秦有以也夫

史記正義卷六十八

史記正義卷六十九

唐 張守節 撰

蘇秦列傳第九　史記六十九

蘇秦者東周雒陽人也戰國策云蘇秦雒陽軒里之人也藝文志云蘇子三十一篇在縱橫流敬王以子朝之亂從王城東遷雒陽故城乃號東周以王城為西周東事師於齊而習之於鬼谷先生出游數歲大困而歸兄弟嫂妹妻妾竊皆笑之曰周人之俗治產業力工商逐什二以為務

今子釋本而事口舌困不亦宜乎蘇秦聞之而慙自傷乃閉室不出出其書徧觀之曰夫士業已屈首受書而不能以取尊榮雖多亦奚以為於是得周書陰符伏而讀之期年以出揣摩曰此可以說當世之君矣求說周顯王顯王左右素習知蘇秦皆少之弗信乃西至秦秦孝公卒說惠王曰秦四塞之國東有黃河有函谷蒲津龍門合河等關南山及武關嶢關西有大隴山及隴山關大震烏蘭等關北有黃河南塞是四塞之國被山帶渭東有關河又為界地里江渭岷江渭州隴山之西南流入蜀東至荆陽入海也河謂黃河從同州小積石山東北流至勝州即南流至華州又東北流經魏滄等州入海各是萬里已下西有漢中南有巴蜀北有代馬此天府也以秦士民之衆兵法之教可以吞天下稱帝而治秦王曰毛羽未成不可以高蜚文理未明不可以并兼方誅商鞅疾辯士弗用乃東之趙趙肅侯令其弟成為相號奉陽君奉陽君弗說之去游燕歲餘而後得見說燕文侯曰燕東有朝鮮遼東北有林胡樓煩二胡國名朔嵐已北西有雲中九原二郡並在勝州也雲中郡城在林榆縣東北四十里九原郡在林榆縣西界南有嘑沱易水嘑沱出代州繁畤縣東南流經五臺

山北東南流過定州流入海易水出易州縣東流過幽州歸義縣東與嘑沱合河也地方二千餘里帶甲數十萬車六百乘騎六千匹粟支數年南有碣石鴈門之饒鴈門山在代燕西門北有棗栗之利民雖不佃作而足於棗栗矣此所謂天府者也夫安樂無事不見覆軍殺將無過燕者大王知其所以然乎夫燕之所以不犯寇被甲兵者以趙之為蔽其南也秦趙五戰秦再勝而趙三勝秦趙相斃而王以全燕制其後此燕之所以不犯寇也且夫秦之攻燕也踰雲中九原過代上谷彌地數

千里雖得燕城秦計固不能守也秦之不能害燕亦明矣今趙之攻燕也發號出令不至十日而數十萬之軍軍於東垣矣 趙之東邑在恒州真定縣南八里故常山城是也 渡嘑沱涉易水不至四五日而距國都矣故曰秦之攻燕也戰於千里之外趙之攻燕也戰於百里之內夫不憂百里之患而重千里之外計無過於此者是故願大王與趙從親天下為一則燕國必無患矣文侯曰子言則可然吾國小西迫彊趙 貝冀燕趙四州七國時屬趙即燕西界 南近齊 河北博滄德三州齊也北

境與燕相接隔黃河 齊趙彊國也子必欲合從以安燕寡人請以國從於是資蘇秦車馬金帛以至趙而奉陽君已死即因說趙肅侯曰天下卿相人臣及布衣之士皆高賢君之行義皆願奉教陳忠於前之日久矣 奉符用反 雖然奉陽君妬君而不任事是以賓客游士莫敢自盡於前者今奉陽君捐館舍君乃今復與士民相親也臣故敢進其愚慮竊為君計者莫若安民無事且無庸有事於民也安民之本在於擇交擇交而得則民安擇交而不得則民終身不安請言外患齊秦為兩敵而民不得安倚秦攻齊而民不得安倚齊攻秦而民不得安故夫謀人之主伐人之國常苦出辭斷絕人之交也願君慎勿出於口請別白黑所以異陰陽而已矣君誠能聽臣燕必致旃裘狗馬之地齊必致魚鹽之海楚必致橘柚之園韓魏中山皆可使致湯沐之奉而貴戚父兄皆可以受封侯夫割地包利五伯之所以覆軍禽將而求也封侯貴戚湯武之所以放弒而爭也今君高拱而兩有之此臣

之所以為君願也今大王與秦則秦必弱韓魏與齊則齊必弱楚魏 楚東淮泗之上與齊接境 魏弱則割河外韓弱則効宜陽宜陽効則上郡絶 宜陽即韓城也在洛州西韓大郡也上郡在同州西北言韓弱與秦宜陽城則上郡路絶矣 河外割則道不通 河外同華等地也言魏弱與秦河外地則通路不通上郡矣華山記云此山分秦晉之境晉之西鄙則曰陰晉秦之東邑則曰寧秦 楚弱則無援此三策者不可不孰計也夫秦下軹道 軹音止故亭在雍州萬年縣東北十六里苑中 則南陽危 南陽懷州河南也七國時屬韓言秦兵下軹道從東渭橋歷北道過蒲津攻韓即南陽危矣 劫韓包周 周都洛陽秦若劫取韓南陽是包裹周都也趙邯鄲故須危起兵自

守則趙氏自操兵據衛取淇卷衛地濮陽也卷城在鄭州武原縣西北七里言秦守衛得卷則齊必來朝秦則齊必入朝秦秦欲已得乎山東則必舉兵而嚮趙矣秦甲渡河踰漳據番吾番音婆又音蒲又音盤疑古番吾公邑也括地志云蒲吾故城在鎮州房山縣東二十里漳水在潞州言秦兵渡河歷南陽入羊腸經澤潞渡漳水守蒲吾城則與趙戰於都城下矣則兵必戰於邯鄲之下矣此臣之所為君患也當今之時山東之建國莫彊於趙趙地方二千餘里帶甲數十萬車千乘騎萬匹粟支數年西有常山在鎮州西南有河漳河字一作清即漳河也在潞州地理志濁漳出長子鹿谷山東至鄴

欽定四庫全書　史記正義　卷六十九　五

入清漳東有清河清河今貝州也北有燕國燕三家分晉趙得晉陽襄子又伐戎取代既云西有常山者趙都邯鄲近北燕也燕固弱國不足畏也秦之所害於天下者莫如趙然而秦不敢舉兵伐趙者何也畏韓魏之議其後也然則韓魏趙之南蔽也秦之攻韓魏也無有名山大川之限稍蠶食之傳國都而止韓魏不能支秦必入臣於秦秦無韓魏之規則禍必中於趙矣此臣之所為君患也臣聞堯無三夫之分舜無咫尺之地以有天下禹無百人之聚以王諸侯湯武之士不過三千車不過三百乘卒不過三萬立為天子誠得其道也是故明主外料其敵之彊弱內度其士卒賢不肖不待兩軍相當而勝敗存亡之機固已形於胸中矣豈揜於衆人之言而以冥冥決事哉臣竊以天下之地圖案之諸侯之地五倍於秦料度諸侯之卒十倍於秦六國為一并力西鄉而攻秦秦必破矣今西面而事之見臣於秦夫破人之與見破於人也破人謂破前敵也破於人為敵前敵破臣人之與見臣於人也臣人謂己得人為臣臣於人謂己事他人豈可同日而論哉

欽定四庫全書　史記正義　卷六十九　六

夫衡人者上音橫謂為秦人皆欲割諸侯之地以予秦秦成則高臺榭美宮室聽竽瑟之音前有樓闕軒轅後有長姣美人國被秦患而不與其憂是故夫衡人日夜務以秦權恐愒諸侯以求割地故願大王孰計之也臣聞明主絕疑去讒屏流言之迹塞朋黨之門故尊主廣地彊兵之計臣得陳忠於前矣故竊為大王計莫如一韓魏齊楚燕趙以從親以畔秦令天下之將相會於洹水之上通質刳白馬而盟要約曰秦攻楚齊魏各出銳師以佐

之韓絶其糧道趙涉河漳燕守常山之北秦攻韓魏謂道
蒲津之東戍之則楚絶其後齊出銳師而佐之趙涉河漳燕守
雲中秦攻齊則楚絶其後韓守城皋在洛州汜水縣魏塞其道
趙涉河博關燕出銳師以佐之秦攻燕則趙守常山楚
軍武關齊涉勃海齊從滄州渡河至瀛州韓魏皆出銳師以佐之
秦攻趙則韓軍宜陽楚軍武關魏軍河外謂同華州齊涉清
河齊從貝州過河而西燕出銳師以佐之諸侯有不如約者以五
國之兵共伐之六國從親以賓秦則秦甲必不敢出於

函谷以害山東矣如此則霸王之業成矣趙王曰寡人
年少立國日淺未嘗得聞社稷之長計也今上客有意
存天下安諸侯寡人敬以國從乃飾車百乘黄金千鎰
白璧百雙錦繡千純以約諸侯是時周天子致文武之
胙於秦惠王惠王使犀首攻魏禽將龍賈取魏之雕陰
在鄜州洛交縣北三十四里且欲東兵蘇秦恐秦兵之至趙也乃激
怒張儀入之于秦於是說韓宣惠王曰韓北有鞏洛成
皋之固西有宜陽商阪之塞宜陽在洛州福昌縣東十四里商阪即商山也在商

洛縣南一里亦曰楚山武關在焉東有宛穰洧水在新鄭東南流入潁南有陘山
在新鄭西南三十里地方九百餘里帶甲數十萬天下之彊弓勁
弩皆從韓出谿子少府時力距來者皆射六百步之外
韓卒超足而射百發不暇止超足齊足也夫欲放弩皆坐舉足踏弩材手引揉機
然始發之遠者括蔽洞胷近者鏑弇心韓卒之劍戟皆出於
冥山棠谿故城在豫州偃城縣西八十里鹽鐵論云有棠谿之劍是墨陽合賻鄧師
宛馮龍淵太阿皆陸斷牛馬水截鵠鴈當敵則斬堅甲
鐵幕革抉㕞芮方言云盾自關東謂之瞂關西謂之盾無不畢具以韓卒

之勇被堅甲蹠勁弩帶利劍一人當百不足言也夫以
韓之勁與大王之賢乃西面事秦交臂而服羞社稷而
為天下笑無大於此者矣是故願大王孰計之大王事
秦秦必求宜陽成皋今茲效之明年又復求割地與則
無地以給之不與則棄前功而受後禍且大王之地有
盡而秦之求無已以有盡之地而逆無已之求此所謂
市怨結禍者也不戰而地已削矣臣聞鄙諺曰寧為雞
口無為牛後雞口雖小猶進食牛後雖大乃出糞也今西面交臂而臣事

秦何異於牛後乎夫以大王之賢挾彊韓之兵而有牛
後之名臣竊為大王羞之於是韓王勃然作色攘臂瞋
目按劒仰天太息曰寡人雖不肖必不能事秦今主君
詔以趙王之教敬奉社稷以從又說魏襄王曰大王之
地南有鴻溝陳汝南許郾陳汝南今汝州豫州縣也昆陽召陵舞陽新
都新郪召陵在豫州舞陽在許州東有淮潁淮陽潁川二郡煑棗在兗朐按兗朐曹州縣也
無胥西有長城之界北有河外滑河南地卷衍酸棗卷在鄭州原武
縣北七里酸棗在滑州衍徐云地名地方千里地名雖小然而田舍廬廡

之數曾無所芻牧人民之衆車馬之多日夜行不絕輷
輷殷殷輷魔宏反殷音隱若有三軍之衆臣竊量大王之國不
下楚然衡人怵王衡音横怵音卹交彊虎狼之秦以侵天下卒
有秦患卒音忩忽反不顧其禍夫挾彊秦之勢以內劫其主
罪無過此者魏天下之彊國也王天下之賢王也今乃
有意西面而事秦稱東藩築帝宮受冠帶祠春秋臣竊
為大王恥之臣聞越王句踐戰敝卒三千人禽夫差於
干遂在蘇州吳縣西北四十餘里萬安山前遂西南山太湖夫差敗於姑蘇禽於干遂相去四十餘里

武王卒三千人革車三百乘制紂於牧野今衛州城是也周武王伐
紂於牧野築之豈其士卒衆哉誠能奮其威也今竊聞大王之
卒武士二十萬蒼頭二十萬奮擊二十萬廝徒十萬廝音
斯謂炊烹供養雜役車六百乘騎五千匹此其過越王句踐武王
遠矣今乃聽於羣臣之說而欲臣事秦夫事秦必割地
以効實故兵未用而國已虧矣凡羣臣之言事秦者皆
姦人非忠臣也夫為人臣割其主之地以求外交偷取
一時之功而不顧其後破公家而成私門外挾彊秦

之勢以內劫其主以求割地願大王孰察之周書曰緜
緜不絕蔓蔓奈何毫氂不伐將用斧柯前慮不定後有
大患將奈之何大王誠能聽臣六國從親專心并力壹
意則必無彊秦之患故敝邑趙王使臣効愚計奉明約
在大王之詔詔之魏王曰寡人不肖未嘗得聞明教今
主君以趙王之詔詔之敬以國從因東說齊宣王曰齊
南有泰山東有琅邪西有清河即貝州北有勃海此所謂
四塞之國也齊地方二千餘里帶甲數十萬粟如丘山

三軍之良五家之兵進如鋒矢齊君之進若鋒芒之月良弓之矢用之有進而無退戰如雷霆解如風雨即有軍役未嘗倍泰山絕清河涉勃海也言臨淄自足也絕涉皆度也渤海滄州也齊有役不用度河取二部臨菑之中七萬戶臣竊度之不下戶三男子三七二十一萬不待發於遠縣而臨菑之卒固已二十一萬矣臨菑甚富而實其民無不吹竽鼓瑟彈琴擊筑筑似琴而大頭圓五弦繫之不鼓鬬雞走狗六博蹋鞠者臨菑之塗車轂擊人肩摩連衽成帷舉袂成幕揮汗成雨家殷人足志高氣揚夫以大

王之賢與齊之彊天下莫能當今乃西面而事秦臣竊為大王羞之且夫韓魏之所以重畏秦者為與秦接境壤界也兵出而相當不出十日而戰勝存亡之機決矣韓魏戰而勝秦則兵半折四境不守戰而不勝則國已危亡隨其後是故韓魏之所以重與秦戰而輕為之臣也今秦之攻齊則不然倍韓魏之地過衛陽晉之道言秦代齊背韓魏地而與齊戰徐說陽晉非也乃是晉陽耳衛地曹濮等州也杜預云曹魏下邑也陽晉故在曹州乘氏縣西北三十七里徑乎亢父之險故縣在兗州任城縣南五十一里車不得方軌言不得兩車並行騎不得比行百人守險千人不敢過也秦雖欲深入則狼顧狼性怯走常還顧恐韓魏之議其後也是故恫疑虛喝驕矜而不敢進言秦雖至亢父猶恐懼狼顧虛作喝罵驕溢矜誇不敢進伐齊明矣則秦之不能害齊亦明矣夫不深料秦之無奈齊何而欲西面而事之是羣臣之計過也今無臣事秦之名而有彊國之實臣是故願大王少留意計之齊王曰寡人不敏僻遠守海窮道東境之國也未嘗得聞餘教今足下以趙王詔詔之敬以國從乃西南說楚威王

曰楚天下之彊國也王天下之賢王也西有黔中今郎州楚黔中郡其故城在辰州西二十里皆盤瓠後也巫郡巫郡夔州巫山縣是東有夏州海陽大江中州也夏水口在荊州江陵縣東南二十五里南有洞庭蒼梧蒼梧山在道州南北有陘塞郇陽陘山在鄭州新鄭縣西南三十里門順故城在鄭州穰縣西百四十里地方五千餘里帶甲百萬車千乘騎萬匹粟支十年此霸王之資也夫以楚之彊與王之賢天下莫能當也今乃欲西面而事秦則諸侯莫不西面而朝於章臺之下矣秦之所害莫如楚楚彊則秦弱秦彊則楚弱其勢不兩立

故為大王計莫如從親以孤秦大王不從秦必起兩軍一軍出武關一軍下黔中則鄢郢動矣鄢鄉故城在襄州率道縣南九里安郢城在荊州江陵縣東北六里秦兵出武關則臨鄢矣兵下黔中則臨郢矣臣聞治之其未亂也為之其未有也患至其後憂之則無及已故願大王早孰計之大王誠能聽臣臣請令山東之國奉四時之獻以承大王之明詔委社稷奉宗廟練士厲兵在大王之所用之大王誠能用臣之愚計則韓魏齊燕趙衛之妙音美人必充後宮燕代橐駞良馬必實外廐故

從合則楚王衡成則秦帝今釋霸王之業而有事人之名臣竊為大王不取也夫秦虎狼之國也有吞天下之心秦天下之仇讎也衡人皆欲割諸侯之地以事秦此所謂養仇而奉讎者也夫為人臣割其主之地以外交彊虎狼之秦以侵天下卒有秦患不顧其禍夫外挾彊秦之威以內劫其主以求割地大逆不忠無過此者故從親則諸侯割地以事楚衡合則楚割地以事秦此兩策者相去遠矣二者大王何居焉故敝邑趙王使臣效

愚計奉明約在大王詔之楚王曰寡人之國西與秦接境秦有舉巴蜀幷漢中之心秦虎狼之國不可親也而韓魏迫於秦患不可與深謀與深謀恐反人以入於秦故謀未發而國已危矣寡人自料以楚當秦不見勝也內與羣臣謀不足恃也寡人卧不安席食不甘味心搖搖然如縣旌而無所終薄今主君欲一天下收諸侯存危國寡人謹奉社稷以從於是六國從合而幷力焉蘇秦為從約長幷相六國北報趙王乃行過雒陽車騎輜

重諸侯各發使送之甚衆擬於王者周顯王聞之恐懼除道使人郊勞蘇秦之昆弟妻嫂側目不敢仰視俯伏侍取食蘇秦笑謂其嫂曰何前倨而後恭也嫂委蛇蒲服以面掩地而謝曰見季子位高金多也蘇秦喟然嘆曰此一人之身富貴則親戚畏懼之貧賤則輕易之況衆人乎且使我有雒陽負郭田二頃吾豈能佩六國相印乎於是散千金以賜宗族朋友初蘇秦之燕貸百錢為資及得富貴以百金償之徧報諸所嘗見德者其從

者有一人獨未得報乃前自言蘇秦曰我非忘子子之與我至燕再三欲去我易水之上方是時我困故望子深是以後子子今亦得矣蘇秦既約六國從親歸趙趙肅侯封為武安君乃投從約書於秦秦兵不敢闚函谷關十五年其後秦使犀首欺齊魏與共伐趙欲敗從約齊魏伐趙趙王讓蘇秦蘇秦恐請使燕必報齊蘇秦去趙而從約皆解秦惠王以其女為燕太子婦是歲文侯卒太子立是為燕易王易王初立齊宣王因燕喪伐燕取

十城易王謂蘇秦曰往日先生至燕而先王資先生見趙遂約六國從今齊先伐趙次至燕以先生之故為天下笑先生能為燕得侵地乎蘇秦大慙曰請為王取之蘇秦見齊王再拜俯而慶仰而弔齊王曰是何慶弔相隨之速也蘇秦曰臣聞飢人所以飢而不食烏喙者（廣雅云蘇奥毒附子也一歲為烏喙三歲為附子四歲為烏頭五歲為天雄）為其愈充腹而與餓死同患也今燕雖弱小即秦王之少壻也大王利其十城而長與彊秦為仇今使弱燕為鴈行而彊秦敝其後以招天下之精兵是食烏喙之類也齊王愀然變色曰然則柰何蘇秦曰臣聞古之善制事者轉禍為福因敗為功大王誠能聽臣計即歸燕之十城燕無故而得十城必喜秦王知以己之故而歸燕之十城亦必喜此所謂棄仇讎而得石交者也夫燕秦俱事齊則大王號令天下莫敢不聽是王以虛辭附秦以十城取天下此霸王之業也王曰善於是乃歸燕之十城人有毀蘇秦者曰左右賣國反覆之臣也將作亂蘇秦恐得罪歸而

燕王不復官也蘇秦見燕王曰臣東周之鄙人也無有分寸之功而王親拜之於廟而禮之於廷今臣為王卻齊之兵而攻得十城宜以益親今來而王不官臣者人必有以不信傷臣於王者臣之不信王之福也臣聞忠信者所以自為也進取者所以為人也且臣之說齊王曾非欺之也臣棄老母於東周固去自為而行進取也今有孝如曾參廉如伯夷信如尾生得此三人者以事大王何若王曰足矣蘇秦曰孝如曾參義不離其親一

宿於外王又安能使之步行千里而事弱燕之危王哉廉如伯夷義不為孤竹君之嗣不肯為武王臣不受封侯而餓死首陽山下有廉如此王又安能使之步行千里而行進取於齊哉信如尾生與女子期於梁下女子不來水至不去抱柱而死有信如此王又安能使之步行千里却齊之彊兵哉臣所謂以忠信得罪於上者也燕王曰若不忠信耳豈有以忠信而得罪者乎蘇秦曰不然臣聞客有遠為吏而其妻私於人者其夫將來其

私者憂之妻曰勿憂吾已作藥酒待之矣居三日其夫果至妻使妾舉藥酒進之妾欲言酒之有藥則恐其逐主母也欲勿言乎則恐其殺主父也於是乎詳僵而棄酒主父大怒笞之五十故妾一僵而覆酒上存主父下存主母然而不免於笞惡在乎忠信之無罪也夫臣之過不幸而類是乎燕王曰先生復就故官益厚遇之易王母文侯夫人也與蘇秦私通燕王知之而事之加厚蘇秦恐誅乃說燕王曰臣居燕不能使燕重而在齊則燕

必重燕王曰唯先生之所為於是蘇秦詳為得罪於燕而亡走齊齊宣王以為客卿齊宣王卒湣王即位說湣王厚葬以明孝高宮室大苑囿以明得意欲破敝齊而為燕燕易王卒燕噲立為王其後齊大夫多與蘇秦爭寵者而使人刺蘇秦不死殊而走齊王使人求賊不得蘇秦且死乃謂齊王曰臣即死車裂臣以徇於市曰蘇秦為燕作亂於齊如此則臣之賊必得矣於是如其言而殺蘇秦者果自出齊王因而誅之燕聞之曰甚矣齊

之為蘇生報仇也蘇秦既死其事大泄齊後聞之乃恨怒燕燕甚恐蘇秦之弟曰代代弟蘇厲見兄遂亦皆學及蘇秦死代乃求見燕王欲襲故事曰臣東周之鄙人也竊聞大王義甚高鄙人不敏釋鉏耨而干大王至於邯鄲所見者絀於所聞於東周臣竊負其志及至燕廷觀王之羣臣下吏王天下之明王也燕王曰子所謂明王者何如也對曰臣聞明王務聞其過不欲聞其善臣請謁王之過夫齊趙者燕之仇讎也楚魏者燕之援國

也今王奉仇讎以伐援國非所以利燕也王自慮之此則計過無以聞者非忠臣也王曰夫齊者固寡人之讎所欲伐也直患國敝力不足也子能以燕伐齊則寡人舉國委子對曰凡天下戰國七燕處弱焉獨戰則不能有所附則無不重南附楚楚重西附秦秦重中附韓魏韓魏重且茍所附之國重此必使王重矣言附諸國諸國重燕而燕尊重今夫齊長主而自用也南攻楚五年畜聚竭西困秦三年士卒罷敝北與燕人戰覆三軍得二將然而以其

餘兵南面舉五千乘之大宋齊表云齊湣王三十八年滅宋乃當王噲二十九年此說乃燕噲之時當周慎王之時齊宋在前王十餘年恐大誤矣而包十二諸侯此其君欲得其民力竭惡足取乎且臣聞之數戰則民勞久師則兵敝矣燕王曰吾聞齊有清濟濁河濟漯二水上承黃河並淄青之北流入海黃河又一源從洛魏二州界北流入海亦齊西北界可以為固長城鉅防長城西頭在齊州平陰縣界竹書紀云梁惠二十年齊閔王築防以為長城太山記云太山西有長城緣河經太山餘一千里至瑯琊臺入海足以為塞誠有之乎對曰天時不與雖有清濟濁河惡足以為固民力罷敝雖有長城鉅防惡

足以為塞且異日濟西不師齊州已西也所以備趙也河北不師謂滄博等州在漯河之北所以備燕也今濟西河北盡已役矣封內敝矣夫驕君必好利而亡國之臣必貪於財王誠能無羞寵子母弟以為質寶珠玉帛以事左右彼將有德燕而輕亡宋則齊可亡已燕王曰吾終以子受命於天矣燕乃使一子質於齊而蘇厲因燕子而求見齊王齊王怨蘇秦欲囚蘇厲燕質子為謝已遂委質為齊臣質真栗反燕相子之與蘇代婚而欲得燕權乃使蘇代侍質

子於齊齊使代報燕燕王噲問曰齊王其霸乎曰不能曰何也曰不信其臣於是燕王專任子之已而讓位燕大亂齊伐燕殺王噲子之燕立昭王而蘇代蘇厲遂不敢入燕皆終歸齊齊善待之蘇代過魏魏為燕執代齊使人謂魏王曰齊請以宋地封涇陽君涇陽君秦王弟名悝也涇陽雍州縣也齊蘇子告秦共伐宋以射涇陽君然齊假說此策以救蘇代秦必不受秦非不利有齊而得宋地也齊言秦相親共伐宋秦得宋地又得齊事秦然秦不信齊及蘇代恐為不成也不信齊王與蘇子也今齊魏不和如此其甚則齊不欺秦

秦信齊齊秦合涇陽君有宋地非魏之利也故王不如東蘇子秦必疑齊而不信蘇子矣齊秦不合天下無變伐齊之形成矣於是出蘇代代之宋宋善待之齊伐宋宋急蘇代乃遺燕昭王書曰此書為宋說燕令莫助齊强夫列在萬乘而寄質於齊燕前有一子質於齊名卑而權輕奉萬乘助齊伐宋民勞而實費夫破宋殘楚淮北肥大史以淮北之地加於齊都是强萬乘之國而齊惣幷之是益一齊齊讎彊而國害此三者皆國之大敗也然且王行之者將以取信於齊也齊加不信於王而

忌燕愈甚是王之計過矣夫以宋加之淮北彊萬乘之國也而齊幷之是益一齊也北夷方七百里齊桓公伐山戎令支斬孤竹而南歸海濱諸侯莫不來服加之以魯衛彊萬乘之國也而齊幷之是益二齊也夫一齊之彊燕猶狼顧而不能支令以三齊臨燕其禍必大矣雖然智者舉事因禍為福轉敗為功齊紫敗素也齊君好紫故齊俗尚之取惡素帛染為紫其價十倍貴於餘喻齊雖有大名而國中以困弊也韓子云齊桓公好服紫一國盡服紫當時十素不得一紫公患之管仲曰君欲止之何不試勿衣也公謂左右曰惡紫臭公語三日境內莫有衣紫者而賈十倍越王句踐棲

於會稽復殘彊吳而霸天下此皆因禍為福轉敗為功者也今王若欲因禍為福轉敗為功則莫若挑霸齊而尊之挑田鳥反執持也使使盟於周室焚秦符曰符徵兆也其大上計破秦其次必長賓之大好上計策破秦次計長擯斥關西秦挾賓以待破秦王必患之秦五世伐諸侯今為齊下秦王之志苟得窮齊不憚以國為功然則王何不使辯士以此言說秦王曰燕趙破宋肥齊尊之為之下者燕趙非利之也燕趙不利而勢為之者以不信秦王也然則王何不使

可信者接收燕趙令涇陽君高陵君先於燕趙秦有變因以為質則燕趙信秦秦為西帝燕為北帝趙為中帝立三帝以令於天下韓魏不聽則秦伐之齊不聽則燕趙伐之天下孰敢不聽天下服聽因驅韓魏以伐齊曰必反宋地歸楚淮北反宋地歸楚淮北燕趙之所利也並立三帝燕趙之所願也夫實得所利尊得所願燕趙棄齊如脫躧矣今不收燕趙齊霸必成諸侯贊齊而王不從是國伐也諸侯贊齊而王從之是名卑也今收燕

趙國安而名尊不收燕趙國危而名卑夫去尊安而取危卑智者不為也秦王聞若說必若刺心然則王何不使辯士以此苦言說秦秦必取齊必伐矣夫取秦厚交也伐齊正利也尊厚交務正利聖王之事也燕昭王善其書曰先人嘗有德蘇氏子之之亂而蘇氏去燕燕欲報仇於齊非蘇氏莫可乃召蘇代復善待之與謀伐齊竟破齊湣王出走久之秦召燕王燕王欲往蘇代約燕王曰楚得枳枳支是反今涪州城在秦枳縣在江南而國亡按西陵在黃州齊得

宋而國亡年表云齊湣王三十八年滅宋三十年五國共擊湣王王走莒齊楚不得以有枳宋而事秦者何也則有功者秦之深讎也秦取天下非行義也暴也秦之行暴正告天下告楚曰蜀地之甲乘船浮於汶乘夏水而下江五日而至郢漢中之甲乘船出於巴巴嶺山在梁州南一百九十里周地志云南瀆老子水登巴嶺山南回記大江此南是古巴國因以名山乘夏水而下漢四日而至五渚寡人積甲宛東下隨智者不及謀勇士不及怒寡人如射隼矣隼若今之鷂也王乃欲待天下之攻函谷不亦遠乎楚王為是故十

七年事秦秦正告韓曰我起乎少曲在懷州河陽縣西北解在范雎傳一日而斷大行太行山羊腸坂道北過韓上黨也我起乎宜陽而觸平陽宜陽平陽皆韓大都也陽河也二日而莫不盡繇我離兩周離歷也歷二周而觸鄭州東解新鄭韓國都城矣五日而國舉韓氏以為然故事秦秦正告魏曰我舉安邑塞女戟韓氏太原卷卷軌免反劉伯莊云太原當為太行卷猶斷絕我下軹道南陽封冀包兩周兩周王城及鞏乘夏水浮輕舟彊弩在前錟戈在後劉伯莊云音四廉反釗也決滎口魏無大梁決白馬之口魏無外黃濟陽故黃城在曹州考城縣東二十

四里濟陽故城在曹州冤朐縣西南三十五里決宿胥之口淇水出衛州淇縣界之淇水東至黎陽入河魏志云武帝於淇口東因宿胥故瀆開白溝道清淇二水入馮魏無虛頓丘虛謂殷墟今相州所理是頓丘故城在魏州頓丘縣東北二十里括地志云二國地時屬魏陸攻則擊河內水攻則滅大梁魏氏以為然故事秦秦欲攻安邑恐齊救之則以宋委於齊曰宋王無道為木人以寫寡人射其面寡人地絕兵遠不能攻也王苟能破宋有之寡人如自得之已得安邑塞女戟因以破宋為齊罪秦欲攻韓恐天下救之則以齊委於天下曰齊王四與寡人

約四欺寡人必率天下以攻寡人者三有齊無秦有秦無齊必伐之必亡之已得宜陽少曲致藺石因以破齊為天下罪秦欲攻魏重楚（畏楚救魏）則以南陽委於楚曰（南陽鄧州地本韓地也韓先事秦令楚取南陽故言與韓且絕矣）寡人固與韓且絕矣殘均陵塞鄳阨（均州故城在隨州西南五十里蓋均陵也又中州羅山縣本漢鄳縣中州有平清關蓋古鄳縣之阨塞）苟利於楚寡人如自有之魏棄與國而合於秦因以塞鄳阨為楚罪兵困於林中重燕趙以膠東委於燕以濟西委於趙趙得講於魏至公子延因犀首屬行

而攻趙兵傷於譙石遇敗於陽馬而重魏則以葉蔡委於魏已得講於趙則劫魏不為割困則使太后弟穰侯為和嬴則兼欺舅與母適燕者曰以膠東適趙者曰以濟西適魏者曰以葉蔡適楚者曰以塞鄳阨適齊者曰以宋此必令言如循環用兵如刺蜚母不能制舅不能約龍賈之戰岸門之戰封陵之戰高商之戰趙莊之戰秦之所殺三晉之民數百萬今其生者皆死秦之孤也西河之外上雒之地三川晉國之禍三晉之半秦禍如此其大也而燕趙之秦者皆以爭事秦說其主此臣之所大患也燕昭王不行蘇代復重於燕燕使約諸侯從親如蘇秦時或從或不而天下由此宗蘇氏之從約代厲皆以壽死名顯諸侯

太史公曰蘇秦兄弟三人皆游說諸侯以顯名其術長於權變而蘇秦被反間以死天下共笑之諱學其術然世言蘇秦多異異時事有類之者皆附之蘇秦夫蘇秦起閭閻連六國從親此其智有過人者吾故列其行事次其時序毋令獨蒙惡聲焉

史記正義卷六十九

史記正義卷七十

唐 張守節 撰

張儀列傳第十　史記七十

張儀者魏人也傳云晉有公扶餘子公行杜預云皆宦卿之嫡以為公族大夫餘子嫡子之母弟也公行庶子掌公戎行也藝文志云張子十篇在縱横流始嘗與蘇秦俱事鬼谷先生學術蘇秦自以不及張儀張儀已學而游說諸侯嘗從楚相飲已而楚相亡璧門下意張儀曰儀貧無行必此盜相君之璧共執張儀掠笞數百不服醳之其妻曰嘻子毋讀書游說安得此辱乎張儀謂其妻曰視吾舌尚在不其妻笑曰舌在也儀曰足矣蘇秦已說趙王而得相約從親然恐秦之攻諸侯敗約後負念莫可使用於秦者乃使人微感張儀曰子始與蘇秦善今秦已當路子何不往游以求通子之願張儀於是之趙上謁求見蘇秦蘇秦乃誡門下人不為通又使不得去者數日已而見之坐之堂下賜僕妾之食因而數讓之曰以

子之材能乃自令困辱至此吾寧不能言而富貴子子不足收也謝去之張儀之來也自以為故人求益反見辱怒念諸侯莫可事獨秦能苦趙乃遂入秦蘇秦已而告其舍人曰張儀天下賢士吾殆弗如也今吾幸先用而能用秦柄者獨張儀可耳然貧無因以進吾恐其樂小利而不遂故召辱之以激其意子為我陰奉之乃言趙王發金幣車馬使人微隨張儀與同宿舍稍稍近就之奉以車馬金錢所欲用為取給而弗告張儀遂得以見秦惠王惠王以為客卿與謀伐諸侯蘇秦之舍人乃辭去張儀曰賴子得顯方且報德何故去也舍人曰臣非知君知君乃蘇君蘇君憂秦伐趙敗從約以為非君莫能得秦柄故感怒君使臣陰奉給君資盡蘇君之計謀今君已用請歸報張儀曰嗟乎此在吾術中而不悟吾不及蘇君明矣吾又新用安能謀趙乎為吾謝蘇君蘇君之時儀何敢言且蘇君在儀寧渠能乎張儀既相秦為文檄告楚相曰始吾從若飲我不盜而璧若笞我

若善守汝國我顧且盜而城苴蜀相攻擊華陽國志云昔蜀王封其弟于漢中號曰苴侯因命之邑曰葭萌苴侯與巴王爲好巴與蜀爲讎故蜀王怒伐苴苴奔巴求救於秦秦遣張儀從子午道伐蜀王自葭萌禦之敗績走至武陽爲秦軍所害秦遂滅蜀因滅巴蜀二郡括地志云苴侯都葭萌今利州益昌縣五十里葭萌故城是蜀侯都益州巴子城在合州石鏡縣南五里故墊江縣也巴子都江州在都之北又峽州界也各來告急於秦秦惠王欲發兵以伐蜀以爲道險狹難至而韓又來侵秦秦惠王欲先伐韓後伐蜀恐不利欲先伐蜀恐韓襲秦之敝猶豫未能決司馬錯與張儀爭論於惠王之前司馬錯欲伐蜀張儀曰不

如伐韓王曰請聞其說儀曰親魏善楚下兵三川塞什谷之口括地志云温泉水即尋源出洛州鞏縣西南四十里注水經云鄩城水出北山鄩溪又有故鄩城在鞏縣西南五十八里按洛州緱氏縣東南四十里與鄩溪相近之也當屯留之道屯留潞州縣也道即太行羊腸阪道也魏絕南陽南陽懷州也是當屯留之道今魏絕斷壞羊腸韓上黨之路也楚臨南鄭是塞什谷之口也今楚兵臨鄭南塞轘轅緱口斷韓南陽之兵也秦攻新城宜陽洛州福昌縣也以臨二周之郊誅周王之罪侵楚魏之地周自知不能救九鼎寶器必出據九鼎案圖籍挾天子以令於天下天下莫敢不聽此王業也今夫蜀西僻

之國而戎翟之倫也敝兵勞衆不足以成名得其地不足以爲利臣聞爭名者於朝爭利者於市今三川周室天下之朝市也而王不爭焉顧爭於戎翟去王業遠矣司馬錯曰不然臣聞之欲富國者務廣其地欲彊兵者務富其民欲王者務博其德三資者備而王隨之矣今王地小民貧故臣願先從事於易夫蜀西僻之國也而戎翟之長也有桀紂之亂以秦攻之譬如使豺狼逐羣羊得其地足以廣國取其財足以富民繕兵不傷衆而

彼已服焉繕音膳同繕具食也拔一國而天下不以爲暴利盡西海而天下不以爲貪海之言晦也西夷晦昧無知故言海也言利盡西方羌戎是我一舉而名實附也而又有禁暴止亂之名今攻韓劫天子惡名也而未必利也又有不義之名而攻天下所不欲危矣臣請論其故周天下之宗室也齊韓之與國也周自知失九鼎韓自知亡三川韓自知亡二周故與周并力合謀也將二國并力合謀以因乎齊趙而求解乎楚魏以鼎與楚以地與魏王弗能止也此臣之所謂危也不如伐蜀完

惠王曰善寡人請聽子卒起兵伐蜀十月取之遂定蜀貶蜀王更號為侯而使陳莊相蜀蜀表云秦惠王後元年十月擊滅之既屬秦秦以益彊富厚輕諸侯秦惠王十年使公子華與張儀圍蒲陽在隰州隰川縣蒲邑故城是也降之儀因言秦復與魏而使公子繇質於魏儀因說魏王曰秦王之遇魏甚厚魏不可以無禮魏因入上郡少梁謝秦惠王惠王乃以張儀為相更名少梁曰夏陽少梁城同州韓城縣南二十二里夏陽城在縣南二十里梁山在縣東南十九里龍門山在縣北五十里儀相秦四歲立惠王為王表云

惠王之十三年周顯王之三十四年也居一歲為秦將取陝築上郡塞其後二年使與齊楚之相會齧桑東還而免相相魏以為秦欲令魏先事秦而諸侯效之魏王不肯聽儀秦王怒伐取魏之曲沃平周復陰厚張儀益甚張儀慙無以歸報留魏四歲而魏襄王卒哀王立張儀復說哀王哀王不聽於是張儀陰令秦伐魏魏與秦戰敗明年齊又來敗魏於觀津秦復欲攻魏先敗韓申差軍斬首八萬諸侯震恐而張儀復說魏王曰魏地方不至千里卒不過

三十萬地四平諸侯四通輻湊無名山大川之限從鄭至梁二百餘里車馳人走不待力而至梁南與楚境西與韓境北與趙境東與齊境卒戍四方守亭鄣者不下十萬梁之地勢固戰場也梁南與楚而不與齊則齊攻其東東與齊而不與趙則趙攻其北不合於韓則韓攻其西不親於楚則楚攻其南此所謂四分五裂之道也且夫諸侯之為從者將以安社稷尊主彊兵顯名也今從者一天下約為昆弟刑白馬以盟洹音桓水之上以相

堅也而親昆弟同父母尚有爭錢財而欲恃詐偽反覆蘇秦之餘謀其不可成亦明矣大王不事秦秦下兵攻河外河外即卷衍燕酸棗據卷衍酸棗卷衍屬鄭州燕滑州胙城縣酸棗屬滑州皆黃河南岸地劫衛取陽晉故城在曹州乘氏縣西北三十七里則趙不南趙不南而梁不北梁不北則從道絕從道絕則大王之國欲毋危不可得也秦折韓而攻梁韓怯於秦秦韓為一梁之亡可立而須也此臣之所為大王患也為大王計莫如事秦事秦則楚韓必不敢動無楚韓之患則大王高枕而臥

枕針鴆反國必無憂矣且夫秦之所欲弱者莫如楚而能弱楚者莫如梁楚雖有富大之名而實空虛其卒雖多然而輕走易北不能堅戰悉梁之兵南面而伐楚勝之必矣割楚而益梁虧楚而適秦嫁禍安國此善事也大王不聽臣秦下甲士而東伐雖欲事秦不可得矣且夫從人多奮辭而少可信說一諸侯而成封侯是故天下之游談士莫不日夜搤腕瞋目切齒以言從之便以說人主人主賢其辯而牽其說豈得無眩哉臣聞之積羽沉

舟羣輕折軸衆口鑠金積毀銷骨故願大王審定計議且賜骸骨辟魏哀王於是乃倍從約而因儀請成於秦張儀歸復相秦三歲而魏復背秦為從秦攻魏取曲沃明年魏復事秦秦欲伐齊齊楚從親於是張儀往相楚楚懷王聞張儀來虛上舍而自館之曰此僻陋之國子何以教之儀說楚王曰大王誠能聽臣閉關絕約於齊臣請獻商於之地六百里使秦女得為大王箕箒之妾秦楚娶婦嫁女長為兄弟之國此北弱齊而西益秦也計無便此者楚王大說而許之羣臣皆賀陳軫獨弔之楚王怒曰寡人不興師發兵得六百里地羣臣皆賀子獨弔何也陳軫對曰不然以臣觀之商於之地不可得而齊秦合齊秦合則患必至矣楚王曰有說乎陳軫對曰夫秦之所以重楚者以其有齊也今閉關絕約於齊則楚孤秦奚貪夫孤國而與之商於之地六百里張儀至秦必負王是北絕齊交西生患於秦也而兩國之兵必俱至善為王計者不若陰合而陽絕於齊使人隨張

儀茍與吾地絕齊未晚也不與吾地陰合謀計也楚王曰願陳子閉口毋復言以待寡人得地乃以相印授張儀厚賂之於是遂閉關絕約於齊使一將軍隨張儀張儀至秦詳失綏墮車不朝三月詳音羊楚王聞之曰儀以寡人絕齊未甚邪乃使勇士至宋借宋之符北罵齊王齊王大怒折節而下秦秦齊之交合張儀乃朝謂楚使者曰臣有奉邑六里願以獻大王左右楚使者曰臣受令於王以商於之地六百里不聞六里還報楚王楚王大怒

發兵而攻秦陳軫曰軫可發口言乎攻之不如割地反以賂秦與之并兵而攻齊是我出地於秦取償於齊也王國尚可存楚王不聽卒發兵而使將軍屈匄擊秦秦齊共攻楚斬首八萬殺屈匄遂取丹陽漢中之地今梁州也楚又復益發兵而襲秦至藍田大戰楚大敗於是在漢水北楚割兩城以與秦平秦要楚欲得黔中地要音腰欲以武關外易之即商於之地楚王曰不願易地願得張儀而獻黔中地秦王欲遣之口弗忍言張儀乃請行惠王曰彼楚

王怒子之負以商於之地是且甘心於子張儀曰秦彊楚弱臣善靳尚尚得事楚夫人鄭袖袖所言皆從且臣奉王之節使楚楚何敢加誅假令誅臣而為秦得黔中之地臣之上願遂使楚楚懷王至則囚張儀將殺之靳尚謂鄭袖曰子亦知子之賤於王乎鄭袖曰何也靳尚曰秦王甚愛張儀而不欲出之秦王不欲出張儀使楚若欲自行令秦欲以上庸地及美人贖儀令將以上庸之地六縣今房州也賂楚以美人聘楚以宮中善歌謳者為媵楚王重地尊秦秦女必貴而

夫人斥矣不若為言而出之於是鄭袖日夜言懷王曰人臣各為其主用今地未入秦秦使張儀來至重王王未有禮而殺張儀秦必大怒攻楚妾請子母俱遷江南毋為秦所魚肉也懷王後悔赦張儀厚禮之如故張儀既出未去聞蘇秦死乃說楚王曰秦地半天下兵敵四國被險帶河四塞以為固虎賁之士百餘萬車千乘騎萬匹積粟如丘山法令既明士卒安難樂死主明以嚴將智以武雖無出甲席卷常山之險必折天下之脊古之

帝王多都河北河東故也天下有後服者先亡且夫為從者無以異於驅羣羊而攻猛虎虎之與羊不格明矣今王不與猛虎而與羣羊臣竊以為大王之計過也凡天下彊國非秦而楚非楚而秦兩國交爭其勢不兩立大王不與秦秦下甲據宜陽韓之上地不通下河東取成皋韓必入臣梁則從風而動秦攻楚之西韓梁攻其北社稷安得毋危且夫從者聚羣弱而攻至彊不料敵而輕戰國貧而數舉兵危亡之術也臣聞之兵不如者勿與挑戰挑田

烏反粟不如者勿與持久夫從人飾辯虛辭高主之節言其利不言其害卒有秦禍卒蒽勿反無及為已是故願大王之孰計之秦西有巴蜀大船積粟起於汶山汶音泯浮江已下至楚三千餘里舫船載卒一舫載五十人與三月之食下水而浮一日行三百餘里里數雖多然而不費牛馬之力不至十日而拒扞關扞關在硤州巴山縣界扞關驚則從境以東盡城守矣黔中巫郡非王之有秦舉甲出武關南面而伐則北地絶楚之北境斷絶秦兵之攻楚也危難在三

月之內而楚待諸侯之救在半歲之外此其勢不相及也夫待弱國之救忘彊秦之禍此臣所以為大王患也大王嘗與吳人戰五戰而三勝陣卒盡矣偏守新城存民苦矣新攻得之城未詳所在臣聞功大者易危而民敝者怨上夫守易危之功而逆彊秦之心臣竊為大王危之且夫秦之所以不出兵函谷十五年以攻齊趙者陰謀有合天下之心楚嘗與秦構難戰於漢中楚人不勝列侯執珪死者七十餘人遂亡漢中楚王大怒興兵襲秦戰於藍田此所謂兩虎相搏者也夫秦楚相敝而韓魏以全制其後計無危於此者矣願大王孰計之秦下甲攻衛陽晉必大關天下之匈大王悉起兵以攻宋不至數月而宋可舉舉宋而東指則泗上十二諸侯盡王之有也凡天下而以信約從親相堅者蘇秦封武安君相燕即陰與燕王謀伐破齊而分其地乃詳有罪出走入齊齊王因受而相之居二年而覺齊王大怒車裂蘇秦於市夫以一詐偽之蘇秦而欲經營天下混壹諸侯其不可

成亦明矣今秦與楚接境壤界固形親之國也大王誠能聽臣臣請使秦太子入質於楚楚太子入質於秦請以秦女為大王箕箒之妾效萬室之都以為湯沐之邑長為昆弟之國終身無相攻伐臣以為計無便於此者於是楚王已得張儀而重出黔中地與秦欲許之屈原曰前大王見欺於張儀張儀至臣以為大王烹之今縱弗忍殺之又聽其邪說不可懷王曰許儀而得黔中美利也後而倍之不可故卒許張儀與秦親張儀去楚因

遂之韓說韓王曰韓地險惡山居五穀所生非菽而麥民之食大抵飯菽藿羮一歲不收民不饜糟糠地不過九百里無二歲之食料大王之卒悉之不過三十萬而厮徒負養在其中矣除守徼亭鄣塞見卒不過二十萬而已矣秦帶甲百餘萬車千乘騎萬匹虎賁之士跿跔科頭貫頤奮戟者至不可勝計秦馬之良戎兵之衆探前趹後蹄間三尋騰者不可勝數山東之士被甲蒙冑以會戰秦人捐甲徒裼以趨敵左挈人頭右挾生虜

夫秦卒與山東之卒猶孟賁之與怯夫以重力相壓猶烏獲之與嬰兒夫戰孟賁烏獲之士以攻不服之弱國無異垂千鈞之重於鳥卵之上必無幸矣夫羣臣諸侯不料地之寡而聽從人之甘言好辭比周以相飾也皆奮曰聽吾計可以彊霸天下夫不顧社稷之長利而聽須臾之說詿誤人主無過此者大王不事秦秦下甲據宜陽斷韓之上地東取成臯滎陽則鴻臺之宫桑林之苑非王之有也夫塞成臯絶上地則王之國分矣先事秦則安不事秦則危夫造禍而求其福報計淺而怨深逆秦而順楚雖欲毋亡不可得也故為大王計莫如為秦秦之所欲莫如弱楚而能弱楚者莫如韓非以韓能彊於楚也其地勢然也今王西面而事秦以攻楚秦王必喜夫攻楚以利其地轉禍而說秦計無便於此者韓王聽儀計張儀歸報秦惠王封儀五邑號曰武信君使張儀東說齊湣王曰天下彊國無過齊者大臣父兄殷衆富樂然而為大王計者皆為一時之說不顧百世之

利從人說大王者必曰齊西有彊趙南有韓與梁齊負海之國也地廣民衆兵彊士勇雖有百秦將無柰齊何大王賢其說而不計其實夫從人朋黨比周莫不以從為可臣聞之齊與魯三戰而魯三勝國以危亡隨其後雖有戰勝之名而有亡國之實是何也齊大而魯小也今秦之與齊也猶齊之與魯也秦趙戰於河漳之上再戰而趙再勝秦戰於番吾之下再戰又勝秦四戰之後趙之亡卒數十萬邯鄲僅存雖有戰勝之名而國已破

矣是何也秦彊而趙弱今秦楚嫁女娶婦為昆弟之國韓獻宜陽梁効河外（謂同華州地也）趙入朝澠池割河間以事秦（河間瀛州縣）大王不事秦秦驅韓梁攻齊之南地悉趙兵渡清河指博關（博關在博州趙兵從貝州度黃河指博關則漯河南臨淄即墨危矣）臨淄即墨非王之有也國一日見攻雖欲事秦不可得也是故願大王孰計之也齊王曰齊僻陋隱居東海之上未嘗聞社稷之長利也乃許張儀張儀去西說趙王曰敝邑秦王使使臣効愚計於大王大王收率天下以賓秦

秦兵不敢出函谷關十五年大王之威行於山東敝邑恐懼懾伏繕甲厲兵飾車騎（飭音勅）習馳射力田積粟守四封之內愁居懾處不敢動搖唯大王有意督過之也今以大王之力舉巴蜀并漢中包兩周遷九鼎守白馬之津秦雖僻遠然而心忿含怒之日久矣今秦有敝甲凋兵軍於澠池願渡河踰漳據番吾會邯鄲之下願以甲子合戰以正殷紂之事敬使使臣先聞左右凡大王之所信為從者恃蘇秦蘇秦熒惑諸侯以是為非以非為是欲反齊國而自令車裂於市夫天下之不可一亦明矣今楚與秦為昆弟之國而韓梁稱為東藩之臣齊獻魚鹽之地此斷趙之右臂也夫斷右臂而與人鬬失其黨而孤居求欲毋危豈可得乎今秦發三將軍其一軍塞午道告齊使興師渡清河軍於邯鄲之東一軍軍成皐驅韓梁軍於河外（河外謂鄭滑州北臨河）一軍軍於澠池約四國為一以攻趙趙服必四分其地是故不敢匿意隱情先以聞於左右臣竊為大王計莫如與秦王遇於澠

池面相見而口相結請案兵無攻願大王之定計趙王曰先王之時奉陽君專權擅勢蔽欺先王獨擅綰事寡人居屬師傅不與國謀計先王棄羣臣寡人年幼奉祀之日新心固竊疑焉以為一從不事秦非國之長利也乃且願變心易慮割地謝前過以事秦方將約車趨行（趨音趣）適聞使者之明詔趙王許張儀張儀乃去北之燕說燕昭王曰大王之所親莫如趙昔趙襄子嘗以其姊為代王妻欲并代約與代王遇於句注之塞（句注山在代州也上）

音句乃令工人作為金斗長其尾令可以擊人與代王飲陰告厨人曰即酒酣樂進熱啜反斗以擊之 反斗即倒柄擊也 於是酒酣樂進熱啜厨人進斟因反斗以擊代王殺之王腦塗地其姊聞之因摩笄以自刺故至今有摩笄之山 笄令簪也摩笄山在蔚州飛狐縣東北百五十里 代王之亡天下莫不聞夫趙王之狼戾無親大王之所明見且以趙王為可親乎趙興兵攻燕再圍燕都而劫大王大王割十城以謝今趙王已入朝澠池効河間以事秦今大王不事秦秦下

甲雲中九原驅趙而攻燕則易水長城 並在易州界 非大王之有也且令時趙之於秦猶郡縣也不敢妄舉師以攻伐令王事秦秦王必喜趙不敢妄動是西有彊秦之援而南無齊趙之患是故願大王孰計之燕王曰寡人蠻夷僻處雖大男子裁如嬰兒言不足以采正計令上客幸教之請西面而事秦獻恒山之尾五城燕王聽儀儀歸報未至咸陽而秦惠王卒武王立武王自為太子時不說張儀及即位羣臣多讒張儀曰無信左右賣國以取容秦必復用之恐為天下笑諸侯聞張儀有郤武王皆畔衡復合從秦武王元年羣臣日夜惡張儀未已而齊讓又至張儀懼誅乃因謂秦武王曰儀有愚計願効之王曰柰何對曰為秦社稷計者東方有大變然後王可以多割得地也今聞齊王甚憎儀儀之所在必興師伐之故儀願乞其不肖之身之梁齊必興師而伐梁梁齊之兵連於城下而不能相去王以其間伐韓入三川出兵函谷而毋伐以臨周祭器必出挾天子按圖籍此

王業也秦王以為然乃具革車三十乘入儀之梁齊果興師伐之梁哀王恐張儀曰王勿患也請令罷齊兵乃使其舍人馮喜之楚借使之齊謂齊王曰王甚憎張儀雖然亦厚矣王之託儀於秦也齊王曰寡人憎儀儀之所在必興師伐之何以託儀對曰是乃王之託儀也夫儀之出也固與秦王約曰為王計者東方有大變然後王可以多割得地今齊王甚憎儀儀之所在必興師伐之故儀願乞其不肖之身之梁齊必興師伐之齊梁之

兵連於城下而不能相去王以其間伐韓入三川出兵函谷而無伐以臨周祭器必出挾天子案圖籍此王業也秦王以為然故具革車三十乘而入之梁也令儀入梁王果伐之是王內罷國而外伐與國廣鄰敵以內自臨而信儀於秦王也此臣之所謂託儀也齊王曰善乃使解兵張儀相魏一歲卒於魏也

陳軫者游說之士與張儀俱事秦惠王皆貴重爭寵張儀惡陳軫於秦王曰軫重幣輕使秦楚之間將為國交

也今楚不加善於秦而善軫者軫自為厚而為王薄也且軫欲去秦而之楚王胡不聽乎王謂陳軫曰吾聞子欲去秦之楚有之乎軫曰然王曰儀之言果信矣軫曰非獨儀知之也行道之士盡知之矣昔子胥忠於其君而天下爭以為臣曾參孝於其親而天下願以為子故賣僕妾不出閭巷而售者良僕妾也出婦嫁於鄉曲者良婦也今軫不忠其君楚亦何以軫為忠乎忠且見棄軫不之楚何歸乎王以其言為然遂善待之居秦期年

秦惠王終相張儀而陳軫奔楚楚未之重也而使陳軫使於秦過梁欲見犀首犀首謝弗見軫曰吾為事來公不見軫軫將行不得待異日犀首見之陳軫曰公何好飲也犀首曰無事也曰吾請令公厭事可乎曰奈何曰田需約諸侯從親楚王疑之未信也公謂於王曰臣與燕趙之王有故數使人來曰無事何不相見願謁行於王王雖許公公請毋多車以車三十乘可陳之於庭明言之燕趙燕趙客聞之馳車告其王使人迎犀首楚王

聞之大怒曰田需與寡人約而犀首之燕趙是欺我也怒而不聽其事齊聞犀首之北使人以事委焉犀首遂行三國相事皆斷於犀首軫遂至秦韓魏相攻朞年不解秦惠王欲救之問於左右左右或曰救之便或曰勿救便惠王未能為之決陳軫適至秦惠王曰子去寡人之楚亦思寡人不陳軫對曰王聞夫越人莊舄乎王曰不聞曰越人莊舄仕楚執珪有頃而病楚王曰舄故越之鄙細人也今仕楚執珪貴富矣亦思越不中謝對曰

凡人之思故在其病也彼思越則越聲不思越則楚聲使人往聽之猶尚越聲也今臣雖棄逐之楚豈能無秦聲哉惠王曰善今韓魏相攻朞年不解或謂寡人救之便或曰勿救便寡人不能決願子為子主計之餘為寡人計之陳軫對曰亦嘗有以夫辨莊子刺虎聞於王者乎莊子欲刺虎館豎子止之曰兩虎方且食牛食甘必爭爭則必鬬鬬則大者傷小者死從傷而刺之一舉必有雙虎之名辨莊子以為然立須之有頃兩虎果鬬大

者傷小者死莊子從傷者而刺之一舉果有雙虎之功今韓魏相攻朞年不解是必大國傷小國亡從傷而伐之一舉必有兩實此猶莊子刺虎之類也臣主與王何異也惠王曰善卒弗救大國果傷小國亡秦興兵而伐大尅之此陳軫之計也

犀首者魏之陰晉人也名衍姓公孫氏與張儀不善張儀為秦之魏魏王相張儀犀首弗利故令人謂韓公叔曰張儀已合秦魏矣其言曰（此張儀合秦魏之辭）魏攻南陽秦攻三川魏王所以貴張子者欲得韓地也且韓之南陽已舉矣子何不少委焉以為衍功則秦魏之交可錯矣然則魏必圖秦而棄儀收韓而相衍公叔以為便因委之犀首以為功果相魏張儀去義渠君朝於魏犀首聞張儀復相秦害之犀首乃謂義渠君曰道遠不得復過請謁事情曰中國無事（中國謂關東六國無事不共攻秦）秦得燒掇焚杅君之國有事（有事謂六國攻秦秦若被攻伐則必輕使重幣事義渠國欲令相助犀首此言者令義渠君勿援秦也矣）

其後五國伐秦會陳軫謂秦王曰義渠君者蠻夷之賢君也不如賂之以撫其志秦王曰善乃以文繡千純婦女百人遺義渠君義渠君致羣臣而謀曰此公孫衍所謂邪乃起兵襲秦大敗秦人李伯之下張儀已卒之後犀首入相秦嘗佩五國之相印為約長

太史公曰三晉多權變之士夫言從衡彊秦者大抵皆三晉之人也夫張儀之行事甚於蘇秦然世惡蘇秦者以其先死而儀振暴其短以扶其說成其衡道要之此

兩人眞傾危之士哉

史記正義卷七十

欽定四庫全書

史記正義卷七十一

唐　張守節　撰

樗里子甘茂列傳第十一　史記七十一

樗里子者名疾秦惠王之弟也與惠王異母母韓女也樗里子滑稽多智滑讀為淈水流自出稽計也言其智計宣吐如泉流出無盡故揚雄酒賦云鴟夷滑稽腹大如壺是也顏師古云滑稽轉利之稱也滑亂也稽礙也其變無留也一說稽考也言其滑亂不可考較秦人號曰智囊秦惠王八年爵樗里子右更使將

而伐曲沃故城在陝州縣西南三十二里盡出其人取其城地入秦秦惠王二十五年使樗里子為將伐趙虜趙將軍莊豹拔藺藺縣在石州明年助魏章攻楚敗楚將屈丐取漢中地秦封樗里子號為嚴君秦惠王卒太子武王立逐張儀魏章而以樗里子甘茂為左右丞相秦使甘茂攻韓拔宜陽使樗里子以車百乘入周周以卒迎之意甚敬楚王怒讓周以其重秦客游騰為周說楚王曰智伯之伐仇猶括地志云并州盂縣外城俗名原仇山亦名仇猶夷狄之國也韓子云智伯欲伐仇猶國道險難不通乃鑄

大鍾遺之載以廣車仇猶大悦險塗内之赤章曼支諫曰不可此小所以事大而今大以遺小卒必隨不可不聽遂内之曼支因斷轂而馳至十九日而仇猶亡也遺之廣車因隨之兵仇猶遂
亡何則無備故也齊桓公伐蔡號曰誅楚其實襲蔡今
秦虎狼之國使樗里子以車百乘入周周以仇猶蔡觀
焉故使長戟居前彊弩在後名曰衛疾防衛樗里子而實囚
之且夫周豈能無憂其社稷哉恐一旦亡國以憂大王楚
王乃悦秦武王卒昭王立樗里子又益尊重昭王元年
樗里子將伐蒲蒲故城在滑州匡城縣北十五里即子路作宰也蒲守恐請胡

衍胡衍為蒲謂樗里子曰公之攻蒲為秦乎為魏乎為
魏則善矣為秦則不為賴矣夫衛之所以為衛者以蒲
也蒲是衛國之鄣衛今伐蒲入於魏衛必折而從之魏亡西河
之外謂同華等州而無以取者兵弱也今并衛於魏魏必彊
魏强之日西河之外必危矣且秦王將觀公之事害秦
而利魏王必罪公樗里子曰奈何胡衍曰公釋蒲勿攻
臣試為公入言之以德衛君樗里子曰善胡衍入蒲謂
其守曰樗里子知蒲之病矣其言曰必拔蒲衍能令釋

蒲勿攻蒲守恐因再拜曰願以請因效金三百斤曰秦
兵苟退請必言子於衛君使子為南面故胡衍受金於
蒲以自貴於衛於是遂解蒲而去還擊皮氏故城在絳州龍門縣西百四十步魏邑皮氏未降又去昭王七年樗里子卒葬于渭
南章臺之東曰後百歲是當有天子之宮夾我墓樗里
子疾室在於昭王廟西渭南陰鄉樗里故俗謂之樗里
子至漢興長樂宮在其東未央宮在其西漢長樂宮在長安縣西北十五里未央在縣西北十四里皆在長安故城中也武庫正直其墓秦人諺曰力

則任鄙智則樗里
甘茂者下蔡人也今潁州縣即州萊國事下蔡史舉先生學百家
之說因張儀樗里子而求見秦惠王王見而說之使將
而佐魏章略定漢中地惠王卒武王立張儀魏章去東
之魏蜀侯輝相壯反秦使甘茂定蜀還而以甘茂為左
丞相以樗里子為右丞相秦武王三年謂甘茂曰寡人
欲容車通三川以窺周室而寡人死不朽矣甘茂曰請
之魏約以伐韓而令向壽輔行餉受二音人姓名甘茂至謂向

壽曰子歸言之於王曰魏聽臣矣然願王勿伐事成盡以為子功向壽歸以告王王迎甘茂於息壤（秦邑）甘茂至王問其故對曰宜陽大縣也上黨南陽積之久矣（韓之北三郡積貯在河南宜陽縣之日久矣）名曰縣其實郡也今王倍數險行（胡函谷及三崤五谷）千里攻之難昔曾參之處費魯人有與曾參同姓名者殺人人告其母曰曾參殺人其母織自若也頃之一人又告之曰曾參殺人其母尚織自若也頃又一人告之曰曾參殺人其母投杼下機踰墻而走夫以曾參

之賢與其母信之也三人疑之其母懼焉今臣之賢不若曾參王之信臣又不如曾參之母信曾參也疑臣者非特三人臣恐大王之投杼也始張儀西并巴蜀之地北開西河之外南取上庸天下不以多張子而以賢先王魏文侯令樂羊將而攻中山三年而拔之樂羊返而論功文侯示之謗書一篋樂羊再拜稽首曰此非臣之功也主君之力也今臣羇旅之臣也樗里子公孫奭（音釋）二人者挾韓而議之王必聽之是王欺魏王而臣受公

仲侈之怨也王曰寡人不聽也請與子盟卒使丞相甘茂將兵伐宜陽五月而不拔樗里子公孫奭果爭之武王召甘茂欲罷兵甘茂曰息壤在彼（甘茂歸至息壤與秦王盟恐後樗里子公孫奭伐韓令二子果爭之武王召茂欲罷兵故甘茂云息壤在故邑也）王曰有之因大悉起兵使甘茂擊之斬首六萬遂拔宜陽韓襄王使公仲侈入謝與秦平武王竟至周而卒於周其弟立為昭王王母宣太后楚女也楚懷王怨前秦敗楚於丹陽而韓不救乃以兵圍韓雍氏（故城在洛州洛陽縣東北二十里）韓使公仲

侈告急於秦秦昭王新立太后楚人不肯救公仲因甘茂茂為韓言於秦昭王曰公仲方有得秦救故敢扞楚也今雍氏圍秦師不下殽公仲且仰首而不朝公叔且以國南合於楚楚韓為一魏氏不敢不聽然則伐秦之形成矣不識坐而待伐孰與伐人之利秦王曰善乃下師於殽以救韓楚兵去秦使向壽平宜陽而使樗里子甘茂伐魏皮氏向壽者宣太后外族也而與昭王少相善長故任用向壽如楚楚聞秦之貴向壽而厚事向壽

向壽為秦守宜陽將以伐韓韓公仲使蘇代謂向壽曰
禽困覆軍公破韓辱公仲公仲收國復事秦自以為必
可以封 公仲自以為必可得秦封 令公與楚解口地 上紀買及公向壽也解口猶開
口得言向壽於秦開口則楚人必得封地也 封小令尹以杜陽秦楚合復攻
韓韓必亡韓亡公仲且躬率其私徒以閼於秦 公仲恐韓亡欲
將私徒往宜陽閼向壽也 願公孰慮之也向壽曰吾合秦楚非以當
韓也子為壽謁之公仲 子蘇代也向壽恐令蘇代謁報公仲云秦韓交可合 曰
秦韓之交可合也蘇代對曰願有謁於公 公向壽也言向壽亦黨於

楚與公孫奭甘茂黨韓魏同也 人曰貴其所以貴者貴王之愛習公也
不如公孫奭其智能公也不如甘茂令二人者皆不得
親於秦事而公獨與王主斷於國者何彼有以失之也
言秦王雖愛習公孫奭甘茂秦事不親委者為黨韓魏也令國事獨與向壽主斷者不知壽黨於楚以事秦王
者以失之也 公孫奭黨於韓而甘茂黨於魏故王不信也今
秦楚爭彊而公黨於楚是與公孫奭甘茂同道也公何
以異之 蘇氏云向壽與公孫奭甘茂皆有黨言無異也又一云改異黨楚之意 人皆言楚
之善變也而公必亡之是自為責也 楚善變改不可信若變向壽必亡敗

是自為責 公不如與王謀其變也善韓以備楚 令秦親韓而備楚之變改
則向壽無患矣 如此則無患矣韓氏必先以國從公孫奭而後
委國於甘茂韓公之讎也 韓氏必先委二人故韓為向壽之讎 今公言善
韓以備楚是外舉不辟讎也向壽曰然吾甚欲韓合對
曰甘茂許公仲以武遂反宜陽之民 武遂宜陽本韓邑也秦伐取之今欲
還韓令其民得反歸居之 今公徒收之甚難 蘇代言甘茂許公仲以武遂又歸宜陽之民令
向壽徒擬收之甚難事也 向壽曰然則奈何武遂終不可得也對曰
公奚不以秦為韓求潁川於楚 潁川許州也楚侵韓潁川蘇代令向壽以秦感

畫為韓觖楚求隶潁川是親向壽 此韓之寄地也公求而得之是令行
於楚而以其地德韓也公求而不得是韓楚之怨不解
而交走秦也秦楚爭彊而公徐過楚 若二國皆事秦公則漸就楚之過失
以收韓此利於秦也 以收韓此利於秦向壽曰奈何對曰此善事
也甘茂欲以魏取齊公孫奭欲以韓取齊今公取宜陽
以為功收楚韓以安之而誅齊魏之罪 言公孫奭甘茂皆欲以秦挾韓
魏而取齊令向壽取宜陽為功收楚韓安以事秦而責齊魏之罪是公孫奭甘茂不得同合韓魏於秦以伐齊
也 是以公孫奭甘茂無事也甘茂竟言秦昭王以武遂

復歸之韓年表云秦昭王元年子韓武遂也向壽公孫奭爭之不能得向壽公孫奭由此怨讒甘茂茂懼輟伐魏蒲阪亡去樗里子與魏講罷兵甘茂之亡秦奔齊逢蘇代代為齊使於秦甘茂曰臣得罪於秦懼而遯逃無所容跡臣聞貧人女與富人女會績貧人女曰我無以買燭而子之燭光幸有餘子可分我餘光無損子明而得一斯便焉今臣困而君方使秦而當路矣茂之妻子在焉願君以餘光振之蘇代許諾遂致使於秦已因說秦王曰甘茂非

常士也其居於秦累世重矣自殽塞及至鬼谷其地形險易皆明知之彼以齊約韓魏反以圖秦非秦之利也秦王曰然則奈何蘇代曰王不若重其贄厚其祿以迎之使彼來則置之鬼谷劉伯莊云此鬼谷關內雲陽非陽城者也按陽城谷時屬韓秦不得言置之終身勿出秦王曰善即賜之上卿以相印迎之於齊甘茂不往蘇代謂齊湣王曰夫甘茂賢人也今秦賜之上卿以相印迎之甘茂德王之賜好為王臣故辭而不往今王何以禮之齊王曰善即位之上卿而處之

秦因復甘茂之家復音福以市於齊齊使甘茂於楚楚懷王新與秦合婚而驩而秦聞甘茂在楚使人謂楚王曰願送甘茂於秦楚王問於范蜎許緣反曰寡人欲置相於秦孰可對曰臣不足以識之楚王曰寡人欲相甘茂可乎對曰不可夫史舉下蔡之監門也大不為事君小不為家室以茍賤不廉聞於世甘茂事之順焉故惠王之明武王之察張儀之辯而甘茂事之取十官而無罪茂誠賢者也然不可相於秦夫秦之有賢相非楚國之利

也且王前嘗用召滑於越而內行章義之難越國亂故楚南塞厲門劉伯莊云厲門度嶺南之要路而郡江東吳越之城皆為楚之郡邑計王之功所以能如此者越國亂而楚治也今王知用諸越而忘用諸秦臣以王為鉅過矣然則王若置相於秦則莫若向壽者可夫向壽之於秦王親也少與之同衣長與之同車以聽事王必相向壽於秦則楚國之利也於是使使請秦相向壽於秦秦卒相向壽而甘茂竟不得復入秦卒於魏甘茂有孫曰甘羅

甘羅者甘茂孫也茂既死後甘羅年十二事秦相文信侯呂不韋秦始皇帝使剛成君蔡澤於燕三年而燕王喜使太子丹入質於秦秦使張唐往相燕欲與燕共伐趙以廣河間之地張唐謂文信侯曰臣嘗為秦昭王伐趙趙怨臣曰得唐者與百里之地今之燕必經趙臣不可以行文信侯不快未有以彊也甘羅曰君侯何不快之甚也文信侯曰吾令剛成君蔡澤事燕三年燕太子丹已入質矣吾自請張卿相燕而不肯行甘羅曰臣請

行之文信侯叱曰去我身自請之而不肯汝焉能行之（女音汝焉乙連反）甘羅曰夫項橐生七歲為孔子師今臣生十二歲於茲矣君其試臣何遽叱乎於是甘羅見張卿曰卿之功孰與武安君卿曰武安君南挫彊楚北威燕趙戰勝攻取破城墮邑不知其數臣之功不如也甘羅曰應侯之用於秦也孰與文信侯專張卿曰應侯不如文信侯專甘羅曰卿明知其不如文信侯專與曰知之甘羅曰應侯欲攻趙武安君難之去咸陽七里而立死於杜郵今文信侯自請卿相燕而不肯行臣不知卿所死處矣張唐曰請因孺子行令裝治行行有日甘羅謂文信侯曰借臣車五乘請為張唐先報趙文信侯乃入言之於始皇曰昔甘茂之孫甘羅年少耳然名家之子孫諸侯皆聞之今者張唐欲稱疾不肯行甘羅說而行之今願先報趙請許遣之始皇召見使甘羅於趙趙襄王郊迎甘羅甘羅說趙王曰王聞燕太子丹入質秦歟曰聞之曰聞張唐相燕歟曰聞之燕太子丹入秦者燕不

欺秦也張唐相燕者秦不欺燕也燕秦不相欺者伐趙危矣燕秦不相欺無異故欲攻趙而廣河間王不如齎臣五城以廣河間請歸燕太子與彊趙攻弱燕趙王立自割五城以廣河間秦歸燕太子趙攻燕得上谷三十城（上谷今嬀州也在幽州西北）令秦有十一甘羅還報秦乃封甘羅以為上卿復以始甘茂田宅賜之

太史公曰樗里子以骨肉重固其理而秦人稱其智故頗采焉甘茂起下蔡閭閻顯名諸侯重彊齊楚（甘茂為彊齊楚）

所重

甘羅年少然出一奇計聲稱後世雖非篤行之君子然亦戰國之策士也方秦之彊時天下尤趨謀詐哉

史記正義卷七十一

欽定四庫全書

史部

史記正義卷七十二至七十九

詳校官編修臣李如筠

史記正義卷七十二

唐　張守節　撰

史記七十二

穰侯列傳第十二

穰侯魏冉者秦昭王母宣太后弟也其先楚人姓芈氏（芈亡爾反）秦武王卒無子立其弟為昭王昭王母故號為芈八子及昭王即位芈八子號為宣太后宣太后非武王母武王母號曰惠文后先武王死宣太后二弟其異父

長弟曰穰侯姓魏氏名冉同父弟曰芈戎為華陽君（胣云）（華陽亭名在洛州密縣又故華城在鄭州管城縣南三十里即此城）而昭王同母弟曰高陵君涇陽君而魏冉最賢自惠王武王時任職用事武王卒諸弟爭立唯魏冉力為能立昭王昭王即位以冉為將軍衛咸陽誅季君之亂而逐武王后出之魏昭王諸兄弟不善者皆滅之威振秦國昭王少宣太后自治任魏冉為政昭王七年樗里子死而使涇陽君質於齊趙人樓緩來相秦趙不利乃使仇液之秦（音亦姓名）請以魏冉為秦相仇液將行其客宋公謂液曰秦不聽公樓緩必怨公公不若謂樓緩曰請為公毋急秦秦王見趙請相魏冉之不急且不聽公公言而事不成以德樓子事成魏冉故德公矣於是仇液從之而秦果免樓緩而魏冉相秦欲誅呂禮禮出奔齊昭王十四年魏冉舉白起使代向壽將而攻韓魏敗之伊闕斬首二十四萬虜魏將公孫喜明年又取楚之宛葉魏冉謝病免相以客卿壽燭為相其明年燭免復相冉乃封魏冉於穰復益封

陶號曰穰侯穰侯封四歲為秦將攻魏魏獻河東方四百里拔魏之河內取城大小六十餘昭王十九年秦稱西帝齊稱東帝月餘呂禮來而齊秦各復歸帝為王魏冉復相秦六歲而免免二歲復相秦四歲而使白起拔楚之郢秦置南郡乃封白起為武安君白起者穰侯之所任舉也相善於是穰侯之富富於王室昭王三十二年穰侯為相國將兵攻魏走芒卯（上莫卯反下陌飽反）入北宅（竹書云宅陽一名北宅括地志云宅陽故城在鄭州滎陽縣西南十七里）遂圍大梁梁大夫須

賈説穰侯曰臣聞魏之長吏謂魏王曰昔梁惠王伐趙戰勝三梁拔邯鄲趙氏不割而邯鄲復歸齊人攻衛拔故國殺子良衛人不割而故地復反衛趙之所以國全兵勁而地不并於諸侯者以其能忍難而重出地也宋中山數伐割地而國隨以亡臣以為衛趙可法而宋中山可為戒也秦貪戾之國也而毋親蠶食魏氏又盡晉國戰勝暴子割八縣地未畢入兵復出矣夫秦何猒之有哉今又走芒卯入北宅此非敢攻梁也且劫王以求

多割地王必勿聽也今王背楚趙而講秦楚趙怒而去王與王爭事秦秦必受之秦挾楚趙之兵以復攻梁則國求無亡不可得也願王之必無講也王若欲講少割而有質不然必見欺此臣之所聞於魏也願君王之以是慮事也周書曰惟命不于常此言幸之不可數也夫戰勝暴子割八縣此非兵力之精也又非計之工也天幸為多矣今又走芒卯入北宅以攻大梁是以天幸自為常也智者不然臣聞魏氏悉其百縣勝甲以上戍大梁臣以為不下三十萬以三十萬之衆守梁七仞之城臣以為湯武復生不易攻也夫輕背楚趙之兵陵七仞之城戰三十萬之衆而志必舉之臣以為自天地始分以至于今未嘗有者也攻而不拔秦兵必罷陶邑必亡（定陶近大梁穰侯攻梁兵疲定陶必為魏伐）則前功必弃矣今魏氏方疑可以少割收也願君逮楚趙之兵未至於梁亟以少割收魏魏方疑而得以少割為利必欲之則君得所欲矣楚趙怒於魏之先已也必爭事秦從以此散（從足松反）而君後

擇焉且君之得地豈必以兵哉割晉國秦兵不攻而魏必效絳安邑又為陶開兩道（穰故封定陶故宋及單父是陶之南道也魏之安邑及絳是陶北道）幾盡故宋衛必效單父秦兵可全而君制之何索而不得何為而不成願君熟慮之而無行危穰侯曰善乃罷梁圍（表云魏安釐王二年秦軍大梁韓來救與秦溫以和也）明年魏背秦與齊從親秦使穰侯伐魏斬首四萬走魏將暴鳶得魏三縣穰侯益封明年穰侯與白起客卿胡陽復攻趙韓魏破芒卯於華陽下斬首十萬取魏之卷蔡陽長社

趙氏觀津且與趙觀津益趙以兵伐齊齊襄王懼使蘇代為齊陰遺穰侯書曰臣聞往來者言曰秦將益趙甲四萬以伐齊臣竊必之（臣蘇代也必知秦與趙甲四萬以伐齊）弊邑之王曰（謂齊王也）秦王明而熟於計穰侯智而習於事必不益趙甲四萬以伐齊是何也夫三晉之相與也秦之深讎也百相背也百相欺也不為不信不為無行今破齊以肥趙趙秦之深讎不利於秦此一也秦之謀者必曰破齊弊晉楚（令晉楚伐齊晉楚之國亦弊敗）而後制晉楚之勝夫齊罷國

也以天下攻齊如以千鈞之弩決潰癰也必死安能弊晉楚此二也秦少出兵則晉楚不信也多出兵則晉楚為制於秦齊恐不走秦必走晉楚此三也秦割齊以啖晉楚晉楚案之以兵秦反受敵此四也是晉楚以秦謀齊以齊謀秦也何晉楚之智而秦齊之愚此五也故得安邑以善事之亦必無患矣秦有安邑韓氏必無上黨矣取天下之腸胃與出兵而懼其不反也孰利臣故曰秦王明而熟於計穰侯智而習於事必不益趙甲四萬以伐齊矣於是穰侯不行引兵而歸昭王三十六年相國穰侯言客卿竈欲伐齊取剛壽（故剛城在兗州龔邱縣界壽張鄆州縣也）以廣其陶邑於是魏人范雎自謂張祿先生譏穰侯之伐齊乃越三晉以攻齊也以此時奸說秦昭王昭王於是用范雎范雎言宣太后專制穰侯擅權於諸侯涇陽君高陵君之屬太侈富於王室於是秦王悟乃免相國令涇陽之屬皆出關就封邑穰侯出關輜車千乘有餘穰侯卒於陶而因葬焉秦復收陶為郡

太史公曰穰侯昭王親舅也而秦所以東益地弱諸侯嘗稱帝於天下天下皆西鄉稽首者穰侯之功也及其貴極富溢一夫開說身折勢奪而以憂死況於羇旅之臣乎

史記正義卷七十二

欽定四庫全書

史記正義卷七十三

唐 張守節 撰

白起王翦列傳第十三　史記七十三

白起者郿人也郿音眉岐州縣善用兵事秦昭王昭王十三年
而白起為左庶長將而擊韓之新城今洛州伊闕是歲穰侯
相秦舉任鄙以為漢中守其明年白起為左更攻韓魏
於伊闕今洛州南十九里伊闕山號曰龍門是斬首二十四萬又虜其將

公孫喜拔五城起遷為國尉言太尉渡河取韓安邑以東
到乾河明年白起為太良造攻魏拔之取城小大六十
一明年起與客卿錯攻垣城拔之後五年白起攻趙拔
光狼城光狼故城在澤州高平縣西二十五里也後七年白起攻楚拔鄢鄧
五城鄢鄧二邑在襄州其明年攻楚拔郢燒夷陵夷陵今硤州郭下縣遂
東至竟陵故城在郢州長壽縣南百五十里今復州亦是其地也楚王亡去郢東
走徙陳秦以郢為南郡白起遷為武安君武安君因取
楚定巫黔中郡昭王三十四年白起攻魏拔華陽走芒

卯而虜三晉將斬首十三萬與趙將賈偃戰沉其卒二
萬人於河中昭王四十三年白起攻韓陘城陘庭故城在曲沃縣
西北二十里有絳州東北三十五里也拔五城斬首五萬四十四年白起
攻南陽太行道絕之案南陽屬韓秦攻之則韓太行羊腸道絕矣四十五年
伐韓之野王野王降秦上黨道絕其守馮亭與民謀曰
鄭道已絕韓必不可得為民秦兵日進韓不能應不如
以上黨歸趙趙若受我秦怒必攻趙趙被兵必親韓韓
趙為一則可以當秦因使人報趙趙孝成王與平陽君

平原君計之平陽君曰不如勿受受之禍大於所得平
原君曰無故得一郡受之便趙受之因封馮亭為華陽
君常山一名華陽解在趙世家四十六年秦攻韓緱氏藺按檢諸地記潁川無
藺括地志云洛州嵩縣本夏之綸國也在緱氏東南六十里地理志云綸氏屬潁川郡按既攻緱氏藺二邑合
相近恐綸藺聲相似字隨音而轉作藺拔之四十七年秦使左庶長王齕
攻韓取上黨上黨民走趙趙軍長平長平故城在澤州高平縣西北一里
也以按據上黨民四月齕因攻趙趙使廉頗將趙軍士
卒犯秦斥兵秦斥兵斬趙裨將茄六月陷趙軍取二鄣

四尉 括地志云趙郭故城一名都尉城今名趙東城在澤州高平縣西二十五里又有故穀城此二城即二郡也 七月趙軍築壘壁而守之秦又攻其壘取二尉敗其陣奪西壘壁 趙西壘在澤州高平縣北六里是也即廉頗堅壁以待秦王齕奪趙西壘壁者 廉頗堅壁以待秦秦數挑戰 數音朔挑田鳥反 趙兵不出趙王數以為讓而秦相應侯又使人行千金於趙為反間 紀莧反 曰秦之所惡獨畏馬服子趙括將耳廉頗易與且降矣趙王既怒廉頗軍多失亡軍數敗又反堅壁不敢戰而又聞秦反間之言因使趙括代廉頗將以擊秦秦聞

欽定四庫全書　史記正義　卷七十三　三

馬服子將乃陰使武安君白起為上將軍而王齕為尉裨將令軍中有敢泄武安君將者斬趙括至則出兵擊秦軍秦軍詳敗而走 詳音羊 張二奇兵以劫之趙軍逐勝追造秦壁 秦壁一名秦壘今古名秦長壘 壁堅拒不得入而秦奇兵二萬五千人絕趙軍後又一軍五千騎絕趙壁間趙軍分而為二糧道絕而秦出輕兵擊之趙戰不利因築壁堅守 趙壁今名趙東壘亦名趙東長壘在澤州高平縣北五里即趙括築壁自敵處 以待救至秦王聞趙食道絕王自之河內 時已屬秦故發其兵 賜民爵各一

級發年十五以上悉詣長平遮絕趙救及糧食至九月趙卒不得食四十六日皆內陰相殺食來攻秦壘欲出為四隊四五復之不能出其將軍趙括出銳卒自搏戰秦軍射殺趙括括軍敗卒四十萬人降武安君武安君計曰前秦已拔上黨上黨民不樂為秦而歸趙趙卒反覆非盡殺之恐為亂乃挾詐而盡坑殺之遺其小者二百四十人歸趙前後斬首虜四十五萬人趙人大震四十八年十月秦復定上黨郡秦分軍為二王齕攻皮牢拔之 故城在絳州龍門縣西一里

欽定四庫全書　史記正義　卷七十三　四

司馬梗定太原 太原趙地秦定取也 韓趙恐使蘇代厚幣說秦相應侯曰武安君擒馬服子乎曰然又曰即圍邯鄲乎曰然趙亡則秦王王矣武安君為三公武安君所為秦戰勝攻取者七十餘城南定鄢郢漢中 鄢在襄州率道縣南九里郢在荊州江陵縣東六里漢中今褒州之地 北擒趙括之軍雖周邵呂望之功不益於此矣今趙亡秦王王則武安君必為三公君能為之下乎雖無欲為之下固不得已矣秦嘗攻韓圍邢邱 邢邱今懷州武陵縣東南二十里平皋縣城是也 困上黨

上黨之民皆反為趙天下不樂為秦民之日久矣今亡趙北地入燕東地入齊南地入韓魏則君之所得民亡幾何人故不如因而割之[因白起之攻割取韓趙之地]無以為武安君功也於是應侯言於秦王曰秦兵勞請許韓趙之割地以和且休士卒王聽之割韓垣雍[釋地名云卷縣所理垣雍城按今在鄭州原武縣西北七里也]趙六城以和正月皆罷兵武安君聞之由是與應侯有隙其九月秦復發兵使五大夫王陵攻趙邯鄲是時武安君病不任行[入針反堪也]四十九年正月陵

攻邯鄲少利秦益發兵佐陵陵兵亡五校武安君病愈秦王欲使武安君代陵將武安君言曰邯鄲實未易攻也且諸侯救日至彼諸侯怨秦之日久矣今秦雖破長平軍而秦卒死者過半國內空遠絕河山而爭人國都趙應其內諸侯攻其外破秦軍必矣不可秦王自命不行乃使應侯請之武安君終辭不肯行遂稱病秦王使王齕代陵將八九月圍邯鄲不能拔楚使春申君及魏公子將兵數十萬攻秦軍秦軍多失亡武安君言曰秦不聽臣計今如何矣秦王聞之怒彊起武安君[彊其兩反]武安君遂稱病篤應侯請之不起於是免武安君為士伍遷之陰密[故城在涇州鶉觚縣城西即古陰密國密康公國也]武安君病未能行居三月諸侯攻秦軍急秦軍數却使者日至秦王乃使人遣白起不得留咸陽中武安君既行出咸陽西門十里至杜郵[說文云郵境上行舍道路所經過今咸陽縣城本秦之郵也在雍州西北三十五里]秦昭王與應侯群臣議曰白起之遷其意尚怏怏不服有餘言秦王乃使使者賜之劍自裁武安君引劍將自剄

曰我何罪于天而至此哉良久曰我固當死長平之戰趙卒降者數十萬人我詐而盡阬之是足以死遂自殺武安君之死也以秦昭王五十年十一月死而非其罪秦人憐之鄉邑皆祭祀焉

王翦者頻陽東鄉人也[故城在雍州東同官縣界也]少而好兵事秦始皇始皇十一年翦將攻趙閼與[音預]破之拔九城十八年翦將攻趙歲餘遂拔趙趙王降盡定趙地為郡明年燕使荊軻為賊於秦秦王使王翦攻燕燕王喜走遼東

翦遂定燕薊而還薊音計秦使翦子王賁擊荆荆兵敗還擊魏魏王降遂定魏地秦始皇既滅三晉走燕王而數破荆師秦將李信者年少壯勇嘗以兵數千逐燕太子丹至於衍水中卒破得丹始皇以為賢勇於是始皇問李信吾欲攻取荆於將軍度用幾何人而足李信曰不過用二十萬人始皇問王翦王翦曰非六十萬人不可始皇曰王將軍老矣何怯也李將軍果勢壯勇其言是也遂使李信及蒙恬將二十萬南伐荆王翦言不用因

謝病歸老於頻陽李信攻平與在潁東北五十四里蒙恬攻寢大破荆軍信又攻鄢郢破之於是引兵而西與蒙恬會城父言引兵而會城父則是汝州郟城縣東父城者也括地志云汝州郟城縣東四十里有父城故城即服虔云城父楚北境者也又許州葉縣東北四十五里亦有父城故城即杜預云襄城城父縣者也此二城父城之名耳服虔城父是誤也左傳及注水經云楚大城城父是太子建居之十三州志云太子建所居城父謂今亳州城父是也此三家之說是城父之名地理志云潁川入城縣沛郡城父縣據縣屬郡其名自分古先儒多惑故使其名錯亂荆人因隨之三日三夜不頓舍大破李信軍入兩壁殺七都尉秦軍走始皇聞之大怒自馳如頻陽見謝王翦曰寡人以不用將軍計李信果辱秦軍今聞荆兵日進而西將軍雖病獨忍弃寡人乎王翦謝曰老臣罷病悖亂罷音皮悖音背唯大王更擇賢將始皇謝曰已矣將軍勿復言王翦曰大王必不得已用臣非六十萬人不可始皇曰為聽將軍計耳於是王翦將兵六十萬人始皇自送至灞上王翦行請美田宅園池甚衆始皇曰將軍行矣何憂貧乎王翦曰為大王將有功終不得封侯故及大王之嚮臣臣亦及時以請園池為子孫業耳始

皇大笑王翦既至關使使還請善田者五輩或曰將軍之乞貸亦已甚矣王翦曰不然夫秦王怚而不信人今空秦國甲士而專委於我我不多請田宅為子孫業以自堅顧令秦王坐而疑我矣王翦果代李信擊荆荆聞王翦益軍而來乃悉國中兵以拒秦王翦至堅壁而守之不肯戰荆兵數出挑戰終不出王翦日休士洗沐而善飲食撫循之親與士卒同食久之王翦使人問軍中戲乎對曰方投石超距於是王翦曰士卒可用矣荆數

挑戰而秦不出乃引而東翦因舉兵追之令壯士擊大破荆軍至蘄南 徐州縣也 殺其將軍項燕荆兵遂敗走秦因乘勝略定荆地城邑歲餘虜荆王負芻竟平荆地為郡縣因南征百越之君而王翦子王賁與李信破定燕齊地秦始皇二十六年盡并天下王氏蒙氏功為多名施於後世秦二世之時王翦及其子賁皆已死而又滅蒙氏陳勝之反秦秦使王翦之孫王離擊趙圍趙王及張耳鉅鹿城 今邢州平鄉縣城本秦鉅鹿郡城也 或曰王離秦之名將也今將

彊秦之兵攻新造之趙舉之必矣客曰不然夫為將三世者必敗必敗者何也以其所殺伐多矣其後受其不詳今王離已三世將矣居無何項羽救趙擊秦軍果虜王離王離軍遂降諸侯

太史公曰鄙語云尺有所短寸有所長白起料敵合變出奇無窮聲震天下然不能救患於應侯王翦為秦將夷六國當是時翦為宿將始皇師之然不能輔秦建德固其根本偷合取容以至圽身及孫王離為項羽所虜不亦宜乎彼各有所短也

史記正義卷七十三

欽定四庫全書

史記正義卷七十四

唐 張守節 撰

孟子荀卿列傳第十四　史記七十四

太史公曰余讀孟子書至梁惠王問何以利吾國未嘗不廢書而歎也曰嗟乎利誠亂之始也夫子罕言利者常防其原也故曰放於利而行多怨自天子至於庶人好利之獘何以異哉

孟軻鄒人也軻字子輿為齊卿鄒兗州縣受業子思之門人道既通游事齊宣王宣王不能用適梁梁惠王不果所言則見以為迂遠而闊於事情當是之時秦用商君富國彊兵楚魏用吳起戰勝弱敵齊威王宣王用孫子田忌之徒而諸侯東面朝齊天下方務於合從連衡以攻伐為賢而孟軻乃述唐虞三代之德是以所如者不合退而與萬章之徒序詩書述仲尼之意作孟子七篇其後有騶子之屬齊有三騶子其前鄒忌以鼓琴干威王因及國政封為成侯而受相印先孟子其次騶衍後孟子騶衍睹有國者益淫侈不能尚德若大雅整之於身施及黎庶矣乃深觀陰陽消息而作怪迂之變終始大聖之篇十餘萬言其語閎大不經必先驗小物推而大之至於無垠先序今以上至黃帝學者所共術大並世盛衰因載其機祥度制推而遠之至天地未生窈冥不可考而原也先列中國名山大川通谷禽獸水土所殖物類所珍因而推之及海外人之所不能睹稱引天地剖判以

來五德轉移治各有宜而符應若茲以為儒者所謂中國者於天下乃八十一分居其一分耳中國名曰赤縣神州赤縣神州內自有九州禹之序九州是也不得為州數中國外如赤縣神州者九乃所謂九州也於是有裨海環之人民禽獸莫能相通者如一區中者乃為一州如此者九乃有大瀛海環其外天地之際焉其術皆此類也然要其歸必止乎仁義節儉君臣上下六親之施始也濫耳王公大人初見其術懼然顧化其後不能

行之是以騶子重於齊適梁梁惠王郊迎執賓主之禮適趙平原君側行襒席如燕昭王擁彗先驅請列弟子之座而受業築碣石宫碣石宫在幽州薊縣西三十里寧臺之東身親往師之作主運其游諸侯見尊禮如此豈與仲尼菜色陳蔡孟軻困於齊梁同乎哉故武王以仁義伐紂而王伯夷餓不食周粟衛靈公問陳而孔子不荅梁惠王謀欲攻趙孟軻稱大王去邠此豈有意阿世俗苟合而已哉持方枘欲内圜鑿其能入乎或曰伊尹負鼎而勉湯以王

百里奚飯牛車下而繆公用霸作先合然後引之大道騶衍其言雖不軌儻亦有牛鼎之意乎自騶衍與齊之稷下先生如淳于髡慎到環淵接子田駢騶奭之徒慎子十卷在法家則戰國時處士接子二篇田子二十五篇齊人游稷下號天口接田二人道家騶奭十二篇陰陽家各著書言治亂之事以干世主豈可勝道哉

淳于髡齊人也博聞彊記學無所主其諫說慕晏嬰之為人也然而承意觀色為務客有見髡於梁惠王惠王屏左右獨坐而再見之終無言也惠王怪之以讓客曰子之稱淳于先生管晏不及及見寡人寡人未有得也豈寡人不足為言邪何故哉客以謂髡髡曰固也吾前見王王志在驅逐後復見王王志在音聲吾是以默然客具以報王王大駭曰嗟乎淳于先生誠聖人也前淳于先生之來人有獻善馬者寡人未及視會先生至後先生之來人有獻謳者未及試亦會先生來寡人雖屏人然私心在彼有之後淳于髡見壹語連三日三夜無倦惠王欲以卿相位待之髡因謝去於是送以安車駕

駟束帛加璧黄金百鎰終身不仕

慎到趙人田駢接子齊人環淵楚人皆學黄老道德之術因發明序其指意故慎到著十二論環淵著上下篇而田駢接子皆有所論焉

騶奭者齊諸騶子亦頗采騶衍之術以紀文於是齊王嘉之自如淳于髡以下皆命曰列大夫為開第康莊之衢高門大屋尊寵之覽天下諸侯賓客言齊能致天下賢士也

荀卿趙人年五十始來遊學於齊騶衍之術迂大而閎辯奭也文具難施淳于髠久與處時有得善言故齊人頌曰談天衍雕龍奭炙轂過髠田駢之屬皆已死齊襄王時而荀卿最為老師齊尚修列大夫之缺而荀卿三為祭酒焉齊人或讒荀卿荀卿乃適楚而春申君以為蘭陵令蘭陵縣屬東海郡今沂州承縣有蘭陵山春申君死而荀卿廢因家蘭陵李斯嘗為弟子已而相秦荀卿嫉濁世之政亡國亂君相屬不遂大道而營於巫祝信禨祥鄙儒小拘如莊周

等又猾稽亂俗於是推儒墨道德之行事興壞序列著數萬言而卒因葬蘭陵而趙亦有公孫龍為堅白異同之辯藝文志公孫龍子十四篇顔師古云即為堅白之辯按平原君傳鄒衍同時括地志云西平縣豫州西北百四十里有龍淵水也劇子之言魏有李悝盡地力之教藝文志李子三十二篇李悝相魏文侯富國強兵楚有尸子長盧長盧九篇楚人阿之吁子焉按東齊州也藝文志云吁子十八篇名嬰齊人七十子之後顔師古云音弭按是齊人阿又屬齊恐顔公誤也自如孟子至于吁子世多有其書故不論其傳云蓋墨翟宋之大夫善守禦為節用或曰並孔子時或曰在其後

史記正義卷七十四

欽定四庫全書

史記正義卷七十五

唐 張守節 撰

孟嘗君列傳第十五　史記七十五

孟嘗君名文姓田氏文之父曰靖郭君田嬰田嬰者齊威王少子而齊宣王庶弟也田嬰自威王時任職用事與成侯鄒忌及田忌將而救韓伐魏成侯與田忌爭寵成侯賣田忌田忌懼襲齊之邊邑不勝亡走會威王卒

宣王立知成侯賣田忌乃復召田忌以為將宣王二年田忌與孫臏田嬰俱伐魏敗之馬陵虜魏太子申而殺魏將龐涓宣王七年田嬰使於韓魏服於齊嬰與韓昭侯魏惠王會齊宣王東阿南（東阿齊州縣也）盟而去明年復與梁惠王會甄是歲梁惠王卒宣王九年田嬰相齊齊宣王與魏襄王會徐州而相王也（紀年云梁惠王三十年下邳遷于薛改名徐州）楚威王聞之怒田嬰明年楚伐敗齊師於徐州而使人逐田嬰田嬰使張丑說楚威王威王乃止田嬰相齊十一年宣王卒湣王即位即位三年而封田嬰於薛（薛故城在今徐州滕縣南四十四里也）初田嬰有子四十餘人其賤妾有子名文文以五月五日生嬰告其母曰勿舉也其母竊舉生之及長其母因兄弟而見其子文於田嬰田嬰怒其母曰吾令若去此子而敢生之何也文頓首因曰君所以不舉五月子者何故嬰曰五月子者長與戶齊將不利其父母文曰人生受命於天乎將受命於戶邪嬰默然文曰必受命於天君何憂焉必受命於戶則高其戶耳

誰能至者嬰曰子休矣久之文承閒問其父嬰曰子之子為何曰為孫孫之孫為何曰為玄孫玄孫之孫為何曰不能知也文曰君用事相齊至今三王矣齊不加廣而君私家富累萬金門下不見一賢者文聞將門必有將相門必有相今君後宮蹈綺縠而士不得短褐僕妾餘粱肉而士不厭糟糠今君又尚厚積餘藏欲以遺所不知何人而忘公家之事日損文竊怪之於是嬰乃禮文使主家待賓客賓客日進名聲聞於諸侯諸侯皆使人

請薛公田嬰以文為太子嬰許之嬰卒謚為靖郭君而文果代立於薛是為孟嘗君孟嘗君在薛招致諸侯賓客及亡人有罪者皆歸孟嘗君孟嘗君舍業厚遇之以故傾天下之士食客數千人無貴賤一與文等孟嘗君待客坐語而屏風後常有侍史主記君所與客語問親戚居處客去孟嘗君已使使存問獻遺其親戚孟嘗君曾待客夜食有一人蔽火光客怒以飯不等輟食辭去孟嘗君起自持其飯比之客慚自剄士以此多歸孟嘗君

孟嘗君客無所擇皆善遇之人人各自以為孟嘗君親已秦昭王聞其賢乃先使涇陽君為質於齊以求見孟嘗君孟嘗君將入秦賓客莫欲其行諫不聽蘇代謂曰今旦代從外來見木偶人與土偶人相與語木偶人曰天雨子將敗矣土偶人曰我生於土敗則歸土今天雨流子而行未知所止息也今秦虎狼之國也而君欲往如有不得還君得無為土偶人所笑乎孟嘗君乃止齊湣王二十五年復卒使孟嘗君入秦昭王即以孟嘗君為秦相人或説秦昭王曰孟嘗君賢而又齊族也今相秦必先齊而後秦秦其危矣於是秦昭王乃止囚孟嘗君謀欲殺之孟嘗君使人抵昭王幸姬求解幸姬曰妾願得君狐白裘此時孟嘗君有一狐白裘直千金天下無雙入秦獻之昭王更無他裘孟嘗君患之徧問客莫能對最下坐有能為狗盜者曰臣能得狐白裘乃夜為狗以入秦宮藏中藏在浪反取所獻狐白裘至以獻秦王幸姬幸姬為言昭王昭王釋孟嘗君孟嘗君得出即馳去

更封傳變名姓以出關夜半至函谷關關在陝州桃林縣西南十三里秦昭王後悔出孟嘗君求之已去即使人馳傳逐之孟嘗君至關關法雞鳴而出客孟嘗君恐追至客之居下坐者有能為雞鳴而雞盡鳴遂發傳出出如食頃秦追果至關已後孟嘗君出乃還始孟嘗君列此二人於賓客賓客盡羞之及孟嘗君有秦難卒此二人拔之自是之後客皆服孟嘗君過趙趙平原君客之趙人聞孟嘗君賢出觀之皆笑曰始以薛公為魁然也今視之乃眇

小丈夫耳孟嘗君聞之怒客與俱者下斫擊殺數百人遂滅一縣以去齊湣王不自得以其遣孟嘗君孟嘗君至則以為齊相任政孟嘗君怨秦將以齊為韓魏攻楚因與韓魏攻秦而借兵食於西周蘇代為西周謂曰君以齊為韓魏攻楚九年取宛葉以北以彊韓魏宛在鄧州葉在許州二縣以北舊楚二國共沒以入韓魏今復攻秦以益之韓魏南無楚憂西無秦患則齊危矣韓魏必輕齊畏秦臣為君危之君不如令弊邑深合於秦而君無攻又無借兵食君臨

函谷而無攻令弊邑以君之情謂秦昭王曰薛公必不破秦以彊韓魏其攻秦也欲王之令楚王割東國以與齊東國齊徐夷而秦出楚懷王以為和君令弊邑以此惠秦秦得無破而以東國自免也秦必欲之楚王得出必德齊齊得東國益彊而薛世世無患矣秦不大弱而處三晉之西二晉必重齊薛公曰善因令韓魏賀秦使三國無攻而不借兵食於西周矣是時楚懷王入秦秦留之故欲必出之秦不果出楚懷王孟嘗君相齊其舍人魏

子為孟嘗君收邑入三反而不致一入孟嘗君問之對曰有賢者竊假與之以故不致入孟嘗君怒而退魏子居數年人或毀孟嘗君於齊湣王曰孟嘗君將為亂及田甲劫湣王湣王意疑孟嘗君孟嘗君乃奔魏子所與粟賢者聞之乃上書言孟嘗君不作亂請以身為盟遂自剄宮門以明孟嘗君湣王乃驚而蹤跡驗問孟嘗君果無反謀乃復召孟嘗君孟嘗君因謝病歸老於薛湣王許之其後秦亡將呂禮相齊欲困蘇代代乃謂孟嘗

君曰周最於齊至厚也周最周之公子而齊王逐之而聽親弗相呂禮者欲取秦也齊秦合則親弗與呂禮重矣有用齊秦必輕君君不如急北兵趨趙以和秦魏收周最以厚行且反齊王之信又禁天下之變齊無秦則天下集齊親弗必走則齊王孰與為其國也於是孟嘗君從其計而呂禮嫉害於孟嘗君孟嘗君懼乃遺秦相穰侯魏冉書曰吾聞秦欲以呂禮收齊齊天下之彊國也子必輕矣齊秦相取以臨三晉呂禮必并相矣是子通齊以

重呂禮也若齊免於天下之兵其讐子必深矣子不如勸秦王伐齊齊破吾請以所得封子齊破秦畏晉之彊秦必重子以取晉晉國獘於齊而畏秦晉必重子以取秦是子破齊以為功挾晉以為重是子破齊定封秦晉交重子若齊不破呂禮復用子必大窮於是穰侯言於秦昭王伐齊而呂禮亡後齊湣王滅宋益驕欲去孟嘗君孟嘗君恐乃如魏魏昭王以為相西合於秦趙與燕共伐破齊齊湣王亡在莒遂死焉齊襄王立而孟嘗君

中立為諸侯無所屬齊襄王新立畏孟嘗君與連和復親薛公文卒謚為孟嘗君括地志云孟嘗君墓在徐州滕縣五十二里卒在齊襄王之時也諸子爭立而齊魏共滅薛孟嘗絕嗣無後也初馮驩聞孟嘗君好客躡屩而見孟嘗君曰先生遠辱何以教文也馮驩曰聞君好士以貧身歸於君孟嘗君置傳舍十日孟嘗君問傳舍長曰客何所為荅曰馮先生甚貧猶有一劍耳又蒯緱彈其劍而謌曰長鋏歸來乎食無魚孟嘗君遷之幸舍食有魚矣五日又問傳舍長荅曰客復彈劍而歌曰長鋏歸來乎出無輿孟嘗君遷之代舍出入乘輿車矣五日孟嘗君復問傳舍長舍長荅曰先生又嘗彈劍而歌曰長鋏歸來乎無以為家孟嘗君不悅居朞年馮驩無所言孟嘗君時相齊封萬戶於薛其食客三千人邑入不足以奉客奉持用反使人出錢於薛歲餘不入貸錢者多不能與其息客奉將不給孟嘗君憂之問左右何人可使收債於薛者傳舍長曰代舍客馮公形容狀貌甚辯長者無他伎能宜可令收債孟

嘗君乃進馮驩而請之曰賓客不知文不肖幸臨文者三千餘人邑入不足以奉賓客故貸息錢於薛薛歲不入民頗不與其息今客食恐不給願先生責之馮驩曰諾辭行至薛召取孟嘗錢者皆會得息錢十萬乃多釀酒買肥牛召諸取錢者能與息者皆來不能與息者亦來皆持取錢之券書合之齊為會日殺牛置酒酒酣乃持券如前合之能與息者與為期貧不能與息者取其券而燒之曰孟嘗君所以貸錢者為民之無者以為本

業也所以求息者為無以奉客也今富給者以要期貧窮者燔券書以捐之諸君彊飲食有君如此豈可負哉坐者皆起再拜孟嘗君聞馮驩燒券書怒而使使召驩驩至孟嘗君曰文食客三千人故貸錢於薛文奉邑少而民尚多不以時與其息客食恐不足故請先生收責之聞先生得錢即以多具牛酒而燒券書何馮驩曰然不多具牛酒即不能畢會無以知其有餘不足有餘者為要期不足者雖守而責之十年息愈多急即以逃亡

自捐之若急終無以償上則為君好利不愛士民下則有離上抵負之名非所以厲士民彰君聲也焚無用虛債之券捐不可得之虛計令薛民親君而彰君之善聲也君有何疑焉孟嘗君乃拊手而謝之齊王惑於秦楚之毀以為孟嘗君名高其主而擅齊國之權遂廢孟嘗君諸客見孟嘗君廢皆去馮驩曰借臣車一乘可以入秦者必令君重於國而奉邑益廣可乎孟嘗君乃約車幣而遣之馮驩乃西說秦王曰天下之游士馮軾結靷西入秦者無不欲彊秦而弱齊憑軾結靷東入齊者無不欲彊齊而弱秦此雄雌之國也勢不兩立為雄雄者得天下矣秦王跽而問之曰何以使秦無為雌而可馮驩曰王亦知齊之廢孟嘗君乎秦王曰聞之馮驩曰使齊重於天下者孟嘗君也今齊王以毀廢之其心怨必背齊入秦則齊國之情人事之誠盡委之秦齊地可得也豈直為雄也君急使使載幣陰迎孟嘗君不可失時也如有齊覺悟復用孟嘗君則雌雄之所在未可知也

秦王大悅乃遣車十乘黃金百鎰以迎孟嘗君馮驩辭以先行至齊說齊王曰天下之游士憑軾結靷東入齊者無不欲彊秦而弱齊者夫秦齊雄雌之國秦彊則齊弱矣此勢不兩雄今臣竊聞秦遣使車十乘載黃金百鎰以迎孟嘗君孟嘗君不西則已西入相秦則天下歸之秦為雄而齊為雌雌則臨淄即墨危矣王何不先秦使之未到復孟嘗君而益與之邑以謝之孟嘗君必喜而受之秦雖彊國豈可以請人相而迎之哉折秦之謀

而絶其覇彊之略齊王曰善乃使人至境候秦使秦使車適入齊境使還馳告之王召孟嘗君而復其相位而與其故邑之地又益以千戶秦之使者聞孟嘗君復相齊還車而去矣自齊王毀廢孟嘗君諸客皆去後召而復之馮驩迎之未到孟嘗君太息歎曰文常好客遇客無所敢失食客三千有餘人先生所知也客見文一日廢皆背文而去莫顧文者今頼先生得復其位客亦有何面目復見文乎如復見文者必唾其面而大辱之馮驩結

轡下拜孟嘗君下車接之曰先生為客謝乎馮驩曰非為客謝也為君之言失夫物有必至事有固然君知之乎孟嘗君曰愚不知所謂也曰生者必有死物之必至也富貴多士貧賤寡友事之固然也君獨不見夫朝趨市者乎明旦側肩爭門而入日暮之後過市朝者掉臂而不顧非好朝而惡暮所期物亡其中今君失位賔客皆去不足以怨士而徒絶賔客之路願君遇客如故孟嘗君再拜曰敬從命矣聞先生之言敢不奉教焉

太史公曰吾嘗過薛其俗閭里率多暴桀子弟與鄒魯殊問其故曰孟嘗君招致天下任俠姦人入薛中蓋六萬餘家矣世之傳孟嘗君好客自喜名不虛矣

史記正義卷七十五

欽定四庫全書

史記正義卷七十六

唐 張守節 撰

平原君虞卿列傳第十六　史記七十六

平原君趙勝者勝式證反趙之諸公子也諸子中勝最賢喜賓客賓客蓋至者數千人平原君相趙惠文王及孝成王三去相三復位封於東武城今貝州武城縣平原君家樓臨民家民家有躄者槃散行汲躄跛也平原君美人居樓上

臨見大笑之明日躄者至平原君門請曰臣聞君之喜士士不遠千里而至者以君能貴士而賤妾也臣不幸有罷癃之病而君之後宮臨而笑臣臣願得笑臣者頭平原君笑應曰諾躄者去平原君笑曰觀此豎子乃欲以一笑之故殺吾美人不亦甚乎終不殺居歲餘賓客門下舍人稍稍引去者過半平原君怪之曰勝所以待諸君者未嘗敢失禮而去者何多也門下一人前對曰以君之不殺笑躄者以君為愛色而賤士士即去耳於是平原君乃斬笑躄者美人頭自造門進躄者因謝焉其後門下乃復稍稍來是時齊有孟嘗魏有信陵楚有春申故爭相傾以待士秦之圍邯鄲趙惠文王九年秦昭王十五年趙使平原君求救合從於楚約與食客門下有勇力文武備具者二十人偕平原君曰使文能取勝則善矣文不能取勝則歃血於華屋之下必得定從而還士不外索取於食客門下足矣得十九人餘無可取者無以滿二十人門下有毛遂者前自贊於平原君曰遂聞君將合從於楚

約與食客門下二十人偕不外索今少一人願君即以遂備員而行矣平原君曰先生處勝之門下幾年於此矣毛遂曰三年於此矣平原君曰夫賢士之處世也譬若錐之處囊中其末立見今先生處勝之門下三年於此矣左右未有所稱誦勝未有所聞是先生無所有也先生不能先生留毛遂曰臣乃今日請處囊中耳使遂蚤得處囊中乃穎脫而出非特其末見而已平原君竟與毛遂偕十九人相與目笑之而未發也毛遂比至楚

與十九人論議十九人皆服平原君與楚合從言其利害日出而言之日中不決十九人謂毛遂曰先生上毛遂按劍歷階而上謂平原君曰從之利害兩言而決耳今日出而言從日中不決何也楚王謂平原君曰客何為者也平原君曰是勝之舍人也楚王叱曰胡不下吾乃與而君言汝何為者也毛遂按劍而前曰王之所以叱遂者以楚國之衆也今十步之内王不得恃楚國之衆也王之命懸於遂手吾君在前叱者何也且遂聞湯

以七十里之地王天下文王以百里之壤而臣諸侯豈其士卒衆多哉誠能據其勢而奮其威今楚地方五千里持戟百萬此霸王之資也以楚之彊天下弗能當白起小豎子耳率數萬之衆興師以與楚戰一戰而舉鄢郢再戰而燒夷陵三戰而辱王之先人此百世之怨而趙之所羞而王弗知惡焉惡烏故反合從者為楚非為趙也吾君在前叱者何也楚王曰唯唯誠若先生之言謹奉社稷而以從毛遂曰從定乎楚王曰定矣毛遂謂楚王之左右曰取雞狗馬之血來毛遂奉銅盤而跪進之楚王曰王當歃血而定從次者吾君次者遂遂定從於殿上毛遂左手持盤血而右手招十九人曰公相與歃此血於堂下公等録録所謂因人成事者也平原君已定從而歸歸至於趙曰勝不敢復相士勝相士多者千人寡者百數自以為不失天下之士今乃於毛先生而失之也毛先生一至楚而使趙重於九鼎大呂大呂周廟大鐘毛先生以三寸之舌彊於百萬之師勝不敢復相士遂以

為上客平原君既返趙楚使春申君將兵赴救趙魏信陵君亦矯奪晉鄙軍往救趙皆未至秦急圍邯鄲邯鄲急且降平原君甚患之邯鄲傳舍吏子李同名談太史公諱改也說平原君曰君不憂趙亡邪平原君曰趙亡則勝為虜何為不憂乎李同曰邯鄲之民炊骨易子而食可謂急矣而君之後宮以百數婢妾被綺縠餘粱肉而民褐衣不完糟糠不厭民困兵盡或剡木為矛矢而君器物鍾磬自若使秦破趙君安得有此使趙得全君何患無有

今君誠能令夫人以下編於士卒之間分功而作家之所有盡散以饗士士方其危苦之時易德耳言士方危苦之時易有恩德於是平原君從之得敢死之士三千人李同遂與三千人赴秦軍秦軍為之卻三十里亦會楚魏救至秦兵遂罷邯鄲復存李同戰死封其父為李侯懷州溫縣本李城也李同父所封隋煬帝改故溫城移縣於此虞卿欲以信陵君之存邯鄲為平原君請封公孫龍聞之夜駕見平原君曰龍聞虞卿欲以信陵君之存邯鄲為君請封有之乎平原君曰然

龍曰此甚不可且王舉君而相趙者非以君之智能為趙國無有也割東武城而封君者非以君為有功也而以國人無勳乃以君為親戚故也君受相印不辭無能割地不言無功者亦自以為親戚故也今信陵君存邯鄲而請封是親戚受城而國人計功也此甚不可且虞卿操其兩權事成操右券以責事不成以虛名德君君必勿聽也平原君遂不聽虞卿平原君以趙孝成王十五年卒子孫代後竟與趙俱亡平原君厚待公孫龍公孫龍善為堅白之辯及鄒衍過趙言至道乃絀公孫龍

虞卿者游說之士也躡蹻檐簦說趙孝成王一見賜黃金百鎰白璧一雙再見為趙上卿故號為虞卿秦趙戰於長平趙不勝亡一都尉趙王召樓昌與虞卿曰軍戰不勝尉復死寡人使束甲而趨之何如樓昌曰無益也不如發重使為媾虞卿曰昌言媾者以為不媾軍必破也而制媾者在秦且王之論秦也欲破趙之軍乎不邪王曰秦不遺餘力矣必且欲破軍虞卿曰王聽臣發使

出重寶以附楚魏楚魏欲得王之重寶必內吾使趙使入楚魏秦必疑天下之合從且必恐如此則媾乃可為也趙王不聽與平陽君為媾發鄭朱入秦秦內之趙王召虞卿曰寡人使平陽君為媾於秦秦已內鄭朱矣卿以為奚如虞卿對曰王不得媾軍必破矣天下賀戰勝者皆在秦矣鄭朱貴人也入秦秦王與應侯必顯重以示天下楚魏以趙為媾必不救王秦知天下不救王則媾不可得成也應侯果顯鄭朱以示天下賀戰勝者終

不肯媾長平大敗遂圍邯鄲為天下笑秦既解邯鄲圍而趙王入朝使趙郝約事於秦割六縣而媾虞卿謂趙王曰秦之攻王也倦而歸乎王以其力尚能進愛王而弗攻乎王曰秦之攻我也不遺餘力矣必以倦而歸也虞卿曰秦以其力攻其所不能取倦而歸王又以其力之所不能取以送之是助秦自攻也來年秦復攻王王無救矣王以虞卿之言告趙郝趙郝曰虞卿誠能盡秦力之所至乎誠知秦力之所不能進此彈丸之地弗予

令秦來年復攻王王得無割其內而媾乎王曰請聽子割矣子能必使來年秦之不復攻我乎趙郝對曰此非臣之所敢任也他日三晉之交於秦相善也今秦善韓魏而攻王王之所以事秦必不如韓魏也今臣為足下解負親之攻開關通弊齊交韓魏至來年而王獨取攻於秦此王之所以事秦必在韓魏之後也此非臣之所敢任也王以告虞卿虞卿對曰郝言不媾來年秦復攻王王得無割其內而媾乎今媾郝又以不能必秦之不復攻也今雖割六城何益來年復攻又割其力之所不能取而媾此自盡之術也不如無媾秦雖善攻不能取六縣趙雖不能守終不失六城秦倦而歸兵必罷我以六城收天下以攻罷秦是我失之於天下而取償於秦也吾國尚利孰與坐而割地自弱以彊秦哉今郝曰秦善韓魏而攻趙者必以為韓魏不救趙也而王之軍必孤有以王之事秦不如韓魏也是使王歲以六城事秦也即坐而城盡來年秦復求割地王將與之乎弗與是

棄前功而挑秦禍也與之則無地而給之語曰彊者善攻弱者不能守今坐而聽秦秦兵不弊而多得地是彊秦而弱趙也以益彊之秦而割愈弱之趙其計故不止矣且王之地有盡而秦之求無已以有盡之地而給無已之求其勢必無趙矣趙王計未定樓緩從秦來趙王與樓緩計之曰予秦地何如毋予孰吉緩辭讓曰此非臣之所能知也王曰雖然試言公之私樓緩對曰王亦聞夫公甫文伯母乎 季康子從祖母文伯名歜康子從父昆弟 公甫文伯仕於

魯病死女子為自殺於房中者二人其母聞之弗哭也其相室曰謂傅姆之類也焉有子死而弗哭者乎其母曰孔子賢人也逐於魯而是人不隨也今死而婦人為之自殺者二人若是者必其於長者薄而於婦人厚也故從母言之是為賢母從妻言之是必不免為妬妻故其言一也言者異則人心變矣今臣新從秦來而言勿予則非計也言予之恐王以臣為為秦也故不敢對使臣得為大王計不如予之王曰諾虞卿聞之入見王曰此飾說

也王眘勿予樓緩聞之往見王王又以虞卿之言告樓緩樓緩對曰不然虞卿得其一不得其二夫秦趙搆難而天下皆說何也曰吾且因彊而乘弱矣今趙兵困於秦天下之賀戰勝者則必盡在於秦矣故不如亟割地為和以疑天下而慰秦之心不然天下將因秦之彊怒乘趙之弊瓜分之趙且亡何秦之圖乎故曰虞卿得其一不得其二願王以此決之勿復計也虞卿聞之往見王曰危哉樓子之所以為秦者是愈疑天下而何慰秦之

心哉獨不言其示天下弱乎且臣言勿予者非固勿予而已也秦索六城於王而王以六城賂齊齊秦之深讐也得王之六城并力西擊秦齊之聽王不待辭之畢也則是王失之於齊而取償於秦也而齊趙之深讐可以報矣而示天下有能為也王以此發聲兵未窺於境臣見秦之重賂至趙而反媾於王也從秦為媾韓魏聞之必盡重王重王必出重寶以先於王則是王一舉而結三國之親而與秦易道也前取秦攻今得睦是易道也易音亦趙王曰

善則使虞卿東見齊王與之謀秦虞卿未返秦使者已在趙矣樓緩聞之亡去趙於是封虞卿以一城居頃之而魏請為從趙孝成王召虞卿謀過平原君平原君曰願卿之論從也虞卿入見王王曰魏請為從對曰魏過王曰寡人固未之許對曰王過王曰魏請從卿曰魏過寡人未之許又曰寡人過然則從終不可乎對曰臣聞小國之與大國從事也有利則大國受其福有敗則小國受其禍今魏以小國請其禍而王以大國辭其福臣故

曰王過魏亦過竊以為從便王曰善乃合魏為從虞卿
既以魏齊之故不重萬户侯卿相之印與魏齊間行卒
去趙困於梁魏齊已死不得意乃著書上採春秋下觀
近世曰節義稱號揣摩政謀凡八篇以刺譏國家得失
世傳之曰虞氏春秋（藝文志云十五篇）
太史公曰平原君翩翩濁世之佳公子也然未睹大體
鄙語曰利令智昏平原君貪馮亭邪説使趙陷長平
兵四十餘萬衆邯鄲幾亡虞卿料事揣情為趙畫策何

其工也及不忍魏齊卒困於大梁庸夫且知其不可況
賢人乎然虞卿非窮愁亦不能著書以自見於後世云

史記正義卷七十六

欽定四庫全書

史記正義卷七十七

唐 張守節 撰

信陵君列傳第十七　史記七十七

魏公子無忌者魏昭王少子而魏安釐王異母弟也昭
王薨安釐王即位封公子為信陵君是時范雎亡魏相
秦以怨魏齊故秦兵圍大梁破魏華陽下軍走芒卯魏
王及公子患之公子為人仁而下士士無賢不肖皆謙

而禮交之不敢以其富貴驕士士以此方數千里爭往
歸之致食客三千人當是時諸侯以公子賢多客不敢
加兵謀魏十餘年公子與魏王博而北境傳舉烽言趙
寇至且入界魏王釋博欲召大臣謀公子止王曰趙王
田獵耳非為寇也復博如故王恐心不在博居頃復從
北方來傳言曰趙王獵耳非為寇也魏王大驚曰公子
何以知之公子曰臣之客有能探得趙王陰事者趙王
所為客輒以報臣臣以此知之是後魏王畏公子之賢

能不敢任公子以國政魏有隱士曰侯嬴年七十家貧為大梁夷門監者公子聞之往請欲厚遺之不肯受曰臣脩身絜行數十年終不以監門困故而受公子財公子於是乃置酒大會賓客坐定公子從車騎虛左自迎夷門侯生攝弊衣冠直上載公子上坐不讓欲以觀公子公子執轡愈恭侯生又謂公子曰臣有客在市屠中願枉車騎過之公子引車入市侯生下見其客朱亥俾倪不正視也故久立與其客語微察公子公子顏色愈和當

是時魏將相宗室賓客滿堂待公子舉酒市人皆觀公子執轡從騎皆竊罵侯生侯生視公子色終不變乃謝客就車至家公子引侯生坐上坐徧贊賓客賓客皆驚酒酣公子起為壽侯生前侯生因謂公子曰今日嬴之為公子亦足矣嬴乃夷門抱關者也而公子親枉車騎自迎嬴於衆人廣坐之中不宜有所過今公子故過之然嬴欲就公子之名故久立公子車騎市中過客以觀公子公子愈恭市人皆以嬴為小人而以公子為長者

能下士也於是罷酒侯生遂為上客侯生謂公子曰臣所過屠者朱亥此子賢者世莫能知故隱屠閒耳公子往數請之朱亥故不復謝公子怪之魏安釐王二十年秦昭王已破趙長平軍又進兵圍邯鄲公子姊為趙惠文王弟平原君夫人數遺魏王及公子書請救於魏魏王使將軍晉鄙將十萬衆救趙秦王使使者告魏王曰吾攻趙旦暮且下而諸侯敢救者已拔趙必移兵先擊之魏王恐使人止晉鄙留軍壁鄴名為救趙實持兩端

以觀望平原君使者冠蓋相屬於魏讓魏公子曰勝所以自附為婚姻者以公子之高義為能急人之困也且公子縱輕勝棄之降秦獨不憐公子姊邪公子患之數請魏王及賓客辯士說王萬端魏王畏秦終不聽公子公子自度終不能得之於王計不獨生而令趙亡乃請賓客約車騎百餘乘欲以客往赴秦軍與趙俱死行過夷門見侯生具告所以欲死秦軍狀辭決而行侯生曰公子勉之矣老臣不能從公子行數里心不快曰吾所

以待侯生者備矣天下莫不聞今吾且死而侯生曾無一言半辭送我我豈有所失哉復引車還問侯生侯生笑曰臣固知公子之還也曰公子喜士名聞天下今有難無他端而欲赴秦軍譬若以肉投餒虎何功之有哉尚安事客然公子遇臣厚公子往而臣不送以是知公子恨之復返也公子再拜因問侯生乃屏人間語曰嬴聞晉鄙之兵符常在王卧内而如姬最幸出入王卧内力能竊之嬴聞如姬父為人所殺如姬資之三年自王

以下欲求報其父讐莫能得如姬為公子泣公子使客斬其讐頭敬進如姬如姬之欲為公子死無所辭顧未有路耳公子誠一開口請如姬如姬必許諾則得虎符奪晉鄙軍北救趙而西却秦此五霸之伐也公子從其計請如姬如姬果盜晉鄙兵符與公子公子行侯生曰將在外主令有所不受以便國家公子即合符而晉鄙不授公子兵而復請之事必危矣臣客屠者朱亥可與俱此人力士晉鄙聽大善不聽可使擊之於是公子泣侯生曰公子畏死耶何泣也公子曰晉鄙嚄唶聲類云嚄大笑唶大呼宿將往恐不聽必當殺之是吕泣耳豈畏死哉於是公子請朱亥朱亥笑曰臣乃市井鼓刀屠者而公子親數存之所以不報謝者以為小禮無所用今公子有急此乃臣效命之秋也遂與公子俱公子過謝侯生侯生曰臣宜從老不能請數公子行日以至晉鄙軍之日北鄉自剄以送公子公子遂行至鄴矯魏王令代晉鄙晉鄙合符果疑之舉手視公子曰今吾擁十萬之衆屯於境上國之重任今單車來代之何如哉欲無

聽朱亥袖四十斤鐵椎椎殺晉鄙公子遂將晉鄙軍勒兵下令軍中曰父子俱在軍中父歸兄弟俱在軍中兄歸獨子無兄弟歸養得選兵八萬人進兵擊秦軍秦軍解去遂救邯鄲存趙趙王及平原君自迎公子於界平原君負韊矢為公子先引趙王再拜曰自古賢人未有及公子者也當此之時平原君不敢自比於人公子與侯生決至軍侯生果北鄉自剄魏王怒公子之盜其兵符矯殺晉鄙公子亦自知也已却秦存趙使將將其軍

歸魏而公子獨與客留趙趙孝成王德公子之矯奪晉鄙兵而存趙乃與平原君計以五城封公子公子聞之意驕矜而有自功之色客有說公子曰物有不可忘或有不可不忘夫人有德於公子公子不可忘也公子有德於人願公子忘之也且矯魏王令奪晉鄙兵以救趙於趙則有功矣於魏則未為忠臣也公子乃自驕而功之竊為公子不取也於是公子立自責似若無所容者趙王埽除自迎執主人之禮引公子就西階公子側行

辭讓從東階上自言辠過以負於魏無功於趙趙王侍酒至暮口不忍獻五城以公子退讓也公子竟留趙趙王以鄗為公子湯沐邑魏亦復以信陵奉公子公子留趙公子聞趙有處士毛公藏於博徒薛公藏於賣漿家公子欲見兩人兩人自匿不肯見公子公子聞所在乃閒步往從此兩人游甚歡平原君聞之謂其夫人曰始吾聞夫人弟公子天下無雙今吾聞之乃妄從博徒賣漿者游公子妄人耳夫人以告公子公子乃謝夫人去曰始吾聞平原君賢故負魏王而救趙以稱平原君平原君之游徒豪舉耳不求士也無忌自在大梁時常聞此兩人賢至趙恐不得見以無忌從之游尚恐其不我欲也今平原君乃以為羞其不足從游乃裝為去夫人具以語平原君平原君乃免冠謝固留公子平原君門下聞之半去平原君歸公子天下士復往歸公子公子傾平原君客公子留趙十年不歸秦聞公子在趙日夜出兵東伐魏魏王患之使使往請公子公子恐其怒之

乃誡門下有敢為魏王使通者死賓客皆背魏之趙莫敢勸公子歸毛公薛公兩人往見公子曰公子所以重於趙名聞諸侯者徒以有魏也今秦攻魏魏急而公子不恤使秦破大梁而夷先王之宗廟公子當何面目立天下乎語未及卒公子立變色告車趣駕歸救魏魏王見公子相與泣而以上將軍印授公子公子遂將魏安釐王三十年公子使使遍告諸侯諸侯聞公子將各遣將將兵救魏公子率五國之兵破秦軍於河外走蒙驁

遂乘勝逐秦軍至函谷關抑秦兵秦兵不敢出當是時公子威振天下諸侯之客進兵法公子皆名之故世俗稱魏公子兵法秦王患之乃行金萬斤於魏求晉鄙客令毁公子於魏王曰公子亡在外十年矣今為魏將諸侯將皆屬諸侯徒聞魏公子不聞魏王公子亦欲因此時定南面而王諸侯畏公子之威方欲共立之秦數使反間偽賀公子得立為魏王未也魏王日聞其毁不能不信後果使人代公子將公子自知再以毁廢乃謝病不朝與賓客

為長夜飲飲醇酒多近婦女日夜為樂飲者四歲竟病酒而卒其歲魏安釐王亦薨秦聞公子死使蒙驁攻魏拔二十城初置東郡其後秦稍蠶食魏十八歲而虜魏王屠大梁高祖始微少時數聞公子賢及即天子位每過大梁常祠公子高祖十二年從擊黥布還為公子置守冢五家世世歲以四時奉祠公子

太史公曰吾過大梁之墟求問其所謂夷門夷門者城之東門也天下諸公子亦有喜士者矣然信陵君之接巖穴隐者不恥下交有以也名冠諸侯不虛耳高祖每過之而令民奉祀不絶也

史記正義卷七十七

欽定四庫全書

史記正義卷七十八

唐 張守節 撰

春申君列傳第十八　史記七十八

春申君者楚人也名歇姓黄氏游學博聞事楚頃襄王頃襄王以歇為辯使於秦秦昭王使白起攻韓魏敗之於華陽禽魏將芒卯韓魏服而事秦秦昭王方令白起與韓魏共伐楚未行而楚使黄歇適至於秦聞秦之計當是之時秦已前使白起攻楚取巫黔中之郡拔鄢郢

東至竟陵 竟陵屬江夏郡也 楚頃襄王東徙治於陳縣 今陳州也 黄歇見楚懷王之為秦所誘而入朝遂見欺留死於秦頃襄王其子也秦輕之恐壹舉兵而滅楚歇乃上書說秦昭王曰天下莫彊於秦楚今聞大王欲伐楚此猶兩虎相與鬭兩虎相與鬭而駑犬受其弊不如善楚臣請言其說臣聞物至則反冬夏是也 至極也極則反也冬至陰之極夏至陽之極 致至則危累碁是也今大國之地徧天下有其二垂 言極東西 此從生民已來萬乘之地未嘗有也先帝文王莊王之身三世不忘接地於齊以絶從親之要今王使盛橋守事於韓盛橋以其地入秦是王不用甲不信威而得百里之地王可謂能矣王又舉甲而攻魏杜大梁之門舉河内拔燕酸棗虚桃入邢 邢丘在懷州武陟縣東南二十里 魏之兵雲翔而不敢捄王之功亦多矣王休甲息衆二年而後復之又并蒲衍首垣以臨仁平丘黄濟陽嬰城 故黄城在曹州考城縣東濟陽故城在曹州冤句縣西南嬰城未詳 而魏氏服王又割濮磨之北注齊秦之要絶

楚趙之脊 劉伯莊云言秦得魏地楚趙之絶從 天下五合六聚而不敢救王之威亦單矣王若能持功守威絀攻取之心而肥仁義之地使無後患三王不足四五伯不足六也王若負人徒之衆仗兵革之彊乘毀魏之威而欲以力臣天下之主臣恐其有後患也詩曰靡不有初鮮克有終易曰狐涉水濡其尾 言狐惜其尾每涉水舉尾不令濕此至極困則濡之譬不可力臣之 此言始之易終之難也何以知其然也昔智氏見伐趙之利而不知榆次之禍 榆次并州縣也注水經云榆次縣南同過水側有鑿臺 吳見伐

齊之便而不知干隧之敗干隧吳地名也出萬安山西南一里太湖即吳王夫差自剄處在蘇州西北四十里此二國者非無大功也沒利於前而易患於後也吳之信越也從而伐齊既勝齊人於艾陵艾山在兗州博縣南六十里也還為越王禽三渚之浦吳俗傳云越軍將子胥夢從東入伐吳越王即從三公北岸立壇殺白馬祭子胥杯動酒盡乃開渠曰示浦入城吳王於姑蘇敗干隧也智氏之信韓魏也從而伐趙攻晉陽城并州城勝有日矣韓魏叛之殺智伯瑶於鑿臺之下今王妬楚之不毀也而忘毀楚之彊韓魏也臣為王慮而不取也詩曰大武遠宅而不涉言大軍不遠跋涉攻伐從此觀之

楚國援也鄰國敵也詩云趯趯毚兎遇犬獲之他人有心余忖度之今王中道而信韓魏之善王也此正吳之信越也臣聞之敵不可假時不可失臣恐韓魏卑辭除患而實欲欺大國也何則王無重世之德於韓魏而有累世之怨焉夫韓魏父子兄弟接踵而死於秦者將十世矣本國殘社稷壞宗廟毀刳腹絕腸折頸摺頤首身分離暴骸骨於草澤頭顱僵仆相望於境父子老弱係脰束手為羣虜者相及於路鬼神孤傷無所血食人民不聊生族類離散流亡為僕妾者盈滿海內矣故韓魏之不亡秦社稷之憂也今王資之與攻楚不亦過乎且王攻楚將惡出兵惡音烏王將借路於仇讐之韓魏乎兵出之日而王憂其不返也是王以兵資於仇讐之韓魏也王若不借路於仇讐之韓魏必攻隨水右壤隨水右壤此皆廣川大水山林谿谷不食之地也王雖有之不為得地是王有毀楚之名而無得地之實也且王攻楚之日四國必悉起兵以應王秦楚之兵構而不離魏氏將

出而攻留方與銍湖陵碭蕭相故宋必盡徐州西宋州東兗州南並故宋地齊人南面攻楚泗上必舉此時徐泗屬齊也此皆平原四達膏腴之地而使獨攻王破楚以肥韓魏於中國而勁齊韓魏之彊足以校於秦齊南以泗水為境東負海北倚河而無後患天下之國莫彊於齊魏齊魏得地葆利而詳事下吏一年之後為帝未能其於楚王之為帝有餘矣夫以王壤土之慱人徒之衆兵革之彊壹舉事而樹怨於楚遲令韓魏歸帝重於齊是王失計也臣為王

應莫若善楚秦楚合而為一以臨韓韓必斂手王施以東山之險帶以曲河之利韓必為關內之侯若是而王以十萬戍鄭梁氏寒心許鄢陵嬰城而上蔡召陵不往來也如此而魏亦關內侯矣王壹善楚而關內兩萬乘之主注地於齊齊右壤可拱手而取也 右壤謂泗州之南北也 王之地一經兩海 廣信樅度中間東西也 要約天下是燕趙無齊楚齊楚無燕趙也然後危動燕趙直搖齊楚此四國者不待痛而服矣昭王曰善於是乃止白起而謝韓魏發使

賂楚約為與國黃歇受約歸楚楚使歇與太子完入質於秦秦留之數年楚頃襄王病太子不得歸而楚太子與秦相應侯善於是黃歇乃說應侯曰相國誠善楚太子乎應侯曰然歇曰今楚王恐不起疾秦不如歸其太子太子得立其事秦必重而德相國無窮是親與國而得儲萬乘也若不歸則咸陽一布衣耳楚更立太子必不事秦夫失與國而絕萬乘之和非計也願相國孰慮之應侯以聞秦王秦王曰令楚太子之傅先往問楚王之疾返而後圖之黃歇為楚太子計曰秦之留太子也欲以求利也今太子力未能有以利秦也歇憂之甚而陽文君子二人在中王若卒大命太子不在陽文君子必立為後太子不得奉宗廟矣不如亡秦與使者俱出臣請止以死當之楚太子因變衣服為楚使者御以出關而黃歇守舍常為謝病度太子已遠秦不能追歇乃自言秦昭王曰楚太子已歸出遠矣歇當死願賜死昭王大怒欲聽其自殺也應侯曰歇為人臣出身以徇其

主太子立必用歇故不如無罪而歸之以親楚秦因遣黃歇歇至楚三月楚頃襄王卒太子完立是為考烈王考烈王元年以黃歇為相封為春申君 然四君封邑檢皆不見唯平原有地又非趙境並蓋號謚而孟嘗是謚 賜淮北地十二縣後十五歲黃歇言之楚王曰淮北地邊齊其事急請以為郡便因并獻淮北十二縣請封於江東考烈王許之春申君因城故吳墟 墟音虛闔閭今蘇州也於城內小城西北別築城居之今地變也又大內北瀆四從五橫至今猶存又改破楚門為昌門 以自為都邑春申君既相楚是時齊有孟嘗

君趙有平原君魏有信陵君方爭下士招致賓客以相傾奪輔國持權春申君為楚相四年秦破趙之長平軍四十餘萬五年圍邯鄲邯鄲告急於楚楚使春申君將兵往救之秦兵亦去春申君歸春申君相楚八年為楚北伐滅魯以荀卿為蘭陵令當是時楚復彊趙平原君使人於春申君春申君舍之於上舍趙使欲夸楚為瑇瑁簪刀劍室以珠玉飾之請命春申君客春申君客三千餘人其上客皆躡珠履以見趙使趙使大慙春申君

相十四年秦莊襄王立以呂不韋為相封為文信侯取東周春申君相二十二年諸侯患秦攻伐無已時乃相與合從西伐秦而楚王為從長春申君用事至函谷關秦出兵攻諸侯兵皆敗走楚考烈王以咎春申君春申君以此益踈客有觀津人朱英（觀音館今魏州觀城縣也）謂春申君曰人皆以楚為彊而君用之弱其於英不然先君時善秦二十年而不攻楚何也秦踰黽隘之塞（黽隘之塞在申州黽音盲也）而攻楚不便假道於兩周背韓魏而攻楚不可今則不然魏旦暮亡不能愛許鄢陵其許魏割以與秦秦兵去陳百六十里臣之所觀者見秦楚之日鬬也楚於是去陳徙壽春而秦徙衛野王作置東郡（濮滑州並河北置東郡濮州本衛都而徙野王也）春申君由此就封於吳行相事楚考烈王無子春申君患之求婦人宜子者進之甚衆卒無子趙人李園持其女弟欲進之楚王聞其不宜子恐久毋寵李園求事春申君為舍人已而謁歸故失期還謁春申君問之狀對曰齊王使使求臣之女弟與其使者飲故失

期春申君曰娉入乎對曰未也春申君曰可得見乎曰可於是李園乃進其女弟即幸於春申君知其有身李園乃與其女弟謀園女弟承閒以說春申君曰楚王之貴幸君雖兄弟不如也今君相楚二十餘年而王無子即百歲後將更立兄弟則楚更立君後亦各貴其故所親君又安得長有寵乎非徒然也君貴用事久多失禮於王兄弟兄弟誠立禍且及身何以保相印江東之封乎今妾自知有身矣而人莫知妾幸君未久誠以君之

重而進妾於楚王王必幸妾妾賴天有子男則是君之
子為王也楚國盡可得孰與身臨不測之罪乎春申君
大然之乃出李園女弟謹舍而言之楚王楚王召入幸
之遂生子男立為太子以李園女弟為王后楚王貴李
園園用事李園既入其女弟立為王后子為太子恐春
申君語泄而益驕陰養死士欲殺春申君以滅口而國
人頗有知之者春申君相二十五年楚考烈王病朱英
謂春申君曰世有毋望之福（無望猶不望而忽至）又有毋望之禍

今君處毋望之世（謂生死無常）事毋望之主（謂喜怒不節也）安可以
無毋望之人乎（謂吉凶忽為）春申君曰何謂毋望之福曰君
相楚二十餘年矣雖名相國實楚王也今楚王病旦暮
且卒而君相少主因而代立當國如伊尹周公王長而
反政不即遂南面稱孤而有楚國此所謂毋望之福也
春申君曰何謂毋望之禍曰李園不治國而君之仇也
不為兵而養死士之日久矣楚王卒李園必先入據權
而殺君以滅口此所謂毋望之禍也春申君曰何謂毋
望之人對曰君置臣郎中楚王卒李園必先入臣為君
殺李園此所謂毋望之人也春申君曰足下置之李園
弱人也僕又善之且又何至此朱英知言不用恐禍及
身乃亡去後十七日楚考烈王卒李園果先入伏死士
於棘門之內（壽州城門）春申君入棘門園死士俠刺春申君
斬其頭投之棘門外（楚考烈王二十五年秦始皇九年）於是遂使吏盡
滅春申君之家而李園女弟初幸春申君有身而入之
王所生子者遂立是為楚幽王是歲也秦始皇帝立九

年矣嫪毒亦為亂於秦覺夷其三族而呂不韋廢
太史公曰吾適楚觀春申君故城宮室盛矣哉初春申
君之說秦昭王及出身遣太子歸何其智之明也後制
於李園旄矣語曰當斷不斷反受其亂春申君失朱英
之謂邪

史記正義卷七十八

史記正義卷七十九

唐　張守節　撰

范雎蔡澤列傳第十九　史記七十九

范雎者魏人也字叔游說諸侯欲事魏王家貧無以自資乃先事魏中大夫須賈須賈為魏昭王使於齊范雎從留數月未得報齊襄王聞雎辯口乃使人賜雎金十斤及牛酒雎辭謝不敢受須賈知之大怒以為雎持魏國

陰事告齊故得此饋令雎受其牛酒還其金既歸心怒雎以告魏相魏相魏之諸公子曰魏齊魏齊大怒使舍人笞擊雎折脅摺齒雎佯死即卷以簀置廁中賓客飲者醉更溺雎溺古尿字故僇辱以懲後令無妄言者雎從簀中謂守者曰公能出我我必厚謝公守者乃請出棄簀中死人魏齊醉曰可矣范雎得出後魏齊悔復召求之魏人鄭安平聞之乃遂操范雎亡伏匿更名姓曰張祿當此時秦昭王使謁者王稽於魏鄭安平詐為卒侍王稽卒祖作反王稽問魏有賢人可與俱西游者乎鄭安平曰臣里中有張祿先生欲見君言天下事其人有仇不敢晝見王稽曰夜與俱來鄭安平夜與張祿見王稽語未究王稽知范雎賢謂曰先生待我於三亭之南括地志云三亭岡在汴州尉氏縣西南三十七里按三亭岡在山鄭中名也蓋岡亭誤為南與私約而去王稽辭魏去過載范雎入秦至湖關今虢州湖城縣也望見車騎從西來范雎曰彼來者為誰王稽曰秦相穰侯東行縣邑范雎曰吾聞穰侯專秦權惡內諸侯客此恐辱我我

寧且匿車中有頃穰侯果至勞王稽因立車而語曰關東有何變曰無有又謂王稽曰謁君得無與諸侯客子俱來乎無益徒亂人國耳王稽曰不敢即別去范雎曰吾聞穰侯智士也其見事遲鄉者疑車中有人忘索之於是范雎下車走曰此必悔之行十餘里果使騎還索車中無客乃已王稽遂與范雎入咸陽已報使因言曰魏有張祿先生天下辯士也曰秦王之國危於累卵說苑云晉靈公造九層臺費用千金謂左右曰敢有諫者斬荀息聞之上書求見靈公張弩持矢見之曰臣不敢諫

也臣能累十二博棊加九雞子其上公曰子為寡人作之荀息正顏色定志意以棊子置下加九雞子其上左右懼懾息靈公氣息不續公曰危哉危哉荀息曰不危也復有危於此者公曰願見之荀息曰九層之臺三年不成男不耕女不織國用空虛鄰國謀議將興社稷亡滅君欲何望靈公曰寡人之過也乃至於此即壞九層臺也得臣則安然不可以書傳也臣故載來秦王弗信使舍食草具待命歲餘當是時昭王已立三十六年南拔楚之鄢郢楚懷王幽死於秦秦東破齊湣王常稱帝後去之數困三晉猒天下辯士無所信穰侯華陽君昭王母宣太后之弟也而涇陽君高陵君皆昭王同母弟

也穰侯相三人者更將有封邑以太后故私家富重於王室及穰侯為秦將且欲越韓魏而伐齊綱壽欲以廣其陶封范雎乃上書曰臣聞明主立政有功者不得不賞有能者不得不官勞大者其祿厚功多者其爵尊能治衆者其官大故無能者不敢當職焉有能者亦不得蔽隱使以臣之言為可願行而益利其道以臣之言為不可久留臣無為也語曰庸主賞所愛而罰所惡明主則不然賞必加於有功而刑必斷於有罪今臣之胷不足以當椹質而要不足以待斧鉞豈敢以疑事嘗試於王哉雖以臣為賤人而輕辱獨不重任臣者之無反復於王耶且臣聞周有砥砨宋有結緑梁有縣藜楚有和朴縣音玄劉伯莊云珍玉朴也此四寶者土之所生良工之所失也而為天下名器然則聖王之所棄者獨不足以厚國家乎臣聞善厚家者取之於國善厚國者取之於諸侯天下有明主則諸侯不得擅厚者何也為其割榮也良醫知病人之死生而聖主明於成敗之事利則行之

害則舍之疑則少嘗之雖舜禹復生弗能改已語之至者臣不敢載之於書其淺者又不足聽也意者臣愚而不概於王心耶亡其言臣者賤而不可用乎自非然者臣願得少賜游觀之閒望見顏色一語無効請伏斧質於是秦昭王大說乃謝王稽使以傳車召范雎於是范雎乃得見於離宮長安故城本秦離宮在雍長安北十三里也詳為不知永巷而入其中永巷宮中獄也王來而宦者怒逐之曰王至范雎繆為曰秦安得王秦獨有太后穰侯耳欲以感怒昭王

昭王至聞其與宦者爭言遂延迎謝曰寡人宜以身受命久矣會義渠之事急寡人旦暮自請太后今義渠之事已寡人乃得受命竊閔然不敏敬執賓主之禮范雎辭讓是日觀范雎之見者羣臣莫不洒然變色易容者秦王屏左右宮中虛無人秦王跽而請曰先生何以幸教寡人范雎曰唯唯有閒秦王復跽而請曰先生何以幸教寡人范雎曰唯唯若是者三秦王跽曰先生卒不幸教寡人邪范雎曰非敢然也臣聞昔者呂尚之遇文

王也身為漁父而釣於渭濱耳若是者交疏也已說而立為太師載與俱歸者其言深也故文王遂收功於呂尚而卒王天下鄉使文王疏呂尚而不與深言是周無天子之德而文武無與成其王業也今臣羇旅之臣也交疏於王而所願陳者皆匡君之事處人骨肉之閒願効愚忠而未知王之心也此所以王三問而不敢對者也臣非有畏而不敢言也臣知今日言之於前而明日伏誅於後然臣不敢避也大王信行臣之言死不足以為臣患亡不足以為臣憂漆身為厲被髮為狂不足以為臣恥且以五帝之聖焉而死三王之仁焉而死五伯之賢焉而死烏獲任鄙之力焉而死成荆孟賁王慶忌夏育之勇焉而死死者人之所必不免也處必然之勢可以少補於秦此臣之所大願也臣又何患哉伍子胥槖載而出昭關夜行晝伏至於陵水無以餬其口膝行蒲伏稽首肉袒鼓腹吹篪乞食於吳市卒興吳國闔閭為伯使臣得盡謀如伍子胥加之以幽囚終身不復見

是臣之說行也臣又何憂箕子接輿漆身為厲被髮為狂無益於主假使臣得同行於箕子可以有補所賢之主是臣之大榮也臣有何恥臣之所恐者獨恐臣死之後天下見臣之盡忠而身死因以是杜口裹足莫肯鄉秦耳足下上畏太后之嚴下惑於姦臣之態居深宮之中不離阿保之手終身迷惑無與昭姦（昭明也無與明其姦惡）大者宗廟滅覆小者身以孤危此臣之所恐耳若夫窮辱之事死亡之患臣不敢畏也臣死而秦治是臣死賢於

生秦王跽曰先生是何言也夫秦國辟遠寡人愚不肖先生乃幸辱至於此是天以寡人慁先生而存先王之宗廟也寡人得受命於先生是天所以幸先王而不棄其孤也先生奈何而言若是事無小大上及太后下至大臣願先生悉以教寡人無疑寡人也范雎拜秦王亦拜范雎曰大王之國四塞以為固北有甘泉谷口括地志云甘泉山一名鼓原俗名磨石嶺在雍州雲陽縣西北九十里關中記云甘泉宮在甘泉山上年代永久無復甘泉之名夫其實也宮北云有連山土人為磨石嶺郊祀志云云孫卿言黃帝得仙寒仙寒者谷口也按九嵕山

中西謂之谷口即古寒門也在雍州醴泉縣東北四十里南帶涇渭右隴蜀左關阪奮擊百萬戰車千乘利則出攻不利則入守此王者之地也民怯於私鬬而勇於公戰此王者之民也王并此二者而有之夫以秦卒之勇車騎之衆以治諸侯譬若馳韓盧而搏蹇兎也霸王之業可致也而羣臣莫當其位至今閉關十五年不敢窺兵於山東者是穰侯為秦謀不忠而大王之計有所失也秦王跽曰寡人願聞失計然左右多竊聽者范雎恐未敢言内先言外事以觀秦王之俯仰因進曰夫穰侯越韓魏而攻齊綱壽非計也少出師則不足以傷齊多出師則害於秦臣意王之計欲少出師而悉韓魏之兵也則不義矣今見與國之不親也越人之國而攻可乎其於計踈矣且昔齊湣王南攻楚破軍殺將再辟地千里辟尺亦反而齊尺寸之地無得焉者豈不欲得地哉形勢不能有也諸侯見齊之罷弊君臣之不和也興兵而伐齊大破之士辱兵頓皆咎其王曰誰為此計者乎王曰文子為之大臣作亂文

子出走故齊所以大破者以其伐楚而肥韓魏也此所謂借賊兵齎盜糧者也王不如遠交而近攻得寸則王之寸也得尺亦王之尺也今釋此而遠攻不亦繆乎且昔者中山之國地方五百里趙獨吞之功成名立而利附焉天下莫之能害也今夫韓魏中國之處而天下之樞也王其欲霸必親中國以為天下樞以威楚趙楚彊則附趙趙彊則附楚楚趙皆附齊必懼矣齊懼必卑辭重幣以事秦齊附而韓魏因可虜也昭王曰吾欲親魏

久矣而魏多變之國也寡人不能親請問親魏奈何對曰王卑詞重幣以事之不可則割地而賂之不可因舉兵而伐之王曰寡人敬聞命矣乃拜范雎為客卿謀兵事卒聽范雎謀使五大夫綰伐魏拔懷後二歲拔邢丘客卿范雎復說昭王曰秦韓之地形相錯如繡秦之有韓也譬如木之有蠹也人之有心腹之病也天下無變則已天下有變其為秦患者孰大於韓乎王不如收韓昭王曰吾固欲收韓韓不聽為之奈何對曰韓安得無

聽乎王下兵而攻滎陽則鞏成皋之道不通（言宜陽陝虢之師不得下相救）北斷太行之道則上黨之師不下（言澤路之師不得下太行相救）王一興兵而攻滎陽則其國斷而為三（新鄭已南一宜陽令二澤路三）夫韓見必亡安得不聽乎若韓聽而霸事因可慮矣王曰善且欲發使於韓范雎日益親復說用數年矣因請閒說曰（閒音閑）臣居山東時聞齊之有田文不聞其有王也聞秦之有太后穰侯華陽高陵涇陽不聞其有王也夫擅國之謂王能利害之謂王制殺生之威之謂王今

太后擅行不顧穰侯出使不報華陽涇陽等擊斷無諱高陵進退不請四貴備而國不危者未之有也為此四貴者下乃所謂無王也然則權安得不傾令安得從王出乎臣聞善治國者乃內固其威而外重其權穰侯使者操王之重決制於諸侯剖符於天下政適伐國莫敢不聽戰勝攻取則利歸於陶國弊御於諸侯戰敗則結怨於百姓而禍歸於社稷詩曰木實繁者披其枝（披音片被反）披其枝者傷其心大其都者危其國尊其臣者卑其

主崔杼淖齒管齊（淖齒楚人齊湣王臣）射王股擢王筋縣之於廟梁宿昔而死李兌管趙囚主父於沙丘（沙丘臺在邢州平鄉縣東北三十里）百日而餓死今臣聞秦太后穰侯用事高陵華陽涇陽佐之卒無秦王此亦淖齒李兌之類也且夫三代所以亡國者君專授政縱酒馳騁弋獵不聽政事其所授者妒賢嫉能御下蔽上以成其私不為主計而主不覺悟故失其國今自有秩以上至諸大吏下至王左右無非相國之人者見王獨立於朝臣竊為王恐萬世之後

有秦國者非王子孫也昭王聞之大懼曰善於是廢太后逐穰侯高陵華陽涇陽君於關外秦王乃拜范睢為相收穰侯之印使歸陶因使縣官給車牛以徙千乘有餘到關關閱其寶器寶器珍怪多於王室秦封范睢以應號為應侯括地志云故應城古應鄉在汝州魯山縣東四十里也當是時秦昭王四十一年也范睢既相秦秦號曰張祿而魏不知以為范睢已死久矣魏聞秦且東伐韓魏魏使須賈於秦范睢聞之為微行敝衣閒步之邸劉云諸國客館見須賈須賈見

之而驚曰范叔固無恙乎范睢曰然須賈笑曰范叔有說於秦邪曰不也睢前日得過於魏相故亡逃至此安敢說乎須賈曰今叔何事范睢曰臣為人庸賃須賈意哀之留與坐飲食曰范叔一寒如此哉乃取其一綈袍以賜之今之麄袍須賈因問曰秦相張君公知之乎吾聞幸於王天下之事皆決於相君今吾事之去留在張君孺子豈有客習於相君者哉范睢曰主人翁習知之唯睢亦得謁睢請為君見於張君須賈曰吾馬病車軸折非大

車駟馬吾不出范睢曰願為君借大車駟馬於主人翁范睢歸取大車駟馬為須賈御之入秦相府府中望見有識者皆避匿須賈怪之至相舍門謂須賈曰待我我為君先入通於相君須賈待門下持車良久問門下曰范叔不出何也門下曰無范叔須賈曰鄉者與我載而入者門下曰乃吾相張君也須賈大驚自知見賣乃肉袒膝行因門下人謝罪於是范睢盛帷帳侍者甚衆見之須賈頓首言死罪曰賈不意君能自致於青雲之上

賈不敢復讀天下之書復與天下之事賈有湯鑊之罪請自屏於胡貉之地唯君死生之范睢曰汝罪有幾曰擢賈之髮以續賈之罪尚未足范睢曰汝罪有三耳昔者楚昭王時而申包胥為楚卻吳軍楚王封之以荊五千戶申包胥辭不受為丘墓之寄於荊也今睢之先人丘墓亦在魏公前以睢為有外心於齊而惡睢於魏齊公之罪一也當魏齊辱我於廁中公不止罪二也更醉而溺我公其何忍乎罪三矣然公之所以得無死者以綈

袍戀戀有故人之意故釋公乃謝罷入言之昭王罷歸須賈須賈辭於范雎范雎大供具盡請諸侯使與坐堂上食飲甚設而坐須賈於堂下置莝豆其前令兩黥徒夾而馬食之數曰為我告魏王急持魏齊頭來不然者我且屠大梁須賈歸以告魏齊魏齊恐亡走趙匿平原君所范雎既相王稽謂范雎曰事有不可知者三有不可奈何者亦三宮車一日晏駕是事之不可知者一也君卒然捐館舍是事之不可知者二也使臣卒然填溝

壑是事之不可知者三也宮車一日晏駕君雖恨於臣無可奈何君卒然捐館舍君雖恨於臣亦無可奈何使臣卒然填溝壑君雖恨於臣亦無可柰何范雎不懌乃入言於王曰非王稽之忠莫能內臣於函谷關非大王之賢聖莫能貴臣今臣官至於相爵在列侯王稽之官尚止於謁者非其內臣之意也昭王召王稽拜為河東守三歲不上計又任鄭安平昭王以為將軍范雎於是散家財物盡以報所嘗困戹者一飯之德必償睚眦之

怨必報范雎相秦二年秦昭王之四十二年東伐韓少曲高平拔之（括地志云南韓王故城在懷州河陽縣西北四十里俗謂之韓王城非也秦時周桓王以與鄭紀年云鄭侯使辰歸晉陽向更名高平拔之則少曲當與高平相近）秦昭王聞魏齊在平原君所欲為范雎必報其讎乃詳為好書遺平原君曰寡人聞君之高義願與君為布衣之友君幸過寡人寡人願與君為十日之飲平原君畏秦且以為然而入秦見昭王昭王與平原君飲數日昭王謂平原君曰昔周文王得呂尚以為大公齊桓公得管夷吾以為仲父今范君亦寡人之叔父也范君之讎

在君之家願使人歸取其頭來不然吾不出君於關平原君曰貴而為友者為賤也富而為交者為貧也夫魏齊者勝之友也在固不出也今又不在臣所昭王乃遺趙王書曰王之弟在秦范君之讎魏齊在平原君之家王使人疾持其頭來不然吾舉兵而伐趙又不出王之弟於關趙孝成王乃發卒圍平原君家急魏齊夜亡出見趙相虞卿虞卿度趙王終不可說乃解其相印與魏齊亡間行念諸侯莫可以急抵者乃復走大梁欲因信

陵君以走楚信陵君聞之畏秦猶豫未肯見曰虞卿何如人也時侯嬴在旁曰人固未易知知人亦未易也夫虞卿躡屩檐簦一見趙王賜白璧一雙黃金百鎰再見拜為上卿三見卒受相印封萬戸侯當此之時天下爭知之夫魏齊窮困過虞卿虞卿不敢重爵祿之尊解相印捐萬戸侯而閒行急士之窮而歸公子公子曰何如人人固不易知知人亦未易也信陵君大慙駕如野迎之魏齊聞信陵君之初難見之怒而自剄趙王聞之卒

取其頭予秦秦昭王乃出平原君歸趙昭王四十三年秦攻韓汾陘拔之按陘庭故城在絳州曲沃縣西北二十里汾水之陽因城河上廣武後五年昭王用應侯謀縱反閒賣趙趙以其故令馬服子代廉頗將秦大破趙於長平遂圍邯鄲已而與武安君白起有隙言而殺之任鄭安平使將擊趙鄭安平為趙所困急以兵二萬人降趙應侯席藁請罪秦之法任人而所任不善者各以其罪罪之於是應侯罪當收三族秦昭王恐傷應侯之意乃下令國中有敢言鄭安平事者以其罪罪之而加賜相國應侯食物日益厚以順適其意後二歲王稽為河東守與諸侯通坐法誅而應侯日益以不懌昭王臨朝歎息應侯進曰臣聞主憂臣辱主辱臣死今大王中朝而憂臣敢請其罪昭王曰吾聞楚之鐵劍利而倡優拙論士能善卒不戰夫鐵劍利則士勇倡優拙則思慮遠夫以遠思慮而御勇士吾恐楚之圖秦也夫物不素具不可以應卒今武安君既死而鄭安平等畔內無良將而外多敵國吾是以憂欲以激

勵應侯應侯懼不知所出蔡澤聞之往入秦也

蔡澤者燕人也游學干諸侯不待禮曰干小大甚衆不遇而從唐舉相曰吾聞先生相李兌曰百日之內持國秉政有之乎曰有之曰若臣者何如唐舉孰視而笑曰先生曷鼻巨肩魋顏蹙齃膝攣吾聞聖人不相殆先生乎蔡澤知唐舉戲之乃曰富貴吾所自有吾所不知者壽也願聞之唐舉曰先生之壽從今以往者四十三歲蔡澤笑謝而去謂其御者曰吾持粱刺齒肥躍馬疾驅懷黃金

之印結紫綬於要揖讓人主之前食肉富貴四十三年足矣去之趙見逐入韓魏遇奪釜鬲於塗聞應侯任鄭安平王稽皆負重罪於秦應侯內慙蔡澤乃西入秦將見昭王使人宣言以感怒應侯曰燕客蔡澤天下雄俊弘辯智士也彼一見秦王秦王必困君而奪君之位應侯聞曰五帝三代之事百家之說吾既知之衆口之辯吾皆摧之是惡能困我而奪我位乎使人召蔡澤蔡澤入則揖應侯應侯固不快及見之又倨應侯因讓之曰

子常宣言欲代我相秦寧有之乎對曰然應侯曰請聞其說蔡澤曰吁君何見之晚也夫四時之序成功者去夫人生百體堅彊手足便利耳目聰明而心聖智豈非士之願與應侯曰然蔡澤曰質仁秉義行道施德得志於天下天下懷樂敬愛而尊慕之皆願以為君王豈不辯智之期與應侯曰然蔡澤復曰富貴顯榮成理萬物使各得其所性命壽長終其天年而不夭傷天下繼其統守其業傳之無窮名實純粹澤流千里世世稱之而

無絶與天地終始豈道德之符而聖人所謂吉祥善事者與應侯曰然蔡澤曰若夫秦之商君楚之吴起越之大夫種其卒然亦可願與應侯知蔡澤之欲困已以說復謬曰何為不可夫公孫鞅之事孝公也極身無貳慮盡公而不顧私設刀鋸以禁姦邪信賞罰以致治披腹心示情素蒙怨咎欺舊友奪魏公子卬安秦社稷利百姓卒為秦禽將破敵攘地千里吴起之事悼王也使私不得害公讒不得蔽忠言不取苟合行不取苟容不為

危易行行義不辟難然為霸主彊國不辭禍凶大夫種之事越王也主雖困辱悉忠而不解主雖絶亡盡能而弗離成功而弗矜貴富而不驕怠若此三子者固義之至也忠之節也是故君子以義死難視死如歸生而辱不如死而榮士固有殺身以成名唯義之所在雖死無所恨何為不可哉蔡澤曰主聖臣賢天下之盛福也君明臣直國之福也父慈子孝夫信妻貞家之福也故比干忠而不能存殷子胥智而不能完吴申生孝而晉國亂是

皆有忠臣孝子而國家滅亂者何也無明君賢父以聽之故天下以其君父為僇辱而憐其臣子今商君吳起大夫種之為人臣是也其君非也故世稱三子致功而不見德豈慕不遇世死乎夫待死而後可以立忠成名是微子不足仁孔子不足聖管仲不足大也夫人之立功豈不期於成全耶身與名俱全者上也名可法而身死者其次也名在僇辱而身全者下也於是應侯稱善蔡澤少得閒因曰夫商君吳起大夫種其為人臣盡忠致功則可願矣閎夭事文王周公輔成王也豈不亦聖

乎以君臣論之商君吳起大夫種其可願孰與閎夭周公哉應侯曰商君吳起大夫種弗若也蔡澤曰然則君之主慈仁任忠惇厚舊故其賢智與有道之士為膠漆義不倍功臣孰與秦孝公楚悼王越王乎應侯曰未知何如也蔡澤曰今主親忠臣不過秦孝公楚悼王越王君之設智能為主安危修政治亂彊兵批患折難廣地殖穀富國足家彊主尊社稷顯宗廟天下莫敢欺犯其主主之威蓋震海內功彰萬里之外聲名光輝傳於千世君孰與商君吳起大夫種應侯曰不若蔡澤曰今王之親忠臣不忘舊故不若孝公悼王句踐而君之功績愛信親幸又不若商君吳起大夫種然而君之祿位貴盛私家之富過於三子而身不退者恐患之甚於三子竊為君危之語曰日中則移月滿則虧物盛則衰天地之常數也進退盈縮與時變化聖人之常道也故國有道則仕國無道則隱聖人曰飛龍在天利見大人不義而富且貴於我如浮雲今君之怨已讎而德已報意欲至矣

而無變計竊為君不取也且夫翠鵠犀象其處勢非不遠死也而所以死者惑於餌也蘇秦智伯之智非不足以辟辱遠死也而所以死者惑於貪利不止也是以聖人制禮節欲取於民有度使之以時用之有止故志不溢行不驕常與道俱而不失故天下承而不絕昔者齊桓公九合諸侯一匡天下至於葵丘之會有驕矜之志畔者九國吳王夫差兵無敵於天下勇彊以輕諸侯陵

齊晉故遂以殺身亡國夏育太史噭叱呼駭三軍呼音火故反然而身死於庸夫此皆乘至盛而不返道理不居卑退處儉約之患也夫商君為秦孝公明法令禁姦本尊爵必賞有罪必罰平權衡正度量調輕重決裂阡陌以靜生民之業而一其俗勸民耕農利土一室無二事力田稸積習戰陳之事是以兵動而地廣兵休而國富故秦無敵於天下立威諸侯成秦國之業功已成矣而遂以車裂楚地方數千里持戟百萬白起率數萬之師以

與楚戰一戰舉鄢郢以燒夷陵再戰南并蜀漢又越韓魏而攻彊趙北坑馬服誅屠四十餘萬之衆盡之于長平之下流血成川沸聲若靁遂入圍邯鄲使秦有帝業楚趙天下之彊國而秦之仇敵也自是之後楚趙皆懾伏不敢攻秦者白起之勢也身所服者七十餘城功已成矣而遂賜劍死於杜郵吳起為楚悼王立法卑減大臣之威重罷無能廢無用捐不急之官塞私門之請一楚國之俗禁游客之民精耕戰之士南收揚越北并陳蔡破橫散從使馳說之士無所開其口禁朋黨以厲百姓定楚國之政兵震天下威服諸侯功已成矣而卒枝解大夫種為越王深謀遠計免會稽之危以亡為存因辱為榮墾草入邑辟地殖穀率四方之士專上下之力輔句踐之賢報夫差之讎卒擒勁吳令越成霸功已彰而信矣句踐終負而殺之此四子者功成不去禍至於此此所謂信而不能詘往而不能返者也范蠡知之超然辟世長為陶朱公君獨不觀夫博者乎或欲大投或

欲分功此皆君之所明知也今君相秦計不下席謀不出廊廟坐制諸侯利施三川以實宜陽施猶長也言伐得三川之地以實宜陽言長開三川實宜陽決羊腸之險塞太行之道又斬范中行之塗六國不得合從棧道千里通於蜀漢使天下皆畏秦秦之欲得矣君之功極矣此亦秦之分功之時也如是而不退則商君白公吳起大夫種是也吾聞之鑒於水者見面之容鑒於人者知吉與凶書曰成功之下不可久處四子之禍君何居焉君何不以此時歸相印讓賢

者而授之退而巖居川觀必有伯夷之廉長為應侯世世稱孤而有許由延陵季子之讓喬松之壽孰與以禍終哉即君何居焉忍不能自離疑不能自決必有四子之禍矣易曰亢龍有悔此言上而不能下信而不能詘往而不能自返者也願君孰計之應侯曰善吾聞欲而不知止失其所以欲有而不知足失其所以有先生幸教睢敬受命於是乃延入坐為上客後數日入朝言於秦昭王曰客新有從山東來者曰蔡澤其人辯士明於三

王之事五伯之業世俗之變足以寄秦國之政臣之見人甚衆莫及臣不如也臣敢以聞秦昭王召見與語大說之拜為客卿應侯因謝病請歸相印昭王彊起應侯應侯遂稱病篤范睢免相昭王新說蔡澤計畫遂拜為秦相東收周室蔡澤相秦數月人或惡之懼誅乃謝病歸相印號為綱成君居秦十餘年事昭王孝文王莊襄王卒事始皇帝為秦使於燕三年而燕使太子丹入質於秦

太史公曰韓子稱長袖善舞多錢善賈信哉是言也范睢蔡澤世所謂一切辯士然游說諸侯至白首無所遇者非計策之拙所為說力少也及二人羈旅入秦繼踵取卿相垂功於天下者固彊弱之勢異也然士亦有偶合賢者多如此二子不得盡意豈可勝道哉然二子不困戹惡能激乎

史記正義卷七十九

欽定四庫全書

史部

史記正義卷八十至八十五

詳校官編修臣李如筠

欽定四庫全書

史記正義卷八十

樂毅列傳第二十　史記八十

唐　張守節　撰

樂毅者其先祖曰樂羊樂羊為魏文侯將伐取中山（今定州）魏文侯封樂羊以靈壽（今鎮州靈壽）樂羊死葬於靈壽其後子孫因家焉中山復國至趙武靈王時復滅中山而樂氏後有樂毅樂毅賢好兵趙人舉之及武靈王有沙丘之亂乃去趙適魏聞燕昭王以子之之亂而齊大敗燕燕昭王怨齊未嘗一日而忘報齊也燕國小辟遠力不能制於是屈身下士先禮郭隗（說苑云燕昭問於隗曰寡人地狹民寡齊人取薊八城匈奴驅馳樓煩之下以孤之不肖得承宗廟恐社稷危存之有道乎隗曰帝者之臣其名臣其實師王者之臣其名臣其實友霸者之臣其名臣其實僕危國之臣其名臣其實虜今王將自東面目指氣使以求臣則廝役之才至矣南面聽朝不失揖讓之禮以求臣則人臣之才至矣北面等禮不乘之以勢以求臣則朋友之才至矣西面逡巡以求臣則師傅之才至矣誠欲與王霸同道隗請為天下之士開路於是常置隗為上客也）以招賢者樂毅於是為魏昭王使於燕燕王以客禮待之

樂毅辭讓遂委質為臣燕昭王以為亞卿久之當是時齊湣王彊南敗楚相唐眛於重丘在冀州城武縣界西摧三晉於觀津在冀州武邑縣東南二十五里遂與三晉擊秦助趙滅中山破宋廣地千餘里與秦昭王爭重為帝已而復歸之諸侯皆欲背秦而服於齊湣王自矜百姓弗堪於是燕昭王問伐齊之事樂毅對曰齊霸國之餘業也地大人衆未易獨攻也王必欲伐之莫如與趙及楚魏於是使樂毅約趙惠文王別使連楚魏令趙嚪秦以伐齊之利諸侯

害齊湣王之驕暴皆爭合從與燕伐齊樂毅還報燕昭王悉起兵使樂毅為上將軍趙惠文王以相國印授樂毅樂毅於是并護趙楚韓魏燕之兵以伐齊破之濟西諸侯兵罷歸而燕軍樂毅獨追至于臨菑齊湣王之敗濟西亡走保於莒樂毅獨留徇齊齊皆城守樂毅攻入臨菑盡取齊寶財物祭器輸之燕燕昭王大說親至濟上勞軍行賞饗士封樂毅於昌國故昌城在淄州淄川縣東北四十里也號為昌國君於是燕昭王收齊鹵獲以歸而使樂毅復以兵平齊城之不下者樂毅留徇齊五歲下齊七十餘城皆為郡縣以屬燕唯獨莒即墨未服即墨今萊州會燕昭王死子立為燕惠王惠王自為太子時嘗不快於樂毅及即位齊之田單聞之乃縱反間於燕曰齊城不下者兩城耳然所以不早拔者聞樂毅與燕新王有隙欲連兵且留齊南面而王齊齊之所患唯恐他將之來於是燕惠王固已疑樂毅得齊反間乃使騎劫代將而召樂毅樂毅知燕惠王之不善代之畏誅遂西降趙趙封樂毅於觀津號曰望諸君尊寵樂毅以警動於燕齊齊田單

後與騎劫戰果設詐誑燕軍遂破騎劫於即墨下而轉戰逐燕北至河上滄德二州之北河盡復得齊城而迎襄王於莒入于臨菑燕惠王後悔使騎劫代樂毅以故破軍亡將失齊又怨樂毅之降趙恐趙用樂毅而乘燕之弊以伐燕燕惠王乃使人讓樂毅且謝之曰先王舉國而委將軍將軍為燕破齊報先王之讎天下莫不震動寡人豈敢一日而忘將軍之功哉會先王棄羣臣寡人新即

位左右誤寡人寡人之使騎刦代將軍爲將軍久暴露於外故召將軍且休計事將軍過聽以與寡人有隙遂捐燕歸趙將軍自爲計則可矣而亦何以報先王之所以遇將軍之意乎樂毅報遺燕惠王書曰臣不佞不能奉承王命以順左右之心恐傷先王之明有害足下之義故遁逃走趙今足下使人數之以罪臣恐侍御者不察先王之所以畜幸臣之理又不白臣之所以事先王之心故敢以書對臣聞賢聖之君不以祿私親其功多者

賞之其能當者處之故察能而授官者成功之君也論行而結交者立名之士也臣竊觀先王之舉也見有高世主之心（樂毅見燕昭有自高尊世上人主之心故假親節使燕）故假節於魏以身得察於燕先王過舉廁之賓客之中立之羣臣之上不謀父兄（杜預云兄同姓羣臣也）以爲亞卿臣竊不自知自以爲奉令承教可幸無罪故受令而不辭先王命之曰我有積怨深怒於齊不量輕弱而欲以齊爲事臣曰夫齊霸國之餘業而最勝之遺事也練於兵甲習於戰攻王若欲

伐之必與天下圖之與天下圖之莫若結於趙且又淮北宋地楚魏之所欲也趙若許而約四國攻之齊可大破也先王以爲然具符節南使臣於趙顧反命起兵擊齊以天之道先王之靈河北之地隨先王而舉之濟上（濟水之上在齊上）濟上之軍受命擊齊大敗齊人輕卒鋭兵長驅至國齊王遁而走莒僅以身免珠玉財寶車甲珍器盡收入于燕齊器設於寧臺（括地志云燕元英磨室二宮皆燕宮在幽州薊縣西四里寧臺之下）大呂陳於元英故鼎反乎磨室（括地志云歷室宮名高誘云燕

噲亂齊伐燕殺噲得鼎今反歸燕故鼎）薊邱之植植於汶篁（幽州薊地西北隅有薊邱又汶水源出兗州博城縣東北原山西南入泲）自五伯已來功未有及先王者也先王以爲慊於志故裂地而封之使得比小國諸侯臣竊不自知自以爲奉命承教可幸無罪是以受命不辭臣聞賢聖之君功立而不廢故著於春秋蚤知之士名成而不毀故稱於後世若先王之報怨雪恥夷萬乘之彊國收八百歲之蓄積及至棄羣臣之日餘教未衰執政任事之臣脩法令愼庶孽施及乎萌隸皆可以教

後世臣聞之善作者不必善成善始者不必善終昔伍子胥說聽於闔閭而吳王遠迹至郢夫差弗是也賜之鴟夷而浮之江吳王不寤先論之可以立功故沈子胥而不悔子胥不蚤見主之不同量是以至於入江而不化夫免身立功以明先王之迹臣之上計也離毀辱之誹謗墮先王之名臣之所大恐也臨不測之罪以幸為利義之所不敢出也臣聞古之君子交絶不出惡聲君子之人交絶不說已長而談彼短忠臣去國不絜其名言不潔已名行而咎於君若箕子不忍言殷惡是也臣雖不佞數奉教於君子矣恐侍御者之親左右之說不察疏遠之行故敢獻書以聞唯君王之留意焉

於是燕王復以樂毅子樂閒為昌國君而樂毅往來復通燕燕趙以為客卿樂毅卒於趙樂閒居燕三十餘年燕王喜用其相栗腹之計欲攻趙而問昌國君樂閒樂閒曰趙四戰之國也東鄰燕齊西邊秦樓煩南界韓魏北迫匈奴其民習兵伐之不可燕王不聽遂伐趙趙使廉頗擊之大破栗腹之軍於鄗禽栗腹樂乘樂乘者樂閒之宗也於是樂閒奔趙趙遂圍燕燕重割地以與趙和趙乃解而去燕王恨不用樂閒樂閒既在趙乃遺樂閒書曰紂之時箕子不用犯諫不怠以冀其聽商容不達身祇辱焉以冀其變及民志不入獄囚自出然後二子退隱故紂負桀暴之累二子不失忠聖之名何者其憂患之盡矣今寡人雖愚不若紂之暴也燕民雖亂不若殷民之甚也室有語不相盡以告鄰里言家室有訟爭不決必告鄰里令故以書相告也二者寡人不為君取也二者謂燕君未如紂燕民未如殷民復相告子反燕以疑君民之惡是寡人不謂君取之樂閒樂乘怨燕不聽其計二人卒留趙趙封樂乘為武襄君其明年樂乘廉頗為趙圍燕燕重禮以和乃解後五歲趙孝成王卒襄王使樂乘代廉頗廉頗攻樂乘樂乘走廉頗亡入魏其後十六年而秦滅趙其後二十餘年高帝過趙問樂毅有後世乎對曰有樂叔高帝封之樂鄉地理志云信都有樂鄉縣號曰華成君華成君樂毅之孫也而樂氏之族有樂瑕公樂臣公趙且為秦所滅亡之齊高密樂臣公善脩黃帝老子之言顯聞於齊稱賢

師

太史公曰始齊之蒯通及主父偃讀樂毅之報燕王書未嘗不廢書而泣也樂臣公學黃帝老子其本師號曰河上丈人不知其所出河上丈人教安期生安期生教毛翕公毛翕公教樂瑕公樂瑕公教樂臣公樂臣公教蓋公蓋公教於齊高密膠西為曹相國師

史記正義卷八十

欽定四庫全書

史記正義卷八十一

唐 張守節 撰

廉頗藺相如列傳第二十一 史記八十一

廉頗者趙之良將也趙惠文王十六年廉頗為趙將伐齊大破之取晉陽故城在曹州乘氏係西北四十七里也拜為上卿以勇氣聞於諸侯藺相如者趙人也為趙宦者令繆賢舍人趙惠文王時得楚和氏璧秦昭王聞之使人遺趙王書願以十五城請易璧趙王與大將軍廉頗諸大臣謀欲

予秦秦城恐不可得徒見欺欲勿予即患秦兵之來計未定求人可使報秦者未得宦者令繆賢曰臣舍人藺相如可使王問何以知之對曰臣嘗有罪竊計欲亡走燕臣舍人相如止臣曰君何以知燕王臣語曰臣嘗從大王與燕王會境上燕王私握臣手曰願結友以此知之故欲往相如謂臣曰夫趙彊而燕弱而君幸於趙王故燕王欲結於君今君乃亡趙走燕燕畏趙其勢必不

敢留君而束君歸趙矣君不如肉袒伏斧質請罪則幸得脫矣臣從其計大王亦幸赦臣臣竊以為其人勇士有智謀宜可使於是王召見問藺相如曰秦王以十五城請易寡人之璧可予不相如曰秦彊而趙弱不可不許王曰取吾璧不予我城奈何相如曰秦以城求璧而趙不許曲在趙趙予璧而秦不予趙城曲在秦均之二策寧許以負秦曲王曰誰可使者相如曰王必無人臣願奉璧往使城入趙而璧留秦城不入臣請完璧歸趙

趙王於是遂遣相如奉璧西入秦秦王坐章臺見相如相如奉璧奏秦王秦王大喜傳以示美人及左右左右皆呼萬歲相如視秦王無意償趙城乃前曰璧有瑕請指示王王授璧相如因持璧卻立倚柱怒髮上衝冠謂秦王曰大王欲得璧使人發書至趙王趙王悉召羣臣議皆曰秦貪負其彊以空言求璧償城恐不可得議不欲予秦璧臣以為布衣之交尚不相欺況大國乎且以一璧之故逆彊秦之驩不可於是趙王乃齋戒五日使臣奉璧拜送書於庭何者嚴大國之威以脩敬也今臣至大王見臣列觀禮節甚倨得璧傳之美人以戲弄臣臣觀大王無意償趙王城邑故臣復取璧大王必欲急臣臣頭今與璧俱碎於柱矣相如持其璧睨柱欲以擊柱秦王恐其破璧乃辭謝固請召有司案圖指從此以往十五都予趙相如度秦王特以詐佯為予趙城實不可得乃謂秦王曰和氏璧天下所共傳寶也趙王恐不敢不獻趙王送璧時齋戒五日今大王亦宜齋戒五日設

九賓於廷劉伯莊云九賓者周王備之禮天子臨軒九服同會秦趙何得九賓但亦陳設車輅文物耳臣乃敢上璧秦王度之終不可彊奪遂許齋五日舍相如廣成傳舍相如度秦王雖齋決負約不償城乃使其從者衣褐懷其璧從徑道亡歸璧于趙秦王齋五日後乃設九賓禮於廷引趙使者藺相如相如至謂秦王曰秦自繆公以來二十餘君未嘗有堅明約束者也臣誠恐見欺於王而負趙故令人持璧歸間至趙矣且秦彊而趙弱大王遣一介之使至趙趙立奉璧來今以秦

之彊而先割十五都予趙趙豈敢留璧而得罪於大王乎臣知欺大王之罪當誅臣請就湯鑊唯大王與羣臣孰計議之秦王與羣臣相視而嘻左右或欲引相如去秦王因曰今殺相如終不能得璧也而絕秦趙之驩不如因而厚遇之使歸趙趙王豈以一璧之故欺秦邪卒廷見相如畢禮而歸之相如既歸趙王以為賢大夫使不辱於諸侯拜相如為上大夫秦亦不以城予趙趙亦終不予秦璧其後秦伐趙拔石城故石城在相州林慮縣南九十里也明

年復攻趙殺二萬人秦王使使者告趙王欲與王為好會於西河外澠池趙王畏秦欲毋行廉頗藺相如計曰王不行示趙弱且怯也趙王遂行相如從廉頗送至境與王訣曰王行度道里會遇之禮畢還不過三十日三十日不還則請立太子為王以絕秦望王許之遂與秦王會澠池秦王飲酒酣曰寡人竊聞趙王好音請奏瑟趙王鼓瑟秦御史前書曰某年月日秦王與趙王會飲令趙王鼓瑟藺相如前曰趙王竊聞秦王善為秦聲請奉盆缻秦王以相娛樂缻音缾秦王怒不許於是相如前進缻因跪請秦王秦王不肯擊缻相如曰五步之內相如請得以頸血濺大王矣濺音贊左右欲刃相如相如張目叱之左右皆靡於是秦王不懌為一擊缻相如顧召趙御史書曰某年月日秦王為趙王擊缻秦之羣臣曰請以趙十五城為秦王壽藺相如亦曰請以秦之咸陽為趙王壽秦王竟酒終不能加勝於趙趙亦盛設兵以待秦秦不敢動既罷歸國以相如功大拜為上卿位在廉頗

之右秦漢以前用右為上廉頗曰我為趙將有攻城野戰之大功而藺相如徒以口舌為勞而位居我上且相如素賤人吾羞不忍為之下宣言曰我見相如必辱之相如聞不肯與會相如每朝時常稱病不欲與廉頗爭列已而相如出望見廉頗相如引車避匿於是舍人相與諫曰臣所以去親戚而事君者徒慕君之高義也今君與廉頗同列廉君宣惡言而君畏匿之恐懼殊甚且庸人尚羞之況於將相乎臣等不肖請辭去藺相如固止之曰公之

視廉將軍孰與秦王曰不若也相如曰夫以秦王之威而相如廷叱之辱其羣臣相如雖駑獨畏廉將軍哉顧吾念之彊秦之所以不敢加兵於趙者徒以吾兩人在也今兩虎共鬬其勢不俱生吾所以為此者以先國家之急而後私讎也廉頗聞之肉袒負荆因賓客至藺相如門謝罪曰鄙賤之人不知將軍寬之至此也卒相與驩為刎頸之交是歲廉頗東攻齊破其一軍居二年廉頗復伐齊幾拔之幾音祈在相路之間後三年廉頗攻魏之防陵

城在相州安陽縣南二十里因防水為名安陽拔之後四年藺相如將而攻齊至平邑而罷故城在魏州昌樂縣東北三十里其明年趙奢破秦軍閼與下

趙奢者趙之田部吏也收租稅而平原君家不肯出趙奢以法治之殺平原君用事者九人平原君怒將殺奢奢因說曰君於趙為貴公子今縱君家而不奉公則法削法削則國弱國弱則諸侯加兵諸侯加兵是無趙也君安得有此富乎以君之貴奉公如法則上下平上下平則國彊國彊則趙固而君為貴戚豈輕於天下邪平原君以為賢言之於王王用之治國賦國賦大平民富而府庫實秦伐韓軍於閼與王召廉頗而問曰可救不對曰道遠險狹難救又召樂乘而問焉樂乘對如廉頗言又召問趙奢奢對曰其道遠險狹譬之猶兩鼠鬬於穴中將勇者勝王乃令趙奢將救之兵去邯鄲三十里而令軍中曰有以軍事諫者死秦軍軍武安西秦軍鼓譟勒兵武安屋瓦盡振軍中候有一人言急救武安趙

奢立斬之堅壁留二十八日不行復益增壘秦間來入趙奢善食而遣之間以報秦將秦將大喜曰夫去國三十里國謂邯鄲趙之都地而軍不行乃增壘閼與非趙地也趙奢既已遣秦間乃卷甲而趨之二日一夜至令善射者去閼與五十里而軍軍壘成秦人聞之悉甲而至軍士許歷請以軍事諫趙奢曰內之許歷曰秦人不意趙師至此其來氣盛將軍必厚集其陣以待之不然必敗趙奢曰請受令許歷曰請就鈇質之誅趙奢曰胥後令胥猶須也鄴去城都三十里

而不行未有計過險陜恐人諫令急救武安乃出此令令垂戰須得謀策不用前令故云須後令云耳邯

鄲許歷復請諫曰先據北山上者勝闕與山在洛州武安縣西南五十里

趙奢距秦軍於閼與即此山也按括地志云言拒秦軍在北山疑其大迯洛州既去邯鄲三十里而軍又云移之二日一夜至閼與五十里而軍壘城據今洛州去潞州三百里間而隔相州恐潞州閼與聚城是所拒據處

後至者敗趙奢許諾即發萬人趨之秦兵後至爭山不得上趙奢縱兵擊之大破秦軍秦軍解而走遂解閼與之圍而歸趙惠文王賜奢號為馬服君以許歷為國尉趙奢於是與廉頗藺相如同位後四年趙惠文王卒子

孝成王立七年秦與趙兵相距長平時趙奢已死而藺相如病篤趙使廉頗將攻秦秦數敗趙軍趙軍固壁不戰秦數挑戰廉頗不肯趙王信秦之間秦之間言曰秦之所惡獨畏馬服君趙奢之子趙括為將耳趙王因以括為將代廉頗藺相如曰王以名使括若膠柱而鼓瑟耳括徒能讀其父書傳不知合變也趙王不聽遂將之趙括自少時學兵法言兵事以天下莫能當嘗與其父奢言兵事奢不能難然不謂善括母問奢其故奢曰兵死地也

而括易言之使趙不將括即已若必將之破趙軍者必括也及括將行其母上書言於王曰括不可使將王曰何以對曰始妾事其父時為將身所奉飯飲而進食者以十數奉音捧所友者以百數大王及宗室所賞賜者盡以予軍吏士大夫受命之日不問家事今括一旦為將東向而朝軍吏無敢仰視之者王所賜金帛歸藏於家而日視便利田宅可買者買之王以為何如其父父子異心願王勿遣王曰毋置之吾已決矣括母因曰王終

遣之即有如不稱妾得無隨坐乎王許諾趙括既代廉頗悉更約束易置軍吏秦將白起聞之縱奇兵佯敗走而絕其糧道分斷其軍為二士卒離心四十餘日軍餓趙括出銳卒自搏戰秦軍射殺趙括括軍敗數十萬之衆遂降秦秦悉阬之趙前後所亡凡四十五萬明年秦兵遂圍邯鄲歲餘幾不得脫賴楚魏諸侯來救乃得解邯鄲之圍趙王亦以括母先言竟不誅也自邯鄲圍解五年而燕用栗腹之謀曰趙壯者盡於長平其孤未

壯舉兵擊趙趙使廉頗將擊大破燕軍於鄗殺栗腹遂圍燕燕割五城請和乃聽之趙以尉文封廉頗為信平君為假相國廉頗之免長平歸也失勢之時故客盡去及復用為將客又復至廉頗曰客退矣客曰吁君何見之晚也夫天下以市道交君有勢我則從君君無勢則去此固其理也有何怨乎居六年趙使廉頗伐魏之繁陽（在相州內黄縣東北也）拔之趙孝成王卒子悼襄王立使樂乘代廉頗廉頗怒攻樂乘樂乘走廉頗遂奔魏之大梁其

明年趙乃以李牧為將而攻燕拔武遂方城（武遂易州遂城也方城幽州固安縣南十里）廉頗居梁久之魏不能信用趙以數困於秦兵趙王思復得廉頗廉頗亦思復用於趙趙王使使者視廉頗尚可用否廉頗之仇郭開多與使者金令毀之趙使者既見廉頗廉頗為之一飯斗米肉十斤被甲上馬以示尚可用趙使還報王曰廉將軍雖老尚善飯然與臣坐頃之三遺矢矣趙王以為老遂不召楚聞廉頗在魏陰使人迎之廉頗一為楚將無功曰我思用趙人廉頗卒死於壽春（廉頗墓在壽州壽春縣北四里藺相如墓在邯鄲西南六里）

李牧者趙之北邊良將也常居代鴈門備匈奴（今鴈門縣在代地故云鴈門也）以便宜置吏市租皆輸入莫府為士卒費日擊數牛饗士習射騎謹烽火多間諜厚遇戰士為約曰匈奴即入盜急入收保有敢捕虜者斬匈奴每入烽火謹輒入收保不敢戰如是數歲亦不亡失然匈奴以李牧為怯雖趙邊兵亦以為吾將怯趙王讓李牧李牧如故趙王怒召之使他人代將歲餘匈奴每來出戰出戰數

不利失亡多邊不得田畜（許又反）復請李牧牧杜門不出固稱疾趙王乃復彊起使將兵牧曰王必用臣臣如前乃敢奉令王許之李牧至如故約匈奴數歲無所得終以為怯邊士日得賞賜而不用皆願一戰於是乃具選車得千三百乘選騎得萬三千匹百金之士五萬人彀者十萬人悉勒習戰大縱畜牧人民滿野匈奴小入佯北不勝以數千人委之單于聞之大率眾來入李牧多為奇陳張左右翼擊之大破殺匈奴十餘萬騎滅襜襤

破東胡降林胡單于奔走其後十餘歲匈奴不敢近趙邊城趙悼襄王元年廉頗既亡入魏趙使李牧攻燕拔武遂方城居二年龐煖破燕軍殺劇辛後七年秦破趙殺將扈輒於武遂城斬首十萬趙乃以李牧為大將軍擊秦軍於宜安在恒州稾城縣西南二十里大破秦軍走秦將桓齮封李牧為武安君居三年秦攻番吾在恒州房山縣東二十里也李牧擊破秦軍南距韓魏趙王遷七年秦使王翦攻趙趙使李牧司馬尚禦之秦多與趙王寵臣郭開金為反間

言李牧司馬尚欲反趙王乃使趙葱及齊將顏聚代李牧李牧不受命趙使人微捕得李牧斬之廢司馬尚後三月王翦因急擊趙大破殺趙葱虜趙王遷及其將顏聚遂滅趙

太史公曰知死必勇非死者難也處死者難方藺相如引璧睨柱及叱秦王左右勢不過誅然士或怯懦而不敢發相如一奮其氣威信敵國退而讓頗名重太山其處智勇可謂兼之矣

史記正義卷八十一

欽定四庫全書

史記正義卷八十二

唐　張守節　撰

田單列傳第二十二　史記八十二

田單者齊諸田疏屬也湣王時單為臨菑市掾不見知及燕使樂毅伐破齊齊湣王出奔已而保莒城燕師長驅平齊而田單走安平令其宗人盡斷其車軸末而傅鐵籠已而燕軍攻安平城壞齊人走爭塗以轊折車敗

為燕所虜唯田單宗人以鐵籠故得脫東保即墨燕既盡降齊城唯獨莒即墨不下燕軍聞齊王在莒并兵攻之淖齒既殺湣王於莒因堅守距燕軍數年不下燕引兵東圍即墨即墨大夫出與戰敗死城中相與推田單曰安平之戰田單宗人以鐵籠得全習兵立以為將軍以即墨距燕頃之燕昭王卒惠王立與樂毅有隙田單聞之乃縱反間於燕宣言曰齊王已死城之不拔者二耳樂毅畏誅而不敢歸以伐齊為名實欲連兵南面而王齊齊人未附故且緩攻即墨以待其事齊人所懼唯恐他將之來即墨殘矣燕王以為然使騎劫代樂毅樂毅因歸趙燕人士卒忿而田單乃令城中人食必祭其先祖於庭飛鳥悉翔舞城中下食燕人怪之田單因宣言曰神來下教我乃令城中人曰當有神人為我師有一卒曰臣可以為師乎因反走田單乃起引還東鄉坐師事之卒曰臣欺君誠無能也田單曰子勿言也因師之每出約束必稱神師乃宣言曰吾唯懼燕軍之劓所得齊

卒置之前行（戶郎反）與我戰即墨敗矣燕人聞之如其言城中人見齊諸降者盡劓皆怒堅守唯恐見得單又縱反間曰吾懼燕人掘吾城外冢墓僇先人可為寒心燕軍盡掘壟墓燒死人即墨人從城上望見皆涕泣其欲出戰怒自十倍田單知士卒之可用乃身操版插（古之軍行常負板插也）與士卒分功妻妾編於行伍之間盡散飲食饗士令甲卒皆伏使老弱女子乘城遣使約降於燕燕軍皆呼萬歲田單又收民金得千溢令即墨富豪遺燕將

曰即墨即降願無虜掠吾族家妻妾令安堵燕將大喜許之燕軍由此益懈田單乃收城中得千餘牛為絳繒衣畫以五彩龍文束兵刃於其角而灌脂束葦於尾燒其端鑿城數十穴夜縱牛壯士五千人隨其後牛尾熱怒而奔燕軍燕軍夜大驚牛尾炬火光明炫燿燕軍視之皆龍文所觸盡死傷五千人因銜枚擊之而城中鼓譟從之老弱皆擊銅器為聲聲動天地燕軍大駭敗走齊人遂夷殺其將騎劫燕軍擾亂奔走齊人追亡逐北

所過城邑皆畔燕而歸田單兵日益多乘勝燕日敗亡卒至河上而齊七十餘城皆復為齊乃迎襄王於莒入臨菑而聽政襄王封田單號曰安平君

太史公曰兵以正合以奇勝善之者出奇無窮奇正還相生當敵合也言正兵當陣張左右翼掩其不備則奇正合敗敵也如環之無端夫始如處女適人開戶敵人謂燕軍也言燕軍被田單反間易將及被卒燒擾甚而令齊卒甚起是敵人為單開門戶也後如脫兎適不及距其田單之謂邪初淖齒之殺湣王也莒人求湣王子法章得之太史敫之家敫音皎為人灌園敫女憐而善遇之後法章私以情告女女遂與通及莒人共立法章為齊王以莒距燕而太史氏女遂為后所謂君王后也燕之初入齊聞畫邑人括地志云戟里城在臨淄西北三十里春秋時棘邑又云澅邑蠋所居即此邑因澅水為名也王蠋賢令軍中曰環畫邑三十里無入以王蠋之故已而使人謂蠋曰齊人多高子之義吾以子為將封子萬家蠋固謝燕人曰子不聽吾引三軍而屠畫邑王蠋曰忠臣不事二君貞女不更二夫齊王不聽吾諫故退而耕於野國

既破亡吾不能存今又劫之以兵為君將是助桀為暴也與其生而無義固不如烹遂經其頸於樹枝自奮絕脰而死齊亡大夫聞之曰王蠋布衣也義不北面於燕況在位食祿者乎乃相聚如莒求諸子立為襄王

史記正義卷八十二

欽定四庫全書

史記正義卷八十三

唐　張守節　撰

魯仲連鄒陽列傳第二十三　史記八十三

魯仲連者齊人也好奇偉俶儻之畫策俶天歷反魯仲連子云齊辯士田巴服狙邱議稷下毀五帝罪三王服五伯離堅白合同異一日服千人有徐刦者其弟子曰魯仲連年十二號千里駒往請田巴曰臣聞堂上不奮郊草不芸白刃交前不救流矢急不暇緩也今楚軍南陽趙伐高唐燕人十萬聊城不去國亡在旦夕先生奈之何若不能者先生之言有似梟鳴出城而人惡之先生勿復言田巴

曰謹聞命矣巴謂徐刦曰先生乃非兎也豈直千里駒巴終身不談而不肯仕宦任職好持高節游於趙趙孝成王時而秦王使白起破趙長平之軍前後四十餘萬秦兵遂東圍邯鄲趙王恐諸侯之救兵莫敢擊秦兵魏安釐王使將軍晉鄙救趙畏秦止於蕩陰不進蕩天郎反相州縣魏王使客將軍新垣衍間入邯鄲因平原君謂趙王曰秦所為急圍趙者前與齊湣王爭彊為帝已而復歸帝今齊湣王已益弱方今唯秦雄天下此非必貪邯鄲其意欲復求為帝趙誠發使尊秦昭王為帝秦必喜罷兵去平原君猶預未有所決此時魯仲連適游趙會秦圍趙聞魏將欲令趙尊秦為帝乃見平原君曰事將奈何平原君曰勝也何敢言事前亡四十萬之衆於外今又內圍邯鄲而不能去魏王使客將軍新垣衍令趙帝秦今其人在是勝也何敢言事魯仲連曰吾始以君為天下之賢公子也吾乃今然後知君非天下之賢公子也梁客新垣衍安在吾請為君責而歸之平原君曰勝請為紹介而見之於先生平原君遂

見新垣衍曰東國有魯仲連先生者今其人在此勝請為紹介交之於將軍新垣衍曰吾聞魯仲連先生齊國之高士也衍人臣也使事有職吾不願見魯仲連先生平原君曰勝既已泄之矣新垣衍許諾魯連見新垣衍而無言新垣衍曰吾視居此圍城之中者皆有求於平原君者也今吾觀先生之玉貌非有求於平原君者也曷為久居此圍城之中而不去魯仲連曰世以鮑焦為無從頌而死者皆非也韓詩外傳云姓鮑名焦周時隱者也飾行非世廉節而守荷擔

採樵拾橡充食故無子胥不臣天子不友諸侯子貢過之謂之曰吾聞非其政者不履其土汙其君者不受其利今子履其地食其利其可乎鮑焦曰吾聞廉士重進而輕退賢人易愧而輕死遂抱木立枯馬按魯仲連留趙不去者非為一身衆人不知則為一身彼秦者弃禮義而上首功之國也權使其士虜使其民彼即肆然而為帝過至過字為絕句肆然其志意也言秦得肆志為帝恐有烹醢納筦籥行天子之禮過失也而為政於天下若趙魏帝秦得行政教於天下魯連蹈東海而溺死不忍為秦百姓則連有蹈東海而死耳吾不忍為之民也所為見將軍者欲以助趙也新垣衍曰先王助之將柰何魯連曰吾將使梁及燕助之

齊楚則固助之矣新垣衍曰燕則吾請以從矣若乃梁者則吾乃梁人也先生惡能使梁助之魯連曰梁未睹秦稱帝之害故耳使梁睹秦稱帝之害則必助趙矣新垣衍曰秦稱帝之害何如魯連曰昔者齊威王嘗為仁義矣率天下諸侯而朝周周貧且微諸侯莫朝而齊獨朝之居歲餘周烈王崩周本紀及年表云烈王七年崩齊威王十年也與徐不同齊後往周怒赴於齊鄭元云赴告也今文赴作訃曰天崩地坼天子下席東藩之臣因齊後至則斮齊威王勃然怒曰叱嗟而母婢也罵烈王后也卒為天下笑故生則朝周死則叱之誠不忍其求也彼天子固然其無足怪新垣衍曰先生獨不見夫僕乎十人而從一人者寧力不勝而智不若邪畏之也魯仲連曰嗚呼梁之比於秦若僕邪新垣衍曰然魯仲連曰吾將使秦王烹醢梁王新垣衍怏然不悦曰怏於尚反噫嘻亦太甚矣先生之言也先生又惡能使秦王烹醢梁王魯仲連曰固也吾將言之昔者九侯鄂侯九侯城在相州滏陽縣西南五十里文王紂之三公也九侯有子而好獻之

於紂紂以為惡醢九侯鄂侯爭之彊辯之疾故脯鄂侯文王聞之喟然而歎故拘之牖里之庫百日相州蕩陰縣北九里有羑城欲令之死曷為與人俱稱王卒就脯醢之地齊湣王將之魯夷維子為執策而從密州高密縣古夷安城應劭云故萊夷維邑也蓋因邑為姓子者男子之美號又云子爵也謂魯人曰子將何以待吾君魯人曰吾將以十太牢待子之君夷維子曰子安取禮而來吾君彼吾君者天子也天子巡狩諸侯辟舍納筦籥攝衽抱机衽音而甚反視膳於堂下天子已食乃退而聽朝也魯人投

其籥不果納籥即鑰匙也投鑰匙於地不得入於魯將之薛薛侯故城在徐州滕縣界也假途於鄒當是時鄒君死湣王欲入弔夷維子謂鄒之孤曰天子弔主人必將倍殯棺設北面於南方然後天子南面弔也鄒之羣臣曰必若此吾將伏劍而死固不敢入於鄒鄒魯之臣生則不得事養死則不得賻襚衣服曰襚貨財曰賻皆助生送死之禮然且欲行天子之禮於鄒魯鄒魯之臣不果納今秦萬乘之國也梁亦萬乘之國也俱據萬乘之國各有稱王之名睹其一戰而勝欲從而帝之

是使三晉之大臣不如鄒魯之僕妾也且秦無已而帝則且變易諸侯之大臣彼將奪其所不肖而與其所賢奪其所憎而與其所愛彼又將使其子女讒妾為諸侯妃姬處梁之宮梁王安得晏然而已乎而將軍又何以得故寵乎於是新垣衍起再拜謝曰始以先生為庸人吾乃今日知先生為天下之士也吾請出不敢復言帝秦秦將聞之為卻軍五十里適會魏公子無忌奪晉鄙軍以救趙擊秦軍秦軍遂引而去於是平原君欲封魯

連魯連辭讓使者三終不肯受平原君乃置酒酒酣起前以千金為魯連壽魯連笑曰所謂貴於天下之士者為人排患釋難解紛亂而無取也即有取者是商賈之事也而連不忍為也遂辭平原君而去終身不復見其後二十餘年燕將攻下聊城今博州聊城縣也聊城人或讒之燕燕將懼誅因保守聊城不敢歸齊田單攻聊城歲餘士卒多死而聊城不下魯連乃為書約之矢以射城中遺燕將書曰吾聞之智者不倍時而棄利勇士不怯死而

滅名忠臣不先身而後君今公行一朝之忿不顧燕王之無臣非忠也殺身亡聊城而威不信於齊非勇也功敗名滅後世無稱焉非智也三者世主不臣說士不載故智者不再計勇士不怯死今死生榮辱貴賤尊卑此時不再至願公詳計而無與俗同且楚攻齊之南陽魏攻平陸兗州縣也而齊無南面之心以為亡南陽之害小不如得濟北之利大言齊無南面攻楚魏之心以為南陽平陸之害小不如聊城之利大言必攻之故定計審處之今秦人下兵魏不敢東面衡秦之勢

成楚國之形危齊弃南陽斷右壤定濟北計猶且為之
也且夫齊之必決於聊城公勿再計今楚魏交退於齊
而燕救不至以全齊之兵無天下之規與聊城共據期
年之敝則臣見公之不能得也且燕國大亂君臣失計
上下迷惑栗腹以十萬之衆五折於外以萬乘之國被
圍於趙壤削主困為天下僇笑國敝而禍多民無所歸
心今公又以敝聊之民距全齊之兵是墨翟之守也如墨
翟守宋卻楚軍食人炊骨士無反外之心是孫臏之兵也言孫臏能

欽定四庫全書　史記正義　卷八十三　七

撫士卒士卒無二心能見於天下雖然為公計者不如全車甲以
報於燕車甲全而歸燕燕王必喜身全而歸於國士民
如見父母交游攘臂而議於世功業可明上輔孤主以
制羣臣下養百姓以資說士矯國更俗功名可立也亡
意亦捐燕弃世東游於齊乎裂地定封富比乎陶衛世
世稱孤與齊久存又一計也此兩計者顯名厚實也願
公詳計而審處一焉且吾聞之規小節者不能成榮名
惡小耻者不能立大功昔者管夷吾射桓公中其鉤篡

也遺公子糾不能死怯也管仲傳子糾而魯殺之不能隨子糾死是怯懦畏死也
束縛桎梏辱也若此三行者世主不臣而鄉里不通鄉
使管子幽囚而不出身死而不反於齊則亦名不免為
辱人賤行矣臧獲且羞與之同名矣況世俗乎故管子
不耻身在縲紲之中而恥天下之不治不耻不死公子
糾而耻威之不信於諸侯故兼三行之過而為五霸首
齊桓最初得周襄王賜文武胙彤弓矢大輅故為五伯首也名高天下而光燭鄰國
曹子為魯將三戰三北而亡地五百里鄉使曹子計不

欽定四庫全書　史記正義　卷八十三　八

反顧議不還踵刎頸而死則亦名不免為敗軍禽將矣
曹子棄三北之耻而退與魯君計桓公朝天下會諸侯
曹子以一劍之任枝桓公之心於壇坫之上顏色不變
辭氣不悖三戰之所亡一朝而復之天下震動諸侯驚
駭威加吳越若此二士者非不能成小廉而行小節也
以為殺身亡軀絕世滅後功名不立非智也故去感忿
之怨立終身之名棄忿悁之節忿數粉反悁於緣反定累世之功
是以業與三王爭流而名與天壤相獎也願公擇一而行

之燕將見魯連書泣三日猶預不能自決欲歸燕已有隙恐誅欲降齊所殺虜於齊甚衆恐已降而後見辱喟然歎曰與人刃我寧自刃乃自殺聊城亂田單遂屠聊城歸而言魯連欲爵之魯連逃隱於海上曰吾與富貴而詘於人寧貧賤而輕世肆志焉

鄒陽者齊人也游於梁與故吳人莊忌夫子淮陰枚生之徒交上書而介於羊勝公孫詭之間勝等嫉鄒陽惡之梁孝王孝王怒下之吏將欲殺之鄒陽客游以讒見禽恐死而負累諸不以罪死為累乃從獄中上書曰臣聞忠無不報

信不見疑臣常以為然徒虛語耳昔者荊軻慕燕丹之義白虹貫日太子畏之衛先生為秦畫長平之事太白蝕昴而昭王疑之夫精變天地而信不諭兩主豈不哀哉今臣盡忠竭誠畢議願知左右不明卒從吏訊為世所疑是使荊軻衛先生復起而燕秦不悟也願大王孰察之昔卞和獻寶楚王刖之李斯竭忠胡亥極刑是以箕子佯狂接輿辟世恐遭此患也願大王孰察卞和李斯之意而後楚王胡亥之聽無使臣為箕子接輿所笑臣聞比干剖心子胥鴟夷臣始不信乃今知之願大王孰察少加憐焉諺曰有白頭如新傾蓋如故何則知與不知也故昔樊於期逃秦之燕藉荊軻首以奉丹之事王奢去齊之魏臨城自剄以却齊而存魏夫王奢樊於期非新於齊秦而故於燕魏也所以去二國死兩君者行合於志而慕義無窮也是以蘇秦不信於天下而為燕尾生白圭戰亡六城為魏取中山何則誠有以相知也蘇秦相燕燕人惡之於王王按劍而怒食以駃騠食音

寺駃騠音決蹄北狄良馬也白圭顯於中山中山人惡之魏文侯文侯投之以夜光之璧何則兩主二臣剖心析肝相信豈移於浮辭哉故女無美惡入宮見妒士無賢不肖入朝見嫉昔者司馬喜臏腳於宋卒相中山范雎摺脅折齒於魏卒為應侯此二人者皆信必然之畫捐朋黨之私挾孤獨之位故不能自免於嫉妒之人也是以申徒狄自沈於河徐衍負石入海不容於世義不苟取比周於

朝以移主上之心故百里奚乞食於路繆公委之以政甯戚飯牛車下而桓公任之以國此二人者豈借官於朝假譽於左右然後二主用之哉感於心合於行親於膠漆昆弟不能離豈惑於衆口哉故偏聽生姦獨任成亂昔者魯聽季孫之說而逐孔子宋信子罕之計而囚墨翟夫以孔墨之辯不能自免於讒諛而二國以危何則衆口鑠金積毀銷骨也是以秦用戎人由余而霸中國齊用越人蒙而彊威宣此二國豈拘於俗牽於世繫

阿偏之辭哉公聽並觀垂名當世故意合則胡越為昆弟由余越人蒙是矣不合則骨肉出逐之收朱象管蔡是矣今人主誠能用齊秦之義後宋魯之聽則五伯不足稱三王易為也是以聖王覺寤捐子之之心而能不說於田常之賢封比干之後脩孕婦之墓故功業復就於天下何則欲善無厭也夫晉文公親其讎彊霸諸侯齊桓公用其仇而一匡天下何則慈仁慇勤誠加於心不可以虛辭借也至夫秦用商鞅之法東弱韓魏兵彊天下而卒車裂之越用大夫種之謀禽勁吳霸中國而卒誅其身是以孫叔敖三去相而不悔於陵子仲辭三公為人灌園今人主誠能去驕傲之心懷可報之意披心腹見情素墮肝膽施德厚終與之窮達無愛於士則桀之狗可使吠堯而蹠之客可使刺由況因萬乘之權假聖王之資乎然則荊軻之湛七族要離之燒妻子豈足道哉臣聞明月之珠夜光之璧以闇投人於道路人無不按劍相眄者何則無因而至前也蟠木根柢輪囷離

詭而為萬乘器者何則以左右先為之容也故無因至前雖出隨侯之珠夜光之璧猶結怨而不見德故有人先談則以枯木朽株樹功而不忘今夫天下布衣窮居之士身在貧賤雖包堯舜之術挾伊管之辯懷龍逢比干之意欲盡忠當世之君而素無根柢之容雖竭精思欲開忠信輔人主之治則人主必有按劍相眄之跡是使布衣不得為枯木朽株之資也是以聖王制世御俗獨化於陶鈞之上而不牽於卑亂之語不奪於衆多之口故

秦皇帝任中庶子蒙嘉之言以信荆軻之説而匕首竊發周文王獵涇渭載呂尚而歸以王天下故秦信左右而殺周用烏集而王何則以其能越攣拘之語馳域外之議獨觀於昭曠之道也今人主沈於諂諛之辭牽於帷裳之制使不羈之士與牛驥同皁顏云不羈言才識高遠不可羈係皁在早反方言云梁宋齊楚燕之間謂櫪曰皁此鮑焦所以忿於世而不留富貴之樂也臣聞盛飾入朝者不以利汙義砥厲名號者不以欲傷行故縣名勝母鹽鐵論皆云里名尸子及此傳云縣名未詳也而

曾子不入邑號朝歌而墨子迴車朝歌今衛州縣也今欲使天下寥廓之士攝於威重之權主於位勢之貴故回面汙行以事諂諛之人而求親近於左右則士伏死堀穴巖巖之中耳安肯有盡忠信而趨闕下者哉書奏梁孝王孝王使人出之卒為上客

太史公曰魯連其指意雖不合大義然余多其在布衣之位蕩然肆志不詘於諸侯談説於當世折卿相之權鄒陽辭雖不遜然其比物連類有足悲者亦可謂抗直不橈矣吾是以附之列傳焉

史記正義卷八十三

欽定四庫全書

史記正義卷八十四

唐 張守節 撰

屈原賈生列傳第二十四 史記八十四

屈原者名平楚之同姓也屈景昭皆楚之族王逸云楚王始都是生子瑕受屈為卿因以為氏為楚懷王左徒蓋今在左右拾遺之類博聞彊志明於治亂嫻於辭令入則與王圖議國事以出號令出則接遇賓客應對諸侯王甚任之上官大夫與之同列爭寵而心

害其能懷王使屈原造為憲令屈平屬草藁未定上官大夫見而欲奪之王逸云上官靳尚屈平不與因讒之曰王使屈平為令衆莫不知毎一令出平伐其功曰以為非我莫能為也王怒而疏屈平屈平疾王聽之不聰也讒諂之蔽明也邪曲之害公也方正之不容也故憂愁幽思而作離騷離騷者猶離憂也夫天者人之始也父母者人之本也人窮則反本故勞苦倦極未嘗不呼天也疾痛慘怛上七感反下丁達反慘毒也怛痛也未嘗不呼父母也屈平正道直行寒孟反竭忠盡智以事其君讒人間之可謂窮矣信而見疑忠而被謗能無怨乎屈平之作離騷蓋自怨生也國風好色而不淫小雅怨誹而不亂非方畏反若離騷者可謂兼之矣上稱帝嚳下道齊桓中述湯武以刺世事明道德之廣崇治亂之條貫靡不畢見其文約其辭微其志潔其行廉其稱文小而其指極大舉類邇而見義遠其志潔故其稱物芳其行廉故死而不容自疏濯淖汙泥之中蟬蛻於濁穢蛻音税去皮也又他卧反以浮游塵埃之外

不獲世之滋垢皭然泥而不滓者也推此志也雖與日月爭光可也言屈平之仕濁世去其汚垢在塵埃之外推此志意雖與日月爭其光明斯亦可矣屈平既絀其後秦欲伐齊齊與楚從親上足松反惠王患之乃令張儀詳去秦厚幣委質事楚曰秦甚憎齊齊與楚從親楚誠能絶齊秦願獻商於之地六百里楚懷王貪而信張儀遂絶齊使使如秦受地張儀詐之曰儀與王約六里不聞六百里楚使怒去歸告懷王懷王怒大興師伐秦秦發兵擊之大破楚師於丹陽斬首八萬丹陽今歧

江城故虜楚將屈匄遂取楚之漢中地梁州懷王乃悉發國中兵以深入擊秦戰於藍田魏聞之襲楚至鄧楚兵懼自秦歸而齊竟怒不救楚楚大困明年秦割漢中地與楚以和楚王曰不願得地願得張儀而甘心焉張儀聞乃曰以一儀而當漢中地臣請往如楚如楚又因厚幣用事者臣靳尚而設詭辯於懷王之寵姬鄭袖懷王竟聽鄭袖復釋去張儀是時屈平既疏不復在位使於齊顧反諫懷王曰何不殺張儀懷王悔追張儀不及其後

欽定四庫全書　史記正義　卷八十四　三

諸侯共擊楚大破之殺其將唐眛眛莫曷反時秦昭王與楚婚欲與懷王會懷王欲行屈平曰秦虎狼之國不可信不如無行懷王稚子子蘭勸王行奈何絕秦歡懷王卒行入武關秦伏兵絕其後因留懷王以求割地懷王怒不聽亡走趙趙不內復之秦竟死於秦而歸葬長子頃襄王立以其弟子蘭為令尹楚人既咎子蘭以勸懷王入秦而不反也屈平既嫉之雖放流睠顧楚國繫心懷王不忘欲反冀幸君之一悟俗之一改也其存君興國而

原書卷次訛誤

欲反覆之一篇之中三致志焉然終無可奈何故不可以反卒以此見懷王之終不悟也人君無愚智賢不肖莫不欲求忠以自為舉賢以自佐然亡國破家相隨屬而聖君治國累世而不見者其所謂忠者不忠而所謂賢者不賢也懷王以不知忠臣之分故內惑於鄭袖外欺於張儀疏屈平而信上官大夫令尹子蘭兵挫地削亡其六郡身客死於秦為天下笑此不知人之禍也易曰井泄不食為我心惻可以汲王明並受其福王之不

欽定四庫全書　史記正義　卷二十四　四

明豈足福哉言楚王不明忠臣豈是受福故屈原懷沙自沉令尹子蘭聞之大怒卒使上官大夫短屈原於頃襄王頃襄王怒而遷之屈原至於江濱被髮行吟澤畔顏色憔悴形容枯槁漁父見而問之曰子非三閭大夫歟何故而至此屈原曰舉世混濁而我獨清衆人皆醉而我獨醒是以見放漁父曰夫聖人者不凝滯於物而能與世推移舉世混濁何不隨其流而揚其波衆人皆醉何不餔其糟而啜其醨何故懷瑾握瑜而自令見放為屈原曰吾聞之新

沐者必彈冠新浴者必振衣人又誰能以身之察察受物之汶汶者乎寧赴常流而葬乎江魚腹中耳又安能以皓皓之白而蒙世之温蠖乎乃作懷沙之賦其辭曰陶陶孟夏兮草木莽莽莽莫古反傷懷永哀兮汩徂南土眴兮窈窕孔靜幽墨孔甚墨無聲言江南山高澤深視之眴野甚清淨數無人聲冤結紆軫兮離愍之長鞠撫情効志兮俛詘以自抑刓方以為圜兮常度未替易初本由兮君子所鄙本常也鄙恥也言人遺世不道變易初行違離常道君子所鄙章畫職墨兮前度未改內直質重兮

大人所盛巧匠不斵兮孰察其揆正玄文幽處兮矇謂之不章離婁微睇兮瞽以為無明睇田帝反眄也變白而為黑兮倒上以為下鳳皇在笯兮雞雉翔舞應瑞圖云黃帝問天老曰鳳鳥何如天老曰鳥鳴而鱗後蛇頸而魚尾龍文而龜身燕頷而雞喙首戴德頸揭義背負仁心入信翼挾順足正尾繫武小音金大音鼓延頸奮翼五備舉同糅玉石兮一槩而相量夫黨人之鄙妒兮羌不知吾所臧羌音强任重載盛兮陷滯而不濟懷瑾握瑜兮窮不得余所示邑犬羣吠兮吠所怪也誹駿疑桀兮固庸態也文質疏內兮衆不知吾之異采

原書卷次誤

材樸委積兮莫知余之所有重仁襲義兮謹厚以為豐重華不可遻兮孰知余之從容古固有不並兮豈知其故也湯禹久遠兮邈不可慕也懲違改忿兮抑心而自彊離湣而不遷兮願志之有象進路北次兮北次將就日昧昧其將暮舍憂虞哀兮限之以大故亂曰浩浩沅湘兮分流說文云沅水出牂牁東北流入江湘水出零陵縣海山北至入江按二水皆經岳州而入大江也汩兮脩路幽拂兮道遠忽兮曾唫恒悲兮永歎慨兮世既莫吾知兮人心不可謂兮懷情抱質兮獨無匹兮伯

樂既歿兮驥將焉程兮人生有命兮各有所錯兮定心廣志余何畏懼兮曾傷爰哀永歎喟兮世溷不吾知心不可謂兮知死不可讓兮願勿愛兮明以告君子兮吾將以為類兮按類例也以為忠臣不事亂君之例於是懷石遂自投汨羅以死故羅縣城在岳州湘陰縣東北六十里春秋時羅子國秦置長沙郡而為縣也按縣北有汨水及屈原廟續齊諧記云屈原以五月五日投汨羅而死楚人哀之每於此日以筒貯米投水祭之漢建武中長沙區回白日忽見一人自稱三閭大夫謂回曰聞君常見祭甚善但常年所遺並蛟龍所竊今若有惠可以楝樹葉塞上以五色絲轉縛之此物蛟龍所憚回依其言世人五月五日作糭并帶五色絲及楝葉皆汨羅之遺風

屈原既死之後楚有宋玉唐勒景差之徒者皆好辭而以賦見稱然皆祖屈原之從容辭令終莫敢直諫其後楚日以削數十年竟為秦所滅自屈原沈汨羅後百有餘年漢有賈生為長沙王太傅過湘水投書以弔屈原賈生名誼雒陽人也年十八以能誦詩屬書聞於郡中吳廷尉為河南守聞其秀才顏云秀美也應劭云避光武諱改茂才也召置門下甚幸愛孝文皇帝初立聞河南守吳公治平為天下第一故與李斯同邑而常學事焉乃徵為廷尉廷尉

乃言賈生年少頗通諸子百家之書文帝召以為博士是時賈生年二十餘最為少每詔令議下諸老先生不能言賈生盡為之對人人各如其意所欲出諸生於是乃以為能不及也孝文帝說之超遷一歲中至大中大夫賈生以為漢興至孝文二十餘年天下和洽而固當改正朔易服色法制度定官名興禮樂乃悉草具其事儀法色尚黃數用五漢文帝時黃龍見成紀故改為土也為官名悉更秦之法孝文帝初即位謙讓未遑也諸律令所更定及列侯悉就國其說皆自賈生發之於是天子議以為賈生任公卿之位絳灌東陽侯馮敬之屬盡害之絳灌周勃灌嬰也東陽侯張相加馮敬時為御史大夫乃短賈生曰雒陽之人年少初學專欲擅權紛亂諸事於是天子後亦疏之不用其議乃以賈生為長沙王太傅賈生既辭往行聞長沙卑濕自以壽不得長又以適去意不自得及渡湘水為賦以弔屈原其辭曰共承嘉惠兮俟罪長沙側聞屈原兮自沈汨羅造託湘流兮敬弔先生遭世罔極兮乃隕厥身嗚呼哀哉逢

時不祥鸞鳳伏竄兮鴟梟翱[illegible]尊顯兮讒諛得志賢聖逆曳兮方正倒植世謂伯夷貪兮謂盜跖廉莫邪為頓兮鉛刀為銛于嗟嚜嚜兮生之無故斡棄周鼎兮而寶康瓠騰駕罷牛兮驂蹇驢罷音皮驥垂兩耳兮服鹽車章甫薦屨兮漸不可久嗟苦先生兮獨離此咎訊曰已矣國其莫我知獨堙鬱兮其誰語鳳漂漂其高遰兮夫固自縮而遠去襲九淵之神龍兮沕深潛呂自珍彌融爚顏野王云彌遠也融明也爚光也沒深藏以自彌遠明光以隱處也以隱處兮夫豈

從螘與蛭螾言寧投水合神龍豈陸暮從蟻與蛭蚓所貴聖人之神德兮
遠濁世而自藏使騏驥可得係羈兮豈云異夫犬羊使騏
驥可得係縛羈絆則與犬羊無異貴屈原不去濁世以藏隱其文如聚也驥千里馬般紛紛其離
此尤兮亦夫子之辜也瞝九州而相君兮何必懷此都
也鳳皇翔于千仞之上兮覽德輝焉下之見細德之險
徵兮搖增翮逝而去之搖動也增加也言見細德之人又有險難微起則合加動羽翮
遠逝而去之彼尋常之汙瀆兮豈能容吞舟之魚橫江湖之
鱣鱏兮固將制於螻蟻賈生為長沙王太傅漢文帝年表云吳滂

之九孫差羕長沙王也傳為長沙靖王羕之二年也括地志云吳芮故城在潭州長沙縣東南三百里賈誼宅
在縣南三十步湘水記云誼宅中有一井誼所穿極小而深上歛下大其狀如壺傍有一局脚石床容一人坐
形流古制相承云誼所坐三年有鵩飛入賈生舍止於坐隅楚人命
鴞曰服賈生既以適居長沙長沙卑溼自以為壽不得
長傷悼之乃為賦以自廣其辭曰單閼之歲兮閼烏曷反四
月孟夏庚子日施兮服集予舍止于坐隅貌甚閒暇異
物來集兮私怪其故發書占之兮筴言其度發策數之書占其度
驗曰野鳥入處兮主人將去請問于服兮予去何之吉

乎告我凶言其菑音災淹數之度兮語予其期服乃歎息
舉首奮翼口不能言請對以臆協韻音憶萬物變化兮固無
休息斡流而遷兮或推而還形氣轉續兮化變而嬗沕
穆無窮兮胡可勝言沕音勿禍兮福所倚於蟻反倚依也福兮禍
所伏憂喜聚門兮吉凶同域言禍福相因吉凶不定彼吳彊大兮
夫差以敗越棲會稽兮句踐霸世斯游遂成兮卒被五
刑傅說胥靡兮乃相武丁夫禍之與福兮何異糾纆命
不可說兮孰知其極水激則旱兮矢激則遠萬物回薄

兮振蕩相轉雲蒸雨降兮錯繆相紛大專槃物兮坱軋
無垠坱烏朗反軋於黠反天不可與慮兮道不可與謀遲數有命
兮惡識其時且夫天地為爐兮造化為工陰陽為炭兮
萬物為銅合散消息兮安有常則千變萬化兮未始有
極忽然為人兮何足控摶化為異物兮又何足患小知
自私兮賤彼貴我通人大觀兮物無不可貪夫徇財兮
列士殉名夸者死權兮品庶馮生馮音憑怵迫之徒兮或
趨西東大人不曲兮億變齊同拘士繫俗兮攌如囚拘

至人遺物兮獨與道俱衆人或或兮好惡積意意合韻音憶真人淡漠兮獨與道息釋知遺形兮超然自喪寥廓忽荒兮與道翱翔乘流則逝兮得坻則止縱軀委命兮不私與已其生若浮兮其死若休澹乎若深淵之靜氾乎若不繫之舟不以生故自寶兮養空而游德人無累兮知命不憂細故蔕薊兮何足以疑蔕刃邁反 薊如邁反後歲餘賈生徵見孝文帝方受釐坐宣室上因感鬼神事而問鬼神之本賈生因具道所以然之狀至夜半文帝前席既

罷曰吾久不見賈生自以為過之今不及也居頃之拜賈生為梁懷王太傅梁懷王文帝之少子愛而好書故令賈生傅之文帝復封淮南厲王子四人皆為列侯賈生諫以為患之興自此起矣賈生數上疏言諸侯或連數郡非古之制可稍削之文帝不聽居數年懷王騎墮馬而死無後賈生自傷為傅無狀哭泣歲餘亦死賈生之死時年三十三矣及孝文崩孝武皇帝立舉賈生之孫二人至郡守而賈嘉最好學世世其家與余通書至孝昭時列為九卿

太史公曰余讀離騷天問招魂哀郢悲其志適長沙觀屈原所自沈淵未嘗不垂涕想見其為人及見賈生弔之又怪屈原以彼其材游諸侯何國不容而自令若是讀服鳥賦同死生輕去就又爽然自失矣

史記正義卷八十四

欽定四庫全書

史記正義卷八十五

唐　張守節　撰

呂不韋列傳第二十五　史記八十五

呂不韋者陽翟大賈人也（陽翟今河南府也）往來販賤賣貴家累千金秦昭王四十年太子死其四十二年以其次子安國君為太子安國君有子二十餘人安國君有所甚愛姬立以為正夫人號曰華陽夫人華陽夫人無子安國君中男名子楚子楚母曰夏姬毋愛子楚為秦質子於趙秦數攻趙趙不甚禮子楚子楚秦諸庶孽孫質於諸侯車乘進用不饒居處困不得意呂不韋賈邯鄲見而憐之曰此奇貨可居（戰國策云濮陽人呂不韋賈邯鄲見秦質子異人歸謂其父曰耕田之利幾倍曰十倍珠玉之贏幾倍曰百倍立定國之贏幾倍曰無數不韋曰今力田疾作不得煖衣餘食今定國立君澤可遺後世願往事之秦子異人質於趙處於聊城故往說之乃說秦王后弟陽泉君曰君之罪至死君知之乎君門下無不居高官尊位太子門下無貴者而駿馬盈外廄美女充後庭王之春秋高矣一日山陵崩太子用事君危於累卵而不壽於朝生今有計可以使君富千萬歲於太山必無危亡之患矣陽泉君曰請聞其說不韋曰王年高矣王后無子子傒有承國之業士倉又輔之王一日山陵崩子傒立士倉用事王后之門必生蓬蒿子楚異人賢材也棄在於趙無母引領西望欲一得歸王后誠請而立之是異人無國有國王后無子有子陽泉曰諾入說王后謂請於趙而歸之）乃往見子楚說曰吾能大子之門子楚笑曰且自大君之門而乃大吾門呂不韋曰子不知也吾門待子門而大子楚心知所謂乃引與坐深語呂不韋曰秦王老矣安國君得為太子竊聞安國君愛幸華陽夫人華陽夫人無子能立適嗣者（適音嫡）獨華陽夫人耳今子兄弟二十餘人子又居中不甚見幸久質諸侯即大王薨安國君立為王則子無幾得與長子（言子楚無望得預長為太子）及諸子旦暮在前者爭為太子矣子楚曰然為之奈何呂不韋曰子貧客於此非有以奉獻於親及結賓客也不韋雖貧請以千金為子西游事安國君及華陽夫人立子為適嗣子楚乃頓首曰必如君策請得分秦國與君共之不韋乃以五百金與子楚為進用結賓客而復以五百金買奇物玩好自奉而西游秦求見華陽夫人姊而皆以其物獻華陽夫人因言子

楚賢智結諸侯賓客徧天下常曰楚也以夫人為天日夜泣思太子及夫人夫人大喜不韋因使其姊說夫人曰吾聞之以色事人者色衰而愛弛今夫人事太子甚愛而無子不以此時蚤自結於諸子中賢孝者舉立以為適而子之夫在則重尊夫百歲之後所子者為王終不失勢此所謂一言而萬世之利也不以繁華時樹本即色衰愛弛後雖欲開一語尚可得乎今子楚賢而自知中男也次不得為適其母又不得幸自附夫人夫人

誠以此時拔以為適夫人則竟世有寵於秦矣華陽夫人以為然承太子閒從容言子楚質於趙者絕賢來往者皆稱譽之乃因涕泣曰妾幸得充後宮不幸無子願得子楚立以為適嗣以託妾身安國君許之乃與夫人刻玉符約以為適嗣安國君及夫人因厚餽遺子楚而請呂不韋傅之子楚以此名譽益盛於諸侯呂不韋取邯鄲諸姬絕好善舞者與居知有身子楚從不韋飲見而說之因起為壽請之呂不韋怒念業已破家為子楚

欲以釣奇乃遂獻其姬姬自匿有身至大期時生子政子楚遂立姬為夫人秦昭王五十年使王齮圍邯鄲急趙欲殺子楚子楚與呂不韋謀行金六百斤予守者吏得脫亡赴秦軍遂以得歸趙欲殺子楚妻子子楚夫人趙豪家女也得匿以故母子竟得活秦昭王五十六年薨太子安國君立為王華陽夫人為王后子楚為太子趙亦奉子楚夫人及子政歸秦秦王立一年薨謚為孝文王太子子楚代立是為莊襄王莊襄王所養母華陽

后為華陽太后真母夏姬尊以為夏太后莊襄王元年以呂不韋為丞相封為文信侯食河南洛陽十萬戶莊襄王即位三年薨太子政立為王尊呂不韋為相國號稱仲父（仲中也次父也蓋效解桓公以管仲為仲父）秦王年少太后時時竊私通呂不韋不韋家僮萬人當是時魏有信陵君（年表云秦昭王五十六年平原卒始皇四年信陵君死始皇九年李園殺春申君孟嘗君當秦昭王二十四年已後而卒最早）楚有春申君趙有平原君齊有孟嘗君皆下士喜賓客以相傾呂不韋以秦之彊羞不如亦招致士厚遇

之至食客三千人是時諸侯多辯士如荀卿之徒著書布天下呂不韋乃使其客人人著所聞集論以為八覽六論十二紀二十餘萬言以為備天地萬物古今之事號曰呂氏春秋布咸陽市門懸千金其上延諸侯游士賓客有能增損一字者予千金始皇帝益壯太后淫不止呂不韋恐覺禍及己乃私求大陰人嫪毐以為舍人時縱倡樂使毐以其陰關桐輪而行以桐木為小車輪令太后聞之以啗太后太后聞果欲私得之呂不韋乃進嫪毐

詐令人以腐罪告之上音輔胡宮刑骨靡也不韋又陰謂太后曰可事詐腐則得給事中太后乃陰厚賜主腐者吏詐論之拔其鬚眉為宦者遂得侍太后太后私與通絕愛之有身太后恐人知之詐卜當避時徙宮居雍雍故城在岐雍縣南七里有秦都大鄭宮嫪毐常從賞賜甚厚事皆決於嫪毐嫪毐家僮數千人諸客求宦為嫪毐舍人千餘人始皇七年莊襄王母夏太后薨孝文王后曰華陽太后與孝文王會葬壽陵秦孝文王陵在雍州萬年縣東北二十五里夏太后子莊襄王葬芷陽秦襄莊陵在雍州新豐縣西南三十五里始皇在此故俗亦謂之見子陵故夏太后獨別葬杜東夏太后陵在萬年縣東南二十五里曰東望吾子西望吾夫後百年旁當有萬家邑始皇九年有告嫪毐實非宦者常與太后私亂生子二人皆匿之與太后謀曰王即薨以子為後於是秦王下吏治具得情實事連相國呂不韋九月夷嫪毐三族殺太后所生兩子而遂遷太后於雍諸嫪毐舍人皆沒其家而遷之蜀王欲誅相國為其奉先王功大及賓客辯士為游說者衆王不忍致法秦王十

年十月免相國呂不韋及齊人茅焦說秦王秦王乃迎太后於雍歸復咸陽而出文信侯就國河南歲餘諸侯賓客使者相望於道請文信侯秦王恐其為變乃賜文信侯書曰君何功於秦秦封君河南食十萬户君何親於秦號稱仲父其與家屬徙處蜀呂不韋自度稍侵恐誅乃飲酖而死秦王所加怒呂不韋嫪毐皆已死乃皆復歸嫪毐舍人遷蜀者始皇十九年太后薨謚為帝太后與莊襄王會葬茝陽

太史公曰不韋及嫪毐貴封號文信侯人之告嫪毐毐聞之秦王驗左右未發上之雍郊毐恐禍起乃與黨謀矯太后璽發卒以反蘄年宮蘄年宮在岐州城西故城內發吏攻毐毐敗亡走追斬之好時遂滅其宗而呂不韋由此絀矣孔子之所謂聞者其呂子乎

欽定四庫全書　史記正義　卷八十五　七

乾隆御覽之寶

史記正義卷八十五

欽定四庫全書

史部

史記正義卷八十六至八十九

詳校官編修臣李如筠

史記正義卷八十六

唐　張守節　撰

刺客列傳第二十六　史記八十六

曹沫者魯人也以勇力事魯莊公莊公好力曹沫為魯將與齊戰三敗北魯莊公懼乃獻遂邑之地以和故城在兗州龍邱縣西北史十六里也猶復以為將齊桓公許與魯會于柯而盟桓公與莊公既盟於壇上曹沫執匕首刦齊桓公桓公左右莫敢動而問曰子將何欲曹沫曰齊強魯弱而大國侵魯亦以甚矣今魯城壞即壓齊境君其圖之桓公乃許盡歸魯之侵地既已言曹沫投其匕首下壇北面就羣臣之位顏色不變辭令如故桓公怒欲倍其約管仲曰不可夫貪小利以自快棄信於諸侯失天下之援不如與之於是桓公乃遂割魯侵地曹沫三戰所亡地盡復予魯其後百六十有七年而吳有專諸之事

專諸者吳堂邑人也伍子胥之亡楚而如吳也知專諸之能伍子胥既見吳王僚說以伐楚之利吳公子光曰彼伍員父兄皆死於楚而員言伐楚欲自為報私讎也非能為吳吳王乃止伍子胥知公子光之欲殺吳王僚乃曰彼光將有內志未可說以外事乃進專諸於公子光光之父曰吳王諸樊諸樊弟三人次曰餘祭次曰夷眛次曰季子札諸樊知季子札賢而不立太子以次傳三弟欲卒致國于季子札諸樊既死傳餘祭餘祭死傳夷眛夷眛死當傳季子札季子札逃不肯立吳人乃立夷眛之子僚為王公子光曰使以兄弟次邪季子當立必以子乎則光真適嗣當立故嘗陰養謀臣以求立光既得專諸善客待之九年而楚平王死春吳王僚欲因楚喪使其二弟公子蓋餘屬庸將兵圍楚之灊灊故城在壽州霍山縣東二百步使延陵季子於晉以觀諸侯之變楚發兵絕吳將蓋餘屬庸路吳兵不得還於是公子光謂專諸曰此時不可失不求何獲且光真王嗣當立季子雖來不吾廢也專諸曰王僚可殺也母老子弱而兩弟將兵伐楚

欽定四庫全書　史記正義　卷八十六　二

楚絕其後方今吳外困於楚而內空無骨鯁之臣是無如我何公子光頓首曰光之身子之身也四月丙子光伏甲士於窟室中而具酒請王僚王僚使兵陳自宮至光之家門戶階陛左右皆王僚之親戚也夾立侍皆持長鈹酒既酣公子光詳為足疾入窟室中使專諸置匕首魚炙之腹中（炙者夜反）而進之既至王前專諸擘魚因以匕首刺王僚王僚立死左右亦殺專諸王人擾亂公子光出其伏甲以攻王僚之徒盡滅之遂自立為王是為闔

閭闔閭乃封專諸之子以為上卿其後七十餘年而晉有豫讓之事

豫讓者晉人也故嘗事范中行氏而無所知名去而事智伯智伯甚尊寵之及智伯伐趙襄子趙襄子與韓魏合謀滅智伯滅智伯之後而三分其地趙襄子最怨智伯漆其頭以為飲器（劉云酒器也每賓會設之示恨深也按諸先儒說怨非）豫讓遁逃山中曰嗟乎士為知己者死女為說己者容今智伯知我我必為報讎而死以報智伯則吾魂魄不愧矣

乃變名姓為刑人入宮塗廁中挾匕首欲以刺襄子襄子如廁心動執問塗廁之刑人則豫讓內持刀兵曰欲為智伯報仇左右欲誅之襄子曰彼義人也吾謹避之耳且智伯亡無後而其臣欲為報仇此天下之賢人也卒釋去之居頃之豫讓又漆身為厲吞炭為啞使形狀不可知行乞於市其妻不識也行見其友其友識之曰汝非豫讓邪曰我是也其友為泣曰以子之才委質而臣事襄子襄子必近幸子近幸子乃為所欲顧不易邪

何乃殘身苦形欲以求報襄子不亦難乎豫讓曰既已委質臣事人而求殺之是懷二心以事其君也且吾所為者極難耳然所以為此者將以愧天下後世之為人臣懷二心以事其君者也既去頃之襄子當出豫讓伏於所當過之橋下（汾橋下架水在并州晉陽縣東一里）襄子至橋馬驚襄子曰此必是豫讓也使人問之果豫讓也於是襄子乃數豫讓曰子不嘗事范中行氏乎智伯盡滅之而子不為報仇而反委質臣於智伯智伯亦已死矣而子獨何以

為之報讐之深也豫讓曰臣事范中行氏范中行氏皆衆人遇我我故衆人報之至於智伯國士遇我我故國士報之襄子喟然嘆息而泣曰嗟乎豫子子之為智伯名既成矣而寡人赦子亦已足矣子其自為計寡人不復釋子使兵圍之豫讓曰臣聞明主不掩人之美而忠臣有死名之義前君已寬赦臣天下莫不稱君之賢今日之事臣固伏誅然願請君之衣而擊之焉以致報讐之意則雖死不恨非所敢望也敢布腹心於是襄子大

義之乃使使持衣與豫讓豫讓拔劍三躍而擊之曰吾可以下報智伯矣遂伏劍自殺死之日趙國志士聞之皆為涕泣其後四十餘年而軹有聶政之事

聶政者軹深井里人也（在懷州濟源縣南三十里）殺人避仇與母姊如齊以屠為事久之濮陽嚴仲子事韓哀侯與韓相俠累有郤嚴仲子恐誅亡去游求人可以報俠累者至齊齊人或言聶政勇敢士也避仇隱於屠者之間嚴仲子至門請數反然後具酒自觴（數色吏反）聶政母前酒酣嚴仲子奉黄金百溢前為聶政母壽聶政驚怪其厚固謝嚴仲子嚴仲子固進而聶政謝曰臣幸有老母家貧客游以為狗屠可以旦夕得甘毳以養親親供養備不敢當仲子之賜嚴仲子辟人因為聶政言曰臣有仇而行游諸侯衆矣然至齊竊聞足下義甚高故進百金者將用為夫人麤糲之費（糲洒麤米也脫粟也韋昭云古者名男子為丈夫尊大嫗為夫人漢書宣元王傳王過夫人益誦為夫人乞骸去梭夫人寵王外祖母古詩云三日斷五疋夫人故言過是）得以交足下之驩豈敢以有求望邪聶政曰臣所以降志辱

身居市井屠者徒幸以養老母老母在政身未敢以許人也嚴仲子固讓聶政竟不肯受也然嚴仲子卒備賓主之禮而去久之聶政母死既已葬除服聶政曰嗟乎政乃市井之人（古者相聚汲水有物便賣因成市故云市井）鼓刀以屠而嚴仲子乃諸侯之卿相也不遠千里枉車騎而交臣臣之所以待之至淺鮮矣未有大功可以稱者而嚴仲子奉百金為親壽我雖不受然是者徒深知政也夫賢者以感忿睚眦之意而親信窮僻之人而政獨安得嘿然而

已乎且前日要政政徒以老母老母今以天年終政將為知己者用乃遂西至濮陽見嚴仲子曰前日所以不許仲子者徒以親在今不幸而母以天年終仲子所欲報仇者為誰請得從事焉嚴仲子具告曰臣之仇韓相俠累俠累又韓君之季父也宗族盛多居處兵衛甚設臣欲使人刺之衆終莫能就今足下幸而不棄請益其車騎壯士可為足下輔翼者聶政曰韓之與衛相去中間不甚遠今殺人之相相又國君之親此其勢不可以多

人多人不能無生得失生得失則語泄語泄是韓舉國而與仲子為讎豈不殆哉遂謝車騎人徒聶政乃辭獨行杖劍至韓韓相俠累方坐府上持兵戟而衛侍者甚衆聶政直入上階刺殺俠累左右大亂聶政大呼所擊殺者數十人因自皮面決眼自屠出腸遂以死韓取聶政屍暴於市（暴蒲酷反）購問莫知誰子於是韓購縣之有能言殺相俠累者予千金久之莫知也政姊榮聞人有刺殺韓相者賊不得國不知其名姓暴其尸而縣之千金

乃於邑曰其是吾弟與嗟乎嚴仲子知吾弟立起如韓之市而死者果政也伏尸哭極哀曰是軹深井里所謂聶政者也市行者諸衆人皆曰此人暴虐吾國相王縣購其名姓千金夫人不聞與何敢來識之也榮應之曰聞之然政所以蒙汙辱自棄於市販之間者為老母幸無恙妾未嫁也親既以天年下世妾已嫁夫嚴仲子乃察舉吾弟困汙之中而交之澤厚矣可奈何士固為知己者死今乃

以妾尚在之故重自刑以絶從（重直龍反自刑作刑說文云刑剄也　按重猶憂惜也本為嚴仲子報仇訖愛惜其事不令漏泄以絶其蹤迹其姊亡云云為己隱誤矣）妾其奈何畏殁身之誅終滅賢弟之名大驚韓市人乃大呼天者三卒於邑悲哀而死政之旁晉楚齊衛聞之皆曰非獨政能也及其姊亦烈女也鄉使政誠知其姊無濡忍之志不重暴骸之難必絶險千里以列其名姊弟俱僇於韓市者亦未必敢以身許嚴仲子也嚴仲子亦可謂知人能得士

矣其後二百二十餘年秦有荆軻之事（按年表從始皇二十年至韓景侯三百七十年若至哀侯六年六百四十三年）

荆軻者衛人也其先乃齊人徙於衛衛人謂之慶卿而之燕燕人謂之荆卿荆卿好讀書擊劒以術説衛元君衛元君不用其後秦伐魏置東郡徙衛元君之支屬於野王（懷州河內縣）荆軻嘗游過榆次（幷州縣也）與蓋聶論劒蓋聶怒而目之荆軻出人或言復召荆卿蓋聶曰曩者吾與論劒有不稱者吾目之試往是宜去不敢留使使往之

主人荆卿則已駕而去榆次矣使者還報蓋聶曰固去也吾曩者目攝之（攝猶視也）荆軻游於邯鄲魯句踐與荆軻博爭道魯句踐怒而叱之荆軻嘿而逃去遂不復會荆軻既至燕愛燕之狗屠及善擊筑者高漸離（音子兼反）荆軻嗜酒日與狗屠及高漸離飲於燕市酒酣以往高漸離擊筑荆軻和而歌於市中相樂也已而相泣旁若無人者荆軻雖游於酒人乎然其為人沈深好書其所游諸侯盡與其賢豪長者相結其之燕燕之處士田光先生亦善待之知其非庸人也居頃之會燕太子丹質秦亡歸燕燕太子丹者故嘗質於趙而秦王政生於趙其少時與丹驩及政立為秦王而丹質於秦秦王之遇燕太子丹不善故丹怨而亡歸歸而求為報秦王者國小力不能其後秦日出兵山東以伐齊楚三晉稍蠶食諸侯且至於燕燕君臣皆恐禍之至太子丹患之問其傅鞠武武對曰秦地徧天下威脅韓魏趙氏北有甘泉谷口之固南有涇渭之沃擅巴漢之饒右隴蜀之山左關殽之

險民衆而士厲兵革有餘意有所出則長城之南易水以北（以北謂燕國也）未有所定也奈何以見陵之怨欲批其逆鱗哉丹曰然則何由對曰請入圖之居有閒秦將樊於期得罪於秦王亡之燕太子受而舍之鞠武諫曰不可夫以秦王之暴而積怒於燕足為寒心又況聞樊將軍之所在乎是謂委肉當餓虎之蹊也禍必不振矣雖有管晏不能為之謀也願太子疾遣樊將軍入匈奴以滅口請西約三晉南連齊楚北購於單于其後迺可圖也太子

曰太傅之計曠日彌久心惛然惛音昏恐不能須臾且非獨於此也夫樊將軍窮困於天下歸身於丹丹終不以迫於彊秦而棄所哀憐之交置之匈奴是固丹命卒之時也願太傅更慮之鞠武曰夫行危欲求安造禍而求福計淺而怨深連結一人之後交不顧國家之大害此謂資怨而助禍矣夫以鴻毛燎於爐炭之上必無事矣且以鵰鷙之秦行怨暴之怒豈足道哉燕有田光先生其為人智深而勇沈可與謀太子曰願因太傅而得交於田先生可乎鞠武曰敬諾出見田先生道太子願圖國事於先生也田光曰敬奉教乃造焉太子逢迎却行為導跪而蔽席田光坐定左右無人太子避席而請曰燕秦不兩立願先生留意也田光曰臣聞騏驥盛壯之時一日而馳千里至其衰老駑馬先之今太子聞光盛壯之時不知臣精已消亡矣雖然光不敢以圖國事所善荊卿可使也燕丹子云田光答曰竊觀太子客無可用者夏扶血勇之人怒而面赤宋意脈勇之人怒而面青武陽骨勇之人怒而面白光所知荊軻神勇之人怒而色不變太子曰願因

先生得結交於荊卿可乎田光曰敬諾即起趨出太子送至門戒曰丹所報先生所言者國之大事也願先生勿泄也田光俛而笑曰諾俛音俯僂行見荊卿曰光與子相善燕國莫不知今太子聞光壯盛之時不知吾形已不逮也幸而教之曰燕秦不兩立願先生留意也光竊不自外言足下於太子也願足下過太子於宮荊軻曰謹奉教田光曰吾聞之長者為行不使人疑之今太子告光曰所言者國之大事也願先生勿泄是太子疑光也夫為行而使人疑之非節俠也欲自殺以激荊卿曰願足下急過太子言光已死明不言也因遂自刎而死荊軻遂見太子言田光已死致光之言太子再拜而跪膝行流涕有頃而後言曰丹所以誡田先生毋言者欲以成大事之謀也今田先生以死明不言豈丹之心哉荊軻坐定太子避席頓首曰田先生不知丹之不肖使得至前敢有所道此天之所以哀燕而不棄其孤也今秦有貪利之心而欲不可足也非盡天下之地臣海內

之王者其意不厭今秦已虜韓王盡納其地又舉兵南伐楚北臨趙王翦將數十萬之衆距漳鄴而李信出太原雲中趙不能支秦必入臣入臣則禍至燕燕小弱數困於兵今計舉國不足以當秦諸侯服秦莫敢合從丹之私計愚以為誠得天下之勇士使於秦闚以重利秦王貪其勢必得所願矣誠得劫秦王使悉反諸侯侵地若曹沫之與齊桓公則大善矣則不可因而刺殺之彼秦大將擅兵於外而内有亂則君臣相疑以其間諸侯

得合從其破秦必矣此丹之上願而不知所委命唯荊卿留意焉久之荊軻曰此國之大事也臣駑下恐不足任使太子前頓首固請毋讓然後許諾於是尊荊卿為上卿舍上舍太子日造門下供大牢具異物閒進車騎美女恣荊軻所欲以順適其意久之荊軻未有行意秦將王翦破趙虜趙王盡收入其地進兵北略地至燕南界太子丹恐懼乃請荊軻曰秦兵旦暮渡易水則雖欲長侍足下豈可得哉荊軻曰微太子言臣願謁之今行而

毋信則秦未可親也夫樊將軍秦王購之金千斤邑萬家誠得樊將軍首與燕督亢之地圖督亢坡在幽州范陽縣東南十里今固安縣南有督亢陌幽州南界奉獻秦王秦王必說見臣臣乃得有以報太子曰樊將軍窮困來歸丹丹不忍以己之私而傷長者之意願足下更慮之荊軻知太子不忍乃遂私見樊於期曰秦之遇將軍可謂深矣父母宗族皆為戮沒今聞購將軍首金千斤邑萬家將奈何於期仰天太息流涕曰於期每念之常痛於骨髓顧計不知所出耳荊

軻曰今有一言可以解燕國之患報將軍之仇者何如於期乃前曰為之奈何荊軻曰願得將軍之首以獻秦王秦王必喜而見臣臣左手把其袖右手揕其匈然則將軍之仇報而燕見陵之愧除矣將軍豈有意乎樊於期偏袒搤捥而進曰此臣之日夜切齒腐心也乃今得聞教遂自剄太子聞之馳往伏屍而哭極哀既已不可奈何乃遂盛樊於期首函封之於是太子豫求天下之利匕首得趙人徐夫人匕首取之百金使工以藥焠之

以試人血濡縷人無不立死者乃裝爲遣荆卿燕國有勇士秦舞陽年十三殺人人不敢忤視乃令秦舞陽爲副荆軻有所待欲與俱其人居遠未來而爲治行頃之未發太子遲之疑其改悔乃復請曰日已盡矣荆卿豈有意哉丹請得先遣秦舞陽荆軻怒叱太子曰何太子之遣往而不反者豎子也且提一匕首入不測之彊秦僕所以留者待吾客與俱今太子遲之請辭決矣遂發太子及賓客知其事者皆白衣冠以送之至易水之上

既祖取道（易州在幽州歸義縣界）高漸離擊筑荆軻和而歌爲變徵之聲（徵知雉反）士皆垂淚涕泣又前而歌曰風蕭蕭兮易水寒壯士一去兮不復還復爲羽聲忼慨士皆瞋目髮盡上指冠於是荆軻就車而去終已不顧遂至秦持千金之資幣物厚遺秦王寵臣中庶子蒙嘉嘉爲先言於秦王曰燕王誠振怖大王之威不敢舉兵以逆軍吏願舉國爲内臣比諸侯之列給貢職如郡縣而得奉守先王之宗廟恐懼不敢自陳謹斬樊於期之頭及獻燕督亢之地圖函封燕王拜送于庭使使以聞大王唯大王命之秦王聞之大喜乃朝服設九賓（劉云設文物大備即謂九賓不得以周禮九賓義爲釋）見燕使者咸陽宮（三輔皇圖云秦始兼天下都咸陽因北陵營宮殿則紫宮象帝宮渭水貫都以象天漢橫橋南度以法牽牛也）荆軻奉樊於期頭函而秦舞陽奉地圖匣以次進至陛秦舞陽色變振恐羣臣怪之荆軻顧笑舞陽前謝曰北蕃蠻夷之鄙人未嘗見天子故振慴願大王少假借之使得畢使於前秦王謂軻曰取舞陽所持地圖軻既取圖奏之秦王發圖圖窮而匕首見因左手把秦王之袖而右

手持匕首揕之未至身秦王驚自引而起袖絶拔劍劍長操其室（燕太子云左手揕其胷秦王曰今日之事從子計耳乞聽琴而死召姬人鼓琴琴聲曰羅縠單衣可裂而絶八尺屏風可超而越鹿盧之劍可負而拔王於是奮袖超屏風走之）時惶急劍堅故不可立拔荆軻逐秦王秦王環柱而走羣臣皆愕卒起不意盡失其度而秦法羣臣侍殿上者不得持尺寸之兵諸郎中執兵皆陳殿下非有詔召不得上方急時不及召下兵以故荆軻乃逐秦王而卒惶急無以擊軻而以手共搏之是時侍醫夏無且以其所奉藥囊提荆軻

也提姪帝反秦王方環柱走卒惶急不知所為左右乃曰王負劍負劍遂拔以擊荊軻斷其左股荊軻廢乃引其匕首以擿秦王不中中桐柱燕丹太子云荊軻拔匕首擲秦王決耳入桐柱火出秦王復擊軻軻被八創軻自知事不就倚柱而笑箕倨以罵曰事所以不成者以欲生劫之必得約契以報太子也於是左右既前殺軻秦王不怡者良久已而論功賞羣臣及當坐者各有差而賜夏無且黃金二百溢曰無且愛我乃以藥囊提荊軻也於是秦王大怒益發兵詣趙

詔王翦軍以伐燕十月而拔薊城燕王喜太子丹等盡率其精兵東保於遼東秦將李信追擊燕王急代王嘉乃遺燕王喜書曰秦所以尤追燕急者以太子丹故也今王誠殺丹獻之秦王秦王必解而社稷幸得血食其後李信追丹丹匿衍水中燕王乃使使斬太子丹欲獻之秦秦復進兵攻之後五年秦卒滅燕虜燕王喜其明年秦并天下立號為皇帝於是秦逐太子丹荊軻之客皆亡高漸離變名姓為人庸保匿作於宋子宋子故城在趙州平棘縣北三十里久之作苦聞其家堂上客擊筑傍偟不能去每出言曰彼有善有不善從者以告其主曰彼庸乃知音竊言是非家丈人召使前擊筑一坐稱善賜酒而高漸離念久隱畏約無窮時乃退出其裝匣中筑與其善衣更容貌而前舉坐客皆驚下與抗禮以為上客使擊筑而歌客無不流涕而去者宋子傳客之聞於秦始皇秦始皇召見人有識者乃曰高漸離也秦皇帝惜其善擊筑重赦之乃矐其目使擊筑未嘗不稱善稍益近之高

漸離乃以鉛置筑中復進得近舉筑撲秦皇帝不中於是遂誅高漸離終身不復近諸侯之人魯句踐已聞荊軻之刺秦王私曰嗟乎惜哉其不講於刺劍之術也甚矣吾不知人也曩者吾叱之彼乃以我為非人也

太史公曰世言荊軻其稱太子丹之命天雨粟馬生角也太過又言荊軻傷秦王皆非也始公孫季功董生與夏無且游具知其事為余道之如是自曹沫至荊軻五人此其義或成或不成然其立意較然不欺其志名垂

後世豈妄也哉

史記正義卷八十六

欽定四庫全書

史記正義卷八十七

唐　張守節　撰

李斯列傳第二十七　史記八十七

李斯者楚上蔡人也年少時為郡小吏見吏舍厠中鼠食不潔近人犬數驚恐之斯入倉觀倉中鼠食積粟居大廡之下不見人犬之憂於是李斯乃歎曰人之賢不肖譬如鼠矣在所自處耳乃從荀卿學帝王之術學已成度楚王不足事而六國皆弱無可為建功者欲西入

秦辭於荀卿曰斯聞得時無怠今萬乘方爭時游者主事今秦王欲吞天下稱帝而治此布衣馳騖之時而游說者之秋也（言秋時萬物成熟今爭彊時亦說士成熟時）處卑賤之位而計不為者此禽鹿視肉人面而能彊行者耳故詬莫大於卑賤（呼后反恥辱也）而悲莫甚於窮困久處卑賤之位困苦之地非世而惡利（言譏世富貴惡其榮利自託於無為者非士人之情實力不能致此也）自託於無為此非士之情也故斯將西說秦王矣王秦會

莊襄王卒李斯乃求為秦相文信侯呂不韋舍人不韋賢之任以為郎李斯因以得說說秦王曰胥人者去其幾也（胥相也幾謂察也言關東六國與秦相敵者君臣機察並有瑕釁可成大功而遂忍之）成大功者在因瑕釁而遂忍之昔者秦穆公之霸終不東并六國者何也諸侯尚衆周德未衰故五伯迭興更尊周室自秦孝公以來周室卑微諸侯相兼關東為六國秦之乘勝役諸侯蓋六世矣（秦孝公惠王文武王昭王孝文王莊襄王）今諸侯服秦譬若郡縣夫以秦之彊大王之賢由竈上騷除足

以滅諸侯成帝業為天下一統此萬世之一時也今怠而不急就諸侯復彊相聚約從雖有黄帝之賢不能并也秦王乃拜斯為長史聽其計陰遣謀士齎持金玉以游說諸侯諸侯名士可下以財者厚遺結之不肯者利劒刺之離其君臣之計秦王乃使其良將隨其後秦王拜斯為客卿會韓人鄭國來間秦以作注溉渠（鄭國渠首起雍州雲陽縣西南二十五里自山郎郡口為渠傍北山東注洛三百餘里以溉田又曰韓苦秦兵而使水工鄭國間秦作注溉渠令費人工不東伐也）已而覺秦宗室大臣皆言秦王曰諸

侯人來事秦者大抵為其主游間於秦耳請一切逐客李斯議亦在逐中斯乃上書曰（始皇十年）臣聞吏議逐客竊以為過矣昔繆公求士西取由余於戎東得百里奚於宛（新序云百里奚楚宛人仕於虞虞亡人秦號五羖大夫也）迎蹇叔於宋（括地志云蹇叔岐州人也時遊宋故迎之於宋）求丕豹公孫支於晉（括地志云公孫支岐州人遊晉後歸秦）此五者不産於秦而繆公用之并國二十遂霸西戎孝公用商鞅之法移風易俗民以殷盛國以富彊百姓樂用諸侯親服獲楚魏之師舉地千里至今治彊惠王

用張儀之計拔三川之地西并巴蜀北收上郡（惠王十年魏納上郡十五縣）南取漢中（惠王十三年攻楚漢中取地六百里）包九夷制鄢郢（夷謂并巴蜀收上郡取漢中伐義渠丹犂是也九夷本東夷九種此言者文體然也）東據成皋之險（河南府汜水縣也）割膏腴之壤遂散六國之從使之西面事秦功施到今昭王得范雎廢穰侯逐華陽彊公室杜私門蠶食諸侯使秦成帝業此四君者皆以客之功由此觀之客何負於秦哉向使四君却客而不內疏士而不用是使國無富利之實而秦無彊大之名也今陛下致昆

山之玉（崑岡在于闐國東北四百里其岡出玉）有隨和之寶（括地志云溳山一名崑山一名斷蛇邱在隨州隨縣北二十五里說苑云昔隨侯行遇大蛇中斷疑其靈使人以藥封之蛇乃能去因號其處為斷蛇邱歲餘蛇銜明珠徑寸純白而有光因號隨珠卞和璧始皇以為傳國璽也）垂明月之珠服太阿之劍乘纖離之馬建翠鳳之旗樹靈鼉之鼓此數寶者秦不生一焉而陛下說之何也必秦國之所生然後可則是夜光之璧不飾朝廷犀象之器不為玩好鄭衛之女不充後宮而駿良駃騠不實外廄江南金錫不為用西蜀丹青不為采所以飾後宮充下陳娛心

意說耳目者必出於秦然後可則是宛珠之簪傅璣之珥阿縞之衣錦繡之飾不進於前而隨俗雅化佳冶窈窕趙女不立於側也夫擊甕叩缻彈箏搏髀而歌呼嗚嗚快耳目者真秦之聲也鄭衛桑間昭虞武象者異國之樂也今棄擊甕叩缻而就鄭衛退彈箏而取昭虞若是者何也快意當前適觀而已矣今取人則不然不問可否不論曲直非秦者去為客者逐然則是所重者在乎色樂珠玉而所輕者在乎人民也此非所以跨海內

制諸侯之術也臣聞地廣者粟多國大者人衆兵彊則士勇是以太山不讓土壤故能成其大河海不擇細流故能就其深王者不卻衆庶故能明其德是以地無四方民無異國四時充美鬼神降福此五帝三王之所以無敵也今乃棄黔首以資敵國卻賓客以業諸侯使天下之士退而不敢西向裹足不入秦此所謂藉寇兵而齎盜糧者也夫物不產於秦可寶者多士不產於秦而願忠者衆今逐客以資敵國損民以益讎內自虛而外

樹怨於諸侯求國無危不可得也秦王乃除逐客之令復李斯官卒用其計謀官至廷尉二十餘年竟并天下尊主為皇帝以斯為丞相夷郡縣城銷其兵刃示不復用使秦無尺土之封不立子弟為王功臣為諸侯者使後無戰攻之患始皇三十四年置酒咸陽宮博士僕射周青臣等頌稱始皇威德齊人淳于越進諫曰臣聞之殷周之王千餘歲封子弟功臣自為支輔今陛下有海內而子弟為匹夫卒有田常六卿之患臣無輔弼何以

相救哉事不師古而能長久者非所聞也今臣青等又面諛以重陛下過非忠臣也始皇下其議丞相謬其說絀其辭乃上書曰古者天下散亂莫能相一是以諸侯並作語皆道古以害今飾虛言以亂實人善其所私學以非上所建立今陛下并有天下辨白黑而定一尊而私學乃相與非法教之制聞令下即各以其私學議之入則心非出則巷議非主以為名異趣以為高率羣下以造謗如此不禁則主勢降乎上黨與成乎下禁之便

臣請諸有文學詩書百家語者蠲除去之令到滿三十日弗去黥為城旦所不去者醫藥卜筮種樹之書若有欲學者以吏為師始皇可其議收去詩書百家之語以愚百姓使天下無以古非今明法度定律令皆以始皇起同文書六國制令不同今令同之治離宮別館周徧天下明年又巡狩外攘四夷斯皆有力焉斯長男由為三川守諸男皆尚秦公主女悉嫁秦諸公子三川守李由告歸咸陽李斯置酒於家百官長皆前為壽門廷車騎以千數李斯喟然而歎曰嗟乎吾聞之荀卿曰物禁太盛夫斯乃上蔡布衣閭巷之黔首上不知其駑下遂擢至此當今人臣之位無居臣上者可謂富貴極矣物極則衰吾未知所稅駕也始皇三十七年十月行出游會稽並海上北抵琅邪今沂州丞相斯中車府令趙高兼行符璽令事皆從始王有二十餘子長子扶蘇以數直諫上上使監兵上郡上郡故城在綏州上縣東南五十里蒙恬為將少子胡亥愛請從上許之餘子莫從其年七月始皇帝至沙丘沙丘臺在邢州病

甚令趙高為書賜公子扶蘇曰以兵屬蒙恬與喪會咸陽而葬書已封未授使者始皇崩書及璽皆在趙高所獨子胡亥丞相李斯趙高及幸宦者五六人知始皇崩餘羣臣皆莫知也李斯以為上在外崩無真太子故祕之置始皇居轀輬車中百官奏事上食如故宦者輒從轀輬車中可諸奏事趙高因留所賜扶蘇璽書而謂公子胡亥曰上崩無詔封王諸子而獨賜長子書長子至即立為皇帝而子無尺寸之地為之奈何胡亥曰固

吾聞之明君知臣明父知子父捐命不封諸子何可言者趙高曰不然方今天下之權存亡在子與高及丞相耳願子圖之且夫臣人與見臣於人制人與見制於人豈可同日道哉胡亥曰廢兄而立弟是不義也不奉父詔而畏死是不孝也能薄而材譾彊因人之功是不能也三者逆德天下不服身殆傾危社稷不血食高曰臣聞湯武殺其主天下稱義焉不為不忠衛君殺其父而衛國載其德孔子著之不為不孝夫大行不小謹盛德

不辭讓鄉曲各有宜而百官不同功胡顧小而忘大後必有害狐疑猶豫後必有悔斷而敢行鬼神避之後有成功願子遂之胡亥喟然歎曰今大行未發喪禮未終豈宜以此事干丞相哉趙高曰時乎時乎間不及謀贏糧躍馬唯恐後時胡亥既然高之言高曰不與丞相謀恐事不能成臣請為子與丞相謀之高乃謂丞相斯曰上崩賜長子書與喪會咸陽而立為嗣書未行今　崩未有知者也所賜長子書及符璽皆在胡亥所定太子

在君侯與高之口耳事將何如斯曰安得亡國之言此非人臣所當議也高曰君侯自料能孰與蒙恬功高孰與蒙恬謀遠不失孰與蒙恬無怨於天下孰與蒙恬長子舊而信之孰與蒙恬斯曰此五者皆不及蒙恬而君責之何深也高曰高固內官之廝役也幸得以刀筆之文進入秦宮管事二十餘年未嘗見秦免罷丞相功臣有封及二世者也卒皆以誅亡皇帝二十餘子皆君之所知長子剛毅而武勇信人而奮士即位必用蒙恬為

丞相君侯終不懷通侯之印歸於鄉里明矣高受詔教習胡亥使學以法事數年矣未嘗見過失慈仁篤厚輕財重士辯於心而詘於口盡禮敬士秦之諸子未有及此者可以為嗣君計而定之斯曰君其反位斯奉主之詔聽天之命何慮之可定也高曰安可危也危可安也安危不定何以貴聖斯曰斯上蔡閭巷布衣也上幸擢為丞相封為通侯子孫皆至尊位重祿者故將以存亡安危屬臣也豈可負哉夫忠臣不避死而庶幾孝子不

勤勞而見危人臣各守其職而已矣君其勿復言將令斯德罪高曰蓋聞聖人遷徙無常就變而從時見末而知本觀指而覩歸物固有之安得常法哉方今天下之權命懸於胡亥高能得志焉且夫從外制中謂之惑從下制上謂之賊故秋霜降者草花落水搖動者萬物作此必然之效也君何見之晚斯曰吾聞晉易太子謂廢申生立奚齊也三世不安齊桓兄弟爭位謂小白與公子糾身死為戮紂殺親戚謂殺比干囚箕子不聽諫者國為丘墟遂危社稷三者

逆天宗廟不血食斯其猶人哉安足為謀高曰上下合同可以長久中外若一事無表裏君聽臣之計即長有封侯世世稱孤必有喬松之壽孔墨之智今釋此而不從禍及子孫足以為寒心善者因禍為福君何處焉斯乃仰天而歎垂淚太息曰嗟乎獨遭亂世既以不能死安託命哉於是斯乃聽高高乃報胡亥曰臣請奉太子之明命以報丞相丞相斯敢不奉令於是乃相與謀詐為受始皇詔丞相立子胡亥為太子更為書賜長子扶蘇曰朕巡天下禱祠名山諸神以延壽命今扶蘇與將軍蒙恬將師數十萬以屯邊十有餘年矣不能進而前士卒多耗無尺寸之功乃反數上書直言誹謗我所為以不得罷歸為太子日夜怨望扶蘇為人子不孝其賜劍以自裁將軍恬與扶蘇居外不匡正宜知其謀為人臣不忠其賜死以兵屬裨將王離封其書以皇帝璽遣胡亥客奉書賜扶蘇於上郡使者至發書扶蘇泣入內舍欲自殺蒙恬止扶蘇曰陛下居外未立太子使臣將

三十萬衆守邊公子為監此天下重任也今一使者來即自殺安知其非詐請復請而後死未暮也使者數趣之扶蘇為人仁謂蒙恬曰父而賜子死尚安復請即自殺蒙恬不肯死使者即以屬吏繫於陽周陽周寧州羅川縣之邑也使者還報胡亥斯高大喜至咸陽發喪太子立為二世皇帝以趙高為郎中令常侍中用事二世燕居乃召高與謀事謂曰夫人生居世間也譬猶騁六驥過決隙也吾既已臨天下矣欲悉耳目之所好窮心志之所

樂以安宗廟而樂萬姓長有天下終吾年壽其道可乎高曰此賢主之所能行也而昏亂主之所禁也臣請言之不敢避斧鉞之誅願陛下少留意焉夫沙丘之謀諸公子及大臣皆疑焉而諸公子盡帝兄大臣又先帝之所置也今陛下初立此其屬意怏怏皆不服恐為變且蒙恬已死蒙毅將兵居外臣戰戰栗栗唯恐不終且陛下安得為此樂乎二世曰為之奈何趙高曰嚴法而刻刑令有罪者相坐誅至收族滅大臣而遠骨肉貧者富

之賤者貴之盡除去先帝之故臣更置陛下之所親信者近之此則陰德歸陛下害除而姦謀塞羣臣莫不被潤澤蒙厚德陛下則高枕肆志寵樂矣計莫出於此二世然高之言乃更為法律於是羣臣諸公子有罪輒下高令鞠治之殺大臣蒙毅等公子十二人僇死咸陽市十公主矺死於杜矺音貯格反財物入於縣官相連坐者不可勝數公子高欲奔恐收族乃上書曰先帝無恙時臣入則賜食出則乘輿御府之衣臣得賜之中廐之寶馬

臣得賜之臣當從死而不能為人子不孝為人臣不忠不忠者無名以立於世臣請從死願葬酈山之足唯上幸哀憐之書上胡亥大說召趙高而示之曰此可謂急乎趙高曰人臣當憂死而不暇何變之得謀胡亥可其書賜錢十萬以葬法令誅罰日益刻深羣臣人人自危欲畔者衆又作阿房之宮治直馳道賦斂愈重戍傜無已於是楚戍卒陳勝吳廣等乃作亂起於山東傑俊相立自置為侯王叛秦兵至鴻門而卻李斯數欲請閒諫

二世不許而二世責問李斯曰吾有私議而有所聞於韓子也曰堯之有天下也堂高三尺采椽不斲茅茨不翦雖逆旅之宿不勤於此矣冬日鹿裘夏日葛衣粢糲之食藜藿之羹飯土匭啜土鉶雖監門之養不觳於此矣禹鑿龍門通大夏疏九河曲九防謂河之九曲別為提防決渟水致之海而股無胈脛無毛手足胼胝面目黎黑遂以死於外葬於會稽臣虜之勞不烈於此矣然則夫所貴於有天下者豈欲苦形勞神身處逆旅之宿口食監門

之養手持臣虜之作哉此不肖人之所勉也非賢者之所務也彼賢人之有天下也專用天下適已而已矣此所以貴於有天下也夫所謂賢人者必能安天下而治萬民今身且不能利將惡能治天下哉故吾願肆志廣欲長享天下而無害為之奈何李斯子由為三川守羣盜吳廣等西略地過去弗能禁章邯以破逐廣等兵使者覆案三川相屬誚讓斯居三公位如何令盜如此李斯恐懼重爵祿不知所出乃阿二世意欲求容以書對

曰夫賢主者必且能全道而行督責之術者也督責之則臣不敢不竭能以徇其主矣此臣主之分定上下之義明則天下賢不肖莫敢不盡力竭任以徇其君矣是故主獨制於天下而無所制也能窮樂之極矣賢明之主也可不察焉故申子曰有天下而不恣睢命之曰以天下為桎梏者言有天下不能自縱恣督責乃勞身於天下若堯禹即以天下為桎梏於身也無他焉不能督責而顧以其身勞於天下之民若堯禹然故謂之桎梏也夫不能修申韓之明術行督責之道專以天下自適也而徒務苦形勞神以身徇百姓則是黔首之役非畜天下者也何足貴哉夫以人徇己則己貴而人賤以己徇人則己賤而人貴故徇人者賤而人所徇者貴自古及今未有不然者也凡古之所為尊賢者為其貴也而所為惡不肖者為其賤也而堯禹以身徇天下者也因隨而尊之則亦失所為尊賢之心矣夫可謂大繆矣謂之為桎不亦宜乎不能督責之過也故韓子曰慈母有敗子而嚴家無格虜者何也則能罰之

加焉必也故商君之法刑棄灰於道者棄灰於道者黥也韓子云殷之法棄灰於衢者刑子貢以為重問之仲尼曰灰棄於衢必燔人必怒怒則鬬鬬則三族雖刑之可也夫棄灰薄罪也而被刑重罰也彼唯明主為能深督輕罪夫罪輕且督深而況有重罪乎故民不敢犯也是故韓子曰布帛尋常庸人不釋鑠金百鎰盜跖不搏者非庸人之心重尋常之利深而盜跖之欲淺也人不以盜跖之行為輕百鎰之重也搏必隨手刑則盜跖不搏百鎰而罰不必行也則庸人不釋尋常是故城高五丈而樓季

不輕犯也山山之高百仞而跛牂牧其上夫樓季也而難五丈之限豈跛牂也而易百仞之高哉陗壍之勢異也明主聖王之所以能久處尊位長執重勢而獨擅天下之利者非有異道也能獨斷而審督責必深罰故天下不敢犯也今不務所以不犯而事慈母之所以敗子也則亦不察於聖人之論矣夫不能行聖人之術則舍為天下役何事哉可不哀邪且夫儉節仁義之人立於朝則荒肆之樂輟矣諫說論理之臣閒於側則流漫之

志詘矣烈士死節之行顯於世則淫康之虞廢矣故明主能外此三者而獨操主術以制聽從之臣而修其明法故身尊而勢重也凡賢主者必將能拂世摩俗而廢其所惡立其所欲故生則有尊重之勢死則有賢明之謚也是以明君獨斷故權不在臣也然後能滅仁義之塗掩馳說之口困烈士之行塞聰揜明內獨視聽故外不可傾以仁義烈士之行而內不可奪以諫說忿爭之辯故能犖然獨行恣睢之心而莫之敢逆若此然後可謂能明申韓之術而修商君之法法修術明而天下亂者未之聞也故曰王道約而易操也唯明主為能行之若此則謂督責之誠則臣無邪臣無邪則天下安天下安則主嚴尊主嚴尊則督責必督責必則所求得所求得則國家富國家富則君樂豐故督責之術設則所欲無不得矣羣臣百姓救過不給何變之敢圖若此則帝道備而可謂能明君臣之術矣雖申韓復生不能加也書奏二世悅於是行督責益嚴稅民深者為明吏二世

曰若此則可謂能督責矣刑者相半於道而死人日成積於市殺人眾者為忠臣二世曰若此則可謂能督責矣初趙高為郎中令所殺及報私怨眾多恐大臣入朝奏事毀惡之乃說二世曰天子所以貴者但以聞聲羣臣莫得見其面故號曰朕且陛下富於春秋未必盡通諸事今坐朝廷譴舉有不當者則見短於大臣非所以示神明於天下也且陛下深拱禁中與臣及侍中習法者待事事來有以揆之如此則大臣不敢奏疑事天下

稱聖主矣二世用其計乃不坐朝廷見大臣居禁中趙高常侍中用事事皆決於趙高高聞李斯以為言乃見丞相曰關東羣盜多今上急益發繇治阿房宮聚狗馬無用之物臣欲諫為位賤此真君侯之事君何不諫李斯曰固也吾欲言之久矣今時上不坐朝廷上居深宮吾有所言者不可傳也欲見無閒趙高謂曰君誠能諫請為君侯上閒語君於是趙高待二世方燕樂婦女居前使人告丞相上方閒可奏事丞相至宮門上謁如此者

三二世怒曰吾常多閒日丞相不來吾方燕私丞相輒來請事丞相豈少我哉且固我哉趙高因曰如此殆矣夫沙丘之謀丞相與焉今陛下已立為帝而丞相貴不益此其意亦望裂地而王矣且陛下不問臣臣不敢言丞相長男李由為三川守楚盜陳勝等皆丞相傍縣之子以故楚盜公行過三川城守不肯擊高聞其文書相往來未得其審故未敢以聞且丞相居外權重於陛下二世以為然欲案丞相恐其不審乃使人案驗三川守

與盜通狀李斯聞之是時二世在甘泉方作觳抵優俳之觀李斯不得見因上書言趙高之短曰臣聞之臣疑其君無不危國妾疑其夫無不危家今有大臣於陛下擅利擅害與陛下無異此甚不便昔者司城子罕相宋身行刑罰以威行之期年遂劫其君田常為簡公臣爵列無敵於國私家之富與公家均布惠施德下得百姓上得羣臣陰取齊國殺宰予於庭即弒簡公於朝遂有齊國此天下所明知也今高有邪佚之志危反之行如

子罕相宋也私家之富若田氏之於齊也兼行田常子罕之逆道而劫陛下之威信其志若韓玘為韓安相也陛下不圖臣恐其為變也二世曰何哉夫高故宦人也然不為安肆志不以危易心潔行脩善自使至此以忠得進以信守位朕實賢之而君疑之何也且朕少失先人無所識知不習治民而君又老恐與天下絕矣朕非屬趙君當誰任哉且趙君為人精廉彊力下知人情上能適朕君其勿疑李斯曰不然夫高故賤人也無識於

理貪欲無厭求利不止列勢次主求欲無窮臣故曰殆二世已前信趙高恐李斯殺之乃私告趙高高曰丞相所患者獨高高已死丞相即欲為田常所為於是二世曰其以李斯屬郎中令趙高案治李斯李斯拘執束縛居囹圄中仰天而歎曰嗟乎悲夫不道之君何可為計哉昔者桀殺關龍逢紂殺王子比干吳王夫差殺伍子胥此三臣者豈不忠哉然而不免於死身死而所忠者非也今吾智不及三子而二世之無道過於桀紂夫差

吾以忠死宜矣且二世之治豈不亂哉日者夷其兄弟而自立也殺忠臣而貴賤人作為阿房之宮賦斂天下吾非不諫也而不吾聽也凡古聖王飲食有節車器有數宮室有度出令造事加費而無益於民利者禁故能長久治安今行逆於昆弟不顧其咎侵殺忠臣不思其殃大為宮室厚賦天下不愛其費三者已行天下不聽今反者已有天下之半矣而心尚未寤也而以趙高為佐吾必見寇至咸陽麋鹿游於朝也於是二世乃使高

案丞相獄治罪責斯與子由謀反狀皆收捕宗族賓客趙高治斯榜掠千餘不勝痛自誣服斯所以不死者自負其辯有功實無反心幸得上書自陳幸二世之寤而赦之李斯乃從獄中上書曰臣為丞相治民三十餘年矣逮秦地之狹隘先王之時秦地不過千里兵數十萬臣盡薄材謹奉法令陰行謀臣資之金玉使游說諸侯陰脩甲兵飾政教官鬬士尊功臣盛其爵祿故終以脅韓弱魏破燕趙夷齊楚卒兼六國虜其王立秦為天子

罪一矣地非不廣又北逐胡貉南定百越以見秦之彊罪二矣尊大臣盛其爵位以固其親罪三矣立社稷脩宗廟以明主之賢罪四矣更尅畫平斗斛度量文章布之天下以樹秦之名罪五矣治馳道興游觀以見主之得意罪六矣緩刑罰薄賦斂以遂主得衆之心萬民戴王死而不忘罪七矣若斯之為臣者罪足以死固久矣上幸盡其能力乃得至今願陛下察之書上趙高使吏棄去不奏曰囚安得上書趙高使其客十餘輩詐為御

史謁者侍中更往覆訊斯斯更以其實對輒使人復搒之後二世使人驗斯斯以為如前終不敢更言辭服奏當上二世喜曰微趙君幾為丞相所賣及二世所使案三川之守至則項梁已擊殺之使者來會丞相下吏趙高皆妄為反辭二世二年七月具斯五刑論腰斬咸陽市斯出獄與其中子俱執顧謂其中子曰吾欲與若復牽黃犬俱出上蔡東門逐狡兔豈可得乎遂父子相哭而夷三族李斯已死二世拜趙高為中丞相事無大小

輒決於高高自知權重乃獻鹿謂之馬二世問左右此乃鹿也左右皆曰馬也二世驚自以為惑乃召太卜令卦之太卜曰陛下春秋郊祀奉宗廟鬼神齋戒不明故至於此可依盛德而明齋戒於是乃入上林齋戒日游弋獵有行人入上林中二世自射殺之趙高教其女壻咸陽令閻樂劾不知何人賊殺人移上林高乃諫二世曰天子無故賊殺不辜人此上帝之禁也鬼神不享天且降殃當遠避宮以禳之二世乃出居望夷之宮留三日趙高詐詔衛士令士皆素服持兵內鄉入告二世曰山東群盜兵大至二世上觀而見之恐懼高即因劫令自殺引璽而佩之左右百官莫從上殿殿欲壞者三高自知天弗與群臣弗許乃召始皇弟授之璽子嬰即位患之乃稱疾不聽事與宦者韓談及其子謀殺高高上謁請病因召入令韓談刺殺之夷其三族子嬰立三月沛公兵從武關入至咸陽群臣百官皆畔不適子嬰與妻子自係其頸以組降軹道旁軹道在萬年縣東北十六里沛公因

以屬吏項王至而斬之遂以亡天下

太史公曰李斯以閭閻歷諸侯入事秦因以瑕釁以輔始皇卒成帝業斯為三公可謂尊用矣斯知六蓺之歸不務明政以補主上之缺持爵祿之重阿順苟合嚴威酷刑聽高邪說廢適立庶諸侯已畔斯乃欲諫爭不亦末乎人皆以斯極忠而被五刑死察其本乃與俗議之異不然斯之功且與周召列矣

史記正義卷八十七

欽定四庫全書

史記正義卷八十八

唐 張守節 撰

蒙恬列傳第二十八　史記八十八

蒙恬者其先齊人也恬大父蒙驁自齊事秦昭王官至上卿秦莊襄王元年蒙驁為秦將伐韓取城皋滎陽作置三川郡二年蒙驁攻趙取三十七城始皇三年蒙驁攻韓取十三城五年蒙驁攻魏取二十城作置東郡始皇七年蒙驁卒驁子曰武武子曰恬恬嘗書獄典文學始皇

二十三年蒙武為秦裨將軍與王翦攻楚大破之殺項燕二十四年蒙武攻楚虜楚王蒙恬弟毅始皇二十六年蒙恬因家世得為秦將攻齊大破之拜為內史秦已并天下乃使蒙恬將三十萬衆北逐戎狄收河南謂靈及勝等州築長城因地形用制險塞起臨洮至遼東遼東郡在遼水東始皇築長城東至遼水西南至海之上延袤萬餘里於是渡河據陽山逶蛇而北暴師於外十餘年居上郡是時蒙恬威振匈奴始皇

甚尊寵蒙氏信任賢之而親近蒙毅位至上卿出則參乘入則御前恬任外事而毅常為內謀名為忠信故雖諸將相莫敢與之爭焉趙高者諸趙疏遠屬也趙高昆弟數人皆生隱宮其母被刑僇世世卑賤秦王聞高彊力通於獄法舉以為中車府令高即私事公子胡亥喻之決獄高有大罪秦王令蒙毅法治之毅不敢阿法當高罪死除其官籍帝以高之敦於事也赦之復其官爵始皇欲游天下道九原九原郡今勝州連谷縣是直抵甘泉宮在雍州乃

使蒙恬通道自九原抵甘泉塹山堙谷千八百里道未就始皇三十七年冬行出游會稽並海上北走琅邪道病使蒙毅還禱山川未反始皇至沙丘崩祕之羣臣莫知是時丞相李斯少子胡亥中車府令趙高常從高雅得幸於胡亥欲立之又怨蒙毅法治之而不為已也因有賊心乃與丞相李斯公子胡亥陰謀立胡亥為太子太子已立遣使者以罪賜公子扶蘇蒙恬死扶蘇已死蒙恬疑而復請之使者以蒙恬屬吏更置胡亥以李斯舍

人為護軍使者還報胡亥已聞扶蘇死即欲釋蒙恬趙高恐蒙氏復貴而事怨之毅還至趙高因為胡亥忠計欲以滅蒙氏乃言曰臣聞先帝欲舉賢立太子久矣而毅諫曰不可若知賢而愈不立則是不忠而惑主也以臣愚意不若誅之胡亥聽而繫蒙毅於代今代州也因禱山川至代而繫之前已囚蒙恬於陽周喪至咸陽已葬太子立為二世皇帝而趙高親近日夜毀惡蒙氏求其罪過舉劾之子嬰進諫曰臣聞故趙王遷殺其良臣李牧而用顏聚

燕王喜陰用荊軻之謀而倍秦之約齊王建殺其故世忠臣而用后勝之議此三君者皆各以變古者失其國而殃及其身今蒙氏秦之大臣謀士也而主欲一旦棄去之臣竊以為不可臣聞輕慮者不可以治國獨智者不可以存君誅殺忠臣而立無節行之人是內使羣臣不相信而外使鬬士之意離也臣竊以為不可胡亥不聽而遣御史曲宮乘傳之代令蒙毅曰先主欲立太子而卿難之今丞相以卿為不忠罪及其宗朕不忍乃賜卿死亦甚幸矣卿其圖之毅對曰以臣不能得先主之意則臣少宦順幸沒世可謂知意矣以臣不知太子之能則太子獨從周旋天下去諸公子絕遠臣無所疑矣夫先主之舉用太子數年之積也臣乃何言之敢諫何慮之敢謀非敢飾辭以避死也為羞累先主之名願大夫為慮焉使臣得死情實且夫順成全者道之所貴也刑殺者道之所卒也昔者秦穆公殺三良而死罪百里奚而非其罪也故立號曰繆昭襄王殺武安君白起楚

平王殺伍奢吳王夫差殺伍子胥此四君者皆為大失而天下非之以其君為不明以是籍於諸侯故曰用道治者不殺無罪而罰不加於無辜唯大夫留心使者知胡亥之意不聽蒙毅之言殺之二世又遣使者之陽周令蒙恬曰君之過多矣而卿弟毅有大罪法及內史恬曰自吾先人及至子孫積功信於秦三世矣今臣將兵三十餘萬身雖囚繫其勢足以倍畔自知必死而守義者不敢辱先人之教以不忘先主也昔周成王初立未

離襁緥周公旦負王以朝卒定天下及成王有病甚殆公旦自揃其爪以沈於河曰王未有識是旦執事有罪殃旦受其不祥乃書而藏之記府可謂信矣及王能治國有賊臣言周公旦欲為亂久矣王若不備必有大事王乃大怒周公旦走而奔於楚成王觀於記府得周公旦沈書乃流涕曰孰謂周公旦欲為亂乎殺言之者而反周公旦故周書曰必參而伍之今恬之宗世無二心而事卒如此是必孽臣逆亂内陵之道也夫成王失而

復振則卒昌桀殺關龍逢紂殺王子比干而不悔身死則國亡臣故曰過可振而諫可覺也察於參伍上聖之法也凡臣之言非以求免於咎也將以諫而死願陛下為萬民思從道也使者曰臣受詔行法於將軍不敢以將軍言聞於上也蒙恬喟然太息曰我何罪於天無過而死乎良久徐曰恬罪固當死矣起臨洮屬之遼東城壍萬餘里此其中不能無絶地脈哉此乃恬之罪也乃吞藥自殺

太史公曰吾適北邊自直道歸行觀蒙恬為秦築長城亭障壍山堙谷通直道固輕百姓力矣夫秦之初滅諸侯天下之心未定痍傷者未瘳而恬為名將不以此時彊諫振百姓之急養老存孤務修衆庶之和而阿意興功此其兄弟遇誅不亦宜乎何乃罪地脈哉

史記正義卷八十八

欽定四庫全書

史記正義卷八十九

唐 張守節 撰

張耳陳餘列傳第二十九　史記八十九

張耳者大梁人也其少時及魏公子毋忌為客張耳嘗亡命游外黄外黄富人女甚美嫁庸奴亡其夫去抵父客父客素知張耳乃謂女曰必欲求賢夫從張耳女聽乃卒為請決嫁之張耳張耳是時脱身游女家厚奉給

張耳張耳以故致千里客乃宦魏為外黄令名由此益賢

陳餘者亦大梁人也好儒術數游趙苦陘 音邢 邢州唐昌縣 富人公乘氏以其女妻之亦知陳餘非庸人也餘年少父事張耳兩人相與為刎頸交秦之滅大梁也張耳家外黄高祖為布衣時嘗數從張耳游客數月秦滅魏數歲已聞此兩人魏之名士也購求有得張耳千金陳餘五百金張耳陳餘乃變名姓俱之陳為里監門以自食兩人相對里吏嘗有過笞陳餘陳餘欲起張耳躡之使受笞吏去張耳乃引陳餘之桑下而數之曰始吾與公言何如今見小辱而欲死一吏乎陳餘然之秦詔書購求兩人兩人亦反用門者以令里中陳涉起蘄至入陳兵數萬張耳陳餘上謁陳涉涉及左右生平數聞張耳陳餘賢未嘗見見即大喜陳中豪傑父老乃説陳涉曰將軍身被堅執鋭率士卒以誅暴秦復立楚社稷存亡繼絶功德宜為王且夫監臨天下諸將不為王不可顧將

軍立為楚王也陳涉問此兩人兩人對曰夫秦為無道破人國家滅人社稷絶人後世罷百姓之力盡百姓之財將軍瞋目張膽出萬死不顧一生之計為天下除殘也今始至陳而王之示天下私願將軍毋王急引兵而西遣人立六國後自為樹黨為秦益敵也敵多則力分與衆則兵彊如此野無交兵縣無守城誅暴秦據咸陽以令諸侯諸侯亡而得立以德服之如此則帝業成矣今獨王陳恐天下解也 解紀賣反言天下諸侯見陳勝稱王王陳皆懈墮不相從也

陳涉不聽遂立為王陳餘乃復説陳王曰大王舉梁楚而西務在入關未及收河北也臣嘗游趙知其豪桀及地形願請奇兵北略趙地於是陳王以故所善陳人武臣為將軍邵騷為護軍以張耳陳餘為左右校尉予卒三千人北略趙地武臣等從白馬渡河至諸縣説其豪桀曰秦為亂政虐刑以殘賊天下數十年矣北有長城之役南有五嶺之戍外内騷動百姓罷敝頭會箕斂以供軍費財匱力盡民不聊生重之以苛法峻刑使天下

父子不相安陳王奮臂為天下倡始王楚之地方二千里莫不響應家自為怒人自為鬭各報其怨而攻其讎縣殺其令丞郡殺其守尉今已張大楚王陳使吳廣周章將卒百萬西擊秦於此時而不成封侯之業者非人豪也諸君試相與計之夫天下同心而苦秦久矣因天下之力而攻無道之君報父兄之怨而成割地有土之業此士之一時也豪桀皆然其言乃行收兵得數萬人號武臣為武信君下趙十城餘皆城守莫肯下乃引兵東北擊范陽范陽人蒯通説范陽令曰竊聞公之將死故弔雖然賀公得通而生范陽令曰何以弔之對曰秦法重足下為范陽令十年矣殺人之父孤人之子斷人之足黥人之首不可勝數然而慈父孝子莫敢倳刃公之腹中者畏秦法耳今天下大亂秦法不施然則慈父孝子且倳刃公之腹中以成其名此臣之所以弔公也今諸侯畔秦矣武信君兵且至而君堅守范陽少年皆爭殺君下武信君君急遣臣見武信君可轉禍為福在

今矣范陽令乃使蒯通見武信君曰足下必將戰勝然後略地攻得然後下城臣竊以為過矣誠聽臣之計可不攻而降城不戰而略地傳檄而千里定可乎武信君曰何謂也蒯通曰今范陽令宜整頓其士卒以守戰者也怯而畏死貪而重富貴故欲先天下降畏君以為秦所置吏誅殺如前十城也然今范陽少年亦方殺其令自以城距君君何不齎臣侯印拜范陽令范陽令則以城下君少年亦不敢殺其令令范陽令乘朱輪華轂使

驅馳燕趙郊燕趙郊見之皆曰此范陽令先下者也即喜矣燕趙城可毋戰而降也此臣之所謂傳檄而千里定者也武信君從其計因使蒯通賜范陽令侯印趙地聞之不戰以城下者三十餘城至邯鄲張耳陳餘聞周章軍入關至戲却戲音羲出驪山又聞諸將為陳王徇地多以讒毁得罪誅怨陳王不用其筴不以為將而以為校尉乃說武臣曰陳王起蘄至陳而王非必立六國後將軍今以三千人下趙數十城獨介居河北不王無以塡之

且陳王聽讒還報恐不脫於禍又不如立其兄弟不即立趙後將軍毋失時時間不容息武臣乃聽之遂立為趙王以陳餘為大將軍張耳為右丞相邵騷為左丞相使人報陳王陳王大怒欲盡族武臣等家而發兵擊趙陳王相國房君諫曰秦未亡而誅武臣等家此又生一秦也不如因而賀之使急引兵西擊秦陳王然之從其計徙繫武臣等家宮中封張耳子敖為成都君陳王使使者賀趙令趣發兵西入關張耳陳餘說武臣曰王王趙

非楚意特以計賀王楚已滅秦必加兵於趙願王毋西兵北徇燕代南收河内以自廣趙南據大河北有燕代楚雖勝秦必不敢制趙趙王以為然因不西兵而使韓廣略燕李良略常山張黶略上黨韓廣至燕燕人因立廣為燕王趙王乃與張耳陳餘北略地燕界趙王閒出為燕軍所得燕將囚之欲與分趙地半乃歸王使者往燕輒殺之以求地張耳陳餘患之有廝養卒謝其舍中曰吾為公說燕與趙王載歸舍中皆笑曰使者往十餘

輩輒死若何以能得王乃走燕壁燕將見之問燕將曰知臣何欲燕將曰若欲得趙王耳曰君知張耳陳餘何如人也燕將曰賢人也曰知其志何欲曰欲得其王耳趙養卒乃笑曰君未知此兩人所欲也夫武臣張耳陳餘杖馬箠下趙數十城此亦各欲南面而王豈欲為卿相終已邪夫臣與主豈可同日而道哉顧其勢初定未敢參分而王且以少長先立武臣為王以持趙心今趙地已服此兩人亦欲分趙而王時未可耳今君乃囚趙

王此兩人名為求趙王實欲燕殺之此兩人分趙自立夫以一趙尚易燕況以兩賢王左提右挈而責殺王之罪滅燕易矣燕將以為然乃歸趙王養卒為御而歸李良已定常山還報趙王復使良略太原至石邑秦兵塞井陘未能前秦將詐稱二世使人遺李良書不封曰良嘗事我得顯幸良誠能反趙為秦赦良罪貴良良得書疑不信乃還之邯鄲益請兵未至道逢趙王姊出飲從百餘騎李良望見以為王伏謁道旁王姊醉不知其

將使騎謝李良李良素貴起慙其從官有一人曰天下畔秦能者先立且趙王素出將軍下今女兒乃不為將軍下車請追殺之李良已得秦書固欲反趙未決因此怒遣人追殺王姊道中乃遂將其兵襲邯鄲邯鄲不知竟殺武臣邵騷趙人多為張耳陳餘耳目者以故得脫出收其兵得數萬人客有說張耳曰兩君羈旅而欲附趙難獨立立趙後扶以義可就功乃求得趙歇立為趙王居信都李良進兵擊陳餘陳餘敗李良

李良走歸章邯章邯引兵至邯鄲皆徙其民河內夷其城郭張耳與趙王歇走入鉅鹿城王離圍之陳餘北收常山兵得數萬人軍鉅鹿北章邯軍鉅鹿南棘原築甬道屬河餉王離王離兵食多急攻鉅鹿鉅鹿城中食盡兵少張耳數使人召前陳餘陳餘自度兵少不敵秦不敢前數月張耳大怒怨陳餘使張黶陳澤(音釋)往讓陳餘曰始吾與公為刎頸交今王與耳旦暮且死而公擁兵數萬不肯相救安在其相為死苟必信胡不赴秦軍俱死且

有十一二相全(十中冀一兩勝秦)陳餘曰吾度前終不能救趙徒盡亡軍且餘所以不俱死欲為趙王張君報秦今必俱死如以肉委餓虎何益張黶陳澤曰事已急要以俱死立信安知後慮陳餘曰吾死顧以為無益必如公言乃使五千人令張黶陳澤先嘗秦軍至皆沒當是燕齊楚聞趙急皆來救張敖亦北收代兵得萬餘人來皆壁餘旁未敢擊秦項羽兵數絶章邯甬道王離軍乏食項羽悉引兵渡河遂破章邯章邯引兵解諸侯軍乃敢擊

圍鉅鹿秦軍遂虜王離涉間自殺卒存鉅鹿者楚力也於是趙王歇張耳乃得出鉅鹿謝諸侯張耳與陳餘相見責讓陳餘以不肯救趙及問張黶陳澤所在陳餘怒曰張黶陳澤以必死責臣臣使將五千人先嘗秦軍皆沒不出張耳不信以為殺之數問陳餘陳餘怒曰不意君之望臣深也豈以臣為重去將哉乃脫解印綬推予張耳張耳亦愕不受陳餘起如廁客有說張耳曰臣聞天與不取反受其咎今陳將軍與君印君不受反天不

祥急取之張耳乃佩其印收其麾下而陳餘還亦望張耳不讓（言陳餘如廁還亦怨望張耳不讓其印）遂趨出張耳遂收其兵陳餘獨與麾下所善數百人之河上澤中漁獵由此陳餘張耳遂有郤趙王歇復居信都張耳從項羽諸侯入關漢元年二月項羽立諸侯王張耳雅游人多為之言項羽亦素數聞張耳賢乃分趙立張耳為常山王治信都信都更名襄國陳餘客多說項羽曰陳餘張耳一體有功於趙項羽以陳餘不從入關聞其在南皮即以南皮

旁三縣以封之而徙趙王歇王代張耳之國陳餘愈益怒曰張耳與餘功等也今張耳王餘獨侯此項羽不平及齊王田榮畔楚陳餘乃使夏說說田榮曰（上說音悅下音式銳反）項羽為天下宰不平盡王諸將善地徙故王王惡地今趙王乃居代願王假臣兵請以南皮為扞蔽田榮欲樹黨於趙以反楚乃遣兵從陳餘陳餘因悉三縣兵襲常山王張耳張耳敗走念諸侯無可歸者曰漢王與我有舊故而項羽又彊立我我欲之楚甘公曰漢王之入

關五星聚東井東井者秦分也先至必霸楚雖彊後必屬漢故耳走漢漢王亦還定三秦方圍章邯廢丘張耳謁漢王漢王厚遇之陳餘已敗張耳皆復收趙地迎趙王於代復為趙王趙王德陳餘立以為代王陳餘為趙王弱國初定不之國留傅趙王而使夏說以相國守代漢二年東擊楚使使告趙欲與俱陳餘曰漢殺張耳乃從於是漢王求人類張耳者斬之持其頭遺陳餘陳餘乃遣兵助漢漢之敗於彭城西陳餘亦復覺張耳不死

即背漢漢三年韓信已定魏地遣張耳與韓信擊破趙井陘斬陳餘泜水上 在趙州贊皇縣界 追殺趙王歇襄國漢立張耳為趙王漢五年張耳薨謚為景王子敖嗣立為趙王高祖長女魯元公主為趙王敖后漢七年高祖從平城過趙趙王朝夕袒韝蔽自上食禮甚卑有子壻禮高祖箕倨詈甚慢易之趙相貫高趙午等年六十餘故張耳客也生平為氣怒曰吾王孱王也說王曰夫天下豪桀並起能者先立今王事高祖甚恭而高祖無禮請為王殺之張敖齧

其指出血曰君何言之誤且先人亡國賴高祖得復國德流子孫秋豪皆高祖力也願君無復出口貫高趙午等十餘人皆相謂曰乃吾等非也吾王長者不倍德且吾等義不辱今怨高祖辱我王故欲殺之何乃汙王為乎令事成歸王事敗獨身坐耳漢八年上從東垣還過趙貫高等乃壁人柏人 柏人故城在邢州柏人縣西北十二里即高祖宿處也 要之置上過欲宿心動問曰縣名為何曰柏人柏人者迫於人也不宿而去漢九年貫高怨家知其謀乃上變告

之於是上皆幷逮捕趙王貫高等十餘人皆爭自剄貫高獨怒罵曰誰令公為之今王實無謀而幷捕王公等皆死誰白王不反者乃轞車膠致 謂其車上著板四周如檻形膠密不得開送致京師也 與王詣長安治張敖之罪上乃詔趙羣臣賓客有敢從王皆族貫高與客孟舒等十餘人皆自髡鉗為王家奴從來貫高至對獄曰獨吾屬為之王實不知吏治榜笞數千刺剟身無可擊者終不復言呂后數言張王以魯元公主故不宜有此上怒曰使張敖據天下豈少

而女乎不聽廷尉以貫高事辭聞上曰壯士誰知者以私問之中大夫泄公曰 泄姓也史有泄私 臣之邑子素知之此固趙國立名義不侵為然諾者也上使泄公持節問之箯輿前仰視曰泄公邪泄公勞苦如生平驩與語問張王果有計謀不高曰人情寧不各愛其父母妻子乎今吾三族皆以論死豈以王易吾親哉顧為王實不反獨吾等為之具道本指所以為者王不知狀於是泄公入具以報上乃赦趙王上賢貫高為人能立然諾使泄公

具告之曰張王已出因赦貫高貫高喜曰吾王審出乎泄公曰然泄公曰上多足下故赦足下貫高曰所以不死一身無餘者白張王不反也今王已出吾責已塞死不恨矣且人臣有篡殺之名何面目復事上哉縱上不殺我我不愧於心乎乃仰絶肮遂死當此之時名聞天下張敖已出以尚魯元故封為宣平侯於是上賢張王諸客以鉗奴從張王入關無不為諸侯相郡守者及孝惠魯后文帝孝景時張王客子孫皆得為二千石張敖

高后六年薨魯元公主墓在咸陽縣西北二十五里次東有張敖冢與公主同域又張耳墓在咸陽縣東三十三里子偃為魯元王以母呂后女故呂后封為魯元王元王弱兄弟少乃封張敖他姬子二人壽為樂昌侯侈為信都侯高后崩諸呂無道大臣誅之而廢魯元王及樂昌侯信都侯孝文帝即位復封故魯元王偃為南宮侯續張氏

太史公曰張耳陳餘世傳所稱賢者其賓客厮役莫非天下俊桀所居國無不取卿相者然張耳陳餘始居約時相然信以死豈顧問哉及據國爭權卒相滅亡何鄉者相慕用之誠後相倍之戾也豈非以利哉名譽雖高賓客雖盛所由殆與太伯延陵季子異矣

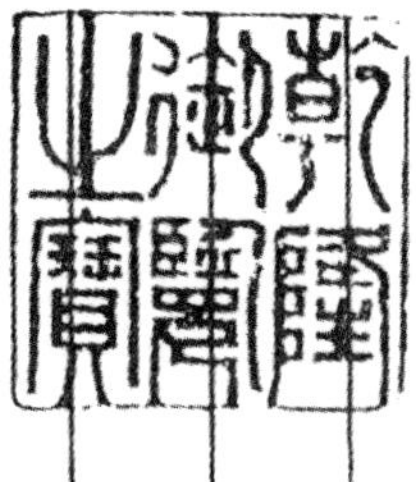

史記正義卷八十九

欽定四庫全書

史部

史記正義卷九十至九十五

詳校官編修臣李如筠

欽定四庫全書

史記正義卷九十

唐 張守節 撰

魏豹彭越列傳第三十 史記九十

魏豹者故魏諸公子也其兄魏咎故魏時封為寧陵君秦滅魏遷咎為家人陳勝之起王也（于放反）咎往從之陳王使魏人周市徇魏地魏地已下欲相與立周市為魏王周市曰天下昏亂忠臣乃見今天下共畔秦其義必立魏王後乃可齊趙使車各五十乘立周市為魏王市

辭不受迎魏咎於陳五反陳王乃遣立咎為魏王章邯已破陳王乃進兵擊魏王於臨濟（故城在淄川高苑縣北二里本漢縣）魏王乃使周市出請救於齊楚齊楚遣項它田巴將兵隨市救魏（它徒多反）章邯遂擊破殺周市等軍圍臨濟咎為其民約降約定咎自燒殺魏豹亡走楚楚懷王予魏豹數千人復徇魏地項羽已破秦降章邯豹下魏二十餘城立豹為魏王豹引精兵從項羽入關漢元年項羽封諸

侯欲有梁地乃徙魏王豹於河東都平陽（今晉州）為西魏王漢王還定三秦渡臨晉（臨晉在同州朝邑縣界）魏王豹以國屬焉遂從擊楚於彭城漢敗還至滎陽豹請歸視親病至國即絶河津畔漢漢王聞魏豹反方東憂楚未及擊謂酈生曰緩頰往說魏豹能下之吾以萬户封若酈生說豹豹謝曰人生一世間如白駒過隙耳今漢王慢而侮人罵詈諸侯羣臣如罵奴耳非有上下禮節也吾不忍復見也於是漢王遣韓信擊虜豹於河東傳詣滎陽以

豹國為郡漢王令豹守滎陽楚圍之急周苛遂殺魏豹

彭越者昌邑人也（漢武更山陽為昌邑國有梁丘鄉梁丘故城在曹州城武縣東北三十三里）字仲常漁鉅野澤中為羣盜陳勝項梁之起少年或謂越曰諸豪桀相立畔秦仲可以來亦效之彭越曰兩龍方鬬且待之居歲餘澤閒少年相聚百餘人往從彭越曰請仲為長越謝曰臣不願與諸君少年彊請乃許與期旦日日出會後期者斬旦日日出十餘人後後者至日中於是越謝曰臣老諸君彊以為長今期而多後不可盡誅誅最後者一人令校長斬之皆笑曰何至是請後不敢於是越乃引一人斬之設壇祭乃令徒屬徒屬皆大驚畏越莫敢仰視乃行略地收諸侯散卒得千餘人沛公之從碭北（音唐郎反宋州碭山縣）擊昌邑彭越助之昌邑未下沛公引兵西彭越亦將其衆居鉅野中收魏散卒項籍入關王諸侯還歸彭越衆萬餘人毋所屬漢元年秋齊王田榮畔項王漢乃使人賜彭越將軍印使下濟陰以擊楚楚命蕭公角（蕭縣今楚縣令稱公角名）將兵擊越越大破

楚軍漢王二年春與魏王豹及諸侯東擊楚彭越將其兵三萬餘人歸漢於外黃漢王曰彭將軍收魏地得十餘城欲急立魏後今西魏王豹亦魏王咎從弟也真魏後乃拜彭越為魏相國擅將其兵略定梁地漢王之敗彭城解而西也彭越皆復亡其所下城獨將其兵北居河上（滑州河上）漢王三年彭越常往來為漢游兵擊楚絶其後糧於梁地漢四年冬項王與漢王相距滎陽彭越攻下睢陽外黃十七城（睢陽宋州宋城也外黃在汴州雍丘縣東）項王聞之乃

使曹咎守城皋河南府汜水是自東收彭越所下城邑皆復為
楚為于僞反越將其兵北走穀城在齊州東阿縣東二十六里是漢五年秋
項王之南走陽夏夏古雅反陳州太康縣也彭越復下昌邑旁二十
餘城得穀十餘萬斛以給漢王食漢王敗使使召彭越
并力擊楚越曰魏地初定尚畏楚未可去漢王追楚為
項籍所敗固陵固陵名在陳州苑丘縣西北三十二里乃謂留侯曰諸侯
兵不從為之柰何留侯曰齊王信之立非君王之意信
亦不自堅彭越本定梁地功多始君王以魏豹故拜彭

越為魏相國今豹死毋後且越亦欲王而君王不蚤定
與此兩國約即勝楚睢陽以北至穀城從宋州已北至鄆州以西曹濮
汴滑並與彭越皆以王彭相國從陳以東傅海從陳潁州北以東亳泗徐淮北
之地東至海并淮南淮陰之邑盡與韓信韓信又先有故齊舊地與齊王信齊王信家
在楚此其意欲復得故邑君王能出捐此地許二人二
人今可致即不能事未可知也於是漢王乃發使使彭
越如留侯策使者至彭越乃悉引兵會垓下在亳州也遂破
楚五年項籍已死春立彭越為梁王都定陶曹州六年朝

陳九年十年皆來朝長安十年秋陳豨反代地高帝自
往擊至邯鄲徵兵梁王梁王稱病使將將兵詣邯鄲高
帝怒使人讓梁王梁王恐欲自往謝其將扈輒曰王始
不往見讓而往往則為禽矣不如遂發兵反梁王不聽
稱病梁王怒其太僕欲斬之太僕亡走漢告梁王與扈
輒謀反於是上使使掩梁王梁王不覺捕梁王囚之雒
陽有司治反形已具請論如法上赦以為庶人傳處蜀
青衣西至鄭華州逢呂后從長安來欲之雒陽道見彭王

彭王為呂后泣涕自言無罪願處故昌邑呂后許諾與
俱東至雒陽呂后白上曰彭王壯士今徙之蜀此自遺
患遺唯季反不如遂誅之妾謹與俱來於是呂后乃令其舍
人告彭越復謀反廷尉王恬開奏請族之上乃可遂夷
越宗族國除

太史公曰魏豹彭越雖故賤然已席卷千里言魏地闊千里如席卷
卷音舒南面稱孤喋血乘勝日有聞矣懷畔逆之意及敗不
死而虜囚身被刑戮何哉中材已上且羞其行況王者

乎彼無異故智略絶人獨患無身耳得攝尺寸之柄其雲蒸龍變欲有所會其度以故幽囚而不辭云

史記正義卷九十

欽定四庫全書

史記正義卷九十一

唐 張守節 撰

黥布列傳第三十一 史記九十一

黥布者六人也姓英氏故六城在壽州安豐縣西南百三十三里按黥布封淮南王都六即此城又春秋傳云與蓼咎繇之後咸封於英六蓋英後改為蓼也秦時為布衣少年有客相之曰當刑而王及壯坐法黥布欣然笑曰人相我當刑而王幾是乎人有聞者共俳笑之布已論輸麗山言布論決受黥竟麗山作陵也時會稽郡輸身徒麗山之徒數十萬人布皆

與其徒長豪桀交通迺率其曹偶亡之江中為羣盜陳勝之起也布迺見番君與其衆叛秦聚兵數千人番君以其女妻之章邯之滅陳勝破呂臣軍布乃引兵北擊秦左右校破之清波引兵而東聞項梁定江東會稽時會稽郡所理在吳閶閭城中涉江而西陳嬰以項氏世為楚將迺以兵屬項梁渡淮南英布蒲將軍亦以兵屬項梁項梁涉淮而西擊景駒秦嘉等布常冠軍項梁至薛薛古城在徐州滕縣界也

聞陳王定死廼立楚懷王項梁號為武信君英布為當陽君 南郡當陽縣也 項梁敗死定陶懷王徙都彭城諸將英布亦皆保聚彭城當是時秦急圍趙趙數使人請救懷王使宋義為上將范曾為末將項籍為次將英布蒲將軍皆為將軍悉屬宋義北救趙及項籍殺宋義於河上懷王因立籍為上將軍諸將皆屬項籍項籍使布先涉渡河擊秦布數有利籍廼悉引兵涉河從之遂破秦軍降章邯等楚兵常勝功冠諸侯諸侯兵皆以服屬楚者以

布數以少敗衆也項籍之引兵西至新安 新安故城在河南府澠池縣東二十二里 又使布等夜擊坑章邯秦卒二十餘萬人至關不得入又使布等先從間道破關下軍遂得入至咸陽布常為軍鋒項王封諸將立布為九江王都六漢元年四月諸侯皆罷戲下各就國項氏立懷王為義帝徙都長沙廼陰令九江王布等行擊之其八月布使將擊義帝追殺之郴縣 上丑林反今郴州有義帝冢及祠 漢二年齊王田榮畔楚項王往擊齊徵兵九江九江王布稱病不往遣將數

千人行漢之敗楚彭城布又稱病不佐楚項王由此怨布數使使者誚讓召布布愈恐不敢往項王方北憂齊趙西患漢所與者獨九江王又多布材欲親用之以故未擊漢三年漢王擊楚大戰彭城不利出梁地至虞 今宋州虞城也 謂左右曰如彼等者無足與計天下事謁者隨何進曰不審陛下所謂漢王曰孰能為我使淮南令之發兵倍楚留項王於齊數月我之取天下可以百全隨何曰臣請使之廼與二十人俱使淮南至因太宰主之三

日不得見隨何因説太宰曰王之不見何必以楚為彊以漢為弱此臣之所以為使使何得見言之而是邪是大王所欲聞也言之而非邪使何等二十人伏斧質淮南市以明王倍漢而與楚也太宰廼言之王王見之隨何曰漢王使臣敬進書大王御者竊怪大王與楚何親也淮南王曰寡人北鄉而臣事之隨何曰大王與項王俱列為諸侯北鄉而臣事之必以楚為彊可以託國也項王伐齊身負板築以為士卒先大王宜悉淮南之衆

身自將之為楚軍前鋒今迺發四千人以助楚夫北面而臣事人者固若是乎夫漢王戰於彭城項王未出齊也大王宜騷淮南之兵渡淮日夜會戰彭城下大王撫萬人之衆無一人渡淮者垂拱而觀其孰勝夫託國於人者固若是乎大王提空名以鄉楚而欲厚自託臣竊為大王不取也然而大王不背楚者以漢為弱也夫楚兵雖彊天下負之以不義之名以其背盟約而殺義帝也然而楚王恃戰勝自彊漢王收諸侯還守成皐滎陽

下蜀漢之粟深溝壁壘分卒守徼乘塞楚人還兵間以梁地深入敵國八九百里欲戰則不得攻城則力不能老弱轉糧千里之外楚兵至滎陽成皐漢堅守而不動進則不得攻退則不能解故曰楚兵不足恃也使楚勝漢則諸侯自危懼而相救夫楚之彊適足以致天下之兵耳故楚不如漢其勢易見也今大王不與萬全之漢而自託於危亡之楚臣竊為大王惑之臣非以淮南之兵足以亡楚也夫大王發兵而倍楚項王必留留數月漢之取天下可以萬全臣請與大王提劒而歸漢漢王必裂地而封大王又況淮南淮南必大王有也故漢王敬使使臣進愚計願大王之留意也淮南王曰請奉命陰許畔楚與漢未敢泄也楚使者在方急責英布發兵舍傳舍隨何直入坐楚使者上坐曰九江王已歸漢楚何以得發兵布愕然楚使者起何因說布曰事以搆可遂殺楚使者無使歸而疾走漢并力布曰如使者教因起兵而擊之耳於是殺使者因起兵而攻楚楚使項聲

龍且攻淮南項王留而攻下邑宋州碭山縣數月龍且擊淮南破布軍布欲引兵走漢恐楚王殺之故間行與何俱歸漢淮南王至上方踞牀洗召布入見布甚大怒悔來欲自殺出就舍帳御飲食從官如漢王居布又大喜過望高祖以布先分為王恐其自尊大故峻禮令布折服已而美其帷帳厚其飲食多其從官以悅其心權道也於是迺使人入九江楚已使項伯收九江兵盡殺布妻子布使者頗得故人幸臣將衆數千人歸漢漢益分布兵而與俱北收兵至成皐四年七月立布為淮南王

與擊項籍漢五年布使人入九江得數縣六年布與劉賈入九江誘大司馬周殷周殷反楚遂舉九江兵與漢擊楚破之垓下項籍死天下定上置酒上折隨何之功謂何為腐儒為天下安用腐儒隨何跪曰夫陛下引兵攻彭城楚王未去齊也陛下發步卒五萬人騎五千能以取淮南乎上曰不能隨何曰陛下使何與二十人使淮南至如陛下之意是何之功賢於步卒五萬人騎五千也然而陛下謂何腐儒為天下安用腐儒何也上曰

吾方圖子之功廼以隨何為護軍中尉布遂剖符為淮南王都六九江廬江衡山豫章郡皆屬布七年朝陳八年朝雒陽九年朝長安十一年高后誅淮陰侯布因心恐夏漢誅梁王彭越醢之盛其醢徧賜諸侯至淮南淮南王方獵見醢因大恐陰令人部聚兵候伺旁郡警急布所幸姬疾請就醫醫家與中大夫賁赫對門姬數如醫家賁赫自以為侍中廼厚餽遺從姬飲醫家姬侍王從容語次譽赫長者也王怒曰汝安從知之具說狀王疑其與亂赫恐稱病王愈怒欲捕赫赫言變事乘傳詣長安布使人追不及赫至上變言布謀反有端可先未發誅也上讀其書語蕭相國相國曰布不宜有此恐仇怨妄誣之請繫赫使人微驗淮南王淮南王布見赫以罪亡上變固已疑其言國陰事漢使又來頗有所驗遂族赫家發兵反反書聞上廼赦賁赫以為將軍上召諸將問曰布反為之奈何皆曰發兵擊之坑豎子耳何能為乎汝陰侯滕公召故楚令尹問之令尹曰是固當反

滕公曰上裂地而王之疏爵而貴之南面而立萬乘之主其反何也令尹曰往年殺彭越前年殺韓信言此三人者同功一體之人也自疑禍及身故反耳滕公言之上曰臣客故楚令尹薛公者其人有籌筴之計可問上廼召見問薛公薛公對曰布反不足怪也使布出於上計山東非漢之有也出於中計勝敗之數未可知也出於下計陛下安枕而卧矣上曰何謂上計令尹對曰東取吳荆王劉賈都吳蘇州闔閭城也西取楚楚王劉交都徐州下邳并齊取魯

傳檄燕趙固守其所山東非漢之有也何謂中計東取吳西取楚并韓取魏據敖倉之粟塞成皐之口勝敗之數未可知也何謂下計東取吳西取下蔡（古州東國）歸重於越身歸長沙（今潭州）陛下安枕而卧漢無事矣上曰是計將安出令尹對曰出下計上曰何謂廢上中計而出下計令尹曰布故麗山之徒也自致萬乘之主此皆為身不顧後為百姓萬世慮者也故曰出下計上曰善封薛公千戶廼立皇子長為淮南王上遂發兵自將東擊布

布之夜反謂其將曰上老矣厭兵必不能來使諸將諸將獨患淮陰彭越今皆已死餘不足畏也故遂反果如薛公籌之東擊荆荆王劉賈走死富陵（故城在楚州盱眙縣東北六十里）盡刼其兵渡淮擊楚楚發兵與戰徐僮閒（杜預云徐在下邳僮縣東括地志云大徐城在泗州徐城縣北四十里古徐國也）為三軍欲以相救為奇或說楚將曰布善用兵民素畏之且兵法諸侯戰其地為散地（魏武帝注孫子曰卒戀土地道近而易敗散）今別為三彼敗吾一軍餘皆走安能相救不聽布果破其一軍其二軍散走遂西與上兵遇蘄西會甀（蘄音機沛郡蘄城也甀遂瑞反）布兵精甚上廼壁庸城望布軍置陳如項籍軍上惡之與布相望見遙謂布曰何苦而反布曰欲為帝耳上怒罵之遂大戰布軍敗走渡淮數止戰不利與百餘人走江南布故與番君婚以故長沙哀王使人紿布偽與亡誘走越故信而隨之番陽番陽人殺布茲鄉民田舍（英布冢在饒州鄱陽縣北百五十二里十三步）遂滅黥布立皇子長為淮南王封賁赫為期思侯（期思故城在光州固始縣界）諸將率多以功封者

太史公曰英布者其先豈春秋所見楚滅英六皐陶之後哉身被刑法何其拔興之暴也項氏之所坑殺人以千萬數而布常為首虐功冠諸侯用此得王亦不免於身為世大僇禍之興自愛姬殖妒媢生患竟以滅國

史記正義卷九十一

欽定四庫全書

史記正義卷九十二

唐 張守節 撰

淮陰侯列傳第三十二 史記九十二

淮陰侯韓信者淮陰人也楚州淮陰縣也始為布衣時貧無行
不得推擇為吏又不能治生商賈常從人寄食飲人多
厭之者常數從其下鄉南昌亭長寄食數月亭長妻患
之乃晨炊蓐食食時信往不為具食信亦知其意怒竟

絕去信釣於城下淮陰城北臨淮水昔信去下鄉而釣於此諸母漂有一母
見信飢飯信竟漂數十日信喜謂漂母曰吾必有以重
報母母怒曰大丈夫不能自食食音寺吾哀王孫而進食豈
望報乎淮陰屠中少年有侮信者曰若雖長大好帶刀
劒中情怯耳衆辱之曰信能死刺我不能死出我袴下
於是信孰視之俛出袴下蒲伏俛音俯伏蒲北反一市人皆笑
信以為怯及項梁渡淮信杖劒從之居戲下無所知名
項梁敗又屬項羽羽以為郎中數以策干項羽羽不用

漢王之入蜀信亡楚歸漢未得知名為連敖坐法當斬
其輩十三人皆已斬次至信信乃仰視適見滕公曰上
不欲就天下乎何為斬壯士滕公奇其言壯其貌釋而
不斬與語大說之言於上上拜以為治粟都尉上未之
奇也信數與蕭何語何奇之至南鄭諸將行道亡者數
十人信度何等已數言上上不我用即亡何聞信亡不
及以聞自追之人有言上曰丞相何亡上大怒如失左
右手居一二日何來謁上上且怒且喜罵何曰若亡何

也何曰臣不敢亡也臣追亡者上曰若所追者誰何曰
韓信也上復罵曰諸將亡者以十數公無所追追信詐
也何曰諸將易得耳至如信者國士無雙王必欲長王
漢中無所事信必欲爭天下非信無所與計事者顧王
策安所決耳王曰吾亦欲東耳安能鬱鬱久居此乎何
曰王計必欲東能用信信即留不能用信終亡耳王曰
吾為公以為將何曰雖為將信必不留王曰以為大將
何曰幸甚於是王欲召信拜之何曰王素慢無禮今拜

大將如呼小兒耳此乃信所以去也王必欲拜之擇良日齋戒設壇場具禮乃可耳王許之諸將皆喜人人各自以為得大將至拜大將乃信也一軍皆驚信拜禮畢上坐王曰丞相數言將軍將軍何以教寡人計策信謝因問王曰今東鄉爭權天下豈非項王邪漢王曰然曰大王自料勇悍仁彊孰與項王漢王默然良久曰不如也信再拜賀曰惟信亦為大王不如也然臣嘗事之請言項王之為人也項王喑噁叱咤千人皆廢然不能任

屬賢將此特匹夫之勇耳項王見人恭敬慈愛言語嘔嘔人有疾病涕泣分食飲至使人有功當封爵者印刓弊忍不能予此所謂婦人之仁也項王雖霸天下而臣諸侯不居關中而都彭城有背義帝之約而以親愛王諸侯不平諸侯之見項王遷逐義帝置江南亦皆歸逐其主而自王善地項王所過無不殘滅者天下多怨百姓不親附特刼於威彊耳名雖為霸實失天下心故曰其彊易弱今大王誠能反其道任天下武勇何所不誅以天下城邑封功臣何所不服以義兵從思東歸之士何所不散且三秦王為秦將將秦子弟數歲矣所殺亡不可勝計又欺其衆降諸侯至新安項王詐坑秦降卒二十餘萬唯獨邯欣翳得脫秦父兄怨此三人痛入骨髓今楚彊以威王此三人秦民莫愛也大王之入武關秋豪無所害除秦苛法與秦民約法三章耳秦民無不欲得大王王秦者於諸侯之約大王當王關中關中民咸知之大王失職入漢中秦民無不恨者今大王舉而

東三秦可傳檄而定也於是漢王大喜自以為得信晚遂聽信計部署諸將所擊八月漢王舉兵東出陳倉漢王從關北出岐州陳倉縣定三秦漢二年出關出函谷關收魏河南韓殷王皆降合齊趙共擊楚四月至彭城漢兵敗散而還信復收兵與漢王會滎陽復擊破楚京索之閒以故楚兵卒不能西漢之敗卻彭城兵敗散彭城而卻退塞王欣翟王翳亡漢降楚齊趙欲反漢與楚和六月魏王豹謁歸視親疾至國即絕河關反漢與楚約和漢王使酈生說豹不下

其八月以信為左丞相擊魏魏王盛兵蒲坂塞臨晉信乃益為疑兵陳船欲渡臨晉而伏兵從夏陽以木罌缻渡軍按韓信詐陳列船艘於臨晉欲渡河即此從夏陽木押罌缻度軍襲安邑臨晉同州東朝邑界夏陽在同州北澗城界襲安邑安邑故城在絳州夏縣東北十五里魏王豹驚引兵迎信信遂虜豹定魏為河東郡今安邑縣故城漢王遣張耳與信俱引兵東北擊趙代後九月破代兵禽夏說閼與閼與聚城在潞州銅鞮縣西北二十里信之下魏破代漢輒使人收其精兵詣滎陽以距楚信與張耳以兵數萬欲東下井陘擊趙趙

王成安君陳餘聞漢且襲之也聚兵井陘口井陘故關在并州石艾縣陘東十八里即井陘口號稱二十萬廣武君李左車說成安君曰聞漢將韓信涉西河虜魏王禽夏說新喋血閼與今乃輔以張耳議欲下趙此乘勝而去國遠鬬其鋒不可當臣聞千里餽糧士有饑色樵蘇後爨師不宿飽今井陘之道車不得方軌騎不得成列行數百里其勢糧食必在其後願足下假臣奇兵三萬人從間路絕其輜重足下深溝高壘堅營勿與戰彼前不得鬬退不得還吾奇兵絕其後使野無所掠不至十日而兩將之頭可致於戲下願君留意臣之計否必為二子所禽矣成安君儒者也常稱義兵不用詐謀奇計曰吾聞兵法十則圍之倍則戰今韓信兵號數萬其實不過數千能千里而襲我亦以罷極今如此避而不擊後有大者何以加之則諸侯謂吾怯而輕來伐我不聽廣武君策廣武君策不用韓信使人間視知其不用還報則大喜乃敢引兵遂下引兵入井陘狹道出趙未至井陘口三十里止舍夜半傳發選輕騎

二千人人持一赤幟從間道萆山而望趙軍誡曰趙見我走必空壁逐我若疾入趙壁拔趙幟立漢赤幟令其裨將傳飧曰今日破趙會食諸將皆莫信詳應曰諾謂軍吏曰趙已先據便地為壁且彼未見吾大將旗鼓未肯擊前行恐吾至阻險而還信乃使萬人先行出背水陳綿蔓水一名阜將一名回星自并州流入井陘界即信背水陣陷之死地即此水也趙軍望見而大笑平旦信建大將之旗鼓鼓行出井陘口趙開壁擊之恒州鹿泉縣即六國時趙壁也大戰良久於是信張耳詳棄鼓

旗走水上軍水上軍開入之復疾戰趙果空壁爭漢鼓旗逐韓信張耳韓信張耳已入水上軍軍皆殊死戰不可敗信所出奇兵二千騎共候趙空壁逐利則馳入趙壁皆拔趙旗立漢赤幟二千趙軍已不勝不能得信等欲還歸壁壁皆漢赤幟而大驚以為漢皆已得趙王將矣兵遂亂遁走趙將雖斬之不能禁也於是漢兵夾擊大破虜趙軍斬成安君泜水上禽趙王歇信乃令軍中毋殺廣武君有能生得者購千金於是有縛廣武君而

致戲下者信乃解其縛東鄉坐西鄉對師事之諸將效首虜休畢賀因問信曰兵法右倍山陵前左水澤今者將軍令臣等反背水陳曰破趙會食臣等不服然竟以勝此何術也信曰此在兵法顧諸君不察耳兵法不曰陷之死地而後生置之亡地而後存且信非得素拊循士大夫也此所謂驅市人而戰之其勢非置之死地使人人自為戰今予之生地皆走寧尚可得而用之乎諸將皆服曰善非臣所及也於是信問廣武君曰僕欲北攻燕東伐齊何若而有功廣武君辭謝曰臣聞敗軍之將不可以言勇亡國之大夫不可以圖存今臣敗亡之虜何足以權大事乎信曰僕聞之百里奚居虞而虞亡在秦而秦霸非愚於虞而智於秦也用與不用聽與不聽也誠令成安君聽足下計若信者亦已為禽矣以不用足下故信得侍耳因固問曰僕委心歸計願足下勿辭廣武君曰臣聞智者千慮必有一失愚者千慮必有一得故曰狂夫之言聖人擇焉顧恐臣計未必足用願

効愚忠夫成安君有百戰百勝之計一旦而失之軍敗鄗下身死泜上今將軍涉西河即同州龍門河從夏陽度者虜魏王禽夏說閼與一舉而下井陘不終朝破趙二十萬眾誅成安君名聞海內威震天下農夫莫敢輟耕釋耒褕衣甘食傾耳以待命者若此將軍之所長也然而眾勞卒罷其實難用今將軍欲舉倦弊之兵頓之燕堅城之下欲戰恐久力不能拔情見勢屈曠日糧竭而弱燕不服齊必距境以自彊也燕齊相持而不下則劉項之權未

有所分也若此者將軍所短也臣愚竊以為亦過矣故善用兵者不以短擊長而以長擊短韓信曰然則何由廣武君對曰方今為將軍計莫如案甲休兵鎮趙撫其孤百里之內牛酒日至以饗士大夫醳兵北首燕路（首音狩向也）而後遣辯士奉咫尺之書（咫尺八寸言其簡牘或長尺也）暴其所長於燕（暴音僕）燕必不敢不聽從燕已從使諠言者東告齊齊必從風而服雖有智者亦不知為齊計矣如是則天下事皆可圖也兵固有先聲而後實者此之謂也韓

信曰善從其策發使使燕燕從風而靡乃遣使報漢因請立張耳為趙王以鎮撫其國漢王許之乃立張耳為趙王楚數奇兵渡河擊趙趙王耳韓信往來救趙因行定趙城邑發兵詣漢楚方急圍漢王於滎陽漢王南出之宛葉閒（宛在鄧州葉在許州）得黥布走入城皋楚又復急圍之六月漢王出城皋東渡河獨與滕公俱從張耳軍脩武至宿傳舍晨自稱漢使馳入趙壁張耳韓信未起即其卧內上奪其印符以麾召諸將易置之信耳起乃知漢王來大驚漢王奪兩人軍即令張耳備守趙地拜韓信為相國收趙兵未發者擊齊信引兵東未渡平原（懷州有平原津）聞漢王使酈食其已說下齊韓信欲止范陽辯士蒯通說信曰將軍受詔擊齊而漢獨發閒使下齊寧有詔止將軍乎何以得毋行也且酈生一士伏軾掉三寸之舌下齊七十餘城將軍將數萬衆歲餘乃下趙五十餘城為將數歲反不如一豎儒之功乎於是信然之從其計遂渡河齊已聽生即留縱酒罷備漢守禦信因襲齊歷

下軍遂至臨菑齊王田廣以酈生賣己乃亨之而走高密使使之楚請救韓信已定臨菑遂東追廣至高密西楚亦使龍且將號稱二十萬救齊齊王廣龍且并軍與信戰未合人或說龍且曰漢兵遠鬬窮戰其鋒不可當齊楚自居其地戰兵易敗散（近其室家懷顧望也）不如深壁令齊王使其信臣招所亡城亡城聞其王在楚來救必反漢漢兵二千里客居齊城皆反之其勢無所得食可無戰而降也龍且曰吾平生知韓信為人易與耳且夫救齊

不戰而降之吾何功今戰而勝之齊之半可得何為止遂戰與信夾濰水陳韓信乃夜令人為萬餘囊滿盛沙壅水上流引軍半渡擊龍且佯不勝還走龍且果喜曰固知信怯也遂追渡水信使人決壅囊水大至龍且軍大半不得渡即急擊殺龍且龍且水東軍散走齊王廣亡去信遂追北至城陽城陽當澤縣是也在濮州東南九十一里皆虜楚卒漢四年遂皆降平齊使人言漢王曰齊偽詐多變反覆之國也南邊楚不為假王以鎮之其勢不定願為假王

便當是時楚方急圍漢王於滎陽韓信使者至發書漢王大怒罵曰吾困於此旦暮望若來佐我乃欲自立為王張良陳平躡漢王足因附耳語曰漢方不利寧能禁信之王乎不如因而立善遇之使自為守不然變生漢王亦悟因復罵曰大丈夫定諸侯即為真王耳何以假為乃遣張良往立信為齊王徵其兵擊楚楚已亡龍且項王恐使盱眙人武涉往説齊王信曰天下共苦秦久矣相與戮力擊秦秦已破計功割地分土而王之以休

士卒今漢王復興兵而東侵人之分奪人之地已破三秦引兵出關收諸侯之兵以東擊楚其意非盡吞天下者不休其不知厭足如是甚也且漢王不可必身居項王掌握中數矣數色庾反項王憐而活之然得脫輒倍約復擊項王其不可親信如此今足下雖自以與漢王為厚交為之盡力用兵終為之所禽矣足下所以得須臾至今者以項王尚存也當今二王之事權在足下足下右投則漢王勝左投則項王勝項王今日亡則次取足下

足下與項王有故何不反漢與楚連和參分天下王之今釋此時而自必於漢以擊楚且為智者固若此乎韓信謝曰臣事項王官不過郎中位不過執戟言不聽畫不用故倍楚而歸漢漢王授我上將軍印予我數萬眾解衣衣我推食食我言聽計用故吾得以至於此夫人深親信我我倍之不祥雖死不易幸為信謝項王武涉已去齊人蒯通知天下權在韓信欲為奇策而感動之以相人説韓信曰僕嘗受相人之術韓信曰先生相人

何如對曰貴賤在於骨法憂喜在於容色成敗在於決斷以此參之萬不失一韓信曰善先生相寡人何如對曰願少間信曰左右去矣通曰相君之面不過封侯又危不安相君之背貴乃不可言韓信曰何謂也蒯通曰天下初發難也俊雄豪傑建號壹呼天下之士雲合霧集魚鱗雜遝熛至風起當此之時憂在亡秦而已今楚漢分爭使天下無罪之人肝膽塗地父子暴骸骨於中野不可勝數楚人起彭城轉鬬逐北至於滎陽乘利席卷威震天下然兵困於京索之間迫西山而不能進者三年於此矣漢王將數十萬之衆距鞏雒阻山河之險一日數戰無尺寸之功折北不救敗滎陽傷城皐遂走宛葉之間此所謂智勇俱困者也夫銳氣挫於險塞而糧食竭於內府百姓罷極怨望容容無所倚以臣料之其勢非天下之賢聖固不能息天下之禍當今兩主之命縣於足下足下為漢則漢勝與楚則楚勝臣願披腹心輸肝膽效愚計恐足下不能用也誠能聽臣之計莫若

兩利而俱存之參分天下鼎足而居其勢莫敢先動夫以足下之賢聖有甲兵之衆據彊齊從燕趙出空虛之地而制其後因民之欲西鄉（鄉音向齊國在東故曰西向也）為百姓請命（止楚漢之戰鬬士卒亡故云請命）則天下風走而響應矣孰敢不聽割大弱彊以立諸侯諸侯已立天下服聽而歸德於齊案齊之故有膠泗之地懷諸侯之德深拱揖讓則天下之君王相率而朝於齊矣蓋聞天與弗取反受其咎時至不行反受其殃願足下孰慮之韓信曰漢王遇我甚厚載我以其車衣我以其衣食我以其食吾聞之乘人之車者載人之患衣人之衣者懷人之憂食人之食者死人之事吾豈可以鄉利倍義乎蒯生曰足下自以為善漢王欲建萬世之業臣竊以為誤矣始常山王成安君為布衣時相與為刎頸之交後爭張黶陳澤之事二人相怨常山王背項王奉項嬰頭而竄逃歸於漢王漢王借兵而東下殺成安君泜水之南頭足異處卒為天下笑此二人相與天下至驩也然而卒相禽者何也患

生於多欲而人心難測也今足下欲行忠信以交於漢王必不能固於二君之相與也而事多大於張黶陳澤故臣以為足下必漢王之不危己亦誤矣大夫種范蠡存亡越霸句踐立功成名而身死亡野獸已盡而獵狗烹夫以交友言之則不如張耳之與成安君者也以忠信言之則不過大夫種范蠡之於句踐也此二人者足以觀矣願足下深慮之且臣聞勇略震主者身危而功蓋天下者不賞臣請言大王功略足下涉西河虜魏

王禽夏說引兵下井陘誅成安君徇趙脅燕定齊南摧楚人之兵二十萬東殺龍且西鄉以報此所謂功無二於天下而略不世出者也今足下戴震主之威挾不賞之功歸楚楚人不信歸漢漢人震恐足下欲持是安歸乎夫勢在人臣之位而有震主之威名高天下竊為足下危之韓信謝曰先生且休矣吾將念之後數日蒯通復說曰夫聽者事之候也計者事之機也聽過計失而能久安者鮮矣聽不失一二者不可亂以言計不失本末者不可紛以辭夫隨廝養之役者失萬乘之權守儋石之祿者闕卿相之位故知者決之斷也疑者事之害也審毫釐之小計遺天下之大數智誠知之決弗敢行者百事之禍也故曰猛虎之猶豫不若蜂蠆之致螫音適騏驥之蹢躅不如駑馬之安步孟賁之狐疑不如庸夫之必至也雖有舜禹之智吟而不言不如瘖聾之指麾也此言貴能行之夫功者難成而易敗時者難得而易失也時乎時不再來願足下詳察之韓信猶豫不忍倍

漢又自以為功多漢終不奪我齊遂謝蒯通蒯通說不聽已詳狂為巫漢王之困固陵用張良計召齊王信遂將兵會垓下項羽已破高祖襲奪齊王軍漢五年正月徙齊王信為楚王都下邳信至國召所從食漂母賜千金及下鄉南昌亭長賜百錢曰公小人也為德不卒召辱己之少年令出胯下者以為楚中尉告諸將相曰此壯士也方辱我時我寧不能殺之邪殺之無名故忍而就於此項王亡將鍾離眛家在伊廬括地志云中廬在義清縣北二十里

〔本春秋時盧戎之國也秦謂之伊盧漢為中盧縣項羽之將鍾離眛冢在韋昭及括地志云皆誤之也〕素與信善項王死後亡歸信漢王怨眛聞其在楚詔楚捕眛信初之國行縣邑陳兵出入漢六年人有上書告楚王信反高帝以陳平計天子巡狩會諸侯南方有雲夢發使告諸侯會陳吾將游雲夢實欲襲信信弗知高祖且至楚信欲發兵反自度無罪欲謁上恐見禽人或說信曰斬眛謁上上必喜無患信見眛計事眛曰漢所以不擊取楚以眛在公所若欲捕我以自媚於漢吾今日

死公亦隨手亡矣乃罵信曰公非長者卒自剄信持其首謁高祖於陳上令武士縛信載後車信曰果若人言狡兔死良狗亨高鳥盡良弓藏敵國破謀臣亡天下已定我固當亨上曰人告公反遂械繫信至雒陽赦信罪以為淮陰侯信知漢王畏惡其能常稱病不朝從信由此日怨望居常鞅鞅羞與絳灌等列信常過樊將軍噲噲跪拜送迎言稱臣曰大王乃肯臨臣信出門笑曰生乃與噲等為伍上常從容與信言諸將能不各有差上問曰如我能將幾何信曰陛下不過能將十萬上曰於君何如曰臣多多而益善耳上笑曰多多益善何為為我禽信曰陛下不能將兵而善將將此乃信之所以為陛下禽也且陛下所謂天授非人力也陳豨拜為鉅鹿守辭於淮陰侯淮陰侯挈其手辟左右與之步於庭仰天歎曰子可與言乎欲與子有言也豨曰唯將軍令之淮陰侯曰公所居天下精兵處也而公陛下之信幸臣也人言公之畔陛下必不信再至陛下乃疑矣三至必怒

而自將吾為公從中起天下可圖也陳豨素知其能也信之曰謹奉教漢十一年陳豨果反上自將而往信病不從陰使人至豨所曰第舉兵吾從此助公信乃謀與家臣夜詐詔赦諸官徒奴欲發以襲呂后太子部署已定待豨報其舍人得罪於信信囚欲殺之舍人弟上變告信欲反狀於呂后呂后欲召恐其黨不就乃與蕭相國謀詐令人從上所來言豨已得死列侯羣臣皆賀相國紿信曰雖疾彊入賀信入呂后使武士縛信斬之長

樂鍾室長樂宮懸鍾之室信方斬之曰吾悔不用蒯通之計乃為兒女子所詐豈非天哉遂夷信三族高祖已從豨軍來至見信死且喜且憐之問信死亦何言呂后曰信言恨不用蒯通計高祖曰是齊辯士也乃詔齊捕蒯通蒯通至上曰若教淮陰侯反乎對曰然臣固教之豎子不用臣之策故令自夷於此如彼豎子用臣之計陛下安得而夷之乎上怒曰亨之通曰嗟乎冤哉亨也上曰若教韓信反何冤對曰秦之綱絶而維弛山東大擾異姓

並起英俊烏集秦失其鹿天下共逐之於是高材疾足者先得焉跖之狗吠堯堯非不仁狗固吠非其主當是時臣唯獨知韓信非知陛下也且天下銳精持鋒欲為陛下所為者甚衆顧力不能耳又可盡亨之邪高帝曰置之乃釋通之罪

太史公曰吾如淮陰淮陰人為余言韓信雖為布衣時其志與衆異其母死貧無以葬然乃行營高敞地令其旁可置萬家余視其母冢良然假令韓信學道謙讓不伐己功不矜其能則庶幾哉於漢家勳可以比周召太公之徒後世血食矣不務出此而天下已集乃謀畔逆夷滅宗族不亦宜乎

史記正義卷九十二

欽定四庫全書

史記正義卷九十三

唐　張守節　撰

韓王信盧綰列傳第三十三　史記九十三

韓王信者故韓襄王孽孫也長八尺五寸及項梁之立楚後懷王也燕齊趙魏皆已前王唯韓無有後故立韓諸公子横陽君成（故横城在宋州宋城縣西南三十里）為韓王欲以撫定韓故地項梁敗死定陶成犇懷王沛公引兵擊陽城（河南

縣也）使張良以韓司徒降下韓故地得信以為韓將將其兵從沛公入武關沛公立為漢王韓信從入漢中迺説漢王曰項王王諸將近地而王獨遠居此此左遷也士卒皆山東人跂而望歸及其鋒東鄕（跂音岐）可以爭天下漢王還定三秦迺許信為韓王先拜信為韓太尉將兵略韓地項籍之封諸王皆就國韓王成以不從無功不遣就國更以為列侯及聞漢遣韓信略韓地迺令故項籍游吳時吳令鄭昌（項籍在吳時昌為吳縣令）為韓王以距漢漢二年韓信略定韓十餘城漢王至河南韓信急擊韓王昌陽城昌降漢王迺立韓信為韓王常將韓兵從三年漢王出滎陽韓王信周苛等守滎陽及楚敗滎陽信降楚已而得亡復歸漢漢復立以為韓王竟從擊破項籍天下定五年春遂與剖符為韓王王潁川明年春上以韓信材武所王北近鞏洛南迫宛葉東有淮陽皆天下勁兵處迺詔徙韓王信王太原以北備禦胡都晉陽信上書曰國被邊匈奴數入晉陽（并州）去塞遠請治馬邑（朔州）

上許之信乃徙治馬邑秋匈奴冒頓大圍信信數使使胡求和解漢發兵救之疑信數閒使有二心使人責讓信信恐誅因與匈奴約共攻漢反以馬邑降胡擊太原七年冬上自往擊破信軍銅鞮（潞州縣）斬其將王喜信亡走匈奴與其將白土人曼邱臣王黄等立趙苗裔趙利為王復收信敗散兵而與信及冒頓謀攻漢匈奴使左右賢王將萬餘騎與王黄等屯廣武以南（廣武故城在代州鴈門縣界也）至晉陽與漢兵戰漢大破之追至于離石（石州縣）後復

破之匈奴復聚兵樓煩（鴈門郡樓煩縣）西北漢令車騎擊破匈奴匈奴常敗走漢乘勝追北聞冒頓居代上谷（今嬀州）高皇帝居晉陽使人視冒頓還報曰可擊上遂至平城（朔州定襄縣是也）上出白登匈奴騎圍上上乃使人厚遺閼氏（於連反又音燕氏音支單于嫡妻號若皇后）閼氏乃說冒頓曰今得漢地猶不能居且兩主不相戹居七日胡騎稍引去時天大霧漢使人往來胡不覺護軍中尉陳平言上曰胡者全兵請令彊弩傅兩矢外鄉徐行出圍入平城漢救兵亦到胡騎

遂解去漢亦罷兵歸韓信為匈奴將兵往來擊邊漢十年信令王黃等說誤陳豨十一年春故韓王信復與胡騎入居參合（故城在朔州定襄縣北）距漢漢使柴將軍擊之遺信書曰陛下寬仁諸侯雖有畔亡而復歸輒復故位號不誅也大王所知今王以敗亡走胡非有大罪急自歸韓王信報曰陛下擢僕起閭巷南面稱孤此僕之幸也滎陽之事僕不能死囚於項籍此一罪也及寇攻馬邑僕不能堅守以城降之此二罪也今反為寇將兵與將軍

爭一旦之命此三罪也夫種蠡無一罪身死亡今僕有三罪於陛下而欲求活於世此伍子胥所以僨於吳也（信知歸漢必死故引子胥以為辭）今僕亡匿山谷間旦暮乞貸蠻夷僕之思歸如痿人不亡起盲者不亡視也勢不可耳遂戰柴將軍屠參合斬韓王信信之入匈奴與太子俱及至頹當城生子因名曰頹當韓太子亦生子命曰嬰至孝文十四年頹當及嬰率其衆降漢漢封頹當為弓高侯（滄州縣）嬰為襄城侯吳楚軍時弓高侯功冠諸將傳子至

孫孫無子失侯嬰孫以不敬失侯頹當孽孫韓嫣貴幸名富顯於當世其弟說再封數稱將軍卒為案道侯子代歲餘坐法死後歲餘說孫曾拜為龍頟侯續說後（史記表衛青傳及漢書表云韓說元朔五年從大將軍有功封龍頟侯以酎金　元封元年擊東越有功封按道侯征和二年孫子曾復封為龍頟侯漢書功臣表云武後元年說孫曾紹封龍頟侯漢表是也）

盧綰者豐人也與高祖同里盧綰親與高祖太上皇相愛及生男高祖盧綰同日生里中持羊酒賀兩家及高祖盧綰壯俱學書又相愛也里中嘉兩家親相愛生子

同日壯又相愛復賀兩家羊酒高祖為布衣時有吏事辟匿盧綰常隨出入上下及高祖初起沛盧綰以客從入漢中為將軍常侍中從東擊項籍以太尉常從出入臥內衣被飲食賞賜羣臣莫敢望雖蕭曹等特以事見禮至其親幸莫及盧綰綰封為長安侯長安故咸陽也秦咸陽在渭北長安在渭南蕭何起未央宮處也漢五年冬以破項籍廼使盧綰別將與劉賈擊臨江王共尉破之七月還從擊燕王臧荼臧荼降高祖已定天下諸侯非劉氏而王者七人

欲王盧綰為羣臣觖望及虜臧荼廼下詔諸將相列侯擇羣臣有功者以為燕王羣臣知上欲王盧綰皆言曰太尉長安侯盧綰常從平定天下功最多可王燕詔許之漢五年八月廼立盧綰為燕王諸侯王得幸莫如燕王漢十一年秋陳豨反代地高祖如邯鄲擊豨兵燕王綰亦擊其東北當是時陳豨使王黃求救匈奴燕王綰亦使其臣張勝於匈奴言豨等軍破張勝至胡故燕王臧荼子衍出亡在胡見張勝曰公所以重於燕者以習胡事也燕所以久存者以諸侯數反兵連不決也今公為燕欲急滅豨等豨等已盡次亦至燕公等亦且為虜矣公何不令燕且緩陳豨而與胡和事寬得長王燕即有漢急可以安國張勝以為然廼私令匈奴助豨等擊燕燕王綰疑張勝與胡反上書請族張勝勝還具道所以為者燕王寤廼詐論他人脫勝家屬使得為匈奴間而陰使范齊之陳豨所欲令久亡連兵勿決漢十二年東擊黥布豨常將兵居代漢使樊噲擊斬豨其裨將降言燕

王綰使范齊通計謀於豨所高祖使使召盧綰綰稱病上又使辟陽侯食其御史大夫趙堯往迎燕王因驗問左右綰愈恐閉匿謂其幸臣曰非劉氏而王獨我與長沙耳往年春漢族淮陰夏誅彭越皆呂后計今上病屬任呂后呂后婦人專欲以事誅異姓王者及大功臣廼遂稱病不行其左右皆亡匿語頗泄辟陽侯聞之歸具報上上益怒又得匈奴降者降者言張勝亡在匈奴為燕使於是上曰盧綰果反矣使樊噲擊燕燕王綰悉將

其宮人家屬騎數千居長城下候同幸上病愈自入謝四月高祖崩盧綰遂將其衆亡入匈奴匈奴以為東胡盧王綰為蠻夷所侵奪常思復歸居歲餘死胡中高后時盧綰妻子亡降漢會高后病不能見舍燕邸為欲置酒見之高后竟崩不得見盧綰妻亦病死孝景中六年盧綰孫他之他徒何反以東胡王降封為亞谷侯漢表在河內陳豨者宛朐人也宛朐曹州縣也太史公云陳豨梁人按宛朐六國時屬梁不知始所以得從及高祖七年冬韓王信反入匈奴上至平城

還迺封豨為列侯以趙相國將監趙代邊兵邊兵皆屬焉豨常告歸過趙趙相周昌見豨賓客隨之者千餘乘邯鄲官舍皆滿豨所以待賓客如布衣交皆出客下言屈已禮之不用富貴自尊大豨還之代周昌迺求入見見上具言豨賓客盛甚擅兵於外數歲恐有變上乃令人覆案豨客居代者財物諸不法事多連引豨豨恐陰令客通使王黃曼丘臣所二人韓王信將及高祖七年七月太上皇崩使人召豨豨稱病甚九月遂與王黃等反自立為大王劫略趙

代上聞迺赦趙代吏人為豨所詿誤劫略者皆赦之上自往至邯鄲喜曰豨不南據漳水北守邯鄲知其無能為也趙相奏斬常山守尉曰常山二十五城豨反亡其二十城上問曰守尉反乎對曰不反上曰是力不足也赦之復以為常山守尉上問周昌曰趙亦有壯士可令將者乎對曰有四人四人謁上慢罵曰豎子能為將乎四人慙伏上封之各千戸以為將左右諫曰從入蜀漢伐楚功未徧行今此何功而封上曰非若所知陳豨反

邯鄲以北皆豨有吾以羽檄徵天下兵未有至者今唯獨邯鄲中兵耳吾胡愛四千戸封四人以尉趙子弟皆曰善於是上曰陳豨將誰曰王黃曼丘臣皆故賈人上曰吾知之矣迺各以千金購黃臣等十一年冬漢兵擊斬陳豨將侯敞王黃於曲逆下定州北平縣東南十五里蒲陰故城是也破豨將張春于聊城博州縣斬首萬餘太尉勃入定太原代地十二月上自擊東垣東垣不下卒罵上東垣降卒罵者斬之不罵者黥之更命東垣為真定王黃曼丘臣其

麾下受購賞之皆生得以故陳豨軍遂敗上還至洛陽
上曰代居常山北趙廼從山南有之遠廼立子恒為代
王都中都（中都故城在汾州平遥縣西南十二里）代鴈門皆屬代高祖十
二年冬樊噲軍卒追斬豨於靈丘（蔚州是）
太史公曰韓信盧綰非素積德累善之世徼一時權變
以詐力成功遭漢初定故得列地南面稱孤內見疑彊
大外倚蠻貊以為援是以日疏自危事窮智困卒赴匈
奴豈不哀哉陳豨梁人其少時數稱慕魏公子及將軍

守邊招致賓客而下士名聲過實周昌疑之疵瑕頗起
懼禍及身邪人進說遂陷無道於戲悲夫夫計之生孰
成敗于人也深矣

史記正義卷九十三

欽定四庫全書

史記正義卷九十四

唐　張守節　撰

田儋列傳第三十四　史記九十四

田儋者狄人也（淄州高苑縣西北北狄故縣城）故齊王田氏族也儋從
弟田榮榮弟田橫皆豪宗彊能得人陳涉之初起王楚
也使周市略定魏地北至狄狄城守田儋詳為縛其奴
從少年之廷欲謁殺奴見狄令因擊殺令而召豪吏子

弟曰諸侯皆反秦自立齊古之建國儋田氏當王遂自
立為齊王發兵以擊周市周市軍還去田儋因率兵略
定齊地秦將章邯圍魏王咎於臨濟急魏王請救於齊
齊王田儋將兵救魏章邯夜銜枚擊大破齊魏軍殺田
儋於臨濟下儋弟田榮收儋餘兵走東阿齊人聞王田
儋死廼立故齊王建之弟田假為齊王田角為相田間
為將以距諸侯田榮之走東阿章邯追圍之項梁聞田
榮之急廼引兵擊破章邯軍東阿下章邯走而西項梁

因追之而田榮怒齊之立假廼引兵歸擊逐齊王假假亡走楚齊相角亡走趙角地田閒前求救趙因留不敢歸田榮乃立田儋子市為齊王榮相之田橫為將平齊地項梁既追章邯章邯兵益盛項梁使使告趙齊發兵共擊章邯田榮曰使楚殺田假趙殺田角田閒廼肯出兵楚懷王曰田假與國之王窮而歸我殺之不義趙亦不殺田角田閒以市於齊齊曰蝮螫手則斬手螫足則斬足何者為害於身也[按蝮毒蛇長二三丈顙南北有之虺長一二尺頭腹皆一遍說]

[文云虺博三寸首大如擘手大指也音步歷反]今田假田角田閒於楚趙非直手足戚也何故不殺且秦復得志於天下則齮齕用事者墳墓矣[按秦重得志非但辱身墳墓亦發掘矣若子胥鞭荆平王墓一云墳墓言死也]楚趙不聽齊亦怒終不肯出兵章邯果敗殺項梁破楚兵楚兵東走而章邯渡河圍趙於鉅鹿項羽往救趙由此怨田榮項羽既存趙降章邯等西屠咸陽滅秦而立侯王也廼徙齊王田市更王膠東治即墨齊將田都從共救趙因入關故立都為齊王治臨淄故齊王建孫田安

項羽方渡河救趙田安下濟北數城引兵降項羽項羽立田安為濟北王治博陽田榮以負項梁不肯出兵助楚趙攻秦故不得王趙將陳餘亦失職不得王二人俱怨項王項王既歸諸侯各就國田榮使人將兵助陳餘令反趙地而榮亦發兵以距擊田都田都亡走楚田榮留齊王市無令之膠東市之左右曰項王彊暴而王當之膠東不就國必危市懼廼亡就國田榮怒追擊殺齊王市於即墨還攻殺濟北王安於是田榮廼自立為齊

王盡并三齊之地項王聞之大怒廼北伐齊齊王田榮兵敗走平原[平原德州也]平原人殺榮項王遂燒夷齊城郭所過者盡屠之齊人相聚畔之榮弟橫收齊散兵得數萬人反擊項羽於城陽[城陽濮州雷澤是]而漢王率諸侯敗楚入彭城項羽聞之廼釋齊而歸擊漢於彭城因連於漢戰相距滎陽以故田橫復得收齊城邑立田榮子廣為齊王而橫相之專國政政無巨細皆斷於相橫定齊三年漢王使酈生往說下齊王廣及其相國橫橫以為然

解其歷下軍漢將韓信引兵且東擊齊齊初使華無傷田解軍於歷下以距漢漢使至迺罷守戰備縱酒且遣使與漢平漢將韓信已平趙燕用蒯通計度平原襲破齊歷下軍因入臨淄齊王廣相横怒以酈生賣已而烹酈生齊王廣東走高密相横走博陽守相田光走城陽將軍田既軍於膠東楚使龍且救齊齊王與合軍高密漢將韓信與曹參破殺龍且虜齊王廣漢將灌嬰追得齊守相田光至博陽而横聞齊王死自立為齊王還擊嬰嬰敗還之軍於嬴下（故嬴城在兖州博城縣東北百里）田横亡走梁

歸彭越彭越是時居梁地中立且為漢且為楚韓信已殺龍且因令曹參進兵破殺田既於膠東使灌嬰破殺齊將田吸於千乘（千乘故城在淄州高苑縣北二十五里）韓信遂平齊乞自立為齊假王漢因而立之後歲餘漢滅項籍漢王立為皇帝以彭越為梁王田横懼誅而與其徒屬五百餘人入海居島中（按海州東海縣有島山去岸八十里）高帝聞之以為田横兄弟本定齊齊人賢者多附焉今在海中不收後恐為

亂迺使使赦田横罪而召之田横因謝曰臣烹陛下之使酈生今聞其弟酈商為漢將而賢臣恐懼不敢奉詔請為庶人守海島中使還報高皇帝迺詔衛尉酈商曰齊王田横即至人馬從者敢動搖者致族夷迺復使使持節具告以詔商狀曰田横來大者王小者迺侯耳不來且舉兵加誅焉田横迺與其客二人乘傳詣雒陽未至三十里至尸鄉廐置横謝使者曰人臣見天子當洗沐止留謂其客曰横始與漢王俱南面稱孤今漢王為天子而横迺為亡虜而北面事之其恥固已甚矣且吾

烹人之兄與其弟併肩而事其主縱彼畏天子之詔不敢動我我獨不媿於心乎且陛下所以欲見我者不過欲一見吾面貌耳今陛下在洛陽今斬吾頭馳三十里間形容尚未能敗猶可觀也遂自剄令客奉其頭（奉音捧）從使者馳奏之高帝高帝曰嗟乎有以也夫起自布衣兄弟三人更王豈不賢乎哉為之流涕而拜其二客為都尉發卒二千人以王者禮葬田横（齊田横墓在偃師西十五里崔豹古

今注云薤露蒿里送哀歌也出田横門人横自殺門人傷之而作悲歌言人命如薤上露易晞滅至李延年乃分為二曲薤露送王公貴人蒿里送士大夫庶人使挽遊者歌之俗呼為挽歌既葬二客穿其冢旁孔皆自剄下從之高帝聞之廼大驚以田横之客皆賢吾聞其餘尚五百人在海中使使召之至則聞田横死亦皆自殺於是廼知田横兄弟能得士也

太史公曰甚矣蒯通之謀亂齊驕淮陰其卒亡此兩人蒯通者善為長短說論戰國之權變為八十一首通善齊人安期生安期生嘗干項羽項羽不能用其筴已而項羽欲封此兩人兩人終不肯受亡去田横之高節賓客慕義而從横死豈非至賢余因而列焉無不善畫者莫能圖何哉

史記正義卷九十四

欽定四庫全書

史記正義卷九十五

唐　張守節　撰

樊酈滕灌列傳第三十五　史記九十五

舞陽侯舞陽在許州葉縣東十里樊噲者音快又吉外反沛人也徐州縣以屠狗為事時人食狗亦與羊豕同故噲專屠以賣之與高祖俱隱初從高祖起豐攻下沛高祖為沛公以噲為舍人從攻胡陵方與房預二音還守豐擊泗水監豐下泗水郡名破之復東定沛破泗水守薛西與司馬尼戰碭東秦將章邯司馬尼又碭東州縣也卻敵斬首十五級賜爵國大夫爵第六級也常從沛公擊章邯軍濮陽攻城先登斬首二十三級賜爵列大夫復常從從攻城陽按城陽近濮陽而漢書作陽城大錯誤東昏故城是先登下戶牖戶牖汴州東陳留縣東北九十一里破李由軍斬首十六級賜上間爵從攻圍東郡守尉於成武曹州縣卻敵斬首十四級捕虜十一人賜爵五大夫從擊秦軍出亳南亳故城在宋州穀熟縣西南四十里河間守軍於杠里地名近城陽破之擊破趙賁軍開封汴州縣北以卻敵

先登斬侯一人首六十八級捕虜二十七人賜爵卿從攻破楊熊軍於曲遇 曲丘兩反遇牛恭反鄭州中牟縣有曲遇聚 攻宛陵 宛陵故城在鄭州新鄭縣東北三十八里 先登斬首八級捕虜四十四人賜爵封號賢成君從攻長社轘轅 許州理縣也轘轅門在緱氏縣東南三十里 絕河津 古平陰津在河南府東北五十里也 東攻秦軍於尸南 在偃師南 攻秦軍於犨 在汝州魯山縣東南 破南陽守齮於陽城東攻宛城先登西至酈 酈音櫟在鄧州新城縣西北四十里 以卻敵斬首二十四級捕虜四十人賜重封攻武關至霸上斬都尉一人首十級捕虜

百四十六人降卒二千九百人項羽在戲下欲攻沛公沛公從百餘騎因項伯面見項羽謝無有閉關事項羽既饗軍士中酒亞父謀欲殺沛公令項莊拔劍舞坐中欲擊沛公項伯常肩蔽之時獨沛公與張良得入坐樊噲在營外聞事急乃持鐵盾入到營營衛止噲噲直撞入 撞直江反 立帳下項羽目之問為誰張良曰沛公參乘樊噲項羽曰壯士賜之卮酒彘肩噲既飲酒拔劍切肉食盡之項羽曰能復飲乎噲曰臣死且不辭豈特卮酒乎

且沛公先入定咸陽暴師霸上以待大王 時羽未為王中追書 大王今日至聽小人之言與沛公有隙臣恐天下解 紀買反至此為絕句 心疑大王也項羽默然沛公如廁麾樊噲去既出沛公留車騎獨騎一馬與樊噲等四人步從從間道山下歸走霸上軍而使張良謝項羽項羽亦因遂已無誅沛公之心矣是日微樊噲犇入營誚讓項羽沛公事幾殆 幾音祈 明日項羽入屠咸陽立沛公為漢王漢王賜噲爵為列侯號臨武侯 桂陽臨武縣 遷為郎中從入漢中還定

三秦別擊西丞白水北 括地志云白馬水源出文州曲水縣西南曾徑孫山下 雍輕車騎於雍南破之 上雍於拱反 從攻雍斄城先登擊章平軍好畤攻城先登陷陣斬縣令丞各一人首十一級虜二十人遷郎中騎將從擊秦軍騎壤東 壤鄉在武功縣東南二十里 卻敵遷為將軍攻趙賁下郿 岐州郿縣 槐里柳中咸陽灌廢丘最至櫟陽 雍州縣 賜食邑杜之樊鄉從攻項籍屠煑棗 按其時項羽未度河北冀州信都縣東北五十里煑棗非矣 擊破王武程處軍於外黃攻鄒魯瑕丘薛 兗州縣在州東南六十二里魯兗州曲阜縣瑕丘兗州縣薛在徐州滕縣

界）項羽敗漢王於彭城盡復取魯梁地噲還至滎陽益食平陰二千戶（平陰故城在濟陽東北五里）以將軍守廣武一歲項羽引而東從高祖擊項籍下陽夏（夏音假陳州太康縣）虜楚周將軍卒四千人圍項籍於陳（陳州）大破之屠胡陵（在兗州南）項籍既死漢王為帝以噲堅守戰有功益食八百戶從高帝攻反燕王臧荼虜荼定燕地楚王韓信反噲從至陳取信定楚（徐州）更賜爵列侯與諸侯剖符世世勿絕食舞陽號為舞陽侯除前所食以將軍從高祖攻反韓王信於

代自霍人以往（先累反又蘇累反又山寡反杜預云霍人晉邑也霍人當作葰地理志云葰人縣屬太原郡括地志云葰人故城在代州繁畤縣界也）至雲中（雲中郡縣皆朔州善陽縣北三百八十里定襄故城是也）與絳侯等共定之益食千五百戶因擊陳豨與曼丘臣軍戰襄國（邢州城）破栢人（邢州縣）先登降定清河常山凡二十七縣殘東垣遷為左丞相破得綦毋卬尹潘軍於無終廣昌（在蔚州飛狐縣北七里）破豨別將胡人王黃軍於代南因擊韓信軍於參合（在朔州定襄縣界）軍所將卒斬韓信破豨胡騎橫谷（谷音欲蓋在代）斬將軍趙既虜代丞相馮梁守孫奮大將王黃將軍大卜太僕解福（人姓名）等十人與諸將共定代鄉邑七十三其後燕王盧綰反噲以相國擊盧綰破其丞相抵薊南定燕地凡縣十八鄉邑五十一益食邑千三百戶定食舞陽五千四百戶從斬首百七十六級虜二百八十八人別破軍七下城五定郡六縣五十二得丞相一人將軍十二人二千石以下至三百石十一人噲以呂后女弟呂須為婦生子伉故其比諸軍最親先黥布反時高祖嘗病甚惡見人臥禁中詔

戶者無得入羣臣羣臣絳灌等莫敢入十餘日噲乃排闥直入（宮中小門）大臣隨之上獨枕一宦者臥噲等見上流涕曰始陛下與臣等起豐沛定天下何其壯也今天下已定又何憊也且陛下病甚大臣震恐不見臣等計事顧獨與一宦者絕乎且陛下獨不見趙高之事乎高帝笑而起其後盧綰反高帝使噲以相國擊燕是時高帝病甚人有惡噲黨於呂氏即上一日宮車晏駕則噲欲以兵盡誅滅戚氏趙王如意之屬高帝聞之大怒乃使

陳平載絳侯代將而即軍中斬噲陳平畏呂后執噲詣長安至則高祖已崩呂后釋噲使復爵邑孝惠六年樊噲卒謚為武侯子伉代侯而伉母呂須亦為臨光侯高后時用事專權大臣盡畏之伉代侯九歲高后崩大臣誅諸呂呂須婘屬因誅伉舞陽侯中絕數月孝文帝既立乃復封噲他庶子市人為舞陽侯復故爵邑市人立二十九歲卒謚為荒侯子他廣代侯六歲侯家舍人得罪他廣怨之乃上書曰荒侯市人病不能為人言不能行人道

令其夫人與其弟亂而生他廣他廣實非荒侯子不當代後詔下吏孝景中六年他廣奪侯為庶人國除曲周侯故城在洛州曲周西南十五里酈商者高陽人雍州西南聚邑人也陳勝起時商聚少年東西略人得數千沛公略地至陳留六月餘徐注非也言商先東西略得數千人及沛人略地至陳留商起兵乃六月餘得四千人以將軍從高祖也商以將卒四千人屬沛公於岐高紀云酈食其說沛公襲陳留乃以食其為廣野君酈商為將將陳留兵與偕攻開封酈生傳云沛公引兵隨之乃下陳留為廣陽君言其弟酈商使將數千人從沛公西南略地此傳云屬沛公於岐從攻長社按紀傳此說岐當與陳留高陽相近也從攻長社

先登賜爵封信成君從沛公攻緱氏絕河津破秦軍洛陽東從攻下宛穰定十七縣別將攻旬關定漢中項羽滅秦立沛公為漢王漢王賜商爵信成君以將軍為隴西都尉別將定北地寧州上郡鄜州破雍將軍烏氏縣乃在涇州安定縣之東四十里也周類軍栒邑蘇駔軍於泥陽故城在寧州羅川縣北三十一里泥谷水源出羅川縣東北泥陽源則有泉於泥中潛流二十餘步而流入泥谷又有泥陽湫在縣東北四十里賜食邑武成六千戶縣在華州鄭縣東十三里以隴西都尉從擊項籍軍五月出鉅野與鍾離眛戰疾鬬受梁相國印益

食邑四千戶以梁相國將從擊項羽二歲三月攻胡陵項羽既已死漢王為帝其秋燕王臧荼反商以將軍從擊荼戰龍脫先登陷陣破荼軍易下易州易縣卻敵遷為右丞相賜爵列侯與諸侯剖符世世勿絕食邑涿五千戶涿幽州號曰涿侯以右丞相別定上谷嬀州因攻代受趙相國印以右丞相趙相國別與絳侯等定代鴈門得代丞相程縱守相郭同將軍已下至六百石十九人還以將軍為太上皇衛一歲七月以右丞相擊陳豨殘東垣又

以右丞相從高帝擊黥布攻其前拒陷兩陳得以破布
軍更食曲周五千一百户除前所食凡别破軍三降定
郡六縣七十三得丞相守相大將各一人小將二人二
千石已下至六百石十九人商事孝惠高后時商病不
治其子寄字況與呂禄善及高后崩大臣欲誅諸呂呂
禄為將軍軍於北軍太尉勃不得入北軍於是乃使人
劫酈商令其子況紿呂禄呂禄信之故與出游而太尉
勃乃得入據北軍遂誅諸呂是歲商卒謚為景侯子寄

代侯天下稱酈況賣交也孝景前三年吴楚齊趙反上
以寄為將軍圍趙城十月不能下得俞侯欒布自平齊
來乃下趙城滅趙王自殺除國孝景中二年寄欲取平
原君為夫人景帝怒下寄吏有罪奪侯景帝乃以商他
子堅封為繆侯續酈氏後繆靖侯卒子康侯遂成立遂
成卒子懷侯世宗立世宗卒子侯終根立為太常坐法
國除
汝陰侯（汝陰即今陽城）夏侯嬰沛人也為沛廄司御每送使客
還過沛泗上亭與高祖語未嘗不移日也嬰已而試補
縣吏與高祖相愛高祖戲而傷嬰人有告高祖高祖時
為亭長重坐傷人告故不傷嬰嬰證之後獄覆嬰坐高
祖繫歲餘掠笞數百終以是脫高祖高祖之初與徒屬
欲攻沛也嬰時以縣令史為高祖使上降沛一日（上為于偽
反使所吏反又曰謂父老開城門迎高祖）高祖為沛公賜嬰爵七大夫以為
太僕從攻胡陵嬰與蕭何降泗水監平平以胡陵降賜
嬰爵五大夫從擊秦軍碭東攻濟陽下户牖破李由軍

雍丘下以兵車趣攻戰疾賜爵執帛常以太僕奉車從
擊章邯軍東阿濮陽下以兵車趣攻戰疾破之賜爵執
珪復常奉車從擊趙賁軍開封楊熊軍曲遇嬰從捕虜
六十八人降卒八百五十人得印一匱因復常奉車從
擊秦軍雒陽東以兵車趣攻戰疾賜爵封轉為滕公（滕即
公丘故城是在徐州滕縣西南十五里）因復奉車從攻南陽戰于藍田芷
陽以兵車趣攻戰疾至霸上項羽至滅秦立沛公為漢
王漢王賜嬰爵列侯號昭平侯復為太僕從入蜀漢還

定三秦從擊項籍至彭城項羽大破漢軍漢王敗不利馳去見孝惠魯元載之漢王急馬罷虜在後常蹶兩兒欲棄之嬰常收竟載之徐行面雍樹乃馳漢王怒行欲斬嬰者十餘卒得脱而致孝惠魯元於豐漢王既至滎陽收散兵復振賜嬰食祈陽復常奉車從擊項籍追至陳卒定楚至魯益食茲氏漢王立為帝其秋燕王臧荼反嬰以太僕從擊荼明年從至陳取楚王信更食汝陰剖符世世勿絶以太僕從擊代至武泉雲中二縣在朔州善陽縣

界益食千户因從擊韓信軍胡騎晉陽旁大破之追北至平城為胡所圍七日不得通高帝使使厚遺閼氏冒頓開圍一角高帝出欲馳嬰固徐行弩皆持滿外向卒得脱益食嬰細陽千户復以太僕從擊胡騎句注北大破之以太僕擊胡騎平城南三陷陳功為多賜所奪邑五百户以太僕擊陳豨黥布軍陷陳卻敵益食千户定食汝陰六千九百户除前所食嬰自上初起沛常為太僕竟高祖崩以太僕事孝惠孝惠帝及高后德嬰之脱孝惠魯元於下邑之閒也宋州碭山縣乃賜嬰縣北第第一曰近我以尊異之孝惠帝崩以太僕事高后高后崩代王之來嬰以太僕與東牟侯入清宮廢少帝以天子法駕迎代王代邸與大臣共立為孝文皇帝復為太僕八歲卒謚為文侯子夷侯竈立七年卒子共侯賜立三十一年卒子侯頗尚平陽公主立十九歲元鼎二年坐與父御婢姦罪自殺國除

潁陰侯今陳州南頓縣西北十三里潁陰故城是灌嬰者睢陽販繒者也宋州

宋城縣高祖之為沛公略地至雍丘下章邯敗殺項梁而沛公還軍於碭嬰初以中涓從擊破東郡尉於成武及秦軍於杠里疾鬭賜爵七大夫從攻秦軍亳南開封曲遇戰疾力賜爵執帛號宣陵君從攻陽武以西至雒陽破秦軍尸北北絶河津南破南陽守齮陽城東遂定南陽郡西入武關戰於藍田疾力至霸上賜爵執珪號昌文君沛公立為漢王拜嬰為郎中從入漢中十月拜為中謁者從還定三秦下櫟陽降塞王還圍章邯於廢丘

未拔從東出臨晉關擊降殷王定其地擊項羽將龍且
魏相項他軍定陶南疾戰破之賜嬰爵列侯號昌文侯
食杜平鄉復以中謁者從降下碭以至彭城項羽擊大
破漢王漢王遁而西嬰從還軍於雍丘王武魏公申徒
反從擊破之攻下黃故城在曹州考城縣東二十四里西收兵軍於滎
陽楚騎來衆漢王乃擇軍中可為車騎將者皆推故秦
騎士重泉人故城在同州蒲城縣東南四十五里李必駱甲習騎兵今為
校尉可為騎將漢王欲拜之必甲曰臣故秦民恐軍不

欽定四庫全書　史記正義　卷九十五　十三

信臣臣願得大王左右善騎者傅之灌嬰雖少然數力
戰乃拜灌嬰為中大夫令李必駱甲為左右校尉將郎
中騎兵擊楚騎於滎陽東大破之受詔別擊楚軍後絕
其餉道起陽武至襄邑擊項羽之將項冠於魯下破之
所將卒斬右司馬騎將各一人擊破柘公王武軍於燕
西柘屬淮陽國按滑州胙城本南燕國也所將卒斬樓煩將伍人連尹一
人擊王武別將桓嬰白馬下破之所將卒斬都尉一人
以騎渡河南送漢王到雒陽使北迎相國韓信軍於邯

鄲還至敖倉嬰遷為御史大夫三年以列侯食邑杜平
鄉以御史大夫受詔將郎中騎兵東屬相國韓信擊破
齊軍於歷下所將卒虜車騎將軍華毋傷及將吏四十
六人降下臨菑得齊守相田光追齊相田橫至嬴博破
其騎所將卒斬騎將一人生得騎將四人攻下嬴博破
齊將軍田吸於千乘所將卒斬吸東從韓信攻龍且留
公於高密留縣在沛郡公其令卒斬龍且生得右司馬連尹各一
人樓煩將十人身生得亞將周蘭齊地已定韓信自立

欽定四庫全書　史記正義　卷九十五　十四

為齊王使嬰別將擊楚將公杲於魯北破之轉南破薛
郡長身虜騎將一人攻博陽前至下相以東南僮取慮
徐度淮盡降其城邑至廣陵謂從下相以東南盡降城邑乃至廣陵皆平定也
項羽使項聲薛公郯公復定淮北嬰度淮北擊破項聲
郯公下邳郯音談東海縣斬薛公下下邳擊破楚騎於平陽南平陽縣城今兗州鄒縣也在兗州東南六十二里按鄒縣去徐州滕縣界四十餘里也遂降彭城虜
柱國項佗降留薛沛酇蕭相攻苦譙戶焦二音復得亞將周
蘭與漢王會頤鄉從擊項籍軍於陳下破之所將卒斬

樓煩將二人虜騎將八人賜益食邑二千五百户項籍敗垓下去也嬰以御史大夫受詔將車騎别追項籍至東城縣在濠州定遠縣東南五十五里破之所將卒五人共斬項籍皆賜爵列侯降左右司馬各一人卒萬二千人盡得其軍將吏下東城歷陽和州歷陽縣即今州城是也渡江破吳郡長吳下今蘇州也按如說非也吳郡長即吳郡守也一破吳郡長兵於吳城下而得吳郡守身也得吳守遂定吳豫章會稽郡還定淮北凡五十二縣漢王立為皇帝賜益嬰邑三千户其秋以車騎將軍從擊破燕王臧

荼明年從至陳取楚王信還剖符世世勿絶食潁陰二千五百户號曰潁陰侯以車騎將軍從擊反韓王信於代至馬邑受詔别降樓煩以北六縣斬代左相破胡騎於武泉北縣名在朔州北一百二十里復從擊韓信胡騎晉陽下所將卒斬胡白題將一人受詔并將燕趙齊梁楚車騎擊破胡騎於硰石至平城為胡所圍從還軍東垣從擊陳豨受詔别攻豨丞相侯敞軍曲逆下破之卒斬敞及特將五人降曲逆盧奴上曲陽安國安平盧奴定州安喜縣是曲陽定州曲陽縣是安平定州安平縣攻下東垣黥布反以車騎將軍先出攻布别將於相破之斬亞將樓煩將三人又進擊破布上柱國軍及大司馬軍又進破布别將肥誅嬰身生得左司馬一人所將卒斬其小將十人追北至淮上益食二千五百户布已破高帝歸定令嬰食潁陰五千户除前所食邑凡從得二千石二人别破軍十六降城四十六定國一郡二縣五十二得將軍二人柱國相國各一人二千石十人嬰自破布歸高帝崩嬰以列侯事孝惠帝

及呂太后太后崩呂禄等以趙王自置為將軍軍長安為亂齊哀王聞之舉兵西且入誅不當為王者上將軍呂禄聞之乃遣嬰為大將將軍往擊之嬰行至滎陽乃與絳侯等謀因屯兵滎陽風齊王以誅呂氏事風方鳳反齊兵止不前絳侯等既誅諸呂齊王罷兵歸嬰亦罷兵自滎陽歸與絳侯陳平共立代王為孝文皇帝孝文皇帝於是益封嬰三千户賜黄金千斤拜為太尉三歲絳侯勃免相就國嬰為丞相罷太尉官是歲匈奴大入北

地上郡令丞相嬰將騎八萬五千往擊匈奴匈奴去濟北王反詔乃罷嬰之兵後歲餘嬰以丞相卒謚曰懿侯子平侯阿代侯二十八年卒子彊代侯十二年彊有罪絶二歲元光三年天子封灌嬰孫賢為臨汝侯續灌氏後八歲坐行賕有罪國除

太史公曰吾適豐沛問其遺老觀故蕭曹樊噲滕公之家及其素異哉所聞方其鼓刀屠狗賣繒之時豈自知附驥之尾垂名漢庭德流子孫哉余與他廣通為言高

祖功臣之興時若此云

史記正義卷九十五

欽定四庫全書 史部

史記正義卷九十六至一百三

詳校官編修臣李如筠

欽定四庫全書

史記正義卷九十六

唐 張守節 撰

張丞相列傳第三十六 史記九十六

張丞相蒼者陽武人也（鄭州陽武縣也）好書律歷秦時為御史主柱下方書有罪亡歸及沛公略地過陽武蒼以客從攻南陽蒼坐法當斬解衣伏質身長大肥白如瓠時王陵見而怪其美士乃言沛公赦勿斬遂從西入武關至

咸陽沛公立為漢王入漢中還定三秦陳餘擊走常山王張耳耳歸漢漢乃以張蒼為常山守從淮陰侯擊趙蒼得陳餘趙地已平漢王以蒼為代相備邊寇已而徙為趙相相趙王耳耳卒相趙王敖復徙相代王燕王臧荼反高祖往擊之蒼以代相從攻臧荼有功以六年中封為北平侯食邑千二百户遷為計相一月更以列侯為主計四歲是時蕭何為相國而張蒼乃自秦時為柱下史明習天下圖書計籍蒼又善用算律歷故令蒼以列侯居相府領主郡國上計者黥布反亡漢立皇子長為淮南王而張蒼相之十四年遷為御史大夫

周昌者沛人也其從兄曰周苛秦時皆為泗水卒史及高祖起沛擊破泗水守監於是周昌周苛自卒史從沛公沛公以周昌為職志周苛為客從入關破秦沛公立為漢王以周苛為御史大夫周昌為中尉漢王四年楚圍漢王滎陽急漢王遁出去而使周苛守滎陽城楚破滎陽城欲令周苛將苛罵曰若趣降漢王不然今為虜

矣項羽怒亨周苛於是乃拜周昌為御史大夫常從擊破項籍以六年中與蕭曹等俱封封周昌為汾陰侯周苛子周成以父死事封為高景侯昌為人彊力敢直言自蕭曹等皆卑下之昌嘗燕時入奏事高帝方擁戚姬昌還走高帝逐得騎周昌項問曰我何如主也昌仰曰陛下即桀紂之主也於是上笑之然尤憚周昌及帝欲廢太子而立戚姬子如意為太子大臣固爭之莫能得上以留侯策即止而周昌廷爭之彊上問其說昌為人

吃又盛怒曰臣口不能言然臣期期知其不可期以口吃每語故重言期期也陛下雖欲廢太子臣期期不奉詔上欣然而笑既罷呂后側耳於東廂聽見周昌為跪謝曰微君太子幾廢是後戚姬子如意為趙王年十歲高祖憂即萬歲之後不全也趙堯年少為符璽御史趙人方與公謂御史大夫周昌曰君之史趙堯年雖少然奇才也君必異之是且代君之位周昌笑曰堯年少刀筆吏耳古用簡牘書有錯謬以刀削之故號曰刀筆吏何能至是乎居頃之趙堯侍高祖高祖獨

心不樂悲歌羣臣不知上之所以然趙堯進請問曰陛下所為不樂非為趙王年少而戚夫人與呂后有郤邪備萬歲之後而趙王不能自全乎高祖曰然吾私憂之不知所出堯曰陛下獨宜為趙王置貴彊相及呂后太子羣臣素所敬憚乃可高祖曰然吾念之欲如是而羣臣誰可者堯曰御史大夫周昌其人有堅忍質直且自呂后太子及太臣皆素敬憚之獨昌可高祖曰善於是乃召周昌謂曰吾欲固煩公公彊為我相趙王桓馥世餘云使周相趙不如使取呂后家女為妃令戚夫人善事呂后則如意無虧也周昌泣曰臣初起從陛下陛下獨柰何中道而棄之於諸侯乎高祖曰吾極知其左遷然吾私憂趙王念非公無可者公不得已彊行於是徙御史大夫周昌為趙相既行久之高祖持御史大夫印弄之曰誰可以為御史大夫者孰視趙堯曰無以易堯遂拜趙堯為御史大夫堯亦前有軍功食邑及以御史大夫從擊陳豨有功封為江邑侯高祖崩呂太后使使召趙王其相周昌令王稱疾不行使者三

反周昌固為不遣趙王於是高后患之乃使使召周昌周昌至謁高后高后怒而罵周昌曰爾不知我之怨戚氏乎而不遣趙王何昌既徵高后使使召趙王趙王果來至長安月餘飲藥而死周昌因謝病不朝見三歲而死後五歲高后之年高后聞御史大夫江邑侯趙堯高祖時定趙王如意之畫乃抵堯罪以廣阿侯任敖為御史大夫任敖者故沛獄吏高祖嘗辟吏上音避吏繫呂后遇之不謹任敖素善高祖怒擊傷主呂后吏及高祖初起教以

客從為御史守豐二歲高祖立為漢王東擊項籍敖遷為上黨守陳豨反時敖堅守封為廣阿侯食千八百户高后時為御史大夫三歲免按史記書表云孝文二年卒漢表又云封九十年卒計高祖十一年封到文帝二年則十九年矣而漢書誤裴氏不考乃云徐誤何其二過也以平陽侯曹窋為御史大夫高后崩不與大臣共誅呂祿等免以淮南相張蒼為御史大夫蒼與絳侯等尊立代王為孝文皇帝四年丞相灌嬰卒張蒼為丞相自漢興至孝文二十餘年會天下初定將相公卿皆軍吏張蒼為計相

時緒正律歷以高祖十月始至霸上因故秦時本以十月為歲首弗革推五德之運以為漢當水德之時尚黑如故姚察云蒼是秦人猶用推五勝之法以周赤烏為火漢勝火以水也吹律調樂人之音聲及以比定律令比音鼻或音必履反謂比方也若百工天下作程品至於為丞相卒就之故漢家言律歷者本之張蒼蒼本好書無所不觀無所不通而尤善律歷張蒼得王陵王陵者安國侯也及蒼貴常父事王陵陵死後蒼為丞相洗沭常先朝陵夫人上食然後敢歸家蒼為丞相十

餘年魯人公孫臣上書言漢土德時其符有黃龍當見詔下其議張蒼張蒼以為非是罷之其後黃龍見成紀於是文帝召公孫臣以為博士草土德之歷制度更元年張丞相由此自絀謝病稱老蒼任人為中侯大為姦利上以讓蒼蒼遂病免蒼為丞相十五歲而免孝景前五年蒼卒謚為文侯子康代侯八年卒子類代為侯八年坐臨諸侯喪後就位不敬國除初張蒼父長不滿五尺及生蒼蒼長八尺餘為侯丞相蒼子復長及孫類長

六尺餘坐法失侯蒼之免相後老口中無齒食乳女子為乳母妻妾以百數嘗孕者不復幸蒼年百有餘歲而卒

申屠丞相嘉者梁人以材官蹶張從高帝擊項籍遷為隊率從擊黥布軍為都尉孝惠時為淮陽守孝文帝元年舉故吏士二千石從高皇帝者悉以為關內侯食邑二十四人而申屠嘉食邑五百户張蒼已為丞相嘉遷為御史大夫張蒼免相孝文帝欲用皇后弟竇廣國為

丞相曰恐天下以吾私廣國廣國賢有行故欲相之念久之不可而高帝時大臣又皆多死餘見無可者乃以御史大夫嘉為丞相因故邑封為故安侯今易州界武陽城中東南隅故城是也嘉為人廉直門不受私謁是時太中大夫鄧通方隆愛幸賞賜累巨萬文帝嘗燕飲通家其寵如是是時丞相入朝而通居上傍有怠慢之禮丞相奏事畢因言曰陛下愛幸臣則富貴之至於朝廷之禮不可以不肅上曰君勿言吾私之罷朝坐府中嘉為檄召鄧通詣

丞相府不來且斬通通恐入言文帝文帝曰汝第往吾今使人召若通至丞相府免冠徒跣頓首謝嘉坐自如故不為禮責曰夫朝廷者高皇帝之朝廷也通小臣戲殿上大不敬當斬吏今行斬之通頓首首盡出血不解文帝度丞相已困通使使者持節召通而謝丞相曰此吾弄臣君釋之鄧通既至為文帝泣曰丞相幾殺臣嘉為丞相五歲孝文帝崩孝景帝即位二年鼂錯為內史貴幸用事諸法令多所請變更議以謫罰侵削諸侯而

丞相嘉自絀所言不用疾錯錯為內史門東出不便更穿一門南出南出者太上皇廟堧垣嘉聞之欲因此以法錯擅穿宗廟垣為門奏請誅錯錯客有語錯錯恐夜入宮上謁自歸景帝自歸帝首露至朝丞相奏請誅內史錯景帝曰錯所穿非眞廟垣乃外堧垣故他官居其中且又我使為之錯無罪罷朝嘉謂長史曰吾悔不先斬錯乃先請之為錯所賣至舍因歐血而死謚為節侯子共侯蔑代三年卒子侯去病代三十一年卒子侯臾代六

歲坐為九江太守受故官送有罪國除自申屠嘉死之後景帝時開封侯陶青桃侯劉舍為丞相及今上時柏至侯許昌平棘侯薛澤武彊侯莊青翟高陵侯趙周等為丞相皆以列侯繼嗣娖娖廉謹為丞相備員而已無所能發明功名有著於當世者

太史公曰張蒼文學律歷為漢名相而絀賈生公孫臣等言正朔服色事而不遵明用秦之顓頊歷何哉周昌木彊人也言其質直倔強如木石焉任敖以舊德用申屠嘉可謂剛

叛守節矣然無術學殆與蕭曹陳平異矣孝武時丞相多甚不記莫錄其行起居狀略且紀征和以來有車丞相長陵人也卒而有韋丞相代

韋丞相賢者魯人也以讀書術爲吏至大鴻臚有相工相之當至丞相有男四人使相工相之至第二子其名玄成相工曰此子貴當封韋丞相言曰我即爲丞相有長子是安從得之後竟爲丞相病死而長子有罪論不得嗣而立玄成玄成時佯狂不肯立竟立之有讓國之

名後坐騎至廟不敬有詔奪爵一級爲關内侯失列侯得食其故國邑韋丞相卒有魏丞相代

魏丞相相者濟陰人也以文吏至丞相其人好武皆令諸吏帶劍帶劍前奏事或有不帶劍者當入奏事至乃借劍而敢入奏事其時京兆尹趙君丞相奏以免罪使人執魏丞相欲求脱罪而不聽復使人脅恐魏丞相以夫人賊殺侍婢事而私獨奏請驗之發吏卒至丞相舍捕奴婢笞擊問之實不以兵刃殺也而丞相司直繁君奏京兆尹趙君迫脅丞相誣以夫人賊殺婢發吏卒圍捕丞相舍不道又得擅屏騎士事趙京兆坐要斬又有使掾陳平等劾中尚書疑以獨擅劫事而坐之大不敬長史以下皆坐死或下蠶室而魏丞相竟以丞相病死子嗣後坐騎至廟不敬有詔奪爵一級爲關内侯失列侯得食其故國邑魏丞相卒以御史大夫邴吉代

邴丞相吉者魯國人也以讀書好法令至御史大夫孝宣帝時以有舊故封爲列侯而因爲丞相明於事有大

智後世稱之以丞相病死子顯嗣後坐騎至廟不敬有詔奪爵一級失列侯得食故國邑顯爲吏至大僕坐官耗亂身及子男有姦贓免爲庶人邴丞相卒黄丞相代長安中有善相工田文者與韋丞相魏丞相邴丞相微賤時會於客家田文言曰今此三君者皆丞相也其後三人竟更相代爲丞相何見之明也

黄丞相霸者淮陽人也以讀書爲吏至潁川太守治潁川以禮義條教喻告化之犯法者風曉令自殺化大行

名聲聞孝宣帝下制曰潁川太守霸以宣布詔令治民道不拾遺男女異路獄中無重囚賜爵關內侯黃金百斤徵為京兆尹而至丞相復以禮義為治以丞相病死子嗣後為列侯黃丞相卒以御史大夫于定國代于丞相已有廷尉傳在張廷尉語中于丞相去御史大夫韋成代

韋丞相元成者即前韋丞相子也代父後失列侯其人少時好讀書明於詩論語為吏至衛尉徙為太子太傅

御史大夫薛君免為御史大夫于丞相乞骸骨免而為丞相因封故邑為扶陽侯數年病死孝元帝親臨喪賜賞甚厚子嗣後其治容容隨世俗浮沉而見謂諂巧而相工本謂之當為侯代父而後失之復自游宦而起至丞相父子俱為丞相世間美之豈不命哉相工其先知之韋丞相卒御史大夫匡衡代

丞相匡衡者東海人也好讀書從博士受詩家貧衡傭作以給食飲才下數射策不中至九乃中丙科其經以不中科故明習補平原文學卒史數年郡不尊敬御史徵之以補百石屬薦為郎而補博士拜為太子少傅而事孝元帝孝元好詩而遷為光祿勳居殿中為師授教左右而縣官坐其旁聽甚善之日以尊貴御史大夫鄭宏坐事免而匡君為御史大夫歲餘韋丞相死匡君代為丞相封樂安侯以十年之間不出長安城門而至丞相豈非遇時而命也哉深惟士之游宦所以至封侯者微甚然多至御史大夫即去者諸為大夫而丞相次也

其心冀幸丞相物故也或乃陰私相毀害欲代之然守之日久不得或為之日少而得之至於封侯真命也夫御史大夫鄭君守之數年不得匡君居之未滿歲而韋丞相死即代之矣豈可以智巧得哉多有賢聖之才困戹不得者衆甚也

史記正義卷九十六

欽定四庫全書

史記正義卷九十七

唐 張守節 撰

酈生陸賈列傳第三十七 史記九十七

酈生食其者(歷異幾三音也)陳留高陽人也(陳留風俗傳云高陽在雍丘西南括地志云圉城在汴州雍丘縣西南食其墓在雍丘西南二十八里蓋此謂也)好讀書家貧落魄無以為衣食業為里監門吏(監音甲衫反戰國策云王蠋對齊宣曰夫監門閭里士之賤也)然縣中賢豪不敢役縣中皆謂之狂生及陳勝項梁等起諸將徇地(徇略也)過高陽者數十人酈生問其將皆握齱好苛禮自用不能聽大度之言酈生乃深自藏匿後聞沛公將兵略地陳留郊沛公麾下騎士適酈生里中子也沛公時時問邑中賢士豪俊騎士歸酈生見謂之曰吾聞沛公慢而易人多大略此真吾所願從游莫為我先(為于偽反)若見沛公謂曰臣里中有酈生年六十餘長八尺人皆謂之狂生生自謂我非狂生騎士曰沛公不好儒諸客冠儒冠來者沛公輒解其冠溲溺其

中與人言常大罵未可以儒生說也酈生曰弟言之騎士從容言如酈生所誡者沛公至高陽傳舍使人召酈生酈生至入謁沛公方倨牀使兩女子洗足而見酈生酈生入則長揖不拜曰足下欲助秦攻諸侯乎且欲率諸侯破秦也沛公罵曰豎儒夫天下同苦秦久矣故諸侯相率而攻秦何謂助秦攻諸侯乎酈生曰必聚徒合義兵誅無道秦不宜倨見長者於是沛公輟洗起攝衣(攝斂著也)延酈生上坐謝之酈生因言六國從橫時沛公喜賜酈生食問曰計將安出酈生曰足下起糾合之衆收散亂之兵不滿萬人欲以徑入彊秦此所謂探虎口者也夫陳留天下之衝四通五達之郊也今其城又多積粟臣善其令(言食其與陳留縣令相善也)請得使之令下(令力征反下謂降之也)足下即不聽足下舉兵攻之臣為內應於是遣酈生行沛公引兵隨之遂下陳留號酈食其為廣野君酈生言其弟酈商使將數千人從沛公西南略地酈生常為說客馳使諸侯漢三年秋項羽擊漢拔滎陽漢兵遁保

鞏洛楚人聞淮陰侯破趙彭越數反梁地則分兵救之淮陰方東擊齊漢王數困滎陽成皋計欲捐成皋以東屯鞏洛以拒楚酈生因曰臣聞知天之天者王事可成不知天之天者王事不可成王者以民人為天而民人以食為天夫敖倉天下轉輸久矣臣聞其下迺有藏粟甚多楚人拔滎陽不堅守敖倉迺引而東令適卒分守成皋此乃天所以資漢也方今楚易取而漢反却自奪其便臣竊以為過矣且兩雄不俱立楚漢久相持不決

百姓騷動海內搖蕩農夫釋耒工女下機天下之心未有所定也願足下急復進兵收取滎陽據敖倉之粟敖倉在鄭州滎陽縣四十五里石門之東北臨汴水南帶三皇山秦時置倉於敖山上故名敖倉塞成皋之險即汜水縣山杜大行之道距蜚狐之口按蔚州飛狐縣北百五十里有秦漢故郡城西南有山俗號飛狐口也守白馬之津以示諸侯効實形制之勢則天下知所歸矣方今燕趙已定唯齊未下今田廣據千里之齊田間將二十萬之衆軍於歷城諸田宗彊負海阻河濟南近楚人多變詐足下雖遣數十萬師

未可以歲月破也臣請得奉明詔說齊王使為漢而稱東藩上曰善迺從其畫復守敖倉而使酈生說齊王曰王知天下之所歸乎王曰不知也曰王知天下之所歸則齊國可得而有也若不知天下之所歸即齊國未可得保也齊王曰天下何所歸曰歸漢曰先生何以言之曰漢王與項王戮力西面擊秦約先入咸陽者王之漢王先入咸陽項王負約不與而王之漢中項王遷殺義帝漢王聞之起蜀漢之兵擊三秦出關而責義帝之處

收天下之兵立諸侯之後降城即以侯其將得賂即以分其士與天下同其利豪英賢才皆樂為之用諸侯之兵四面而至蜀漢之粟方船而下項王有倍約之名殺義帝之負於人之功無所記於人之罪無所忘戰勝而不得其賞拔城而不得其封非項氏莫得用事為人刻印刓而不能授攻城得賂積而不能賞天下畔之賢才怨之而莫為之用故天下之士歸於漢王可坐而策也夫漢王發蜀漢定三秦涉西河之外援上黨之兵援音爰

下井陘誅成安君破北魏舉三十二城此蚩尤之兵也非人之力也天之福也今已據敖倉之粟塞成皐之險守白馬之津杜大行之阪距蜚狐之口天下後服者先亡矣王疾先下漢王齊國社稷可得而保也不下漢王危亡可立而待也田廣以為然迺聽酈生罷歷下兵守戰備與酈生日縱酒淮陰侯聞酈生伏軾下齊七十餘城迺夜度兵平原襲齊齊王田廣聞漢兵至以為酈生賣己迺曰汝能止漢軍我活汝不然我將亨汝酈生曰

舉大事不細謹盛德不辭讓而公不為若更言齊王遂亨酈生引兵東走漢十二年曲周侯酈商以丞相將兵擊黥布有功高祖舉列侯功臣思酈食其酈食其子疥疥數將兵功未當侯上以其父故封疥為高梁侯後更食武遂嗣三世元狩元年中武遂侯平（年表云辛子敵嗣辛子平嗣元年有罪國除而漢書云更食武陽子遂嗣恐漢書悞也）坐詐詔衡山王取百斤金當棄市病死國除也

陸賈者楚人也以客從高祖定天下名為有口辯士居左右常使諸侯及高祖時中國初定尉他平南越因王之高祖使陸賈賜尉他印為南越王陸生至尉他魋結箕倨見陸生陸生因進說他曰足下中國人親戚昆弟墳墓在真定今足下反天性棄冠帶欲以區區之越與天子抗衡為敵國禍且及身矣且夫秦失其政諸侯豪桀並起唯漢王先入關據咸陽項羽倍約自立為西楚霸王諸侯皆屬可謂至彊然漢王起巴蜀鞭笞天下劫略諸侯遂誅項羽滅之五年之間海內平定此非人力

天之所建也天子聞君王王南越不助天下誅暴逆將相欲移兵而誅王天子憐百姓新勞苦故且休之遣臣授君王印剖符通使君王宜郊迎北面稱臣迺欲以新造未集之越屈彊於此漢誠聞之掘燒王先人冢夷滅宗族使一偏將將十萬衆臨越則越殺王降漢如反覆手耳於是尉他迺蹶然起坐謝陸生曰居蠻夷中久殊失禮義因問陸生曰我孰與蕭何曹參韓信賢陸生曰王似賢復曰我孰與皇帝賢陸生曰皇帝起豐沛討暴

秦誅彊楚爲天下興利除害繼五帝三皇之業統理中國中國之人以億計地方萬里居天下之膏腴人衆車轝萬物殷富政由一家自天地剖泮未始有也今王衆不過數十萬皆蠻夷崎嶇山海閒譬若漢一郡王何迺比於漢尉他大笑曰吾不起中國故王此使我居中國何渠不若漢迺大說陸生留與飲數月曰越中無足與語至生來令我日聞所不聞賜陸生橐中裝直千金他送亦千金陸生卒拜尉他爲越王令稱臣奉漢約歸報

高祖大悅拜賈爲太中大夫陸生時時前說稱詩書高帝罵之曰迺公居馬上而得之安事詩書陸生曰居馬上得之寧可以馬上治之乎且湯武逆取而以順守之文武並用長久之術也昔者吳王夫差智伯極武而亡秦任刑法不變卒滅趙氏鄉使秦已并天下行仁義法先聖陛下安得而有之高帝不懌而有慙色迺謂陸生曰試爲我著秦所以失天下吾所以得之者何及古成敗之國陸生迺粗述存亡之徵凡著十二篇每奏一篇

高帝未嘗不稱善左右呼萬歲號其書曰新語七錄云新語二卷陸賈撰也孝惠帝時呂太后用事欲王諸呂畏大臣有口者陸生自度不能爭之迺病免家居以好時田地善時音止雍州縣也可以家焉有五男迺出所使越得橐中裝賣千金漢制一金直千貫分其子子二百金令爲生產陸生常安居駟馬從歌舞鼓琴瑟侍者十人寶劍直百金謂其子曰與汝約過汝汝給吾人馬酒食極欲十日而更所死家得寶劍車騎侍從者一歲中往來過他客率不過再三

過數見不鮮無久慁公爲也呂太后時王諸呂諸呂擅權欲劫少主危劉氏右丞相陳平患之力不能爭恐禍及已常燕居深念陸生往請直入坐而陳丞相方深念不時見陸生陸生曰何念之深也陳平曰生揣我何念陸生曰足下位爲上相食三萬户侯可謂極富貴無欲矣然有憂念不過患諸呂少主耳陳平曰然爲之奈何陸生曰天下安注意相天下危注意將將相和調則士務附士務附天下雖有變即權不分爲社稷計在兩君

掌握耳臣常欲謂太尉絳侯絳侯與我戲易吾言君何不交驩太尉深相結為陳平畫呂氏數事陳平用其計迺以五百金為絳侯壽厚具樂飲太尉亦報如之此兩人深相結則呂氏謀益衰陳平迺以奴婢百人車馬五十乘錢五百萬遺陸生為飲食費陸生以此游漢廷公卿間名聲藉甚及誅諸呂立孝文帝陸生頗有力焉孝文帝即位欲使人之南越陳丞相等乃言陸生為太中大夫往使尉他令尉他去黃屋稱制令比諸侯皆如意旨語在南越語中陸生竟以壽終

平原君朱建者楚人也故嘗為淮南王黥布相有辠去後復事黥布布欲反時問平原君平原君止之布不聽而聽梁父侯遂反漢已誅布聞平原君諫不與謀（上音預）得不誅語在黥布語中平原君為人辯有口刻廉剛直家於長安行不苟合義不取容辟陽侯行不正得幸呂太后時辟陽侯欲知平原君平原君不肯見及平原君母死陸生素與平原君善過之平原君家貧未有以發喪方假貸服具陸生令平原君發喪陸生往見辟陽侯賀曰平原君母死辟陽侯曰平原君母死何乃賀我乎陸賈曰前日君侯欲知平原君平原君義不知君以其母故今其母死君誠厚送喪則彼為君死矣辟陽侯乃奉百金往稅列侯貴人以辟陽侯故往稅凡五百金辟陽侯幸呂太后人或毀辟陽侯於孝惠帝孝惠帝大怒下吏欲誅之呂太后慙不可以言大臣多害辟陽侯行欲遂誅之辟陽侯急因使人欲見平原君平原君辭曰獄急不敢見君迺求見孝惠幸臣閎籍孺說之曰君所以得幸

帝天下莫不聞今辟陽侯幸太后而下吏道路皆言君讒欲殺之今日辟陽侯誅旦日太后含怒亦誅君何不肉袒為辟陽侯言於帝帝聽君出辟陽侯太后大驩兩主共幸君君貴富益倍矣於是閎籍孺大恐從其計言帝果出辟陽侯辟陽侯之囚欲見平原君平原君不見辟陽侯辟陽侯以為倍已大怒及其成功出之迺大驚呂太后崩大臣誅諸呂辟陽侯於諸呂至深而卒不誅

計畫所以全者皆陸生平原君之力也孝文帝時淮南厲王殺辟陽侯以諸呂故文帝聞其客平原君為計策使吏捕欲治聞吏至門平原君欲自殺諸子及吏皆曰事未可知何早自殺為平原君曰我死禍絶不及而身矣遂自剄孝文帝聞而惜之曰吾無意殺之廼召其子拜為中大夫使匈奴單于無禮廼駡單于遂死匈奴中初沛公引兵過陳留酈生踵軍門上謁曰高陽賤民酈食其竊聞沛公暴露將兵助楚不義敬勞從者願得望

見口畫天下便事使者入通沛公方洗問使者曰何如人也使者對曰狀貌類大儒衣儒衣冠側注沛公曰為我謝之言我方以天下為事未暇見儒人也使者出謝曰沛公敬謝先生方以天下為事未暇見儒人也酈生瞋目案劍叱使者曰走復入言沛公吾高陽酒徒也非儒人也使者懼而失謁跪拾謁還走復入報曰客天下壯士也叱臣臣恐至失謁曰走復入言而公高陽酒徒也沛公遽雪足杖矛曰延客人酈生入揖沛公曰足下甚苦暴衣露冠將兵助楚討不義足下何不自喜也臣願以事見而曰吾方以天下為事未暇見儒人也夫足下欲興天下之大事而成天下之大功而以目皮相恐失天下之能士且吾度足下之智不如吾勇又不如吾若欲就天下而不相見竊謂足下失之沛公謝曰鄉者聞先生之容今見先生之意也廼延而坐之問所以取天下者酈生曰夫足下欲成大功不如止陳留陳留者天下之據衝也兵之會地也積粟數千萬石城守甚堅

臣素善其令願為足下說之不聽臣臣請為足下殺之而下陳留足下將陳留之衆據陳留之城而食其積粟招天下之從兵從兵已成足下橫行天下莫能有害足下者矣沛公曰敬聞命矣於是酈生廼夜見陳留令說之曰夫秦為無道而天下畔之今足下與天下從則可以成大功今獨為亡秦嬰城而堅守臣竊為足下危之陳留令曰秦法至重也不可以妄言妄言者無類吾不可以應先生所以教臣者非臣之意也願勿復道酈生

留宿臥夜半時斬陳留令首踰城而下報沛公沛公引兵攻城縣令首於長竿以示城上人曰趣下而令頭已斷矣令後下者必先斬之於是陳留人見令已死遂相率而下沛公沛公舍陳留南城門上因其庫兵食積粟留出入三月從兵以萬數遂入破秦

太史公曰世之傳酈生書多曰漢王已拔三秦東擊項籍而引軍於鞏洛之間酈生被儒衣往說漢王迺非也自沛公未入關與項羽別而至高陽得酈生兄弟余讀

陸生新語書十二篇固當世之辯士至平原君子與余善是以得具論之

史記正義卷九十七

欽定四庫全書

史記正義卷九十八

唐 張守節 撰

傅靳蒯成列傳第三十八　史記九十八

陽陵侯傅寬以魏五大夫騎將從為舍人起橫陽 括地志云故橫城在宋州宋城縣西南三十里按蓋橫陽也 從攻安陽 後魏地形志云已氏有安陽城隋改已氏為楚丘今宋州楚丘縣西十里安陽故城是也 杠里擊趙賁軍於開封及擊楊熊曲遇 曲丘羽反遇牛恭反司馬彪郡國志云中牟有曲遇聚按鄭州中牟縣也 陽武 鄭州縣也 斬首十二級賜爵卿從至霸上沛公立為漢王漢王

賜寬封號共德君從入漢中遷為右騎將從定三秦賜食邑雕陰 鄜州洛交縣三十里雕陰故城是也 從擊項籍待懷賜爵通德侯從擊項冠周蘭龍且所將卒斬騎將一人敖下益食邑屬淮陰擊破齊歷下軍擊田解屬相國參殘博益食邑因定齊地剖符世世勿絕封為陽陵侯二千六百户除前所食為齊右丞相備齊 按為齊王韓信相 五歲為齊相國 為齊悼惠王劉肥相五歲也 四月擊陳豨屬太尉勃以相國代丞相

噲擊豨一月徙為代相國將屯二歲為代丞相將屯孝惠五年卒謚為景侯子須侯精立二十四年卒子共侯則立十二年卒子侯偃立二十一年坐與淮南王謀反死國除

信武侯靳歙以中涓從起宛朐（上於元反下求俱反曹州縣也）攻濟陽（曹州宛朐縣西南三十五里濟陽故城）破李由軍擊秦軍亳南開封東北斬騎千人將一人首五十七級捕虜七十三人賜爵封號臨平君又戰藍田北斬車司馬二人騎長一人首二

十八級捕虜五十七人至霸上沛公立為漢王賜歙爵建武侯遷為騎都尉從定三秦別西擊章平軍於隴西破之定隴西六縣所將卒斬車司馬侯各四人騎長十二人從東擊楚至彭城漢軍敗還保雍丘去擊反者王武等略梁地別將擊邢說軍菑南破之身得說都尉二人司馬侯十二人降吏卒四千六百八十人破楚軍滎陽東三年賜食邑四千二百戶別之河內擊趙將賁郝軍朝歌破之所將卒得騎將二人車馬二百五十匹從攻安陽以東至棘蒲下七縣別攻破趙軍得其將司馬二人侯四人降吏卒二千四百人從攻下邯鄲別下平陽（括地志云平陽故城在相州臨漳縣西二十五里）身斬守相所將卒斬兵守郡守各一人降鄴從攻朝歌邯鄲及別擊破趙軍降邯鄲郡六縣還軍敖倉破項籍軍成皋南擊絕楚饟道起滎陽至襄邑破項冠軍魯下（魯城之下今兗州曲阜縣也）略地東至繒郯下邳（今繒城在沂州丞縣下邳泗水縣郯縣屬海州）南至蘄竹邑擊項悍濟陽下還擊項籍陳下破之別定江陵降江陵柱國大

司馬以下八人身得江陵王生致之雒陽因定南郡從至陳取楚王信剖符世世勿絕定食四千六百戶號信武侯以騎都尉從擊代攻韓信平城下還軍東垣有功還為車騎將軍并將梁趙齊燕楚車騎別擊陳豨丞相敞破之因降曲逆從擊黥布有功益封定食五千三百戶凡斬首九十級虜百三十二人別破軍十四降城五十九定郡國各一縣二十三得王柱國各一人二千石以下至五百石三十九人高后五年歙卒謚為肅侯子

亭代侯二十一年坐事國人過律孝文後三年奪侯國除

蒯成侯緤者括地志云蒯亭在河南西十四里苑中與地志云蒯城縣故陳倉縣之故鄉聚名也周紲所封也晉武帝咸寧四年分陳倉立蒯城縣屬始平郡也沛人也姓周氏常為高祖參乘以舍人從起沛至霸上西入蜀漢還定三秦食邑池陽雍州涇陽縣西北三里池陽故城是也東絕甬道從出度平陰遇淮陰侯兵襄國軍乍利乍不利終無離上心以緤為信武侯食邑三千三百户高祖十二年以緤為蒯成侯除

前所食邑上欲自擊陳豨蒯成侯泣曰始秦攻破天下未嘗自行今上常自行是為無人可使者乎上以為愛我賜入殿門不趨殺人不死至孝文五年緤以壽終謚為貞侯謚為尊侯一作卓子昌代侯有罪國除至孝景中二年封緤子居代侯至元鼎三年居為太常有罪國除

太史公曰陽陵侯傅寬信武侯靳歙皆高爵從高祖起山東攻項籍誅殺名將破軍降城以十數未嘗困辱此亦天授也蒯成侯周緤操心堅正身不見疑上欲有所之未嘗不垂涕此有傷心者然可謂篤厚君子矣

史記正義卷九十八

欽定四庫全書

史記正義卷九十九

唐 張守節 撰

劉敬叔孫通列傳第三十九　史記九十九

劉敬者齊人也漢五年戍隴西過洛陽高帝在焉婁敬脱輓輅衣其羊裘見齊人虞將軍曰臣願見上言便事虞將軍欲與之鮮衣婁敬曰臣衣帛衣帛見衣褐衣褐見終不敢易衣於是虞將軍入言上上召入見賜食已

而問婁敬婁敬說曰陛下都洛陽豈欲與周室比隆哉上曰然婁敬曰陛下取天下與周室異周之先自后稷堯封之邰邰音胎雍州武功縣西南二十三里故斄城是也說文云邰炎帝之後姜姓所封國弃外家也毛萇云邰姜嫄國堯見天因邰而生后稷故因封於邰也積德絫善十有餘世公劉避桀居豳大王以狄伐故去豳杖馬箠居岐國人爭隨之及文王為西伯斷虞芮之訟始受命呂望伯夷自海濱來歸之呂望宅及廟在蘇州海鹽縣西也伯夷孤竹國在平州皆濱東海也武王伐紂不期而會孟津之上八百諸侯皆曰紂可伐矣遂滅

殷成王即位周公之屬傅相焉迺營成周洛邑括地志云故王城一名河南城本郟鄏周公所築在洛州河南縣北九里苑中東北隅帝王紀云武王伐紂營洛邑而定鼎焉按此即營都城也書云乃營成周括地志云洛陽故城在洛州洛陽縣東二十六里周公所築即成周城也尚書曰成周既成遷殷頑民帝王世紀云居此郟之衆按劉敬說周之美豈言居頑民之所以此而論漢書非也以此為天下之中也諸侯四方納貢職道里均矣有德則易以王無德則易以亡凡居此者欲令周務以德致人不欲依阻險令後世驕奢以虐民也及周之盛時天下和洽四夷鄉風慕義懷德附離而並事天子不屯一

卒不戰一士八夷大國之民莫不賓服效其貢職及周之衰也分而為兩公羊傳云東周者何成周也西周者何王城也按周自平王東遷以下十二王皆都王城至敬王乃遷都成周王赧又居王城也天下莫朝周不能制也非其德薄也而形勢弱也今陛下起豐擊沛收卒三千人以之徑往而卷蜀漢定三秦與項羽戰滎陽爭成皋之口大戰七十小戰四十使天下之民肝腦塗地父子暴骨中野不可勝數哭泣之聲未絶傷痍者未起而欲比隆於成康之時臣竊以為不侔也且夫秦地被山帶河

四塞以為固卒然有急百萬之衆可具也因秦之故資甚美膏腴之地此所謂天府者也陛下入關而都之山東雖亂秦之故地可全而有也夫與人鬬不搤其肮拊其背未能全其勝也今陛下入關而都案秦之故地此亦搤天下之肮而拊其背也高帝問羣臣羣臣皆山東人爭言周王數百年秦二世即亡不如都周上疑未能決及留侯明言入關便即日車駕西都關中於是上曰本言都秦地者婁敬婁者乃劉也賜姓劉氏拜為郎中

號為奉春君漢七年韓王信反高帝自往擊之至晉陽聞信與匈奴欲共擊漢上大怒使人使匈奴匈奴匿其壯士肥牛馬但見老弱及羸畜上力為反下許又反也使者十輩來皆言匈奴可擊上使劉敬復往使匈奴還報曰兩國相擊此宜夸矜見所長今臣往徒見羸瘠老弱此必欲見短伏奇兵以爭利愚以為匈奴不可擊也是時漢兵已踰句注句注山在代州鴈門縣西北三十里二十餘萬兵已業行上怒罵劉敬曰齊虜以口舌得官今迺妄言沮吾軍械繫敬廣武廣武故縣在句注山南也遂往至平城匈奴果出奇兵圍高帝白登七日然後得解高帝至廣武赦敬曰吾不用公言以困平城吾皆以斬前使十輩言可擊者矣迺封敬二千戶為關內侯號為建信侯高帝罷平城歸韓王信亡入胡當是時冒頓為單于兵彊控弦三十萬數苦北邊上患之問劉敬劉敬曰天下初定士卒罷於兵未可以武服也冒頓殺父代立妻羣母以力為威未可以仁義說也獨可以計久遠子孫為臣耳然恐陛下不能為上

曰誠可何為不能顧為奈何劉敬對曰陛下誠能以適長公主妻之厚奉遺之彼知漢適女送厚蠻夷必慕以為閼氏生子必為太子代單于何者貪漢重幣陛下以歲時漢所餘彼所鮮數問遺因使辯士風諭以禮節冒頓在固為子壻死則外孫為單于豈嘗聞外孫敢與大父抗禮者哉兵可無戰以漸臣也若陛下不能遣長公主而令宗室及後宮詐稱公主彼亦知不肯貴近無益也高帝曰善欲遣長公主呂后日夜泣曰妾唯太子一

女奈何棄之匈奴上竟不能遣長公主而取家人子名為長公主妻單于使劉敬往結和親約劉敬從匈奴來因言匈奴河南白羊樓煩王去長安近者七百里輕騎一日一夜可以至秦中秦中新破少民地肥饒可益實夫諸侯初起時非齊諸田楚昭屈景莫能興今陛下雖都關中實少人北近胡寇東有六國之族宗彊一日有變陛下亦未得高枕而卧也臣願陛下徙齊諸田楚昭屈景燕趙韓魏後及豪桀名家居關中無事可以備胡

諸侯有變亦足率以東伐此彊本弱末之術也上曰善迺使劉敬徙所言關中十餘萬口

叔孫通者薛人也秦時以文學徵待詔博士數歲陳勝起山東使者以聞二世召博士諸儒生問曰楚戍卒攻蘄入陳於公如何博士諸生三十餘人前曰人臣無將將即反罪死無赦願陛下急發兵擊之二世怒作色叔孫通前曰諸生言皆非也夫天下合為一家毀郡縣城鑠其兵示天下不復用且明主在其上法令具於下使人人奉職四方輻輳安敢有反者此特羣盜鼠竊狗盜耳何足置之齒牙間郡守尉今捕論何足憂二世喜曰善盡問諸生諸生或言反或言盜於是二世令御史案諸生言反者下吏非所宜言諸言盜者皆罷之迺賜叔孫通帛二十匹衣一襲拜為博士叔孫通已出宫反舍諸生曰先生何言之諛也通曰公不知也我幾不脫於虎口（幾音祈）迺亡去之薛薛已降楚矣及項梁之薛叔孫通從之敗於定陶從懷王懷王為義帝徙長沙叔孫通

留事項王漢二年漢王從五諸侯入彭城叔孫通降漢王漢王敗而西因竟從漢叔孫通儒服漢王憎之迺變其服服短衣楚製漢王喜叔孫通之降漢從儒生弟子百餘人然通無所言進專言諸故羣盜壯士進之弟子皆竊罵曰事先生數歲幸得從降漢今不能進臣等專言大猾何也叔孫通聞之迺謂曰漢王方蒙矢石爭天下諸生寧能鬬乎故先言斬將搴旗之士諸生且待我我不忘矣漢王拜叔孫通為博士號稷嗣君漢五年已

并天下諸侯共尊漢王為皇帝於定陶叔孫通就其儀號高帝悉去秦苛儀法為簡易羣臣飲酒爭功醉或妄呼拔劍擊柱高帝患之叔孫通知上益厭之也說上曰夫儒者難與進取可與守成臣願徵魯諸生與臣弟子共起朝儀高帝曰得無難乎叔孫通曰五帝異樂三王不同禮禮者因時世人情為之節文者也故夏殷周之禮所因損益可知者謂不相復也臣願頗采古禮與秦儀雜就之上曰可試為之令易知度吾所能行為之於

是叔孫通使徵魯諸生三十餘人魯有兩生不肯行曰公所事者且十主皆面諛以得親貴今天下初定死者未葬傷者未起又欲起禮樂禮樂所由起積德百年而後可興也吾不忍為公所為公所為不合古吾不行公往矣無汙我叔孫通笑曰若真鄙儒也不知時變遂與所徵三十人西及上左右為學者與其弟子百餘人為綿蕞野外習之月餘叔孫通曰上可試觀上既觀使行禮曰吾能為此迺令羣臣習肄會十月漢七年長樂宮

成諸侯羣臣皆朝十月儀先平明謁者治禮引以次入殿門廷中陳車騎步卒衛宮設兵張旗志傳言趨殿下郎中俠陛陛數百人功臣列侯諸將軍軍吏以次陳西方東鄉文官丞相以下陳東方西鄉大行設九賓臚句傳於是皇帝輦出房百官執職傳警引諸侯王以下至吏六百石以次奉賀自諸侯王以下莫不振恐肅敬至禮畢復置法酒諸侍坐殿上皆伏抑首以尊卑次起上壽觴九行謁者言罷酒御史執法舉不如儀者輒引去

竟朝置酒無敢讙譁失禮者於是高帝曰吾迺今日知為皇帝之貴也迺拜叔孫通為太常賜金五百斤叔孫通因進曰諸弟子儒生隨臣久矣與臣共為儀願陛下官之高帝悉以為郎叔孫通出皆以五百斤金賜諸生諸生迺皆喜曰叔孫生誠聖人也知當世之要務漢九年高帝徙叔孫通為太子太傅漢十二年高祖欲以趙王如意易太子叔孫通諫上曰昔者晉獻公以驪姬之故廢太子立奚齊晉國亂者數十年為天下笑秦以不

早定扶蘇令趙高得以詐立胡亥自使滅祀此陛下所親見今太子仁孝天下皆聞之呂后與陛下攻苦食啖其可背哉陛下必欲廢適而立少臣願先伏誅以頸血汙地高帝曰公罷矣吾直戲耳叔孫通曰太子天下本本一搖天下振動奈何以天下為戲高帝曰吾聽公言及上置酒見留侯所招客從太子入見上迺遂無易太子志矣高帝崩孝惠即位迺謂叔孫生曰先帝園陵寢廟羣臣莫能習徙為太常定宗廟儀法及稍定漢諸儀

法皆叔孫生為太常所論著也孝惠帝為東朝長樂宮及間往來數蹕煩人迺作複道方築武庫南叔孫生奏事因請間曰陛下何自築複道高寢衣冠月出游高廟高廟漢太祖奈何令後世子孫乘宗廟道上行哉孝惠帝大懼曰急壞之叔孫生曰人主無過舉今已作百姓皆知之今壞此則示有過舉願陛下為原廟渭北衣冠月出游之益廣多宗廟大孝之本也上迺詔有司立原廟原廟起以複道故孝惠帝曾春出游離宫叔孫生曰古者有春嘗果方今櫻桃孰可獻願陛下出因取櫻桃獻宗廟上迺許之諸果獻由此興

太史公曰語曰千金之裘非一狐之腋也臺榭之榱非一木之枝也三代之際非一士之智也信哉夫高祖起微細定海內謀計用兵可謂盡之矣然而劉敬脫輓輅一說建萬世之安智豈可專邪叔孫通希世度務制禮進退與時變化卒為漢家儒宗大直若詘道固委蛇蓋謂是乎

史記正義卷九十九

欽定四庫全書

史記正義卷一百

唐 張守節 撰

季布欒布列傳第四十　史記一百

季布者楚人也為氣任俠有名於楚項籍使將兵數窘漢王及項羽滅高祖購求布千金敢有舍匿罪及三族季布匿濮陽周氏周氏曰漢購將軍急迹且至臣家將軍能聽臣臣敢獻計即不能願先自剄季布許之迺髡

鉗季布衣褐衣置廣柳車中并與其家僮數十人之魯朱家所賣之朱家心知是季布迺買而置之田誡其子曰田事聽此奴必與同食朱家迺乘軺車之洛陽見汝陰侯滕公滕公留朱家飲數日因謂滕公曰季布何大罪而上求之急也滕公曰布數為項羽窘上上怨之故必欲得之朱家曰君視季布何如人也曰賢者也朱家曰臣各為其主用季布為項籍用職耳項氏臣可盡誅邪今上始得天下獨以己之私怨求一人何示天下之不廣也且以季布之賢而漢求之急如此此不北走胡即南走越耳夫忌壯士以資敵國此伍子胥所以鞭荆平王之墓也君何不從容為上言邪汝陰侯滕公心知朱家大俠意季布匿其所迺許曰諾待閒果言如朱家指上迺赦季布當是時諸公皆多季布能摧剛為柔朱家亦以此名聞當世季布召見謝上拜為郎中孝惠時為中郎將單于嘗為書嫚呂后不遜呂后大怒召諸將議之上將軍樊噲曰臣願得十萬衆横行匈奴中諸將

皆阿呂后意曰然季布曰樊噲可斬也夫高帝將兵四十餘萬衆困於平城今噲奈何以十萬衆横行匈奴中面欺且秦以事於胡陳勝等起于今創痍未瘳噲又面諛欲搖動天下是時殿上皆恐太后罷朝遂不復議擊匈奴事季布為河東守孝文時人有言其賢者孝文召欲以為御史大夫復有言其勇使酒難近至留邸一月見罷季布因進曰臣無功竊寵待罪河東陛下無故召臣此人必有以臣欺陛下者今臣至無所受事罷去此

人必有以毀臣者夫陛下以一人之譽而召臣一人之毀而去臣臣恐天下有識聞之有以闚陛下也上默慙良久曰河東吾股肱郡故時召君耳布辭之官楚人曹丘生辯士數招權顧金錢（言曹丘生依倚貴人用權勢屬請數求他人賄錢貨金錢也）事貴人趙同等與竇長君善季布聞之寄書諫竇長君曰吾聞曹丘生非長者勿與通及曹丘生歸欲得書請季布竇長君曰季將軍不說足下足下無往固請書遂行使人先發書季布果大怒待曹丘曹丘至即揖季布

曰楚人諺曰得黃金百斤不如得季布一諾足下何以得此聲於梁楚閒哉且僕楚人足下亦楚人也僕游揚足下之名於天下顧不重邪何足下距僕之深也季布迺大說引入留數月為上客厚送之季布名所以益聞者曹丘揚之也季布弟季心氣蓋關中遇人恭謹為任俠方數千里士皆爭為之死嘗殺人亡之吳從袁絲匿長事袁絲弟畜灌夫籍福之屬嘗為中司馬中尉郅都不敢不加禮少年多時時竊籍其名以行當是時季心以勇布以諾著聞關中季布母弟丁公為楚將丁公為項羽逐窘高祖彭城西短兵接高祖急顧丁公曰兩賢豈相戹哉於是丁公引兵而還漢王遂解去及項王滅丁公謁見高祖高祖以丁公徇軍中丁公為項王臣不忠使項王失天下者迺丁公也遂斬丁公曰使後世為人臣者無效丁公

欒布者梁人也始梁王彭越為家人時嘗與布游窮困賃傭於齊為酒人保數歲彭越去之巨野中為盜而布

為人所略賣為奴於燕為其家主報仇燕將臧荼舉以為都尉臧荼後為燕王以布為將及臧荼反漢擊燕虜布梁王彭越聞之迺言上請贖布以為梁大夫使於齊未還漢召彭越責以謀反夷三族已而梟彭越頭於雒陽下詔曰有敢收視者輒捕之布從齊還奏事彭越頭下祠而哭之吏捕布以聞上召布罵曰若與彭越反邪吾禁人勿收若獨祠而哭之與越反明矣趣亨之方提趣湯布顧曰願一言而死上曰何言布曰方上之困於

彭城敗滎陽成皐間項王所以遂不能西徙以彭王居梁地與漢合從苦楚也當是之時彭王一顧與楚則漢破與漢而楚破且垓下之會微彭王項氏不亡天下已定彭王剖符受封亦欲傳之萬世今陛下一徵兵於梁彭王病不行而陛下疑以為反反形未見以苛小案誅滅之臣恐功臣人人自危也今彭王已死臣生不如死請就亨於是上迺釋布罪拜為都尉孝文時為燕相至將軍布迺稱曰窮困不能辱身下志非人也富貴不能

快意非賢也於是嘗有德者厚報之有怨者必以法滅之吳軍反時以軍功封俞侯復為燕相燕齊之間皆為欒布立社號曰欒公社景帝中五年薨子賁嗣為太常犧牲不如令國除

太史公曰以項羽之氣而季布以勇顯於楚身屨典軍搴旗者數矣可謂壯士然被刑戮為人奴而不死何其下也彼必自負其材故受辱而不羞欲有所用其未足也故終為漢名將賢者誠重其死夫婢妾賤人感慨而自殺者非能勇也其計畫無復之耳欒布哭彭越趣湯如歸者彼誠知所處不自重其死雖往古烈士何以加哉

史記正義卷一百

欽定四庫全書

史記正義卷一百一

唐 張守節 撰

袁盎鼂錯列傳第四十一　史記一百一

袁盎者楚人也字絲父故為羣盜徙處安陵高后時盎嘗為呂祿舍人及孝文帝即位盎兄噲任盎為中郎絳侯為丞相朝罷趨出意得甚上禮之恭常自送之袁盎進曰陛下以丞相何如人上曰社稷臣盎曰絳侯所謂

功臣非社稷臣社稷臣主在與在主亡與亡方呂后時諸呂用事擅相王劉氏不絶如帶是時絳侯為太尉主兵柄弗能正呂后崩大臣相與共畔諸呂太尉主兵適會其成功所謂功臣非社稷臣丞相如有驕主色陛下謙讓臣主失禮竊為陛下不取也後朝上益莊丞相益畏已而絳侯望袁盎曰（望怨也）吾與而兄善今兒廷毁我盎遂不謝及絳侯免相之國國人上書告以為反徵繫清室宗室諸公莫敢為言唯袁盎明絳侯無罪絳侯得釋盎頗有力絳侯乃大與盎結交淮南厲王朝殺辟陽侯居處驕甚袁盎諫曰諸侯大驕必生患可適削地上弗用淮南王益横及棘蒲侯柴武太子謀反事覺治連淮南王淮南王徵上因遷之蜀轞車傳送袁盎時為中郎將乃諫曰陛下素驕淮南王弗稍禁以至此今又暴摧折之淮南王為人剛如有遇霧露行道死陛下竟為以天下之大弗能容有殺弟之名奈何上弗聽遂行之淮南王至雍病死聞上輟食哭甚哀盎入頓首請罪上

曰以不用公言至此盎曰上自寛此往事豈可悔哉且陛下有高世之行者三此不足以毁名上曰吾高世行三者何事盎曰陛下居代時太后嘗病三年陛下不交睫不解衣湯藥非陛下口所嘗弗進夫曾參以布衣猶難之今陛下親以王者修之過曾參孝遠矣夫諸呂用事大臣專制然陛下從代乘六乘傳馳不測之淵雖賁育之勇不及陛下陛下至代邸西向讓天子位者再南面讓天子位者三夫許由一讓而陛下五以天下讓過

許由四矣且陛下遷淮南王欲以苦其志使改過有司衛不謹故病死於是上乃解曰將奈何盎曰淮南王有三子唯在陛下耳於是文帝立其三子皆為王盎由此名重朝廷袁盎常引大體忼慨宦者趙同以數幸常害袁盎袁盎患之盎兄子種為常侍騎持節夾乘說盎曰君與鬭廷辱之使其毀不用孝文帝出趙同參乘袁盎伏車前曰臣聞天子所與共六尺輿者皆天下豪英今漢雖乏人陛下獨奈何與刀鋸餘人載於是上笑下趙

同趙同泣下車文帝從霸陵上欲西馳下峻阪袁盎騎並車擥轡上曰將軍怯邪盎曰臣聞千金之子坐不垂堂百金之子不騎衡聖主不乘危而徼幸今陛下騁六騑馳下峻山如有馬驚車敗陛下縱自輕奈高廟太后何上乃止上幸上林皇后慎夫人從其在禁中常同席坐及坐郎署長布席蘇林云郎署上林中直衛之署袁盎引卻慎夫人坐慎夫人怒不肯坐上亦怒起入禁中盎因前說曰臣聞尊卑有序則上下和今陛下既已立后慎夫人乃妾

妾主豈可與同坐哉且陛下幸之即厚賜之陛下所以為慎夫人適所以禍之陛下獨不見人彘乎於是上乃說召語慎夫人慎夫人賜盎金五十斤然袁盎亦以數直諫不得久居中調為隴西都尉仁愛士卒士卒皆爭為死遷為齊相徙為吳相辭行種謂盎曰吳王驕日久國多姦今苟欲劾治彼不上書告君即利劍刺君矣南方卑溼君能日飲毋苛時說王曰毋反而已如此幸得脫盎用種之計吳王厚遇盎盎告歸道逢丞相申屠嘉

下車拜謁丞相從車上謝袁盎袁盎還愧其吏乃之丞相舍上謁求見丞相丞相良久而見之盎因跪曰願請閒丞相曰使君所言公事之曹與長史掾議吾且奏之即私邪吾不受私語袁盎即跪說曰君為丞相自度孰與陳平絳侯丞相曰吾不如袁盎曰善君即自謂不如夫陳平絳侯輔翼高帝定天下為將相而誅諸呂存劉氏君乃為材官蹶張遷為隊率積功至淮陽守非有奇計攻城野戰之功且陛下從代來每朝郎官上書疏未

嘗不止輦受其言言不可用置之言可受採之未嘗不稱善何也則欲以致天下賢士大夫上日聞所不聞明所不知日益聖智君今自閉鉗天下之口而日益愚夫以聖主責愚相君授禍不久矣丞相乃再拜曰嘉鄙野人乃不知將軍幸教引入與坐為上客盎素不好鼂錯鼂錯所居坐盎去盎坐錯亦去兩人未嘗同堂語及孝文帝崩孝景帝即位鼂錯為御史大夫使吏案袁盎授吳王財物抵罪詔赦以為庶人吳楚反聞鼂錯謂丞

史曰夫袁盎多受吳王金錢專為蔽匿言不反今果反欲請治盎宜知計謀丞史曰事未發治之有絶今兵西鄉治之何益且袁盎不宜有謀鼂錯猶與未決人有告袁盎者袁盎恐夜見竇嬰為言吳所以反者願至上前口對狀竇嬰入言上上乃召袁盎入見鼂錯在前及盎請辟人賜閒錯去固恨甚袁盎具言吳所以反狀以錯故獨急斬錯以謝吳吳兵乃可罷其語具在吳事中使袁盎為太常竇嬰為大將軍兩人素相與善逮吳反諸陵長者長安中賢大夫爭附兩人車隨者日數百乘及鼂錯已誅袁盎以太常使吳吳王欲使將不肯欲殺之使一都尉以五百人圍守盎軍中袁盎自其為吳相時嘗有從史從史嘗盜愛盎侍兒盎知之弗泄遇之如故人有告從史言君知爾與侍者通乃亡歸袁盎驅自追之遂以侍者賜之復為從史及袁盎使吳見守從史適為守盎校尉司馬乃悉以其裝齎置二石醇醪會天寒士卒飢渴飲酒醉西南陬卒皆臥司馬夜引袁盎起曰君可以去矣吳王

期旦日斬君盎弗信曰公何為者司馬曰臣故為從史盜君侍兒者盎乃驚謝曰公幸有親吾不足以累公司馬曰君弟去臣亦且亡避吾親君何患乃以刀決張道從醉卒直隧出司馬與分背袁盎解節毛懷之杖步行七八里明見梁騎騎馳去遂歸報吳楚已破上更以元王子平陸侯禮為楚王袁盎為楚相嘗上書有所言不用袁盎病免居家與閭里浮沈相隨行鬭雞走狗雒陽劇孟嘗過袁盎盎善待之安陵富人有謂盎曰吾聞劇孟博徒將軍何自通

之盎曰劇孟雖博徒然母死客送葬車千餘乘此亦有過人者且緩急人所有夫一旦有急叩門不以親為解不以存亡為辭天下所望者獨季心劇孟耳今公常從數騎一旦有緩急寧足恃乎罵富人弗與通諸公聞之皆多袁盎袁盎雖家居景帝時時使人問籌策梁王欲求為嗣袁盎進說其後語塞梁王以此怨盎曾使人刺盎刺者至關中問袁盎諸君譽之皆不容口乃見袁盎曰臣受梁王金來刺君君長者不忍刺君然後刺君者

十餘曹備之袁盎心不樂家又多怪乃之棓生所問占還梁刺客後曹輩果遮刺殺盎安陵郭門外

鼂錯者潁川人也學申商刑名於軹張恢先所與雒陽宋孟及劉禮同師以文學為太常掌故錯為人陗直刻深孝文帝時天下無治尚書者獨聞濟南伏生故秦博士治尚書年九十餘老不可徵乃詔太常使人往受之太常遣錯受尚書伏生所〔衛宏定古文尚書序云徵之老不能行遣太常掌故鼂錯往讀之年九十餘不能正言言不可曉使其女傳言教錯齊人語多與潁川異錯所不知者凡十二三略以其意屬讀而已也〕還因上便宜事以書稱說詔以為太子舍人門大夫家令以其辯得幸太子太子家號曰智囊數上書孝文時言削諸侯事及法令可更定者書數十上孝文不聽然奇其材遷為中大夫當是時太子善錯計策袁盎諸大功臣多不好錯景帝即位以錯為內史錯常數請間言事輒聽寵幸傾九卿法令多所更定丞相申屠嘉心弗便力未有以傷內史府居太上廟壖中門東出不便錯乃穿兩門南出鑿廟壖垣丞相嘉聞大怒欲

因此過為奏請誅錯錯聞之即夜請閒具為上言之丞相奏事因言錯擅鑿廟垣為門請下廷尉誅上曰此非廟垣乃壖中垣〔上人緣反石壖者廟內垣外游地也〕不致於法丞相謝罷朝怒謂長史曰吾當先斬以聞乃先請為兒所賣固誤丞相遂發病死錯以此愈貴遷為御史大夫請諸侯之罪過削其地收其枝郡奏上上令公卿列侯宗室集議莫敢難獨竇嬰爭之由此與錯有郤錯所更令三十章諸侯皆諠譁疾鼂錯錯父聞之從潁川來謂錯曰上初

即位公為政用事侵削諸侯别疏人骨肉人口議多怨公者何也鼂錯曰固也不如此天子不尊宗廟不安錯父曰劉氏安矣而鼂氏危矣吾去公歸矣遂飲藥死曰吾不忍見禍及吾身死十餘日吴楚七國果反以誅錯為名及竇嬰袁盎進說上令鼂錯衣朝衣斬東市鼂錯已死謁者僕射鄧公漢書作鄧先孔文祥云名先為校尉擊吴楚軍為將還上書言軍事謁見上上問曰道軍所來聞鼂錯死吴楚罷不鄧公曰吴王為反數十年矣發怒削地以

誅錯為名其意非在錯也且臣恐天下之士噤口不敢復言也上曰何哉鄧公曰夫鼂錯患諸侯彊大不可制故請削地以尊京師萬世之利也計畫始行卒受大戮内杜忠臣之口外為諸侯報仇臣竊為陛下不取也於是景帝默然良久曰公言善吾亦恨之乃拜鄧公為城陽中尉鄧公成固人也梁州成固縣也括地志云成固故城在梁州成固縣東六里漢成固城也多奇計建元中上招賢良公卿言鄧公時鄧公免起家為九卿一年復謝病免歸其子章以修黄老言顯於諸公閒

太史公曰袁盎雖不好學亦善傅會仁心為質引義忼慨遭孝文初立資適逢世時以變易及吴楚一說說雖行哉然復不遂好聲矜賢竟以名敗鼂錯為家令時數言事不用後擅權多所變更諸侯發難不急匡救欲報私讎反以亡軀語曰變古亂常不死則亡豈錯等謂邪

史記正義卷一百一

欽定四庫全書

史記正義卷一百二

唐 張守節 撰

張釋之馮唐列傳第四十二　史記一百二

張廷尉釋之者堵陽人也（應劭曰哀帝改為順陽水東南入蔡括地志云順陽故城在鄧州穰縣西三十里楚之郇邑也及蘇秦傳云楚北有郇陽是謂此也）字季有兄仲同居以訾為騎郎事孝文帝十歲不得調無知名釋之曰久宦減仲之產不遂欲自免歸中郎將袁盎知其賢惜其去乃請徙釋之補謁者（百官表云謁者掌賓讚受事員十七人秩比六百石也）釋

之既朝畢因前言便宜事文帝曰卑之毋甚高論令今可施行也於是釋之言秦漢之間事秦所以失而漢所以興者久之文帝稱善乃拜釋之為謁者僕射釋之從行登虎圈（求遠反）上問上林尉諸禽獸簿十餘問尉左右視盡不能對虎圈嗇夫（掌虎圈百官表有鄉嗇夫此其類也）從旁代尉對上所問禽獸簿甚悉欲以觀其能口對響應無窮者文帝曰吏不當若是邪尉無賴乃詔釋之拜嗇夫為上林令釋之久之前曰陛下以絳侯周勃何如人也上曰長者也又復問東陽侯張相如何如人也上復曰長者釋之曰夫絳侯東陽侯稱為長者此兩人言事曾不能出口豈斆此嗇夫諜諜利口捷給哉且秦以任刀筆之吏吏爭以亟疾苛察相高然其敝徒文具耳無惻隱之實以故不聞其過陵遲而至於二世天下土崩今陛下以嗇夫口辯而超遷之臣恐天下隨風靡靡爭為口辯而無其實且下之化上疾於景響舉錯不可不審也文帝

曰善乃止不拜嗇夫上就車召釋之參乘徐行問釋之秦之敝且以質言至宮上拜釋之為公車令頃之太子與梁王共車入朝不下司馬門於是釋之追止太子梁王無得入殿門遂劾不下公門不敬奏之薄太后聞之文帝免冠謝曰教兒子不謹薄太后乃使使承詔赦太子梁王然後得入文帝由是奇釋之拜為中大夫頃之至中郎將從行至霸陵居北臨廁是時慎夫人從上指示慎夫人新豐道曰此走邯鄲道也使慎夫人鼓瑟上

自倚瑟而歌，意慘悽悲懷，顧謂羣臣曰：嗟乎！以北山石為槨（顔師古云：美石出京師北山，今宜州石是），用紵絮斮陳蕠漆其間，豈可動哉！左右皆曰：善。釋之前進曰：使其中有可欲者，雖錮南山猶有郄；使其中無可欲者，雖無石椁，又何戚焉！文帝稱善。其後拜釋之為廷尉。頃之，上行出中渭橋，有一人從橋下走出，乘輿馬驚。於是使騎捕，屬之廷尉。釋之治問。曰：縣人來，聞蹕，匿橋下。久之，以為行已過，即出，見乘輿車騎，即走耳。廷尉奏當，一人犯蹕，當罰金。文帝怒

曰：此人親驚吾馬，吾馬賴柔和，令他馬，固不敗傷我乎？而廷尉乃當之罰金！釋之曰：法者天子所與天下公共也。今法如此而更重之，是法不信於民也。且方其時，上使立誅之則已。今既下廷尉，廷尉，天下之平也，一傾而天下用法皆為輕重，民安所錯其手足？唯陛下察之。良久，上曰：廷尉當是也。其後有人盜高廟坐前玉環，捕得，文帝怒，下廷尉治。釋之案律盜宗廟服御物者為奏，奏當棄市。上大怒曰：人之無道，乃盜先帝廟器，吾屬

廷尉者欲致族之，而君以法奏之，非吾所以共承宗廟意也。釋之免冠頓首謝曰：法如是足也。且罪等，然以逆順為差。今盜宗廟器而族之，有如萬分之一，假令愚民取長陵一抔土，陛下何以加其法乎？久之，文帝與太后言之，乃許廷尉當。是時，中尉條侯周亞夫與梁相山都侯王恬開見釋之持議平，乃結為親友。張廷尉由此天下稱之。後文帝崩，景帝立，釋之恐，稱病。欲免去，懼大誅至；欲見謝，則未知何如。用王生計，卒見謝，景帝不過也。

王生者，善為黃老言，處士也。嘗召居廷中，三公九卿盡會立，王生老人，曰吾韈解（上萬越反，下閑買反），顧謂張廷尉：為我結韈！釋之跪而結之。既已，人或謂王生曰：獨奈何廷辱張廷尉，使跪結韈？王生曰：吾老且賤，自度終無益於張廷尉。張廷尉方今天下名臣，吾故聊辱廷尉，使跪結韈，欲以重之。諸公聞之，賢王生而重張廷尉。張廷尉事景帝歲餘，為淮南王相，猶尚以前過也。久之，釋之卒。其子曰張摯，字長公，官至大夫，免。以不能取容當世，故終身

不仕馮唐者其大父趙人父徙代漢興徙安陵唐以孝
著為中郎署長事文帝文帝輦過問唐曰父老何自為
郎家安在唐具以實對文帝曰吾居代時吾尚食監高
袪數為我言趙將李齊之賢戰於鉅鹿下今吾每飯意
未嘗不在鉅鹿也父知之乎唐對曰尚不如廉頗李牧
之為將也上曰何以唐曰臣大父在趙時為官卒將善
李牧臣父故為代相善趙將李齊知其為人也上既聞
廉頗李牧為人良說而搏髀曰嗟乎吾獨不得廉頗李

牧時為吾將吾豈憂匈奴哉唐曰主臣陛下雖得廉頗
李牧弗能用也上怒起入禁中良久召唐讓曰公奈何
衆辱我獨無間處乎唐謝曰鄙人不知忌諱當是之時
匈奴新大入朝那在原州百泉縣西北十里漢朝那縣是也殺北地北地郡今寧州
也都尉昂上以胡寇為意乃卒復問唐曰公何以知吾
不能用廉頗李牧也唐對曰臣聞上古王者之遣將也
跪而推轂曰閫以內者閫音苦本反謂門限也寡人制之閫以外
者將軍制之軍功爵賞皆決於外歸而奏之此非虛言

也臣大父言李牧為趙將居邊軍市之租皆自用饗士
賞賜決於外不從中擾也委任而責成功故李牧乃得
盡其智能遣選車千三百乘彀騎萬三千百金之士十
萬是以北逐單于破東胡滅澹林西抑彊秦南支韓魏
當是之時趙幾霸其後會趙王遷立其母倡也趙幽王母樂家
之女也王遷立乃用郭開讒卒誅李牧令顏聚代之絶疾也
是以兵破士北為秦所禽滅今臣竊聞魏尚為雲中守
雲中郡故城在勝州榆林縣東北三十里其軍市租盡以饗士卒私養錢五

日一椎牛饗賓客軍吏舍人是以匈奴遠避不近雲中
之塞虜曾一入尚率車騎擊之所殺甚衆夫士卒盡家
人子起田中從軍安知尺籍五符終日力戰斬首捕虜
上功莫府一言不相應文吏以法繩之其賞不行而吏
奉法必用臣愚以為陛下法太明賞太輕罰太重且雲
中守魏尚坐上功首虜差六級陛下下之吏削其爵罰
作之由此言之陛下雖得廉頗李牧弗能用也臣誠愚
觸忌諱死罪死罪文帝說是日令馮唐持節赦魏尚復

以為雲中守而拜唐為車騎都尉主中尉及郡國車士七年景帝立以唐為楚相免武帝立求賢良舉馮唐唐時年九十餘不能復為官乃以唐子馮遂為郎遂字王孫亦奇士與余善

太史公曰張季之言長者守法不阿意馮公之論將率有味哉有味哉語曰不知其人視其友二君之所稱誦可著廊廟書曰不偏不黨王道蕩蕩不黨不偏王道便便張季馮公近之矣

史記正義卷一百二

欽定四庫全書

史記正義卷一百三

唐 張守節 撰

萬石張叔列傳第四十三　史記一百三

萬石君以父及四子皆二千石故號奮為萬石君名奮其父趙人也洺州邯鄲本趙國都姓石氏趙亡徙居溫故溫城在懷州溫縣三十里漢縣在也高祖東擊項籍過河內時奮年十五為小吏侍高祖高祖與語愛其恭敬問曰若何有對曰奮獨有母不幸失明家貧有姊能鼓琴高

祖曰若能從我乎曰願盡力於是高祖召其姊為美人以奮為中涓顏師大云中涓官名居中而涓潔也如淳云主通書謁出入命也受書謁徙其家長安中戚里以姊為美人故也其官至孝文時積功勞至大中大夫無文學恭謹無與比文帝時東陽侯張相如為太子太傅免選可為傅者皆推奮奮為太子太傅及孝景即位以為九卿迫近憚之徙奮為諸侯相奮長子建次子甲次子乙顏師古云史失其名故云甲乙耳非其名也次子慶皆以馴行孝謹官皆至二千石於是景帝曰石君及四子皆二千石人臣尊寵乃集其門

號奮為萬石君孝景帝季年萬石君以上大夫祿歸老于家以歲時為朝臣過宮門闕萬石君必下車趨見路馬必式焉子孫為小吏來歸謁萬石君必朝服見之不名子孫有過失不譙讓為便坐對案不食然後諸子相責因長老肉袒固謝罪改之乃許子孫勝冠者在側雖燕居必冠申申如也僮僕訢訢如也唯謹上時賜食於家必稽首俯伏而食之如在上前其執喪哀戚甚悼子孫遵教亦如之萬石君家以孝謹聞乎郡國雖齊魯諸

儒質行皆自以為不及也建元二年郎中令百官表云郎中令秦官掌居宮殿門戶武帝大初元年更名光祿勳也王臧以文學獲罪皇太后以為儒者文多質少今萬石君家不言而躬行乃以長子建為郎中令少子慶為內史百官表云內史周官秦因之掌治京師景帝分置左內史武帝太初元年更名京兆尹左內史名左馮翊也建老白首萬石君尚無恙建為郎中令每五日洗沐歸謁親孔文祥云建為郎中令即光祿勳九卿之職也直五日一下也按五日一下直洗沐入子舍竊問侍者取親中裙廁牏身自浣滌復與侍者不敢令萬石君知以為常建為郎中令事有可言屏人恣言極切至廷見如不能言者是以上乃親尊禮之萬石君徙居陵里茂陵邑中里也茂陵故城漢茂陵縣也在雍州始平縣自東而北二十里內史慶醉歸入外門不下車萬石君聞之不食慶恐肉袒請罪不許舉宗及兄建肉袒萬石君讓曰內史貴人入閭里里中長老皆走匿而內史坐車中自如固當乃謝罷慶及諸子弟入里門趨至家萬石君以元朔五年中卒長子郎中令建哭泣哀思扶杖乃能行歲餘建亦死諸子孫咸孝然建最甚甚於萬

石君建為郎中令書奏事事下建讀之曰誤書馬字與尾當五今乃四不足一顏師古云馬字下曲者尾并四點為四足凡五上譴死矣甚惶恐其為謹慎雖他皆如是萬石君少子慶為太僕御出上問車中幾馬慶以策數馬畢舉手曰六馬慶於諸子中最為簡易矣漢書慶為太僕御出上問車中幾馬慶以策數馬畢舉手曰六馬按慶於兄弟最為簡易矣然猶如此也然猶如此為齊相舉齊國皆慕其家行不言而齊國大治為立石相祠元狩元年上立太子選羣臣可為傅者慶自沛守為太子太傅七歲遷為

御史大夫。元鼎五年秋，丞相有罪，罷。制詔御史：「萬石君先帝尊之，子孫孝，其以御史大夫慶為丞相，封為牧丘侯。」是時漢方南誅兩越，東擊朝鮮，北逐匈奴，西伐大宛，中國多事。天子巡狩海内，修上古神祠，封禪，興禮樂。公家用少，桑弘羊等致利，王溫舒之屬峻法，兒寬等推文學至九卿，更進用事，事不關決於丞相，丞相醇謹而已。在位九歲，無能有所匡言。嘗欲請治上近臣所忠、九卿咸宣罪，不能服，反受其過，贖罪。元封四年中，關東流民

二百萬口，無名數者四十萬，公卿議欲請徙流民於邊以適之。上以為丞相老謹，不能與其議，乃賜丞相告歸，而案御史大夫以下議為請者。丞相慙不任職，乃上書曰：「慶幸得待罪丞相，罷駑無以輔治，城郭倉庫空虛，民多流亡，罪當伏斧質，上不忍致法。願歸丞相侯印，乞骸骨歸，避賢者路。」天子曰：「倉廩既空，民貧流亡，而君欲請徙之，摇蕩不安，動危之，而辭位，君欲安歸難乎？」以書讓慶，慶甚慙，遂復視事。慶文深審謹，然無他大略為百姓

言。後三歲餘，太初二年中，丞相慶卒，謚為恬侯。慶中子德，慶愛用之，上以德為嗣，代侯。後為太常，坐法當死，贖免為庶人。慶方為丞相，諸子孫為吏更至二千石者十三人。及慶死後，稍以罪去，孝謹益衰矣。

建陵侯（括地志云漢建陵縣故城在沂州丞縣界也）衛綰者，代大陵人也（括地志云大陵縣城在并州文水縣北十三里按代王耳時都中都大陵屬焉故書代大陵人也）。綰以戲車為郎，事文帝，功次遷為中郎將，醇謹無他。孝景為太子時，召上左右飲，而綰稱病不行。文帝且崩時，屬孝景

曰：「綰長者，善遇之。」及文帝崩，景帝立，歲餘不譙呵綰，綰日以謹力。景帝幸上林，詔中郎將參乘，還而問曰：「君知所以得參乘乎？」綰曰：「臣從車士幸得以功次遷為中郎將，不自知也。」上問曰：「吾為太子時召君，君不肯來，何也？」對曰：「死罪，實病！」上賜之劍。綰曰：「先帝賜臣劍凡六，劍不敢奉詔。」上曰：「劍，人之所施易，獨至今乎？」綰曰：「具在。」上使取六劍，劍尚盛，未嘗服也。郎官有譴，常蒙其罪，不與他將爭；有功，常讓他將。上以為廉，忠實無他腸，乃拜綰為

河間王太傅吳楚反詔綰為將將河間兵擊吳楚有功拜為中尉三歲以軍功孝景前六年中封綰為建陵侯其明年上廢太子誅栗卿之屬顏師古云太子廢為臨江王故誅其外家親屬也上以為綰長者不忍乃賜綰告歸而使郅都治捕栗氏既已上立膠東王為太子召綰拜為太子太傅久之遷為御史大夫五歲代桃侯舍故桃城在渭州昨城縣東三十里劉舍所封為丞相朝奏事如職所奏然自初官以至丞相終無可言天子以為敦厚可相少主尊寵之賞賜甚多為丞相

三歲景帝崩武帝立建元年中丞相以景帝疾時諸官囚多坐不辜者而君不任職免之其後綰卒子信代坐酎金失侯

塞侯上音先代反古塞國今陝州桃林縣以西至潼關皆桃林塞也直不疑者南陽人也為郎事文帝其同舍有告歸誤持同舍郎金已去而金主覺妄意不疑不疑謝有之買金償而告歸者來而歸金而前郎亡金者大慙以此稱為長者文帝稱舉稍遷至太中大夫朝廷見之或毀曰不疑狀貌甚美然獨無柰其善盜嫂何也不疑聞曰我乃無兄然終不自明也吳楚反時不疑以二千石將兵擊之景帝後元年拜為御史大夫天子修吳楚時功乃封不疑為塞侯武帝建元年中與丞相綰俱以過免不疑學老子言其所臨為官如故唯恐人知其為吏跡也不好立名稱稱為長者不疑卒子相如代孫望坐酎金失侯

郎中令周文者名仁其先故任城人也任城兗州縣也以醫見景帝為太子時拜為舍人積功稍遷孝文帝時至太中

大夫景帝初即位拜仁為郎中令仁為人陰重不泄常衣敝補衣溺袴期為不潔清清清淨期期常也言為不潔淨下濕故得以入其臥內也後宮比官者以是得幸景帝入臥內於後宮祕戲仁常在旁至景帝崩仁尚為郎中令終無所言上時問人顏師古云問以他人之善惡也仁曰上自察之然亦無所毀以此景帝再自幸其家家徙陽陵上所賜甚多然常讓不敢受也諸侯羣臣賂遺終無所受武帝立以為先帝臣重之仁乃病免以二千石祿歸老子孫咸至大官矣

御史大夫張叔者名歐安丘侯說之庶子也孝文時以治刑名言事太子然歐雖治刑名家刑刑家也名家在太史公自有傳言治刑法及名實也其人長者景帝時尊重常為九卿至武帝元朔四年韓安國免詔拜歐為御史大夫自歐為吏未嘗言案人專以誠長者處官官屬以為長者亦不敢大欺上具獄事有可卻卻之不可者不得已為涕泣面對而封之其愛人如此老病篤請免於是天子亦策罷以上大夫祿歸老于家家於陽陵子孫咸至大官矣

太史公曰仲尼有言曰君子欲訥於言而敏於行其萬石建陵張叔之謂邪是以其教不肅而成不嚴而治塞侯微巧不疑學老子所臨官恐人知其為吏跡不好立名稱稱為長者是微巧也而周文處讇以時閒人仁曰上自察之上所賜常不受又諸侯羣臣賂遺終無所受此為處讇故君子譏此二人為其近於佞也君子譏之為其近於佞也然斯可謂篤行君子矣

史記正義卷一百三

欽定四庫全書

史部

史記正義卷一百四至一百九

詳校官編修臣李如筠

欽定四庫全書

史記正義卷一百四

唐 張守節 撰

田叔列傳第四十四 史記一百四

田叔者趙陘城人也其先齊田氏苗裔也叔喜劍學黄老術於樂巨公所叔為人刻廉自喜喜游諸公（喜許記反諸公謂上人所也）趙人舉之趙相趙午午言之趙王張敖所趙王以為郎中數歲切直廉平趙王賢之未及遷會陳豨反代

漢七年高祖往誅之過趙趙王張敖自持案進食禮恭甚高祖箕踞罵之是時趙相趙午等數十人皆怒謂張王曰王事上禮備矣今遇王如是臣等請為亂趙王齧指出血曰先人失國微陛下臣等當蟲出公等柰何言若是毋復出口矣於是貫高等曰王長者不倍德卒私相與謀弒上會事發覺漢下詔捕趙王及羣臣反者於是趙午等皆自殺唯貫高就繫是時漢下詔書趙有敢隨王者辠三族唯孟舒田叔等十餘人赭衣自髡鉗稱王家奴隨趙王敖至長安貫高事明白趙王敖得出廢為宣平侯乃進言田叔等十餘人上盡召見與語漢廷臣毋能出其右者上説盡拜為郡守諸侯相叔為漢中守十餘年會高后崩諸吕作亂大臣誅之立孝文帝孝文帝既立召田叔問之曰公知天下長者乎對曰臣何足以知之上曰公長者也宜知之叔頓首曰故雲中守孟舒長者也是時孟舒坐虜大入塞盜劫雲中尤甚免上曰先帝置孟舒雲中十餘年矣虜曾一入孟舒不能

堅守毋故士卒戰死者數百人長者固殺人乎公何以言孟舒為長者也叔叩頭對曰是乃孟舒所以為長者也夫貫高等謀反上下明詔趙有敢隨張王罪三族然孟舒自髡鉗隨張王敖之所在欲以身死之豈自知為雲中守哉漢與楚相距士卒罷敝匈奴冒頓新服北夷來為邊害孟舒知士卒罷敝不忍出言士爭臨城死敝如子為父弟為兄以故死者數百人孟舒豈故驅戰之哉是乃孟舒所以為長者也於是上曰賢哉孟

舒復召孟舒以為雲中守後數歲叔坐法失官梁孝王使人殺故吳相袁盎景帝召田叔案梁具得其事還報景帝曰梁有之乎叔對曰死罪有之上曰其事安在田叔曰上毋以梁事為也上曰何也曰今梁王不伏誅是漢法不行也如其伏法而太后食不甘味卧不安席此憂在陛下也景帝大賢之以為魯相魯相初到民自言相訟王取其財物百餘人田叔取其渠率二十人各笞五十餘各搏二十怒之曰王非若主邪何自敢言若

主魯王聞之大慙發中府錢王財所藏使相償之相曰王自奪之使相償之是王為惡而相為善也相毋與償之於是王乃盡償之魯王好獵魯共王景帝子都兗州曲阜縣故魯城中相常從入苑中括地志云瞿相圃在兗州曲阜縣南禮記云孔子射於瞿相之圃觀者如堵墻也王輒休相就館舍相出常暴坐待王苑外王數使人請相休終不休曰我王暴露苑中我獨何為就舍魯王以故不大出游數年叔以官卒魯以百金祠少子仁不受也曰不以百金傷先人名仁以壯健為衛將軍舍人數從擊匈奴衛將軍進言仁仁為郎中數歲為二千石丞相長史失官其後使刺舉三河百官表云監御史秦官掌監郡漢省丞相遣御史分刺州不常置案三河河南河東河內上東巡仁奏事有辭上說拜為京輔都尉百官表云右扶風左馮翊京兆尹是為三輔元鼎四年置三輔都尉服虔云皆治長安城中月餘上遷拜為司直數歲坐太子事謂戾太子時左丞相自將兵令司直田仁主閉守城門坐縱太子下吏誅死仁發兵長陵令車千秋上變仁仁族死陘城今在中山國今定州也

太史公曰孔子稱曰居是國必聞其政田叔之謂乎義不忘賢明主之美以救過仁與余善余故并論之

褚先生曰臣為郎時聞之曰田仁故與任安相善任安滎陽人也少孤貧困為人將車之長安留求事為小吏未有因緣也因占著名數家於武功武功扶風西界小邑也谷口蜀剗道近山括地志云漢武功縣在渭水南今盩厔縣西界也駱谷關在雍州盩厔縣西南二十里開駱谷道以通梁州也按行谷有棧道也安以為武功小邑無豪易高也安留代人為求盜亭父安留武功替人為求盜亭父也應劭云舊

時亭有兩卒其一為亭父掌關閉掃除一為求盜掌逐捕盜賊也後為亭長百官表云十里一亭亭有長也邑中人民俱出獵任安常為人分麋鹿雉兎部署老小當壯劇易處衆人皆喜曰無傷也任少卿少卿安字分別平有智略明日復合會會者數百人任少卿曰某子甲何為不來乎諸人皆怪其見之疾也其後除為三老百官表云十亭一鄉鄉有三老一人掌教化也舉為親民出為三百石長百官表云萬戶已上為令秩千石至六百石減萬戶為長秩五百石至三百石皆有丞尉也治民坐上行出游共帳不辦斥免乃為衛將軍舍人與田仁會俱為

舍人居門下同心相愛此二人家貧無錢用以事將軍家監家監使養惡齧馬兩人同牀臥仁竊言曰不知人哉家監也任安曰將軍尚不知人何乃家監也衛將軍衛青也從此兩人過平陽主主家令兩人與騎奴同席而食此二子拔刀列斷席別坐主家皆怪而惡之莫敢呵其後有詔募擇衛將軍舍人以為郎將軍取舍人中富給者令具鞍馬絳衣玉具劒欲入奏之會賢大夫少府趙禹來過衛將軍將軍呼所舉舍人以示趙禹趙禹以

次問之十餘人無一人習事有智略者趙禹曰吾聞之將門之下必有將類傳曰不知其君視其所使不知其子視其所友今有詔舉將軍舍人者欲以觀將軍而能得賢者文武之士也今徒取富人子上之又無智略如木偶人衣之綺繡耳將奈之何於是趙禹悉召衛將軍舍人百餘人以次問之得田仁任安曰獨此兩人可耳餘無可用者衛將軍見此兩人貧意不平趙禹去謂兩人曰各自具鞍馬新絳衣兩人對曰家貧無用具也將

軍怒曰今兩君家自為貧何為出此言鞅鞅如有移德於我者何也將軍不得已上籍以聞有詔召見衛將軍舍人此二人前見詔問能略相推第也田仁對曰提桴鼓立軍門使士大夫樂死戰鬭仁不及任安任安對曰夫決嫌疑定是非辯治官使百姓無怨心安不及仁也武帝大笑曰善使任安護北軍使田仁護邊田穀於河上此兩人立名天下其後用任安為益州刺史地理志云武帝改曰梁州百官表云元封五年初置部刺史掌奉詔條察州秩六百石員十三按若今採訪按察六條也以

田仁為丞相長史百官表云丞相有兩長史秩千石田仁上書言天下郡太守多為姦利三河尤甚臣請先刺舉三河三河太守皆內倚中貴人與三公有親屬無所畏憚宜先正三河以警天下姦吏是時河南河內太守皆御史大夫杜父兄子弟也河東太守石丞相子孫也謂石慶是時石氏九人為二千石方盛貴田仁數上書言之杜大夫及石氏使人謝謂田少卿曰吾非敢有語言也願少卿無相誣汙也仁已刺三河三河太守皆下吏誅死仁還奏事

武帝說以仁為能不畏彊禦拜仁為丞相司直威振天下其後逢太子有兵事丞相自將兵使司直主城門司直以為太子骨肉之親父子之閒不甚欲近去之諸陵過是時武帝在甘泉使御史大夫暴君下責丞相何為縱太子丞相對言使司直部守城門而開太子上書以聞請捕繫司直司直下吏誅死是時任安為北軍使者護軍太子立車北軍南門外召任安與節令發兵安拜受節入閉門不出武帝聞之以為任安為佯邪不傅事何也任安笞辱北軍錢官小吏小吏上書言之以為受太子節言幸與我其鮮好者書上聞武帝曰是老吏也見兵事起欲坐觀成敗見勝者欲合從之有兩心安有當死之罪甚衆吾常活之今懷詐有不忠之心下安吏誅死

夫月滿則虧物盛則衰天地之常也知進而不知退久乘富貴禍積為祟故范蠡之去越辭不受官位名傳後世萬歲不忘豈可及哉後進者愼戒之

史記正義卷一百四

欽定四庫全書

史記正義卷一百五

唐　張守節　撰

扁鵲倉公列傳第四十五（此傳是醫方合與龜策日者相次以淳于意孝文帝時醫奉詔問之又為齊太倉令故太史公以次述之扁鵲乃春秋時良醫不可別序故引為傳首太倉公次之也）

史記一百五

扁鵲者（黄帝八十一難序云秦越人與軒轅時扁鵲相類仍號之為扁鵲又家於盧國因命之曰盧醫也）勃海郡鄭人也姓秦氏名越人少時為人舍長（長音丁丈反）

舍客長桑君過（過音戈）扁鵲獨奇之常謹遇之長桑君亦知扁鵲非常人也出入十餘年乃呼扁鵲私坐間與語曰（間音閑）我有禁方年老欲傳與公公毋泄扁鵲曰敬諾乃出其懷中藥予扁鵲飲是以上池之水三十日當知物矣乃悉取其禁方書盡與扁鵲忽然不見殆非人也扁鵲以其言飲藥三十日視見垣一方人以此視病盡見五藏癥結（五藏謂心肺脾肝腎也六府謂大腸胃膀胱三焦也王叔和脈經云左手脈横癥在左右手脈横癥在右脈頭大者在上頭小者在下兩手脈結上部者濡結中部者緩結三里者豆起陽邪來見浮洪陰邪來見沉細水穀來見堅實）特以診脈為名耳為醫或在齊（號盧醫今濟州盧縣）或在趙在趙者名扁鵲當晉昭公時諸大夫彊而公族弱趙簡子為大夫專國事簡子疾五日不知人大夫皆懼於是召扁鵲扁鵲入視病出董安于問扁鵲扁鵲曰血脈治也（下云色廢脈亂故形靜如死狀也）而何怪昔秦穆公嘗如此七日而寤寤之日告公孫支與子輿曰我之帝所甚樂吾所以久者適有所學也帝告我晉國且大亂五世不安其後將霸未老而死霸者之子且令而國

男女無別公孫支書而藏之秦策於是出夫獻公之亂文公之霸而襄公敗秦師於殽而歸縱淫此子之所聞今主君之病與之同不出三日必間間必有言也居二日半簡子寤語諸大夫曰我之帝所甚樂與百神遊於鈞天廣樂九奏萬舞不類三代之樂其聲動心有一熊欲援我帝命我射之中熊熊死有羆來我又射之中羆羆死帝甚喜賜我二笥皆有副吾見兒在帝側帝屬我一翟犬曰及而子之壯也以賜之帝告我晉國且世衰

七世而亡晉定公出公哀公幽公烈公孝公靜公為七世靜公二年為三晉所滅據此及趙世家簡子疾在定公之十一年也嬴姓將大敗周人於范魁之西嬴趙氏本姓也周人謂為衛也晉亡之後趙成侯三年伐衛取鄉邑七十三是也貫遠云月阜曰魁也而亦不能有也董安于受言書而藏之以扁鵲言告簡子簡子賜扁鵲田四萬畝其後扁鵲過虢陝州城古虢國又陝州河北縣東北下陽故城古虢即晉獻公滅者又洛州氾水縣古東虢國而未知扁鵲過何者蓋虢至此並滅也虢太子死扁鵲至虢宮門下問中庶子喜方者中庶子古官號也喜方好方術不書姓名也曰太子何病國中治穰過於衆事中庶子曰太子病

血氣不時交錯而不得泄暴發於外則為中害精神不能止邪氣邪氣畜積而不得泄是以陽緩而陰急故暴蹷而死釋名云蹷氣從下蹷起上行外及心脅也扁鵲曰其死何如時曰雞鳴至今曰收乎曰未也其死未能半日也言臣齊勃海秦越人也家在於鄭未嘗得望精光侍謁於前也聞太子不幸而死臣能生之中庶子曰先生得無誕之乎何以言太子可生也臣聞上古之時醫有俞跗史附二音應劭云黃帝時將也治病不以湯液醴灑上音禮下山解反鑱石撟引案杌毒

蹷一撥見病之應因五藏之輸八十一難云肺之原出於太淵心之原出于太陵肝之原出于太衝脾之原出于太白腎之原出于太谿少陰之原出于兌骨膽之原出于丘虛胃之原出于衝陽三焦之原出于陽池膀胱之原出于京骨大腸之原出于合谷小腸之原出于腕骨十二經皆以輸為原也按此五藏六府之輸也乃割皮解肌訣脈結筋搦髓腦揲荒爪幕以爪決其闌幕也湔浣上子錢反下胡管反腸胃漱滌五藏練精易形先生之方能若是則太子可生也不能若是而欲生之曾不可以告咳嬰之兒終日扁鵲仰天歎曰夫子之為方也若以管窺天以郄視文越人之為方也不待切脈黃帝

素問云待切脈而知病寸口六脈三陰三陽皆隨春秋冬夏觀其脈之變也則知病之逆順也楊元操云切按也望色素問云面色青脈當弦急面色赤脈當浮而短面色黑脈當沉浮而滑也聽聲素問云好哭者肺病好歌者脾病好妄言者心病好呻吟者腎病好叫呼者肝病也寫形素問云欲得溫而不欲見人者藏家病欲得寒而見人者府家病也言病之所在聞病之陽論得其陰聞病之陰論得其陽八十一難云陰病行陽陽病行陰故令募在陰俞在陽楊元操云腹為陰五藏募皆在腹故云募皆在陰背為陽五藏俞皆在背故云俞皆在陽內藏有病則出行於陽陽俞在背也外體有病則入行於陰陰募在腹也鍼法云從陽引陰從陰引陽也病應見於大表不出千里決者至衆不可曲止也言病皆有應見不可曲言病之止住所在也

子以吾言為不誠試入診太子當聞其耳鳴而鼻張音張循其兩股以至於陰當尚溫也中庶子聞扁鵲言目眩然而不瞋舌撟然而不下乃以扁鵲言入報虢君虢君聞之大驚出見扁鵲於中闕曰竊聞高義之日久矣然未嘗得拜謁於前也先生過小國幸而舉之偏國寡臣幸甚有先生則活無先生則棄捐填溝壑長終而不得反言未卒因噓唏服臆魂精泄橫流涕長潸忽忽承睫悲不能自止容貌變更扁鵲曰若太子病所謂尸蹷者

也夫以陽入陰中動胃八十一難云脈居陰部反陽脈見者為陽入陰中是陽乘陰也脈雖時沉濇而短此謂陽中伏陰也脈居陽部而陰脈見者是陰乘陽也脈雖時浮滑而長此謂陰中伏陽也胃水穀之海也繵緣上音直延反繵緣謂脈纏繞胃也素問云延緣落絡脈也恐非此義也中經維絡八十一難云十二經脈十五絡脈陽維陰維之脈也別下於三焦膀胱八十一難云三焦者水穀之道路氣之所終始也上焦在心下下鬲在胃上口也中焦在胃中脘不上不下也下焦在臍下當膀胱上口也膀胱者津液之府也溺九升九合也言經絡下于三焦及膀胱也是以陽脈下遂陰脈上爭遂音直類反素問云陽脈下遂難反陰脈上爭如絃也會氣閉而不通八十一難云府會太倉藏會季脇筋會陽陵泉髓會絕骨血會鬲俞骨會大杼脈會太淵氣會三焦此謂八會也陰上而陽內行下內鼓而不起上外絕而不為使上有絕陽之絡下有破陰之紐女九反素問云紐赤脈也破陰絕陽之色已廢脈亂故形靜如死狀太子未死也夫以陽入陰支蘭藏者生素問云支者順節蘭者横節陰支蘭膽藏也以陰入陽支蘭藏者死凡此數事皆五藏蹷中之時暴作也良工取之八十一難云知一為下工知二為中工知三為上工上工者十全九中工者十全八下工者十全六呂廣云五藏一病輒有五解一藏為下工解三藏為中工解五藏為上工也拙者疑殆扁鵲乃使弟子子陽厲鍼砥石以取外三陽五會素問云手足各有三陰三陽太陰少

陽厥陰太陽少陽陽明也五會謂百會胷會聽會氣會臑會也有閒太子蘇乃使子豹為五分之熨以八減之齊和煑之以更格彭反熨兩脇下太子起坐更適陰陽但服湯二旬而復故故天下盡以扁鵲為能生死人扁鵲曰越人非能生死人也此自當生者越人能使之起耳扁鵲過齊齊桓侯客之入朝見曰君有疾在腠理上音奏謂皮膚不治將深桓侯曰寡人無疾扁鵲出桓侯謂左右曰醫之好利也欲以不疾者為功後五日扁鵲復見曰君有疾在血脈不治為深桓侯曰

寡人無疾扁鵲出桓侯不悅後五日扁鵲復見曰君有疾在腸胃閒不治將深桓侯不應扁鵲出桓侯不悅後五日扁鵲復見望見桓侯而退走桓侯使人問其故扁鵲曰疾之居腠理也湯熨之所及也在血脈鍼石之所及也其在腸胃酒醪之所及也其在骨髓雖司命無奈之何今在骨髓臣是以無請也後五日桓侯體病使人召扁鵲扁鵲已逃去桓侯遂死使聖人預知微能使良醫得蚤從事則疾可已身可活也人之所病病疾多病猒

患多也言人猒患疾病多甚也而醫之所病病道少故病有六不治驕恣不論於理一不治也輕身重財二不治也衣食不能適三不治也陰陽并藏氣不定四不治也形羸不能服藥五不治也信巫不信醫六不治也有此一者則重難治也扁鵲名聞天下過邯鄲聞貴婦人即為帶下醫過雒陽聞周人愛老人即為耳目痺醫來入咸陽聞秦人愛小兒即為小兒醫隨俗為變秦太醫令李醯自知伎不如扁鵲也使人刺殺之至今天下言脈者由扁鵲也

太倉公者齊太倉長臨菑人也姓淳于氏名意括地志云淳于國城在密州安丘縣東北三十里古之斟灌國也春秋公如曹傳云冬淳于公如曹注水經云淳于縣故夏后氏之斟灌國也周武王以封淳于公號淳于國也少而喜醫方術高后八年更受師同郡元里公乘陽慶百官表云公乘第八爵也顏師古云言其得乘公之車也慶年七十餘無子使意盡去其故方更悲以禁方予之傳黃帝扁鵲之脈書五色診病八十一難云五藏有色皆見於面亦當與寸口尺內相應也其面色與相應已見前也知人死生決嫌疑定可治及藥論甚精受之三年為人治病決死生多驗然左右行游諸侯不以家為家或不為人

治病病家多怨之者文帝四年中人上書言意以刑罪當傳西之長安意有五女隨而泣意怒罵曰生子不生男緩急無可使者於是少女緹縈傷父之言乃隨父西上書曰妾父為吏齊中稱其廉平今坐法當刑妾切痛死者不可復生而刑者不可復續雖欲改過自新其道莫由終不可得妾願入身為官婢以贖父刑罪使得改行自新也書聞上悲其意此歲中亦除肉刑法漢書刑法志云孝文帝即位十三年除肉刑三孟康云黥劓二左右止一凡三也班固詩曰三王德彌薄惟後用肉刑太倉令有罪就逮長安城自恨身無子困急獨煢煢小女痛父言死者不可

（生上書詣闕下思古歌雞鳴憂心摧折裂晨風揚激聲聖漢孝文帝惻然感至情百男何憒憒不如一緹縈也）意家居詔召問所為治病死生驗者幾何人主名為誰詔問故太倉長臣意方伎所長及所能治病者有其書無有皆安受學受學幾何歲嘗有所驗何縣里人也何病醫藥已其病之狀皆何如具悉而對臣意對曰自意少時喜醫藥醫藥方試之多不驗者至高后八年得見師臨菑元里公乘陽慶慶年七十餘意得見事之謂意曰盡去而方書非是也慶有古先道遺傳黃帝扁鵲之脈

書五色診病知人生死決嫌疑定可治及藥論書甚精我家給富心愛公欲盡以我禁方書悉教公臣意即曰幸甚非意之所敢望也臣意即避席再拜謁受其脈書上下經五色診奇咳（八十一難云奇經八脈者有陽維有陰維有陽蹻有陰蹻有衝有督有任有帶之脈凡此八者皆不拘於經故云奇經八脈也顧野王云賅當究也又云賅指毛皮也藝文志有五音奇賅用兵二十六卷許慎云賅軍中約也）術揆度陰陽外變藥論石神接陰陽禁書受讀解驗之可一年所明歲即驗之有驗然尚未精也要事之三年所即嘗已為人治診病決死生有驗精良今慶已死十年所臣意年盡三年年三十九歲也

齊侍御史成自言病頭痛臣意診其脈告曰君之病惡不可言也即出獨告成弟昌曰此病疽也內發於腸胃之間後五日當臃腫（上於恭反下之勇反）後八日嘔膿（女東也）死成之病得之飲酒且內成即如期死所以知成之病者臣意切其脈得肝氣肝氣濁而靜此內關之病也（八十一難云關遂入尺為內關呂廣云脈從關至尺澤名內關也）脈法曰脈長而弦不得代四時者（王叔和脈經云來數而中止不能自還因而復動者名曰代代者死素問云病在心愈在夏甚於冬

病在脾愈在秋甚於春病在肺愈在冬甚於夏病在腎愈在春甚於夏病在肝愈在夏甚於秋也）其病主在於肝和即經主病也（王叔和脈經云脈長而弦病於肝也素問云得病於筋肝之和也）代則絡脈有過（素問云脈有不及有太過有經有絡和即經主病大則絡有過也八十一難云關之前者陽之動也脈當見九分而浮過者法曰太過減者法曰不及遂上魚為溢為外關內格此陰乘之脈也關以後者陰之動也脈當見一寸而沉過者法曰太過減者法曰不及遂入尺為覆為內關外格此陽乘之脈也故曰覆溢是其真藏之脈人不病而死也呂廣云過九分出一寸各名太過也不及九分至二分或四分五分此太過不滿一寸見八分或五分六分此不及）經主病和者其病得之筋髓裏其代絕而脈賁者病得之酒且內所以知其後

五日而癰腫八日嘔膿死者切其脈時少陽初代代者經病病去過人人則去絡脈主病當其時少陽初關一分故中熱而膿未發也及五分則至少陽之界王叔和脈經云分別三門鏡界脈候所主云從魚際至高骨却行一寸其中名曰寸口其骨自高從寸至尺名曰尺澤故曰尺寸後尺前名曰關陽出陰入以關為界陽出三分故曰三陰三陽陽生於尺動於寸陰生於寸動於尺寸主射上焦出頭及皮毛竟手關主射中焦腹及於腰尺主射下焦少腹至足也及八日則嘔膿死故上二分而膿發至界而癰腫盡泄而死熱上則熏陽明爛流絡流絡動則脈結發脈結發則爛解故絡交熱

氣已上行至頭而動故頭痛

齊王中子諸嬰兒小子病召臣意診切其脈告曰氣鬲病病使人煩懣食不下時嘔沫病得之少憂數忔食飲臣意即為之作下氣湯以飲之一日氣下二日能食三日即病愈所以知小子之病者診其脈心氣也濁躁而經也此絡陽病也脈法曰脈來數病去難而不一者病主在心周身熱脈盛者為重陽重陽者逷心主八十一難云手心主中宮在中部楊元操云手心主胞絡也自膻已上至帶脈為中焦也故煩懣食不下則絡脈有過絡脈有過則血上出血上出者死此悲心所生也病得之憂也

齊郎中令循病衆醫皆以為蹷入中而刺之臣意診之曰湧疝也令人不得前後溲循曰不得前後溲三日矣臣意飲於禁反以火齊湯一飲得前溲再飲大溲三飲而病愈病得之内所以知循病者切其脈時右口氣急王叔和脈經云右手寸口氣口也脈無五藏氣右口謂右手寸口也脈大而數數者中下熱而湧左為下右為上皆無五藏應故曰湧疝

中熱故溺赤也上徒弔反

齊中御府長信病臣意入診其脈告曰熱病氣也然暑汗脈少衰不死曰此病得之當浴流水而寒甚已則熱信曰唯然往唯惟癸反冬時為王使於楚至莒縣莒密州縣陽周水而莒橋梁頗壞信則擥音牽車轅未欲渡也馬驚即墮信身入水中幾死吏即來救信出之水中衣盡濡有閒而身寒已熱如火至今不可以見寒臣意即為之液湯火齊逐熱一飲汗盡再飲熱去三飲病已即使服藥出

入二十日身無病者所以知信之病者切其脈時并陰脈法曰熱病陰陽交者死切之不交并陰并陰者脈順清而愈其熱雖未盡猶活也腎氣有時間濁在太陰脈口而希是水氣也腎固主水故以此知之未治一時即轉為寒熱

齊王太后病召臣意入診脈曰風癉客脬（癉音單旱也脬亦作胞膀胱也言風癉之病客居在膀胱）難於大小溲溺赤臣意飲以火齊湯一飲即前後溲再飲病已溺如故病得之流汗出滫滫者

去衣而汗晞也所以知齊王太后病者臣意診其脈切其太陰之口溼然風氣也脈法曰沈之而大堅（深一作沉王叔和脈經云脈大而堅病出於腎也）浮之而大緊者（緊音吉忍反素問云脈短實而數有以切繩名曰緊也）病主在腎腎切之而相反也脈大而躁者膀胱氣也躁者中有熱而溺赤

齊章武里曹山跗病臣意診其脈曰肺消癉也加以寒熱即告其人曰死不治適其共養此不當醫治法曰後三日而當狂妄起行欲走後五日死即如期死山跗病得之盛怒而以接內所以知山跗之病者臣意切其脈肺氣熱也脈法曰不平不鼓形獘（王叔和脈經云平部春肝木王其脈細而長夏心火王其脈洪大而散六月脾土王其脈大阿阿而緩秋肺金王其脈浮濇而短冬腎水王其脈沉而滑名平脈也）此五藏高之遠數以經病也故切之時不平而代（素問云血氣易處曰不平脈候動不定曰代）不平者血不居其處代者時參擊並至乍躁乍大也此兩絡脈絕故死不治所以加寒熱者言其人尸奪尸奪者形獘形獘者不當關灸鑱石及飲毒藥也臣意未往診時齊太醫先診山跗病灸其

足少陽脈口而飲之半夏丸病者即泄注腹中虛又灸其少陰脈是壞肝剛絕深如是重損病者氣以故加寒熱所以後三日而當狂者肝一絡連屬結絕乳下陽明（素問云乳下陽明胃絡也）故絡絕開陽明脈陽明脈傷即當狂走後五日死者肝與心相去五分故曰五日盡盡即死矣

齊中尉潘滿如病少腹痛（少音式妙反王叔和脈經云脈急疝瘕少腹痛也）臣意診其脈曰遺積瘕也（瘕魚反圖云大狗魚為不熱食之成瘕痛）臣意即謂齊太僕臣饒內史臣繇曰中尉不復自止於內則三十

日死後二十餘日溲血死病得之酒且内所以知潘蒲如病者臣意切其脈深小弱其卒然合合也是脾氣也（卒音葱忽反卒一本作來素問云疾病之生於五藏五藏之合合於六府肝合氣於膽心合氣於小腸脾合氣於胃肺合氣於大腸腎合氣於膀胱三焦内主勞）右脈口氣至緊小（上音結忍反）見瘕氣也以次相乘故三十日死三陰俱摶者（如淳云音徒端反素問云左脈口曰少陰少陰之前名厥陰右脈口曰太陰此三陰之脈也）如法不俱摶者決在急期一摶一代者近也故其三陰摶溲血如前止

陽虛侯相趙章病召臣意衆醫皆以爲寒中臣意診其

脈曰迴風迴風者飲食下嗌而輒出不留法曰五日死而後十日乃死病得之酒所以知趙章之病者臣意切其脈脈來滑是内風氣也飲食下嗌而輒出不留者法五日死皆爲前分界法（分扶問反）後十日乃死所以過期者其人嗜粥故中藏實中藏實故過期師言曰安穀者過期不安穀者不及期

濟北王病召臣意診其脈曰風蹷胷滿即爲藥酒盡三石病已得之汗出伏地所以知濟北王病者臣意切其脈時風氣也心脈濁病法過入其陽陽氣盡而陰氣入陰氣入張則寒氣上而熱氣下故胷滿汗出伏地者切其脈氣陰陰氣者病必入中出及瀺水也（顧野王云手足液身體汋音常灼也）

齊北宮司空命婦出於病（命婦名也）衆醫皆以爲風入中病主在肺刺其足少陽脈臣意診其脈曰病氣疝客於膀胱難於前後溲而溺赤病見寒氣則遺溺使人腹腫出於病得之欲溺不得因以接内所以知出於病者切其

脈大而實其來難是蹷陰之動也（鄭厥陰之脈也）脈來難者疝氣之客於膀胱也腹之所以腫者言蹷陰之絡結小腹也蹷陰有過則脈結動動則腹腫臣意即灸其足蹷陰之脈左右各一所即不遺溺而溲清小腹痛止即更爲火齊湯以飲之三日而疝氣散即愈

故濟北王阿母（服虔云乳母也鄭玄已者）自言足熱而懣臣意告曰熱蹷也則刺其足心各三所案之無出血病旋已（謂旋轉之問病則已止也）病得之飲酒大醉濟北王召意診脈諸女子侍

者至女子豎豎無病臣意告永巷長曰豎傷脾不可勞法當春嘔血死臣意言王曰才人女子豎何能王曰是好為方多伎能為所是案法新往年市之民所四百七十萬曹偶四人王曰得毋有病乎臣意對曰豎病重在死法中王召視之其顏色不變以為不然不賣諸侯所至春豎奉劍從王之厠王去豎後王令人召之即仆於厠嘔血死病得之流汗流汗者同法病內重毛髮而色澤脉不衰此亦關內之病也

齊中大夫病齲齒上丘羽反釋名云齲朽也蟲齧之缺朽也臣意灸其左大陽明脉即為苦參湯日嗽三升出入五六日病已得之風及卧開口食而不嗽

菑川王美人懷子而不乳來召臣意臣意往飲以莨礍浪宕二音藥一撮以酒飲之旋乳臣意復診其脉而脉躁躁者有餘病即飲以消石一齊出血血如豆比五六枚

齊丞相舍人奴從朝入宮臣意見之食閨門外望其色有病氣臣意即告宦者平平好為脉學臣意所臣意即示之舍人奴病告之曰此傷脾氣也當云春鬲塞不通不能食飲法至夏泄血死宦者平即往告相曰君之舍人奴有病病重死期有日相君曰卿何以知之曰君朝時入宮君之舍人奴盡食閨門外平與倉公立即示平曰病如是者死相即召舍人奴而謂之曰公奴有病不舍人曰奴無病身無痛者至春果病至四月泄血死所以知奴病者肺氣周乘五藏傷部而交故傷脾之色也望之殺然黃殺蘇亥反察之如死青之茲衆醫不知以為大

蟲不知傷脾所以至春死病者胃氣黃黃者土氣也土不勝木故至春死所以至夏死者脉法曰病重而脉順清者曰內關內關之病人不知其所痛心急然無苦若加以一病死中春一愈順及一時其所以四月死者診其人時愈順愈順者人尚肥也奴之病得之流汗數出灸於火而以出見大風也

菑川王病召臣意診脉曰蹶上時掌反蹶逆氣上也為重頭痛身熱使人煩懣亡本反但有煩也臣意即以寒水拊其頭刺足陽

明脈左右各三所病旋已病得之沐髮未乾而卧診如前所以蹶頭熱至肩

齊王黄姬兄黄長卿家有酒召客召臣意諸客坐未上食臣意望見王后弟宋建告曰君有病往四五日君要脅痛不可俛仰（上音免）又不得小溲不亟治病即入濡腎及其未舍五藏急治之病方今客腎濡（濡溺也病方客在腎欲溺腎也）此所謂腎痺也宋建曰然建故有要脊痛往四五日天雨黄氏諸倩（倩音七姓反）見建家京下方石即弄之建亦欲

効之効之不能起即復置之暮要脊痛不得溺至今不愈建病得之好持重所以知建病者臣意見其色太陽色乾腎部上及界要以下者枯四分所故以往四五日知其發也臣意即為柔湯使服之十八日所而病愈

濟北王侍者韓女病要背痛寒熱衆醫皆以為寒熱也臣意診脈曰内寒月事不下也即竄以藥旋下病已病得之欲男子而不可得也所以知韓女之病者診其脈時切之腎脈也嗇而不屬嗇而不屬者其來難堅故曰月不下肝脈弦出左口故曰欲男子不可得也

臨菑氾里女子薄吾病甚衆醫皆以為寒熱篤當死不治臣意診其脈曰蟯瘕（人腹中短蟲）蟯瘕為病腹大上膚黄麤循之戚戚然臣意飲以芫華一撮即出蟯可數升病已三十日如故病蟯得之於寒溼寒溼氣宛篤不發化為蟲臣意所以知薄吾病者切其脈循其尺（王叔和云寸關尺寸謂三分尺謂八分寸口在關上尺在關下寸關尺共有一寸九分也）其尺索刺麤而毛美奉髮是蟲氣也其色澤者中藏無邪氣及重病

齊淳于司馬病臣意切其脈告曰當病迵風迵風之狀飲食下嗌輒後之病得之飽食而疾走淳于司馬曰我之王家食馬肝食飽甚見酒來即走去驅疾至舍即泄數十出臣意告曰為火齊米汁飲之七八日而當愈時醫秦信在旁臣意去信謂左右閣都尉曰意以淳于司馬病為何曰以為迵風可治信即笑曰是不知也淳于司馬病法當後九日死即後九日不死其家復召臣意臣意往問之盡如意診臣即為一火齊米汁使服之七

八日病已所以知之者診其脈時切之盡如法其病順
故不死
齊中郎破石病臣意診其脈告曰肺傷不治當後十日
丁亥溲血死即後十一日溲血而死破石之病得之墮
馬僵石上所以知破石之病者切其脈得肺陰氣其來
散數道至而不一也色又乘之所以知其墮馬者切之
得番陰脈番陰脈入虛裏乘肺脈肺脈散者固色變也
乘之所以不中期死者師言曰病者安穀即過期不安

穀則不及期其人嗜黍黍主肺故過期所以溲血者診
脈法曰病養喜陰處者順死喜養陽處者逆死其人喜
自靜不躁又久安坐伏几而寐故血下泄
齊王侍醫遂病自練五石服之臣意往過之遂謂意曰
不肖有病幸診遂也臣意即診之告曰公病中熱論曰
中熱不溲者不可服五石石之為藥精悍公服之不得
數溲亟勿服色將發臃遂曰扁鵲曰陰石以治陰病陽
石以治陽病夫藥石者有陰陽水火之齊故中熱即為
陰石柔齊治之中寒即為陽石剛齊治之臣意曰公所
論遠矣扁鵲雖言若是然必審診起度量立規矩稱權
衡合色脈表裏有餘不足順逆之法參其人動靜與息
相應乃可以論論曰陽疾處內陰形應外者不加悍藥
及鑱石夫悍藥入中則邪氣辟矣而宛氣愈深診法曰
二陰應外一陽接內者不可以剛藥剛藥入則動陽陰
病益衰陽病益著邪氣流行為重困於俞忿發為疽意
告之後百餘日果為疽發乳上入缺盆死此謂論之大
體也必有經紀拙工有一不習文理陰陽失矣

齊王故為陽虛侯時病甚衆醫皆以為蹷臣意診脈以
為痺根在右脅下大如覆杯令人喘逆氣不能食臣意
即以火齊粥且飲六日氣下即令更服丸藥出入六日
病已病得之內診之時不能識其經解大識其病所在
臣意嘗診安陽武都里成開方開方自言以為不病臣
意謂之病苦沓風三歲四支不能自用使人瘖瘖即死
今聞其四支不能用瘖而未死也病得之數飲酒以見

大風氣所以知成開方病者診之其脈法奇咳言曰藏氣相反者死切之得腎反肺法曰三歲死也

安陵阪里公乘項處病臣意診脈曰牡疝牡疝在鬲下上連肺病得之內臣意謂之慎毋為勞力事則必嘔血死處後蹴踘（上千六反下九六反謂打毬也）要蹷寒汗出多即嘔血臣意復診之曰當旦日日夕死即死病得之內所以知項處病者切其脈得番陽番陽入虛裏處旦日死一番一絡者牡疝也臣意曰他所診期決死生及所治已病衆

多久頗忘之不能盡識不敢以對

問臣意所診治病病名多同而診異或死或不死何也對曰病名多相類不可知故古聖人為之脈法以起度量立規矩縣權衡案繩墨調陰陽別人之脈各名之與天地相應參合於人故乃別百病以異之有數者能異之無數者同之然脈法不可勝驗診疾人以度異之乃可別同名命病主在所居今臣意所診者皆有診籍所以別之者臣意所受師方適成師死以故表籍所診期決死生觀所失所得者合脈法以故至今知之問臣意曰所期病決死生或不應期何故對曰此皆飲食喜怒不節或不當飲藥或不當針灸以故不中期死也問臣意意方能知病死生論藥用所宜諸侯王大臣有嘗問意者不及文王病時不求意診治何故對曰趙王膠西王濟南王吳王皆使人來召臣意臣意不敢往文王病時臣意家貧欲為人治病誠恐吏以除拘臣意也故移名數左右（以名籍屬左右之人）不修家生出行游國中問善為方

數者事之久矣見事數師（上色庚反）悉受其要事盡其方書意及解論之身居陽虛侯國因事侯侯入朝臣意從之長安以故得診安陵項處等病也

問臣意知文王所以得病不起之狀臣意對曰不見文王病然竊聞文王病喘頭痛目不明臣意心論之以為非病也以為肥而蓄精身體不得搖骨肉不相任故喘不當醫治脈法曰年二十脈氣當趨年三十當疾步年四十當安坐年五十當安臥年六十已上氣當大董文

王年未滿二十方脈氣之趨也而徐之不應天道四時後聞醫灸之即篤此論病之過也臣意論之以為神氣爭而邪氣入非年少所能復之也以故死所謂氣者當調飲食擇晏日車步廣志以適筋骨肉血脈以瀉氣故年二十是謂易貿法不當砭灸砭灸至氣逐問臣意師慶安受之聞於齊諸侯不對曰不知慶所師受慶家富善為醫不肯為人治病當以此故不聞慶又告臣意曰慎毋令我子孫知若學我方也

問臣意師慶何見於意而愛意欲悉教意方對曰臣意不聞師慶為方善也意所以知慶者意少時好諸方事臣意試其方皆多驗精良臣意聞菑川唐里公孫光善為古傳方（謂全傳寫得古人之方書）臣意即往謁之得見事之受方化陰陽及傳語法臣意悉受書之臣意欲盡受他精方公孫光曰吾方盡矣不為愛公所吾身已衰無所復事之是吾年少所受妙方也悉與公毋以教人臣意曰得見事侍公前悉得禁方幸甚意死不敢妄傳人居有間公孫光閒處（上音閑下昌汝反）臣意深論方見言百世為之精也師光喜曰公必為國工吾有所善者皆疏同產處臨菑善為方吾不若其方甚奇非世之所聞也吾年中時嘗欲受其方楊中倩不肯曰若非其人也胥與公往見之當知公喜方也其人亦老矣其家給富時者未往會慶子男殷來獻馬因師光奏馬王所意以故得與殷善光又屬意於殷曰意好數公必謹遇之其人聖儒即為書以意屬楊慶以故知慶臣意事慶謹以故愛意也

問臣意曰吏民嘗有事學意方及畢盡得意方不何縣里人對曰臨菑人宋邑邑學臣意教以五診（謂診五藏之脈）歲餘濟北王遣太醫高期王禹學臣意教以經脈高下及奇絡結（素問云奇經八脈往來舒時一止而復來名之曰結也）當論俞（式喻反）所居及氣當上下出入邪逆順以宜鑱石定砭灸處歲餘菑川王時遣太倉馬長馮信正方臣意教以案法逆順論藥法定五味及和齊湯法高永侯家丞杜信喜脈來學臣意教以上下經脈五診二歲餘臨菑召里唐安來學

臣意教以五診上下經脈奇咳四時應陰陽重未成除為齊王侍醫

問臣意診病決死生能全無失乎臣意對曰意治病人必先切其脈乃治之敗逆者不可治其順者乃治之心不精脈所期死生視可治時時失之臣意不能全也

太史公曰女無美惡居宮見妒士無賢不肖入朝見疑故扁鵲以其伎見殃倉公乃匿迹自隱而當刑緹縈通尺牘父得以後寧故老子曰美好者不祥之器豈謂扁

鵲等邪若倉公者可謂近之矣

史記正義卷一百五

欽定四庫全書

史記正義卷一百六

唐　張守節　撰

史記一百六

吳王濞列傳第四十六

吳王濞者高帝兄劉仲之子也高帝已定天下七年立劉仲為代王而匈奴攻代劉仲不能堅守棄國亡閒行走雒陽自歸天子天子為骨肉故不忍致法廢以為郃陽侯（郃陽故城在同州河西縣南三十里）高帝十一年秋淮南王英布反東并荆地劫其國兵西度淮擊楚高帝自將往誅之劉

仲子沛侯濞年二十有氣力以騎將從破布軍蘄西會甀布走荆王劉賈為布所殺無後上患吳會稽輕悍無壯王以填之諸子少乃立濞於沛為吳王王三郡五十三城已拜受印高帝召濞相之謂曰若狀有反相心獨悔業已拜因拊其背告曰漢後五十年東南有亂者豈邪然天下同姓為一家也慎無反濞頓首曰不敢會孝惠高后時天下初定郡國諸侯各務自拊循其民吳有

豫章郡銅山 括地志云秦兼天下以為鄣郡今湖州長城縣西南八十里故鄣城是也銅山今宣州及潤州句容縣有並屬章也 濞則招致天下亡命者益鑄錢煮海水為鹽以故無賦 按既盜鑄錢何以收其利足國之用吳國之民又何得無賦如說非也言吳國山既出銅民多盜鑄錢及煮海水為鹽以山海之利不賦之故言無賦也其民無賦國用乃富饒也 國用富饒孝文時吳太子入見得侍皇太子飲博吳太子師傅皆楚人輕悍又素驕博爭道不恭皇太子引博局提吳太子殺之於是遣其喪歸葬至吳吳王慍曰 於問反怨也 天下同宗死長安即葬長安何必來葬為復遣喪之長安葬吳王由此稍失藩臣之禮稱病不朝京師知其以子故稱病不朝驗問實不病諸吳使來輒繫責治之吳王恐為謀滋甚及後使人為秋請上復責問吳使者使者對曰王實不病漢繫治使者數輩以故遂稱病且夫察見淵中魚不祥令王始詐病及覺見責急愈益閉恐上誅之計乃無聊唯上棄之而與更始於是天子乃赦吳使者歸之而賜吳王几杖老不朝吳得釋其罪謀亦益解然其居國以銅鹽故百姓無賦卒踐更輒與平賈

欽定四庫全書　史記正義 卷一百六　二

踐更 若今唱更行更者也言民自著卒更有三品有卒更有踐更有過更古者正卒無常人皆當迭之是為卒更貧者欲顧更錢者次直者出錢顧之月二千是為踐更天下人皆直戍邊三月亦各為更律所謂繇戍也雖丞相子亦在戍邊之調不可人人自行三月戍又行者出錢三百入官官給戍者是為過更此漢初因秦法而行之後改為謫乃戍邊一歲 歲時存問茂材賞賜閭里佗郡國吏欲來捕亡人者訟共禁弗予 訟音容言其相容禁止不與也 如此者四十餘年 言四十餘年者太史公盡言吳王一代行事也漢書作三十餘年而班固見其語在孝文之代乃減十年是班固不曉其理也 以故能使其衆鼂錯為太子家令得幸太子數從容言吳過可削數上書說孝文帝文帝寬不忍罰以此吳日益橫及孝景帝即位錯為御史大夫說上曰昔高帝初定天下昆弟少諸子弱大封同姓故王孽子悼惠王王齊七十餘城庶弟元王王楚四十餘城兄子濞王吳五十餘城封三庶孽分天下半今吳王前有太子之郄詐稱病不朝於古法當誅文帝弗忍因賜几杖德至厚當改過自新乃益驕溢即山鑄錢煮海水為鹽誘天下亡人謀作亂今削之亦反不削之亦反削之其反亟禍小不削反遲禍大三年冬楚王朝鼂錯因言楚王

欽定四庫全書　史記正義 卷一百六　三

戌往年為薄太后服私姦服舍請誅之詔赦罰削東海郡因削吳之豫章郡會稽郡及前二年趙王有罪削其河間郡膠西王卬以賣爵有姦削其六縣漢廷臣方議削吳吳王濞恐削地無已因以此發謀欲舉事念諸侯無足與計謀者聞膠西王勇好氣喜兵諸齊皆憚畏於是乃使中大夫應高誂膠西王無文書口報曰吳王不肖有宿夕之憂不敢自外使喻其驩心王曰何以教之高曰今者主上興於姦飾於邪臣好小善聽讒賊擅變

更律令侵奪諸侯之地徵求滋多誅罰良善日以益甚里語有之舐糠及米吳與膠西知名諸侯也一時見察恐不得安肆矣吳王身有內病不能朝請二十餘年嘗患見疑無以自白今脅肩累足猶懼不見釋竊聞大王以爵事有適張革反所聞諸侯削地罪不至此此恐不得削地而已王曰然有之子將柰何高曰同惡相助同好相留同情相成同欲相趨同利相死今吳王自以為與大王同憂願因時循理棄軀以除患害於天下億亦可乎王瞿然駭曰寡人何敢如是今主上雖急固有死耳安得不戴高曰御史大夫鼂錯熒惑天子侵奪諸侯蔽忠塞賢朝廷疾怨諸侯皆有倍畔之意人事極矣彗星出蝗蟲數起此萬世一時而愁勞聖人之所以起也故吳王欲內以鼂錯為討外隨大王後車彷徉天下所鄉者降所指者下天下莫敢不服大王誠幸而許之一言則吳王率楚王略函谷關守滎陽敖倉之粟距漢兵治次舍須大王大王有幸而臨之則天下可并兩主分割

不亦可乎王曰善高歸報吳王吳王猶恐其不與乃身自為使使於膠西面結之膠西羣臣或聞王謀諫曰承一帝至樂也今大王與吳西鄉弟令事成兩主分爭患乃始結諸侯之地不足為漢郡什二而為畔逆以憂太后非長策也王弗聽遂發使約齊菑川膠東濟南濟北皆許諾而曰城陽景王有義攻諸呂勿與事定分之耳諸侯既新削罰振恐多怨鼂錯及削吳會稽豫章郡書至則吳王先起兵膠西正月丙午誅漢吏二千石以下

膠東菑川濟南楚趙亦然遂發兵西齊王後悔飲藥自
殺畔約濟北王城壞未完其郎中令劫守其王不得發
兵膠西為渠率膠東菑川濟南共攻圍臨菑趙王遂亦
反陰使匈奴與連兵七國之發也吳王悉其士卒下令
國中曰寡人年六十二身自將少子年十四亦為士卒
先諸年上與寡人比下與少子等者皆發發二十餘萬
人南使閩越東越東越亦發兵從孝景帝三年正月甲
子初起兵於廣陵西涉淮因并楚兵發使遺諸侯書曰

吳王劉濞敬問膠西王膠東王菑川王濟南王趙王楚
王淮南王衡山王廬江王故長沙王子幸教寡人以漢
有賊臣無功天下侵奪諸侯地使吏劾繫訊治以僇辱
之為故 按專以僇辱諸侯為事 不以諸侯人君禮遇劉氏骨肉絕
先帝功臣進任姦宄詿亂天下 詿音挂 欲危社稷陛下多
病志失不能省察欲舉兵誅之謹聞教敝國雖狹地方
三千里人雖少精兵可具五十萬寡人素事南越三十
餘年其王君皆不辭分其卒以隨寡人又可得三十餘

萬寡人雖不肖願以身從諸王越直長沙者因王子定
長沙以北西走蜀漢中 走音後向也王子長沙王子也南越之地對長沙之南者其民
因王子卒而鎮定長沙以北西向蜀及漢中咸委王子定矣 告越楚王淮南三王與
寡人西面 越東越也又告東越楚淮南三王與吳王共西面擊之三王謂淮南衡山廬江也 齊
諸王與趙王定河閒河內或入臨晉關 今蒲津關 或與寡人
會雒陽燕王趙王固與胡王有約燕王北定代雲中摶
胡眾入蕭關 今古隴山關在原州平涼縣界 走長安匡正天子以安高
廟願王勉之楚元王子淮南三王或不沐洗十餘年怨

入骨髓欲一有所出之久矣寡人未得諸王之意未敢
聽令諸王苟能存亡繼絕振弱伐暴以安劉氏社稷之
所願也敝國雖貧寡人節衣食之用積金錢脩兵革聚
穀食夜以繼日三十餘年矣凡為此願諸王勉用之能
斬捕大將者賜金五千斤封萬戶列將三千斤封五千
戶裨將二千斤封二千戶二千石千斤封千戶千石五
百斤封五百戶皆為列侯其以軍若城邑降者卒萬人
邑萬戶如得大將人戶五千如得列將人戶三千如得

裨將人户千如得二千石其小吏皆以差次受爵金佗封賜皆倍常法其有故爵邑者更益勿因願諸王明以令士大夫弗敢欺也寡人金錢在天下者往往而有非必取於吳諸王日夜用之弗能盡有當賜者告寡人寡人且往遺之敬以聞七國反書聞天子天子乃遣太尉條侯周亞夫將三十六將軍往擊吳楚遣曲周侯酈寄擊趙將軍欒布擊齊大將軍竇嬰屯滎陽監齊趙兵吳楚反書聞兵未發竇嬰未行言故吳相袁盎盎時家居

詔召入見上方與鼂錯調兵笇軍食上問袁盎曰君嘗為吳相知吳臣田祿伯為人乎今吳楚反於公何如曰不足憂也今破矣上曰吳王即山鑄錢煑海水為鹽誘天下豪桀白頭舉事若此其計不百全豈發乎何以言其無能為也袁盎對曰吳有銅鹽利則有之安得豪傑而誘之誠令吳得豪桀亦且輔王為義不反矣吳所誘皆無賴子弟亡命鑄錢姦人故相率以反鼂錯曰袁盎策之善上問曰計安出盎對曰願屏左右上屏人獨錯在盎曰臣所言人臣不得知也乃屏錯錯趨避東廂恨甚上卒問盎盎對曰吳楚相遺書曰高帝王子弟各有分地今賊臣鼂錯擅適過諸侯削奪之地故以反為名西共誅鼂錯復故地而罷方今計獨斬鼂錯發使赦吳楚七國復其故削地則兵可無血刃而俱罷於是上嘿然良久曰顧誠何如吾不愛一人以謝天下盎曰臣愚計無出此願上孰計之乃拜盎為太常（令盎為太常史失奉宗廟之指意）吳王弟子德侯為宗正盎裝治行後十餘日上使中

尉召錯紿載行東市錯衣朝衣斬東市則遣袁盎奉宗廟宗正輔親戚（以親戚之意輔漢訓諭）使告吳如盎策至吳吳楚兵已攻梁壁矣宗正以親故先入見諭吳王使拜受詔吳王聞袁盎來亦知其欲說已笑而應曰我已為東帝尚何誰拜不肯見盎而留之軍中欲劫使將盎不肯使人圍守且殺之盎得夜出步亡去走梁軍遂歸報條侯將乘六乘傳（上音乘下作恋反）會兵滎陽至雒陽見劇孟喜曰七國反吾乘傳至此不自意全（言不自意洛陽得全及見劇孟）又以為

諸侯已得劇孟劇孟今無動吾據滎陽以東無足憂者
至淮陽問父絳侯故客鄧都尉曰策安出客曰吳兵銳
甚難與爭鋒楚兵輕（輕正反）不能久方今為將軍計莫若
引兵東北壁昌邑以梁委吳吳必盡銳攻之將軍深溝
高壘使輕兵絕淮泗口塞吳饟道彼吳梁相敝而糧食
竭乃以全彊制其罷極破吳必矣條侯曰善從其策遂
堅壁昌邑南（在曹州城武縣東北四十二里也）輕兵絕吳饟道吳王之
初發也吳臣田祿伯為大將軍田祿伯曰兵屯聚而西

無佗奇道難以就功臣願得五萬人別循江淮而上收
淮南長沙入武關與大王會此亦一奇也吳王太子諫
曰王以反為名此兵難以藉人藉人亦且反王奈何且
擅兵而別多佗利害未可知也徒自損耳吳王即不許
田祿伯吳少將桓將軍說王曰吳多步兵步兵利險漢
多車騎車騎利平地願大王所過城邑不下直棄去疾
西據雒陽武庫食敖倉粟阻山河之險以令諸侯雖毋
入關天下固已定矣即大王徐行留下城邑漢軍車騎

至馳入梁楚之郊事敗矣吳王問諸老將老將曰此少
年推鋒之計可耳安知大慮乎於是王不用桓將軍計
吳王專并將其兵未度淮諸賓客皆得為將校尉候司
馬獨周丘不得用周丘者下邳人亡命吳酤酒無行吳
王濞薄之弗任周丘上謁說王曰臣以無能不得待罪
行間臣非敢求有所將願得王一漢節必有以報王王
乃予之周丘得節夜馳入下邳下邳時聞吳反皆城守
至傳舍召令令入戶使從者以罪斬令遂召昆弟所善

豪吏告曰吳反兵且至至屠下邳不過食頃今先下家
室必完能者封侯矣出乃相告下邳皆下周丘一夜得
三萬人使人報吳王遂將其兵北略城邑比至陽城（地理志云城陽國故齊漢文帝二年別為國屬兗州）兵十餘萬破湯城中尉軍聞吳
王敗走自度無與共成功即引兵歸下邳未至疽發背
死二月中吳王兵既破敗走於是天子制詔將軍曰蓋
聞為善者天報之以福為非者天報之以殃高皇帝親
表功德建立諸侯幽王悼惠王絕無後孝文皇帝哀憐

加惠王幽王子遂悼惠王子卬等令奉其先王宗廟為漢藩國德配天地明並日月吳王濞倍德反義誘受天下亡命辠人亂天下幣稱病不朝二十餘年有司數請濞罪孝文皇帝寬之欲其改行為善今乃與楚王戊趙王遂膠西王卬濟南王辟光菑川王賢膠東王雄渠約從反為逆無道起兵以危宗廟賊殺大臣反漢使者迫劫萬民夭殺無罪燒殘民家掘其丘冢甚為暴虐今卬等又重逆無道燒宗廟鹵御物 顏師古曰御物宗廟之服器也 朕甚痛

之朕素服避正殿將軍其勸士大夫擊反虜擊反虜者深入多殺為功斬首捕虜比三百石以上者皆殺之無有所置 置赦釋也 敢有議詔及不如詔者皆要斬初吳王之度淮與楚王遂西敗棘壁 在宋州寧陵縣西南七十里 乘勝前銳甚梁孝王恐遣六將軍擊吳又敗梁兩將士卒皆還走梁梁數使使報條侯求救條侯不許又使使惡條侯於上上使人告條侯救梁復守便宜不行梁使韓安國及楚死事相弟張羽為將軍 按羽尚弟也 乃得頗敗吳兵吳兵欲西梁城守堅不敢西即走條侯軍會下邑 宋州碭山縣本漢下邑縣 欲戰條侯壁不肯戰吳糧絕卒飢數挑戰遂夜犇條侯壁驚東南條侯使備西北果從西北入吳大敗士卒多飢死乃畔散於是吳王乃與其麾下壯士數千人夜亡去度江走丹徒保東越 東越傳云獨東甌受漢之購殺吳王丹徒潤州也東甌即東越也東越將兵從吳在丹徒也 東越兵可萬餘人乃使人收聚亡卒漢使人以利啗東越東越即紿吳王吳王出勞軍即使人鏦殺吳王 括地志云漢吳王濞冢在潤州丹徒縣東練壁聚北今入平江吳錄云丹徒有吳王冢在縣北其處名為相唐 盛其頭馳傳以聞吳王子子華子駒亡走閩

越吳王之棄其軍亡也軍遂潰往往稍降太尉梁軍楚王戊軍敗自殺三王之圍齊臨菑也三月不能下漢兵至膠西膠東菑川王各引兵歸膠西王乃袒跣席稾飲水謝太后王太子德曰漢兵遠臣觀之已罷可襲願收大王餘兵擊之擊之不勝乃逃入海未晚也王曰吾士卒皆已壞不可發用弗聽漢將弓高侯穨當遺王書曰奉詔誅不義降者赦其罪復故不降者滅之王何處須以

從事王肉袒叩頭漢軍壁謁曰臣卬奉法不謹驚駭百姓乃若將軍遠道至于窮國敢請葅醢之罪弓高侯執金鼓見之曰王苦軍事願聞王發兵狀王頓首膝行對曰今者鼂錯天子用事臣變更高皇帝法令侵奪諸侯地卬等以為不義恐其敗亂天下七國發兵且以誅錯今聞錯已誅卬等謹以罷兵歸將軍曰王苟以錯不善何不以聞及未有詔虎符擅發兵擊義國以此觀之意非欲誅錯也乃出詔書為王讀之讀之訖曰王其自圖

王曰如卬等死有餘罪遂自殺太后太子皆死膠東菑川濟南王皆死國除納于漢酈將軍圍趙十月而下之趙王自殺濟北王以劫故得不誅徙王菑川初吳王首反并將楚兵連齊趙正月起兵三月皆破獨趙後下復置元王少子平陸侯禮為楚王續元王後徙汝南王非王吳故地為江都王

太史公曰吳王之王由父省也能薄賦斂使其衆以擅山海利逆亂之萌自其子興爭技發難卒亡其本親越謀宗竟以夷隕鼂錯為國遠慮禍反近身袁盎權說初寵後辱故古者諸侯地不過百里山海不以封毋親夷狄以疏其屬蓋謂吳邪毋為權首反受其咎豈盎錯邪

史記正義卷一百六

史記正義卷一百七

唐 張守節 撰

魏其武安侯列傳第四十七　史記一百七

魏其侯竇嬰者孝文后從兄子也父世觀津人（觀津城在冀州武邑縣東南二十五里）喜賓客孝文時嬰為吳相病免孝景初即位為詹事（百官表云詹事秦官掌皇后太子家也）梁孝王者孝景弟也其母竇太后愛之梁孝王朝因昆弟燕飲是時上未立太

子酒酣從容言曰千秋之後傳梁王太后驩竇嬰引卮酒進上曰天下者高祖天下父子相傳此漢之約也上何以得擅傳梁王太后由此憎竇嬰竇嬰亦薄其官因病免太后除竇嬰門籍不得入朝請（才性反）孝景三年吳楚反上察宗室諸竇毋如竇嬰賢乃召嬰嬰入見固辭謝病不足任太后亦慙於是上曰天下方有急王孫寧可以讓邪乃拜嬰為太將軍賜金千斤竇乃言袁盎欒布諸名將賢士在家者進之所賜金陳之廊廡下軍吏過輒令財取為用金無入家者竇嬰守滎陽監齊趙兵（監音甲衫反吳王濞傳云竇嬰屯滎陽監齊趙兵也）七國兵已盡破封嬰為魏其侯諸游士賓客爭歸魏其侯孝景時每朝議大事條侯魏其侯諸列侯莫敢與亢禮孝景四年立栗太子（栗姬之子後廢之故言母姓也）使魏其侯為太子傅孝景七年栗太子廢魏其數爭不能得魏其謝病屏居田南山之下數月諸竇賓客辯士說之莫能來梁人高遂乃說魏其曰能富貴將軍者上也能親將軍者太后也今將軍傅太子太子

廢而不能爭爭不能得又弗能死自引謝病擁趙女屏間處（上音閑下昌汝反）而不朝相提而論是自明揚主上之過有如兩宮螫將軍（兩宮太子景帝也）則妻子毋類矣魏其侯然之乃遂起朝請如故桃侯免相竇太后數言魏其侯孝景帝曰太后豈以為臣有愛不相魏其魏其者沾沾自喜耳多易難以為相持重遂不用用建陵侯衛綰為丞相

武安侯田蚡者孝景后同母弟也生長陵魏其已為大

將軍後方盛蚡為諸郎未貴往來侍酒魏其跪起如子姪及孝景晚節蚡益貴幸為太中大夫蚡辯有口學槃盂諸書王太后賢之孝景崩即日太子立稱制所鎮撫多有田蚡賓客計筴蚡弟田勝皆以太后弟孝景後三年封蚡為武安侯勝為周陽侯絳州聞喜縣東二十里周陽故城也武安侯新欲用事為相卑下賓客進名士家居者貴之欲以傾魏其諸將相建元元年丞相綰病免上議置丞相太尉籍福說武安侯曰魏其貴久矣天下士素歸之今將

軍初興未如魏其即上以將軍為丞相必讓魏其魏其為丞相將軍必為太尉太尉丞相尊等耳又有讓賢名武安侯乃微言太后風上於是乃以魏其侯為丞相武安侯為太尉籍福賀魏其侯因弔曰君侯資性喜善疾惡方今善人譽君侯故至丞相然君侯且疾惡惡人衆亦且毀君侯君侯能兼容則幸久不能今以毀去矣魏其不聽魏其武安俱好儒術推轂趙綰為御史大夫王臧為郎中令迎魯申公欲設明堂令列侯就國除關以禮為服制以興太平舉適諸竇宗室毋節行者除其屬籍時諸外家為列侯列侯多尚公主皆不欲就國以故毀日至竇太后太后好黃老之言而魏其武安趙綰王臧等務隆推儒術貶道家言是以竇太后滋不說魏其等及建元二年御史大夫趙綰請無奏事東宮竇太后大怒乃罷逐趙綰王臧等而免丞相太尉以柏至侯許昌為丞相武彊侯莊青翟為御史大夫魏其武安由此以侯家居武安侯雖不任職以王太后故親幸數言事

多效天下吏士趨勢利者皆去魏其歸武安武安日益橫建元六年竇太后崩丞相昌御史大夫青翟坐喪事不辦免以武安侯蚡為丞相以大司農韓安國為御史大夫天下士郡國諸侯愈益坿武安武安者貌侵生貴甚又以為諸侯王多長上初即位富於春秋蚡以肺腑為京師相顏師古曰舊解云肺腑如肝肺之相附著也一說肺附木札也喻其輕薄附著大材按顏此說並是謬又改腑為附就其義重謬矣八十一難云寸口者脈之大會手太陰之動脈也呂廣云太陰者肺之脈也肺為諸藏之主通陰陽故十二經脈皆會手太陰所以決吉凶者十二經有病皆寸口知其何經之

動淳沉濁滑春秋逆順知其死生顧野王云肺腑腹心也累親田蚡為相若人之肺如陰陽逆順又為帝之腹心親戚也非痛折節以禮詘之天下不肅當是時丞相入奏事坐語移日所言皆聽薦人或起家至二千石權移主上上乃曰君除吏已盡未吾亦欲除吏嘗請考工地益宅上怒曰君何不遂取武庫是後乃退嘗召客飲坐其兄蓋侯南鄉自坐東鄉以為漢相尊不可以兄故私橈武安由此滋驕治宅甲諸第田園極膏腴而市買郡縣器物相屬於道前堂羅鐘鼓立曲旃後房婦女以百數

諸侯奉金玉狗馬玩好不可勝數魏其失竇太后益疏不用無勢諸客稍稍自引而怠傲唯灌將軍獨不失故魏其日默默不得志而獨厚遇灌將軍

灌將軍夫者潁陰人也夫父張孟嘗為潁陰侯嬰舍人得幸因進之至二千石故蒙灌氏姓為灌孟吳楚反時潁陰侯灌何為將軍屬太尉請灌孟為校尉夫以千人與父俱灌孟年老潁陰侯彊請之鬱鬱不得意故戰常陷堅遂死吳軍中軍法父子俱從軍有死事得與喪歸灌夫不肯隨喪歸奮曰願取吳王若將軍頭以報父之仇於是灌夫被甲持戟募軍中壯士所善願從者數十人及出壁門莫敢前獨二人及從奴十數騎馳入吳軍至吳將麾下謂大將之旗所殺傷數十人不得前復馳還走入漢壁皆亡其奴獨與一騎歸夫身中大創十餘適有萬金良藥故得無死夫創少瘳又復請將軍曰吾益知吳壁中曲折請復往將軍壯義之恐亡夫乃言太尉太尉乃固止之吳已破灌夫以此名聞天下潁陰侯言之

上上以夫為中郎將數月坐法去後家居長安長安中諸公莫弗稱之孝景時至代相孝景崩今上初即位以為淮陽天下交勁兵處故徙夫為淮陽太守建元元年入為太僕二年夫與長樂衛尉竇甫飲輕重不得夫醉搏甫甫竇太后昆弟也上恐太后誅夫徙為燕相數歲坐法去官家居長安灌夫為人剛直使酒不好面諛貴戚諸有勢在己之右不欲加禮必陵之諸士在己之左愈貧賤尤益敬與鈞稠人廣衆薦寵下輩士亦以此多

之夫不喜文學好任俠已然諾諸所與交通無非豪傑大猾家累數千萬食客日數十百人陂池田園宗族賓客為權利橫於潁川潁川兒乃歌之曰潁水清灌氏寧潁水濁灌氏族灌氏家居雖富然失勢卿相侍中賓客益衰及魏其侯失勢亦欲倚灌夫引繩批根生平慕之後棄之者灌夫亦倚魏其而通列侯宗室為名高兩人相為引重其游如父子然相得驩甚無厭恨相知晚也灌夫有服過丞相丞相從容曰吾欲與仲孺過魏其侯

會仲孺有服灌夫曰將軍乃肯幸臨況魏其侯夫安敢以服為解請語魏其侯帳具將軍旦日蚤臨武安許諾灌夫具語魏其侯如所謂武安侯魏其與其夫人益市牛酒夜灑埽早帳具至旦平明令門下候伺至日中丞相不來魏其謂灌夫曰丞相豈忘之哉灌夫不懌曰夫以服請宜往乃駕自往迎丞相丞相特前戲許灌夫殊無意往及夫至門丞相尚卧於是夫入見曰將軍昨日幸許過魏其魏其夫妻治具自旦至今未敢嘗食武安

鄂謝曰吾昨日醉忽忘與仲孺言乃駕往又徐行灌夫愈益怒及飲酒酣夫起舞屬丞相丞相不起夫從坐上語侵之魏其乃扶灌夫去謝丞相丞相卒飲至夜極驩而去丞相嘗使籍福請魏其城南田魏其大望曰老僕雖棄將軍雖貴寧可以勢奪乎不許灌夫聞怒罵籍福籍福惡兩人有郄乃謾自好謝丞相曰魏其老且死易忍且待之已而武安聞魏其灌夫實怒不予田亦怒曰魏其子嘗殺人蚡活之蚡事魏其無所不可何愛數頃

田且灌夫何與也吾不敢復求田武安由此大怨灌夫魏其元光四年春丞相言灌夫家在潁川橫甚民苦之請案上曰此丞相事何請灌夫亦持丞相陰事為姦利受淮南王金與語言賓客居間遂止俱解夏丞相取燕王女為夫人有太后詔召列侯宗室皆往賀魏其侯過灌夫欲與俱夫謝曰夫數以酒失得過丞相丞相今者又與夫有郄魏其曰事已解彊與俱飲酒酣武安起為壽坐皆避席伏已魏其侯為壽獨故人避席耳餘半膝

席灌夫不悅起行酒至武安武安膝席曰不能滿觴夫怒因嘻笑曰將軍貴人也屬之時武安不肯行酒次至臨汝侯臨汝侯方與程不識耳語又不避席夫無所發怒乃罵臨汝侯曰生平毀程不識不直一錢今日長者為壽乃效女兒呫囁耳語武安謂灌夫曰程李俱東西宮衛尉今衆辱程將軍仲孺獨不為李將軍地乎灌夫曰今日斬頭陷匈何知程李乎坐乃起更衣稍稍去魏其侯去麾灌夫出武安遂怒曰此吾驕灌夫罪乃令騎留

灌夫灌夫欲出不得籍福起為謝案灌夫項令謝夫愈怒不肯謝武安乃麾騎縛夫置傳舍召長史曰今日召宗室有詔劾灌夫罵坐不敬繫居室遂按其前事遣吏分曹逐捕諸灌氏支屬皆得棄市罪魏其侯大媿為資使賓客請莫能解武安吏皆為耳目諸灌氏皆亡匿夫繫遂不得告言武安陰事魏其銳身為救灌夫夫人諫魏其曰灌將軍得罪丞相與太后家忤寧可救邪魏其侯曰侯自我得之自我捐之無所恨且終不令灌仲孺獨死嬰獨生乃匿其家竊出上書立召入具言灌夫醉飽事不足誅上然之賜魏其食曰東朝廷辯之魏其之東朝盛推灌夫之善言其醉飽得過乃丞相以他事誣罪之武安又盛毀灌夫所為橫恣罪逆不道魏其度不可奈何因言丞相短武安曰天下幸而安樂無事蚡得為肺腑所好音樂狗馬田宅蚡所愛倡優巧匠之屬不如魏其灌夫日夜招聚天下豪桀壯士與論議腹誹而心謗不仰視天而俯畫地辟倪兩宮閒幸天下有變而

欲有大功臣乃不如魏其等所為於是上問朝臣兩人孰是御史大夫韓安國曰魏其言灌夫父死事身荷戟馳入不測之吳軍身被數十創名冠三軍此天下壯士非有大惡爭杯酒不足引他過以誅也魏其言是也丞相亦言灌夫通姦猾侵細民家累巨萬橫恣潁川淩轢宗室侵犯骨肉此所謂枝大於本脛大於股不折必披鋪被反披分析也丞相言亦是唯明主裁之主爵都尉汲黯是魏其內史鄭當時是魏其後不敢堅對餘皆莫敢對上

怒内史曰公平生數言魏其武安長短今日廷論局趣效轅下駒應劭云駒馬加著轅局趣纖小之貌按應說爲長也吾并斬若屬矣即罷起入上食太后太后亦已使人候伺具以告太后太后怒不食曰今我在也而人皆籍吾弟令我百歲後皆魚肉之矣且帝寧能爲石人邪顔師古云言徒有人耳不知好惡按今俗云人不辦事罵云杌杌若木人也此特帝在即録録設百歲後是屬寧有可信者乎上謝曰俱宗室外家嬰景帝從舅蚡太后同母弟故廷辯之不然此一獄吏所決耳是時郎中令石建爲上分別

言兩人事武安已罷朝出止車門召韓御史大夫載怒曰與長孺共一老禿翁何爲首鼠兩端韓御史良久謂丞相曰君何不自喜夫魏其毀君君當免冠解印綬歸曰臣以肺腑幸得待罪固非其任魏其言皆是如此上必多君有讓不廢君魏其必内愧杜門齰舌自殺今人毀君君亦毀人譬如賈豎女子爭言何其無大體也武安謝罪曰爭時急不知出此於是上使御史簿責魏其所言灌夫頗不讎讎音市周反對也言簿責魏其所言灌夫實潁川事故魏其不對爲欺謾者也欺謾劾繫都司空如淳云律司空主水及罪人孝景時魏其常受遺詔曰事有不便以便宜論上及繫灌夫罪至族事日急諸公莫敢復明言於上魏其乃使昆弟子上書言之幸得復召見書奏上而案尚書大行無遺詔天子崩曰大行也按尚書之中景帝崩時無遺詔賜魏其也百官表云諸受尚書事也詔書獨藏魏其家家丞封乃劾魏其矯先帝詔罪當棄市五年十月漢書云元光四年冬魏其侯嬰有罪棄市春三月乙卯丞相蚡薨按五年者誤也悉論灌夫及家屬魏其良久乃聞聞即恚病痱不食欲死或聞上無意殺魏

其魏其復餐治病議定不死矣乃有蜚語爲惡言聞上故以十二月晦論棄市渭城故咸陽其春武安侯病其春即四年春也元光四年十月灌夫弃市十二月末魏其弃市至三月乙卯田蚡薨則三人死同在一年明矣漢以十月爲歲首故也秦楚之際者云十一月十二月端月二月三月至九爲終周建子爲正月十一月爲正月十二月爲二月正月爲三月二月爲四月至十月爲歲終漢初至武帝太初以前並依秦法以後改用夏正月至今不改然夫子作春秋依夏正專呼服謝罪使巫視鬼者視之見魏其灌夫共守欲殺之竟死子恬嗣元朔三年武安侯坐衣襜褕爾雅云今蔽前謂之襜郭璞云蔽膝也說文字林並謂之短衣入宮不敬淮南王

安謀反覺治正前朝武安侯為太尉時迎王至霸上謂王曰上未有太子大王最賢高祖孫即宮車晏駕非大王立當誰哉淮南王大喜厚遺金財物上自魏其時不直武安特為太后故耳及聞淮南王金事上曰使武安侯在者族矣

太史公曰魏其武安侯皆以外戚重灌夫用一時決筴而名顯魏其之舉以吳楚武安之貴在日月之際然魏其誠不知時變灌夫無術而不遜兩人相翼乃成禍亂武

安負貴而好權杯酒責望陷彼兩賢嗚呼哀哉遷怒及人命亦不延眾庶不載竟被惡言嗚呼哀哉禍所從來矣

史記正義卷一百七

欽定四庫全書

史記正義卷一百八

唐　張守節　撰

韓長孺列傳第四十八　史記一百八

御史大夫韓安國者梁城安人也（括地志云成安故城在汝州梁縣東二十三里括地志云成安屬潁川郡陳留郡又有成安縣亦屬梁未知孰是也）後徙睢陽（今宋州宋城）嘗受韓子雜家說於騶田生所事梁孝王為中大夫吳楚反時孝王使安國及張羽為將扞吳兵於東界張羽

力戰安國持重以故吳不能過梁吳楚已破安國張羽名由此顯梁孝王景帝母弟竇太后愛之令得自請置相二千石出入游戲僭於天子天子聞之心弗善也太后知帝不善乃怒梁使者弗見案責王所為韓安國為梁使見大長公主（如淳云景帝姊也）而泣曰何梁王為人子之孝為人臣之忠而太后曾弗省也夫前日吳楚齊趙七國反時自關以東皆合從西鄉惟梁最親為艱難梁王念太后帝在中（謂關中也又云京師在天下之中）而諸侯擾亂一言泣

數行下跪送臣等六人將兵擊卻吳楚吳楚以故兵不敢西而卒破亡梁王之力也今太后以小節苛禮責望梁王梁王父兄皆帝王所見者大故出稱蹕入言警車旗皆所賜也即欲以侘鄙縣驅馳國中以夸諸侯令天下盡知太后帝愛之也今梁使來輒案責之梁王恐日夜涕泣思慕不知所為何梁王之為子孝為臣忠而太后弗恤也大長公主具以告太后太后喜曰為言之帝言之帝心乃解而免冠謝太后曰兄弟不能相教乃

為太后遺憂悉見梁使厚賜之其後梁王益親驩太后長公主更賜安國可直千餘金名由此顯結於漢其後安國坐法抵罪蒙獄吏田甲辱安國安國曰死灰獨不復然乎田甲曰然即溺之居無何梁內史缺漢使使者拜安國為梁內史起徒中為二千石田甲亡走安國曰甲不就官我滅而宗甲因肉袒謝安國笑曰可溺矣公等成與治乎卒善遇之梁內史之缺也孝王新得齊人公孫詭說之欲請以為內史竇太后聞乃詔王以安國

為內史公孫詭羊勝說孝王求為帝太子及益地事恐漢大臣不聽乃陰使人刺漢用事謀臣及殺故吳相袁盎景帝遂聞詭勝等計畫乃遣使捕詭勝必得漢使十輩至梁相以下舉國大索月餘不得內史安國聞詭勝匿孝王所安國入見王而泣曰主辱臣死大王無良臣故事紛紛至此今詭勝不得請辭賜死王曰何至此安國泣數行下曰大王自度於皇帝孰與太上皇之與高皇帝及皇帝之與臨江王親孝王曰弗如也安國曰夫

太上臨江親父子之間然而高帝曰提三尺劍取天下者朕也故太上皇終不得制事居于櫟陽臨江王適長太子也以一言過廢王臨江用宮垣事卒自殺中尉府何者治天下終不以私亂公語曰雖有親父安知其不為虎雖有親兄安知其不為狼今大王列在諸侯悅一邪臣浮說犯上禁撓明法天子以太后故不忍致法於王太后日夜涕泣幸大王自改而大王終不覺寤有如太后宮車即晏駕大王尚誰攀乎語未卒孝王泣數行

下謝安國曰吾今出詭勝詭勝自殺漢使還報梁事皆得釋安國之力也於是景帝太后益重安國孝王卒共王即位安國坐法失官居家建元中武安侯田蚡為漢太尉親貴用事安國以五百金物遺蚡蚡言安國太后天子亦素聞其賢即召以為北地都尉遷為大司農閩越東越相攻安國及大行王恢將兵未至越越殺其王降漢兵亦罷建元六年武安侯為丞相安國為御史大夫匈奴來請和親天子下議大行王恢燕人也數為邊

吏習知胡事議曰漢與匈奴和親率不過數歲即復倍約不如勿許興兵擊之安國曰千里而戰兵不獲利今匈奴負戎馬之足懷禽獸之心遷徙鳥舉難得而制也得其地不足以為廣有其衆不足以為彊自上古不屬為人漢數千里爭利則人馬罷虜以全制其敝且彊弩之極矢不能穿魯縞衝風之末力不能漂鴻毛非初不勁末力衰也擊之不便不如和親羣臣議者多附安國於是上許和親其明年則元光元年鴈門馬邑豪聶翁壹因大行王恢言上曰匈奴初和親親信邊可誘以利陰使聶翁壹為間亡入匈奴謂單于曰吾能斬馬邑令丞吏以城降財物可盡得單于愛信之以為然許聶翁壹聶翁壹乃還詐斬死罪囚縣其頭馬邑城示單于使者為信曰馬邑長吏已死可急來於是單于穿塞將十餘萬騎入武州塞當是時漢伏兵車騎材官三十餘萬匿馬邑旁谷中衛尉李廣為驍騎將軍太僕公孫賀為輕車將軍（司馬彪漢書云輕車古之戰車）大行王恢為將屯將軍（李奇云駐

諸也）太中大夫李息為材官將軍（臣瓚云材官騎射之官）御史大夫韓安國為護軍將軍諸將皆屬護軍約單于入馬邑而漢兵縱發王恢李息李廣別從代王擊其輜重（釋名云輜廁也所載衣服雜廁其中）於是單于入漢長城武州塞未至馬邑百餘里行掠鹵徒見畜牧於野不見一人單于怪之攻烽燧得武州尉史欲刺問尉史尉史曰漢兵數十萬伏馬邑下單于顧謂左右曰幾為漢所賣（幾音祈）乃引兵還出塞曰吾得尉史乃天也命尉史為天王塞下傳言單于

已引去漢兵追至塞度弗及即罷王恢等兵三萬聞單于不與漢合度往擊輜重必與單于精兵戰漢兵勢必敗則以便宜罷兵皆無功天子怒王恢不出擊單于輜重擅引兵罷也恢曰始約虜入馬邑城兵與單于接而臣擊其輜重可得利今單于聞不至而還臣以三萬人衆不敵祗取辱耳臣固知還而斬然得完陛下士三萬人於是下恢廷尉廷尉當恢逗撓當斬恢私行千金丞相蚡蚡不敢言上而言於太后曰王恢首造馬邑事今

不成而誅恢是為匈奴報仇也上朝太后太后以丞相言告上上曰首為馬邑事者恢也故發天下兵數十萬從其言為此且縱單于不可得恢所部擊其輜重猶頗可得以慰士大夫心今不誅恢無以謝天下於是恢聞之乃自殺安國為人多大略智足以當世取舍而出於忠厚焉貪嗜於財所推舉皆廉士賢於己者也於梁舉壺遂臧固郅他皆天下名士士亦以此稱慕之唯天子以為國器安國為御史大夫四歲餘丞相田蚡死安國行丞相事奉引墮車蹇天子議置相欲用安國使使視之蹇甚乃更以平棘侯薛澤為丞相安國病免數月蹇愈上復以安國為中尉歲餘徙為衛尉車騎將軍衛青擊匈奴出上谷破胡蘢城將軍李廣為匈奴所得復失之公孫敖大亡卒皆當斬贖為庶人明年匈奴大入邊殺遼西太守及入鴈門所殺略數千人車騎將軍衛青擊之出鴈門衛尉安國為材官將軍屯於漁陽幽州縣安國捕生虜言匈奴遠去即上書言方田作時請且罷軍

屯罷軍屯月餘匈奴大入上谷漁陽安國壁乃有七百餘人出與戰不勝復入壁匈奴虜略千餘人及畜產而去天子聞之怒使使責讓安國徙安國益東屯右北平幽州漁陽縣東南七十七里北平城即漢右北平也是時匈奴虜言當入東方安國始為御史大夫及護軍後稍斥疏下遷而新幸壯將軍衛青等有功益貴安國既疏遠默默也將屯又為匈奴所欺失亡多甚自愧幸得罷歸乃益東徙屯意忽忽不樂數月病歐血死安國以元朔二年中卒

太史公曰余與壺遂定律歷觀韓長孺之義壺遂之深中隱厚世之言梁多長者不虛哉壺遂官至詹事天子方倚以為漢相會遂卒不然壺遂之內廉行脩斯鞠躬君子也

史記正義卷一百八

欽定四庫全書

史記正義卷一百九

唐 張守節 撰

李將軍列傳第四十九　史記一百九

李將軍廣者隴西成紀人也(成紀秦州縣)其先曰李信秦時為將逐得燕太子丹者也故槐里徙成紀廣家世世受射孝文帝十四年匈奴大入蕭關而廣以良家子從軍擊胡用善騎射殺首虜多為漢中郎廣從弟李蔡亦為

郎皆為武騎常侍秩八百石嘗從行有所衝陷折關及格猛獸而文帝曰惜乎子不遇時如令子當高帝時萬戶侯豈足道哉及孝景初立廣為隴西都尉徙為騎郎將吳楚軍時廣為驍騎都尉從太尉亞夫擊吳楚軍取旗顯功名昌邑下以梁王授廣將軍印還賞不行徙為上谷太守匈奴日以合戰典屬國公孫昆邪為上泣曰李廣才氣天下無雙自負其能數與虜敵戰恐亡之於是乃徙為上郡太守後廣轉為邊郡太守徙上郡嘗為隴西北

地鴈門代郡雲中太守皆以力戰為名匈奴大入上郡
天子使中貴人從廣勒習兵擊匈奴中貴人將騎數十
縱見匈奴三人與戰三人還射（射音石還謂轉也）傷中貴人殺
其騎且盡中貴人走廣廣曰是必射雕者也廣乃遂從
百騎往馳三人三人亡馬步行行數十里廣令其騎張
左右翼而廣身自射彼三人者殺其二人生得一人果
匈奴射雕者也已縛之上馬望匈奴有數千騎見廣以
為誘騎皆驚上山陳廣之百騎皆大恐欲馳還走廣曰

吾去大軍數十里今如此以百騎走匈奴追射我立盡
今我留匈奴必以我為大將軍誘之必不敢擊我廣令
諸騎曰前前未到匈奴陳二里所止令曰皆下馬解鞍
其騎曰虜多且近即有急奈何廣曰彼虜以我為走今
皆解鞍以示不走用堅其意於是胡騎遂不敢擊有白
馬將（其將乘白馬而將監護也）出護其兵李廣上馬與十餘騎犇射
殺胡白馬將而復還至其騎中解鞍令士皆縱馬卧是
時會暮胡兵終怪之不敢擊夜半時胡兵亦以為漢有

伏軍於旁欲夜取之胡皆引兵而去平旦李廣乃歸其
大軍大軍不知廣所之故弗從居久之孝景崩武帝立
左右以為廣名將也於是廣以上郡太守為未央衛尉
而程不識亦為長樂衛尉程不識故與李廣俱以邊太
守將軍屯及出擊胡而廣行無部伍行陳就善水草屯
舍止人人自便不擊刁斗以自衛莫府省約文書籍事
然亦遠斥候未嘗遇害程不識正部曲行伍營陳擊刁
斗士吏治軍簿至明軍不得休息然亦未嘗遇害不識

曰李廣軍極簡易然虜卒犯之無以禁也而其士卒亦
佚樂咸樂為之死我軍雖煩擾然虜亦不得犯我是時
漢邊郡李廣程不識皆為名將然匈奴畏李廣之略士
卒亦多樂從李廣而苦程不識程不識孝景時以數直
諫為太中大夫為人廉謹於文法後漢以馬邑城誘單
于使大軍伏馬邑旁谷而廣為驍騎將軍領屬護軍將
軍是時單于覺之去漢軍皆無功其後四歲廣以衛尉
為將軍出鴈門擊匈奴匈奴兵多破敗廣軍生得廣單

于素聞廣賢令曰得李廣必生致之胡騎得廣廣時傷病置廣兩馬閒絡而盛臥廣行十餘里廣佯死睨其旁有一胡兒騎善馬廣暫騰而上胡兒馬因推墮兒取其弓鞭馬南馳數十里復得其餘軍因引而入塞匈奴捕者騎數百追之廣行取胡兒弓射殺追騎以故得脫於是至漢漢下廣吏吏當廣所失亡多為虜所生得當斬贖為庶人頃之家居數歲廣家與故潁陰侯孫屛野居藍田南山中射獵嘗夜從一騎出從人田閒飲還至霸

陵亭霸陵尉醉呵止廣廣騎曰故李將軍尉曰今將軍尚不得夜行何乃故也止廣宿亭下居無何匈奴入殺遼西太守敗韓將軍韓將軍後徙右北平於是天子乃召拜廣為右北平太守廣即請霸陵尉與俱至軍而斬之廣居右北平匈奴聞之號曰漢之飛將軍避之數歲不敢入右北平廣出獵見草中石以為虎而射之中石沒鏃視之石也因復更射之終不能復入石矣廣所居郡聞有虎嘗自射之及居右北平射虎虎騰傷廣廣亦

竟射殺之廣廉得賞賜輒分其麾下飲食與士共之終廣之身為二千石四十餘年家無餘財終不言家產事廣為人長猨臂其善射亦天性也雖其子孫他人學者莫能及廣廣訥口少言與人居則畫地為軍陳射闊狹以飲（飲音於禁反）專以射為戲竟死廣之將兵乏絕之處見水士卒不盡飲廣不近水士卒不盡食廣不嘗食寬緩不苛士以此愛樂為用其射見敵急非在數十步之內度不中不發發即應弦而倒用此其將兵數困辱其射

猛獸亦為所傷云居頃之石建卒於是上召廣代建為郎中令元朔六年廣復為後將軍從大將軍軍出定襄擊匈奴諸將多中首虜率以功為侯者而廣軍無功後三歲廣以郎中令將四千騎出右北平博望侯張騫將萬騎與廣俱異道行可數百里匈奴左賢王將四萬騎圍廣廣軍士皆恐廣乃使其子敢往馳之敢獨與數十騎馳直貫胡騎出其左右而還告廣曰胡虜易與耳軍士乃安廣為圜陳外嚮胡急擊之矢下如雨漢兵死者

過半漢矢且盡廣乃令士持滿毋發而廣身自以大黃射其裨將殺數人胡虜益解會日暮吏士皆無人色而廣意氣自如益治軍軍中自是服其勇也明日復力戰而博望侯軍亦至匈奴軍乃解去漢軍罷弗能追是時廣軍幾没罷歸漢法博望侯留遲後期當死贖為庶人廣軍功自如無賞初廣之從弟李蔡與廣俱事孝文帝景帝時蔡積功勞至二千石孝武帝時至代相以元朔五年為輕車將軍從大將軍擊右賢王有功中率封為

樂安侯元狩二年中代公孫弘為丞相蔡為人在下中名聲出廣下甚遠然廣不得爵邑官不過九卿而蔡為列侯位至三公諸廣之軍吏及士卒或取封侯廣嘗與望氣王朔燕語曰自漢擊匈奴而廣未嘗不在其中而諸部校尉以下才能不及中人然以擊胡軍功取侯者數十人而廣不為後人然無尺寸之功以得封邑者何也豈吾相不當侯邪且固命也朔曰將軍自念豈嘗有所恨乎廣曰吾嘗為隴西守羌嘗反吾誘而降降者八百餘人吾詐而同日殺之至今大恨獨此耳朔曰禍莫大於殺已降此乃將軍所以不得侯者也後二歲大將軍驃騎將軍大出擊匈奴廣數自請行天子以為老弗許良久乃許之以為前將軍是歲元狩四年也廣既從大將軍青擊匈奴既出塞青捕虜知單于所居乃自以精兵走之而令廣并於右將軍軍出東道東道少回遠而大軍行水草少其勢不屯行廣自請曰臣部為前將軍今大將軍乃徙令臣出東道且臣結髮而與匈奴戰

今乃一得當單于臣願居前先死單于大將軍青亦陰受上誡以為李廣老數奇毋令當單于恐不得所欲而是時公孫敖新失侯為中將軍從大將軍大將軍亦欲使敖與俱當單于故徙前將軍廣廣時知之固自辭於大將軍大將軍不聽令長史封書與廣之莫府曰急詣部如書（令廣如其文牒急引兵徙東道也）廣不謝大將軍而起行意甚慍怒而就部引兵與右將軍食其合軍出東道軍亡導或失道後大將軍大將軍與單于接戰單于遁走弗能

得而還南絕幕絕度也南歸度沙幕遇前將軍右將軍廣已見大將軍還入軍大將軍使長史持糒醪遺廣因問廣食其失道狀青欲上書報天子軍曲折言委曲而行廻折使軍後大將軍也廣未對大將軍使長史急責廣之幕府對簿廣曰諸校尉無罪乃我自失道吾今自上簿至莫府廣謂其麾下曰廣結髮與匈奴大小七十餘戰今幸從大將軍出接單于兵而大將軍又徙廣部行回遠而又迷失道豈非天哉且廣年六十餘矣終不能復對刀筆之吏遂引刀

自剄廣軍士大夫一軍皆哭百姓聞之知與不知無老壯皆為垂涕而右將軍獨下吏當死贖為庶人廣子三人曰當戶椒敢為郎天子與韓嫣戲嫣少不遜當戶擊嫣嫣走於是天子以為勇當戶早死拜椒為代郡太守皆先廣死當戶有遺腹子名陵廣死軍時敢從驃騎將軍廣死明年李蔡以丞相坐侵孝景園壖地漢書云詔賜冢地陽侯當得二十畝蔡盜取三頃頗賣得四十餘萬又盜取神道外壖地一畝葬其中當下獄自殺當下吏治蔡亦自殺不對獄國除李敢以校尉從驃騎將軍擊

胡左賢王力戰奪左賢王鼓旗斬首多賜爵關內侯食邑二百戶代廣為郎中令頃之怨大將軍青之恨其父乃擊傷大將軍大將軍匿諱之居無何敢從上雍至甘泉宮獵驃騎將軍去病與青有親射殺敢去病時方貴幸上諱云鹿觸殺之居歲餘去病死而敢有女為太子中人愛幸敢男禹有寵於太子然好利李氏陵遲衰微矣李陵既壯選為建章監監諸騎善射愛士卒天子以為李氏世將而使將八百騎嘗深入匈奴二千餘里過

居延括地志云居延海在甘州張掖縣東北六十四里地理志云居延澤古文以為流沙甘州在京西北二千四百六十里視地形無所見虜而還拜為騎都尉將丹陽楚人五千人教射酒泉張掖以屯衛胡數歲天漢二年秋貳師將軍李廣利將三萬騎擊匈奴右賢王祁連天山括地志云祁連山在甘州張掖縣西南二百里天山一名白山今名初羅漫山在伊吾縣北百二十里伊州在京西北四千四百一十六里而使陵將其射士步兵五千人出居延北可千餘里欲以分匈奴兵毋令專走貳師也陵既至期還而單于以兵八萬圍擊陵軍陵軍五千人兵矢

既盡士死者過半而所殺傷匈奴亦萬餘人且引且戰連鬭八日還未到居延百餘里匈奴遮狹絕道陵食乏而救兵不到虜急擊招降陵陵曰無面目報陛下遂降匈奴其兵盡沒餘亡散得歸漢者四百餘人單于既得陵素聞其家聲及戰又壯乃以其女妻陵而貴之漢聞族陵母妻子自是之後李氏名敗而隴西之士居門下者皆用為恥焉

太史公曰傳曰其身正不令而行其身不正雖令不從

其李將軍之謂也余睹李將軍悛悛如鄙人口不能道辭及死之日天下知與不知皆為盡哀彼其忠實心誠信於士大夫也諺曰桃李不言下自成蹊此言雖小可以諭大也

乾隆御覽之寶

史記正義卷一百九

欽定四庫全書

史部

史記正義卷一百十至一百十五

詳校官編修臣李如筠

史記正義卷一百十

唐 張守節 撰

匈奴列傳第五十 此卷或有本次平津侯後第五十二今第五十者先生舊本如此劉伯莊音亦然若言諸傳而次四夷則司馬汲鄭不合在後也

史記一百十

匈奴其先祖夏后氏之苗裔也曰淳維唐虞以上有山戎 左傳莊三十年齊人伐山戎杜預云山戎北戎無終三名也括地志云幽州漁陽縣本北戎無終子國 獫狁葷粥居于北蠻隨畜牧而轉移其畜之所多則馬牛羊其奇畜則橐駞 橐許又反 驢驘 驘音力戈反 駃騠騊駼驒騱逐水草遷徙毋城郭常處耕田之業然亦各有分地毋文書以言語為約束兒能騎羊引弓射鳥鼠少長則射狐兎用為食士力能彎弓盡為甲騎其俗寬則隨畜因射獵禽獸為生業急則人習戰攻以侵伐其天性也其長兵則弓矢短兵則刀鋋利則進不利則退不羞遁走苟利所在不知禮義自君王以下咸食畜肉衣其皮革被旃裘壯者食肥美老者食其餘貴壯健賤老弱父死

妻其後母兄弟死皆取其妻妻之其俗有名不諱而無姓字夏道衰而公劉失其稷官 周本紀云不窋失其官此云公劉未詳也 變于西戎邑于豳其後三百有餘歲戎狄攻大王亶父亶父亡走岐下而豳人悉從亶父而邑焉作周其後百有餘歲周西伯昌伐畎夷氏後十有餘年武王伐紂而營雒邑復居于酆鄗放逐戎夷涇洛之北以時入貢命曰荒服其後二百有餘年周道衰而穆王伐犬戎得四白狼四白鹿以歸自是之後荒服不至於是周遂作甫刑之辟穆王之後二百有餘年周幽王用寵姬褒姒之故與申侯有郤 故申城在鄧州南陽縣北三十里周宣王舅所封 申侯怒而與犬戎共攻殺周幽王于驪山之下遂取周之焦穫 括地志云焦穫亦名瓠口亦曰瓠中在雍州涇陽縣北城十數里周有焦穫也 而居于涇渭之間侵暴中國秦襄公救周於是周平王去酆鄗而東徙雒邑當是之時秦襄公伐戎至岐 今岐州高誘云秦襄公救周有功受周故地酆鎬列為諸侯也 始列為諸侯是後六十有五年而山戎越燕而伐齊齊釐公與戰于齊郊其後四十四年而山戎伐燕燕告

急于齊齊桓公北伐山戎山戎走其後二十有餘年而戎狄至洛邑伐周襄王襄王奔于鄭之氾邑初周襄王欲伐鄭欲娶戎狄女為后與戎狄兵共伐鄭已而黜狄后狄后怨而襄王後母曰惠后有子子帶欲立之於是惠后與狄后子帶為內應開戎狄戎狄以故得入破逐周襄王而立子帶為天子於是戎狄或居于陸渾東至於衛侵盜暴虐中國疾之故詩人歌之曰戎狄是膺薄伐獫狁至於太原出輿彭彭城彼朔方言獫狁既去北方安靜乃築城守之也

周襄王既居外四年乃使使告急于晉晉文公初立欲修霸業乃興師伐逐戎翟誅子帶迎內周襄王居于雒邑當是之時秦晉為彊國晉文公攘戎翟居于河西圁洛之間括地志云白土故城在鹽州白池東北三百九十里又云近延州綏州銀州本春秋時白狄所居七國屬魏後入秦秦置三十六郡洛漆沮也號曰赤翟白翟括地志云潞州本赤狄地延銀綏三州白翟地按文言圁洛之間號赤狄未詳秦穆公得由余西戎八國服於秦故自隴以西有緜諸括地云緜諸城秦州秦嶺縣北五十六里漢緜諸道屬天水郡緄戎上音昆字當作混顏師古云混云夷也韋昭云春秋以為犬戎翟獂之戎括地志云獂道故城在渭州襄武縣東南三十七里古之獂戎邑漢獂道屬天水郡岐梁山涇漆之北有義渠括地志云寧州慶州西戎即劉拘邑城時為義渠戎國秦為北地郡也大荔括地志同州馮翊縣及朝邑縣本漢臨晉縣地古大荔戎國今朝邑縣東三十步故三城即大荔三城荔力計反烏氏氏音支括地志云烏氏故城在涇州安定縣東三十里周之故地後入戎秦惠王取之置烏氏縣也朐衍之戎括地志云鹽州古戎狄居之即朐衍戎之地秦北地郡也而晉北有林胡括地志云朔州春秋時北地也如淳云即儋林也為李牧滅樓煩之戎括地志云嵐州樓煩胡地也風俗通云故樓煩故地也燕北有東胡山戎各分散居谿谷自有君長往往而聚者百有餘戎然莫能相一自是之後百有餘年晉悼公使

魏絳和戎翟戎翟朝晉後百有餘年趙襄子踰句注而破并代以臨胡貉其後既與韓魏共滅智伯分晉地而有之則趙有代句注之北魏有河西上郡以與戎界邊其後義渠之戎築城郭以自守而秦稍蠶食至於惠王遂拔義渠二十五城惠王擊魏魏盡入西河及上郡于秦秦昭王時義渠戎王與宣太后亂有二子宣太后詐而殺義渠戎王於甘泉遂起兵伐殘義渠於是秦有隴西北地上郡築長城以拒胡而趙武靈王亦變俗胡服習騎射北破林胡樓煩

築長城括地志云趙武靈王長城在朔州善陽縣北案長城水經云白道長城北山上有長垣若頹毀焉沿溪亘嶺東西無極蓋趙靈王所築也自代並陰山括地志云陰山在朔州北塞外突厥界下至高闕為塞地理志云朔方臨戎縣北有連山險於長城其山中斷兩峯俱峻上俗名為高闕也而置雲中鴈門代郡其後燕有賢將秦開為質於胡胡甚信之歸而襲破走東胡東胡卻千餘里與荆軻刺秦王秦舞陽者開之孫也燕亦築長城自造陽按上谷郡今嬀州至襄平置上谷漁陽右北平遼西遼東郡以拒胡當是之時冠帶戰國七而三國邊於匈奴其後趙

將李牧時匈奴不敢入趙邊後秦滅六國而始皇帝使蒙恬將十萬之衆北擊胡悉收河南地因河為塞築四十四縣城臨河徙適戍以充之而通直道自九原至雲陽括地志云勝州連谷縣本秦九原郡漢武帝更名五原雲陽雍縣秦之林光宮即漢之甘泉宮在焉又云秦故道在慶州華池縣西四十五里子午山上自九原至雲陽千八百里因邊山險塹谿谷可繕者治之起臨洮至遼東萬餘里括地志云秦隴西郡臨洮縣即今岷州城本秦長城首起岷州西十二里延袤萬餘里東入遼水又度河據陽山北假中括地志云漢五原郡河目縣故城在北假中北假地名也在河北今屬勝州銀城縣漢書王莽傳云五原北假膏壤殖穀也當是之時東胡彊而月氏盛氏音支括地志云涼甘肅延沙等州地本月氏國匈奴單于曰頭曼頭曼不勝秦北徙十餘年而蒙恬死諸侯畔秦中國擾亂諸秦所徙適戍邊者皆復去於是匈奴得寬復稍度河南與中國界於故塞單于有太子名冒頓後有所愛閼氏生少子而單于欲廢冒頓而立少子乃使冒頓質於月氏冒頓既質於月氏而頭曼急擊月氏月氏欲殺冒頓冒頓盜其善馬騎之亡歸頭曼以為壯令將萬騎冒頓乃作為鳴鏑習勒其騎

射令曰鳴鏑所射而不悉射者斬之行獵鳥獸有不射鳴鏑所射者輒斬之已而冒頓以鳴鏑自射其善馬左右或不敢射者冒頓立斬不射善馬者居頃之復以鳴鏑自射其愛妻左右或頗恐不敢射冒頓又復斬之居頃之冒頓出獵以鳴鏑射單于善馬左右皆射之於是冒頓知其左右皆可用從其父單于頭曼獵以鳴鏑射頭曼其左右亦皆隨鳴鏑而射殺單于頭曼遂盡誅其後母與弟及大臣不聽從者冒頓自立為單于冒頓既

立是時東胡彊盛聞冒頓殺父自立乃使使謂冒頓欲得頭曼時有千里馬冒頓問羣臣羣臣皆曰千里馬匈奴寶馬也勿與冒頓曰奈何與人鄰國而愛一馬乎遂與之千里馬居頃之東胡以為冒頓畏之乃使使謂冒頓欲得單于一閼氏冒頓復問左右左右皆怒曰東胡無道乃求閼氏請擊之冒頓曰奈何與人鄰國愛一女子乎遂取所愛閼氏予東胡東胡王愈益驕西侵與匈奴間中有棄地莫居千餘里各居其邊為甌脫（按境上斥候之室為

甌脫也）東胡使使謂冒頓曰匈奴所與我界甌脫外棄地匈奴非能至也吾欲有之冒頓問羣臣羣臣或曰此棄地予之亦可勿與亦可於是冒頓大怒曰地者國之本也奈何予之諸言予之者皆斬之冒頓上馬令國中有後者斬遂東襲擊東胡東胡初輕冒頓不為備及冒頓以兵至擊大破滅東胡王而虜其民人及畜產既歸西擊走月氏南并樓煩白羊河南王侵燕代悉復收秦所使蒙恬所奪匈奴地者與漢關故河南塞至朝那膚施（漢朝那故城在原州百泉縣西七十里屬安定郡膚施縣秦因不改今延州膚施縣是）遂侵燕代是時漢兵與項羽相距中國罷於兵革以故冒頓得自彊控弦之士三十餘萬自淳維以至頭曼千有餘歲時大時小別散分離尚矣其世傳不可得而次云然至冒頓而匈奴最彊大盡服從北夷而南與中國為敵國其世傳國官號乃可得而記云置左右賢王左右谷蠡王左右大將左右大都尉左右大當戶左右骨都侯匈奴謂賢曰屠耆故常以太子為左屠耆王自如左右賢以

下至當戶大者萬騎小者數千凡二十四長立號曰萬騎諸大臣皆世官呼衍氏蘭氏（顏師古云呼衍即今鮮卑姓呼延者也蘭姓今亦有之）其後有須卜氏（後漢書云呼衍氏須卜氏常與單于婚姻）此三姓其貴種也諸左方王將居東方直上谷（上谷郡今媯州也言匈奴東方南出直當媯州也）以往者東接穢貉朝鮮右方王將居西方直上郡（上郡故城在綏州上縣東南五十里言匈奴西方南直當綏州也）以西接月氏氐羌而單于之庭直代雲中（代郡城北狄代國秦漢代縣城也在蔚州羌胡縣北百五十里雲中故城趙雲中城秦雲中郡在勝州榆林縣東北四十里言匈奴之南直當代雲中也）各有分地逐水

單移徙而左右賢王左右谷蠡王最為大國左右骨都侯輔政諸二十四長亦各自置千長百長什長裨小王相封都尉當户且渠之屬（且子餘反顔師古云今之沮渠姓蓋本因此官）歲正月諸長小會單于庭祠五月大會蘢城登其先天地鬼神秋馬肥大會蹛林（顔師古云蹛者遶林木而祭也鮮卑之俗自古相傳秋祭无林木者尚豎柳枝衆騎馳遶三周乃止此其遺法也）課校人畜（許又反）計其法拔刃尺者死坐盜者沒入其家有小者軋（顔師古云軋者謂輾轢其骨節若今之厭也）大者死獄久者不過十日一國之囚不過數人而

單于朝出營拜日之始生夕拜月其坐長左而北鄉（其座北向長者在左以左為尊也）日上戊己其送死有棺槨金銀衣裘而無封樹喪服近幸臣妾從死者多至數千百人（漢書作數十百人顔師古云或數十人或百人）舉事而候星月月盛壯則攻戰月虧則退兵其攻戰斬首虜賜一卮酒而所得鹵獲因以予之得人以為奴婢故其戰人人自為趣利善為誘兵以冒敵故其見敵則逐利如鳥之集其困敗則瓦解雲散矣戰而扶輿死者盡得死者家財後北服渾庾屈射丁靈

鬲昆薪犂之國（已上五國在匈奴北）於是匈奴貴人大臣皆服以冒頓單于為賢是時漢初定中國徙韓王信於代都馬邑匈奴大攻圍馬邑韓王信降匈奴匈奴得信因引兵南踰句注攻太原至晉陽下高帝自將兵往擊之會冬大寒雨雪卒之墮指者十二三於是冒頓詳敗走誘漢兵漢兵逐擊冒頓冒頓匿其精兵見其羸弱於是漢悉兵多步兵三十二萬北逐之高帝先至平城步兵未盡到冒頓縱精兵四十萬騎圍高帝於白登（白登臺在白登山上朔州

定襄縣東三十里定襄縣漢平城縣也）七日漢兵中外不得相救餉匈奴騎其西方盡白馬東方盡青駹馬（鄒元云駹不純也說文云駹面顙皆白爾雅云黑馬面白也）北方盡烏驪馬南方盡騂馬高帝乃使使間厚遺閼氏閼氏乃謂冒頓曰兩主不相困今得漢地而單于終非能居之也且漢王亦有神單于察之冒頓與韓王信之將王黄趙利期而黄利兵又不來疑其與漢有謀亦取閼氏之言乃解圍之一角於是高帝令士皆持滿傅矢外鄉從解角直出竟與大軍合而冒頓遂引

兵而去漢亦引兵而罷使劉敬結和親之約是後韓王信為匈奴將及趙利王黄等數倍約侵盜代雲中居無幾何陳豨反又與韓信合謀擊代漢使樊噲往擊之復拔代鴈門雲中郡縣不出塞是時匈奴以漢將衆往降故冐頓常往來侵盜代地於是漢患之高帝乃使劉敬奉宗室女公主為單于閼氏歳奉匈奴絮繒酒米食物各有數約為昆弟以和親冐頓乃少止後燕王盧綰反率其黨數千人降匈奴往來苦上谷以東高祖崩孝惠吕

太后時漢初定故匈奴以驕冐頓乃為書遺高后妄言高后欲擊之諸將曰以高帝賢武然尚困於平城於是高后乃止復與匈奴和親至孝文帝初立復脩和親之事其三年五月匈奴右賢王入居河南地侵盜上郡葆塞蠻夷殺略人民於是孝文帝詔丞相灌嬰發車騎八萬五千詣高奴（延州城本漢高奴縣舊都）擊右賢王右賢王走出塞文帝幸太原是時濟北王反文帝歸罷丞相擊胡之兵其明年單于遺漢書曰天所立匈奴大單于敬問皇帝

無恙前時皇帝言和親事稱書意合歡漢邊吏侵侮右賢王右賢王不請聽後義盧侯難氏等計與漢吏相距絶二主之約離兄弟之親皇帝讓書再至發使以書報不來漢使不至漢以其故不和鄰國不附今以小吏之敗約故罰右賢王使之西求月氏擊之以天之福吏卒良馬彊力以夷滅月氏盡斬殺降下之定樓蘭（漢書云鄯善國名樓蘭去長安一千六百里也）烏孫呼揭（揭音桀又其例反二國皆在瓜州西北烏孫戰國時居瓜州）及其旁二十六國皆以為匈奴諸引弓之民并為一

家北州已定願寢兵休士卒養馬除前事復故約以安邊民以應始古使少者得成其長老者安其處世世平樂未得皇帝之志也故使郎中係雩淺奉書請獻槖駞一匹騎馬二匹駕二駟（顏師古云駕可駕車也駟八疋馬也）皇帝即不欲匈奴近塞則且詔吏民遠舍使者至即遣之以六月中來至薪望之地書至漢議擊與和親孰便公卿皆曰單于新破月氏乘勝不可擊且得匈奴地澤鹵（上音息）非可居也和親甚便漢許之孝文皇帝前六年漢遺匈奴書

曰皇帝敬問匈奴大單于無恙使郎中係雩淺遺朕書曰右賢王不請聽後義盧侯難氏等計絶二主之約離兄弟之親漢以故不和鄰國不附今以小吏敗約故罰右賢王使西擊月氏盡定之願寢兵休士卒養馬除前事復故約以安邊民使少者得成其長老者安其處世世平樂朕甚嘉之此古聖主之意也漢與匈奴約為兄弟所以遺單于甚厚倍約離兄弟之親者常在匈奴然右賢王事已在赦前單于勿深誅單于若稱書意明告

諸吏使無負約有信敬如單于書使者言單于自將伐國有功甚苦兵事服繡袷綺衣繡袷長襦錦袷袍各一比余一黄金飾具帶一黄金胥紕一繡十匹錦三十匹赤綈（音啼）綠繒各四十匹使中大夫意謁者令肩遺單于後頃之冒頓死子稽粥立號曰老上單于老上稽粥單于初立孝文皇帝復遣宗室女公主為單于閼氏使宦者燕人中行說（行音胡郎反中行姓說名也）傳公主說不欲行漢彊使之說曰必我行也為漢患者中行說既至因降單于

單于甚親幸之初匈奴好漢繒絮食物中行說曰匈奴人衆不能當漢之一郡然所以彊者以衣食異無仰於漢也今單于變俗好漢物漢物不過什二則匈奴盡歸於漢矣其得漢繒絮以馳草棘中衣袴皆裂敝以示不如旃裘之完善也得漢食物皆去之以示不如湩酪之便美也於是說教單于左右疏記以計課其人衆畜物（上許又反）漢遺單于書牘以尺一寸辭曰皇帝敬問匈奴大單于無恙所遺物及言語云云中行說令單于遺漢書以尺

二寸牘及印封皆令廣大長倨傲其辭曰天地所生日月所置匈奴大單于敬問漢皇帝無恙所以遺物言語亦云云漢使或言曰匈奴俗賤老中行說窮漢使曰而漢俗屯戍從軍當發者其老親豈有不自脫溫厚肥美以齎送飲食行戍乎漢使曰然中行說曰匈奴明以戰攻為事其老弱不能鬬故以其肥美飲食壯健者蓋以自為守衛如此父子各得久相保何以言匈奴輕老也漢使曰匈奴父子乃同穹廬而卧父死妻其後母兄弟

死盡取其妻妻之無冠帶之飾闕庭之禮中行說曰匈奴之俗人食畜肉飲其汁衣其皮畜食草飲水隨時轉移故其急則人習騎射寬則人樂無事其約束輕易行也君臣簡易一國之政猶一身也父子兄弟死取其妻妻之惡種姓之失也故匈奴雖亂必立宗種今中國雖詳不取其父兄之妻親屬益疏則相殺至乃易姓皆從此類且禮義之敝上下交怨望而室屋之極生力必屈夫力耕桑以求衣食築城郭以自備故其民急則不習

戰功緩則罷於作業嗟土室之人顧無多辭令喋喋而佔佔冠固何當自是之後漢使欲辯論者中行說輒曰漢使無多言顧漢所輸匈奴繒絮米糵令其量中必善美而已矣何以為言乎且所給備善則已不備苦惡則候秋孰以騎馳蹂而稼穡耳日夜教單于候利害處漢孝文皇帝十四年匈奴單于十四萬騎入朝那蕭關殺北地都尉卬虜人民畜產甚多遂至彭陽城字誤也括地志云彭城故城在涇州臨城縣東二十里案彭城在寧州與北地郡縣遠明非彭城也使奇兵入燒回中宮括地志云秦回中宮在岐州雍縣西四十里即匈奴所燒者也候騎至雍甘泉括地志云雲陽也秦之林光宮漢之甘泉在雍州雲陽西北八十里秦始皇作甘泉宮去長安三百里望見長安秦皇帝以來祭天圜兵處於是文帝以中尉周舍郎中令張武為將軍發車千乘騎十萬軍長安旁以備胡寇而拜昌侯盧卿為上郡將軍甯侯魏遬為北地將軍隆慮侯周竈為隴西將軍東陽侯張相如為大將軍成侯董赤音赫為前將軍大發車騎往擊胡單于留塞內月餘乃去漢逐出塞即還不能有所殺匈奴日已驕歲入邊殺略人民畜

產甚多雲中遼東最甚至代郡萬餘人漢患之乃使使遺匈奴書單于亦使當戶報謝復言和親事孝文帝後二年使使遺匈奴書曰皇帝敬問匈奴大單于無恙使當戶且居雕渠難雕渠難者其姓名也且子余反郎中韓遼遺朕馬二匹已至敬受先帝制長城以北引弓之國受命單于長城以內冠帶之室朕亦制之使萬民耕織射獵衣食父子無離臣主相安俱無暴逆今聞渫惡民貪降其進取之利倍義絕約忘萬民之命離兩主之驩然其事已在

前矣書曰二國已和親兩主驩說寢兵休卒養馬世世昌樂闓然更始朕甚嘉之聖人者日新改作更始使老者得息幼者得長各保其首領而終其天命朕與單于俱由此道順天恤民世世相傳施之無窮天下莫不咸便漢與匈奴鄰國之敵匈奴處北地寒殺氣早降故詔吏遺單于秫蘗金帛絲絮佗物歲有數今天下大安萬民熙熙朕與單于為之父母朕追念前事薄物細故謀臣計失皆不足以離兄弟之驩朕聞天不頗覆地不偏

載朕與單于皆捐往細故俱蹈大道墮壞前惡以圖長久使兩國之民若一家子元元萬民下及魚鼈上及飛鳥跂行喙息蠕動之類莫不就安利而辟危殆故來者不止天之道也俱去前事朕釋逃虜民單于無言章尼等朕聞古之帝王約分明而無食言單于留志天下大安和親之後漢過不先單于其察之單于既約和親於是制詔御史曰匈奴大單于遺朕書言和親已定亡人不足以益衆廣地匈奴無入塞漢無出塞犯令約者殺

之可以久親後無咎俱便朕已許之其布告天下使明知之後四歲老上稽粥單于死子軍臣立為單于既立孝文皇帝復與匈奴和親而中行說復事之軍臣單于立四歲匈奴復絕和親大入上郡雲中各三萬騎所殺略甚衆而去於是漢使三將軍軍屯北地代屯句注趙屯飛狐口緣邊亦各堅守以備胡寇又置三將軍軍長安西細柳渭北棘門霸上以備胡胡騎入代句注邊烽火通於甘泉長安數月漢兵至邊匈奴亦去遠塞漢兵

亦罷後歲餘孝文帝崩孝景帝立而趙王遂乃陰使人於匈奴吴楚反欲與趙合謀入邊漢圍破趙匈奴亦止自是之後孝景帝復與匈奴和親通關市給遺匈奴遣公主如故約終孝景時時小入盜邊無大寇武帝即位明和親約束厚遇通關市饒給之匈奴自單于以下皆親漢往來長城下漢使馬邑下人聶翁壹姧蘭出物與匈奴交詳為賣馬邑城以誘單于單于信之而貪馬邑財物乃以十萬騎入武州塞漢伏兵三十餘萬馬邑旁御

史大夫韓安國為護軍護四將軍以伏單于單于既入漢塞未至馬邑百餘里見畜布野而無人牧者怪之乃攻亭是時鴈門尉史行徼見寇葆此亭知漢兵謀單于得欲殺之尉史乃告單于漢兵所居單于大驚曰吾固疑之乃引兵還出曰吾得尉史天也天使若言以尉史為天王漢兵約單于入馬邑而縱單于不至以故漢兵無所得漢將軍王恢部出代擊胡輜重聞單于還兵多不敢出漢以恢本造兵謀而不進斬恢自是之後匈奴絕和親攻當路塞往往入盜於漢邊不可勝數然匈奴

貪尚樂關市嗜漢財物漢亦尚關市不絕以中之（如淳云得具以利中傷之）自馬邑軍後五年之秋漢使四將軍各萬騎擊胡關市下將軍衛青出上谷至龍城得胡首虜七百人公孫賀出雲中無所得公孫敖出代郡為胡所敗七千餘人李廣出鴈門為胡所敗而匈奴生得廣廣後得亡歸漢囚敖廣敖廣贖為庶人其冬匈奴數入盜邊漁陽尤甚漢使將軍韓安國屯漁陽備胡其明年秋匈奴二萬騎入漢殺遼西太守略二千餘人胡又入敗漁陽太守軍千餘人圍漢將軍安國安國時千餘騎亦且盡會燕救至匈奴乃去匈奴又入鴈門殺略千餘人於是漢使將軍衛青將三萬騎出鴈門李息出代郡擊胡得首虜數千人其明年衛青復出雲中以西至隴西擊胡之樓煩白羊王於河南得胡首虜數千牛羊百餘萬於是漢遂取河南地築朔方復繕故秦時蒙恬所為塞因河為固漢亦棄上谷之什（音十）辟縣造陽地以予胡（按曲幽辟縣入匈奴界者造陽地弃與胡也）是歲漢之元朔二年也其後冬匈奴軍

臣單于死軍臣單于弟左谷蠡王伊稚斜自立為單于攻破軍臣單于太子於單於單亡降漢漢封於單為涉安侯數月而死伊稚斜單于既立其夏匈奴數萬騎入殺代郡太守恭友略千餘人其秋匈奴又入鴈門殺略千餘人其明年匈奴又復入代郡定襄（括地志云定襄故城在朔州善陽縣北三百八十里地理志定襄郡高帝置也）上郡各三萬騎殺略數千人匈奴右賢王怨漢奪之河南地而築朔方數為寇盜邊及

入河南侵擾朔方殺略吏民甚衆其明年春漢以衛青為大將軍將六將軍十餘萬人出朔方高闕擊胡右賢王以為漢兵不能至飲酒醉漢兵出塞六七百里夜圍右賢王右賢王大驚脫身逃走諸精騎往往隨後去漢得右賢王衆男女萬五千人裨小王十餘人其秋匈奴萬騎入殺代郡都尉朱英略千餘人其明年春漢復遣大將軍衛青將六將軍兵十餘萬騎乃再出定襄數百里擊匈奴得首虜前後凡萬九千餘級而漢亦亡兩將

軍軍三千餘騎右將軍建（蘇武父也）得以身脫而前將軍翕侯趙信兵不利降匈奴趙信者故胡小王降漢漢封為翕侯以前將軍與右將軍并軍分行（與大軍別行也）獨遇單于兵故盡沒單于既得翕侯以為自次王（自次者尊重次于單于）用其姊妻之與謀漢信教單于益北絕幕以誘罷漢兵徼極而取之（徼音古堯反徼要也要漢兵疲極則取之無近塞居上）無近塞單于從其計其明年胡騎萬人入上谷殺數百人其明年春漢使驃騎將軍去病將萬騎出隴西過焉支山（焉音烟括地志云焉支山一名刪丹山在甘州刪丹縣東南五十里西河故事云匈奴祁連焉支二山乃識曰亡我祁連山使我六畜不蕃息失我焉支山使我婦女無顏色其愍惜乃如此）千餘里擊匈奴得胡首虜騎萬八千餘級破得休屠王祭天金人（括地志云徑路神祠在雍州雲陽縣西北九十里甘泉山下本匈奴祭天處秦奪其地後徙休屠右地故金人而金佛像是其遺法立以為祭天主也）其夏驃騎將軍復與合騎侯數萬騎出隴西北地二千里擊匈奴過居延攻祁連山得胡首虜三萬餘人裨小王以下七十餘人是時匈奴亦來入代郡鴈門殺略數百人漢使博望侯及李將軍出右北平擊匈奴右賢王右賢王圍李將軍卒可四千人且盡殺虜亦

過當會博望侯軍救至李將軍得脫漢失亡數千人合騎侯後驃騎將軍期及與博望侯皆當死贖為庶人其秋單于怒渾邪王休屠王居西方為漢所殺虜數萬人欲召誅之渾邪王與休屠王恐謀降漢漢使驃騎將軍往迎之渾邪王殺休屠王并將其衆降漢凡四萬餘人號十萬於是漢已得渾邪王則隴西北地河西益少胡寇徙關東貧民處所奪匈奴河南新秦中以實之（服虔云地名在北地廣六七百里長安北朔方南史記以為秦始皇遣蒙恬斥逐北胡得肥饒之地七百里徙內郡人民皆往充實）

之號曰新秦中也而減北地以西戍卒半其明年匈奴入右北平定襄各數萬騎殺略千餘人而去其明年春漢謀曰翕侯信為單于計居幕北以為漢兵不能至乃粟馬發十萬騎負私從謂負擔衣糧私募從者凡十四萬疋馬凡十四萬匹糧重不與焉令大將軍青驃騎將軍去病中分軍大將軍出定襄驃騎將軍出代咸約絕幕擊匈奴匈奴單于聞之遠其輜重以精兵待於幕北與漢大將軍接戰一日會暮大風起漢兵縱左右翼圍單于單于自度戰不能如

漢兵單于遂獨身與壯騎數百潰漢圍西北遁走漢兵夜追不得行斬捕匈奴首虜萬九千級北至闐顏山趙信城而還單于之遁走其兵往往與漢兵相亂而隨單于單于久不與其大眾相得其右谷蠡王以為單于死乃自立為單于真單于復得其眾而右谷蠡王乃去其單于號復為右谷蠡王漢驃騎將軍之出代二千餘里與左賢王接戰漢兵得胡首虜凡七萬餘級左賢王將皆遁走驃騎封於狼居胥山禪姑衍臨翰海而還按翰海自一大海名羣鳥解羽伏乳於此因名也是後匈奴遠遁而幕南無王庭漢度河自朔方以西至令居往往通渠置田官吏卒五六萬人稍蠶食地接匈奴以北匈奴舊以幕為王庭今遠徙幕北更蠶食之漢境連接匈奴舊地以北也初漢兩將軍大出圍單于所殺虜八九萬而漢士卒物故亦數萬漢馬死者十餘萬匈奴雖病遠去而漢亦馬少無以復往匈奴用趙信之計遣使於漢好辭請和親天子下其議或言和親或言遂臣之丞相長史任敞曰匈奴新破困宜可使為外臣朝請於邊漢使任敞

於單于單于聞敞計大怒留之不遣先是漢亦有所降匈奴使者單于亦輒留漢使相當漢方復收士馬會驃騎將軍去病死於是漢久不北擊胡數歲伊稚斜單于立十三年死子烏維立為單于是歲漢元鼎三年也烏維單于立而漢天子始出巡郡縣其後漢方南誅兩越南越東越不擊匈奴匈奴亦不侵入邊烏維單于立三年漢已滅南越遣故太僕賀將萬五千騎出九原二千餘里至浮苴井而還不見匈奴一人漢又遣故從驃侯趙破

奴萬餘騎出令居數千里至匈奴河水而還亦不見匈奴一人是時天子巡邊至朔方勒兵十八萬騎以見武節而使郭吉風告單于郭吉既至匈奴匈奴主客 官名若鴻臚卿 問所使郭吉禮卑言好曰吾見單于而口言單于見吉吉曰南越王頭已懸於漢北闕今單于能即前與漢戰天子自將兵待邊單于即不能即南面而臣於漢何徒遠走亡匿於幕北寒苦無水草之地毋為也語卒而單于大怒立斬主客見者而留郭吉不歸遷之北海上 北海即上海也蘇武亦遷也 而單于

終不肯為寇於漢邊休養息士馬習射獵數使使於漢好辭甘言求請和親漢使王烏等窺匈奴匈奴法漢使非去節而以墨黥其面者不得入穹廬王烏北地人習胡俗去其節黥面得入穹廬單于愛之詳許甘言為遣其太子入漢為質以求和親漢使楊信於匈奴是時漢東拔穢貉朝鮮以 音貊 為郡 即玄菟樂浪二郡 而西置酒泉郡 今肅川 以鬲絕胡與羌通之路漢又西通月氏大夏 漢書西域傳云大月氏國去長安城萬一千六百里本居敦煌郡連閒冒頓單于破月氏而老上單于殺月氏王以頭為飲器月氏乃遠去過大宛而擊大夏而臣之都嬀水北為王庭也 又以公主妻烏孫王以分匈奴西方之援國又北益廣田至胘靁為塞而匈奴終不敢以為言是歲翕侯信死漢用事者以匈奴為已弱可臣從也楊信為人剛直屈彊素非貴臣單于不親單于欲召入不肯去節單于乃坐穹廬外見楊信楊信既見單于說曰即欲和親以單于太子為質於漢單于曰非故約故約漢常遣公主給繒絮食物有品以和親而匈奴亦不擾邊今乃欲反古令吾太子為質無幾矣 幾音記言反古無所冀望也 匈奴

俗見漢使非中貴人其儒先以為欲說折其辯其少年以為欲刺折其氣每漢使入匈奴匈奴輒報償漢留匈奴使匈奴亦留漢使必得當乃肯止楊信既歸漢使王烏而單于復諂以甘言欲多得漢財物紿謂王烏曰吾欲入漢見天子面相約為兄弟王烏歸報漢漢為單于築邸于長安匈奴曰非得漢貴人使吾不與誠語匈奴使其貴人至漢病漢予藥欲愈之不幸而死而漢使路充國佩二千石印綬往使因送其喪厚葬直數千金曰

此漢貴人也單于以為漢殺吾貴使者乃留路充國不歸諸所言者單于特空紿王烏殊無意入漢及遣太子來質於是匈奴數使奇兵侵犯邊漢乃拜郭昌為拔胡將軍及浞野侯屯朔方以東備胡路充國留匈奴三歲單于死烏維單于立十歲而死子烏師廬立為單于年少號為兒單于是歲元封六年也自此之後單于益西北左方兵直雲中右方直酒泉燉煌郡括地志云鐵勒國匈奴冒頓之後在突厥國北樂勝州經秦長城太黃長路正北經砂磧十三日行至其國兒單于立漢使

兩使者一弔單于一弔右賢王欲以乖其國使者入匈奴匈奴悉將致單于單于怒而盡留漢使漢使留匈奴者前後十餘輩而匈奴使來漢亦輒留相當是歲漢使二師將軍廣利西伐大宛而令因杅音于將軍敖築受降城其冬匈奴大雨雪畜多飢寒死兒單于年少好殺伐國人多不安左大都尉欲殺單于使人閒告漢曰我欲殺單于降漢漢遠即兵來迎我我即發初漢聞此言故築受降城猶以為遠其明年春漢使浞野侯破奴將二

萬餘騎出朔方西北二千餘里期至浚稽山而還浞野侯既至期而還左大都尉欲發而覺單于誅之發左方兵擊浞野浞野侯行捕首虜數千人還未至受降城四百里匈奴兵八萬騎圍之浞野侯夜自出求水匈奴閒捕生得浞野侯因急擊其軍軍中郭縱為護維王為渠為渠帥也相與謀曰及諸校尉畏亡將軍而誅之莫相勸歸軍遂沒於匈奴匈奴兒單于大喜遂遣奇兵攻受降城不能下乃寇入邊而去其明年單于欲自攻受降城未

至病死兒單于立三歲而死子年少匈奴乃立其季父烏維單于弟右賢王呴犂湖為單于是歲太初三年也呴犂湖單于立漢使光祿徐自為出五原塞即五原郡榆林塞也在勝州榆林縣四十里也數百里遠者千餘里築城鄣列亭顔胤云鄣山中小城亭候望所居也至盧朐括地志云五原郡相陽縣北出石門鄣得光祿城又西北得支就縣又西北得頭曼城又西北得宰城河又西北得宿虜城按即築城鄣列亭至盧朐也服虔云盧朐匈奴地名也張晏云山名也而使游擊將軍韓說長平侯衛伉屯其旁使彊弩都尉路博德築居延澤上括地志云漢居延縣故城在甘州張掖縣東北千五百三十里有

漢遮虜鄣强弩都尉路博德之所築李陵敗與士衆期至遮虜鄣即此也長老傳云鄣北百八十里直居延之西北是李陵戰地也其秋匈奴大入定襄雲中殺略數千人敗數二千石而去行破壞光祿所築城列亭鄣又使右賢王入酒泉張掖略數千人會任文擊救盡復失所得而去是歲貳師將軍破大宛斬其王而還匈奴欲遮之不能至其冬欲攻受降城會單于病死呴犂湖單于立一歲死匈奴乃立其弟左大都尉且鞮侯為單于漢既誅大宛威震外國天子意欲遂困胡乃下詔曰高皇帝遺朕

平城之憂高后時單于書絕悖逆昔齊襄公復百世之讎春秋大之是歲太初四年也且鞮侯單于既立盡歸漢使之不降者路充國等得歸單于初立恐漢襲之乃自謂我兒子安敢望漢天子漢天子我丈人行也胡郎反漢遣中郎將蘇武厚幣賂遺單于單于益驕禮甚倨非漢所望也其明年浞野侯破奴得亡歸漢其明年漢使貳師將軍廣利以三萬騎出酒泉擊右賢王於天山在伊川得胡首虜萬餘級而還匈奴大圍貳師將軍幾不脫

漢兵物故什六七漢復使因杅將軍敖出西河與彊弩都尉會涿涂山匈奴中山也毋所得又使騎都尉李陵將步騎五千人出居延北千餘里與單于會合戰陵所殺傷萬餘人兵及食盡欲解歸匈奴圍陵降匈奴其兵遂没得還者四百人單于乃貴陵以其女妻之後二歲復使貳師將軍將六萬騎步兵十萬出朔方彊弩都尉路博德將萬餘人與貳師會游擊將軍說將步騎三萬人出五原因杅將軍敖將萬騎步兵三萬人出鴈門匈奴聞

悉遠其累重於余吾水北累力為反重大用反而單于以十萬騎待水南與貳師將軍接戰貳師乃解而引歸與單于連戰十餘日貳師聞其家以巫蠱族滅因并衆降匈奴得來還千人一兩人耳自此以下上至貳師聞其家非天漢四年事似錯悞人所知游擊說無所得因杅敖與左賢王戰不利引歸是歲漢兵之出擊匈奴者不得言功多少功不得御御音語其功不得相御當也有詔捕太醫令隨但言貳師將軍家室族滅使廣利得降匈奴

太史公曰孔氏著春秋隱桓之間則章至定哀之際則微為其切當世之文而罔褒忌諱之辭也世俗之言匈奴者患其徼一時權而務讇納其說以便偏指不參彼己將率席中國廣大氣奮人主因以決策是以建功不深堯雖賢興事業不成得禹而九州寧言堯雖賢聖不能獨理得禹而九州安寧以刺武帝不能擇賢將相而務諂納小人浮說多伐匈奴故壞齊民故太史公引禹聖成其太平以攻當代之罪且欲興聖統唯在擇任將相哉唯在擇任將相哉

史記正義卷一百十

欽定四庫全書

史記正義卷一百十一

唐 張守節 撰

衛將軍驃騎列傳第五十一 史記一百十一

大將軍衛青者平陽人也漢書云其父鄭季河東平陽人以縣吏給事平陽侯之家也其父鄭季為吏給事平陽侯家與侯妾衛媪通生青青同母兄衛長子而姊衛子夫自平陽公主家得幸天子故冒姓為衛氏字仲卿長子更字長君長君母號為

衛媪媪長女衛孺次女少兒次女即子夫後子夫男弟步廣皆冒衛氏青為侯家人少時歸其父其父使牧羊先母之子皆奴畜之不以為兄弟數青嘗從入至甘泉居室按居室署名武帝改曰保宮灌夫繫居室是也有一鉗徒相青曰貴人也官至封侯青笑曰人奴之生得毋笞罵即足矣安得封侯事乎青壯為侯家騎從平陽主建元二年春青姊子夫得入宮幸上皇后堂邑大長公主女也文穎云陳皇后武帝姑女也無子妬大長公主聞衛子夫幸有身妬之乃使人捕

青青時給事建章未知名大長公主執囚青欲殺之其友騎郎公孫敖與壯士篡取之以故不得死上聞乃召青為建章監侍中及同母昆弟貴賞賜數日間累千金孺為太僕公孫賀妻少兒故與陳掌通上召貴掌公孫敖由此益貴子夫為夫人青為太中大夫元光五年青為車騎將軍擊匈奴出上谷太僕公孫賀為輕車將軍出雲中太中大夫公孫敖為騎將軍出代郡衛尉李廣為驍騎將軍出鴈門軍各萬騎青至蘢城斬首虜數百騎將軍敖亡

七千騎衛尉李廣為虜所得得脫歸皆當斬贖為庶人賀亦無功元朔元年春衛夫人有男立為皇后其秋青為車騎將軍出鴈門三萬騎擊匈奴斬首虜數千人明年匈奴入殺遼西太守虜畧漁陽二千餘人敗韓將軍軍漢令將軍李息擊之出代令車騎將軍青出雲中以西至高闕遂畧河南地至于隴西捕首虜數千萬走白羊樓煩王遂以河南地為朔方郡今夏州也以三千八百戸封青為長平侯青校尉蘇建有功以千一百戸封建為平陵侯使建築朔方城括地志云夏州朔方縣北什賁故城是按蘇建築什賁之號蓋出蕃語也青校尉張次公有功封為岸頭侯服虔云鄉名也天子曰匈奴逆天理亂人倫暴長虐老以盜竊為務行詐諸蠻夷造謀籍兵數為邊害故興師遣將以征厥罪詩不云乎薄伐玁狁至于太原出車彭彭城彼朔方令車騎將軍青度西河即雲中郡之西河云勝州東何也至高闕獲首虜二千三百級車輜畜產畢收為鹵已封為列侯遂西定河南地按榆谿舊塞絕梓領梁北河括地志云梁北河在靈州界也討蒲泥破符離斬輕銳之卒捕服聽者三

千七十一級執訊獲醜訊問也醜衆言執其生口問之知虜處獲得衆類也驅馬牛羊百有餘萬全甲兵而還益封青三千戸其明年匈奴入殺代郡太守友入畧鴈門千餘人其明年匈奴大入代定襄上郡殺畧漢數千人其明年元朔之五年春漢令車騎將軍青將三萬騎出高闕衛尉蘇建為游擊將軍左內史李沮為彊弩將軍太僕公孫賀為騎將軍代相李蔡為輕車將軍皆領屬車騎將軍俱出朔方大行李息岸頭侯張次公為將軍出右北平咸擊匈奴匈奴右

王當衛青等兵以為漢兵不能至此飲醉漢兵夜至圍右賢王右賢王驚夜逃獨與其愛妾一人壯騎數百馳潰圍北去漢輕騎校尉郭成等逐數百里不及得右賢裨王十餘人衆男女萬五千餘人畜數千百萬於是引兵而還至塞天子使使者持大將軍印即軍中拜車騎將軍青為大將軍諸將皆以兵屬大將軍大將軍立號而歸天子曰大將軍青躬率戎士師大捷獲匈奴王十有餘人益封青六千戶而封青子伉（口浪反）為宜春侯青

子不疑為陰安侯青子登為發干侯青固謝曰臣幸得待罪行間賴陛下神靈軍大捷皆諸校尉力戰之功也陛下幸已益封臣青臣青子在繈保中（繈長尺二寸闊八寸以約小兒於背襁小兒被也）未有勤勞上幸列地封為三封侯非臣待罪行間所以勸士力戰之意也伉等三人何敢受封天子曰我非忘諸校尉功也今固且圖之乃詔御史曰護軍都尉公孫敖三從大將軍擊匈奴常護軍傅校獲王以千五百戶封敖為合騎侯都尉韓說從大將軍出窳渾至匈奴右賢王庭為麾下搏戰獲王以千三百戶封說為龍額侯騎將軍公孫賀從大將軍獲王以千三百戶封賀為南窌侯輕車將軍李蔡再從大將軍獲王以千六百戶封蔡為樂安侯校尉李朔校尉趙不虞校尉公孫戎奴各三從大將軍獲王以千三百戶封朔為涉軹侯以千三百戶封不虞為隨成侯以千三百戶封戎奴為從平侯將軍李沮李息及校尉豆如意有功賜爵關內侯食邑各三百戶其秋匈奴入代殺都尉朱英其明年春大將軍青出

定襄合騎侯敖為中將軍太僕賀為列將軍翕侯信為前將軍衛尉蘇建為右將軍郎中令李廣為後將軍左內史李沮為彊弩將軍咸屬大將軍斬首數千級而還月餘悉復出定襄擊匈奴斬首虜萬餘人右將軍建前將軍信并軍三千餘騎獨逢單于兵與戰一日餘漢兵且盡前將軍故胡人降為翕侯見擊匈奴誘之遂將其餘騎可八百奔降單于右將軍蘇建盡亡其軍以身得亡去自歸大將軍大將軍問其罪正閎長史安（律都軍官史一人也）議郎周霸等建當

云何霸曰自大將軍出未嘗斬裨將今建棄軍可斬以明將軍之威閎安曰不然兵法小敵之堅大敵之禽也今建以數千當單于數萬力戰一日餘士盡不敢有二心自歸自歸而斬之是示後無反意也不當斬大將軍曰青幸得以肺腑待罪行閒不患無威而霸說我以明威甚失臣意且使臣職雖當斬將以臣之尊寵而不敢自擅專誅於境外而具歸天子天子自裁之於是以見為人臣不敢專權不亦可乎軍吏皆曰善遂囚建詣

行在所入塞罷兵是歲也大將軍姊子霍去病年十八幸為天子侍中善騎射再從大將軍受詔與壯士為剽姚校尉與輕勇騎八百直棄大軍數百里赴利斬捕首虜過當於是天子曰剽姚校尉去病斬首虜二千二十八級及相國當戶斬單于大父行籍若侯産生捕季父羅姑比再冠軍以千六百戶封去病為冠軍侯上谷太守郝賢四從大將軍捕斬首虜二千餘人以千一百戶封賢為衆利侯是歲失兩將軍軍亡翕侯軍功不多故

大將軍不益封右將軍建至天子不誅赦其罪贖為庶人大將軍既還賜千金是時王夫人方幸於上甯乘說大將軍曰將軍所以功未甚多身食萬戶三子皆為侯者徒以皇后故也今王夫人幸而宗族未富貴願將軍奉所賜千金為王夫人親壽大將軍乃以五百金為壽天子聞之問大將軍大將軍以實言上乃拜甯乘為東海都尉張騫從大將軍以嘗使大夏（大夏國在大宛西）留匈奴中久導軍知善水草處軍得以無饑渴因前使絕國功

封騫博望侯冠軍侯去病既侯三歲元狩二年春以冠軍侯去病為驃騎將軍（漢書云霍去病征匈奴有絶幕之勲始置驃騎將軍位在三司品秩同大將軍說文云驃騎黃馬髮白色一曰髦尾）將萬騎出隴西有功天子曰驃騎將軍率戎士踰烏盭討遬濮涉狐奴歷五王國輜重人衆懾慴者弗取冀獲單于子轉戰六日過焉支山千有餘里合短兵殺折蘭王斬盧胡王（顏師古云折蘭匈奴中姓也今鮮卑有其蘭姓者即其種）誅全甲（全甲謂其足不失落也）執渾邪王子及相國都尉首虜八千餘級收休屠祭天金人益封去病二千

戶其夏驃騎將軍與合騎侯敖俱出北地異道博望侯張騫郎中令李廣俱出右北平異道皆擊匈奴郎中令將四千騎先至博望侯將萬騎在後至匈奴左賢王將數萬騎圍郎中令郎中令與戰二日死者過半所殺亦過當博望侯至匈奴兵引去博望侯坐行留當斬贖為庶人而驃騎將軍出北地已遂深入與合騎侯失道不相得驃騎將軍踰居延至祁連山捕首虜甚多天子曰驃騎將軍踰居延遂過小月氏攻祁連山得酋涂王以衆

降者二千五百人斬首虜三萬二百級獲五王五王母單于閼氏王子五十九人相國將軍當戶都尉六十三人師大率音律也減什三益封去病五千戶賜校尉從至小月氏爵左庶長鷹擊司馬破奴再從驃騎將軍斬遫濮王速卜二音捕稽且王千騎將得王王母各一人王子以下四十一人捕虜三千三百三十人前行捕虜千四百人以千五百戶封破奴為從驃侯校尉句王高不識從驃騎將軍捕呼于屠王王子以下十一人捕虜千七百六十八人以千一百戶封不識為宜冠侯孔文祥云從冠軍將軍戰故宜冠從驃之類者也校尉僕多有功封為煇渠侯合騎侯敖坐行留不與驃騎會當斬贖為庶人諸宿將所將士馬兵亦不如驃騎驃騎所將常選然亦敢深入常與壯騎先其大將軍軍亦有天幸未嘗困絕也然而諸宿將常坐留落不遇由此驃騎日以親貴比大將軍其秋單于怒渾邪王居西方數為漢所破亡數萬人以驃騎之兵也單于怒欲召誅渾邪王渾邪王與休屠王等謀欲降漢使

人先遣使向邊境要遮漢人令報天子要邊是時大行李息將城河上得渾邪王使即馳傳以聞天子聞之於是恐其以詐降而襲邊乃令驃騎將軍將兵往迎之驃騎既渡河與渾邪王衆相望渾邪王裨將見漢軍而多欲不降者頗遁去驃騎乃馳入與渾邪王相見斬其欲亡者八千人遂獨遣渾邪王乘傳先詣行在所盡將其衆渡河降者數萬號稱十萬既至長安天子所以賞賜者數十巨萬封渾邪王萬戶為漯陰侯封其裨王呼毒

尼為下摩侯鷹庇為煇渠侯（煇渠表作順梁）禽黎為河綦侯大當戶銅離為常樂侯於是天子嘉驃騎之功曰驃騎將軍去病率師攻匈奴西域王渾邪王及厥衆萌咸相犇率以軍糧接食并將控弦萬有餘人誅獟駻獲首虜八千餘級降異國之王三十二人戰士不離傷十萬之衆咸懷集服仍與之勞爰及河塞（言匈奴右地渾耶王降而塞外並河諸郡之民無憂患也）庶幾無患幸既永綏矣以千七百戶益封驃騎將軍減隴西北地上郡戍卒之半以寬天下之繇居頃

之乃分徙降者邊五郡故塞外（五郡謂隴西北上郡朔方雲中並是故塞外又在北海之南）而皆在河南因其故俗為屬國（以降來之民徙置五郡各依本國之俗而屬於漢故言屬國也）其明年匈奴入右北平定襄殺略漢千餘人其明年天子與諸將議曰翕侯趙信為單于畫計常以為漢兵不能度幕輕留今大發士卒其勢必得所欲是歲元狩四年也元狩四年春上令大將軍青驃騎將軍去病將各五萬騎步兵轉者踵軍（言轉軍之士及步兵接後又數十萬人）數十萬而敢力戰深入之士皆屬驃騎驃騎始為出

定襄當單于捕虜言單于東乃更令驃騎出代郡令大將軍出定襄郎中令為前將軍太僕為左將軍主爵趙食其為右將軍平陽侯襄為後將軍皆屬大將軍兵即度幕人馬凡五萬騎與驃騎等咸擊匈奴單于趙信為單于謀曰漢兵既度幕人馬罷匈奴可坐收虜耳乃悉遠北其輜重皆以精兵待幕北而適值大將軍軍出塞千餘里見單于兵陳而待於是大將軍令武剛車自環為營而縱五千騎往當匈奴匈奴亦縱可萬騎會日且入

大風起砂礫擊面兩軍不相見漢益縱左右翼繞單于單于視漢兵多而士馬尚彊戰而匈奴不利薄莫單于遂乘六贏壯騎可數百直冒漢圍西北馳去時已昏漢匈奴相紛挐（三蒼解詁云紛挐相牽也）殺傷大當漢軍左校捕虜言單于未昏而去漢軍因發輕騎夜追之大將軍軍因隨其後匈奴兵亦散走遲明（上音值）行二百餘里不得單于頗捕斬首虜萬餘級遂至窴顏山趙信城得匈奴積粟食軍軍留一日而還悉燒其城餘粟以歸大將軍之與

單于會也而前將軍廣右將軍食其軍別從東道或失道後擊單于大將軍引還過幕南乃得前將軍右將軍大將軍欲使使歸報令長史簿責前將軍廣廣自殺右將軍至下吏贖為庶人大將軍軍入塞凡斬捕首虜萬九千級是時匈奴衆失單于十餘日右谷蠡王聞之自立為單于單于後得其衆右王乃去單于之號驃騎將軍亦將五萬騎車重與大將軍軍等而無裨將悉以李敢等為大校當裨將出代右北平千餘里直左方兵所

斬捕功已多大將軍軍既還天子曰驃騎將軍去病率師躬將所獲葷粥之士約輕齎絕大幕涉獲章渠以誅比車耆轉擊左大將斬獲旗鼓歷涉離侯濟弓閭獲屯頭王韓王等三人將軍相國當戶都尉八十三人封狼居胥山禪於姑衍（積土為壇於山上封以祭天也除地曰禪）登臨翰海執鹵獲醜七萬有四百四十三級師率減什三取食於敵逴行殊遠而糧不絕以五千八百戶益封驃騎將軍右北平太守路博德屬驃騎將軍會與城（上音余）不失期從至

檮余山斬首捕虜二千七百級以千六百戶封博德為符離侯北地都尉邢山從驃騎將軍獲王以千二百戶封山為義陽侯故歸義因淳王復陸支樓專王伊即靬皆從驃騎將軍有功以千三百戶封復陸支為壯侯以千八百戶封伊即靬為衆利侯從驃侯破奴昌武侯安稽從驃騎有功益封各三百戶校尉敢得旗鼓為關內侯食邑二百戶校尉自為爵大庶長軍吏卒為官賞賜甚多而大將軍不得益封軍吏卒皆無封侯者兩軍之

出塞塞閱官及私馬凡十四萬匹而復入塞者不滿三萬匹乃益置大司馬位大將軍驃騎將軍皆為大司馬定令令驃騎將軍秩祿與大將軍等自是之後大將軍青日退而驃騎日益貴舉大將軍故人門下多去事驃騎輒得官爵唯任安不肯驃騎將軍為人少言不泄有氣敢任天子嘗欲教之孫吳兵法對曰顧方畧何如耳不至學古兵法天子為治第令驃騎視之對曰匈奴未滅無以家為也由此上益重愛之然少而侍中貴不省

士其從軍天子為遣太官齎數十乘既還重車餘棄粱肉而士有飢者其在塞外卒乏糧或不能自振而驃騎尚穿域蹋鞠（按蹵鞠書有域說篇即今之打毬也黃帝所作起戰國時程武士知其材力也若講武）事多此類大將軍為人仁善退讓以和柔自媚於上然天下未有稱也驃騎將軍自四年軍後三年元狩六年而卒天子悼之發屬國玄甲（屬國即上分置邊五郡者也玄甲鐵甲也）軍陳自長安至茂陵為冢像祁連山謚之并武與廣地曰景桓侯子嬗代侯嬗少字子侯上愛之幸其壯而將之居六歲元封元年嬗卒謚哀侯無子絕國除自驃騎將軍死後大將軍長子宜春侯伉坐法失侯後五歲伉弟二人陰安侯不疑及發干侯登皆坐酎金失侯失侯後二歲冠軍侯國除其後四年大將軍青卒謚為烈侯子伉代為長平侯自大將軍圍單于之後十四年而卒竟不復擊匈奴者以漢馬少而方南誅兩越東伐朝鮮擊羌西南夷以故久不伐胡大將軍以其得尚平陽公主（漢書云平陽侯曹壽有惡疾就國乃詔青尚平陽公主如淳云本陽信長公主為平陽侯所尚故稱平陽公主云）故長平侯代侯六歲坐法失侯左右兩大將軍及諸裨將名最大將軍青凡七出擊匈奴斬捕首虜五萬餘級一與單于戰收河南地遂置朔方郡再益封凡萬一千八百戶封三子為侯二千三百戶并之萬五千七百戶其校尉裨將以從大將軍侯者九人其裨將及校尉已為將者十四人為裨將者曰李廣自有傳無傳者曰

將軍

公孫賀賀義渠人（今慶州本義渠戎國也地理志云北義渠道也）其先胡種賀父渾邪景帝時為平曲侯坐法失侯賀武帝時為太子舍人武帝立八歲以太僕為輕車將軍軍馬邑後四歲以輕車將軍出雲中後五歲以騎將軍從大將軍有功封為南窌侯後一歲以左將軍再從大將軍出定襄無功後四歲以坐酎金失侯後八歲以浮沮將軍出五原二千餘里無功後八歲以太僕為丞相封葛繹侯賀七為將軍出擊匈奴無大功而再侯為丞相坐子敬聲與陽石公主姦為巫蠱族滅無後

將軍李息郁郅人之栗反今慶州弘化縣是事景帝至武帝立八歲為材官將軍軍馬邑後六歲為將軍出代後三歲為將軍從大將軍出朔方皆無功凡三為將軍常為大行

將軍公孫敖義渠人以郎事武帝武帝立十二歲為驃騎將軍出代亡卒七千人當斬贖為庶人後五歲以校尉從大將軍有功封為合騎侯後一歲以中將軍從大將軍再出定襄無功後二歲以將軍出北地後驃騎失期當斬贖為庶人後二歲以校尉從大將軍無功後十四以因

杅將軍築受降城七歲復以因杅將軍再出擊匈奴至余吾亡士卒多下吏當斬詐死亡居民間五六歲後發覺復繫坐妻為巫蠱族凡四為將軍出擊匈奴一侯

將軍李沮雲中人今嵐勝州也事景帝武帝立十七歲以左內史為彊弩將軍後一歲復為彊弩將軍

將軍李蔡成紀人也秦州縣也事孝文帝景帝武帝以輕車將軍從大將軍有功封為樂安侯已為丞相坐法死

將軍張次公河東人以校尉從衛將軍青有功封為岸頭侯其後太后崩為將軍軍北軍後一歲為將軍從大將軍再為將軍坐法失侯次公父隆輕車武射也以善射景帝幸近之也

將軍蘇建杜陵人以校尉從衛將軍青有功為平陵侯以將軍築朔方後四歲為游擊將軍從大將軍出朔方後一歲以右將軍再從大將軍出定襄亡翕侯失軍當斬贖為庶人其後為代郡太守卒家在大猶鄉

將軍趙信以匈奴相國降為翕侯武帝立十七歲為前

將軍與單于戰敗降匈奴

將軍張騫以使通大夏還為校尉從大將軍有功封為博望侯三歲為將軍出右北平失期當斬贖為庶人其後使通烏孫為大行而卒家在漢中

將軍趙食其祋祤人也上都梅反雍州同官縣本漢祋祤縣也武帝立二十二歲以主爵為右將軍從大將軍出定襄迷失道當斬贖為庶人

將軍曹襄以平陽侯為後將軍從大將軍出定襄襄曹

參孫也將軍韓說弓高侯庶孫也以校尉從大將軍有功為龍頟侯坐酎金失侯元鼎六年以待詔為橫海將軍擊東越有功為按道侯以太初三年為游擊將軍屯於五原外列城為光祿勳掘蠱太子宮衛太子殺之

將軍郭昌雲中人也以校尉從大將軍元封四年以太中大夫為拔胡將軍屯朔方還擊昆明毋功奪印

將軍荀彘太原廣武人以御見以書御求見也侍中為校尉數從大將軍以元封三年為左將軍擊朝鮮無功以捕樓船將軍坐法死最驃騎將軍去病凡六出擊匈奴其四出以將軍斬捕虜首十一萬餘級及渾邪王以衆降數萬遂開河西酒泉之地河謂隴右蘭州之西河也謂涼肅等州漢書西域傳云驃騎將軍擊破匈奴右地置酒泉郡後分置武威張掖燉煌等郡西方益少胡寇四益封凡萬五千一百戶其校吏有功為侯者凡六人而後為將軍二人

將軍路博德平州人漢書云西河平州按西河郡今邠州以右北平太守從驃騎將軍有功為符離侯驃騎死後博德以衛尉為

伏波將軍伐破南越益封其後坐法失侯為彊弩都尉屯居延卒

將軍趙破奴故九原人今勝州嘗亡入匈奴已而歸漢為驃騎將軍司馬出北地時有功封為從驃侯坐酎金失侯後一歲為匈河將軍攻胡至匈奴水無功後二歲擊虜樓蘭王復封為浞野侯後六歲為浚稽將軍將二萬騎擊匈奴左賢王左賢王與戰兵八萬騎圍破奴生為虜所得遂沒其軍居匈奴中十歲復與其太子安國亡入漢後坐巫蠱族

自衛氏興大將軍青首封其後枝屬為五侯凡二十四歲而侯盡奪衛氏無為侯者

太史公曰蘇建語余曰吾嘗責大將軍至尊重而天下之賢大夫毋稱馬願將軍觀古名將所招選擇賢者勉之哉大將軍謝曰自魏其武安之厚賓客天子常切齒彼親附士大夫招賢絀不肖者人主之柄也人臣奉法遵職而已何與招士驃騎亦放此意其為將如此

史記正義卷一百十一

欽定四庫全書

史記正義卷一百十二

唐 張守節 撰

平津侯主父列傳第五十二　史記一百十二

丞相公孫弘者齊菑川國薛縣人也表云菑川國文帝分齊置都劇括地志云故劇城在青州壽光縣南三十一里故薛城在徐州滕縣界地理志云薛縣屬魯國按薛與劇隔兖州及太山未詳公孫弘墓又在青州北魯縣西二十里也字季少時為薛獄吏有辠免家貧牧豕海上年四十餘乃學春秋雜説養後母孝謹

建元元年天子初即位招賢良文學之士是時弘年六十徵以賢良為博士使匈奴還報不合上意上怒以為不能弘迺病免歸元光五年有詔徵文學菑川國復推上公孫弘弘讓謝國人曰臣已嘗西應命以不能罷歸願更推選國人固推弘弘至太常太常令所徵儒士各對策百餘人弘第居下策奏天子擢弘對為第一召入見狀貌甚麗拜為博士是時通西南夷道置郡巴蜀民苦之詔使弘視之還奏事盛毀西南夷無所用上不聽

弘為人恢奇多聞常稱以為人主病不廣大人臣病不儉節弘為布被食不重肉後母死服喪三年每朝會議開陳其端令人主自擇不肯面折庭爭於是天子察其行敦厚辯論有餘習文法吏事而又緣飾以儒術上大說之二歲中至左內史弘奏事有不可不庭辯之嘗與主爵都尉汲黯請間汲黯先發之弘推其後天子常說所言皆聽以此日益親貴嘗與公卿約議至上前皆倍其約以順上旨汲黯庭詰弘曰齊人多詐而無情實始

與臣等建此議今皆倍之不忠上問弘弘謝曰夫知臣者以臣為忠不知臣者以臣為不忠上然弘言左右幸臣每毀弘上益厚遇之元朔三年張歐免以弘為御史大夫是時通西南夷東置滄海北築朔方之郡弘數諫以為罷敝中國以奉無用之地願罷之於是天子乃使朱買臣等難弘置朔方之便發十策弘不得一顏師古曰言其利害十條弘無以應弘迺謝曰山東鄙人不知其便若是願罷西南夷滄海而專奉朔方上乃許之汲黯曰弘位在三公奉祿甚多然為布被此詐也上問弘弘謝曰有之夫九卿與臣善者無過黯然今日庭詰弘誠中弘之病夫以三公為布被誠飾詐欲以釣名且臣聞管仲相齊有三歸侈擬於君桓公以霸亦上僭於君晏嬰相景公食不重肉妾不衣絲齊國亦治此下比於民今臣弘位為御史大夫而為布被自九卿以下至於小吏無差誠如汲黯言且無汲黯忠陛下安得聞此言天子以為謙讓愈益厚之卒以弘為丞相封平津侯弘為人意忌外寬內深

諸嘗與弘有郤者雖詳與善陰報其禍殺主父偃徙董仲舒於膠西皆弘之力也食一肉脫粟之飯故人所善賓客仰衣食弘奉祿皆以給之家無所餘士亦以此賢之淮南衡山謀反治黨與方急弘病甚自以為無功而封位至丞相宜佐明主填撫國家使人由臣子之道今諸侯有畔逆之計此皆宰相奉職不稱恐竊病死無以塞責乃上書曰臣聞天下之通道五所以行之者三曰君臣父子兄弟夫婦長幼之序此五者天下之通道也

智仁勇此三者天下之通德所以行之者也故曰力行近乎仁好問近乎智知恥近乎勇知此三者則知所以自治知所以自治然後知所以治人天下未有不能自治而能治人者也此百世不易之道也今陛下躬行大孝鑒三王建周道兼文武厲賢予祿量能授官今臣弘罷駑之質無汗馬之勞陛下過意擢臣弘卒伍之中封為列侯致位三公臣弘行能不足以稱素有負薪之病恐先狗馬塡溝壑終無以報德塞責願歸侯印乞骸骨

避賢者路天子報曰古者賞有功襃有德守成尚文遭遇右武未有易此者也朕宿昔庶幾獲承尊位懼不能寧惟所與共為治者君宜知之蓋君子善善惡惡君宜知之君若謹行常在朕躬君不幸罹霜露之病何恙不已迺上書歸侯乞骸骨是章朕之不德也今事少閒君其省思慮一精神輔以醫藥因賜告牛酒雜帛居數月病有瘳視事元狩二年弘病竟以丞相終子度嗣為平津侯度為山陽太守十餘歲坐法失侯

主父偃者齊臨菑人也學長短縱橫之術晚乃學易春秋百家言游齊諸生間莫能厚遇也齊諸儒生相與排擯不容於齊家貧假貸無所得迺北游燕趙中山皆莫能厚遇為客甚困孝武元光元年中以為諸侯莫足游者乃西入關見衛將軍衛將軍數言上上不召資用乏留久諸公賓客多厭之乃上書闕下朝奏暮召入見所言九事其八事為律令一事諫伐匈奴其辭曰臣聞明主不惡切諫以博觀忠臣不敢避重誅以直諫是故事無

遺策而功流萬世今臣不敢隱忠避死以效愚計願陛下幸赦而少察之司馬法曰國雖大好戰必亡天下雖平忘戰必危天下既平天子大凱春蒐秋獮諸侯春振旅秋治兵所以不忘戰也且夫怒者逆德也兵者凶器也爭者末節也古之人君一怒必伏尸流血故聖王重行之夫務戰勝窮武事者未有不悔者也昔秦皇帝任戰勝之威蠶食天下并吞戰國海內為一功齊三代務勝不休欲攻匈奴李斯諫曰不可夫匈奴無城郭之居

委積之守遷徙鳥舉難得而制也輕兵深入糧食必絶踵糧以行重不及事得其地不足以為利也遇其民不可役而守也勝必殺之非民父母也靡敝中國快心匈奴非長策也秦皇帝不聽遂使蒙恬將兵攻胡辟地千里以河為境地固澤鹹鹵不生五穀然後發天下丁男以守北河暴兵露師十有餘年死者不可勝數終不能踰河而北是豈人衆不足兵革不備哉其勢不可也又使天下蜚芻輓粟起於東腄琅邪負海之郡轉輸北

河率三十鍾而致一石男子疾耕不足於糧饟女子紡績不足於帷幕百姓靡敝孤寡老弱不能相養道路死者相望蓋天下始畔秦也及至高皇帝定天下畧地於邊聞匈奴聚於代谷之外而欲擊之御史成進諫曰不可夫匈奴之性獸聚而鳥散從之如搏影今以陛下盛德攻匈奴臣竊危之高帝不聽遂北至於代谷果有平城之圍高皇帝蓋悔之甚乃使劉敬往結和親之約然後天下忘干戈之事故兵法曰興師十萬日費千金夫

秦常積衆暴兵數十萬人雖有覆軍殺將係虜單于之功亦適足以結怨深讎不足以償天下之費夫上虛府庫下敝百姓甘心於外國非完事也夫匈奴難得而制非一世也行盜侵驅所以為業也天性固然上及虞夏殷周固弗程督禽獸畜之不屬為人夫上不覩虞夏殷周之統而下脩近世之失此臣之所大憂百姓之所疾苦也且夫兵久則變生事苦則慮易乃使邊境之民靡敝愁苦而有離心將吏相疑而外市故尉佗章邯得以

成其私也夫秦政之所以不行者權分乎二子此得失之效也故周書曰安危在出令存亡在所用願陛下詳察之少加意而熟慮焉是時趙人徐樂齊人嚴安俱上書言世務各一事徐樂曰臣聞天下之患在於土崩不在於瓦解古今一也何謂土崩秦之末世是也陳涉無千乘之尊尺土之地身非王公大人名族之後無鄉曲之譽非有孔墨曾子之賢陶朱猗頓之富也然起窮巷奮棘矜偏袒大呼而天下從風此其故何也由民困而

主不恤下怨而上不知也俗已亂而政不脩此三者陳涉之所以為資也是之謂土崩故曰天下之患在於土崩何謂瓦解吳楚齊趙之兵是也七國謀為大逆號皆稱萬乘之君帶甲數十萬威足以嚴其境内財足以勸其士民然不能西攘尺寸之地而身為禽於中原者此其故何也非權輕於匹夫而兵弱於陳涉也當是之時先帝之德澤未衰而安土樂俗之民衆故諸侯無境外之助此之謂瓦解故曰天下之患不在瓦解由是觀之

天下誠有土崩之勢雖布衣窮處之士或首惡而危海内陳涉是也況三晉之君或存乎天下雖未有大治也誠能無土崩之勢雖有彊國勁兵不得旋踵而身為禽矣吳楚齊趙是也況羣臣百姓能為亂乎哉此二體者安危之明要也賢主所留意而深察也間者關東五穀不登年歲未復民多窮困重之以邊境之事推數循理而觀之則民且有不安其處者矣不安故易動易動者土崩之勢也故賢主獨觀萬化之原明於安危之機脩之廟堂之上而銷未形之患其要期使天下無土崩之勢而已矣故雖有彊國勁兵陛下逐走獸射蜚鳥弘游燕之囿淫縱恣之觀極馳騁之樂自若也金石絲竹之聲不絶於耳帷帳之私俳優侏儒之笑不乏於前而天下無宿憂名何必湯武俗何必成康雖然臣竊以為陛下天然之聖寬仁之資而誠以天下為務則湯武之名不難侔而成康之俗可復興也此二體者立然後處尊安之實揚名廣譽於當世親天下而服四夷餘恩遺德

為數世隆南面負扆攝袂而揖王公此陛下之所服也臣聞圖王不成其敝足以安安則陛下何求而不得何為而不成何征而不服乎哉嚴安上書曰臣聞周有天下其治三百餘歲成康其隆也刑錯四十餘年而不用及其衰也亦三百餘歲故五伯更起五伯者常佐天子興利除害誅暴禁邪匡正海内以尊天子五伯既沒賢聖莫續天子孤弱號令不行諸侯恣行彊陵弱衆暴寡田常篡齊六卿分晉並為戰國此民之始苦也於是彊

國務攻弱國備守合從連横馳車轚轂介青生蟣蝨民無所告愬及至秦王蠶食天下并吞戰國稱號曰皇帝主海内之政壞諸侯之城銷其兵鑄以為鍾虡示不復用元元黎民得免於戰國逢明天子人人自以為更生嚮使秦緩其刑罰薄賦斂省繇役貴仁義賤權利上篤厚下智巧變風易俗化於海内則世世必安矣秦不行是風而脩其故俗為智巧權利者進篤厚忠信者退法嚴政峻謟諛者衆日聞其美意廣心軼欲肆威海外乃

使蒙恬將兵以北攻胡辟地進境戍於北河蜚芻輓粟以隨其後又使尉佗屠睢將樓船之士南攻百越使監禄鑿渠運糧深入越越人遁逃曠日持久糧食絶乏越人擊之秦兵大敗秦乃使尉佗將卒以戍越當是時秦禍北構於胡南挂於越宿兵無用之地進而不得退行十餘年丁男被甲丁女轉輸苦不聊生自經於道樹死者相望及秦皇帝崩天下大叛陳勝吳廣舉陳武臣張耳舉趙項梁舉吳田儋舉齊景駒舉郢周市舉魏韓廣舉燕窮山通谷豪士並起不可勝載也然皆非公侯之後非長官之吏也無尺寸之勢起閭巷杖棘矜應時而皆動不謀而俱起不約而同會壤長地進至于霸王時教使然也秦貴為天子富有天下滅世絶祀者窮兵之禍也故周失之弱秦失之彊不變之患也今欲招南夷朝夜郎降羌僰畧濊州建城邑深入匈奴燔其龍城議者美之此人臣之利也非天下之長策也今中國無狗吠之驚而外累於遠方之備靡敝國家非所以子民也行無窮之欲甘心快意結怨於匈奴非所

以安邊也禍結而不解兵休而復起近者愁苦遠者驚駭非所以持久也今天下鍛甲砥劍橋箭累弦轉輸運糧未見休時此天下之所共憂也夫兵久而變起事煩而慮生今外郡之地或幾千里列城數十形束壤制旁脅諸侯非公室之利也上觀齊晉之所以亡者公室卑削六卿大盛也下觀秦之所以滅者嚴法刻深欲大無窮也今郡守之權非特六卿之重也地幾千里非特閭巷之資也甲兵器械非特棘矜之用也以遭萬世之變則不可稱諱也

書奏天子天子召見三人謂曰公等皆安在何相見之晚也於是上乃拜主父偃徐樂嚴安為郎中數見上疏言事詔拜偃為謁者遷樂為中大夫一歲中四遷偃偃説上曰古者諸侯不過百里彊弱之形易制令諸侯或連城數十地方千里緩則驕奢易為淫亂急則阻其彊而合從以逆京師今以法割削之則逆節萌起前日朝錯是也今諸侯子弟或十數而適嗣代立餘雖骨肉無尺寸地封則仁孝之道不宣願陛下令諸侯得推恩

分子弟以地侯之彼人人喜得所願上以德施實分其國不削而稍弱矣於是上從其計又説上曰茂陵初立天下豪傑并兼之家亂衆之民皆可徙茂陵内實京師外銷姦猾此所謂不誅而害除上又從其計尊立衛皇后及發燕王定國陰事偃有功焉大臣皆畏其口賂遺累千金人或説偃曰太横矣主父曰臣結髮游學四十餘年身不得遂親不以為子昆弟不收賓客棄我我阨日久矣且丈夫生不五鼎食死即五鼎烹耳吾日暮途

遠故倒行暴施之偃盛言朔方地肥饒外阻河蒙恬城之以逐匈奴内省轉輸戍漕廣中國滅胡之本也上覽其説下公卿議皆言不便公孫弘曰秦時常發三十萬衆築北河終不可就已而棄之主父偃盛言其便上竟用主父計立朔方郡元朔二年主父言齊王内淫佚行僻上拜主父為齊相至齊遍召昆弟賓客散五百金予之數之曰始吾貧時昆弟不我衣食賓客不我内門今吾相齊諸君迎我或千里吾與諸君絶矣毋復入偃之門

乃使人以王與姊姦事動王王以為終不得脱罪恐效燕王論死乃自殺有司以聞主父始為布衣時嘗游燕趙及其貴發燕事趙王恐其為國患欲上書言其陰事為偃居中不敢發及為齊相出關即使人上書告言主父偃受諸侯金以故諸侯子弟多以得封者及齊王自殺上聞大怒以為主父劫其王令自殺乃徵下吏治主父服受諸侯金實不劫王令自殺上欲勿誅是時公孫弘為御史大夫乃言曰齊王自殺無後國除為郡入漢

主父偃本首惡陛下不誅主父偃無以謝天下乃遂族主父偃主父方貴幸時賓客以千數及其族死無一人收者唯獨洨孔車收葬之天子後聞之以為孔車長者也

太史公曰公孫弘行義雖脩然亦遇時漢興八十餘年矣上方鄉文學招俊乂以廣儒墨弘為舉首主父偃當路諸公皆譽之及名敗身誅士爭言其惡悲夫太皇太后詔大司徒大司空蓋聞治國之道富民為始富民之

要在於節儉孝經曰安上治民莫善於禮禮與奢也寧儉昔者管仲相齊桓霸諸侯有九合一匡之功而仲尼謂之不知禮以其奢泰侈擬於君故也夏禹卑宮室惡衣服後聖不循由此言之始之盛也德優矣莫高於儉儉化俗民則尊卑之序得而骨肉之恩親爭訟之源息斯乃家給人足刑錯之本也歟可不務哉夫三公者百寮之率萬民之表也未有樹直表而得曲影者也孔子不云乎子率而正孰敢不正舉善而教不能則勸維漢興以來股肱宰臣身行儉約輕財重義較然著明未有若故丞相平津侯公孫弘者也位在丞相而為布被脫粟之飯不過一肉故人所善賓客皆分奉祿以給之無有所餘誠內自克約而外從制汲黯詰之乃聞于朝此可謂減於制度而可施行者也德優則行否則止與內奢泰而外為詭服以釣虛譽者殊科以病乞骸骨孝武皇帝即制曰賞有功褒有德善善惡惡君宜知之其省思慮存精神輔以醫藥賜告治病牛酒羅帛居數月有瘳

視事至元狩二年竟以善終至相位夫知臣莫若君此其效也弘子度嗣爵後為山陽太守坐法失侯夫表德章義所以率俗厲化聖王之制不易之道也其賜弘後子孫之次當為後者爵關內侯食邑三百户徵詣公車上名尚書朕親臨拜焉

班固稱曰公孫弘卜式兒寬皆以鴻漸之翼困於燕雀遠迹羊豕之間非遇其時焉能致此位乎是時漢興六十餘載海內乂安府庫充實而四夷未賓制度多闕上方

欲用文武求之如弗及始以蒲輪迎枚生見主父而歎息羣臣慕嚮異人並出卜式試於芻牧弘羊擢於賈豎衛青奮於奴僕日磾出於降虜斯亦曩時版築飯牛之朋矣漢之得人於茲為盛儒雅則公孫弘董仲舒兒寬篤行則石建石慶質直則汲黯卜式推賢則韓安國鄭當時定令則趙禹張湯文章則司馬遷相如滑稽則東方朔枚皐應對則嚴助朱買臣歷數則唐都落下閎協律則李延年運籌則桑弘羊奉使則張騫蘇武將帥則衛

青霍去病受遺則霍光金日磾其餘不可勝紀是以興造功業制度遺文後世莫及孝宣承統纂修洪業亦講論六藝招選茂異而蕭望之梁丘賀夏侯勝韋玄成嚴彭祖尹更始以儒術進劉向王襃以文章顯將相則張安世趙充國魏相邴吉于定國杜延年治民則黄霸王成龔遂鄭弘卲信臣韓延壽尹翁歸趙廣漢之屬皆有功迹見述於後累其名臣亦其次也

史記正義卷一百十二

欽定四庫全書

史記正義卷一百十三

唐　張守節　撰

南越尉佗列傳第五十三　史記一百十三

南越王（都廣州南海縣）尉佗者真定人也姓趙氏秦時已并天下略定楊越（夏禹九州本屬揚州故云楊越）置桂林南海象郡以謫徙民與越雜處十三歲佗秦時用為南海龍川令（顔師古云龍川南海縣也即今之循州也裴氏廣州記云本博羅縣至之東鄉有龍穿地而出即穴流泉因以為號也）

二世時南海尉任囂病且死召龍川令趙佗語曰聞陳勝等作亂秦為無道天下苦之項羽劉季陳勝吳廣等州郡各共興軍聚衆虎爭天下中國擾亂未知所安豪傑畔秦相立南海僻遠吾恐盜兵侵地至此吾欲興兵絶新道自備待諸侯變會病甚且番禺負山險阻南海東西數千里頗有中國人相輔此亦一州之主也可以立國郡中長吏無足與言者故召公告之即被佗書行南海尉事囂死佗即移檄告橫浦陽山湟谿關曰盜兵

且至急絕道聚兵自守因稍以法誅秦所置長吏以其黨為假守秦已破滅佗即擊并桂林象郡自立為南越武王高帝已定天下為中國勞苦故釋佗弗誅漢十一年遣陸賈因立佗為南越王與剖符通使和集百越毋為南邊患害與長沙接境高后時有司請禁南越關市鐵器佗曰高帝立我通使物今高后聽讒臣別異蠻夷隔絕器物此必長沙王計也欲倚中國擊滅南越而并王之自為功也於是佗乃自尊號為南越武帝發兵攻

長沙邊邑敗數縣而去焉高后遣將軍隆慮侯竈往擊之會暑溼士卒大疫兵不能踰嶺歲餘高后崩即罷兵佗因此以兵威邊財物賂遺閩越西甌駱役屬焉東西萬餘里迺乘黃屋左纛稱制與中國侔及孝文帝元年初鎮撫天下使告諸侯四夷從代來即位意喻盛德焉乃為佗親冢在真定置守邑歲時奉祀召其從昆弟尊官厚賜寵之詔丞相陳平等舉可使南越者平言好時陸賈先帝時習使南越迺召賈以為太中大夫往使因讓

佗自立為帝曾無一介之使報者陸賈至南越王甚恐為書謝稱曰蠻夷大長老夫臣佗前日高后隔異南越竊疑長沙王讒臣又遙聞高后盡誅佗宗族掘燒先人冢以故自棄犯長沙邊境且南方卑溼蠻夷中閒其東閩越千人眾號稱王其西甌駱裸國亦稱王老臣妄竊帝號聊以自娛豈敢以聞天王哉乃頓首謝願長為藩臣奉貢職於是乃下令國中曰吾聞兩雄不俱立兩賢不並世皇帝賢天子也自今以後去帝制黃屋左纛陸賈還報

孝文帝大說遂至孝景時稱臣使人朝請然南越其居國竊如故號名其使天子稱王朝命如諸侯至建元四年卒佗孫胡為南越王此時閩越王郢興兵擊南越邊邑胡使人上書曰兩越俱為藩臣毋得擅興兵相攻擊今閩越興兵侵臣臣不敢興兵唯天子詔之於是天子多南越義守職約為興師遣兩將軍往討閩越兵未踰嶺閩越王弟餘善殺郢以降於是罷兵天子使莊助往諭意南越王胡頓首曰天子乃為臣興兵討閩越死無

以報德遣太子嬰齊入宿衛謂助曰國新被寇使者行矣胡方日夜裝入見天子助去後其大臣諫胡曰漢興兵誅郢亦行以驚動南越且先王昔言事天子期無失禮要之不可以說好語入見入見則不得復歸亡國之勢也於是胡稱病竟不入見後十餘歲胡實病甚太子嬰齊請歸胡薨謚為文王嬰齊代立即藏其先武帝璽嬰齊其入宿衛在長安時取邯鄲樛氏女生子興及即位上書請立樛氏女為后興為嗣漢數使使者風諭嬰齊

嬰齊尚樂擅殺生自恣懼入見要用漢法比內諸侯固稱病遂不入見遣子次公入宿衛嬰齊薨謚為明王太子興代立其母為太后太后自未為嬰齊姬時嘗與霸陵人安國少季通及嬰齊薨後元鼎四年漢使安國少季往諭王王太后以入朝比內諸侯令辯士諫大夫終軍等宣其辭勇士魏臣等輔其缺衛尉路博德將兵屯桂陽待使者王年少太后中國人也嘗與安國少季通其使復私馬國人頗知之多不附太后太后恐亂起亦欲倚漢威數勸王及羣臣求內屬即因使者上書請比內諸侯三歲一朝除邊關於是天子許之賜其丞相呂嘉銀印及內史中尉太傅印餘得自置除其故黥劓刑用漢法比內諸侯使者皆留填撫之王王太后飭治行裝重齎為入朝具其相呂嘉年長矣相三王宗族官仕為長吏者七十餘人男盡尚王女女盡嫁王子兄弟宗室及蒼梧秦王有連其居國中甚重越人信之多為耳目者得衆心愈於王王之上書數諫止王王弗聽有畔心

數稱病不見漢使者使者皆注意嘉勢未能誅王王太后亦恐嘉等先事發乃置酒介漢使者權謀誅嘉等使者皆東鄉太后南鄉王北鄉相嘉大臣皆西鄉侍坐飲嘉弟為將將卒居宮外酒行太后謂嘉曰南越內屬國之利也而相君苦不便者何也以激怒使者使者狐疑相杖遂莫敢發嘉見耳目非是即起而出太后怒欲鏦嘉以矛王止太后嘉遂出分其弟兵就舍稱病不肯見王及使者乃陰與大臣作亂王素無意誅嘉嘉知之以故數

月不發太后有淫行國人不附欲獨誅嘉等力又不能天子聞嘉不聽王王太后弱孤不能制使者怯無決又以為王王太后已附漢獨呂嘉為亂不足以興兵欲使莊參以二千人往使參曰以好往數人足矣以武往二千人無足以為也辭不可天子罷參也郟壯士今汝州郟城縣故濟北相韓千秋奮曰以區區之越又有王太后應獨相呂嘉為害願得勇士二百人必斬嘉以報於是天子遣千秋與王太后弟樛樂將二千人往入越境呂嘉等

乃遂反下令國中曰王年少太后中國人也又與使者亂專欲內屬盡持先王寶器入獻天子以自媚多從人行至長安虜賣以為僮僕取自脫一時之利無顧趙氏社稷為萬世慮計之意乃與其弟將卒攻殺王太后及漢使者遣人告蒼梧秦王及其諸郡縣立明王長男越妻子術陽侯建德為王而韓千秋兵入破數小邑其後越直開道給食未至番禺四十里越以兵擊千秋等遂滅之使人函封漢使者節置塞上好為謾辭謝罪發兵

守要害處於是天子曰韓千秋雖無成功亦軍鋒之冠封其子延年為成安侯樛樂其姊為王太后首願屬漢封其子廣德為龍亢侯乃下赦曰天子微諸侯力政譏臣不討賊令呂嘉建德等反自立晏如令罪人及江淮以南樓船十萬師往討之元鼎五年秋衛尉路博德為伏波將軍出桂陽下匯水主爵都尉楊僕為樓船將軍出豫章下横浦故歸義越侯二人為戈船下厲將軍出零陵或下離水地理志云零陵縣有離水東至廣信入鬱林九百八十里或抵蒼梧

使馳義侯因巴蜀罪人發夜郎兵曲州協州以南是夜郎國下牂柯江江出南徼外東通四會至番禺入海也咸會番禺元鼎六年冬樓船將軍將精卒先陷尋陝破石門得越船粟因推而前挫越鋒以數萬人待伏波伏波將軍將罪人道遠會期後與樓船會乃有千餘人遂俱進樓船居前至番禺建德嘉皆城守樓船自擇便處居東南面伏波居西北面會暮樓船攻敗越人縱火燒城越素聞伏波名日暮不知其兵多少伏波乃為營遣使者招降者賜印復縱令相招

樓船力攻燒敵反驅而入伏波營中犂旦城中皆降伏波呂嘉建德已夜與其屬數百人亡入海以船西去伏波又因問所得降者貴人以知呂嘉所之遣人追之以其故校尉司馬蘇弘得建德封為海常侯越郎都稽得嘉封為臨蔡侯

蒼梧王趙光者越王同姓聞漢兵至及越揭陽令定自定屬漢越桂林監居翁諭甌駱屬漢皆得為侯戈船下厲將軍兵及馳義侯所發夜郎兵未下南越已平矣遂

為九郡伏波將軍益封樓船將軍兵以陷堅為將梁侯

自尉佗初王後五世九十三歲而國亡焉

太史公曰尉佗之王本由任囂遭漢初定列為諸侯隆慮離溼疫佗得以益驕甌駱相攻南越動搖漢兵臨境嬰齊入朝其後亡國徵自樛女呂嘉小忠令佗無後樓船從欲怠傲失惑伏波困窮智慮愈殖因禍為福成敗之轉譬若糾墨

史記正義卷一百十三

欽定四庫全書

史記正義卷一百十四

唐 張守節 撰

東越列傳第五十四　史記一百十四

閩越王無諸及越東海王搖者其先皆越王句踐之後也姓騶氏秦已并天下皆廢為君長以其地為閩中郡今閩州又改為福也及諸侯畔秦無諸搖率越歸鄱陽令吳芮所謂鄱君者也從諸侯滅秦當是之時項籍主命弗王以

故不附楚漢擊項籍無諸搖率越人佐漢漢五年復立無諸為閩越王王閩中故地都東治孝惠三年舉高帝時越功曰閩君搖功多其民便附乃立搖為東海王都東甌世俗號為東甌王後數世至孝景三年吳王濞反欲從閩越閩越未肯行獨東甌從吳及吳破東甌受漢購殺吳王丹徒以故皆得不誅歸國吳王子子駒亡走閩越怨東甌殺其父常勸閩越擊東甌至建元三年閩越發兵圍東甌東甌食盡困且降乃使人告急天子天

子問太尉田蚡蚡對曰越人相攻擊固其常又數反覆不足以煩中國往救也自秦時棄弗屬於是中大夫莊助詰蚡曰特患力弗能救德弗能覆誠能何故棄之且秦舉咸陽而棄之何乃越也今小國以窮困來告急天子天子弗振當安所告愬又何以子萬國乎上曰太尉未足以計吾初即位不欲出虎符發兵郡國乃遣莊助以節發兵會稽會稽太守欲距不為發兵助乃斬一司馬諭意指遂發兵浮海救東甌未至閩越引兵而去東

甌請舉國徙中國乃悉舉衆來處江淮之間至建元六年閩越擊南越南越守天子約不敢擅發兵擊而以聞上遣大行王恢出豫章大農韓安國出會稽皆為將軍兵未踰嶺閩越王郢發兵距險其弟餘善乃與相宗族謀曰王以擅發兵擊南越不請故天子兵來誅今漢兵衆彊今即幸勝之後來益多終滅國而止今殺王以謝天子天子聽罷兵固一國完不聽乃力戰不勝即亡入海皆曰善即鏦殺王使使奉其頭致大行大行曰所為來者誅王今王頭至謝罪不戰而耘利莫大焉乃以便宜案兵告大農軍而使使奉王頭馳報天子詔罷兩將兵曰郢等首惡獨無諸孫繇君丑不與謀焉乃使郎中將立丑為越繇王奉閩越先祭祀餘善已殺郢威行於國國民多屬竊自立為王繇王不能矯其衆持正天子聞之為餘善不足復興師曰餘善數與郢謀亂而後首誅郢師得不勞因立餘善為東越王與繇王並處至元鼎五年南越反東越王餘善上書請以卒八千人從

樓船將軍擊呂嘉等兵至揭陽以海風波為解不行持兩端陰使南越及漢破番禺不至是時樓船將軍楊僕使使上書願便引兵擊東越上曰士卒勞倦不許罷兵令諸校屯豫章梅嶺待命括地志云梅嶺在虔化縣東北百二十八里虔州漢亦屬豫章郡二所未詳元鼎六年秋餘善聞樓船請誅之漢兵臨境且往乃遂反發兵距漢道號將軍騶力等為吞漢將軍入白沙武林梅嶺殺漢三校尉是時漢使大農張成故山州侯齒將屯弗敢擊却就便處皆坐畏懦誅餘善刻

武帝璽自立詐其民為妄言天子遣横海將軍韓説出句章句章故城在越州鄮縣西一百里漢縣浮海從東方往樓船將軍楊僕出武林中尉王温舒出梅嶺越侯為戈船下瀨將軍出若邪白沙越州有若耶山若耶溪若如一預州有白沙山蓋從如此耶白沙東故閩州元封元年冬咸入東越東越素發兵距險使徇北將軍守武林敗樓船軍數校尉殺長吏樓船將軍率錢唐轅終古錢唐杭州縣轅姓終古名斬徇北將軍為禦兒侯禦字今作語語兒鄉在蘇州嘉興縣南七十里臨官道也自兵未往故越衍侯吳陽前在漢漢使歸

諭餘善餘善弗聽及横海將軍先至越衍侯吳陽以其邑七百人反攻越軍於漢陽從建成侯敖與其率從繇王居股謀曰餘善首惡劫守吾屬今漢兵至衆彊計殺餘善自歸諸將儻幸得脱乃遂俱殺餘善以其衆降横海將軍故封繇王居股為東成侯萬户封建成侯敖為開陵侯封越衍侯吳陽為北石侯封横海將軍説為按道侯封横海校尉福為繚嫈侯福者成陽共王子故為海常侯坐法失侯舊從軍無功以宗室故侯諸將皆無成功莫封東越將多軍漢兵至棄其軍降封為無錫侯於是天子曰東越狹多阻閩越悍數反覆詔軍吏皆將其民徙處江淮間東越地遂虚

太史公曰越雖蠻夷其先豈嘗有大功德於民哉何其久也歷數代常為君王句踐一稱伯然餘善至大逆滅國遷衆其先苗裔繇王居股等猶尚封為萬户封由此知越世世為公侯矣蓋禹之餘烈也

史記正義卷一百十四

史記正義卷一百十五

唐 張守節 撰

史記一百十五

朝鮮列傳第五十五

朝鮮（朝仙二音括地志云高驪都平壤城本漢樂浪郡王險城又古云朝鮮地也）王滿者故燕人也自始全燕時嘗畧屬真番朝鮮為置吏築鄣塞秦滅燕屬遼東外徼漢興為其遠難守復脩遼東故塞至浿水為界（地理志云浿水出遼東塞外西南至樂浪縣西入海浿普大反）屬燕燕王

盧綰反入匈奴滿亡命（命謂教令）聚黨千餘人魋結蠻夷服而東走出塞渡浿水居秦故空地上下鄣稍役屬真番朝鮮蠻夷及故燕齊亡命者王之都王險會孝惠高后時天下初定遼東太守即約滿為外臣保塞外蠻夷無使盜邊諸蠻夷君長欲入見天子勿得禁止以聞上許之以故滿得兵威財物侵降其旁小邑真番臨屯皆來服屬方數千里（括地志云朝鮮高驪貊東沃沮五國之地國東西千三百里南北二千里在京師東東至大海四百里北至營州界九百二十里南至新羅國六百里北至靺鞨國千四百里）傳子至孫右渠（其孫名也）所誘漢亡人滋多又未嘗入見真番旁衆國欲上書見天子又擁閼不通元封二年漢使涉何誘諭右渠終不肯奉詔何去至界上臨浿水使御剌殺送何者朝鮮裨王長（顔師古云長者裨王名也送何至浿水何因刺殺也按裨王及將士長恐顔非也）即渡馳入塞（入平州榆林關也）遂歸報天子曰殺朝鮮將上為其名美即不詰拜何為遼東東部都尉（地理志云遼東郡武次縣東部都尉所理也）朝鮮怨何發兵襲攻殺何天子募罪人擊朝鮮其秋遣樓船將軍楊僕從齊浮渤海兵五萬人左

將軍荀彘出遼東討右渠右渠發兵距險左將軍卒正多率遼東兵先縱敗散多還走坐法斬樓船將軍將齊兵七千人先至王險右渠城守窺知樓船軍少即出城擊樓船樓船軍敗散走將軍楊僕失其衆遁山中十餘日稍求收散卒復聚左將軍擊朝鮮浿水西軍未能破自前天子為兩將未有利乃使衛山因兵威往諭右渠右渠見使者頓首謝願降恐兩將詐殺臣今見信節請服降遣太子入謝獻馬五千匹及饋軍糧人衆萬餘持兵

方渡浿水使者及左將軍疑其為變謂太子已服降宜命人毋持兵太子亦疑使者左將軍詐殺之遂不渡浿水復引歸山還報天子天子誅山左將軍破浿水上軍乃前至城下圍其西北樓船亦往會居城南右渠遂堅守城數月未能下左將軍素侍中幸將燕代卒悍乘勝軍多驕樓船將齊卒入海固已多敗亡其先與右渠戰困辱亡卒卒皆恐將心慙其圍右渠常持和節左將軍急擊之朝鮮大臣乃陰閒使人私約降樓船往來言尚

未肯決左將軍數與樓船期戰樓船欲急就其約不會左將軍亦使人求閒郤降下朝鮮朝鮮不肯心附樓船以故兩將不相能左將軍心意樓船前有失軍罪今與朝鮮私善而又不降疑其有反計未敢發天子曰將率不能前及使衛山諭降右渠右渠遣太子山使不能剸決與左將軍計相誤卒沮約今兩將圍城又乖異以故久不決使濟南太守公孫遂往征之有便宜得以從事遂至左將軍曰朝鮮當下久矣不下者有狀言樓船數

期不會具以素所意告遂曰今如此不取恐為大害非獨樓船又且與朝鮮共滅吾軍遂亦以為然而以節召樓船將軍入左將軍營計事即命左將軍麾下執捕樓船將軍并其軍以報天子天子誅遂左將軍已并兩軍即急擊朝鮮朝鮮相路人相韓陰尼谿相參將軍王唊相與謀曰始欲降樓船樓船今執獨左將軍并將戰益急恐不能與戰王又不肯降陰唊路人皆亡降漢路人道死元封三年夏尼谿相參乃使人殺朝鮮王右渠來

降王險城未下故右渠之大臣成巳又反復攻吏左將軍使右渠子長降相路人之子最告諭其民誅成巳以故遂定朝鮮為四郡封參為澅清侯陰為荻苴侯唊為平州侯長為幾侯最以父死頗有功為溫陽侯左將軍徵至坐爭功相嫉乖計棄市樓船將軍亦坐兵至列口當待左將軍擅先縱失亡多當誅贖為庶人

太史公曰右渠負固國以絕祀涉何誣功為兵發首樓船將狹及難離咎悔失番禺乃反見疑荀彘爭勞與遂皆

誅兩軍俱辱將率莫侯矣

史記正義卷一百十五

欽定四庫全書

史部

史記正義卷一百十六至百十九

詳校官編修臣李如筠

史記正義卷一百十六

唐 張守節 撰

西南夷列傳第五十六　史記一百十六

西南夷君長在蜀之南以什數夜郎最大今盧州南大江南岸協州曲州本夜郎國其西靡莫之屬在蜀南以下及西也靡非在姚州北去京西南四千九百三十五里即靡莫之夷以什數滇最大昆州郎州等本滇國去京西五千三百七十里也自滇以北君長以什數邛都最大此皆魋結耕田有邑聚其外

西自同師以東北至楪榆上音楪楪澤在靡北百餘里漢楪榆縣在澤西益都靡非木桑榆生王國也名為巂昆明巂音髓今體州也昆明巂州縣蓋南接昆明之地因名也皆編髮隨畜遷徙編步典反畜許反皆為昆明之俗也毋常處毋君長地方可數千里自巂以東北君長以什數徙筰都最大徙音斯括地志云筰州本西蜀徼外曰猫羌巂地理志云徙縣也華陽國志雅州邛郡山本名邛筰山故邛人筰人界自筰以東北君長以什數冉駹最大括地志云蜀西徼外羌茂州冉州本冉駹國地也後漢書云冉駹其山有六夷七羌九氐各有部落也其俗或土著或移徙在蜀之西自冉駹以東北君長以什數白馬最大括地志云

隴右成州武州皆白馬氐其豪族楊氏居成州仇池山上皆氐類也此皆巴蜀西南外蠻夷也始楚威王時使將軍莊蹻其畧反郎州昆州即莊蹻所王將兵循江上畧巴蜀黔中以西莊蹻者故楚莊王苗裔也蹻至滇池地方三百里括地志云滇池澤在昆州晉寧縣西南三十里其水源深廣而更淺狹有似倒流故謂滇也旁平地肥饒數千里以兵威定屬楚欲歸報會秦擊奪楚巴黔中郡道塞不通因還以其衆王滇變服從其俗以長之秦時常頞畧通五尺道括地志云五尺道在郎州顔師古云其處險阨故道纔廣五尺如淳云道廣五尺也諸此國頗置吏焉

十餘歲秦滅及漢興皆棄此國而開蜀故徼巴蜀民或竊出商賈取其筰馬僰僮今益州南戎州北臨大江古僰國髦牛以此巴蜀殷富建元六年大行王恢擊東越東越殺王郢以報恢因兵威使番陽令番音婆唐蒙風指曉南越南越食蒙蜀枸醬蒙問所從來曰道西北牂牁牂牁江崔浩云牂牁擊船杙也常氏華陽國志云楚頃襄王時遣莊蹻伐夜郎軍至且蘭椓船於岸而步戰既滅夜郎以且蘭有椓船牁處仍改其名為牂牁廣數里出番禺城下蒙歸至長安問蜀賈人賈人曰獨蜀出枸醬多持竊出市夜郎夜郎者臨牂牁江

江廣百餘步足以行船南越以財物役屬夜郎西至同師然亦不能臣使也蒙乃上書說上曰南越王黃屋左纛地東西萬餘里名為外臣實一州主也今以長沙豫章往水道多絶難行竊聞夜郎所有精兵可得十餘萬浮船牂牁江出其不意此制越一奇也誠以漢之彊巴蜀之饒通夜郎道為置吏易甚上許之乃拜蒙為郎中將將千人食重萬餘人從巴蜀筰關入遂見夜郎侯多同蒙厚賜喻以威德約為置吏使其子為令夜郎旁小

邑皆貪漢繒帛以為漢道險終不能有也乃且聽蒙約還報乃以為犍為郡發巴蜀卒治道自僰道指牂牁江蜀人司馬相如亦言西夷邛筰可置郡使相如以郎中將往喻皆如南夷為置一都尉十餘縣屬蜀當是時巴蜀四郡通西南夷道戍轉相饟數歲道不通士罷餓離濕死者甚衆西南夷又數反發兵興擊耗費無功上患之使公孫弘往視問焉還對言其不便及弘為御史大夫是時方築朔方以據河逐胡弘因數言西南夷害可且罷專力事匈奴上罷西夷獨置南夷夜郎兩縣一都尉稍令犍為自葆就（令犍為自葆守而漸修成其郡縣也）及元狩元年博望侯張騫使大夏來言居大夏時見蜀布邛竹杖使問所從來曰從東南身毒國可數千里得蜀賈人市或聞邛西可二千里有身毒國騫因盛言大夏在漢西南慕中國患匈奴隔其道誠通蜀身毒國道便近有利無害於是天子乃令王然于柏始昌呂越人等使間出西夷西指求身毒國至滇滇王嘗羌乃留為求道西十餘輩

歲餘皆閉昆明（昆明在今嶲州南昆縣是也）莫能通身毒國滇王與漢使者言曰漢孰與我大及夜郎侯亦然以道不通故各自以為一州主不知漢廣大使者還因盛言滇大國足事親附天子注意焉及至南越反上使馳義侯因犍為發南夷兵且蘭君恐遠行旁國虜其老弱乃與其衆反殺使者及犍為太守漢乃發巴蜀罪人嘗擊南越者八校尉擊破之會越已破漢八校尉不下即引兵還行誅頭蘭頭蘭常隔滇道者也已平頭蘭遂平南夷為牂

牁郡夜郎侯始倚南越南越已滅會還誅反者夜郎遂入朝上以為夜郎王南越破後及漢誅且蘭邛君并殺筰侯冉駹皆振恐請臣置吏乃以邛都為越巂郡筰都為沈犂郡冉駹為汶山郡廣漢西白馬為武都郡上使王然于以越破及誅南夷兵威風喻滇王入朝滇王者其衆數萬人其旁東北有勞浸靡莫皆同姓相扶未肯聽勞浸靡莫數侵犯使者吏卒元封二年天子發巴蜀兵擊滅勞浸靡莫以兵臨滇滇王始首善以故弗誅滇

王離難西南夷舉國降請置吏入朝於是以為益州郡賜滇王王印復長其民西南夷君長以百數獨夜郎滇受王印滇小邑最寵焉

太史公曰楚之先豈有天祿哉在周為文王師封楚及周之衰地稱五千里秦滅諸侯唯楚苗裔尚有滇王漢誅西南夷國多滅矣唯滇復為寵王然南夷之端見枸醬番禺大夏杖邛竹西夷後揃剽分二方

史記正義卷一百十六

欽定四庫全書

史記正義卷一百十七

唐 張守節 撰

司馬相如列傳第五十七　史記一百十七

司馬相如者蜀郡成都人也字長卿少時好讀書學擊劍故其親名之曰犬子相如既學慕藺相如之為人更名相如以貲為郎事孝景帝為武騎常侍非其好也會景帝不好辭賦是時梁孝王來朝從游說之士齊人鄒

陽淮陰枚乘吳莊忌夫子之徒相如見而說之因病免客游梁梁孝王令與諸生同舍相如得與諸生游士居數歲乃著子虛之賦會梁孝王卒相如歸而家貧無以自業素與臨邛令王吉相善吉曰長卿久宦遊不遂而來過我於是相如往舍都亭臨邛令繆為恭敬日往朝相如相如初尚見之後稱病使從者謝吉吉愈益謹肅臨邛中多富人而卓王孫家僮八百人程鄭亦數百人二人乃相謂曰令有貴客為具召之并召令令既至卓氏客

以百數至日中謁司馬長卿長卿謝病不能往臨邛令不敢嘗食自往迎相如相如不得已彊往一坐盡傾酒酣臨邛令前奏琴曰竊聞長卿好之願以自娛相如辭謝為鼓一再行是時卓王孫有女文君新寡好音故相如繆與令相重而以琴心挑之相如之臨邛從車騎雍容閒雅是都及飲卓氏弄琴文君竊從戶窺之心悅而好之恐不得當也既罷相如乃使人重賜文君侍者通殷勤文君夜亡奔相如相如乃與馳歸家居徒四壁立

卓王孫大怒曰女至不材我不忍殺不分一錢也人或謂王孫王孫終不聽文君久之不樂曰長卿第俱如臨邛從昆弟假貸猶足為生何至自苦如此相如與俱之臨邛盡賣其車騎買一酒舍酤酒而令文君鑪相如身自著犢鼻褌與保庸雜作滌器於市中卓王孫聞而恥之為杜門不出昆弟諸公更謂王孫曰有一男兩女所不足者非財也今文君已失身於司馬長卿長卿故倦游雖貧其人材足依也且又令客獨柰何相辱如此卓王孫不得已分予文君僮百人錢百萬及其嫁時衣被財物文君乃與相如歸成都買田宅為富人居久之蜀人楊得意為狗監侍上上讀子虛賦而善之曰朕獨不得與此人同時哉得意曰臣邑人司馬相如自言為此賦上驚乃召問相如相如曰有是然此乃諸侯之事未足觀也請為天子游獵賦賦成奏之上許令尚書給筆札相如以子虛虛言也為楚稱烏有先生者烏有此事也為齊難無是公者無是人也明天子之義故空藉此

三人為辭以推天子諸侯之苑囿其卒章歸之於節儉因以風諫奏之天子天子大悅其辭曰楚使子虛使於齊齊王悉發境內之士備車騎之衆與使者出田田罷子虛過詫烏有先生而無是公在焉坐定烏有先生問曰今日田樂乎子虛曰樂獲多乎曰少然則何樂曰僕樂齊王之欲夸僕以車騎之衆而僕對以雲夢之事也曰可得聞乎子虛曰可王駕車千乘選徒萬騎田於海濱列卒滿澤罘罔彌山（說文云罘兔罟也今幡車罟也彌竟也）掩兔轔鹿

射麋腳麟鶩於鹽浦割鮮染輪射中獲多矜而自功顧
謂僕曰楚亦有平原廣澤游獵之地饒樂若此者乎楚
王之獵何與寡人僕下車對曰臣楚國之鄙人也幸得
宿衛十有餘年時從出游游於後園覽於有無然猶未
能徧覩也又惡足以言其外澤者乎齊王曰雖然略以
子之所聞見而言之僕對曰唯唯臣聞楚有七澤嘗見
其一未覩其餘也臣之所見蓋特其小小者耳名曰雲
夢雲夢者方九百里其中有山焉其山則盤紆岪鬱隆

崇嵂崒岑崟巖參差日月蔽虧交錯糾紛上干青雲罷池
陂陁下屬江河其土則丹青赭堊雌黃白坿蔡對曰雌黃出武都山谷與雄黃同山錫碧金銀顔云錫青金也碧謂玉之青白色者也衆色炫燿照
爛龍鱗其石則赤玉玫瑰琳瑉琨珸瑊玏玄厲碝石武
夫其東則有蕙圃衡蘭芷若射干穹窮昌蒲江離麋蕪
諸蔗猼且其南則有平原廣澤登降陁靡案衍壇曼緣
以大江限以巫山其高燥則生葴菥苞荔薛莎青薠其
埤溼則生藏莨蒹葭東蘠雕胡蓮藕觚盧菴閭軒芋衆
物居之不可勝圖其西則有湧泉清池激水推移外發
芙蓉菱華内隱鉅石白沙其中則有神龜蛟鼉瑇瑁似觽觽甲有文出南海可以飾器物也鼈黿其北則有陰林巨樹楩柟豫章按溫活人云豫今之枕木也章今之樟木也二木生至七年枕樟乃可分別桂椒郭云桂似枇杷葉而大白花花而不著子叢生巖嶺間無雜木冬夏常青按今諸寺有桂樹葉若枇杷而小光靜冬夏常青其皮不中食蓋二色桂樹木蘭廣雅云似桂皮辛可食葉冬夏常似冬其實如小甘辛美南人以為梅也檗
離朱楊樝梸梬栗橘柚芬芳小曰橘大曰柚樹有刺冬不凋葉青花白子黄亦二樹相似非橙也其上則有赤猨蠷蝚蠷蠷蚴蝚蝚柔皆猨猴類鵷鶵孔鸞騰

遠射干其下則有白虎玄豹蟃蜒貙犴兕象野犀兕狀如水牛象大獸長鼻牙長一丈俗呼為江猨犀頭似猨一角在額漢書無此一句窮奇獌狿於是
乃使專諸之倫手格此獸楚王乃駕馴駮之駟乘雕玉
之輿靡魚須之橈旃曳明月之珠旗建干將之雄戟左
烏嘷之雕弓右夏服之勁箭陽子驂乘纖阿為御案節
未舒即陵狡獸轔邛邛蹵距虛軼野馬而轊騊駼乘遺
風而射游騏儵眒淒浰雷動熛至星流霆擊弓不虛發
中必決眥洞胸達腋絶乎心繫獲若雨獸揜草蔽地於

是楚王乃弭節裴回翱翔容與覽乎陰林觀壯士之暴
怒與猛獸之恐懼徼谻受詘殫睹衆物之變態於是鄭
女曼姬文穎云鄭國出好女曼者其色理曼澤也如淳云鄭女曼姬也曼姬楚武王夫人鄧被阿
錫按東阿出緆也揄紵縞揄曳也韋云紵之色若縞也顔云紵織紵也縞鮮支也雜纖羅
垂霧縠襞積褰縐紆徐委曲鬱橈谿谷衯衯裶裶上芳云反
下方非反揚衪卹削蜚纖垂髾扶與猗靡與音餘猗於綺反謂鄭女曼姬侍從
王者扶其車與而猗靡噏呷萃蔡呷火甲反萃音翠蔡千曷反下靡蘭蕙上拂
羽蓋錯翡翠之威蕤繆繞玉綏顔云下靡蘭蕙謂垂髾也上拂羽蓋謂飛纖也

欽定四定全書　史記正義　卷一百十七　六

玉綏以玉飾綏也言飛纖垂髾錯雜翡翠之旌旓或繞玉綏也張揖云翡翠大小一如雀雄赤曰翡雌青曰翠
博物志云翡身通黑唯胸前背上翼後有赤毛翠身通青黄唯六翮上毛長寸餘青其飛則羽鳴翠翡翠翡然
因以為名也繆乎忽忽若神仙之仿佛佛言似神仙也戰國策云鄭之美女粉白
黛黑而立於衢不知者謂之神仙於是乃相與獠於蕙圃媻姍勃窣上
金隄揜翡翠射鵕鸃微矰出纖繳施弋白鵠連駕鵝鵠水
鳥也駕鵝連謂鵝鶬也抱朴子云千歲之鵠純白能登於木雙鶬下玄鶴加司馬彪云鶬似
鴈而黑亦呼為鴰括韓詩外傳云胎生也相鶴經云鶴壽二百六十歲則色純黑按弋雙鶴既下人加玄鳥之
上也怠而後發游於清池浮文鷁揚桂枻張翠帷建羽蓋

罔瑇瑁釣紫貝毛詩蟲魚疏云貝水之介蟲大者蚢音下郎反小者為貝其白質如玉紫點為
文皆成行列當大者徑一尺小者七八寸今九真趾以為杯盤寶物也貨殖傳云貝寶龜是摐金鼓
吹鳴籟榜人歌聲流喝水蟲駭波鴻沸涌泉起奔揚會
礧石相擊硠硠礚礚若靁霆之聲聞乎數百里之外將
息獠者擊靈鼓起烽燧車案行騎就隊纚乎淫淫班乎
裔裔於是楚王乃登陽雲之臺泊乎無為澹乎自持勺
藥之和具而後御之不若大王終日馳騁而不下輿脟
割輪淬自以為娛臣竊觀之齊殆不如於是王默然無

欽定四庫全書　史記正義　卷一百十七　七

以應僕也烏有先生曰是何言之過也足下不遠千里
來況齊國王悉發境內之士而備車騎之衆以出田乃
欲戮力致獲以娛左右也何名為夸哉問楚地之有無
者願聞大國之風烈先生之餘論也今足下不稱楚王
之德厚而盛推雲夢以為高奢言淫樂而顯侈靡竊為
足下不取也必若所言固非楚國之美也有而言之是
章君之惡無而言之是害足下之信章君之惡而傷私
義二者無一可而先生行之必且輕於齊而累於楚矣

且齊東有巨海南有琅邪山名在密州東南百三十里琅耶臺在山上觀乎成山封禪書云成山斗入海言上山觀也括地志云成山在萊州文登縣東北百八十里也射乎之罘括地志云罘山在萊州文登縣西北百九十里言射獵其上也罘音浮浮勃澥游孟諸周禮職方氏青州藪曰望諸鄭玄云望諸孟豬也邪與肅慎為鄰邪謂東北接之括地志云靺鞨國古肅慎也亦曰挹婁在京東北八千四百里南去扶餘千五百里東及北各抵大海也右以湯谷為界言古者北向天子也海外經云湯谷在黑齒北上有扶桑木水中日月所落張揖云日所出也許慎云熱如湯秋田乎青丘服虔云青丘國東海東三里郭云青丘山名上有田亦有國出九尾狐在海東吞若雲夢者八九其於胸中曾不蒂芥若乃俶儻瑰

偉異方殊類珍怪鳥獸萬端鱗萃充仞其中者不可勝記禹不能名契不能計禹為堯司空辨九州土地山川草木禽獸契為司徒敷五教主四方會計言二人猶不能名計其數然在諸侯之位不敢言游戲之樂苑囿之大先生又見客是以王辭而不能復何為無用應哉無是公听然而笑曰楚則失矣齊亦未為得也夫使諸侯納貢者非為財幣所以述職也封疆畫界者非為守禦所以禁淫也今齊列為東藩而外私肅慎捐國踰限越海而田其於義故未可也且二君之論不務明君臣之義而正諸侯之禮徒事爭游獵之樂苑囿之大欲以奢侈相勝荒淫相越此不可以揚名發譽而適足以貶君自損也且夫齊楚之事又焉足道邪君未睹夫巨麗也獨不聞天子之上林乎左蒼梧右西極文穎云蒼梧郡屬交州在長安東南故言左爾雅云西至於豳國為極在長安西故言右丹水更其南紫淵徑其北山海經云紫淵水出根耆之山西流注河文穎云西河穀羅縣有紫澤其水紫色注亦紫在縣北於長安為北終始霸滻出入涇渭酆鄗潦潏紆餘委蛇經營乎其內蕩蕩兮八川分流相背而異態東西南北馳騖往

來出乎椒丘之闕行乎洲淤之浦徑乎桂林之中過乎泱莽之野汩乎渾流順阿而下赴隘陝之口觸穹石激堆埼沸乎暴怒洶涌滂濞滭浡滵汩滭滵密三音汩于筆反湢測泌瀄橫流逆折轉騰潎洌澎濞沆瀣澎音彭反濞普秘反沆胡朗反瀣胡代反穹隆雲橈蜿灗膠戾蜿音婉蟺音善踰波趨浥莅莅下瀨批巖衝壅批白結反壩巖司馬彪云批反擊也壅曲隈也奔揚滯沛臨坻注壑坻音遲坻水中沙微起出水者也爾雅云水阯曰坻壑壍也瀺灂霣墜霣音隕隧直類反湛湛隱隱砰磅訇磕砰披萌反磅蒲黃反訇呼宏反溢苦蓋反音水流鼓怒之聲也潏潏淈

涖淊瀄鼎沸馳波跳沫汩急漂疾悠遠長懷放散貌也寂漻無聲肆乎永歸然後灝溔潢漾晃養二音郭云皆水無涯際也安翔徐徊翯乎滈滈東注太湖太湖在蘇州西南衍溢陂池於是乎蛟龍赤螭螭丑知反文穎云龍子為螭張揖曰雌龍也二說皆非廣雅云有角曰虬無角曰螭按虬皆龍類而非龍䱭鰽螹離䱭古鄧反鰽末鄧反李奇云周洛曰鮪蜀曰䱭鰽出鞏山穴中三月泝河上能度龍門之限則為龍矣鰅鰫鰬魠禺禺魼鰨揵鰭掉尾振鱗奮翼潛處于深巖魚鼈讙聲萬物衆夥明月珠子玓瓅江靡揵音乾鰭音耆揵舉也鰭者魚背上鬣也蜀石黃碝水玉磊砢磷磷爛爛采

色澔旰叢積乎其中鴻鷫鵠鴇鴐鵝鸀鳿鸀鳿燭玉二音郭云似鴨而大長頸赤紫紺色辟水毒生子在深谷間中若時有雨鴨雌者生子善鬭江東呼為燭玉鵁鶄鹮目郭云交青似鳧而腳高有毛冠辟火災煩鶩鷛鸈鸃鴜鵁鸕羣浮乎其上汎淫泛濫隨風澹淡與波搖蕩掩薄草渚掩覆也薄依也言或依草渚而遊戲也唼喋菁藻唼踈甲反喋文甲反鳥食之聲也咀嚼蔆藕於是乎崇山巃嵸崔巍嵯峨巃力孔反嵸子孔反崔在回反巍五回反郭云皆峻貌深林巨木嶄巖參差嶄音咸又仕銜反參音楚林反差楚宜反顏云嶄巖尖銳貌參差不齊也九嵏巀嶭南山峩峩嵏子公反巀才切反嶭五結反巖陁甗錡摧崣崫崎振谿通谷蹇產溝瀆谽呀豁閜阜陵別島高平曰陸大陸曰阜大阜曰陵水中山曰島崴磈嵔瘣崴於鬼反磈烏鬼反嵔烏罪反瘣胡罪反皆高峻貌丘墟崫礨虛音墟崫口忽反又口罪反礨力罪反皆堆壟不平貌隱轔鬱𡾊𡾊音律郭云皆其形勢也登降施靡郭云施靡猶連延陂池貏豸沇溶淫鬻溶音容鬻音育張云水流谿谷之間散渙夷陸亭皋千里靡不被築掩以綠蕙張云綠王芻也蕙薰草也顏云綠蕙言蕙草色綠耳非王芻也爾雅云菉一名王芻被以江離糅以蘪蕪糅女又反雜以流夷專結縷攢戾莎揭車衡蘭稾本射干茈薑蘘荷蘘人羊反柯根旁生笋若芙蓉可以為葅又治蟲毒也葴橙若蓀鮮枝

黃礫蔣芧青薠布濩閎澤延曼太原麗靡廣衍應風披靡吐芳揚烈郁郁斐斐衆香發越肸蠁布寫晻曖苾勃晻曖二音皆芳香之盛也詩云苾苾芬芬氣也於是乎周覽泛觀瞋盼軋沕芒芒怳忽視之無端察之無崖日出東沼入於西陂其南則隆冬生長踊水躍波獸則㺎旄貘犛沈牛麈麋麈似鹿而大按麋似水牛赤首圜題窮奇象犀其北則盛夏含凍裂地涉冰揭河獸則麒麟角䚦騊駼橐駝蛩蛩驒騱駃騠驢騾騊駼桃徒二音橐音託駝徒河反蛩音其恭反驒騱顛奚二音駃騠決啼於是乎離宮別館

彌山跨谷彌滿也跨猶騎也言宮館滿山又跨谿谷也高廊四注重坐曲閣華榱璧璫輦道纚屬步櫩周流長途中宿夷嵏築堂纍臺增成巖窔洞房俛杳眇而無見仰攀橑而捫天奔星更於閨闥宛虹拖於楯軒拖音徒我反顔云宛虹屈曲之虹拖謂中加於上也楯軒之闌板也言室宇之高故星虹得經加之青虯蚴蟉於東箱蚴一糺反蟉力糺反象輿婉僤於西清婉僤宛善二音顔云蚴蟉婉僤皆行動之貌也靈圄燕於閒觀偓佺之倫暴於南榮醴泉涌於清室通川過乎中庭槃石裖崖嶔巖倚傾嵯峩碟礏刻削崢嶸郭云言自然若彫刻也玫瑰

碧琳珊瑚叢生郭云珊瑚生水底石邊大者樹高三尺餘枝格交錯無有葉瑉玉旁唐璸編文鱗赤瑕駁犖雜臿其間垂綏琬琰和氏出焉於是乎盧橘夏孰黃甘橙楱枇杷橪柿楟柰厚朴梬棗楊梅櫻桃蒲陶隱夫鬱棣榙檌荔枝羅乎後宮列乎北園馳丘陵下平原揚翠葉杌紫莖發紅華秀朱榮煌煌扈扈照曜鉅野沙棠櫟櫧華氾檘櫨留落胥餘仁頻并閭欃檀木蘭豫章女貞長千仞大連抱夸條直暢實葉葰茂攢立叢倚連卷累佹崔錯癹骫吭衡閜砢垂條扶

於落英幡纚紛容萷蔘旖旎從風瀏莅芔吸蓋象金石之聲金鍾石磬管籥之音廣雅云象虎長一尺圍一寸有六孔無底籥謂之笛有七孔說文云籥三孔籟也柴池茈虒旋環後宮雜遝累輯被山緣谷循阪下隰視之無端究之無窮於是玄猨素雌蜼玃飛鸓蛭蜩蠗蝚螹胡縠蛫棲息乎其閒長嘯哀鳴翩幡互經郭云互經互相經過夭蟜枝格偃蹇杪顛夭音妖蟜音矯杪音彌召反郭云皆獲猴在樹共戲恣態也夭蟜頓申也於是乎隃絕梁張云絕梁斷橋也郭云梁厚石絕水也騰殊榛榛仕斤反爾雅云木叢生為榛也殊異也捷垂條捷音才業反張云捷特懸垂之條踔稀閒

牢落陸離爛曼遠遷郭云奔走崩騰走也顔云言其聚散不常雜亂移徙若此輩者數千百處嬉游往來宮宿館客庖廚不徙後宮不移說文云庖廚屋鄭元注周禮云庖言苞也苞裹肉曰苞苴也後宮內人也言宮館各自有百官備具於是乎背秋涉冬天子校獵乘鏤象六玉虯拖蜺旌拖音徒可反張云析毛羽染以五采綴以縷為旌有似虹蜺氣靡雲旗張云畫能於於旌似云氣也前皮軒後道游孫叔奉轡衛公驂乘扈從橫行出乎四校之中鼓嚴簿縱獵者江河為阹泰山為櫓車騎靁起隱天動地先後陸離離散別追淫淫裔裔緣陵流澤雲

布雨施生貔豹搏豺狼（搏擊也杜林云豺似貊白色說文云狼爪）手熊羆（張云熊人身人足黑色羆大於熊黃白色皆能攀沿上高樹冬至入穴而蟄沿春而出也）足野羊蒙鶡蘇袴白虎被豳文跨野馬陵三嵏之危下磧歷之坻（坻音遲磧歷淺水中沙石也坻水中高處言獵人下此也）俓陵赴險越壑厲水推蜚廉弄解豸格瑕蛤鋋猛氏罥騕褭射封豕箭不苟害解脰陷腦弓不虛發應聲而倒於是乎乘輿彌節裴回翱翔往來睨部曲之進退覽將率之變態然後浸潭促節儵敻遠去流離輕禽蹵履狡獸轊白鹿捷狡兔（轊音衛抱朴子云白鹿壽千歲滿五百歲色純白也晉徵祥記云白鹿色若霜不與他鹿為羣）軼赤電遺光耀追怪物出宇宙（怪物謂進梟飛廉也張云天地四方曰宇往古來今曰宙許慎云宙舟輿所極也按許說宙是也）彎繁弱（上烏縈反文穎云彎牽也繁弱夏后氏良弓名左傳云分魯公以夏后之璜封父之繁弱）滿白羽（文穎云引弓盡箭鏑為滿以白羽羽箭故云白羽也）射游梟櫟蜚虡擇肉後發先中命處弦矢分藝殪仆然後揚節而上浮陵驚風歷駭飈（上音必遙反小雅云扶搖風從下升上故曰飈）乘虛無與神俱（張云虛無寥廓與元通靈言其所乘氣之高故能出飛鳥之上而與神俱也）轔玄鶴亂昆雞（轔音吝鵾二百六十歲則淺黑色也）遒孔鸞促鵕鸃拂鷖鳥捎鳳皇捷

鴐鵝掩焦明（按長喙踈翼更尾非幽閑不集非珍物不食）道盡塗殫迴車而還招搖乎襄羊降集乎北紘率乎直指闇乎反鄉蹷石闕歷封巒過䳄鵲望露寒下棠梨息宜春（括地志云宜春宮在應州萬年西南三十里）西馳宣曲濯鷁牛首登龍臺掩細柳（郭云觀名在昆明南柳市）觀士大夫之勤略鈞獠者之所得獲觀徒車之所轔轢（轔踐也轢輾也）乘騎之所蹂若人民之所蹈躤與其窮極倦谻驚憚慴伏不被創刃而死者佗佗籍籍填坑滿谷掩平彌澤於是乎游戲懈怠置酒乎昊天之臺張樂乎轇輵之宇撞千石之鐘立萬石之鉅建翠華之旗樹靈鼉之鼓奏陶唐氏之舞聽葛天氏之歌千人唱萬人和山陵為之震動川谷為之蕩波巴俞宋蔡淮南于遮文成顛歌族舉遞奏金鼓迭起鏗鎗鐺鼛洞心駭耳荊吳鄭衛之聲韶頀武象之樂陰淫案衍之音鄢郢繽紛激楚結風俳優侏儒狄鞮之倡所以娛耳目而樂心意者麗靡爛漫於前靡曼美色於後若夫青琴宓妃之徒絕殊離俗妖冶嫺都靚莊刻飭便嬛綽約柔橈嬛嬛嫵媚孅

嫋抴獨繭之褕袘眇閻易以戌削媥姺徶循媥白服反姺音先徶音
白結反佾音屑與世殊服芬香漚鬱酷烈淑郁皓齒粲爛宜笑
的皪長眉連娟微睇緜藐色授魂與心愉於側於是酒
中樂酣天子芒然而思似若有亡曰嗟乎此泰奢侈朕
以覽聽餘閒無事棄日順天道以殺伐時休息於此恐
後世靡麗遂往而不反非所以為繼嗣創業垂統也於
是乃解酒罷獵而命有司曰地可以墾辟悉為農郊以
贍萌隸隤牆填塹使山澤之民得至焉實陂池而勿禁

實滿也言人滿陂池任采捕所取也虛宮觀而勿仞仞音刃亦滿也言離宮別館勿令人居上
並發罷也發倉廩以振貧窮補不足恤鰥寡存孤獨出德號
省刑罰改制度易服色更正朔與天下為始於是歷吉
日以齋戒襲朝衣乘法駕建華旗鳴玉鸞游乎六藝之
囿六藝云言田獵訖則遍游六藝而疾驅於仁義之道也騖乎仁義之塗覽觀春
秋之林射貍首兼騶虞弋玄鶴建干戚載雲罕揜羣雅
悲伐檀樂樂胥修容乎禮園禮所以自修飾整威儀也翱翔乎書圃
尚書所以明帝王君臣之道也述易道易所以絜靜微妙上辨二儀陰陽中知人事下明地理也言田

獵乃射訖又歷涉六經之要也放怪獸張云苑中奇怪之獸不伏獵也登明堂坐清廟
明堂有五帝廟故言清廟王者朝侯之處恣羣臣奏得失四海之內靡不受
獲言天下之人無不蒙恩惠於斯之時天下大說嚮風而聽隨流而
化喟然興道而遷義刑錯而不用德隆乎三皇功羨於
五帝若此故獵乃可喜也若夫終日暴露馳騁勞神苦
形罷車馬之用抏士卒之精費府庫之財而無德厚之
恩務在獨樂不顧衆庶忘國家之政而貪雉兔之獲則
仁者不由也從此觀之齊楚之事豈不哀哉地方不過

千里而囿居九百是草木不得墾辟而民無所食也夫
以諸侯之細而樂萬乘之所侈僕恐百姓之被其尤也
於是二子愀然改容超若自失逡巡避席曰鄙人固陋
不知忌諱乃今日見教謹聞命矣賦奏天子以為郎無
是公言天子上林廣大山谷水泉萬物及子虛言楚雲
夢所有甚衆侈靡過其實且非義理所尚故刪取其要
歸正道而論之相如為郎數歲會唐蒙使略通夜郎西
僰中發巴蜀吏卒千人郡又多為發轉漕萬餘人用興

法誅其渠帥巴蜀民大驚恐上聞之乃使相如責唐蒙因喻告巴蜀民以非上意檄曰告巴蜀太守蠻夷自擅不討之日久矣時侵犯邊境勞士大夫陛下即位存撫天下輯安中國然後興師出兵北征匈奴單于怖駭交臂受事詘膝請和康居西域重譯請朝稽首來享移師東指閩越相誅右弔番禺太子入朝南夷之君西僰之長常效貢職不敢怠墮延頸舉踵喁喁然喁五恭反口向上也皆爭歸義欲為臣妾道里遼遠山川阻深不能自致夫不

順者已誅而為善者未賞故遣中郎將往賓之發巴蜀士民各五百人以奉幣帛衛使者不然靡有兵革之事戰鬬之患今聞其乃發軍興制驚懼子弟憂患長老郡又擅為轉粟運輸皆非陛下之意也當行者或亡逃自賊殺亦非人臣之節也夫邊郡之士聞烽舉燧燔皆攝弓而馳荷兵而走流汗相屬唯恐居後觸白刃冒流矢義不反顧計不旋踵人懷怒心如報私讎彼豈樂死惡生非編列之民而與巴蜀異主哉計深慮遠急國家之難而樂盡人臣之道也故有剖符之封析珪而爵位為通侯居列東第終則遺顯號於後世傳土地於子孫行事甚忠敬居位甚安佚名聲施於無窮功烈著而不滅是以賢人君子肝腦塗中原膏液潤野草而不辭也今奉幣役至南夷即自賊殺或亡逃抵誅身死無名謚為至愚恥及父母為天下笑人之度量相越豈不遠哉然此非獨行者之罪也父兄之教不先子弟之率不謹也寡廉鮮恥而俗不長厚也其被刑戮

不亦宜乎陛下患使者有司之若彼悼不肖愚民之如此故遣信使曉喻百姓以發卒之事因數之以不忠死亡之罪讓三老孝弟以不教誨之過方今田時重煩百姓已親見近縣恐遠所谿谷山澤之民不徧聞檄到亟下縣道使咸知陛下之意唯毋忽也相如還報唐蒙已略通夜郎因通西南夷道發巴蜀廣漢卒作者數萬人治道二歲道不成士卒多物故費以巨萬計蜀民及漢用事者多言其不便是時邛筰之君長聞南夷與漢通

得賞賜多多欲願為内臣妾請吏比南夷天子問相如相如曰邛筰冄駹者近蜀道亦易通秦時嘗通為郡縣至漢興而罷今誠復通為置郡縣愈於南夷天子以為然乃拜相如為中郎將建節往使副使王然于壺充國吕越人馳四乘之傳因巴蜀吏幣物以賂西夷至蜀蜀太守以下郊迎縣令負弩矢先驅蜀人以為寵於是卓王孫臨邛諸公皆因門下獻牛酒以交驩卓王孫喟然而嘆自以得使女尚司馬長卿晚而厚分與其女財與

男等同司馬長卿便略定西夷邛筰冄駹斯榆之君皆請為内臣除邊關關益斥西至沫若水南至牂牁為徼通零關道橋孫水以通邛都還報天子天子大說相如使時蜀長老多言通西南夷不為用唯大臣亦以為然相如欲諫業已建之不敢乃著書籍以蜀父老為辭而已詰難之以風天子且因宣其使指令百姓知天子之意其辭曰漢興七十有八載德茂存乎六世（高祖惠帝高后孝文孝景孝武）威武紛紜湛恩汪濊羣生澍濡洋溢乎方外於是

乃命使西征隨流而攘風之所被罔不披靡因朝冄從駹定筰存邛略斯榆舉苞滿結軼還轅東鄉將報至于蜀都耆老大夫薦紳先生之徒二十有七人儼然造焉辭畢因進曰蓋聞天子之於夷狄也其義羈縻勿絶而已今罷三郡之士通夜郎之塗三年於茲而功不竟士卒勞倦萬民不贍今又接以西夷百姓力屈恐不能卒業此亦使者之累也竊為左右患之且夫邛筰西僰之與中國並也歴年茲多不可記已仁者不以德來彊者

不以力并意者其殆不可乎今割齊民以附夷狄弊所恃以事無用鄙人固陋不識所謂使者曰烏謂此邪必若所云則是蜀不變服而巴不化俗也余尚惡聞若說然斯事體大固非觀者之所覯也余之行急其詳不可得聞已請為大夫粗陳其略蓋世必有非常之人然後有非常之事有非常之事然後有非常之功非常者固常之所異也故曰非常之原黎民懼焉及臻厥成天下晏如也昔者鴻水浡出氾濫衍溢民人登降移徙陭嶇

而不安夏后氏戚之乃堙鴻水決江疏河灑沈贍菑東歸之於海而天下永寧當斯之勤豈唯民哉心煩於慮而身親其勞躬胝無胈膚不生毛故休烈顯乎無窮聲稱浹乎于茲且夫賢君之踐位也豈特委瑣握齪拘文牽俗循誦習傳當世取說云爾哉必將崇論閎議創業垂統為萬世規故馳騖乎兼容并包而勤思乎參天貳地且詩不云乎普天之下莫匪王土率土之濱莫非王臣是以六合之內八方之外浸潯衍溢懷生之物有不

浸潤於澤者賢君恥之今封疆之內冠帶之倫咸獲嘉祉靡有闕遺矣而夷狄殊俗之國遼絶異黨之地舟輿不通人迹罕至政教未加流風猶微內之則犯義侵禮於邊境外之則邪行橫作放弒其上君臣易位尊卑失序父兄不辜幼孤為奴係纍號泣內嚮而怨曰蓋聞中國有至仁焉德洋而恩普物靡不得其所今獨曷為遺已擧踵思慕若枯旱之望雨盭夫為之垂涕況乎上聖又惡能已故北出師以討彊胡南馳使以誚勁越四

面風德二方之君鱗集仰流願得受號者以億計故乃關沫若徼牂牁鏤零山梁孫原創道德之塗垂仁義之統將博恩廣施遠撫長駕使疏逖不閉阻深闇昧得耀乎光明以偃甲兵於此而息誅伐於彼遐邇一體中外提福不亦康乎夫拯民於沈溺奉至尊之休德反衰世之陵遲繼周氏之絶業斯乃天子之急務也百姓雖勞又惡可以已哉且夫王事固未有不始於憂勤而終於佚樂者也然則受命之符合在於此矣方將增泰山之

封加梁父之事鳴和鸞揚樂頌上咸五下登三觀者未睹指聽者未聞音猶鷦明已翔乎寥廓而羅者猶視乎藪澤悲夫於是諸大夫芒然喪其所懷來而失厥所以進喟然並稱曰允哉漢德此鄙人之所願聞也百姓雖怠請以身先之敞罔靡徙因遷延而辭避其後人有上書言相如使時受金失官居歲餘復召為郎相如口吃而善著書常有消渴疾與卓氏婚饒於財其進仕宦未嘗肯與公卿國家之事稱病閒居不慕官爵常從上至

長楊獵括地志云秦長楊宮在雍州盩厔縣東南三里上起以宮內有長楊樹以為名是時天子方好自擊熊彘馳逐野獸相如上疏諫之其辭曰臣聞物有同類而殊能者故力稱烏獲捷言慶忌勇期賁育賁音奔賁古之勇士水行不避蛟龍陸行不避豺狼發怒吐氣聲音動天夏育亦古之猛士也臣之愚竊以為人誠有之獸亦宜然今陛下好陵阻險射猛獸卒然遇軼材之獸駭不存之地犯屬車之清塵輿不及還轅人不暇施巧雖有烏獲逢蒙之伎力不得用枯木朽株盡為害矣是胡越起於轂下而羌夷接軫也豈

不殆哉雖萬全無患然本非天子之所宜近也且夫清道而後行中路而後馳猶時有銜橛之變而況涉乎蓬蒿馳乎丘墳前有利獸之樂而內無存變之意其為禍也不亦難矣夫輕萬乘之重不以為安而樂出於萬有一危之塗以為娛臣竊為陛下不取也蓋明者遠見於未萌而智者避危於無形禍固多藏於隱微而發於人之所忽者也故鄙諺曰家累千金者坐不垂堂此言雖小可以喻大臣願陛下之留意幸察上善之還過宜春

宮括地志云秦宜春宮在雍州萬年縣西南三十里宜春苑在宮之東杜之南始皇本紀云葬二世杜南宜春苑中按今宜春宮見二世陵故作賦以哀也相如奏賦以哀二世行失也其辭曰登陂阤之長阪兮坌入曾宮之嵯峨臨曲江之隑州兮望南山之參差巖巖深山之谾谾兮通谷豁兮谽谺汩淢噏習以永逝兮注平皋之廣衍觀眾樹之塕薆兮覽竹林之榛榛東馳土山兮北揭石瀨彌節容與兮歷弔二世持身不謹兮亡國失勢信讒不寤兮宗廟滅絕嗚呼哀哉操行之不得兮墳墓蕪穢而不修兮魂無

歸而不食敻邈絕而不齊兮彌久遠而愈佅精罔閬而飛揚兮拾九天而永逝嗚呼哀哉相如拜為孝文園令天子既美子虛之事相如見上好僊道因曰上林之事未足美也尚有靡者臣嘗為大人賦未就請具而奏之相如以為列僊之傳居山澤間形容甚臞此非帝王之僊意也乃遂就大人賦其辭曰世有大人兮在于中州宅彌萬里兮曾不足以少留悲世俗之迫隘兮朅輕舉而遠游垂絳幡之素蜺兮載雲氣而上浮建格澤之長

竿兮總光耀之采旄垂旬始以為幓兮抴彗星而為髾
掉指橋以偃蹇兮又旖旎以招搖攬欃槍以為旌兮天官書云天欃長四丈末銳天槍長數丈兩頭銳其形類彗也靡屈虹而為綢紅杳渺以
眩湣兮猋風涌而雲浮駕應龍象輿之蠖略逶麗兮驂
赤螭青虯之蚴蟉蜿蜒低卬夭蟜据以驕驁兮詘折隆
窮蠼以連卷沛艾赳螑仡以佁儗兮放散畔岸驤以孱
顔蹮踱輵轄容以委麗兮綢繆偃蹇怵㚇以梁倚糾蓼
叫奡蹋以艐路兮蔑蒙踊躍騰而狂趡莅颯卉翕熛至

電過兮煥然霧除霍然雲消邪絕少陽而登太陰兮與
真人乎相求互折窈窕以右轉兮橫厲飛泉以正東厲渡也張云泉飛谷也在崑崙山西南悉徵靈圉而選之兮部乘衆神於瑤
光使五帝先導兮導應云五帝五時干太皓之屬也反太一而從陵陽天官書云中宮天極星其一明者太一常居也列仙傳云子明於沛銍縣旋溪釣得白龍放之後白龍來迎子明去止陵陽山上百餘年遂得仙也左玄冥而右含靁兮前陸離而後潏
湟廝征北僑而役羨門兮張云羨門碣石山上仙人羨門高也屬岐伯使
尚方祝融驚而蹕御兮張云祝融南方炎帝之佐也獸身人面乘兩龍應火正也火正祝融驚蹕清氣氣也清雰氣而後行屯余車其萬乘兮綷雲蓋而
樹華旗使句芒其將行兮張云句芒東方青帝之佐也鳥身人面乘兩龍顏云將行須從書也吾欲往乎南嬉歷唐堯於崇山兮過虞舜於九疑張云崇山狄山也海外經云狄山帝堯葬其陽九疑山零陵營道縣舜所葬處上紛湛湛其差
錯兮雜遝膠葛以方馳騷擾衝蓯其相紛拏兮滂濞泱
軋灑以林離鑽羅列聚叢以龍茸兮衍曼流爛壇以
陸離徑入靁室之砰磷鬱律兮洞出鬼谷之崛礨嵬磈崛口骨反礨音力罪反嵬音烏廻反磈音回張云崛礨嵬磈不平也徧覽八紘而觀四荒

兮朅渡九江而越五河顏云五色之河也仙云紫碧絳青黃之河也經營炎
火而浮弱水兮姚丞云大荒西經云崑崙之丘其外有炎火之山投物輒物然括地志云弱水有二源俱出女國北阿傉達山南流會于國北又南歷國北東去一里深丈餘闊六十步非乘舟不可濟流入海阿傉達山一名崑崙山其主為主在雍州西南一萬五千三百七十里又云弱水在甘州張掖縣南山下也
杭絕浮渚而涉流沙奄息總極氾濫水嬉兮使靈媧鼓
瑟而舞馮夷姚馮名夷以庚日溺死河常以庚日好溺死人時若薆薆將混濁
兮召屏翳應云屏翳天神使也韋云雷師也誅風伯衆云風伯字飛廉而刑雨
師沙州有雨師祠西望崐崘之軋張云海內經云崑崙去中國五萬里天帝之下都也其山

廣袤百里高八萬仞增城九重面九井以玉為欄旁有
五門開明獸守之括地志云在崑崙肅州酒泉縣南八
十里十六國春秋云後魏昭成帝建十年涼張駿酒泉大
守馬岌上言酒泉南山即崑崙之體周穆王見西王母
樂而忘歸即謂此山有石室王母堂珠璣鏤飾煥若神
宮又删丹西河名云弱水禹貢崑崙在臨羌之西即此
明矣括地志云又阿傉達山亦名建末達山亦名崑崙
山恒河出其南吐師子口經天竺入達山嬀水今名為
浙海出書於西何北隅吐馬口經安息大夏國入西海
黃海出東北隅吐牛口東北流經鹽澤潛出大積石山
至華山北東入海其三河去山入海各三萬里此謂大
崑崙肅州謂小崑崙也禹本紀云河出崑崙二千五百
餘里日月所相隱避為光明也沕洸忽兮直徑馳乎三危括地志云三危山在沙州
東南三十里排閶闔而入帝宮兮韋云閶闔天門也淮南子曰西方曰西極之山閶闔

之門載玉女而與之歸張云玉女青要衆弋等也舒閬風而搖集兮張云
閬風在崑崙閶闔之中楚辭云登閬風而渫馬也亢烏騰而一止低回陰山翔
以紆曲兮張云陰山在大崑崙西二千七百里吾乃今目睹西王母皬然
白首張云西王母其狀如人豹尾虎齒蓬髮皬然白首石城金穴居其中載勝而穴處兮
顏云勝代婦人首飾也漢代謂之華勝也亦幸有三足烏為之使張云三足烏青烏也
主為西王母取食在昆墟之北必長生若此而不死兮雖濟萬世不足
以喜回車朅來兮絕道不周會食幽都呼吸沆瀣飡朝
霞兮噍咀芝英兮嘰瓊華嬐侵潯而高縱兮紛鴻涌而

上厲貫列缺之倒景兮涉豐隆之滂沛張云豐崇雲師也淮南子云季
春三月豐崇乃出以將雨據豐崇將雲雨故云滂沛馳游道而脩降兮游游車也道道車也
脩長也降下也騖遺霧而遠逝迫區中之隘陜兮舒節出乎北
垠遺屯騎於玄闕兮軼先驅於寒門下崢嶸而無地兮
上寥廓而無天視眩眠而無見兮聽惝恍而無聞乘虛
無而上假兮超無友而獨存相如既奏大人之頌天子
大說飄飄有凌雲之氣似游天地之閒意相如既病免
家居茂陵天子曰司馬相如病甚可往從悉取其書若

不然後失之矣使所忠往姓所名忠也風俗通姓氏云漢書有諫大夫所忠氏而
相如已死家無書問其妻對曰長卿固未嘗有書也時
時著書人又取去即空居長卿未死時為一卷書曰有
使者來求書奏之無他書其遺札書言封禪事奏所忠
忠奏其書天子異之其書曰伊上古之初肇自昊穹兮
生民歷撰列辟以迄于秦率邇者踵武逖聽者風聲紛
綸葳蕤堙滅而不稱者不可勝數也續韶夏崇號謚略
可道者七十有二君罔若淑而不昌疇逆失而能存軒

轅之前遐哉邈乎其詳不可得聞也五三六經載籍之
傳維見可觀也書曰元首明哉股肱良哉因斯以談君
莫盛於唐堯臣莫賢於后稷后稷創業於唐公劉發迹
於西戎文王改制爰周郅隆大行越成而後陵夷衰微
千載無聲豈不善始善終哉然無異端慎所由於前謹
遺教於後耳故軌迹夷易易遵也湛恩濛涌易豐也憲
度著明易則也垂統理順易繼也是以業隆於繦褓而
崇冠于二后揆厥所元終都攸卒未有殊尤絕迹可考

于今者也然猶躡梁父登泰山建顯號施尊名大漢之
德逢涌原泉沕潏漫衍旁魄四塞雲專霧散上暢九垓
下泝八埏懷生之類霑濡浸潤協氣橫流武節飄逝邇
陜游原迥闊泳沫首惡湮沒闇昧昭晢昆蟲凱澤回首
面內然後囿騶虞之珍羣徼麋鹿之怪獸導一莖六穗
於庖犧雙觡共抵之獸獲周餘珍收龜于岐招翠黃乘
龍於沼鬼神接靈圉賓於閒館奇物譎詭俶儻窮變欽
哉符瑞臻兹猶以為薄不敢道封禪蓋周躍魚隕杭休

之以燎微夫斯之為符也以登介丘不亦恧乎進讓之
道其何爽與於是大司馬進曰陛下仁育羣生義征不
憓諸夏樂貢百蠻執贄德侔往初功無與二休烈浹洽
符瑞衆變期應紹至不特創見意者泰山梁父設壇場
望幸蓋號以況榮上帝垂恩儲祉將以薦成陛下謙讓
而弗發也挈三神之驩缺王道之儀羣臣恧焉或謂且
天為質闇珍符固不可辭若然辭之是泰山靡記而梁
父靡幾也亦各並時而榮咸濟世而屈說者尚何稱於

後而云七十二君乎夫修德以錫符奉符以行事不為
進越故聖王弗替而修禮地祇謁款天神勒功中嶽以
彰至尊舒盛德發號榮受厚福以浸黎民也皇皇哉斯
事天下之壯觀王者之丕業不可貶也願陛下全之而
後因雜薦紳先生之略術使獲燿日月之末光絕炎以
展采錯事猶兼正列其義校飭厥文作春秋一藝將襲
舊六為七攄之無窮俾萬世得激清流揚微波蜚英聲
騰茂實前聖之所以永保鴻名而常為稱首者用此宜

命掌故悉奏其義而覽焉於是天子沛然改容曰愉乎朕其試哉乃遷思回慮總公卿之議詢封禪之事詩大澤之博廣符瑞之富乃作頌曰自我天覆雲之油油甘露時雨厥壤可游滋液滲漉何生不育嘉穀六穗我穡曷蓄非唯雨之又潤澤之非唯濡之氾尃護之萬物熙熙懷而慕思名山顯位望君之來君乎君乎侯不邁哉般般之獸樂我君囿白質黑章其儀可嘉旼旼睦睦君子之能蓋聞其聲今觀其來厥塗靡蹤天瑞之徵茲亦

於舜虞氏以興濯濯之麟游彼靈畤孟冬十月君徂郊祀馳我君輿帝以享祉三代之前蓋未嘗有宛宛黃龍興德而升采色炫耀熿炳煇煌正陽顯見覺寤黎烝於傳載之云受命所乘厥之有章不必諄諄依類託寓諭以封巒披藝觀之天人之際已交上下相發允荅聖王之德兢兢翼翼也故曰興必慮衰安必思危是以湯武至尊嚴不失肅祗舜在假典顧省厥遺此之謂也司馬相如既卒五歲天子始祭后土八年而遂先禮中嶽嵩高也在洛州陽城縣西北二十二里封于太山在兗州博城縣西北三十里至梁父禪肅然相如他所著若遺平陵侯書與五公子相難草木書篇不采采其尤著公卿者云

太史公曰春秋推見至隱易本隱之以顯大雅言王公大人而德逮黎庶小雅譏小己之得失其流及上所以言雖外殊其合德一也相如雖多虛辭濫說然其要歸引之節儉此與詩之風諫何異揚雄以為靡麗之賦勸百風一猶馳騁鄭衛之聲曲終而奏雅不已虧乎余采

其語可論者著于篇

史記正義卷一百十七

欽定四庫全書

史記正義卷一百十八

唐 張守節 撰

淮南衡山列傳第五十八　史記一百十八

淮南厲王長者高祖少子也其母故趙王張敖美人高祖八年從東垣過趙（趙張耳所都今邢州也）趙王獻之美人厲王母得幸焉有身趙王敖弗敢内宫為築外宫而舍之及貫高等謀反栢人事發覺并逮治王盡收捕王母兄弟

美人繫之河内厲王母亦繫告吏曰得幸上有身吏以聞上上方怒趙王未理厲王母厲王母弟趙兼因辟陽侯言吕后吕后妬弗肯白辟陽侯不彊争及厲王母已生厲王恚即自殺吏奉厲王詣上上悔（悔不理厲王母）令吕后母之而葬厲王母眞定眞定厲王母之家在焉父世縣也高祖十一年十月淮南王黥布反立子長為淮南王王黥布故地凡四郡上自將兵擊滅布厲王遂即位厲王蚤失母常附吕后孝惠吕后時以故得幸無患害而常心怨辟陽侯弗敢發及孝文帝初即位淮南王自以為最親驕蹇數不奉法上以親故常寛赦之三年入朝甚横從上入苑囿獵與上同車常謂上大兄厲王有材力力能扛鼎乃往請辟陽侯辟陽侯出見之即自袖鐵推推辟陽侯令從者魏敬剄之（剄古鼎反剄謂刺剄）厲王乃馳走闕下肉袒謝曰臣母不當坐趙事其時辟陽侯力能得之吕后弗争罪一也趙王如意子母無罪吕后殺之辟陽侯弗争罪二也吕后王諸吕欲以危劉氏辟陽侯

弗争罪三也臣謹為天下誅賊臣辟陽侯報母之仇謹伏闕下請罪孝文傷其志為親故弗治赦厲王當是時薄太后及太子諸大臣皆憚厲王厲王以此歸國益驕恣不用漢法出入稱警蹕稱制自為法令擬於天子六年令男子但等七十人與棘蒲侯柴武太子奇謀以輂車四十乘反谷口（括地志云谷口故城在雍州醴泉縣東北四十里漢谷口縣也）令人使閩越匈奴事覺治之使使召淮南王淮南王至長安丞相臣張倉典客臣馮敬行御史大夫事宗正臣逸廷

尉臣賀備盜賊中尉臣福昧死言淮南王長廢先帝法不聽天子詔居處無度為黃屋蓋乘輿出入擬於天子擅為法令不用漢法及所置吏以其郎中春為丞相聚收漢諸侯人及有罪亡者匿與居為治家室賜其財物爵祿田宅爵或至關内侯奉以二千石所不當得欲以有為大夫但士五開章等七十人與棘蒲侯太子奇謀反欲以危宗廟社稷使開章陰告長與謀使閩越及匈奴發其兵開章之淮南見長長數與坐語飲食為家室

娶婦以二千石俸奉之開章使人告但已言之王春使使報但等吏覺知使長安尉奇等往捕開章長匿不予與故中尉蕳忌謀殺以閉口謀殺開章以閉絕謀反之口也為棺槨衣衾葬之肥陵邑括地志云肥陵故縣在壽州安豐縣東六十里在故六城東北百餘里謾吏曰不知安在又佯聚土樹表其上曰開章死埋此下及長身自賊殺無罪者一人令吏論殺無罪者六人為命棄市罪詐捕命者以除罪擅罪人罪人無告劾繫治城旦舂以上十四人赦免罪人死罪十八人城旦舂以

下五十八人賜人爵關内侯以下九十四人前日長病陛下憂苦之使使者賜書棗脯長不欲受賜不肯見拜使者南海民處廬江界中者反淮南吏卒擊之陛下以淮南民貧苦遣使者賜長帛五千匹以賜吏卒勞苦者長不欲受賜謾言曰無勞苦者南海民王織上書獻璧皇帝忌擅燔其書不以聞吏請召治忌長不遣謾言曰忌病春又請長願入見長怒曰女欲離我自附漢長當棄市臣請論如法制曰朕不忍致法於王其與列侯二千

石議臣倉臣敬臣逸臣福臣賀昧死言臣謹與列侯吏二千石臣嬰等四十三人議皆曰長不奉法度不聽天子詔乃陰聚徒黨及謀反者厚養亡命欲以有為臣等議論如法制曰朕不忍致法於王其赦長死罪廢勿王臣倉等昧死言長有大死罪陛下不忍致法幸赦廢勿王臣請處蜀郡嚴道邛郵遣其子母從居縣為築蓋家室皆廩食給薪菜鹽豉炊食器席蓐臣等昧死請請布告天下制曰計食長給肉日五斤酒二斗令故美人才

人得幸者十人從居他可盡誅所與謀者於是乃遣淮南王載以輜車令縣以次傳是時袁盎諫上曰上素驕淮南王弗為置嚴傅相以故至此且淮南王為人剛今暴摧折之臣恐卒逢霧露病死陛下為有殺弟之名奈何上曰吾特苦之耳今復之縣傳淮南王者皆不敢發車封淮南王乃謂侍者曰誰謂乃公勇者吾安能勇吾以驕故不聞吾過至此人生一世閒安能邑邑如此乃不食死至雍今岐州雍縣也雍令發封以死聞上哭甚悲謂袁盎曰吾不聽公言卒亡淮南王盎曰不可奈何願陛下自寬上曰為之奈何盎曰獨斬丞相御史以謝天下乃可上即令丞相御史逮考諸縣傳送淮南王不發封餽侍者皆棄市乃以列侯葬淮南王於雍守冢三十戶孝文八年上憐淮南王淮南王有子四人皆七八歲乃封子安為阜陵侯子勃為安陽侯子賜為周陽侯子良為東成侯孝文十二年民有作歌歌淮南厲王曰一尺布尚可縫一斗粟尚可舂兄弟二人不能相容上聞之乃

歎曰堯舜放逐骨肉帝系云堯黃帝之後舜顓頊之後四凶之內有承黃帝顓頊者而堯舜竄之故放逐骨肉耳四凶者共工三苗伯鯀及驩兜皆堯舜之同姓故云骨肉也周公殺管蔡天下稱聖何者不以私害公天下豈以我為貪淮南王地邪乃徙城陽王王淮南故地而追尊謚淮南王為厲王謚法云暴慢無親曰厲置園復如諸侯儀孝文十六年徙淮南王喜復故城陽上憐淮南厲王廢法不軌自使失國蚤死乃立其三子阜陵侯安為淮南王安陽侯勃為衡山王周陽侯賜為廬江王皆復得厲王時地參分之東城侯良前薨無後也孝景三年吳楚七國反吳使者至淮南淮南王欲發兵應之其相曰大王必欲發兵應吳臣願為將王乃屬相兵淮南相已將兵因城守不聽王而為漢漢亦使曲城侯將兵救淮南淮南以故得完吳使者至廬江廬江王弗應而往來使越吳使者至衡山衡山王堅守無二心孝景四年吳楚已破衡山王朝上以為貞信乃勞苦之曰南方卑溼徙衡山王王濟北所以褒之及薨遂賜謚為貞王廬江王邊越數使使相交故徙為

衡山王王江北淮南王如故

淮南王安為人好讀書鼓琴不喜弋獵狗馬馳騁亦欲以行陰德拊循百姓流譽天下時時怨望厲王死時欲畔逆未有因也及建元二年淮南王入朝素善武安侯武安侯時為太尉乃逆王霸上與王語曰方今上無太子大王親高皇帝孫 漢書云武帝以安屬為諸侯 行仁義天下莫不聞即宮車一日晏駕非大王當誰立者淮南王大喜厚遺武安侯金財物陰結賓客拊循百姓為畔逆事建元

六年彗星見淮南王心怪之或說王曰先吳軍起時彗星出長數尺然尚流血千里今彗星長竟天天下兵當大起王心以為上無太子天下有變諸侯並爭愈益治器械攻戰具積金錢賂遺郡國諸侯游士奇材諸辨士為方略者妄作妖言諂諛王王喜多賜金錢而謀反滋甚淮南王有女陵彗有口辨王愛陵常多予金錢為中詗長安約結上左右元朔三年上賜淮南王几杖不朝淮南王王后荼王愛幸之王后生太子遷遷取王皇太后外孫脩成君女為妃王謀為反具畏太子妃知而內泄事乃與太子謀令詐弗愛三月不同席王乃詳為怒太子閉太子使與妃同內三月太子終不近妃妃求去王乃上書謝歸去之王后荼太子遷及女陵得愛幸王擅國權侵奪民田宅妄致繫人元朔五年太子學用劍自以為人莫及聞郎中雷被巧乃召與戲被一再辭讓誤中太子太子怒被恐此時有欲從軍者輒詣京師被即願奮擊匈奴太子遷數惡被於王王使郎中令斥免

欲以禁後 言斥免郎中令官而令後人不敢效也 被遂亡至長安上書自明詔下其事廷尉河南 雷被告事下廷尉及河南共治之 河南治逮淮南太子 逮謂追赴河南也 王王后計欲無遣太子遂發兵反計猶豫十餘日未定會有詔即訊太子當是時淮南相怒壽春丞留太子逮不遣劾不敬王以請相相弗聽王使人上書告相事下廷尉治蹤跡連王王使人候伺漢公卿公卿請逮捕治王王恐事發太子遷謀曰漢使即逮王王令人衣衛士衣持戟居庭中王旁有非是則刺殺

之臣亦使人刺殺淮南中尉乃舉兵未晚是時上不許公卿請而遣漢中尉宏即訊驗王王聞漢使來即如太子謀計漢中尉至王視其顏色和訊王以斥靁被事耳王自度無何不發中尉還以聞公卿治者曰淮南王安擁閼奮擊匈奴者靁被等廢格明詔當棄市詔弗許公卿請廢勿王詔勿許公卿請削五縣詔削五縣使中尉宏赦淮南王罪罰以削地中尉入淮南界宣言赦王王初聞漢公卿請誅之未知得削地聞漢使來恐其捕之

乃與太子謀刺之如前計及中尉至即賀王王以故不發其後自傷曰吾行仁義見削甚恥之然淮南王削地之後其為反謀益甚諸使道從長安來為妄妖言言上無男漢不治即喜即言漢廷治有男王怒以為妄言非也王日夜與伍被左吳等案輿地圖部署兵所從入王曰上無太子宮車即晏駕廷臣必徵膠東王不如常山王諸侯並爭吾可以無備乎且吾高祖孫親行仁義陛下遇我厚吾能忍之萬世之後吾寧能北面臣事豎子乎王坐東宮召伍被與謀曰將軍上被悵然曰上寬赦大王王復安得此亡國之語乎臣聞子胥諫吳王吳王不用乃曰臣今見麋鹿游姑蘇之臺也今臣亦見宮中生荆棘露霑衣也王怒繫伍被父母囚之三月復召曰將軍許寡人乎被曰不直來為大王畫耳臣聞聰者聽於無聲明者見於未形故聖人萬舉萬全昔文王一動而功顯于千世列為三代此所謂因天心以動作者也故海內不期而隨此千歲之可見者夫百年之秦近世之

吳楚亦足以喻國家之存亡矣臣不敢避子胥之誅願大王毋為吳王之聽昔秦絕先生之道殺術士燔詩書棄禮義尚詐力任刑罰轉負海之粟致之西河當是之時男子疾耕不足於糟糠女子紡績不足於蓋形遣蒙恬築長城東西數千里暴兵露師常數十萬死者不可勝數僵尸千里流血頃畝百姓力竭欲為亂者十家而五又使徐福入海求神異物還為偽辭曰臣見海中大神言曰汝西皇之使邪臣答曰然汝何求曰願請延年

益壽藥神曰汝秦王之禮薄得觀而不得取即從臣東南至蓬萊山見芝成宮闕有使者銅色而龍形光上照天於是臣再拜問曰宜何資以獻海神曰以令名男子若振女與百工之事即得之矣秦皇帝大説遣振男女三千人資之五穀種種百工而行徐福得平原廣澤止王不來括地志云亶州在東海中秦始皇遣徐福將童男女遂止此州其後復有數洲萬家其上人有至會稽市易者闕文於是百姓悲痛相思欲為亂者十家而六又使尉佗踰五嶺攻百越尉佗知中國勞極止王不來使人

上書求女無夫家者三萬人以為士卒衣補秦皇帝可其萬五千人於是百姓離心瓦解欲為亂者十家而七客謂高皇帝曰時可矣高皇帝曰待之聖人當起東南間不一年陳勝吳廣發矣高皇始於豐沛一倡天下不期而響應者不可勝數也此所謂蹈瑕候間因秦之亡而動者也百姓願之若旱之望雨故起於行陳之中而立為天子功高三王德傳無窮今大王見高皇帝得天下之易也獨不觀近世之吳楚乎夫吳王賜號為劉氏

祭酒復不朝王四郡之衆地方數千里內鑄消銅以為錢東煮海水以為鹽上取江陵木以為船之載當中國數十兩車國富民衆行珠玉金帛賂諸侯宗室大臣獨竇氏不與計定謀成舉兵而西破於大梁敗於狐父奔走而東至於丹徒越人禽之身死絕祀為天下笑夫以吳越之衆不能成功者何誠逆天道而不知時也方今大王之兵衆不能十分吳楚之一天下安寧有萬倍於吳楚之時願大王從臣之計大王不從臣之計今見大

王事必不成而語先泄也臣聞微子過故國而悲於是作麥秀之歌是痛紂之不用王子比干也故孟子曰紂貴為天子死曾不若匹夫是紂先自絕於天下久矣非死之日而天下去之今臣亦竊悲大王棄千乘之君必且賜絕命之書為羣臣先死於東宮也於是王氣怨結而不揚涕滿匡而横流即起歷階而去王有孽子不害最長王弗愛王王后太子皆不以為子兄數不害有子建材高有氣常怨望太子不省其父又怨時諸侯皆得

分子弟為侯而淮南獨二子一為太子建父獨不得為侯建陰結交欲告敗太子以其父代之太子知之數捕繫而榜笞建建具知太子之謀欲殺漢中尉即使所善壽春莊芷以元朔六年上書於天子曰毒藥苦於口利於病忠言逆於耳利於行今淮南王孫建材能高淮南王王后荼荼子太子遷常疾害建建父不害無罪擅數捕繫欲殺之今建在可徵問具知淮南陰事書聞上以其事下廷尉廷尉下河南治是時故辟陽侯孫審卿善

丞相公孫宏怨淮南厲王殺其大父乃深購淮南事於宏宏乃疑淮南有畔逆計謀深窮治其獄河南治建辭引淮南太子及黨與淮南王患之欲發問伍被曰漢廷治亂伍被曰天下治王意不說謂伍被曰公何以言天下治也被曰被竊觀朝廷之政君臣之義父子之親夫婦之別長幼之序皆得其理上之舉錯遵古之道風俗紀綱未有所缺也重裝富賈周流天下道無不通故交易之道行南越賓服羌僰入獻東甌入降廣長榆開朔方匈奴折翅傷翼失援不振雖未及古太平之時然猶為治也王怒被謝死罪王又謂被曰山東即有兵漢必使大將軍將而制山東公以為大將軍何如人也被曰被所善者黃義從大將軍擊匈奴還告被曰大將軍遇士大夫有禮於士卒有恩衆皆樂為之用騎上下山若蜚材幹絕人被以為材能如此數將習兵未易當也及謁者曹梁使長安來言大將軍號令明當敵勇敢常為士卒先休舍穿井未通須士卒盡得水乃敢飲軍罷卒

盡已渡河乃度皇太后所賜金帛盡以賜軍吏雖古名將弗過也王默然淮南王見建已徵治恐國陰事且覺欲發被又以為難乃復問被曰公以為吳興兵是邪非也被曰以為非也吳王至富貴也舉事不當身死丹徒頭足異處子孫無遺類臣聞吳王悔之甚願王孰慮之無為吳王之所悔王曰男子之所死者一言耳且吳何知反漢將一日過成皋者四十餘人今我令摟緩先要成皋之口成皋故在河南汜水縣東南二里周被下潁川兵塞轘轅伊

關之道［轘轅故關在河南緱氏縣南四十里伊闕故關在河南縣南十九里］陳定發南陽兵守武關［故武關在商州商洛縣東九十里春秋時關文］河南太守獨有雒陽耳何足憂然此北尚有臨晉關河東上黨與河內趙國人言曰絶成皋之口天下不通據三川之險［即成皋關也］招山東之兵舉事如此公以為何如被曰臣見其禍未見其福也王曰左吳趙賢朱驕如皆以為有福什事九成公獨以為有禍無福何也被曰大臣之羣臣近幸素能使衆者皆前繫詔獄餘無可用者王曰陳勝吳廣無立

錐之地千人之聚起於大澤奮臂大呼而天下響應西至於戲而兵百二十萬今吾國雖小然而勝兵者可得十餘萬非直適戍之衆鐖鑿棘矜也公何以言有禍無福被曰往者秦為無道殘賊天下興萬乘之駕作阿房之宮收太半之賦發閭左之戍［閭左邊不役之民秦則役之也］父不寧子兄不便弟政苛刑峻天下熬然若焦民皆引領而望傾耳而聽悲號仰天叩心而怨上故陳勝大呼天下響應當今陛下臨制天下一齊海內汎愛蒸庶布德施惠口雖未言聲疾雷霆令雖未出化馳如神心有所懷威動萬里下之應上猶影響也而大將軍材能不特章邯楊熊也大王以陳勝吳廣諭之被以為過矣王曰苟如公言不可徼幸邪被曰被有愚計王曰奈何被曰當今諸侯無異心百姓無怨氣朔方之郡田地廣水草美民徙者不足以實其地臣之愚計可偽為丞相御史請書徙郡國豪傑任俠及有耐罪以上赦令除其罪產五十萬以上者皆徙其家屬朔方之郡益發甲卒急其會日

又偽為左右都司空上林中都官詔獄逮書諸侯太子幸臣如此則民怨諸侯懼即使辯武隨而說之儻可徼幸什得一乎王曰此可也雖然吾以為不至若此於是王乃令官奴入宮作皇帝璽丞相御史大將軍軍吏中二千石都官令丞印及旁近郡太守都尉印漢使節法冠欲如伍被計使人偽得罪而西事大將軍丞相一日發兵使人即刺殺大將軍青而說丞相下之如發蒙耳王欲發國中兵恐其相二千石不聽王乃與伍被謀先

殺相二千石僞失火宮中相二千石救火至即殺之計未決又欲令人衣求盜衣持羽檄從東方來呼曰南越兵入界欲因以發兵乃使人至廬江會稽爲求盜未發王問伍被曰吾舉兵西鄉諸侯必有應我者即無應奈何被曰南收衡山以擊廬江有尋陽之船守下雉之城結九江之浦絕豫章之口即彭蠡湖口北流出大江者彊弩臨江而守以禁南郡之下東收江都會稽江都揚州也會稽蘇州也南通勁越屈彊江淮閒猶可得延歲月之壽王曰善無以易此急

則走越耳於是廷尉以王孫建辭連淮南王太子遷聞上遣廷尉監因拜淮南中尉逮捕太子至淮南淮南王聞與太子謀召相二千石欲殺而發兵召相相至內史以出爲解中尉曰臣受詔使不得見王王念獨殺相而內史中尉不來無益也即罷相王猶豫計未決太子念所坐者謀刺漢中尉所與謀者已死以爲口絕乃謂王曰羣臣可用者皆前繫今無足與舉事者王以非時發恐無功臣願會逮王亦偷欲休即許太子太子即自剄

不殊伍被自詣吏因告與淮南王謀反反蹤跡具如此吏因捕太子王后圍王宮盡求捕王所與謀反賓客在國中者索得反具以聞上下公卿治所連引與淮南王謀反列侯二千石豪傑數千人皆以罪輕重受誅衡山王賜淮南王弟也當坐收有司請逮捕衡山王天子曰諸侯各以其國爲本不當相坐與諸侯王列侯會肆丞相諸侯議趙王彭祖列侯臣讓等四十三人議皆曰淮南王安甚大逆無道謀反明白當伏誅膠西王臣端議

曰淮南王安廢法行邪懷詐僞心以亂天下熒惑百姓倍畔宗廟妄作妖言春秋曰臣無將將而誅安罪重於將謀反形已定臣端所見其書節印圖及他逆無道事驗明白甚大逆無道當伏其法而論國吏二百石以上及比者宗室近幸臣不在法中者不能相教當皆免削削爵爲士伍毋得官爲吏其非吏他贖死金二斤八兩以章臣安之罪使天下明知臣子之道毋敢復有邪僻倍畔之意丞相宏廷尉湯等以聞天子使宗正以符節治

王未至淮南王安自到殺王后荼太子遷諸所與謀反者皆族天子以伍被雅辭多引漢之美欲勿誅廷尉湯曰被首為之畫反謀被罪無赦遂誅被國除為九江郡衡山王賜王后乘舒（衡山王后名也）生子三人長男爽為太子次男孝次女無采又姬徐來生子男女四人美人厥姬生子二人衡山王淮南王兄弟相責望禮節閒不相能衡山王聞淮南王作為畔逆反具亦心結賓客以應之恐為所并元光六年衡山王入朝其謁者衛慶有方術

欲上書事天子王怒死刻慶死罪彊榜服之衡山內史以為非是卻其獄王使人上書告內史內史治言王不直王又數侵奪人田壞人冢以為田有司請逮治衡山王天子不許為置吏二百石以上衡山王以此恚與奚慈張廣昌謀求能為兵法候星氣者日夜從容王密謀反事王后乘舒死立徐來為王后厥姬俱幸兩人相妬厥姬乃惡王后徐來於太子曰徐來使婢蠱道殺太子母太子心怨徐來徐來兄至衡山太子與飲以刃刺傷王后兄王后怨怒數毀惡太子於王太子女弟無采嫁棄歸與奴姦又與客姦太子數讓無采無采怒不與太子通王后聞之即善遇無采無采及中兄孝少失母附王后王后以計愛之與共毀太子王以故數擊笞太子元朔四年中人有賊傷王后假母者王疑太子使人傷之笞太子後王病太子時稱病不侍孝王后無采惡太子太子實不病自言病有喜色王大怒欲廢太子立其弟孝王后知王決廢太子又欲并廢孝王后有侍者善舞王

幸之王后欲令侍者與孝亂以汙之欲并廢兄弟而立其子廣代太子爽知之念后數惡已無已時欲與亂以止其口王后飲太子前為壽因據王后股求與王后臥王后怒以告王王乃召欲縛而笞之太子知王常欲廢已立其弟孝乃謂王曰孝與王御者姦無采與奴姦王彊食請上書即倍王去王使人止之莫能禁乃自駕追捕太子太子妄惡言王械繫太子宮中孝日益親幸王奇孝材能乃佩之王印號曰將軍令居外宅多給

金錢招致賓客賓客來者微知淮南衡山有逆計日夜從容勸之王乃使孝客江都人救赫陳喜作輣車鍛矢刻天子璽將相軍吏印王日夜求壯士如周丘等數稱引吳楚反時計畫以約束衡山王非敢效淮南王求即天子位畏淮南起并其國以為淮南已西發兵定江淮之間而有之望如是元朔五年秋衡山王當朝六年過淮南淮南王乃昆弟語除前郤約束反具衡山王即上書謝病上賜書不朝元朔六年中衡山使人上書請廢

太子爽立孝為太子爽聞即使所善白嬴之長安上書言孝作輣車鍛矢與王御者姦欲以敗孝白嬴至長安未及上書吏捕嬴以淮南事繫王聞爽使白嬴上書恐言國陰事即上書反告太子爽所為不道棄市罪事事下沛郡治元朔七年冬有司公卿下沛郡求捕所與淮南謀反者未得得陳喜於衡山王子孝家吏劾孝首匿喜孝以為陳喜雅數與王計謀反恐其發之聞律先自告除其罪又疑太子使白嬴上書發其事即先自告告所與謀反者救赫陳喜等廷尉治驗公卿請逮捕衡山王治之天子曰勿捕遣中尉安大行息即問王王具以情實對吏皆圍王宮而守之中尉大行還以聞公卿請遣宗正大行與沛郡雜治王王聞即自剄殺孝先自告反除其罪坐與王御婢姦棄市王后徐來亦坐蠱殺前王后乘舒及太子爽王告不孝皆棄市諸與衡山王謀反者皆族國除為衡山郡

太史公曰詩之所謂戎狄是膺荆舒是懲信哉是也淮

南衡山親為骨肉疆土千里列為諸侯不務遵蕃臣職以承輔天子而專挾邪僻之計謀為畔逆仍父子再亡國各不終其身為天下笑此非獨王過也亦其俗薄臣下漸靡使然也夫荆楚僄勇輕悍好作亂乃自古記之矣

史記正義卷一百十八

欽定四庫全書

史記正義卷一百十九

唐 張守節 撰

循吏列傳第五十九 史記一百十九

太史公曰法令所以導民也刑罰所以禁姦也文武不備良民懼然身修者官未曾亂也奉職循理亦可以為治何必威嚴哉

孫叔敖者說苑云孫叔敖為令尹一國吏民皆來賀有一老父衣麤衣冠白冠後來弔曰有身貴而

驕人者民亡之位已高而擅權者君惡之祿已厚而不知足者患處之叔敖再拜敬受命願聞餘教父曰位已高而意益下官益大而心益小祿已厚而慎不取君謹守此三者足以治楚楚之處士也虞丘相進之於楚莊王以自代也三月為楚相施教導民上下和合世俗盛美政緩禁止吏無姦邪盜賊不起秋冬則勸民山採春夏以水各得其所便民皆樂其生莊王以為幣輕更以小為大百姓不便皆去其業市令言之相曰市亂民莫安其處次行不定相曰如此幾何頃乎市令曰三月頃相曰罷吾今令之復矣後五日朝相言之王曰前日更幣以為輕今市令來言曰市亂民莫安其處次行之不定臣請遂令復如故王許之下令三日而市復如故楚民俗好庳車王以為庳車不便馬欲下令使高之相曰令數下民不知所從不可王必欲高車臣請教閭里使高其梱乘車者皆君子君子不能數下車王許之居半歲民悉自高其車此不教而民從其化近者視而效之遠者四面望而法之故三得相而不喜知其材自得之也三去相而不悔知非己之罪也

子產者鄭之列大夫也鄭昭君之時以所愛徐摯為相國亂上下不親父子不和大宮子期言之君以子產為相為相一年豎子不戲狎斑白不提挈僮子不犁畔二年市不豫賈三年門不夜關道不拾遺四年田器不歸五年士無尺籍言士民無一尺方板之籍書什伍什伍相保也喪期不令而治治鄭二十六年而死丁壯號哭老人兒啼曰子產去我死乎民將安歸

公儀休者魯博士也以高弟為魯相奉法循理無所變

吏百官自正使食祿者不得與下民爭利受大者不得取小客有遺相魚者相不受客曰聞君嗜魚遺君魚何故不受也相曰以嗜魚故不受也今為相能自給魚今受魚而免誰復給我魚者吾故不受也食茹而美拔其園葵而棄之見其家織布好而疾出其家婦燔其機云欲令農士工女安所讐其貨乎

石奢者楚昭王相也堅直廉正無所阿避行縣道有殺人者相追之乃其父也縱其父而還自繫焉使人言之

王曰殺人者臣之父也夫以父立政不孝也廢法縱罪非忠也臣罪當死王曰追而不及不當伏罪子其治事矣石奢曰不私其父非孝子也不奉主法非忠臣也王赦其罪上惠也伏誅而死臣職也遂不受令自刎而死

李離者晉文公之理也理獄官也過聽殺人自拘當死文公曰官有貴賤罰有輕重下吏有過非子之罪也李離曰臣居官為長不與吏讓位受祿為多不與下分利今過聽殺人傳其罪下吏非所聞也辭不受令文公曰子則自以為有罪寡人亦有罪邪李離曰理有法失刑則刑失死則死公以臣能聽微決疑故使為理今過聽殺人罪當死遂不受令伏劍而死

太史公曰孫叔敖出一言郢市復子產病死鄭民號哭公儀子見好布而家婦逐石奢縱父而死楚昭名立李離過殺而伏劍晉文以正國法

史記正義卷一百十九

欽定四庫全書　史部

史記正義卷一百二十至一百二十六

詳校官編修臣李如筠

欽定四庫全書

史記正義卷一百二十

唐　張守節　撰

汲鄭列傳第六十　史記一百二十

汲黯字長孺濮陽人也其先有寵於古之衛君至黯七世世為卿大夫黯以父任孝景時為太子洗馬以莊見憚孝景帝崩太子即位黯為謁者東越相攻上使黯往視之不至至吳而還報曰越人相攻固其俗然不足以

辱天子之使河內失火延燒千餘家上使黯往視之還報曰家人失火屋比延燒不足憂也臣過河南河南貧人傷水旱萬餘家或父子相食臣謹以便宜持節發河南倉粟以振貧民臣請歸節伏矯制之罪上賢而釋之遷為滎陽令黯恥為令病歸田里上聞乃召拜為中大夫以數切諫不得久留內遷為東海太守黯學黃老之言治官理民好清靜擇丞史而任之其治責大指而已不苛小黯多病臥閨閤內不出歲餘東海大治稱之上

閒台以為主爵都尉列於九卿治務在無為而已宏大體不拘文法黯為人性倨少禮面折不能容人之過合己者善待之不合己者不能忍見士亦以此不附焉然好學游俠任氣節內行脩絜好直諫數犯主之顏色常慕傅柏袁盎之為人也善灌夫鄭當時及宗正劉棄亦以數直諫不得久居位當是時太后弟武安侯蚡為丞相中二千石來拜謁蚡不為禮然黯見蚡未嘗拜常揖之天子方招文學儒者上曰吾欲云云黯對曰陛下內

多欲而外施仁義柰何欲效唐虞之治乎上默然怒變色而罷朝公卿皆為黯懼上退謂左右曰甚矣汲黯之戇也羣臣或數黯黯曰天子置公卿輔弼之臣寧令從諛承意陷主於不義乎且已在其位縱愛身柰辱朝廷何黯多病病且滿三月上常賜告者數終不愈最後病莊助為請告上曰汲黯何如人哉助曰使黯任職居官無以踰人然至其輔少主守城深堅招之不來麾之不去雖自謂賁育亦不能奪之矣上曰然古有社稷之臣

至如黯近之矣大將軍青侍中上踞廁而視之丞相宏燕見上或時不冠至如黯見上不冠不見也上嘗坐武帳中黯前奏事上不冠望見黯避帳中使人可其奏其見敬禮如此張湯方以更定律令為廷尉黯數質責湯於上前曰公為正卿上不能褒先帝之功業下不能抑天下之邪心安國富民使囹圄空虛二者無一焉非苦就行放析就功何乃取高皇帝約束紛更之為公以此無種矣黯時與湯論議湯辯常在文深小苛黯伉厲守

高不能屈忿發罵曰天下謂刀筆吏不可以為公卿果然必湯也令天下重足而立側目而視矣是時漢方征匈奴招懷四夷黯務少事上間常言與胡和親無起兵上方向儒術尊公孫宏及事益多吏民巧弄上分別文法湯等數奏決讞以幸而黯常毀儒面觸宏等徒懷詐飾智以阿人主取容而刀筆吏專深文巧詆陷人於罪使不得反其真以勝為功上愈益貴宏湯深心疾黯唯天子亦不說也欲誅之以事宏為丞相乃言上曰右

内史界部中多貴人宗室難治非素重臣不能任請徙黯為右内史為右内史數歲官事不廢大將軍青既益尊姊為皇后然黯與亢禮人或説黯曰自天子欲羣臣下大將軍大將軍尊重益貴君不可以不拜黯曰夫以大將軍有揖客反不重邪大將軍聞愈賢黯數請問國家朝廷所疑遇黯過於平生淮南王謀反憚黯曰好直諫守節死義難惑以非至如説丞相宏如發蒙振落耳天子既數征匈奴有功黯之言益不用始黯列為九卿

而公孫宏張湯為小吏及宏湯稍益貴與黯同位黯又非毁宏湯等已而宏至丞相封為侯湯至御史大夫故黯時丞相史皆與黯同列或尊用過之黯褊心不能無少望見上前言曰陛下用羣臣如積薪耳後來者居上上默然有閒黯罷上曰人果不可以無學觀黯之言也日益甚居無何匈奴渾邪王率衆來降漢發車二萬乘縣官無錢從民貰馬民或匿馬馬不具上怒欲斬長安令黯曰長安令無罪獨斬黯民乃肯出馬且匈奴畔其主而降漢漢徐以縣次傳之何至令天下騷動罷弊中國而以事夷狄之人乎上默然及渾邪至賈人與市者坐當死者五百餘人黯請閒見高門曰夫匈奴攻當路塞絶和親中國興兵誅之死傷者不可勝計而費以巨萬百數臣愚以為陛下得胡人皆以為奴婢以賜從軍死事者家所鹵獲因予之以謝天下之苦塞百姓之心今縱不能渾邪率數萬之衆來降虚府庫賞賜發良民侍養譬若奉驕子愚民安知市買長安中物而文吏繩

以為闌出財物于邊關乎陛下縱不能得匈奴之資以謝天下又以微文殺無知者五百餘人是所謂庇其葉而傷其枝者也臣竊為陛下不取也上默然不許曰吾久不聞汲黯之言今又復妄發矣後數月黯坐小法會赦免官於是黯隱於田園居數年會更五銖錢民多盜鑄錢楚地尤甚上以為淮陽楚地之郊乃召拜黯為淮陽太守黯伏謝不受印詔數彊予然後奉詔詔召見黯黯為上泣曰臣自以為填溝壑不復見陛下不意陛下

復收用之臣常有狗馬病力不能任郡事臣願為中郎出入禁闥補過拾遺臣之願也上曰君薄淮陽邪吾今召君矣顧淮陽吏民不相得吾徒得君之重卧而治之黯既辭行過大行李息曰黯棄居郡不得與朝廷議也然御史大夫張湯智足以拒諫詐足以飾非務巧佞之語辯數之辭非肯正為天下言專阿主意主意所不欲因而毁之主意所欲因而譽之好興事舞文法内懷詐以御主心外挾賊吏以為威重公列九卿不早言之公

與之俱受其僇矣息畏湯終不敢言黯居郡如故治淮陽政清後張湯果敗上聞黯與息言抵息罪令黯以諸侯相秩居淮陽七歲而卒卒後上以黯故官其弟汲仁至九卿子汲偃至諸侯相黯姑姊子司馬安亦少與黯為太子洗馬安文深巧善宦官四至九卿以河南太守卒昆弟以安故同時至二千石者十人濮陽段宏始事蓋侯信信任宏宏亦再至九卿然衛人仕者皆嚴憚汲黯出其下

鄭當時者字莊陳人也其先鄭君嘗為項籍將籍死巳而屬漢高祖令諸故項籍臣名籍鄭君獨不奉詔詔盡拜名籍者為大夫而逐鄭君鄭君死孝文時鄭莊以任俠自喜脫張羽於戹聲聞梁楚之間孝景時為太子舍人每五日洗沐常置驛馬長安諸郊存諸故人請謝賓客夜以繼日至其明旦常恐不徧莊好黄老之言其慕長者如恐不見年少官薄然其游知交皆其大父行天下有名之士也武帝立莊稍遷為魯中尉濟南太守江

都相至九卿為右内史以武安侯魏其時議貶秩為詹事遷為大農令莊為太史誡門下客至無貴賤無留門者執賓主之禮以其貴下人莊廉又不治其産業仰奉賜以給諸公然其餽遺人不過算器食每朝候上之間說未嘗不言天下之長者其推轂士及官屬丞史誠有味其言之也常引以為賢於己未嘗名吏與官屬言若恐傷之聞人之善言進之上唯恐後山東士諸公以此翕然稱鄭莊鄭莊使視決河自請治行五日上曰吾聞

鄭莊行千里不齎糧請治行者何也然鄭莊在朝常趨和承意不敢甚引當否及晚節漢征匈奴招四夷天下費多財用益匱莊任人賓客為大農僦人多逋負司馬安為淮陽太守發其事莊以此陷罪贖為庶人頃之守長史上以為老以莊為汝南太守數歲以官卒鄭莊汲黯始列為九卿廉内行脩絜此兩人中廢家貧賓客益落及居郡卒後家無餘貲財莊兄弟子孫以莊故至二千石六七人焉

太史公曰夫以汲鄭之賢有勢則賓客十倍無勢則否況衆人乎下邽翟公有言始翟公為廷尉賓客闐門及廢門外可設雀羅翟公復為廷尉賓客欲往翟公乃大署其門曰一死一生乃知交情一貧一富乃知交態一貴一賤交情乃見汲鄭亦云悲夫

史記正義卷一百二十

欽定四庫全書

史記正義卷一百二十一

唐 張守節 撰

儒林列傳第六十一　姚承云儒謂博士為儒雅之林綜理古文宣明舊藝咸勸儒者以成王化者也

史記一百二十一

太史公曰余讀功令至於廣厲學官之路未嘗不廢書而歎也曰嗟乎夫周室衰而關雎作幽厲微而禮樂壞諸侯恣行政由彊國故孔子閔王路廢而邪道興於是

論次詩書修起禮樂適齊聞韶三月不知肉味自衛返魯然後樂正雅頌各得其所（鄭元云魯哀公十一年是時道衰樂廢孔子還修正之故雅頌各得其所也）世以混濁莫能用是以仲尼干七十餘君無所遇曰苟有用我者期月而已矣西狩獲麟曰吾道窮矣故因史記作春秋以當王法其辭微而指博後世學者多錄焉自孔子卒後七十子之徒散游諸侯大者為師傅卿相小者友教士大夫或隱而不見故子路居衛子張居陳（今陳州）澹臺子羽居楚（今蘇州城南五里有澹臺湖湖北有澹臺

子夏居西河（今汾州）子貢終於齊（今青州）如田子方段干木吳起禽滑釐之屬皆受業於子夏之倫為王者師是時獨魏文侯好學後陵遲以至于始皇天下並爭於戰國儒術既絀焉然齊魯之閒學者獨不廢也於威宣之際孟子荀卿之列咸遵夫子之業而潤色之以學顯於當世及至秦之季世焚詩書坑術士（顏云今新豐縣溫陽之處號愍儒鄉溫陽西南三百里有馬谷谷之西岸有坑古相傳以秦坑儒處也衛宏詔定古文尚書序云秦既焚書恐天下不從所改更法而諸生到者拜為郎前後七百人乃密種瓜於驪山陵谷中溫處瓜實成詔博士諸生說之人言不

同乃令就視為伏機諸生賢儒皆至焉方相難不決因發機從上塡之以土皆壓終乃無聲也）六蓺從此缺焉陳涉之王也而魯諸儒持孔氏之禮器往歸陳王於是孔甲為陳涉博士卒與涉俱死陳涉起匹夫驅瓦合適戍旬月以王楚不滿半歲竟滅亡其事至微淺然而縉紳先生之徒負孔子禮器往委質為臣者何也以秦焚其業積怨而發憤于陳王也及高皇帝誅項籍舉兵圍魯魯中諸儒尚講誦習禮樂絃歌之音不絕豈非聖人之遺化好禮樂之國哉故孔子在陳曰歸與歸與吾黨之小子狂簡斐然成章不知所以裁之夫齊魯之閒於文學自古以來其天性也故漢興然後諸儒始得修其經蓺講習大射鄉飲之禮叔孫通作漢禮儀因為太常諸生弟子共定者咸為選首於是喟然歎興於學然尚有干戈平定四海（顏云陳豨盧綰韓信黥布之徒相以反叛征討也）亦未暇遑庠序之事也孝惠呂后時公卿皆武力有功之臣孝文時頗徵用（言孝文稍用文學之士居位）然孝文帝本好刑名之言及至孝景不任儒者而竇太后又好黃老之術故

諸博士具官待問未有進者及今上即位趙綰王臧之屬明儒學而上亦鄉之於是招方正賢良文學之士自是之後言詩於魯則申培公於齊則轅固生（申轅姓培固名公生其處號也）於燕則韓太傅言尚書自濟南伏生言禮自魯高堂生言易自菑川田生言春秋於齊魯自胡毋生於趙自董仲舒及竇太后崩武安侯田蚡為丞相絀黃老刑名百家之言延文學儒者數百人而公孫宏以春秋白衣為天子三公封以平津侯天下之學士靡然鄉風矣

公孫宏為學官悼道之鬱滯乃請曰丞相御史言自此已下皆宏奏請之辭制曰蓋聞導民以禮風之以樂婚姻者居室之大倫也今禮廢樂崩朕甚愍焉故詳延天下方正博聞之士咸登諸朝其令禮官勸學講議洽聞興禮以為天下先太常議與博士弟子崇鄉里之化以廣賢材焉謹與太常臧博士平等議曰聞三代之道鄉里有教夏曰校校教也可教道藝也殷曰序序舒也言舒禮教周曰庠庠詳也言詳審經典其勸善也顯之朝廷其懲惡也加之刑罰故教化之行也建

首善自京師始由內及外今陛下昭至德開大明配天地本人倫勸學修禮崇化厲賢以風四方太平之原也古者政教未洽不備其禮請因舊官而興焉為博士官置弟子五十人復其身太常擇民年十八已上儀狀端正者補博士弟子郡國縣道邑有好文學敬長上肅政教順鄉里出入不悖所聞者令相長丞上屬所二千石二千石謹察可者當與計偕詣太常得受業如弟子一歲皆輒試能通一藝以上補文學掌故缺其高第可以為郎中者太常籍奏即有秀才異等輒以名聞其不事學若下材及不能通一藝輒罷之而請諸不稱者罰臣謹案詔書律令下者明天人分際通古今之義文章爾雅訓辭深厚恩施甚美小吏淺聞不能究宣無以明布諭下治禮次治掌故以文學禮義為官遷留滯請選擇其秩比二百石以上及吏百石通一藝以上補左右內史補左右內史後改為左馮翊右扶風大行卒史比百石已下補郡太守卒史皆各二人邊郡一人先用誦多者若不足乃擇掌故補

中二千石屬文學掌故補郡屬備員請著功令佗如律令制曰可自此以來則公卿大夫士吏斌斌多文學之士矣

申公者魯人也高祖過魯申公以弟子從師入見高祖于魯南宮括地志云泮宮在兗州曲阜縣西南二百里魯城內宮之內鄭云泮之言半也其制半於天子之璧雍呂太后時申公游學長安與劉郢同師已而郢為楚王令申公傅其太子戊戊不好學疾申公及王郢卒戊立為楚王胥靡申公申公恥之歸魯退居家教終

身不出門復謝絶賔客獨王命召之乃往弟子自遠方至受業者百餘人申公獨以詩經為訓以教無傳疑疑者則闕不傳蘭陵王臧既受詩以事孝景帝為太子少傅免去今上初即位臧迺上書宿衛上累遷一歲中為郎中令及代趙綰亦嘗受詩申公綰為御史大夫綰臧請天子欲立明堂以朝諸侯不能就其事乃言師申公於是天子使使束帛加璧安車駟馬迎申公弟子二人乘軺傳從至見天子天子問治亂之事申公時已八十

餘老對曰為治者不至多言顧力行何如耳是時天子方好文詞見申公對然然已招致則以為太中大夫舍魯邸議明堂事太皇竇太后好老子言不說儒術得趙綰王臧之過以讓上上因廢明堂事盡下趙綰王臧吏後皆自殺申公亦疾免以歸數年卒弟子為博士者十餘人孔安國至臨淮太守周霸至膠西內史夏寬至城陽內史碭魯賜至東海太守蘭陵繆生至長沙內史徐偃為膠西中尉鄒人闕門慶忌為膠東內史其治官

民皆有廉節稱其好學學官弟子行雖不備而至於大夫郎中掌故以百數言詩雖殊多本於申公

清河王太傅轅固生者齊人也以治詩孝景時為博士與黃生爭論景帝前黃生曰湯武非受命乃弒也轅固生曰不然夫桀紂虐亂天下之心皆歸湯武湯武與天下之心而誅桀紂桀紂之民不為之使而歸湯武湯武不得已而立非受命為何黃生曰冠雖敝必加於首履雖新必關於足何者上下之分也今桀紂雖失道然君

上也湯武雖聖臣下也夫主有失行臣下不能正言匡過以尊天子反因過而誅之代立踐南面非弒而何也轅固生曰必若所云是高帝代秦即天子之位非邪於是景帝曰食肉不食馬肝〔論衡云氣熱而毒盛故食馬肝殺人又盛夏馬行多渴死殺氣為毒也〕不為不知味言學者無言湯武受命不為愚遂罷是後學者莫敢明受命放殺者竇太后好老子書召轅固生問老子書固曰此是家人言耳太后怒曰安得司空城旦書乎乃使固入圈刺豕景帝知太后怒而固

直言無罪乃假固利兵下圈刺豕正中其心一刺豕應手而倒太后默然無以復罪罷之居頃之景帝以固為廉直拜為清河王太傅久之病免今上初即位復以賢良徵固諸諛儒多疾毀固曰固老罷歸之時固已九十餘矣固之徵也薛人公孫宏亦徵側目而視固固曰公孫子務正學以言無曲學以阿世自是之後齊言詩皆本轅固生也諸齊人以詩顯貴皆固之弟子也

韓生者燕人也孝文帝時為博士景帝時為常山王太

傅韓生推詩之意而為内外傳數萬言其語頗與齊魯閒殊然其歸一也淮南賁生受之自是之後而燕趙閒言詩者由韓生韓生孫商為今上博士

伏生者濟南人也故為秦博士孝文帝時欲求能治尚書者天下無有乃聞伏生能治欲召之是時伏生年九十餘老不能行於是乃詔太常使掌故朝錯往受之秦時焚書伏生壁藏之其後兵大起流亡漢定伏生求其書亡數十篇獨得二十九篇即以教于齊魯之閒學者由是頗能言尚書諸山東大師無不涉尚書以教矣伏生教濟南張生及歐陽生歐陽生教千乘兒寬兒寬既通尚書以文學應郡舉詣博士受業受業孔安國兒寬貧無資用常為弟子都養及時時閒行傭賃以給衣食行常帶經止息則誦習之以試第次補廷尉史是時張湯方鄉學以為奏讞掾以古法議決疑大獄而愛幸寬寬為人溫良有廉智自持而善著書書奏敏於文口不能發明也湯以為長者數稱譽之及湯為御史大夫以

兒寬為掾薦之天子天子見問說之張湯死後六年兒寬位至御史大夫九年而以官卒寬在三公位以和良承意從容得久然無有所匡諫於官官屬易之不為盡力張生亦為博士而伏生孫以治尚書徵不能明也自此之後魯周霸孔安國雒陽賈嘉頗能言尚書事孔氏有古文尚書而安國以今文讀之因以起其家逸書得十餘篇蓋尚書滋多於是矣諸學者多言禮而魯高堂生最本禮固自孔子時而其經不具及至秦焚書書散

亡益多於今獨有士禮高堂生能言之而魯徐生善為容孝文帝時徐生以容為禮官大夫傳子至孫徐延徐襄襄其天姿善為容不能通禮經延頗能未善也襄以容為漢禮官大夫至廣陵內史延及徐氏弟子公戶滿意桓生單次皆常為漢禮官大夫而瑕丘蕭奮以禮為淮陽太守是後能言禮為容者由徐氏焉自魯商瞿受易孔子孔子卒商瞿傳易六世至齊人田何字子莊而漢興田何傳東武人王同子仲子仲傳菑川人揚何何

以易元光元年徵官至中大夫齊人即墨成以易至城陽相廣川人孟但以易為太子門大夫魯人周霸莒人衡胡臨菑人主父偃皆以易至二千石然要言易者本於揚何之家

董仲舒廣川人也以治春秋孝景時為博士下帷講誦弟子傳以久次相受業或莫見其面蓋三年董仲舒不觀於舍園其精如此進退容止非禮不行學士皆師尊之今上即位為江都相以春秋災異之變推陰陽所以錯行故求雨閉諸陽縱諸陰其止雨反是行之一國未嘗不得所欲中廢為中大夫居舍著災異之記是時遼東高廟災主父偃疾之取其書奏之天子天子召諸生示其書有刺譏董仲舒弟子呂步舒不知其師書以為下愚於是下董仲舒吏當死詔赦之於是董仲舒竟不敢復言災異董仲舒為人廉直是時方外攘四夷公孫宏治春秋不如董仲舒而宏希世用事位至公卿董仲舒以宏為從諛宏疾之乃言上曰獨董仲舒可使相膠西王膠西

王素聞董仲舒有行亦善待之董仲舒恐久獲罪疾免居家至卒終不治產業以修學著書為事故漢興至于五世之間唯董仲舒名為明於春秋其傳公羊氏也

胡母生齊人也孝景時為博士以老歸教授齊之言春秋者多受胡母生公孫宏亦頗受焉

瑕丘江生為穀梁春秋自公孫宏得用嘗集比其義卒用董仲舒仲舒弟子遂者蘭陵褚大廣川殷忠溫呂步舒褚大至梁相步舒至長史持節使決淮南獄於諸侯擅

專斷不報以春秋之義正之天子皆以為是弟子通者至於命大夫為郎謁者掌故者以言數而董仲舒子及孫皆以學至大官

史記正義卷一百二十一

欽定四庫全書

史記正義卷一百二十二

唐 張守節 撰

酷吏列傳第六十二　史記一百二十二

孔子曰導之以政齊之以刑民免而無耻導之以德齊之以禮有耻且格老氏稱上德不德是以有德下德不失德是以無德法令滋章盜賊多有太史公曰信哉是言也法令者治之具而非制治清濁之源也昔天下之

網嘗密矣然姦偽萌起其極也上下相遁至於不振當是之時吏治若救火揚沸非武健嚴酷惡能勝其任而愉快乎言道德者溺其職矣故曰聽訟吾猶人也必也使無訟乎下士聞道大笑之非虛言也漢興破觚而為圜斲雕而為朴網漏於吞舟之魚而吏治烝烝不至於姦黎民艾安由是觀之在彼不在此高后時酷吏獨有侯封刻轢宗室侵辱功臣呂氏已敗遂禽侯封之家孝景時鼂錯以刻深頗用術輔其資而七國之亂發怒於

錯錯卒以被戮其後有郅都甯成之屬

郅都者楊人也括地志云故楊城本秦時楊國漢楊縣城也今晉州洪洞縣也至隋為楊府初改為洪縣北故洪洞鎮為名也秦及漢皆屬河東郡郅都墓在洪洞縣東南二十里漢書云郅都河東大陽人班固失之甚也大陽今陝州河北縣是亦屬河東郡也以郎事孝文帝孝景時都為中郎將敢直諫面折大臣於朝嘗從入上林賈姬如厠野彘卒入厠上目都都不行上欲自持兵救賈姬都伏上前曰亡一姬復一姬進天下所少寧賈姬等乎陛下縱自輕奈宗廟太后何上還彘亦去太后聞之

賜都金百斤由此重郅都

濟南瞷氏宗人三百餘家豪猾二千石莫能制於是景帝乃拜都為濟南太守至則族滅瞷氏首惡餘皆股栗居歲餘郡中不拾遺旁十餘郡守畏都如大府都為人勇有氣力公廉不發私書問遺無所受請寄無所聽常自稱曰已倍親而仕身固當奉職死節官下終不顧妻子矣郅都遷為中尉丞相條侯至貴倨也而都揖丞相是時民朴畏罪自重而都獨先嚴酷致行法不避貴戚列侯宗室見都側目而視號曰蒼鷹臨江王徵詣中尉府對簿臨江王欲得刀筆為書謝上而都禁吏不予魏其侯使人以閒與臨江王臨江王既為書謝上因自殺竇太后聞之怒以危法中都都免歸家孝景帝乃使使持節拜都為鴈門太守而便道之官得以便宜從事匈奴素聞郅都節居邊為引兵去竟郅都死不近鴈門匈奴至為偶人象郅都令騎馳射莫能中見憚如此匈奴患之竇太后乃竟中都以漢法景帝曰都忠臣欲釋之竇太后曰臨江王獨非忠臣邪於是遂斬郅都

寧成者穰人也以郎謁者事景帝好氣為人小吏必陵其長吏為人上操下如束溼薪滑賊任威稍遷至濟南都尉百官表云都尉秦官掌佐守典武職甲卒秩比二千石有丞秩皆六百石景帝中二年更名都尉若周之司馬而郅都為守始前數都尉皆步入府因吏謁守如縣令其畏郅都如此及成往直陵都出其上都素聞其聲於是善遇與結驩久之郅都死後長安左右宗室多暴犯法於是上召寧成為中尉百官表云中尉秦官掌徼循京師武帝太初元

年更名執金吾顔云金吾鳥名也主辟不祥天子出行職主先導以禦非常故執此鳥之象因以名官其治效郅都其廉弗如然宗室豪桀皆人人惴恐武帝即位徙為內史外戚多毀成之短抵罪髡鉗是時九卿罪死即死少被刑而成極刑自以為不復收於是解脫詐刻傳出關歸家稱曰仕不至二千石賈不至千萬安可比人乎乃貰貸買陂田千餘頃假貧民役使數千家數年會赦致產數千金為任俠持吏長短出從數十騎其使民威重於郡守

周陽由者其父趙兼以淮南王舅父侯周陽故因姓周陽氏周陽故城在絳州聞縣東二十九里由以宗家任為郎事孝文及景帝景帝時由為郡守武帝即位吏治尚循謹甚然由居二千石中最為暴酷驕恣所愛者撓法活之所憎者曲法誅滅之所居郡必夷其豪為守視都尉如令為都尉必陵太守奪之治與汲黯俱為忮司馬安之文惡俱在二千石列同車未嘗敢均茵伏由後為河東都尉時與其守勝屠公爭權相告言罪勝屠公當抵罪義不受刑自殺而由棄市自寧成周陽由之後事益多民巧法大抵吏之治類多成由等矣

趙禹者斄人音胎故斄城在雍武功縣西南二十二里古邰國后稷所封漢斄縣也以佐史補中都官若京都府史用廉為令史事太尉亞夫亞夫為丞相禹為丞相史府中皆稱其廉平然亞夫弗任曰極知禹無害然文深不可以居大府今上時禹以刀筆吏積勞稍遷為御史上以為能至太中大夫與張湯論定諸律令作見知吏傳得相監司用法益刻蓋自此始

張湯者杜人也其父為長安丞出湯為兒守舍還而鼠盜肉其父怒笞湯湯掘窟得盜鼠及餘肉劾鼠掠治傳爰書訊鞫論報并取鼠與肉具獄磔堂下其父見之視其文辭如老獄吏大驚遂使書獄父死後湯為長安吏久之周陽侯始為諸卿時嘗繫長安湯傾身為之及出為侯大與湯交徧見湯貴人湯給事內史為寧成掾以湯為無害言大府調為茂陵尉治方中武安侯為丞相徵湯為史時薦言之天子補御史使案事治陳皇后蠱

獄深竟黨與於是上以為能稍遷至太中大夫與趙禹共定諸律令務在深文拘守職之吏已而趙禹遷為中尉徙為少府而張湯為廷尉兩人交驩而兄事禹禹為人廉倨為吏以來舍毋食客公卿相造請禹禹終不報謝務在絕知友賓客之請孤立行一意而已見文法輒取亦不覆案求官屬陰罪湯為人多詐舞智以御人始為小吏乾沒此二說非也按乾沒謂無潤及之而取他人也又云陽浮慕為乾心內不合為沒也與長安富賈田甲魚翁叔之屬交私及列九卿收接天

下名士大夫己心內雖不合然陽浮慕之是時上方鄉文學湯決大獄欲傅古義乃請博士弟子治尚書春秋補廷尉史亭疑法奏讞疑事必豫先為上分別其原上所是受而著讞決法廷尉絜令按謂律令也古以板書之言上所是著之為正獄以廷尉法令決平之揚主之明鑒也揚主之明奏事即譴湯應謝鄉上意所便必引正監掾史賢者百官表云廷尉秦官有正左右監皆秩千石也按上即責湯應對謝之如上意必引正監等賢者本為臣建議如上意臣不用愚昧不從至此也曰固為臣議如上責臣臣弗用愚抵於此罪常釋閒即奏事上

善之曰臣非知為此奏乃正監掾史某為之其欲薦吏揚人之善蔽人之過如此所治即上意所欲罪予監史深禍者即上意所欲釋與監史輕平者所治即豪必舞文巧詆即下戶羸弱時口言雖文致法上財察於是往往釋湯所言湯至於大吏內行修也通賓客飲食於故人子弟為吏及貧昆弟調護之尤甚其造請諸公不避寒暑是以湯雖文深意忌不專平然得此聲譽而刻深吏多為爪牙用者依於文學之士丞相宏數稱其美及

治淮南衡山江都反獄皆窮根本嚴助及伍被上欲釋之湯爭曰伍被本畫反謀而助親幸出入禁闥爪牙臣乃交私諸侯如此弗誅後不可治於是上可論之其治獄所排大臣自為功多此類於是湯益尊任遷為御史大夫會渾邪等降漢大興兵伐匈奴山東水旱貧民流徙皆仰給縣官縣官空虛於是丞上指請造白金及五銖錢籠天下鹽鐵排富商大賈出告緡令緡音岷錢貫也武帝伐四夷國用不足故稅民田宅船乘畜產奴婢等皆平作錢數每千錢一算出一等賈人倍之若隱不稅有告之半

（與告人餘半入官謂緡出此令用鋤築豪彊兼并富商大賈之家也一算百二十文也）鉏豪彊并兼之家舞文巧詆以輔法湯每朝奏事語國家用日晏天子忘食丞相取充位天下事皆決於湯百姓不安其生騷動縣官所興未獲其利姦吏並侵漁於是痛繩以罪則自公卿以下至于庶人咸指湯湯嘗病天子至自視病其隆貴如此匈奴來請和親羣臣議上前博士狄山曰和親便上問其便山曰兵者凶器未易數動高帝欲伐匈奴大困平城乃遂結和親孝惠高后時天下安

樂及孝文帝欲事匈奴北邊蕭然苦兵矣孝景時吳楚七國反景帝往來兩宮間寒心者數月吳楚已破竟景帝不言兵天下富實今自陛下舉兵擊匈奴中國以空虛邊民大困貧由此觀之不如和親上問湯湯曰此愚儒無知狄山曰臣固愚忠若御史大夫湯乃詐忠若湯之治淮南江都以深文痛詆諸侯別疏骨肉使藩臣不自安臣固知湯之為詐忠於是上作色曰吾使生居一郡能無使虜入盜乎曰不能曰居一縣對曰不能復曰

居一障間（障謂塞上要險之處別築城置吏上守之以扞寇盜也）山自度辯窮且下吏曰能於是上遣山乘鄣至月餘匈奴斬山頭而去自是以後羣臣震慴湯之客田甲雖賈人有賢操始湯為小吏時與錢通及湯為大吏甲所以責湯行義過失亦有烈士風湯為御史大夫七歲敗河東人李文嘗與湯有郤已而為御史中丞恚數從中文書事有可以傷湯者不能為地湯有所愛史魯謁居知湯不平使人上蜚變告文姦事下湯湯治論殺文而湯心知謁居為之

上問曰言變事蹤跡安起湯佯驚曰此殆文故人怨之謁居病臥閭里主人湯自往視疾為謁居摩足趙國以治鑄為業王數訟鐵官事湯常排趙王趙王求湯陰事謁居嘗案趙王趙王怨之并上書告湯大臣也史謁居有病湯至為摩足疑與為大姦事下廷尉謁居病死事連其弟弟繫導官湯亦治他囚導官見謁居弟欲陰為之而佯不省謁居弟弗知怨湯使人上書告湯與謁居謀共變告李文事下減宣宣嘗與湯有郤及得此事窮

竟其事未奏也會人有盜發孝文園瘞錢丞相青翟朝與湯約俱謝至前湯念獨丞相以四時行園當謝湯無與也不謝丞相謝上使御史案其事湯欲致其文丞相見知丞相患之三長史皆害湯欲陷之始長史朱買臣會稽人也（朱買臣吳人也此時蘇州為會稽郡也）讀春秋莊助使人言買臣買臣以楚辭與助俱幸侍中為太中大夫用事而湯乃為小吏跪伏使買臣等前已而湯為廷尉治淮南獄排擠莊助買臣固心望及湯為御史大夫買臣以會稽

守為主爵都尉列於九卿數年坐法廢守長史見湯湯坐牀上丞史遇買臣弗為禮買臣楚士（周末越王勾踐滅吳楚威王滅越吳之地總屬楚故謂朱買臣為楚士）深怨常欲死之王朝齊人也以術至右內史邊通學長短剛暴彊人也官再至濟南相故皆居湯右已而失官守長史詘體於湯湯數行丞相事知此三長史素貴常凌折之以故三長史合謀曰始湯約與君謝已而賣君今欲劾君以宗廟事此欲代君耳吾知湯陰事使使捕案湯左田信等（言湯與田信為左道之交故言左田信等）曰湯且欲奏請信輒先知之居物致富與湯分之及他姦事事辭頗聞上問湯曰吾所為賈人輒先知之益居其物是類有以吾謀告之者湯不謝湯又佯驚曰固宜有減宣亦奏謁居等事天子果以湯懷詐面欺使使八輩簿責湯湯具自道無此不服於是上使趙禹責湯禹至讓湯曰君何不知分也君所治夷滅者幾何人矣今人言君皆有狀天子重致君獄欲令君自為計何多以對簿為湯乃為書謝曰湯無尺寸功起刀筆吏陛下

幸致為三公無以塞責然謀陷湯罪者三長史也遂自殺湯死家產直不過五百金皆所得奉賜無他業昆弟諸子欲厚葬湯湯母曰湯為天子大臣被汙惡言而死何厚葬乎載以牛車有棺無槨天子聞之曰非此母不能生此子乃盡案誅三長史丞相青翟自殺出田信上惜湯稍遷其子安世趙禹中廢已而為廷尉始條侯以為禹賊深弗任及禹為少府比九卿禹酷急至晚節事益多吏務為嚴峻而禹治加緩而名為平王溫舒等後

起治酷於禹禹以老徙為燕相數歲亂悖有罪免歸後湯十餘年以壽卒于家

義縱者河東人也為少年時嘗與張次公俱攻剽為羣盜縱有姊姁以醫幸王太后王太后問有子兄弟為官者乎姊曰有弟無行不可太后乃告上拜義姁弟縱為中郎補上黨郡中令治敢行少蘊藉縣無逋事舉為第一遷為長陵及長安令直法行治不避貴戚以捕案太后外孫脩成君子仲上以為能遷為河内都尉至則族

滅其豪穰氏之屬河内道不拾遺而張次公亦為郎以勇悍從軍敢深入有功為岸頭侯寧成家居上欲以為郡守御史大夫宏曰臣居山東為小吏時寧成為濟南都尉其治如狼牧羊成不可使治民上乃拜成為關都尉歲餘關東吏隸郡國出入關者號曰寧見乳虎無值寧成之怒義縱自河内遷為南陽太守聞寧成家居南陽及縱至關寧成側行送迎然縱氣盛弗為禮至郡遂案寧氏盡破碎其家成坐有罪及孔暴之屬皆犇亡南陽吏民重足一迹而平氏朱彊杜衍杜周為縱爪牙之吏任用遷為廷史軍數出定襄定襄吏民亂敗於是徙縱為定襄太守縱至掩定襄獄中重罪輕繫二百餘人及賓客昆弟私入相視亦二百餘人縱一捕鞠曰為死罪解脫是日皆報殺四百餘人其後郡中不寒而栗猾民佐吏為治是時趙禹張湯以深刻為九卿矣然其治尚寬輔法而行而縱以鷹擊毛摯為治後會五銖錢白金起民為姦京師尤甚乃以縱為右内史王溫舒為

中尉溫舒至惡其所為不先言縱縱必以氣淩之敗壞其功其治所誅殺甚多然取為小治姦益不勝直指始出矣吏之治以斬殺縛束為務閻奉以惡用矣縱廉其治放郅都上幸鼎湖病久已而卒起幸甘泉道多不治上怒曰縱以我為不復行此道乎嗛之至冬楊可方受告緡縱以為此亂民部吏捕其為可使者天子聞使杜式治以為廢格沮事棄縱市後一歲張湯亦死

王溫舒者陽陵人也少時椎埋為姦已而試補縣亭長

數廢為吏以治獄至廷史事張湯遷為御史督盜賊殺傷甚多稍遷至廣平都尉擇郡中豪敢任吏十餘人以為爪牙皆把其陰重罪而縱使督盜賊快其意所欲得此人雖有百罪弗法即有避因其事夷之亦滅宗以其故齊趙之郊盜賊不敢近廣平廣平聲為道不拾遺上聞遷為河內太守素居廣平時皆知河內豪姦之家及往九月而至令郡具私馬五十疋為驛自河內至長安部吏如居廣平時方略捕郡中豪猾郡中豪猾相連坐

千餘家上書請大者至族小者乃死家盡沒入償臧奏行不過二三日得可事論報至流血十餘里河內皆怪其奏以為神速盡十二月郡中毋聲毋敢夜行野無犬吠之盜其頗不得失之旁郡國梨來會春溫舒頓足歎曰嗟乎令冬月益展一月足吾事矣其好殺伐行威不愛人如此天子聞之以為能遷為中尉其治復放河內徙諸名禍猾吏與從事河內則楊皆麻戊關中楊贛成信等義縱為內史憚未敢恣治及縱死張湯敗後徙為廷尉而尹齊為中尉

尹齊者東郡茌平人以刀筆稍遷至御史事張湯張湯數稱以為廉武使督盜賊所斬伐不避貴戚遷為關內都尉聲甚於寧成上以為能遷為中尉吏民益凋敝尹齊木彊少文豪惡吏伏匿而善吏不能為治以故事多廢抵罪上復徙溫舒為中尉而楊僕以嚴酷為主爵都尉楊僕者宜陽人也以千夫為吏河南守案舉以為能遷為御史使督盜賊關東治放尹齊以為敢摯行稍遷

至主爵都尉列九卿天子以為能南越反拜為樓船將軍有功封將梁侯為荀彘所縛居久之病死而溫舒復為中尉為人少文居廷惛惛不辯至於中尉則心開督盜賊素習關中俗知豪惡吏豪惡吏盡復為用為萬略吏苛察盜賊惡少年投缿購告言姦置伯格長以牧司姦盜賊溫舒為人諂善事有勢者即無勢者視之如奴有勢家雖有姦如山弗犯無勢者貴戚必侵辱舞文巧詆下戶之猾以焄大豪其治中尉如此姦猾窮治大抵

盡靡爛獄中行論無出者其爪牙吏虎而冠於是中尉部中中猾以下皆伏有勢者為游聲譽稱治治數歲其吏多以權富溫舒擊東越還議有不中意者坐小法抵罪免是時天子方欲作通天臺漢書元封三年三輔舊事云起甘泉通天臺高五十丈而未有人溫舒請覆中尉脫卒得數萬人作上說拜為少府徙為右内史治如其故姦邪少禁坐法失官復為右輔行中尉事如故操歲餘會宛軍發詔徵豪吏溫舒匿其吏華成及人有變告溫舒受員騎錢他姦

利事罪至族自殺其時兩弟及兩婚家亦各自坐他罪而族光祿徐自為曰悲夫夫古有三族而王溫舒罪至同時而五族乎溫舒死家直累千金後數歲尹齊亦以淮陽都尉病死家直不滿五十金所誅滅淮陽甚多及死仇家欲燒其尸尸亡去歸葬自溫舒等以惡為治而郡守都尉諸侯二千石欲為治者其治大抵盡放溫舒而吏民益輕犯法盜賊滋起南陽有梅免白政楚有殷中杜少齊有徐勃燕趙之閒有堅盧范生之屬大羣至數千人擅自號攻城邑取庫兵釋死罪縛辱郡太守都尉殺二千石為檄告縣趣具食小羣盜以百數掠鹵鄉里者不可勝數也於是天子始使御史中丞丞相長史督之猶弗能禁也乃使光祿大夫范昆諸輔都尉及故九卿張德等衣繡衣持節虎符發兵以興擊斬首大部或至萬餘級及以法誅通飲食坐連諸郡甚者數千人數歲乃頗得其渠率散卒失亡復聚黨阻山川者往往而羣居無可奈何於是作沈命法曰羣盜起不

發覺發覺而捕弗滿品者二千石以下至小吏主者皆死其後小吏畏誅雖有盜不敢發恐不能得坐課累府府亦使其不言故盜賊寖多上下相為匿以文辭避法焉

減宣者楊人也以佐史無害給事河東守府衛將軍青使買馬河東見宣無害言上徵為大廄丞百官表云大僕屬官有大廄各五丞一尉也官事辦稍遷至御史及中丞使治主父偃及治淮南反獄所以微文深詆殺者甚衆稱為敢決疑數

廢數起為御史及中丞者幾二十歲王溫舒免中尉而宣為左內史其治米鹽事大小皆關其手自部署縣名曹實物官吏令丞不得擅搖痛以重法繩之居官數年一切郡中為小治辦然獨宣以小致大能因力行之難以為經中廢為右扶風坐怨成信信亡藏上林中宣使郿令今岐州岐縣北時屬右扶風格殺信吏卒格信時射中上林苑門宣下吏詆罪以為大逆當族自殺而杜周任用

杜周者杜氏譜云字長孺南陽杜衍人義縱為南陽守以為爪

牙舉為廷尉史事張湯湯數言其無害至御史使案邊失亡所論殺甚眾奏事中上意任用與減宣相編更為中丞十餘歲其治與宣相放然重遲外寬內深次骨宣為左內史周為廷尉其治大放張湯而善候伺上所欲擠者因而陷之上所欲釋者久繫待問而微見其冤狀客有讓周曰君為天子決平不循三尺法專以人主意指為獄獄者固如是乎周曰三尺安出哉前主所是著為律後主所是疏為令當時為是何古之法乎至周為廷尉詔獄亦益多矣二千石繫者新故相因不減百餘人郡吏大府舉之廷尉一歲至千餘章章大者連逮證案數百小者數十人遠者數千近者數百里會獄吏因責如章告劾不服以笞掠定之於是聞有逮皆亡匿獄久者至更數赦十有餘歲而相告言大抵盡詆以不道以上廷尉及中都官詔獄逮至六七萬人吏所增加十萬餘人周中廢後為執金吾逐盜捕治桑宏羊衛皇后昆弟子刻深天子以為盡力無私遷為御史大夫家兩

子夾河為守其治暴酷皆甚於王溫舒等矣杜周初徵為廷史有一馬且不全及身久任事至三公列子孫尊官家訾累數巨萬矣

太史公曰自郅都杜周十人者此皆以酷烈為聲然郅都伉直引是非爭天下大體張湯以知陰陽人主與俱上下時數辯當否國家賴其便趙禹時據法守正杜周從諛以少言為重自張湯死後網密多詆嚴官事寖以耗廢九卿碌碌奉其官救過不贍何暇論繩墨之外乎

然此十人中其廉者足以為儀表其污者足以為戒方略教導禁姦止邪一切亦皆彬彬質有其文武馬雖慘酷斯稱其位矣至若蜀守馮當暴挫廣漢李貞擅磔人東郡彌僕鋸項天水駱壁推咸河東褚廣妄殺京兆無忌馮翊殷周蝮鷙水衡閻奉扑擊賣請何足數哉何足數哉

史記正義卷一百二十二

欽定四庫全書

史記正義卷一百二十三

唐 張守節 撰

大宛列傳第六十三 史記一百二十三

大宛之跡漢書云大宛國去長安萬二千五百五十里東至都護治西南至大月氏南亦至大月氏北至康居括地志云率都沙那國亦名蘇對沙那國本漢大宛國見自張騫張騫漢中人建元中為郎是時天子問匈奴降者皆言匈奴破月氏王氏音支涼甘肅瓜沙等州本月氏國之地漢書云本居敦煌祁連閒是也以其頭為飲

器漢書匈奴傳云元帝遣車騎都尉韓昌光祿大夫張猛與匈奴盟以老上單于所破月氏王頭為飲器者共飲血盟月氏遁逃而常怨仇匈奴無與共擊之漢方欲事滅胡聞此言因欲通使道必更匈奴中乃募能使者騫以郎應募使月氏與堂邑氏故胡奴甘父俱出隴西經匈奴匈奴得之傳詣單于單于留之曰月氏在吾北漢何以得往使吾欲使越漢肯聽我乎留騫十餘歲與妻有子然騫持漢節不失居匈奴中益寬騫因與其屬亡鄉月氏西走數十日至大宛大宛聞漢之饒財欲通不

得見騫喜問曰若欲何之騫曰為漢使月氏而為匈奴所閉道今亡唯王使人導送我誠得至反漢漢之賂遺王財物不可勝言大宛以為然遣騫為發導繹抵康居抵至也居其居反括地志云康居國在京西一萬六百里其西北可二千里有奄蔡酒國也康居傳致大月氏此大月氏在大宛西南于媯水北為王庭漢書云去長安萬一千六百里大月氏王已為胡所殺立其太子為王既臣大夏而居既書也大夏國在媯水南地肥饒少寇志安樂又自以遠漢殊無報胡之心騫從月氏至大夏竟不能得月氏要領留歲餘還並

南山並白浪反南山即連終南山從京南東至華山過河東北連延至海即中條山也從京南連接至葱嶺萬餘里故云並南山也西域傳云其南山東出金城與漢南山屬焉欲從羌中歸說文云羌西方牧羊人也南方蠻閩從虫北方狄從犬東方貉從豸西方羌從羊復為匈奴所得留歲餘單于死左谷蠡王攻其太子自立國內亂騫與胡妻及堂邑父俱亡歸漢漢拜騫為太中大夫堂邑父為奉使君騫為人彊力寬大信人蠻夷愛之堂邑父故胡人善射窮急射禽獸給食初騫行時百餘人去十三歲唯二人得還騫身所至者大宛大月氏大夏康居而傳聞

其旁大國五六具為天子言之曰大宛在匈奴西南在漢正西去漢可萬里其俗土著耕田田稻麥有蒲陶酒多善馬馬汗血其先天馬子也有城郭屋室其屬邑大小七十餘城衆可數十萬其兵弓矛騎射其北則康居西則大月氏西南則大夏東北則烏孫東則扜罙于寘于寘之西則水皆西流注西海其東水東流注鹽澤漢書云鹽澤去玉門陽關三百餘里廣袤三四百里其水皆潛行地下南出於積石山為中國河括地志云蒲昌海一名泑澤一名鹽澤亦名輔日海亦名穿蘭亦名臨海在沙州西南玉門關在沙州壽昌縣西六里鹽澤潛

行地下其南則河源出焉多玉石河注中國而樓蘭姑師二國名姑師即車師也邑有城郭臨鹽澤鹽澤去長安可五千里匈奴右方居鹽澤以東至隴西長城南接羌鬲漢道焉

烏孫在大宛東北可二千里行國隨畜與匈奴同俗控弦者數萬敢戰故服匈奴及盛取其羈屬不肯往朝會焉

康居在大宛西北可二千里行國與月氏大同俗控弦

者八九萬人與大宛鄰國國小南羈事月氏東羈事匈奴

奄蔡漢書解詁云奄蔡即闔蘇也魏略云西與大秦通東南與康居接其國多貂畜牧水草故時羈屬康居也在康居西北可二千里行國與康居大同俗控弦者十餘萬臨大澤無崖蓋乃北海云

大月氏萬震南州志云在天竺北可七千里地高燥而遠國王稱天子國中騎乘常數十萬匹城郭宮殿與大秦國同人民赤白色便習弓馬土地所出及奇瑋珍物被服鮮好天竺不及也康泰外國傳云外國稱天下有三衆中國為人衆秦為寶衆月氏為馬衆也在大宛西可二三千里居嬀水北其南則大夏西

則安息北則康居行國也隨畜移徙與匈奴同俗控弦者可一二十萬故時彊輕匈奴及冒頓立攻破月氏至匈奴老上單于殺月氏王以其頭為飲器始月氏居敦煌祁連閒初月氏居敦煌以東祁連山以西敦煌郡今沙州祁連山在甘州西南及為匈奴所敗乃遠去過宛西擊大夏而臣之遂都嬀水北為王庭其餘小衆不能去者保南山羌號小月氏

安息地理志云安息國京西萬一千三百里自西關西行三千四百里至阿蠻國西行三千六百里至斯賓國從賓南行度河又西南行至于羅國九百六十里安息西界極矣自乘海乃通大秦國漢書云北康居東烏弋山離西條枝國臨嬀水土有以銀為錢如其王面王死輒更錢效王面焉在大月氏西可數千里其俗土著耕田田稻麥蒲陶酒城邑如大宛其屬小大數百城地方數千里最為大國臨嬀水有市民商賈用車及船行旁國或數千里以銀為錢錢如其王面王死輒更錢效王面焉畫革旁行以為書記其西則條枝北有奄蔡黎軒上力奚反下巨言反又巨連反後漢書云大秦一名犂鞬在西海之西東西南北各數千里有城四百餘所土地金銀奇寶夜有光璧明月珠駭雞犀火浣布珊瑚琥珀琉璃琅玕朱丹青碧珍怪三物率出大秦康氏外國傳云其國城郭皆青水精為及五色水精為壁人民多巧能化銀為

金國土市買皆金銀錢萬震南州志云大家屋舍以珊瑚為柱琉璃為牆壁水精為礎舄海中斯調州上有木冬月往剥取其皮績以為布極細手巾齊數匹與麻焦布無異色小青黑若垢污欲浣之則入火中便更精潔世謂之火浣布秦云定重參問門樹皮也括地志云火山國在扶風南東大湖海中其國中山皆火然火中有白鼠皮及樹皮績為火浣布魏略云大秦在安條支西大海之西故俗謂之海西從安息界乘船直截海西遇風利時三月到風遲或一二歲其公私宮室為重屋郵驛亭置如中國從安息繞海北陸到其國人民相屬十里一亭三十里一置無盜賊其俗人長大平正似中國人而胡服宋膺異物志云秦之北附庸小邑有羊羔自然生於土中候其欲萌築牆繞之恐獸所食其臍與地連割絕則死擊物驚之乃驚鳴臍遂絕則逐水草為羣又大秦金二枚皆大如瓜植之滋息無極觀之如用則真金也括地志云小人國在大秦南人纔三尺其耕稼

之時慨鵝所食大秦衛助之即焦僥國其人穴居也條枝在安息西數千里臨西海暑濕耕田田稻有大鳥卵如甕漢書云條支出師子犀牛孔雀大雀其卵如甕和帝永元十三年安息王滿屈獻師子大鳥世謂之安息雀廣志云鳥鵄鷹身蹄駱色蒼舉頭八九尺張翅丈餘食大麥卵大如甕人衆甚多往往有小君長而安息役屬之以為外國國善眩顏云今吞刀吐火殖瓜種樹屠人截馬之術皆是也安息長老傳聞條枝有弱水西王母而未嘗見此弱水西王母既是安息長安者老傳聞而未曾見後漢書云桓帝時大秦國王安敦遣使自日南徼外來獻或云其國有弱水流水近西王母處幾於日所入也然先儒多引大荒西經云弱水云有二源俱出女國北阿耨達山南流會於女國東去國一里深丈

欽定四庫全書　史記正義　卷一百二十三　六

餘闊六十步非毛舟不可濟南流入海阿耨達山即崑崙山也與大荒西經合矣然大秦國在西海中島上從安息西界過海好風用三月乃到弱水又在其國之西崑崙山弱水流在女國北出崑崙山南女國北山崑崙山南女國在于窴國南二千七百里于窴去京九千六百七十里計大秦與大崑崙山相去幾四五萬里非所論及而前賢誤矣此皆據漢括地論之猶恐未審然弱水二所說皆有也大夏在大宛西南二千餘里嬀水南其俗土著有城屋與大宛同俗無大王長往往城邑置小長其兵弱畏戰善賈氏及大月氏西徙攻敗之皆臣畜大夏大夏民多可百餘萬其都曰藍市城有市販賈諸物其東南有身毒國一名身毒在月

氏東南數千里俗與月氏同而卑濕暑熱其國臨大水乘象以戰其民弱月氏脩浮圖道不殺伐遂以成俗土有象犀瑇瑁金銀銕錫鉛西與大秦通有大秦珍物明帝夢金人長大項有光明以問羣臣或曰西方有神名曰佛其形長丈六尺而黄金色帝於是遣使天竺問佛道法遂至中國畫形像焉萬震南州志云地方三萬里佛道所出其國王居城郭殿皆彫文刻鏤街曲市里各有行列左右諸大國凡十六皆共奉之以天地之中也浮屠經云臨兒國王生隱屠太子父曰屠頭邪母曰莫邪屠身色黄髮如青絲乳有青色爪赤如銅始莫邪夢白象而孕及生從母右脅出生有髮墮地能行七步又云太子生時有二龍王夾左右吐水一龍水暖一龍水冷遂成二池今猶一冷一暖初行七步處琉璃上有太子脚跡見在生處名祇洹精舍在舍衛國南四里是長者須達所起又有阿輸迦樹是夫人攀生太子樹也括地志云沙祇大國即舍衛國也在月氏南萬里即波

欽定四庫全書　史記正義　卷一百二十三　七

斯匿王治處此國共九十種知身後事城有祇樹給孤園又云天竺國有東西南北中央天竺國國方三萬里去月氏七千里大國隸屬凡二十一天竺在崑崙山南大國也治城臨恒水又云阿耨達山亦名建末達山亦名崑崙山水出一名拔扈利水一名恒伽河即經稱恒河者也自崑崙山以南多是平地而下濕土肥良多種稻歲四熟留役駝馬米粒亦極大又云佛上忉利天為母說法九十日波斯匿王思欲見佛即刻牛頭旃檀象置精舍內佛坐此像是衆像之始後人所法也佛上天青梯今變為石沒入地唯餘十二蹬蹬閒二尺餘彼耆老言梯入地盡物法藏又云王舍國胡語曰罪悅祇國其國靈鷲山胡語曰耆闍崛山山是青石石頭似鷲鳥名耆闍鷲也崛山石也山周四十里外周圍水佛於此坐禪及諸阿難等俱在此坐又云小孤石石上有石室者佛坐其中天帝釋以四十二字問佛佛一一以指畫石其跡尚有又於山上起塔佛昔將阿難在此上山四望見福田疇畔因制七條衣割截之法於此今袈裟衣是也

騫曰臣在大夏時見卭竹杖蜀布(卭都卭山出此竹因名卭竹節高實中或寄生可為杖布土蘆布)問曰安得此大夏國人曰吾賈人往市之身毒身毒在大夏東南可數千里其俗土著大與大夏同而卑濕暑熱云其人民乘象以戰其國臨大水焉(大水河也)以騫度之大夏去漢萬二千里居漢西南今身毒國又居大夏東南數千里有蜀物此其去蜀不遠矣今使大夏從羌中險羌人惡之少北則為匈奴所得從蜀宜徑又無寇天子既聞大宛及大夏安息之屬皆大

國多奇物土著頗與中國同業而兵弱貴漢財物其北有大月氏康居之屬兵彊可以賂遺設利朝也且誠得而以義屬之則廣地萬里重九譯(言重重九遍譯語而致)致殊俗威德徧於四海天子欣然以騫言為然乃令騫因蜀犍為(犍其連犍為郡今戎州也在益州南一千餘里)發間使四道並出出駹出冄出徙(茂州向州等冄駹之地在戎州西北也)出卭僰(僰蒲北反徙在嘉州卭今卭州僰今雅州皆在戎州西南也)皆各行一二千里其北方閉氐筰(氐今成州及武等州也筰向蒳羌也皆在戎州西北也)南方閉嶲昆明(嶲州及向昆明火也皆在戎州西南)昆

明之屬無君長善寇盜輒殺略漢使終莫得通然聞其西可千餘里有乘象國名曰滇越(昆郎等州皆滇國也其西南滇越巂則通號越細分而有巂滇等名也)而蜀賈姦出物者或至焉於是漢以求大夏道始通滇國初漢欲通西南夷費多道不通罷之及張騫言可以通大夏乃復事西南夷騫以校尉從大將軍擊匈奴知水草處軍得以不乏乃封騫為博望侯(地理志南陽博望縣)是歲元朔六年也其明年騫為衛尉與李將軍俱出右北平擊匈奴匈奴圍李將軍軍失亡多而

騫後期當斬贖為庶人是歲漢遣驃騎破匈奴西城數萬人至祁連山其明年渾邪王率其民降漢而金城河西西並南山至鹽澤空無匈奴匈奴時有候者到而希矣其後二年漢擊走單于於幕北是後天子數問騫大夏之屬騫既失侯因言曰臣居匈奴中聞烏孫王號昆莫昆莫之父匈奴西邊小國也匈奴攻殺其父而昆莫生棄於野烏嗛肉蜚其上狼往乳之單于怪以為神而收長之及壯使將兵數有功單于復以其父之民予昆莫令

長守於西城昆莫收養其民攻旁小邑控弦數萬習攻戰單于死昆莫乃率其衆遠徙中立不肯朝會匈奴匈奴遣奇兵擊不勝以為神而遠之因羈屬之不大攻今單于新困於漢而故渾邪地空無人蠻夷俗貪漢財物今誠以此時而厚幣賂烏孫招以益東居故渾邪之地與漢結昆弟其勢宜聽聽則是斷匈奴右臂也既連烏孫自其西大夏之屬皆可招來而為外臣天子以為然拜騫為中郎將將三百人馬各二匹牛羊以萬數齎

金幣帛直數千巨萬多持節副使道可使使遺之他旁國騫既至烏孫烏孫王昆莫見漢使如單于禮騫大慙知蠻夷貪乃曰天子致賜王不拜則還賜昆莫起拜賜其他如故騫諭使指曰烏孫能東居渾邪地則漢遣翁主為昆莫夫人烏孫國分王老而遠漢未知其大小素服屬匈奴日久矣且又近之其大臣皆畏胡不欲移徙王不能專制騫不得其要領昆莫有十餘子其中子曰大祿彊善將衆將衆別居萬餘騎大祿兄為太子太子有子曰岑娶而太子蚤死臨死謂其父昆莫曰必以岑娶為太子無令他人代之昆莫哀而許之卒以岑娶為太子大祿怒其不得代太子也乃收其諸昆弟將其衆畔謀攻岑娶及昆莫昆莫老常恐大祿殺岑娶予岑娶萬餘騎別居而昆莫有萬餘騎自備國衆分為三而其大揔取羈屬昆莫昆莫亦以此不敢專約於騫騫因分遣副使使大宛康居大月氏大夏安息身毒于窴扜罙及諸旁國烏孫發導譯送騫還騫與烏孫遣使數十人

馬數十匹報謝因令窺漢知其廣大騫還到拜為大行列於九卿歲餘卒烏孫使既見漢人衆富厚歸報其國其國乃益重漢其後歲餘騫所遣使通大夏之屬者皆頗與其人俱來於是西北國始通於漢矣然張騫鑿空其後使往者皆稱博望侯以為質於外國外國由此信之自博望侯騫死後匈奴聞漢通烏孫怒欲擊之及漢使烏孫若出其南抵大宛大月氏相屬烏孫乃恐使使獻馬願得尚漢女翁主為昆弟天子問羣臣議計皆曰

必先納聘然後乃遣女初天子發書易云神馬當從西北來得烏孫馬好名曰天馬及得大宛汗血馬益壯更名烏孫馬曰西極名大宛馬曰天馬云而漢始築令居以西初置酒泉郡以通西北國因益發使抵安息奄蔡黎軒條枝身毒國而天子好宛馬使者相望於道諸使外國一輩大者數百小者百餘人人所齎操大放博望侯時其後益習而衰少焉漢率一歲中使多者十餘少者五六輩遠者八九歲近者數歲而反是時漢既滅越

而屬西南夷皆震請吏入朝於是置益州越巂牂牁沈黎汶山郡欲地接以前通大夏乃遣使柏始昌呂越人等歲十餘輩出此初郡抵大夏皆復閉昆明為所殺奪幣財終莫能通至大夏焉於是漢發三輔罪人因巴蜀士數萬人遣兩將軍郭昌衛廣等往擊昆明之遮漢使者斬首虜數萬人而去其後遣使昆明復為寇竟莫能得通而北道酒泉抵大夏使者既多而外國益厭漢幣不貴其物自博望侯開外國道以尊貴其後從吏卒皆

樂往聽其言予節募吏民毋問所從來為具備人衆遣之以廣其道來還不能毋侵盜幣物及使失指天子為其習之輒覆案致重罪以激怒令贖復求使使端無窮而輕犯法其吏卒亦輒復盛推外國所有言大者予節言小者為副故妄言無行之徒皆爭效之其使皆貧人子私縣官齎物欲賤市以私其利外國外國亦厭漢使人人有言輕重度漢兵遠不能至而禁其食物以苦漢

使漢使乏絶積怨至相攻擊而樓蘭姑師小國耳當空道攻劫漢使王恢等尤甚而匈奴奇兵時時遮擊使西國者使者爭徧言外國災害皆有城邑兵弱易擊於是天子以故遣從驃侯破奴將屬國騎及郡兵數萬至匈河水欲以擊胡胡皆去其明年擊姑師破奴與輕騎七百餘先至虜樓蘭王遂破姑師因舉兵威以困烏孫大宛之屬還封破奴為浞野侯王恢數使為樓蘭所苦言天子天子發兵令恢佐破奴擊破之封恢為浩侯於是

酒泉列亭鄣至玉門矣括地志云沙州龍勒山在縣南百六十五里玉門關在縣西北百一十八里烏孫以千匹馬聘漢女漢遣宗室女江都翁主往妻烏孫烏孫王昆莫以為右夫人匈奴亦遣女妻昆莫昆莫以為左夫人昆莫曰我老乃令其孫岑娶妻翁主烏孫多馬其富人至有四五千匹馬初漢使至安息安息王令將二萬騎迎於東界東界去王都數千里行比至過數十城人民相屬甚多漢使還而後發使隨漢使來觀漢廣大以大鳥卵及黎軒善眩人獻于漢及宛

西小國驩潛大益宛東姑師扜罙蘇薤之屬皆隨漢使獻見天子天子大悅而漢使窮河源河源出于窴其山多玉石采來天子案古圖書名河所出山曰崑崙云是時上方數巡狩海上乃悉從外國客大都多人則過之散財帛以賞賜厚具以饒給之以覽示漢富厚焉於是大觳抵出奇戲諸怪物多聚觀者行賞賜酒池肉林令外國客徧觀名倉庫府藏之積見漢之廣大傾駭之及加其眩者之工而觳抵奇戲歲增變甚盛益興自此始

西北外國使更來更去宛以西皆自以遠尚驕恣晏然未可詘以禮羈縻而使也自烏孫以西至安息以近匈奴匈奴困月氏也匈奴使持單于一信則國國傳送食不敢留苦及至漢使非出幣帛不得食不市畜不得騎用所以然者遠漢而漢多財物故必市乃得所欲然以畏匈奴於漢使焉宛左右以蒲陶為酒富人藏酒至萬餘石久者數十歲不敗俗嗜酒馬嗜苜蓿漢使取其實來於是天子始種苜蓿蒲陶肥饒地及天馬多外國使

來眾則離宮別觀旁盡種蒲萄苜蓿極望自大宛以西至安息國雖頗異言然大同俗相知言其人皆深眼多鬚頾善市賈爭分銖俗貴女子女子所言而丈夫乃決正其地皆無絲漆不知鑄錢器及漢使亡卒降教鑄作他兵器得漢黃白金輒以為器不用為幣而漢使者往既多其少從率多進熟於天子言曰宛有善馬在貳師城匿不肯與漢使天子既好宛馬聞之甘心使壯士車令等持千金及金馬以請宛王貳師城善馬宛國饒漢

物相與謀曰漢去我遠而鹽水中數敗孔文祥云鹽鹽澤也言水廣遠或致風波而數敗也裴矩西域記云在西州高昌縣東東南去瓜州一千三百里並沙磧之地水草難行四面危道路不可准記行人唯以人畜骸骨及駝馬糞為標驗以其地道路惡人畜即不約行曾有人於磧內時聞人喚聲不見形亦有歌哭聲數失人蹤息之鬧不知所在由此數有死亡蓋魑魅魍魎也出其北有胡寇出其南乏水草又且往往而絕邑乏食者多漢使數百人為輩來而常乏食死者過半是安能致大軍乎無奈何且貳師馬宛寶馬也遂不肯予漢使漢使怒忘言椎金馬而去宛貴人怒曰漢使至輕我遣漢使去令

其東邊郁成遮攻殺漢使取其財物於是天子大怒諸嘗使宛姚定漢等言宛兵弱誠以漢兵不過三千人彊弩射之即盡虜破宛矣天子已嘗使浞野侯攻樓蘭以七百騎先至虜其王以定漢等言為然而欲侯寵姬李氏拜李廣利為貳師將軍發屬國六千騎及郡國惡少年數萬人以往伐宛期至貳師城取善馬故號貳師將軍趙始成為軍正故浩侯王恢使導軍而李哆為校尉制軍事是歲太初元年也而關東蝗大起蜚西至敦煌

給食攻之不能下下者得食不下者數日則去比至郁成士至者不過數千皆饑罷攻郁成郁成大破之所殺傷甚衆貳師將軍與哆始成等計至郁成尚不能舉況至其王都乎引兵而還往来二歲還至燉煌士不過什一二使使上書言道遠多乏食且士卒不患戰患饑人少不足以拔宛願且罷兵益發而復往天子聞之大怒而使使遮玉門曰軍有敢入者輒斬之貳師恐因留敦煌其夏漢亡浞野之兵二萬餘於匈奴公卿及議者皆

願罷擊宛軍專力攻胡天子已業誅宛宛小國而不能下則大國之屬輕漢而宛善馬絕不来烏孫侖頭易苦漢使矣為外國笑乃案言伐宛尤不便者鄧光等赦囚徒材官益發惡少年及邊騎歲餘而出燉煌者六萬人負私從者不與牛十萬馬三萬餘匹驢騾槖它以萬數多齎糧兵弩甚設天下騷動傳相奉伐宛凡五十餘校尉宛王城中無井皆汲城外流水於是乃遣水工徙其

城下水空以空其城益發戍甲卒十八萬酒泉張掖北至居延休屠以衛酒泉而發天下七科適音謫張晏云吏有罪一亡命二贅壻三賈人四故有市籍五父母有市籍六大父母有籍七凡七科武帝天漢四年發天下七科謫出朔方也及載糒給貳師轉車人徒相連屬至敦煌而拜習馬者二人為執驅校尉備破宛擇取其善馬云於是貳師後復行兵多而所至小國莫不迎出食給軍至侖頭侖頭不下攻數日屠之自此而西平行至宛城漢兵到者三萬人宛兵迎擊漢兵漢兵射敗之宛走入葆乘其城

貳師兵欲行攻郁成恐留行而令宛益生詐乃先至宛決其水源移之則宛固已憂困圍其城攻之四十餘日其外城壞虜宛貴人勇將煎靡宛大恐走入中城宛貴人相與謀曰漢所為攻宛以王毋寡匿善馬而殺漢使今殺王毋寡而出善馬漢兵宜解即不解乃力戰而死未晚也宛貴人皆以為然共殺其王毋寡持其頭遣貴人使貳師約曰漢毋攻我我盡出善馬恣所取而給漢軍食即不聽我盡殺善馬而康居之救且至至我居內

康居居外與漢軍戰漢軍熟計之何從是時康居候視漢兵漢兵尚盛不敢進貳師與趙始成李哆等計聞宛城中新得秦人知穿井而其內食尚多所為來誅首惡者毋寡毋寡頭已至如此而不許解兵則堅守而康居候漢罷而來救宛破漢軍必矣軍吏皆以為然許宛之約宛乃出其善馬令漢自擇之而多出食食給漢軍漢軍取其善馬數十匹中馬以下牡牝三千餘匹而立宛貴人之故待遇漢使善者為昧蔡以為宛王與盟而罷

兵終不得入中城乃罷而引歸初貳師起敦煌西以為人多道上國不能食乃分為數軍從南北道校尉王申生故鴻臚壺充國等千餘人別到郁成郁成城守不肯給食其軍王申生去大軍二百里偵而輕之責郁成郁成食不肯出窺知申生軍日少晨用三千人攻戮殺申生等軍破數人脫亡走貳師貳師令搜粟都尉上官桀往攻破郁成郁成王亡走康居桀追至康居康居聞漢已破宛乃出郁成王予桀桀令四騎士縛守詣大將軍

四人相謂曰郁成王漢國所毒今生將去卒失大事欲殺莫敢先擊上邽騎士趙弟最少拔劒擊之斬郁成王齎頭弟桀等逐及大將軍初貳師後行天子使使告烏孫大發兵并力擊宛烏孫發二千騎往持兩端不肯前貳師將軍之東諸所過小國聞宛破皆使其子弟從軍入獻見天子因以為質焉貳師之伐宛也而軍正趙始成力戰功最多及上官桀敢深入李哆為謀計軍入玉門者萬餘人軍馬千餘匹貳師後行軍非乏食戰死不

能多而將吏貪多不愛士卒侵牟之以此物故衆天子為萬里而伐宛不錄過封廣利為海西侯又封身斬郁成王者騎士趙弟為新畤侯軍正趙始成為光祿大夫上官桀為少府李哆為上黨太守軍官吏為九卿者三人諸侯相郡守二千石者百餘人千石以下千餘人奮行者官過其望以適過行者皆絀其勞士卒賜直四萬金伐宛再反凡四歲而得罷焉漢已伐宛立昧蔡為宛王而去歲餘宛貴人以為昧蔡善諛使我國遇屠乃相與殺昧蔡立毋寡昆弟曰蟬封為宛王而遣其子入質於漢漢因使使賂賜以鎮撫之而漢發使十餘輩至宛西諸外國求奇物因風覽以伐宛之威德而燉煌置酒泉都尉西至鹽水往往有亭而侖頭有田卒數百人因置使者護田積粟以給使外國者

太史公曰禹本紀言河出崑崙崑崙其高二千五百餘里日月所相避隱為光明也其上有醴泉瑤池今自張騫使大夏之後也窮河源惡睹本紀所謂崑崙者乎

故言九州山川尚書近之矣至禹本紀山海經所有怪物余不敢言之也

史記正義卷一百二十三

欽定四庫全書

史記正義卷一百二十四

唐 張守節 撰

游俠列傳第六十四　史記一百二十四

韓子曰儒以文亂法（言文之蔽小人以儒謂細碎苛法亂政）而俠以武犯禁二者皆譏（譏非言也儒敝亂法俠武犯禁二道皆非而學士多稱於世者故太史公引韓子欲陳游俠之美）而學士多稱於世云至如以術取宰相卿大夫輔翼其世主功名俱著於春秋固無可言者及若季次

原憲閭巷人也讀書懷獨行君子之德義不苟合當世當世亦笑之故季次原憲終身空室蓬户（莊子云原憲居環堵之室蓬户不完以桑為樞而甕牖上漏下濕獨坐而絃歌也）褐衣疏食不厭死而已四百餘年而弟子志之不倦今游俠其行雖不軌於正義然其言必信其行必果已諾必誠不愛其軀赴士之阸困既已存亡死生矣而不矜其能羞伐其德蓋亦有足多者焉且緩急人之所時有也太史公曰昔者虞舜窘於井廩伊尹負於鼎俎傅說匿於傅險呂尚困於棘津（尉繚子云太公望行年七十賣食棘津云古亦謂之石濟津故南津）夷吾桎梏百里飯牛仲尼畏匡菜色陳蔡此皆學士所謂有道仁人也猶然遭此菑況以中材而涉亂世之末流乎其遇害何可勝道哉鄙人有言曰何知仁義已饗其利者為有德故伯夷醜周餓死首陽山而文武不以其故貶王跖蹻暴戾其徒誦義無窮由此觀之竊鉤者誅竊國者侯侯之門仁義存非虛言也今拘學或抱咫尺之義久孤於世豈若卑論儕俗與世沈浮而取榮名哉而布衣之徒設取

予然諾千里誦義而死不顧世此亦有所長非苟而已也故士窮窘而得委命此豈非人之所謂賢豪閒者邪誠使鄉曲之俠予季次原憲比權量力効功於當世不同日而論矣要以功見言信俠客之義又曷可少哉古布衣之俠靡得而聞已近世延陵孟嘗春申平原信陵之徒皆因王者親屬藉於有土卿相之富厚招天下賢者顯名諸侯不可謂不賢者矣比如順風而呼聲非加疾其勢激也至如閭巷之俠修行砥名聲施於天下莫

不稱賢是為難耳然儒墨皆排擯不載自秦以前匹夫之俠湮滅不見余甚恨之以余所聞漢興有朱家田仲王公劇孟郭解之徒雖是扞當世之文罔然其私義廉絜退讓有足稱者名不虛立士不虛附至如朋黨宗彊比周設財役貧豪暴侵凌孤弱恣欲自快游俠亦醜之余悲世俗不察其意而猥以朱家郭解等令與暴豪之徒同類而共笑之也

魯朱家者與高祖同時魯人皆以儒教而朱家用俠聞

所藏活豪士以百數其餘庸人不可勝言然終不伐其能歆其德諸所嘗施唯恐見之振人不贍先從貧賤始家無餘財衣不完采食不重味乘不過軥牛專趨人之急甚己之私既陰脫季布將軍之阸及布尊貴終身不見也自關以東莫不延頸願交焉楚田仲以俠聞喜劍父事朱家自以為行弗及田仲以死而雒陽有劇孟周人以商賈為資而劇孟以任俠顯諸侯吳楚反時條侯為太尉乘傳車將至河南得劇孟喜曰吳楚舉大事而一敵國云劇孟行大類朱家而好博多少年之戲然劇孟母死自遠方送喪蓋千乘及劇孟死家無餘十金之財而符離人王孟亦以俠稱江淮之間是時濟南瞯氏陳周庸亦以豪聞景帝聞之使使盡誅此屬其後代諸白梁韓無辟陽翟薛況陝韓孺紛紛復出焉

郭解軹人也字翁伯善相人者許負外孫也解父以任俠孝文時誅死解為人短小精悍不飲酒少時陰賊慨不快意身所殺甚衆以軀借交報仇藏命作姦剽攻不

休及鑄錢掘冢固不可勝數適有天幸窘急常得脫若遇赦及解年長更折節為儉以德報怨厚施而薄望然其自喜為俠益甚既已振人之命不矜其功其陰賊著於心卒發於睚眦如故云而少年慕其行亦輒為報仇不使知也解姊子負解之勢與人飲使之嚼非其任彊必灌之人怒拔刀刺殺解姊子亡去解姊怒曰以翁伯之義人殺吾子賊不得棄其尸於道弗葬欲以辱解解

使人微知賊處賊窘自歸具以實告解解曰公殺之固當吾兒不直遂去其賊罪其姊子乃收而葬之諸公聞之皆多解之義益附焉解出入人皆避之有一人獨箕倨視之解遣人問其名姓客欲殺之解曰居邑屋至不見敬是吾德不修也彼何罪乃陰屬尉史曰是人吾所急也至踐更時脫之每至踐更數過吏弗求怪之問其故乃解使脫之箕倨者乃肉袒謝罪少年聞之愈益慕解之行雒陽人有相仇者邑中賢豪居間者以十數終

不聽客乃見郭解解夜見仇家仇家曲聽解解乃謂仇家曰吾聞雒陽諸公在此間多不聽者今子幸而聽解解奈何乃從他縣奪人邑中賢大夫權乎乃夜去不使人知曰且無用待我待我去令雒陽豪居其間乃聽之解執恭敬不敢乘車入其縣廷之旁郡國為人請求事事可出出之不可者各厭其意然後乃敢嘗酒食諸公以故嚴重之爭為用邑中少年及旁近縣賢豪夜半過門常十餘車請得解客舍養之及徙豪富茂陵也解家貧不中訾吏恐不敢不徙衛將軍為言郭解家貧不中徙上曰布衣權至使將軍為言此其家不貧解家遂徙諸公送者出千餘萬軹人楊季主子為縣掾舉徙解解兄子斷楊掾頭由此楊氏與郭氏為仇解入關關中賢豪知與不知聞其聲爭交驩解解為人短小不飲出未嘗有騎已又殺楊季主楊季主家上書人又殺之闕下上聞乃下吏捕解解亡置其母家室夏陽故城在同州韓城縣南二十里漢夏陽也身至臨晋故城在同州馮翊縣西南二里臨晋籍少公素不知

解解冒因求出關籍少公已出解解轉入太原所過輒告主人家吏逐之跡至籍少公少公自殺口絕久之乃得解窮治所犯為解所殺皆在赦前軹有儒生待使者坐客與郭解生曰郭解專以姦犯公法何謂賢解客聞殺此生斷其舌吏以此責解解實不知殺者殺者亦竟絕莫知為誰吏奏解無罪御史大夫公孫弘議曰解布衣為任俠行權以睚眦殺人解雖弗知此罪甚於解殺之當大逆無道遂族郭解翁伯自是之後為俠者極衆

敎而無足數者然關中長安樊仲子槐里趙王孫長陵高公子西河郭公仲太原鹵公孫臨淮兒長卿東陽田君孺（其東陽蓋貝州歷亭縣者為近齊故也）雖為俠而逡逡有退讓君子之風至若北道姚氏西道諸杜南道仇景東道趙他羽公子南陽趙調之徒此盜跖居民閒者耳曷足道哉此乃鄉者朱家之羞也

太史公曰吾視郭解狀貌不及中人言語不足採者然天下無賢與不肖知與不知皆慕其聲言俠者皆引以

為名諺曰人貌榮名豈有既乎於戲惜哉

史記正義卷一百二十四

史記正義卷一百二十五

唐　張守節　撰

佞幸列傳第六十五　史記一百二十五

諺曰力田不如逢年善仕不如遇合固無虛言非獨女以色媚而士宦亦有之昔以色幸者多矣至漢興高祖至暴抗也然籍孺以佞幸孝惠時有閎孺（籍閎皆名也孺幼小也）此兩人非有材能徒以婉佞貴幸與上臥起公卿皆因關說故孝惠時郎侍中皆冠鵕鸃貝帶傅脂粉化閎

籍之屬也兩人徙家安陵（惠帝陵邑）孝文時中寵臣士人則鄧通宦者則趙同北宮伯子（顏云姓北宮名伯子也　按伯子名北宮之宦者也）北宮伯子以愛人長者而趙同以星氣幸常為文帝參乘鄧通無伎能鄧通蜀郡南安人也以濯船為黃頭郎孝文帝夢欲上天不能有一黃頭郎從後推之上天顧見其衣裻帶後穿覺而之漸臺（括地志云漸臺在長安故城中關中記云未央宮西有蒼池池中有漸臺王莽死於此臺）以夢中陰自求推者郎即見鄧通其衣

後穿夢中所見也召問其名姓姓鄧氏名通文帝說焉尊幸之日異通亦愿謹不好外交雖賜洗沐不欲出於是文帝賞賜通巨萬以十數（言賜通巨萬以至於十也）官至上大夫文帝時時如鄧通家遊戲然鄧通無他能不能有所薦士獨自謹其身以媚上而已上使善相者相通曰當貧餓死文帝曰能富通者在我也何謂貧乎於是賜鄧通蜀嚴道銅山（括地志云雅州滎經縣北三里有銅山即鄧通得賜銅山鑄錢者邑滎經即嚴道）得自鑄錢鄧氏錢（錢譜云文字稱兩同漢四銖文）布天下其富如此文

帝嘗病癰鄧通常為帝唶吮之文帝不樂從容問通曰天下誰最愛我者乎通曰宜莫如太子太子入問病文帝使唶癰唶癰而色難之已而聞鄧通常為帝唶吮之心慙由此怨通矣及文帝崩景帝立鄧通免家居居無何人有告鄧通盜出徼外鑄錢下吏驗問頗有之遂竟案盡沒入鄧通家尚負責數巨萬長公主賜鄧通吏輒隨沒入之一簪不得著身於是長公主乃令假衣食竟不得名一錢寄死人家孝景帝時中無寵臣然獨郎中令周文仁仁寵最過庸不乃甚篤令天子中寵臣士人則韓王孫嫣宦者則李延年

嫣者弓高侯孽孫也今上為膠東王時嫣與上學書相愛及上為太子愈益親嫣嫣善騎射善佞上即位欲事伐匈奴而嫣先習胡兵以故益尊貴官至上大夫賞賜擬於鄧通時嫣常與上卧起江都王入朝有詔得從入獵上林中天子車駕蹕道未行而先使嫣乘副車從數十百騎騖馳視獸江都王望見以為天子辟從者伏謁

道傍嫣驅不見既過江都王怒為皇太后泣曰請得歸國入宿衛比韓嫣太后由此嗛嫣嫣侍上出入永巷不禁以姦聞皇太后皇太后怒使使賜嫣死上為謝終不能得嫣遂死而案道侯韓說其弟也亦佞幸

李延年中山人也父母及身兄弟及女皆故倡也延年坐法腐給事狗中而平陽公主言延年女弟善舞上見心說之及入永巷而召貴延年延年善歌為變新聲而上方興天地祠欲造樂詩歌弦之延年善承意弦次初

詩其女弟亦幸有子男延年佩二千石印號協聲律與上卧起甚貴幸埒如韓嫣也久之寖與中人亂出入驕恣及其女弟李夫人卒後愛弛則禽誅延年昆弟也自是之後內寵嬖臣大底外戚之家然不足數也衛青霍去病亦以外戚貴幸然頗用材能自進

太史公曰甚哉愛憎之時彌子瑕之行足以觀後人佞幸矣雖百世可知也

史記正義卷一百二十五

史記正義卷一百二十六

唐　張守節　撰

滑稽列傳第六十六　史記一百二十六

孔子曰六藝於治一也（言六藝之文雖異禮節樂和導民立政天下平定其歸一揆至於談言微中亦以解其紛亂故治一也）禮以節人樂以發和書以道事詩以達意易以神化春秋以義

太史公曰天道恢恢豈不大哉談言微中亦可以解紛

淳于髡者齊之贅壻也長不滿七尺滑稽多辯數使諸侯未嘗屈辱齊威王之時喜隱好為淫樂長夜之飲沈湎不治委政卿大夫百官荒亂諸侯並侵國且危亡在於旦暮左右莫敢諫淳于髡說之以隱曰國中有大鳥止王之庭三年不蜚又不鳴王知此鳥何也王曰此鳥不飛則已一飛沖天不鳴則已一鳴驚人於是乃朝諸縣令長七十二人賞一人誅一人奮兵而出諸侯振驚皆還齊侵地威行三十六年語在田完世家中威王八

年楚大發兵加齊齊王使淳于髡之趙請救兵齎金百斤車馬十駟淳于髡仰天大笑冠纓索絶王曰先生少之乎髡曰何敢王曰笑豈有說乎髡曰今者臣從東方來見道傍有禳田者操一豚蹄酒一盂而祝曰甌窶滿篝（窶音樓篝音溝籠也甌樓謂高地狹小之區得滿篝籠也）汙邪滿車（汙音烏）五穀蕃熟穰穰滿家臣見其所持者狹而所欲者奢故笑之於是齊威王乃益齎黃金千鎰白璧十雙車馬百駟（四馬）髡辭而行至趙趙王與之精兵十萬革車千乘楚聞之夜引

兵而去威王大說置酒後宮召髡賜之酒問曰先生能飲幾何而醉對曰臣飲一斗亦醉一石亦醉威王曰先生飲一斗而醉惡能飲一石哉其說可得聞乎髡曰賜酒大王之前執法在傍御史在後髡恐懼俯伏而飲不過一斗徑醉矣若親有嚴客髡帣韝鞠䠐侍酒於前時賜餘瀝奉觴上壽數起飲不過二斗徑醉矣若朋友交遊久不相見卒然相覩歡然道故私情相語飲可五六斗徑醉矣若乃州閭之會男女雜坐行酒稽留六博投壺相引為曹握手無罰目眙不禁前有墮珥後有遺簪髡竊樂此飲可八斗而醉二參日暮酒闌合尊促坐男女同席履舄交錯杯盤狼藉堂上燭滅主人留髡而送客羅襦襟解微聞薌澤當此之時髡心最歡能飲一石故曰酒極則亂樂極則悲萬事盡然言不可極極之而衰以諷諫焉齊王曰善乃罷長夜之飲以髡為諸侯主客（今鴻臚卿也）宗室置酒髡嘗在側其後百餘年楚有

優孟

優孟者故楚之樂人也長八尺多辯常以談笑諷諫楚莊王之時有所愛馬衣以文繡置之華屋之下席以露牀啗以棗脯馬病肥死使羣臣喪之欲以棺槨大夫禮葬之左右爭之以為不可王下令曰有敢以馬諫者罪至死優孟聞之入殿門仰天大哭王驚而問其故優孟曰馬者王之所愛也以楚國堂堂之大何求不得而以大夫禮葬之薄請以人君禮葬之王曰何如對曰臣請以彫玉為棺文梓為槨楩楓豫章為題湊（楩頻緜反）發甲卒

為穿壙老弱負土齊趙陪位於前韓魏翼衛其後廟食太牢奉以萬户之邑諸侯聞之皆知大王賤人而貴馬也王曰寡人之過一至此乎為之奈何優孟曰請為大王六畜葬之以壠竈為椁銅歷為棺齎以薑棗薦以木蘭祭以糧稻衣以火光葬之於人腹腸於是王乃使以馬屬太官無令天下久聞也楚相孫叔敖知其賢人也善待之病且死屬其子曰我死汝必貧困若往見優孟言我孫叔敖之子也居數年其子窮困負薪逢優孟與

言曰我孫叔敖之子也父且死時屬我貧困往見優孟優孟曰若無遠有所之即為孫叔敖衣冠抵掌談語歲餘像孫叔敖楚王左右不能別也莊王置酒優孟前為壽莊王大驚以為孫叔敖復生也欲以為相優孟曰請歸與婦計之三日而為相莊王許之三日後優孟復來王曰婦言謂何孟曰婦言慎無為楚相不足為也如孫叔敖之為楚相盡忠為廉以治楚楚王得以霸今死其子無立錐之地貧困負薪以自飲食必如孫叔敖不如自

殺因歌曰山居耕田苦難以得食起而為吏身貪鄙者餘財不顧耻辱身死家室富又恐受賕枉法為姦觸大罪身死而家滅貪吏安可為也念為廉吏奉法守職竟死不敢為非廉吏安可為也楚相孫叔敖持廉至死方今妻子窮困負薪而食不足為也於是莊王謝優孟乃召孫叔敖子封之寢丘今光州固始縣本寢丘邑也呂氏春秋云楚孫叔敖有功於國疾將死戒其子曰王數欲封我我辭不受我死必封汝汝無受利地荆楚間有寢丘者其為地不利而前有妬谷後有戾丘其名惡可長有也其子從之楚功臣封二世而收唯寢丘不奪也四百户以奉其

祀後十世不絕此知可以言時矣其後二百餘年秦有優旃

優旃者秦倡侏儒也善為笑言然合於大道秦始皇時置酒而天雨陛楯者皆沾寒優旃見而哀之謂之曰汝欲休乎陛楯者皆曰幸甚優旃曰我即呼汝汝疾應曰諾居有頃殿上上壽呼萬歲優旃臨檻御覽反大呼曰陛楯郎郎曰諾優旃曰汝雖長何益幸雨立我雖短也幸休居於是始皇使陛楯者得半相代始皇嘗議欲大苑囿

東至函谷關西至雍陳倉今岐州雍縣及陳倉縣也優旃曰善多縱禽獸於其中寇從東方來令麋鹿觸之足矣始皇以故輟止二世立又欲漆其城優旃曰善主上雖無言臣固將請之漆城雖於百姓愁費然佳哉漆城蕩蕩寇來不能上即欲就之易為漆耳顧難為蔭室於是二世笑之以其故止居無何二世殺死優旃歸漢數年而卒

太史公曰淳于髡仰天大笑齊威王橫行優孟搖頭而歌負薪者以封優旃臨檻疾呼陛楯得以半更豈不亦

偉哉

褚先生曰臣幸得以經術為郎而好讀外家傳語竊不遜讓復作故事滑稽之語六章編之於左可以覽觀揚意以示後世好事者讀之以游心駭耳以附益上方太史公之三章武帝時有所幸倡郭舍人者發言陳辭雖不合大道然令人主和說武帝少時東武侯母常養帝高祖功臣表云東武侯郭家高祖六年封子他孝景六年棄市國除蓋他母常養武帝帝壯時號之曰大乳母率一月再朝朝奏入有詔使幸臣馬游卿以帛五十匹賜乳母又奉飲糒飧養乳母乳母上書曰某所有公田願得假倩之帝曰乳母欲得之乎以賜乳母乳母所言未嘗不聽有詔得令乳母乘車行馳道中當此之時公卿大臣皆敬重乳母乳母家子孫奴從者橫暴長安中當道掣頓人車馬奪人衣服聞於中不忍致之法有司請徙乳母家室處之於邊奏可乳母當入至前面見辭乳母先見郭舍人為下泣舍人曰即入見辭去疾步數還顧乳母如其言謝去疾步數還顧郭舍人疾言罵之曰咄老女子何不疾行陛下已壯矣寧尚

須汝乳而活邪尚何還顧於是人主憐焉悲之乃下詔止無徙乳母罰謫譖之者

武帝時齊人有東方生名朔漢書云平原厭次人也輿地志云厭次宜是富平縣之鄉聚名也括地云富平故城在倉州陽信縣東南四十里漢縣也以好古傳書愛經術多所博觀外家之語朔初入長安至公車上書百官表云衛尉屬官有公車司馬漢儀注云公車司馬掌殿司馬門夜徼宮天下上事及闕下凡所徵召皆總領之秩六百石凡用三千奏牘公車令兩人共持舉其書僅然能勝之

人主從上方讀之止輒乙其處讀之二月乃盡詔拜以為郎常在側侍中數召至前談語人主未嘗不說也時詔賜之食於前飯已盡懷其餘肉持去衣盡汙數賜縑帛擔揭而去徒用所賜錢帛取少婦於長安中好女率取婦一歲所者即棄去更取婦所賜錢財盡索之於女子人主左右諸郎半呼之狂人人主聞之曰令朔在事無為是行者若等安能及之哉朔任其子為郎又為侍謁者常持節出使朔行殿中郎謂之曰人皆以先生為

狂朔曰如朔等所謂避世於朝廷間者也古之人乃避世於深山中時坐席中酒酣據地歌曰陸沈於俗避世金馬門宮殿中可以避世全身何必深山之中蒿廬之下金馬門者宦署門也門傍有銅馬故謂之曰金馬門時會聚宮下博士諸先生與論議共難之曰蘇秦張儀一當萬乘之主而都卿相之位澤及後世今子大夫修先王之術慕聖人之義諷誦詩書百家之言不可勝數著於竹帛自以為海內無雙即可謂博聞辯智矣然悉力盡忠以事聖帝曠日持久積數十年官不過侍郎位不過執戟意者尚有遺行邪其故何也東方生曰是固非子之所能備也彼一時也此一時也豈可同哉夫張儀蘇秦之時周室大壞諸侯不朝力政爭權相禽以兵并為十二國未有雌雄得士者亡故說聽行通身處尊位澤及後世子孫長榮今非然也聖帝在上德流天下諸侯賓服威振四夷連四海之外以為席安於覆盂天下平均合為一家動發舉事猶如運之掌中賢與不肖

何以異哉方今以天下之大士民之衆竭精馳說並進輻湊者不可勝數悉力慕義困於衣食或失門戶使張儀蘇秦與僕並生於今之世曾不能得掌故安敢望常時侍郎乎傳曰天下無害菑雖有聖人無所施其才上下和同雖有賢者無所立功故曰時異則事異雖然安可以不務修身乎詩曰鼓鍾于宮聲聞于外鶴鳴九皐聲聞于天苟能修身何患不榮太公躬行仁義七十二年逢文王得行其說封於齊七百歲而不絕此士之所

以日夜孜孜修學行道不敢止也今世之處士時雖不用崛然獨立塊然獨處上觀許由下察接輿策同范蠡忠合子胥天下和平與義相扶寡偶少徒固有常也子何疑於余哉於是諸先生默然無以應也建章宮在長安縣西北二十里長安故城中後閣重櫟中有物出焉其狀似麋以聞武帝往臨視之問左右羣臣習事通經術者莫能知詔東方朔視之朔曰臣知之願賜美酒粱飯大飧臣臣乃言詔曰可已飧又曰某所有公田魚池蒲葦數頃陛下以

賜臣臣朔乃言詔曰可於是朔乃肯言曰所謂騶牙者也遠方當來歸義而騶牙先見其齒前後若一齊等無牙故謂之騶牙其後一歲所匈奴混邪王果將十萬衆來降漢乃復賜東方生錢財甚多至老朔且死時諫曰詩云營營青蠅止于藩愷悌君子無信讒言讒言罔極交亂四國願陛下遠巧佞退讒言帝曰今顧東方朔多善言怪之居無幾何朔果病死傳曰鳥之將死其鳴也哀人之將死其言也善此之謂也

武帝時大將軍衛青者衛后兄也封為長平侯從軍擊匈奴至余吾水上而還斬首捕虜有功來歸詔賜金千斤將軍出宮門齊人東郭先生以方士待詔公車當道遮衛將軍車拜謁曰願白事將軍止車前東郭先生旁車言曰王夫人新得幸於上家貧今將軍得金千斤誠以其半賜王夫人之親人主聞之必喜此所謂奇策便計也衛將軍謝之曰先生幸告之以便計請奉教於是衛將軍乃以五百金為王夫人之親壽王夫人以聞武

帝帝曰大將軍不知為此問之安所受計策對曰受之待詔者東郭先生詔召東郭先生拜以為郡都尉東郭先生久待詔公車貧困飢寒衣敝履不完行雪中履有上無下足盡踐地道中人笑之東郭先生應之曰誰能履行雪中令人視之其上履也其履下處乃似人足者乎及其拜為二千石佩青緺出宮門行謝主人故所以同官待詔者等比祖道於都門外榮華道路立名當世此所謂衣褐懷寶者也當其貧困時人莫肯視至其貴

也乃爭附之謗曰相馬失之瘦相士失之貧其此之謂
邪王夫人病甚人主至自往問之曰子當為王欲安所
置之對曰願居洛陽人主曰不可洛陽有武庫敖倉當
關口天下咽喉自先帝以來傳不為置王然關東國莫
大於齊可以為齊王王夫人以手擊頭呼幸甚王夫人
死號曰齊王太后薨昔者齊王使淳于髡獻鵠於楚出
邑門道飛其鵠徒揭空籠造詐成辭往見楚王曰齊王
使臣來獻鵠過於水上不忍鵠之渴出而飲之去我飛

亡吾欲刺腹絞頸而死恐人之議吾王以鳥獸之故令
士自傷殺也鵠毛物多相類者吾欲買而代之是不信
而欺吾王也欲赴佗國奔亡痛吾兩主使不通故來服
過叩頭受罪大王楚王曰善齊王有信士若此哉厚賜
之財倍鵠在也

武帝時徵北海太守詣行在所有文學卒史王先生者
自請與太守俱吾有益於君君許之諸府掾功曹白云
王先生嗜酒多言少實恐不可與俱太守曰先生意欲
行不可逆遂與俱行至宮下待詔宮府門王先生徒懷
錢沽酒與衛卒僕射飲日醉不視其太守太守入跪拜
王先生謂戶郎曰幸為我呼吾君至門內遥語戶郎為
呼太守太守來望見王先生王先生曰天子即問君何
以治北海今青州令無盜賊君對曰何哉對曰選擇賢材
各任之以其能賞異等罰不肖王先生曰對如是是自
譽自伐功不可也願君對言非臣之力盡陛下神靈威
武所變化也太守曰諾召入至于殿下有詔問之曰何

以治北海令盜賊不起叩頭對言非臣之力盡陛下神
靈威武之所變化也武帝大笑曰於呼安得長者之語
而稱之安所受之對曰受之文學卒史帝曰今安在對
曰在宮府門外有詔召拜王先生為水衡丞以北海太
守為水衡都尉傳曰美言可以市尊行可以加人君子
相送以言小人相送以財

魏文侯時西門豹為鄴令今相州縣也豹往到鄴會長老問
之民所疾苦長老曰苦為河伯娶婦河伯華陰潼鄉人姓馮氏名夷浴於

河中而溺死遂為河伯娶婦也以故貧豹問其故對曰鄴三老廷掾常歲賦斂百姓收取其錢得數百萬用其二三十萬為河伯娶婦與祝巫共分其餘錢持歸當其時巫行視人家女好者云是當為河伯婦即娉取洗沐之為治新繒綺縠衣閒居齋戒為治齋宮河上張緹絳帷緹他禮反顔野王云黃赤色也又音啼厚繒也女居其中為具牛酒飯食行十餘日共粉飾之如嫁女床席令女居其上浮之河中始浮行數十里乃沒其人家有好女者恐大巫祝為伯取之以故多持

女遠逃亡以故城中益空無人又困貧所從来久遠矣民人俗語曰即不為河伯娶婦水来河没溺其人民云西門豹曰至為河伯娶婦時願三老亭三老巫祝父老送女河上幸来告語之吾亦往送女皆曰諾至其時西門豹往會之河上三老官屬豪長者里父老皆會以人民往觀之者三二千其巫老女子也已年七十從弟子女十人所皆衣繒單衣立大巫後西門豹曰子河伯婦来視其好醜即將女出帷中来至前豹視之顧謂三老巫祝父老曰是女子不好煩大巫嫗為入報河伯得更求好女後日送之即使吏卒共抱大巫嫗投之河中有頃曰巫嫗何久也弟子趣之復以弟子一人投河中有頃曰弟子何久也復使一人趣之復投一弟子河中凡投三弟子西門豹曰巫嫗弟子是女子也不能白事煩三老為入白之復投三老河中西門豹簪筆磬折簪筆謂以毛裝簪頭長五寸插在冠前謂之為筆言插筆備禮也磬折謂曲體揖之若石磬之形曲折也磬一片黑石凡十二片樹在虡上擊之其形皆中曲垂兩頭言人背則似也嚮河立待良久長老吏傍

觀者皆驚恐西門豹顧曰巫嫗三老不來還奈之何欲復使廷掾與豪長者一人入趣之皆叩頭叩頭且破額血流地色如死灰西門豹曰諾且留待之須臾豹曰廷掾起矣狀河伯留客之久若皆罷去歸矣鄴吏民大驚恐從是以後不敢復言為河伯娶婦西門豹即發民鑿十二渠引河水灌民田括地志云按横渠首接漳水蓋西門豹史起所鑿之渠也溝洫志云魏文侯時西門豹為鄴令有令名至文侯曾孫襄王與群臣飲祝曰令吾為臣皆非西門豹之為人臣也史起進曰魏氏之行田也以百畝鄴獨二百畝是田惡也漳水在其傍西門不知用是不智知而不興是不仁

仁智豹未之盡何足法也於是史起為鄴令遂引漳水溉鄴以富漳魏之河名左思魏賦云西門溉其前史起灌其後也田皆溉當其時民治渠少煩苦不欲也豹曰民可以樂成不可與慮始今父老子弟雖患苦我然百歲後期令父老子孫思我言至今皆得水利民人以給足富十二渠經絕馳道到漢之立而長吏以為十二渠橋絕馳道相比近不可欲合渠水且至馳道合三渠為一橋鄴民人父老不肯聽長吏以為西門君所為也賢君之法式不可更也長吏終聽置之故西門豹為鄴令名聞

天下澤流後世無絕已時幾可謂非賢大夫哉傳曰子產治鄭民不能欺子賤治單父民不忍欺西門豹治鄴民不敢欺三子之才能誰最賢哉辯治者當能別之

乾隆御覽之寶

史記正義卷一百二十六

欽定四庫全書

史部

史記正義卷一百二十七至一百三十

詳校官編修臣李如筠

欽定四庫全書

史記正義卷一百二十七

唐 張守節 撰

日者列傳第六十七 史記一百二十七

自古受命而王王者之興何嘗不以卜筮決于天命哉其於周尤甚及秦可見代王之入任於卜者太卜之起由漢興而有

司馬季主者楚人也卜於長安東市宋忠為中大夫賈誼為博士同日俱出洗沐漢官五日一假洗沐也相從論議誦易先王聖人之道術究徧人情相視而歎賈誼曰吾聞古之聖人不居朝廷必在卜醫之中今吾已見三公九卿朝士大夫皆可知矣試之卜數中以觀采二人即同輿而之市游於卜肆中天新雨道少人司馬季主閒坐弟子三四人侍方辯天地之道日月之運陰陽吉凶之本二大夫再拜謁司馬季主視其狀貌如類有知者即禮之使弟子延之坐坐定司馬季主復理前語分別天地之終始日月星辰之紀差次仁義之際列吉凶之符語數千言莫不順理宋忠賈誼瞿然而悟獵纓正襟危坐曰吾望先生之狀聽先生之辭小子竊觀於世未嘗見也今何居之卑何行之汙司馬季主捧腹大笑曰觀大夫類有道術者今何言之陋也何辭之野也今夫子所賢者何也所高者誰也今何以卑汙長者二君曰尊官厚祿世之所高也賢才處之今所處非其地故謂之卑言不信行不驗取不當故謂之汙夫卜筮者世俗之所賤簡也世皆言曰夫卜者多言誇嚴以得人情虛高人祿命以說人志擅言禍災以傷人心矯言鬼神以盡人財厚求拜謝以私於已此吾之所恥故謂之卑汙也司馬季主曰公且安坐公見夫被髮童子乎日月照之則行不照則止問之日月疵瑕吉凶則不能理由是觀之能知別賢與不肖者寡矣賢之行也直道以正諫三諫不聽則退其譽人也不望其報惡人也不顧其怨以便國家利衆為務故官非其任不處也祿非其功不受也

見人不正雖貴不敬也見人有汙雖尊不下也得不為喜去不為恨非其罪也雖累辱而不愧也今公所謂賢者皆可為羞矣卑疵而前孅趨而言相引以勢相導以利比周賓正以求尊譽以受公奉事私利枉主法獵農民以官為威以法為機求利逆暴譬無異於操白刃劫人者也初試官時倍力為巧詐飾虛功執空文以誷主上用居上為右試官不讓賢陳功見偽增實以無為有以少為多以求便勢尊位食飲驅馳從姬歌兒不顧於

親犯法害民虛公家此夫為盜不操矛弧者也攻而不用弦刃者也欺父母未有罪而弒君未伐者也何以為高賢才乎盜賊發不能禁夷貊不服不能攝姦邪起不能塞官耗亂不能治四時不和不能調歲穀不孰不能適才賢不為是不忠也才不賢而託官位利上奉妨賢者處是竊位也有人者進有財者禮是偽也子獨不見鴟梟之與鳳皇翔乎蘭芷芎藭棄於廣野蒿蕭成林使君子退而不顯衆公等是也述而不作君子義也今夫

卜者必法天地象四時順於仁義分策定卦按式正棊然後言天地之利害事之成敗昔先王之定國家必先龜策日月而後乃敢代正時日乃後入家產子必先占吉凶乃有之自伏羲作八卦周文王演三百八十四爻而天下治越王勾踐做文王八卦以破敵國霸天下由是言之卜筮有何負哉且夫卜筮者掃除設坐正其冠帶然後乃言事此有禮也言而鬼神或以饗忠臣以事其上孝子以養其親慈父以畜其子此有德者也而以

義置數十百錢病者或以愈且死或以生患或以免事或以成嫁子娶婦或以養生此之為德豈直數十百錢哉此夫老子所謂上德不德是以有德今夫卜筮者利大而謝少老子之云豈異於是乎莊子曰君子內無飢寒之患外無劫奪之憂居上而敬居下不為害君子之道也今夫卜筮者之為業也積之無委藏之不用府庫徙之不用輜車負裝之不重止而用之無盡索之時持不盡索之物游於無窮之世雖莊氏之行未能增於是

原書卷次訛誤

也子何故而云不卜哉天不足西北星辰西北移地不足東南以海為池日中必移月滿必虧先王之道乍存乍亡公責卜者言不信不亦惑乎公見夫談士辯人乎慮事定計必是人也然不能以一言說人主意故言必稱先王語必道上古慮事定計飾先王之成功語其敗害以恐喜人主之志以求其欲多言誇嚴莫大於此矣然欲彊國成功盡忠於上非此不立今夫卜者導惑教愚也夫愚惑之人豈能以一言而知之哉言不厭多故騏驥不能與罷驢為駟而鳳皇不與燕雀為羣而賢者亦不與不肖者同列故君子處卑隱以辟衆自匿以辟倫微見德順以除羣害以明天性助上養下多其功利不求尊譽公之等喁喁者也何知長者之道乎宋忠賈誼忽而自失芒乎無色悵然噤口不能言於是攝衣而起再拜而辭行洋洋也出市門僅能自上車伏軾低頭卒不能出氣居三日宋忠見賈誼於殿門外乃相引屏語相謂自歎曰道高益安勢高益危居赫赫之勢失身且有日矣夫卜而有不審不見奪糈為人主計而不審身無所處此相去遠矣猶天冠地屨也此老子之所謂無名者萬物之始也天地曠曠物之熙熙或安或危莫知居之我與若何足預彼哉彼久而愈安雖曾氏之義未有以異也久之宋忠使匈奴不至而還抵罪而賈誼為梁懷王傅王墮馬薨誼不食毒恨而死此務華絶根者也

太史公曰古者卜人所以不載者多不見於篇及至司馬季主余志而著之

褚先生曰臣為郎時游觀長安中見卜筮之賢大夫觀其起居行步坐起自動誓正其衣冠而當鄉人也有君子之風見性好解婦來卜對之顏色嚴振未嘗見齒而笑也從古以來賢者避世有居止舞澤者有居民間閉口不言有隱居卜筮間以全身者夫司馬季主者楚賢大夫游學長安通易經術黃帝老子博聞遠見觀其對二大夫貴人之談言稱引古明王聖人道固非淺聞小數

之能及卜筮立名聲千里者各往往而在傳曰富為上貴次之既貴各各學一伎能立其身黄直丈夫也陳君夫婦人也以相馬立名天下齊張仲曲成侯以善擊刺學用劍立名天下留長孺以相彘立名滎陽褚氏以相牛立名能以伎能立名者甚多皆有高世絶人之風何可勝言故曰非其地樹之不生非其意教之不成夫家之教子孫當視其所以好好含苟生活之道因而成之故曰制宅命子足以觀士子有處所可謂賢人臣為郎

時與太卜待詔為郎者同署言曰孝武帝時聚會占家問之某日可取婦乎五行家曰可堪輿家曰不可建除家曰不吉叢辰家曰大凶歴家曰小凶天人家曰小吉太一家曰大吉辯訟不決以狀聞制曰避諸死忌以五行為主人取於五行者也

史記正義卷一百二十七

欽定四庫全書

史記正義卷一百二十八

唐 張守節 撰

龜策列傳第六十八 史記至元成間十篇有録無書而褚少孫補景武紀將相年表禮書樂書律書三王世家蒯成侯日者龜策列傳日者龜策言辭最鄙陋非太史公之本意也 史記一百二十八

太史公曰自古聖王將建國受命興動事業何嘗不寶卜筮以助善唐虞以上不可記已自三代之興各據禎

祥塗山之兆從而夏啓世飛燕之卜順故殷興百穀之筮吉故周王王者決定諸疑參以卜筮斷以蓍龜不易之道也蠻夷氐羌雖無君臣之序亦有決疑之卜或以金石或以草木國不同俗然皆可以戰伐攻擊推兵求勝各信其神以知來事畧聞夏殷欲卜者乃取蓍龜已則弃去之以為龜藏則不靈蓍久則不神至周室之卜官常寶藏蓍龜又其大小先後各有所尚要其歸等耳或以為聖王遭事無不定決疑無不見其設稽神求問

之道者以為後世衰微愚不師智人各自安化分為百
室道散而無垠故推歸之至微要絜於精神也或以為
昆蟲之所長聖人不能與爭其處吉凶別然否多中於
人至高祖時因秦太卜官天下始定兵革未息及孝惠
享國日小呂后女主孝文孝景因襲掌故未遑講試雖
父子疇官世世相傳其精微深妙多所遺失至今上即
位博開藝能之路悉延百端之學通一伎之士咸得自
効絕倫超奇者為右無所阿私數年之閒太卜大集會

上欲擊匈奴西攘大宛南收百越卜筮至預見表象先
圖其利及猛將推鋒執節獲勝於彼而蓍龜時日亦有
力於此上尤加意賞賜至或數千萬如丘子明之屬富
溢貴寵傾於朝廷至以卜筮射蠱道巫蠱時或頗中素
有眦睚不快因公行誅恣意所傷以破族滅門者不可
勝數百僚蕩恐皆曰龜策能言後事覺姦窮亦誅三族
夫揲策定數灼龜觀兆變化無窮是以擇賢而用占焉
可謂聖人重事者乎周公卜三龜而武王有瘳紂為暴

虐而元龜不占晉文將定襄王之位卜得黃帝之兆卒
受彤弓之命獻公貪驪姬之色卜而兆有口象其禍竟
流五世楚靈將背周室卜而龜逆終被乾溪之敗兆應
信誠於內而時人明察見之於外可不謂兩合者哉君
子謂夫輕卜筮無神明者悖背人道信禎祥者鬼神不
得其正故書建稽疑五謀而卜筮居其二五占從其多
明有而不專之道也余至江南觀行事問其長老云龜
千歲乃遊蓮葉之上蓍百莖共一根又其所生獸無虎

狼草無毒螫江傍家人常畜龜飲食之以為能導引致
氣有益於助衰養老豈不信哉褚先生曰臣以通經術
受業博士治春秋以高第為郎幸得宿衛出入宮殿中
十有餘年竊好太史公傳太史公之傳曰三王不同龜
四夷各異卜然各以決吉凶略闚其要故作龜策列傳
臣往來長安中求龜策列傳不能得故之太卜官問掌
故文學長老習事者寫取龜策卜事編于下方聞古五
帝三王發動舉事必先決蓍龜傳曰下有伏靈上有兔

絲上有擣蓍下有神龜所謂伏靈者在兔絲之下狀似飛鳥之形新雨已天清靜無風以夜捎兔絲去之即以篝燭此地燭之火滅即記其處以新布四丈環置之明即掘取之入四尺至七尺得矣過七尺不可得伏靈者千歲松根也食之不死聞蓍生滿百莖者其下必有神龜守之其上常有青雲覆之傳曰天下和平王道得而蓍莖長丈其叢生滿百莖方今世取蓍者不能中古法度不能得滿百莖長丈者取八十莖已上蓍長八尺即難得也人民好用卦者取滿六十莖已上長滿六尺

者即可用矣記曰能得名龜者財物歸之家必大富至千萬一曰北斗龜二曰南辰龜三曰五星龜四曰八風龜五曰二十八宿龜六曰日月龜七曰九州龜八曰玉龜凡八名龜龜圖各有文在腹下文云云者此某之龜也畧記其大指不寫其圖取此龜不必滿尺二寸民人得長七八寸可寳矣今夫珠玉寳器雖有所深藏之見其光必出其神明其此之謂乎故玉處於山而木潤淵生珠而岸不枯者潤澤之所加也明月之珠出於江海藏於蚌中蚗龍伏之王者得之長有天下四夷賓服能得百莖蓍并得其下龜以卜者百言百當足以決吉凶神龜出於江水中廬江郡常歲時生龜長尺二寸者二十枚輸太卜官太卜官因以吉日剔取其腹下甲龜千歲乃滿尺二寸王者發軍行將必鑽龜廟堂之上以決吉凶今高廟中有龜室藏内以為神寳傳曰取前足臑骨穿佩之取龜置室西北隅懸之以入深山大林

中不惑臣為郎時見萬畢石朱方傳曰有神龜在江南嘉林中嘉林者獸無虎狼鳥無鴟梟草無毒螫野火不及斧斤不至是為嘉林龜在其中常巢於芳蓮之上左脅書文曰甲子重光得我者匹夫為人君有土正諸侯得我為帝王求之於白蛇蟠杅林中者齋戒以待譺然狀如有人来告之因以醮酒佗髮求之三宿而得由是觀之豈不偉哉故龜可不敬歟南方老人用龜支牀足行二十餘歲老人死移牀龜尚生不死龜能行氣

導引問者曰龜至神若此然太卜官得生龜何為輒殺取其甲乎近世江上人有得名龜畜置之家因大富與人議欲遣去人教殺之勿遣遣之破人家龜見夢曰送我水中無殺吾也其家終殺之殺之後身死家不利人民與君王者異道人民得名龜其狀類不宜殺也以往古故事言之古明王聖主皆殺而用之宋元王時得龜亦殺而用之謹連其事於左方令好事者觀擇其中焉宋元王二年江使神龜使於河至於泉陽漁者豫且舉

網得而囚之置之籠中夜半龜來見夢於宋元王曰我為江使於河而幕網當吾路泉陽豫且得我我不能去身在患中莫可告語王有德義故來告訴元王惕然而悟乃召博士衛平而問之曰今寡人夢見一丈夫延頸而長頭衣玄繡之衣而乘輜車來見夢於寡人曰我為江使於河而幕網當吾路泉陽豫且得我我不能去身在患中莫可告語王有德義故來告訴是何物也衛平乃援式而起仰天而視月之光觀斗所指定日處鄉規矩為輔副以權衡四維已定八卦相望視其吉凶介蟲先見乃對元王曰今昔壬子宿在牽牛河水大會鬼神相謀漢正南北漢大河江河固期南風新至江使先來白雲壅漢萬物盡留斗柄指日使者當囚玄服而乘輜車其名為龜王急使人問而求之王曰善於是王乃使人馳而往問泉陽令曰漁者幾何家名誰為豫且豫且得龜見夢於王王故使我求之泉陽令乃使吏案籍視圖水上漁者五十五家上流之廬名為豫且泉陽令曰諾

乃與使者馳而問豫且曰今昔汝漁何得豫且曰夜半時舉網得龜使者曰今龜安在曰在籠中使者曰王知子得龜故使我求之豫且曰諾即系龜而出之籠中獻使者使者載行出於泉陽之門正晝無見風雨晦冥雲蓋其上五采青黃雲雨並起風將而行入於端門見於東箱身如流水潤澤有光望見元王延頸而前三步而止縮頸而卻復其故處元王見而怪之問衛平曰龜見寡人延頸而前以何望也縮頸而復是何當也衛平對

曰龜在患中而終昔囚王有德義使人活之今延頸而前以當謝也縮頸而郤郤亟去也元王曰善哉神至如此乎不可久留趣駕送龜勿令失期衛平對曰龜者是天下之寶也先得此龜者為天子且十言十當十戰十勝生於深淵長於黃土知天之道明於上古游三千歲不出其域安平靜正動不用力壽蔽天地莫知其極與物變化四時變色居而自匿伏而不食春倉夏黃秋白冬黑明於陰陽審於刑德先知利害察於禍福以言而當

以戰而勝王能寶之諸侯盡服王勿遣也以安社稷元王曰龜甚神靈降于上天陷於深淵在患難中以我為賢德厚而忠信故來告寡人寡人若不遣也是漁者也漁者利其肉寡人貪其力下為不仁上為無德君臣無禮何從有福寡人不忍奈何勿遣衛平對曰不然臣聞盛德不報重寄不歸天與不受天奪之寶今龜周流天下還復其所上至蒼天下薄泥塗還徧九州未嘗愧辱無所稽留今至泉陽漁者辱而囚之王雖遣之江河必怒務求報仇自以為侵因神與謀淫雨不霽水不可治若為枯旱風而揚埃蝗蟲暴生百姓失時王行仁義其罰必來此無佗故其祟在龜後雖悔之豈有及哉王勿遣也元王慨然而歎曰夫逆人之使絕人之謀是不暴乎取人之有以自為寶是不彊乎寡人聞之暴得者必暴亡彊取者必後無功桀紂暴彊身死國亡今我聽子是無仁義之名而有暴彊之道江河為湯武我為桀紂未見其利恐離其咎寡人狐疑安事此寶趣駕送龜

勿令久留衛平對曰不然王其無患天地之間累石為山高而不壞地得為安故云物或危而顧安或輕而不可遷人或忠信而不如誕謾或醜惡而宜大官或美好佳麗而為衆人患非神聖人莫能盡言春秋冬夏或暑或寒寒暑不和賊氣相奸同歲異節其時使然故令春生夏長秋收冬藏或為仁義或為暴彊暴彊有鄉仁義有時萬物盡然不可勝治大王聽臣臣請悉言之天出五色以辨白黑地生五穀以知善惡人民莫知辨也與

禽獸相若谷居而穴處不知田作天下禍亂陰陽相錯悤悤疾疾通而不相擇妖孽數見說文云衣服歌謠草木之怪謂之妖禽獸蟲蝗之怪謂之孽也傳為單薄聖人別其生使無相獲禽獸有牝牡置之山原鳥有雌雄布之林澤有介之蟲置之谿谷故牧人民為之城郭內經閭術外為阡陌夫妻男女賦之田宅列其室屋為之圖籍別其名族立官置吏勸以爵祿衣以桑麻養以五穀耕之耰之耰覆種也說文云耰摩田器鉏之耨之口得所著目得所美身受其利以是觀之非彊

不至故曰田者不彊囷倉不盈說文云圓者謂之囷方者謂之稟商賈不彊不得其贏婦女不彊布帛不精官御不彊其勢不成大將不彊卒不使令侯王不彊沒世無名故云彊者事之始也分之理也物之紀也所求於彊無不有也王以為不然王獨不聞玉櫝隻雉出於昆山明月之珠出於四海鐫石拌蚌傳賣於市聖人得之以為大寶大寶所在乃為天子今王自以為暴不如拌蚌於海也自以為彊不過鐫石於昆山也取者無咎寶者無患今䶵使

來抵網而遺漁者得之見夢自言是國之寶也王何憂焉元王曰不然寡人聞之諫者福也諛者賊也人主聽諛是愚惑也雖然禍不妄至福不徒來天地合氣以生百財陰陽有分不離四時十有二月日至為期聖人徹焉身乃無災明王用之人莫敢欺故云福之至也人自生之禍之至也人自成之禍與福同刑與德雙聖人察之以知吉凶桀紂之時與天爭功擁遏鬼神使不得通是固已無道矣諛臣有衆桀有諛臣名曰趙梁教為無道

勸以貪狼繫湯夏臺殺關龍逢左右恐死偷諛於傍國危於累卵皆曰無傷稱樂萬歲或曰未央蔽其耳目與之詐狂湯卒伐桀身死國亡聽其諛臣身獨受殃春秋著之至今不忘紂有諛臣名為左彊誇而目巧教為象郎將至於天又有玉牀犀玉之器象箸而羹聖人剖其心壯士斬其胻箕子恐死被髮佯狂殺周太子歷囚文王昌投之石室將以昔至明陰兢活之與之俱亡入於周地得太公望與卒聚兵與紂相攻文王病死載尸以

行太子發代將號為武王戰於牧野破之華山之陽紂不勝敗而還走圍之象郎自殺宣室身死不葬頭懸車軫四馬曳行寡人念其如此腸如涫湯是人皆富有天下而貴至天子然而大傲欲無厭時舉事而喜高貪狠而驕不用忠信聽其諛臣而為天下笑今寡人之邦居諸侯之間曾不如秋毫舉事不當又安亡逃衛平對曰不然河雖神賢不如崑崙之山江之源理不如四海而人尚奪取其寶諸侯爭之兵革為起小國見亡大國危殆殺人父兄虜人妻子殘國滅廟以爭此寶戰攻分爭

是暴彊也故云取之以暴彊而治以文理無逆四時必親賢士與陰陽化鬼神為使通於天地與之為友諸侯賓服民衆殷喜邦家安寧與世更始湯武行之乃取天子春秋著之以為經紀王不自稱湯武而自比桀紂為暴彊也固以為常桀為瓦室紂為象郎徵絲灼之務以費民賦斂無度殺戮無方殺人六畜以韋為囊囊盛其血與人懸而射之與天帝爭彊逆亂四時先百鬼嘗諫者輒死諛者在傍聖人伏匿百姓莫行天數枯旱國多妖祥螟蟲歲生五穀不成民不安其處鬼神不享飄風日起正晝晦冥日月並蝕滅息無光列星奔亂皆絕紀綱以是觀之安得久長雖無湯武時固當亡故湯伐桀武王剋紂其時使然乃為天子子孫續世終身無咎後世稱之至今不已是皆當時而行見事而彊乃能成其帝王今龜大寶也為聖人使傳之賢士不用手足雷電將之風雨送之流水行之侯王有德乃得當之今王有德而當此寶恐不敢受王若遣之宋必有咎後雖悔之

亦無及已元王大悅而喜於是元王向日而謝再拜而受擇日齋戒甲乙最良乃刑白雉及與驪羊以血灌龜於壇中央以刀剝之身全不傷脯酒禮之橫其腹腸荆支卜之必制其創理達於理文相錯迎使工占之所言盡當邦福重寶聞于傍鄉殺牛取革被鄭之桐草木畢分化為甲兵戰勝攻取莫如元王元王之時衛平相宋宋國最彊龜之力也故云神至能見夢於元王而不能

自出漁者之籠身能十言盡當不能通使於河還報於
江賢能令人戰勝攻取不能自解於刀鋒免剥刺之患
聖能先知亟見而不能令衛平無言言事百全至身而
攣當時不利又焉事賢賢者有恒常士有適然是故明
有所不見聽有所不聞人雖賢不能左畫方右畫圓日
月之明而時蔽於浮雲羿名善射不如雄渠蠭門禹名
為辯智而不能勝鬼神地柱折天故毋椽又奈何責人
於全孔子聞之曰神龜知吉凶而骨直空枯凡龜其骨空中而枯

也直語發聲也今河東亦然曰為德而君於天下辱於三足之烏月
為刑而相佐見食於蝦蟇蝟辱於鵲騰蛇之神而殆於
即且即津日反且則餘反即吳公也狀如蚰蜒而大黑色竹外有節理中直空虛
松栢為百木長而守門閭日辰不全故有孤虛按歲月日時孤
虛並得上法也黃金有疵白玉有瑕事有所疾亦有所徐物有
所拘亦有所據罔有所數亦有所疎人有所貴亦有所
不如何可而適乎物安可全乎天尚不全故世為屋不
成三瓦而陳之言為屋不成欠三瓦以應天猶陳列而居之以應之天天下

有偕物不全言萬物及日月天地皆不能全喻龜之不全也乃生也
褚先生曰漁者舉網而得神龜龜自見夢宋元王元王
召博士衛平告以夢龜狀平運式定日月分衡度視吉
凶占龜與物色同平諫王留神龜以為國重寶美矣古
者筮必稱龜者以其令名所從來久矣余述而為傳
三月　二月　正月言正月二月三月右轉周環終十二月者日月之龜腹下十二
黑點為十月也若二十八宿龜也十二月　十一月此等下至首俛大者皆卜兆之狀也
四月謂兆首仰起足開　肣開　首俛大　五月

橫吉　首俛大音免謂兆首伏而大　六月　七月
八月　九月　十月
卜禁日子亥戌不可以卜及殺龜日中如食已卜暮昏
龜之徼也不可以卜庚辛可以殺及以鑽之常以日旦
祓龜先以清水澡之以卵祓之以常月朝清水洗之以雞卵摩而祝之乃
持龜而遂之若常以為祖人若已卜不中皆祓之以卵
東向立灼以荊若剛木土卵指之者三言卜不中以土為卵三度指之
三周繞之用厭不祥也持龜以卵周環之祝曰今日吉謹以粱卵

焍黃焍音題焍焦也言以粱米雞卵祓去龜之不祥令灼之不焦不黃若色焦及黃卜之不中也祓去玉靈之不祥玉靈必信以誠知萬事之情辯兆皆可占不信不誠則燒玉靈揚其灰以徵後龜其卜必北向龜甲必尺二寸

卜先以造灼鑽鑽中已又灼龜首各三又復灼所鑽中曰正身灼首曰正足各三即以造三周龜祝曰假之玉靈夫子夫子玉靈荊灼而心令而先知而上行於天下行於淵諸靈數策莫如汝信今日良日行一良貞某欲

卜某即得而喜不得而悔即得發鄉我身長大手足收人皆上偶不得發鄉我身挫折中外不相應手足滅去

靈龜卜祝曰假之靈龜五筮五靈不如神龜之靈知人死知人生某身良某欲求某物即得也頭見足發內外相應即不得也頭仰足肣內外自隨可得占

卜占病者祝曰今某病困死首上開內外交駭身節折不死首仰足肣卜病者祟曰今病有祟無呈無祟有呈兆有中祟有內外祟有外

卜繫者出不出不出橫吉安若出足開首仰有外

卜求財物其所當得得首仰足開內外相應即不得呈兆首仰足肣

卜有賣若買臣妾馬牛得之首仰足開內外相應不得首仰足肣呈兆若橫吉安

卜繫盜聚若干人在某所今某將卒若干人往擊之當勝首仰足開身正內自橋外下不勝足肣首仰身首內下外高

卜求當行不行行首足開不行足肣首仰若橫吉安安不行

卜往擊盜當見不見見首仰足肣有外不見足開首仰

卜往候盜見不見見首仰足肣肣勝有外不見足開首仰

卜聞盜來不來來外高內下足肣首仰不來足開首仰若橫吉安期之自次

卜遷徙去官不去去足開有肣外首仰不去自去即足

肸呈兆若横吉安
卜居官尚吉不吉呈兆身正若横吉安不吉身節折首
仰足開
卜居室家吉不吉吉呈兆身正若横吉安不吉身折節
首仰足開
卜歲中禾稼孰不孰孰首仰足開内外自橋外自垂不
孰足肸手仰有外
卜歲中民疫不疫疫首仰足肸身節有彊外不疫身正

首仰足開
卜歲中有兵無兵無兵呈兆若横吉安有兵首仰足開
身作外彊情
卜見貴人吉不吉吉足開首仰身正内自橋不吉首仰
身節折足肸有外若無漁
卜請謁於人得不得得首仰足開内自橋不得首仰足
肸有外
卜追亾人當得不得得首仰足肸内外相應不得首仰

原書卷次訛誤

足開若横吉安
卜漁獵得不得得首仰足開内外相應不得足肸首仰
若横吉安
卜行遇盜不遇遇首仰足開身節折外高内下不遇呈
兆
卜天雨不雨雨首仰有外外高内下不雨首仰足開若
横吉安
卜天雨霽不霽霽呈兆足開首仰不霽横吉命曰横吉

安以占病病甚者一日不死不甚者卜日瘳不死繫者
重罪不出輕罪環出過一日不出久毋傷也求財物買
臣妾馬牛一日環得過一日不得不得行者不行来者
環至過食時不至不来擊盜不行行不遇聞盜不来徙
官不徙居官家室皆吉歲稼不孰民疾疫無疾歲中無
兵見人行不行不喜請謁人不行不得追亾人漁獵不
得行不遇盜雨不雨霽不霽
命曰呈兆病者不死繫者出行者行来者来市買得追

亾人得過一日不得問行者不到
命曰柱徹卜病不死繫者出行者行來者來而市買不
得憂者毋憂追亾人不得
命曰首仰足肣有内無外占病病甚不死繫者鮮求財
物買臣妾馬牛不得行者聞言不行來者不來聞盜不
來聞言不至徙官聞言不徙居官有憂居家多災歲稼
中孰民疾疫多病歲中有兵聞言不開見貴人吉請謁
不行行不得善言追亾人不得漁獵不得行不遇盜雨

不雨甚霽不霽故其莫字皆為首備問之曰備者仰也
故定以為仰此私記也
命曰首仰足肣有内無外占病病甚不死繫者不出求
財買臣妾不得行者不行來者不來擊盜不見聞盜來
内自驚不來徙官不徙居官家室吉歲稼不孰民疾疫
有病甚歲中無兵見貴人吉請謁追亾人不得亾財物
財物不出得漁獵不得行不遇盜雨不雨霽不霽凶
命曰呈兆首仰足肣以占病不死繫者未出求財物買

臣妾馬牛不得行不行來不來擊盜不相見聞盜來不
來徙官不徙居官久多憂居家室不吉歲稼不孰民病
疫歲中毋兵見貴人不吉請謁不得漁獵得少行不遇
盜雨不雨霽不霽不吉
命曰呈兆首仰足開以占病病篤死繫囚出求財物買
臣妾馬牛不得行者行來者來擊盜不見盜聞盜來不
來徙官徙居官不久居家室不吉歲稼不孰民疾疫有
而少歲中無兵見貴人不見吉請謁追亾人漁獵不得

行遇盜雨不雨霽小吉
命曰首仰足肣以占病不死繫者久毋傷也求財物買
臣妾馬牛不得行者不行擊盜不行來者來聞盜來徙
官聞言不徙居家室不吉歲稼不孰民疾疫少歲中毋
兵見貴人得見請謁追亾人漁獵不得行遇盜雨不雨
霽[illegible]霽吉
命曰首仰足開有内以占病者死繫者出求財物買臣
妾馬牛不得行者行來擊盜行不見盜聞盜來不來徙

官徙居官不久居家室不吉歲孰民疾疫有而少歲中毋兵見貴人不吉請謁追亡人漁獵不得行不遇盜雨霽霽小吉不霽吉

命曰横吉内外自橋以占病卜曰毋瘳死繫者毋罪出求財物買臣妾馬牛得行者行来者来擊盜合交等闘盜来来徙官徙居家室吉歲孰民疫無疾歲中無兵見貴人請謁追亡人漁獵得行遇盜雨霽雨霽大吉

命曰横吉内外自吉以占病病者死繫不出求財物買

臣妾馬牛追亡人漁獵不得行者不来擊盜不相見闘盜不来徙官徙居官有憂居家室見貴人請謁不吉歲稼不孰民疾疫歲中無兵行不遇盜雨不雨霽不霽不吉

命曰漁人以占病者病者甚不死繫者出求財物買臣妾馬牛擊盜請謁追亡人漁獵得行者行来闘盜来不来徙官不徙居家室吉歲稼不孰民疾疫歲中毋兵見貴人吉行不遇盜雨不雨霽不霽吉

命曰首仰足肣内高外下以占病病者甚不死繫者不出求財物買臣妾馬牛追亡人漁獵得行不行来者来擊盜勝徙官不徙居官有憂無傷也居家室多憂病歲大孰民疾疫歲中有兵不至見貴人請謁不吉行遇盜雨不雨霽不霽吉

命曰横吉上有仰下有柱病久不死繫者不出求財物買臣妾馬牛追亡人漁獵不得行不行来不来擊盜不行行不見闘盜来不来徙官不徙居家室見貴人吉歲

大孰民疾疫歲中毋兵行不遇盜雨不雨霽不霽大吉

命曰横吉榆仰以占病不死繫者不出求財物買臣妾馬牛至不得行不行来不来擊盜不行行不見闘盜来不来徙官不徙居官家室見貴人吉歲孰歲中有疾疫毋兵請謁追亡人不得漁獵至不得行不得行不遇盜雨霽不霽小吉

命曰横吉下有柱以占病病甚不環有瘳無死繫者出求財物買臣妾馬牛請謁追亡人漁獵不得行来不来

擊盜不合閙盜来来徙官居官吉不久居家室不吉歲
不孰民毋疾疫歲中毋兵見貴人吉行不遇盜雨不雨
霽小吉
命曰載所以占病環有瘳無死繫者出求財物買臣妾
馬牛請謁追亾人漁獵得行者行来者来擊盜相見不
相合閙盜来来徙官徙居家室憂見貴人吉歲孰民毋
疾疫歲中毋兵行不遇盜雨不雨霽霽吉
命曰根格以占病者不死繫久毋傷求財物買臣妾馬

牛請謁追亾人漁獵不得行不行来不来擊盜盜行不
合閙盜不来徙官不徙居家室吉歲稼中民疾疫無死
見貴人不得見行不遇盜雨不雨大吉
命曰首仰足肣外高内下卜有憂無傷也行者不来病
久死求財物不得見貴人者吉
命曰外高内下卜病不死有祟而市買不得居官家室
不吉行者不行来者不来繫者久毋傷吉
命曰頭見足發有内外相應以占病者起繫者出行者
行来者来求財物得吉
命曰呈兆首仰足開以占病病甚死繫者出有憂求財
物買臣妾馬牛請謁追亾人漁獵不得行行不行来不
来擊盜不合閙盜来来徙官居官家室不吉歲惡民
疾疫無死歲中毋兵見貴人不吉行不遇盜雨不雨霽
不吉
命曰呈兆首仰足開外高内下以占病不死有外祟繫
者出有憂求財物買臣妾馬牛相見不會行行来聞言

不来擊盜勝閙盜来不来徙官居官家室見貴人不吉
歲中民疾疫有兵請謁追亾人漁獵不得閙盜遇盜雨
不雨霽凶
命曰首仰足肣身折内外相應以占病病甚不死繫者
久不出求財物買臣妾馬牛漁獵不得行不行来不来
擊盜有用勝閙盜来来徙官不徙居官家室不吉歲不
孰民疾疫歲中有兵不至見貴人喜請謁追亾人不得
遇盜凶

命曰内格外垂行者不行来者不来病者死繫者不出
求財物不得見人不見大吉
命曰横吉内外相自橋揄仰上柱上柱足足肣以占病
病甚不死繫久不抵罪求財物買臣妾馬牛請謁追亾
人漁獵不得行不行来不来居官家室見貴人吉徙官
不徙歲不大孰民疾疫有兵有兵不會行遇盗聞言不
見雨不雨霽霽大吉
命曰頭仰足肣内外自隨卜憂病者甚不死居官不得

居行者行来者不来求財物不得求人不得吉
命曰横吉下有柱卜来者来卜曰即不至未来卜病者
過一日毋瘳死行者不行求財物不得繫者出
命曰横吉内外自舉以占病者久不死繫者久不出求
財物得而少行者不行来者不来見貴人見吉
命曰内高外下疾輕足發求財物不得行者行病者有
瘳繫者不出来者来見貴人不見吉
命曰外格求財物不得行者不行来者不来繫者不出
不吉病者死求財物不得見貴人見吉
命曰内自舉外来正足發者行来者来求財物得病者
久不死繫者不出見貴人見吉
此横吉上柱外内内自舉足肣以卜有求得病不死繫
者毋傷未出行不行来不来見人不見百事盡吉
此横吉上柱外内自舉柱足以作以卜有求得病死環
起繫留毋傷環出行不行来不来見人不見百事吉可
以舉兵
此挺詐有外以卜有求不得病不死數起繫禍罪聞言

毋傷行不行来不来
此挺詐有内以卜有求不得病不死數起留禍罪無傷
繫出行不行来者不来見人不見
此挺詐内外自舉以卜有求得病不死繫毋罪行行来
来田賈市漁獵盡喜
此狐狢以有卜求不得病死難起繫留毋罪難出可居
宅可娶婦嫁女行不行来不来見人不見有憂不憂

此狐徵以卜有求不得病者死繫留有抵罪行不行来不来見人不見言語定百事盡不吉

此首俛足肣身節折以卜有求不得病者死留繫有罪望行者不来行行来不来見人不見

此挺内外自垂以卜有求不晦病不死難起繫留毋罪難出行不行来不来見人不見不吉

此横吉揄仰首俛以卜有求難得病難起不死繫難出毋傷也可居家室以娶婦嫁女

此横吉上柱載正身節折内外自舉以卜病者卜日不死其一日乃死

此横吉上柱足肣内自舉外自垂以卜病者卜日不死其一日乃死

此横吉上柱足肣内自舉外自垂以卜病卜日不死其一日乃死

為人病首俛足詐有外無内病者占逌来巳急死十輕失大一日不死

首仰足肣以卜有求不得以繫有罪人言語恐之毋傷行不行見人不見

大論曰外者人也内者自我也外者女也内者男也首俛者憂大者身也小者枝也大法病者足肣者生足開者死行者足開至足肣者不至行者足肣不行足開行有求足開得足肣者不得繫者足肣不出開出其卜病也足開而死者内高而外下也

史記正義卷一百二十八

欽定四庫全書

史記正義卷一百二十九

唐 張守節 撰

貨殖列傳第六十九 史記一百二十九

老子曰至治之極鄰國相望（音亡）雞狗之聲相聞民各甘其食美其服安其俗樂其業至老死不相往來必用此為務輓近世塗民耳目則幾無行矣

太史公曰夫神農以前吾不知已至若詩書所述虞夏

以來耳目欲極聲色之好口欲窮芻豢之味身安逸樂而心誇矜勢能之榮使俗之漸民久矣雖戶說以眇論終不能化故善者因之其次利道之其次教誨之其次整齊之最下者與之爭夫山西饒材竹穀纑旄玉石山東多魚鹽漆絲聲色江南出柟梓薑桂金錫連丹沙犀瑇瑁珠璣齒革龍門碣石（龍門山在徐州龍門縣碣石山在平州盧龍縣）北多馬牛羊旃裘筋角銅鐵則千里往往山出棊置（言出銅鐵之山方千里如圍棊之置也管子云凡天下名山五千二百七十出銅之山四百六十七出鐵之山三千六百有九山上赭其下有鐵山上有鉛其下有銀山上有銤其下有丹山上有礜石其下有金也）此其大較也皆中國人民所喜好謠俗被服飲食奉生送死之具也故待農而食之虞而出之工而成之商而通之此寧有政教發徵期會哉人各任其能竭其力以得所欲故物賤之徵貴貴之徵賤各勸其業樂其事若水之趨下日夜無休時不召而自來不求而民出之豈非道之所符而自然之驗邪周書曰農不出則乏其食工不出則乏其事商不出則三寶絕虞不出則財匱少財匱少而

山澤不辟矣此四者民所衣食之原也原大則饒原小則鮮上則富國下則富家貧富之道莫之奪予而巧者有餘拙者不足故太公望封於營丘地潟鹵人民寡於是太公勸其女功極技巧通魚鹽則人物歸之繈至而輻湊故齊冠帶衣履天下海岱之閒斂袂而往朝焉其後齊中衰管子修之設輕重九府（管子云輕重謂錢也夫治民有輕重之法周有大府王府內府外府泉府天府職內職金皆掌財幣之官故云九府也）則桓公以霸九合諸侯一匡天下而管氏亦有三歸位在陪臣富於

列國之君是以齊富彊至於威宣也故曰倉廩實而知禮節衣食足而知榮辱禮生於有而廢於無故君子富好仁其德小人富以適其力淵深而魚生之山深而獸往之人富而仁義附焉富者得埶益彰失埶則客無所之以而不樂夷狄益甚諺曰千金之子不死於市此非空言也故曰天下熙熙皆為利來天下壤壤皆為利往夫千乘之王萬家之侯百室之君尚猶患貧而况匹夫編戶之民乎

昔者越王句踐困於會稽之上乃用范蠡計然計然曰知鬭則修備時用則知物二者形則萬貨之情可得而觀已故歲在金穰水毀木饑火旱旱則資舟水則資車物之理也六歲穰六歲旱十二歲一大饑夫糶二十病農九十病末末病則財不出農病則草不辟矣上不過八十下不減三十則農末俱利平糶齊物關市不乏治國之道也積著之理務完物無息幣以物相貿易腐敗而食之貨勿留無敢居貴論其有餘不足則知貴賤貴上極則反賤賤下極則反貴貴出如糞土賤取如珠玉財幣欲其行如流水修之十年國富厚賂戰士士赴矢石如渴得飲遂報彊吳觀兵中國稱號五霸范蠡既雪會稽之耻乃喟然而歎曰計然之策七越用其五而得意既已施於國吾欲用之家乃乘扁舟浮於江湖國語云句踐滅吳反至五湖范蠡辭於王曰君王勉之臣不復入國矣遂乘輕舟以浮於五湖莫知其所終極變名易姓適齊為鴟夷子皮之陶括地志云即陶山在齊州平陽縣東三十五里陶山之陽也今南五里猶有朱公冢又云曹州濟陰縣東南三里有陶朱公冢又云在南郡華容縣西

未詳也為朱公朱公以為陶天下之中諸侯四通貨物所交易也乃治產積居與時逐而不責於人故善治生者能擇人而任時十九年之中三致千金再分散與貧交疏昆弟此所謂富好行其德者也後年衰老而聽子孫子孫脩業而息之遂至巨萬故言富者皆稱陶朱公子贛既學於仲尼退而仕於衛廢著鬻財於曹魯之閒七十子之徒賜最為饒益原憲不厭糟糠匿於窮巷子貢結駟連騎束帛之幣以聘享諸侯所至國君無不

分庭與之抗禮夫使孔子名布揚於天下者子貢先後之也此所謂得勢而益彰者乎

白圭周人也當魏文侯時李克務盡地力而白圭樂觀時變故人棄我取人取我與夫歲孰取穀予之絲漆蠒出取帛絮與之食太陰在卯穰（太陰歲後二辰為太陰）明歲衰惡至午旱明歲美至酉穰明歲衰惡至子大旱明歲美有水至卯積著率（貯律二音）歲倍欲長錢取下穀長石斗取上種能薄飲食忍嗜欲節衣服與用事僮僕同苦

樂趨時若猛獸摯鳥之發故曰吾治生產猶伊尹呂尚之謀孫吳用兵商鞅行法是也是故其智不足與權變勇不足以決斷仁不能以取予彊不能有所守雖欲學吾術終不告之矣蓋天下言治生祖白圭白圭其有所試矣能試有所長非苟而已也

猗頓用盬鹽起（按猗氏蒲州縣也河東鹽池是畦鹽作畦若種韭一畦天雨下池中鹹淡得均即畎池中水上畔中深一尺許以日暴之五六日則成鹽若白礬石大小如雙陸及暮則呼為畦鹽或有花鹽緣黃河鹽池有八九所而鹽州有烏池猶出三色鹽有井鹽畦鹽花鹽其池中鑿井深一二尺去泥即到鹽掘取若至一丈則著平石無鹽矣其色或白或青黑名曰井鹽畦鹽若河東者花鹽池中有下隨而大小成鹽其下方微空上頭隨雨下池中其滴高起若塔子形處曰花鹽亦曰即成鹽焉池中心有泉井水淡所作池人馬盡汲此井其鹽四分入官一分入百姓也池中又鑿得鹽塊闊一尺餘高二尺白色光明洞徹年貢之也）而邯鄲郭縱以鐵冶成業於王者埒富

烏氏倮（烏氏古城在涇州安定縣東四十里倮名也）畜牧及衆斥賣求奇繒物閒獻遺戎王戎王什倍其償與之畜畜至用谷量馬牛秦始皇帝令倮比封君以時與列臣朝請而巴蜀寡婦清其先得丹穴（括地志云寡婦清臺山俗名貞女山在涪州永安縣東北七十

里也）而擅其利數世家亦不訾（音子兒反言資財衆多不可訾量一云清多以財餉遺四方用衛其業故財亦不多積聚）清寡婦也能守其業用財自衛不見侵犯秦皇帝以為貞婦而客之為築女懷清臺夫倮鄙人牧長清窮鄉寡婦禮抗萬乘名顯天下豈非以富邪漢興海內為一開關梁弛山澤之禁是以富商大賈周流天下交易之物莫不通得其所欲而徙豪傑諸侯彊族於京師關中自汧雍以東至河華膏壤沃野千里自虞夏之貢以為上田而公劉適邠大王王季在岐

文王作豐武王治鎬故其民猶有先王之遺風好稼穡殖五穀地重重為邪（重並逆扶反言關中地重厚民亦重難不為邪惡）及秦文孝繆居雍隙（雍縣岐州雍縣也）隴蜀之貨物而多賈獻孝公徙櫟邑櫟邑北卻戎翟東通三晉亦多大賈武昭治咸陽因以漢都長安諸陵四方輻湊並至而會地小人衆故其民益玩巧而事末也南則巴蜀巴蜀亦沃野地饒卮薑丹沙石銅鐵竹木之器南御滇僰僰僮西近邛笮笮馬旄牛然四塞棧道千里無所不通唯褒斜綰轂其口

以所多易所鮮天水隴西北地上郡與關中同俗然西有羌中之利北有戎翟之畜畜牧為天下饒然地亦窮險唯京師要其道（要音腰言要束其路也）故關中之地於天下三分之一而人衆不過什三然量其富什居其六昔唐人都河東殷人都河西（盤庚都殷墟地屬河西也）周人都河南（周自平王以後都洛陽）夫三河在天下之中若鼎足王者所更居也建國各數百千歲土地小狹民人衆都國諸侯所聚會故其俗纖儉習事楊平陽陳西賈秦翟（賈音古秦關內也翟隰石等州部落稽也延綏銀三州皆白翟所居）北賈種代（上之勇反種在恆州石邑縣北蓋蔚州也代今代州）種代石北也地邊胡數被寇人民矜懻忮好氣任俠為姦不事農商然迫近北夷師旅亟往中國委輸時有奇羨其民羯羠不均自全晉之時固已患其僄悍而武靈王益厲之其謠俗猶有趙之風也故楊平陽陳椽其間得所欲溫軹西賈上黨（澤潞等州也）北賈趙中山（洛州及定州）中山地薄人衆猶有沙丘紂淫地餘民（沙丘在邢州也）民俗懁急仰機利而食丈夫相聚游戲悲歌忼慨起則相隨椎剽休

則掘冢作巧姦冶多美物為倡優女子則鼓鳴瑟跕屣游媚貴富入後宮徧諸侯然邯鄲亦漳河之間（洛水本名彰水邯鄲在其地）一都會也北通燕涿南有鄭衛鄭衛俗與趙相類然近梁魯微重而矜節濮上之邑徙野王（秦拔衛濮陽徙其君於懷州野王）野王好氣任俠衛之風也夫燕亦勃碣之間（碣石勃海在西北）一都會也南通齊趙東北邊胡上谷至遼東地踔遠人民希數被寇大與趙代俗相類而民雕捍少慮有魚鹽棗栗之饒北鄰烏桓夫餘東綰穢貉朝鮮真番

之利 當音渦

洛陽東賈齊魯南賈梁楚故泰山之陽則魯其陰則齊齊帶山海膏壤千里宜桑麻人民多文綵布帛魚鹽臨菑亦海岱之閒一都會也其俗寬緩闊達而足智好議論地重難動搖怯於衆鬬勇於持刺故多劫人者大國之風也其中具五民而鄒魯濵洙泗猶有周公遺風俗好儒備於禮故其民齪齪頗有桑麻之業無林澤之饒地小人衆儉嗇畏罪遠邪及衰好賈趨利甚於周人夫

自鴻溝以東芒碭以北屬巨野 鄆州巨野縣在鉅野澤也 此梁宋也 鴻溝以東芒碭以北至鉅野梁宋二國之地 陶睢陽 今曹州睢陽今宋州宋地也 亦一都會也昔堯作游成陽舜漁於雷澤 澤在雷澤縣西北也 湯止于亳 宋州穀熟縣西南四十五里南亳州故城是也 其俗猶有先王遺風重厚多君子好稼穡雖無山川之饒能惡衣食致其蓄藏越楚則有三俗 越滅吳則有江淮以北楚滅越兼有吳越之地故言越楚也 夫自淮北沛陳汝南南郡此西楚也 沛徐州沛縣也陳今陳州也汝汝州也南郡今荆州也言從沛郡西至荆州並西楚也 其俗剽輕易發怒地薄寡於積聚江陵故郢都 荆州江陵縣故為郢楚之都 西通巫巴 巫郡巴郡在江陵之西也 東有雲夢之饒陳在楚夏之交 夏都汴陽城言陳南則楚西及北則夏故云楚夏之交 通魚鹽之貨其民多賈徐僮取慮 取音秋慮音閭徐即徐城故徐國也僮取慮二縣並在下邳今泗州 則清刻矜己諾 上音紀 彭城以東東海吳廣陵此東楚也 彭城徐州治縣也東海郡今海郡也吳蘇州也廣陵揚州也言從徐州彭城歷揚州至蘇州並東楚之地 其俗類徐僮朐繒以北俗則齊 朐其俱反縣在海州故繒縣在沂州丞縣言二縣之北風俗同於齊 浙江南則越夫吳自闔廬春申王濞三人招致天下之喜游子弟東有海鹽之饒章

山之銅三江五湖之利亦江東一都會也衡山 故邾城在潭州東南百二十里 九江 九江郡都陰陵陰陵故城在濠州定遠縣西六十五里 江南 案徐說非秦置鄣郡在湖州長城縣西南八十里鄣郡故城是也漢改為丹陽郡徙郡宛城今宣州地也上言吳有章山之銅明是東楚之地此言大江之南豫章長沙二郡南楚之地耳徐裴以為江南丹陽郡屬南楚誤之甚矣 豫章 今洪州也 長沙 今潭州也十三州志云有萬里沙祠而西自湘州至東萊萬里故曰長沙也淮南衡山九江二郡及江南豫章長沙二郡並為楚也 是南楚也其俗大類西楚郢之後徙壽春 楚考列王二十二年自陳徙郡壽春號之曰郢故言郢之徙壽春也 亦一都會也而合肥受南北潮 合肥縣廬州治也言江淮之湖南北俱至廬州

也 皮革鮑木輸會也與閩中于越雜俗故南楚好辭巧說少信江南卑溼丈夫早夭多竹木豫章出黃金 括地云江州潯陽縣有黃金山山出金 長沙出連錫然堇堇 音謹 物之所有取之不足以更費九疑蒼梧以南至儋耳者 今儋州在海中廣州南去京七千餘里言嶺南至儋耳之地與江南大同俗而楊州之南越民多馬 與江南大同俗而楊越多焉番禺 潘虞二音今廣州 亦其一都會也珠璣犀瑇瑁果布之湊

潁川南陽夏人之居也 禹居陽城潁川南陽皆夏地也 夏人政尚忠朴

猶有先王之遺風潁川敦愿秦末世遷不軌之民於南陽南陽西通武關鄖關 武關在商州地理志云宛西通武關而無鄖關蓋鄖當為徇徇水上有關在金州洵陽縣徐按漢中是也徇亦作鄖與鄖相似也 東南受漢江淮宛亦一都會也俗雜好事業多賈其任俠交通潁川故至今謂之夏人夫天下物所鮮所多人民謠俗山東食海鹽山西食鹽 謂西方鹹地也堅且鹹即出石鹽及地鹽 鹵領南沙北 謂池漢之北也 固往往出鹽大體如此矣總之楚越之地地廣人布飯稻羹魚或火耕而水耨 言風草下種苗生大而草生小以水灌之則草死而苗無損也耨除

草也 果隋嬴蛤 隋今為揺音同上古少字也嬴力和反果揺猶揺疊包裹也今楚越之俗尚有裹揺之語楚越水鄉足螺魚鱉民多採捕積聚揺疊包裹煮而食之班固不曉裹揺之方言修太史公書述地云乃故云果蓏嬴蛤非太史公意班氏失之也 不待賈而足 賈音古言楚越地勢饒食不用他賈而自足無饑饉之患 地勢饒食無飢饉之患以故呰窳 按食螺蛤等物故多羸弱而足病也淮南子云古者民食嬴蜯之肉多疹毒之患也 偷生無積聚 言江淮以南有水族民多食物潮夕取給以偷生而已不為積聚乃多貧也 而多貧是故江淮以南無凍餓之人亦無千金之家沂泗水以北宜五穀桑麻六畜地小人衆數被水旱之害民好畜藏故秦夏梁魯好農

而重民三河宛陳亦然加以商賈齊趙設智巧仰機利燕代田畜而事蠶由此觀之賢人深謀於廊廟論議朝廷守信死節隱居巖穴之士設為名高者安歸乎歸於富厚也是以廉吏久久更富廉賈歸富富者人之情性所不學而俱欲者也故壯士在軍攻城先登陷陣卻敵斬將搴旗前蒙矢石不避湯火之難者為重賞使也其在閭巷少年攻剽椎埋劫人作姦掘冢鑄幣任俠并兼借交報仇篡逐幽隱不避法禁走死地如騖其實皆為

財用耳今夫趙女鄭姬設形容揳鳴琴揄長袂躡利屣目挑田鳥反心招出不遠千里不擇老少者奔富厚也游閑公子飾冠劍連車騎亦為富貴容也弋射漁獵犯晨夜冒霜雪馳阬谷不避猛獸之害為得味也博戲馳逐鬬雞走狗作色相矜必爭勝者重失負也醫方諸食技術之人焦神極能為重糈也吏士舞文弄法刻章偽書不避刀鋸之誅者沒於賂遺也農工商賈畜長固求富益貨也此有知盡能索耳終不餘力而讓財矣諺曰百

里不販樵千里不販糴居之一歲種之以穀十歲樹之以木百歲來之以德德者人物之謂也今有無秩祿之奉爵邑之入而樂與之比者命曰素封言不仕之人自有園田收養之給其利比於封君故曰素封也封者食租稅歲率音律戶二百千戶之君則二十萬朝覲聘享出其中庶民農工商賈率亦歲萬息二千戶百萬之家則二十萬而更傜租賦出其中衣食之欲恣所好美矣故曰陸地牧馬二百蹄牛蹄角千千足羊澤中千足彘水居千石魚陂言陂澤養魚一歲收得千石魚賣也

山居千章之材安邑千樹棗燕秦千樹栗蜀漢江陵千樹橘淮北常山已南河濟之閒千樹萩陳夏千畝漆齊魯千畝桑麻渭川千畝竹及名國萬家之城帶郭千畝畝鍾之田若千畝巵茜千畦薑韭此其人皆與千戶侯等然是富給之資也不窺市井不行異邑坐而待收身有處士之義而取給焉若至家貧親老妻子軟弱歲時無以祭祀進醵飲食被服不足以自通如此不慚恥則無所比矣是以無財作力少有鬬智言少有錢財則鬬智巧而求勝

也既饒爭時既饒足錢財乃逐時爭利也此其大經也今治生不待危身取給則賢人勉焉是故本富為上末富次之姦富最下無巖處奇士之行而長貧賤好語仁義亦足羞也凡編戶之民富相什則卑下之伯則畏憚之千則役萬則僕物之理也夫用貧求富農不如工工不如商刺繡文不如倚市門此言末業貧者之資也通邑大都酤一歲千釀釀千甕酤醯醋云酒酤醯醬千瓨醬千甔屠牛羊彘千皮販穀糶千鍾薪稾千車船長千丈木千章竹竿

萬个釋名云竹曰个木曰枚其軺車百乘上音遥說文云軺小車也牛車千兩車一乘為一兩風俗通云箱轅及輪兩兩而偶之稱兩也木器髤者千枚顏云以漆物謂之髤又音許昭反今關東俗器物一再漆者謂之緖漆即髤聲之轉耳今關西俗云里髤盤朱兩義並通銅器千鈞素木鐵器若卮茜千石馬蹄躈千牛千足羊彘千雙僮手指千筋角丹沙千斤其帛絮細布千鈞文采千匹榻布皮革千石顏師古曰麤厚之布也其價賤故與皮革同重耳非白疊也荅者厚之兒也按白疊木綿所織非中國有也漆千斗蘖麴鹽豉千荅鮐鮆千斤鮐音臺又音貽說文云鮐海魚也鮆音薺禮反刀魚也鯫千石鮑千

鈞鯫音族苟反謂雜小魚也鮑白也然鮐鮆以斤論鮑鯫以千鈞論乃其九倍多故知鮐是大好者鯫鮑是雜者也徐云鯫膊魚也膊並各反謂破開户頭尾不相離為鮑謂之膊關者也此亦大魚為之也棗栗千石者三之謂之千石也言棗栗三千石乃與上物相等狐鼦音雕裘千皮羔羊裘千石榻席千具佗果菜千鍾鍾大斛四斗果菜謂雜果菜於山野采取之子貸金錢千貫節駔會貪賈三之廉賈五之此亦比千乘之家其大率也率音律佗雜業不中什二言雜惡業而不在什分中得二分之利者非世之美財也則非吾財也請畧道當世千里之中賢人所以富者令後世得以觀擇焉

蜀卓氏之先趙人也用鐵冶富秦破趙遷卓氏卓氏見虜畧獨夫妻推輦行詣遷處諸遷虜少有餘財爭與吏求近處葭萌葭萌今利州縣也唯卓氏曰此地狹薄吾聞汶山之下沃野下有蹲鴟汶音泯蹲鴟芋也言邛州臨邛縣其地肥又沃平野有大芋等也華陽國志云汶山郡都安縣有大芋如蹲鴟也至死不飢民工於市易賈乃求遠遷致之臨邛大喜即鐵山鼓鑄運籌策傾滇蜀之民富滇一作迫漢書亦作滇池今益州郡有蜀州亦因舊名及漢江為名江在益州南入導江非漢中之漢江也至僮千人田池射獵之樂擬於人君

程鄭山東遷虜也亦冶鑄賈椎髻之民富埒卓氏俱居臨邛

宛孔氏之先梁人也用鐵冶為業秦伐魏遷孔氏南陽大鼓鑄規陂池連車騎游諸侯因通商賈之利有游閑公子之賜與名然其贏得過當愈於纖嗇音色嗇吝也言孔氏連車騎游於諸侯以資給之兼通商賈之利乃得游閑公子之名然其通計贏利過於所資給餘遺之當猶有交游公子雖吝而勝於慳悋也家致富數千金故南陽行賈盡法孔氏之雍容魯人俗儉嗇而曹邴氏尤甚以鐵冶起富至巨萬

然家自父兄子孫約俛有拾仰有取貰貸行賈徧郡國鄒魯以其故多去文學而趨利者以曹邴氏也

齊俗賤奴虜而刁閒獨愛貴之（刁丁遼反姓名）桀黠奴人之所患也唯刁閒收取使之逐漁鹽商賈之利或連車騎交守相然愈益任之終得其力起富數千萬故曰寧爵毋刁言其能使豪奴自饒而盡其力周人既纖而師史尤甚（師史人姓名）轉轂以百數賈郡國無所不至洛陽街居在齊秦楚趙之中（洛陽在齊秦楚趙之中其街巷貧人學於富家相矜以久賈諸國皆數歷里邑

不入其門故前云洛陽東賈齊魯南賈梁楚是也）貧人學事富家相矜以久賈數過邑不入門設任此等故師史能致七千萬

宣曲（按其地合在關內張揖云宣曲宮名在昆池西也）任氏之先為督道倉吏秦之敗也豪傑皆爭取金玉而任氏獨窖倉粟楚漢相距滎陽也民不得耕種米石至萬而豪傑金玉盡歸任氏任氏以此起富富人爭奢侈而任氏折節為儉力田畜田畜人爭取賤賈（音價也）任氏獨取貴善富者數世然任公家約非田畜所出弗衣食公事不畢則身不得飲酒食肉以此為閭里率故富而主上重之塞之斥也（孟康云邊塞主斥候卒也唯此人能致富若此顏云塞斥者言國斥開邊塞更令寬廣故橋姚得恣畜牧也姓橋名姚也）唯橋姚已致馬千匹牛倍之羊萬頭粟以萬鍾計

吳楚七國兵起時長安中列侯封君行從軍旅齎貸子錢子錢家以為侯邑國在關東關東成敗未決莫肯與唯無鹽氏出捐千金貸其息什之三月吳楚平一歲之中則無鹽氏之息什倍用此富埒關中富商大賈大抵盡諸田田嗇田蘭韋家栗氏安陵杜杜氏亦巨萬

此其章尤異者也皆非有爵邑奉祿弄法犯姦而富盡椎埋去就與時俯仰獲其贏利以末致財用本守之以武一切用文持之變化有槩故足術也若至力農畜工虞商賈為權利以成富大者傾郡中者傾縣下者傾鄉里者不可勝數夫纖嗇筋力治生之正道也而富者必用奇勝田農拙業而秦陽以蓋一州掘冢姦事也而曲叔以起博戲惡業也而桓發用之富（桓發人姓名）行賈丈夫賤行也而雍樂成以饒販脂（說文云戴角者脂无角者膏也）辱處也而

雍伯千金賣漿小業也而張氏千萬洒削薄技也而郅氏鼎食胃脯簡微耳濁氏連騎（按胃脯謂和五味而脯美故易售）馬醫淺方張里擊鍾此皆誠壹之所致由是觀之富無經業則貨無常主能者輻湊不肖者瓦解千金之家比一都之君巨萬者乃與王者同樂豈所謂素封者邪非也

史記正義卷一百二十九

欽定四庫全書

史記正義卷一百三十

唐　張守節　撰

太史公自序第七十　史記一百三十

昔在顓頊命南正重以司天北正黎以司地唐虞之際紹重黎之後使復典之至于夏商故重黎氏世序天地其在周程伯休甫其後也（括地志云安陵故城在雍州咸陽東二十一里周之程邑也）當周宣王時失其守而為司馬氏（司馬彪序云南正黎後世為司馬氏）司馬氏世典周史惠襄之閒司馬氏去周適晉晉中

軍隨會奔秦而司馬氏入少梁（按春秋隨會奔秦其後自秦入魏而還晉也隨會為晉中軍將少梁古梁國也嬴姓在同州韓城縣南二十二里是時屬晉）自司馬氏去周適晉分散或在衛或在趙或在秦其在衛者相中山在趙者（何法盛晉書及晉燕王司馬無忌司馬氏系本皆云名凱）以傳劍論顯蒯聵其後也（五怪反如淳云刺客傳之蒯聵也）在秦者名錯與張儀爭論於是惠王使錯將伐蜀遂拔因而守之錯孫靳事武安君白起而少梁更名曰夏陽靳與武安君阬趙長平軍還而與

之俱賜死杜郵葬於華池括地志云華池在同州韓城縣西南七十里在夏陽故城西北四里靳孫昌昌為秦主鐵官當始皇之時蒯聵玄孫卬為武信君將而徇朝歌諸侯之相王王卬於殷漢之伐楚卬歸漢以其地為河內郡昌生無澤無澤為漢市長無澤生喜喜為五大夫卒皆葬高門括地云高門原俗名馬門原在同州韓城縣西南十八里漢司馬遷墓在韓城縣南二十二里夏陽縣故東南有司馬遷冢在高門原上也喜生談談為太史公虞喜志林云古者主天官者皆上公自周至漢其職轉卑然朝會坐位猶居公上尊天之道其官屬仍以舊名尊而稱也按下文太史公既掌天官不治民有子曰遷又云卒三歲而遷為太史公又云太史公遭李陵之禍又云汝復為太史則續吾祖矣觀此文虞喜說為長乃書誤及遷為太史公者皆遷自書之漢舊儀云太史公秩二千石卒史皆秩二百石然贊及韋昭桓譚之說皆非也以桓譚之說釋在武本紀也太史公學天官於唐都天官書云星則唐都也受易於楊何習道論於黃子太史公仕於建元元封之間愍學者之不達其意而師悖布內反顏云悖惑也各習師書惑於所見也乃論六家之要指曰易大傳張晏云謂易繫辭案下二句是繫辭文也天下一致而百慮同歸而殊塗夫陰陽儒墨名法道德此務為治者也直所從言之異路有省不省耳嘗竊觀陰陽之術大祥顧野

王云祥善也吉凶之先見也而衆忌諱使人拘而多所畏言拘束於日時令人有所忌畏也然其序四時之大順不可失也儒者博而寡要勞而少功是以其事難盡從然其序君臣父子之禮列夫婦長幼之別不可易也墨者韋云墨翟之術也尚儉後有徐梁子傳其術也儉而難遵是以其事不可徧循然其彊本節用不可廢也法家嚴而少恩然其正君臣上下之分不可改矣名家使人儉而善失真然其正名實不可不察也道家使人精神專一動合無形贍足萬物其為術也因陰陽之大順采儒墨之善撮名法之要與時遷移應物變化立俗施事無所不宜指約而易操事少而功多儒者則不然以為人主天下之儀表也主倡而臣和主先而臣隨如此則主勞而臣逸至於大道之要去健羨絀聰明釋此而任術夫神大用則竭形大勞則敝形神騷動欲與天地長久非所聞也夫陰陽四時八位十二度二十四節各有教令順之者昌逆之者不死則亡未必然也故曰使人拘而多畏夫春生夏長秋收冬藏此天道之

大經也弗順則無以為天下綱紀故曰四時之大順不可失也夫儒者以六蓺為法六蓺經傳以千萬數累世不能通其學當年不能究其禮故曰博而寡要勞而少功若夫列君臣父子之禮序夫婦長幼之別雖百家弗能易也墨者亦尚堯舜道言其德行曰堂高三尺土階三等茅茨不翦（屋蓋曰茨以茅覆屋）采椽不刮（採取為椽不刮削也）食土簋啜土刑（顏云簋所以盛飯也刑所以盛羹也土謂燒土為之即瓦器也糲粗米也脫粟也粱粟也胡食脫粟之麤飯也）糲粱之食藜藿之羹（藜似藿而表赤藿豆葉也）夏日葛

衣冬日鹿裘其送死桐棺三寸（以桐木為棺厚三寸也）舉音不盡其哀教喪禮必以此為萬民之率使天下法若此則尊卑無別也夫世異時移事業不必同故曰儉而難遵要曰彊本節用則人給家足之道也此墨子之所長雖百家弗能廢也法家不別親疏不殊貴賤一斷於法則親親尊尊之恩絕矣可以行一時之計而不可長用也故曰嚴而少恩若尊主卑臣明分職不得相踰越雖百家弗能改也名家苛察繳繞使人不得反其意專決於名

而失人情故曰使人儉而善失真若夫控名責實參伍不失此不可不察也道家無為又曰無不為（無為者守清淨也無不為者生育萬物也）其實易行（各守其分故易行也）其辭難知（幽深微妙故難知也）其術以虛無為本以因循為用（任自然也）無成勢無常形故能究萬物之情不為物先不為物後故能為萬物主有法無法因時為業（因時之物成法為業）有度無度因物與合（因其力物之形成度與合也）故曰聖人不朽時變是守（言聖人教迹不朽滅者順時變化）虛者道之常也因者君之綱也（言因百姓之心以教唯執其綱而已）羣臣並

至使各自明也其實中其聲者謂之端實不中其聲者謂之窾窾言不聽姦乃不生賢不肖自分白黑乃形在所欲用耳何事不成乃合大道混混冥冥（上胡本反混混者元氣神者之貌也）光耀天下復反無名凡人所生者神也所託者形也神大用則竭形大勞則敝形神離則死死者不可復生離者不可復反故聖人重之由是觀之神者生之本也形者生之具也不先定其神而曰我有以治天下何由哉太史公既掌天官不治民有子曰遷遷生龍門（括地

志云龍門在同州韓城縣北五十里其山更黃河夏禹
所鑿者也龍門山在夏陽縣遷即漢夏陽縣人也至唐
改曰韓城縣 耕牧河山之陽 河之北山之南也案在龍門山南也 年十歲則誦
古文二十而南游江淮上會稽探禹穴 括地志云石簣山一名玉笥山
又名宛委山即會稽山一峯也在會稽縣東南十八里
吳越春秋云禹案黃帝中經九山東南天柱號曰宛委
赤帝左闕之填承以文玉覆以盤石其書金簡青玉為
字編以白銀皆瑑其文禹乃東巡登衡山血白馬以祭
禹乃登山仰天而笑忽然而臥夢見繡衣男子自稱玄
夷倉水使者卻倚覆釜之山東顧謂禹曰欲得我山神
書者齋於黃帝之岳岩岩之下三月李更登山發石禹
乃登宛委之山發石乃得金簡玉字以水泉之脉山中
又有一穴深不見底謂之禹穴史
遷云上會稽探禹穴即此穴也 闚九疑 九疑山在道州 浮於

欽定四庫全書　史記正義 卷一百三十　六

沅湘 沅水出朗州湘水出道州北東北入海 北涉汶泗 汶水出兗州東北而南歷魯 講
業齊魯之都觀孔子之遺風鄉射鄒嶧 鄒縣名嶧山名鄉山在鄒
縣名二十二里地近曲阜於此行鄉射之禮 戹困鄱 括地志徐州滕縣漢蕃縣音翻漢末陳蕃子逸為魯
相改音反田襲魯記曰靈帝末汝南陳子游為魯相陳蕃子也國人為諱而改焉 薛彭城過梁
楚以歸於是遷仕為郎中奉使西征巴蜀以南南略邛
笮昆明還報命是歲天子始建漢家之封而太史公留
滯周南不得與從事 與音預 故發憤且卒而子遷適使反
見父於河洛之閒太史公執遷手而泣曰余先周室之
太史也自上世嘗顯功名於虞夏典天官事後世中衰
絕於予乎汝復為太史則續吾祖矣今天子接千歲之
統封泰山而余不得從行是命也夫命也夫余死汝必
為太史為太史無忘吾所欲論著矣且夫孝始於事親
中於事君終於立身揚名於後世以顯父母此孝之大
者夫天下稱誦周公言其能論歌文武之德宣周邵之
風達太王王季之思慮爰及公劉以尊后稷也幽厲之
後王道缺禮樂衰孔子脩舊起廢論詩書作春秋則學

欽定四庫全書　史記正義 卷一百三十　七

者至今則之自獲麟以來四百餘歲而諸侯相兼史記
放絕今漢興海內一統明主賢君忠臣死義之士余為
太史而弗論載廢天下之史文余甚懼焉汝其念哉遷
俯首流涕曰小子不敏請悉論先人所次舊聞弗敢闕
卒三歲而遷為太史令紬史記石室金匱之書五年而
當太初元年 按遷年四十二歲 十一月甲子朔旦冬至天歷始
改建於明堂諸神受紀
太史公曰先人有言 太史公司馬遷也先人司馬談也 自周公卒五百

歲而有孔子孔子卒後至於今五百歲有能紹明世正
易傳繼春秋本詩書禮樂之際意在斯乎意在斯乎小
子何敢讓焉上大夫壺遂曰昔孔子何為而作春秋哉
太史公曰余聞董生曰周道衰廢孔子為魯司寇諸侯
害之大夫壅之孔子知言之不用道之不行也是非二
百四十二年之中以為天下儀表貶天子退諸侯討大
夫以達王事而已矣子曰我欲載之空言不如見之於
行事之深切著明也夫春秋上明三王之道下辨人事

之紀別嫌疑明是非定猶豫善善惡惡賢賢賤不肖存
亡國繼絕世補敝起廢王道之大者也易著天地陰陽
四時五行故長於變禮經紀人倫故長於行書記先王
之事故長於政詩記山川谿谷禽獸草木牝牡雌雄故
長於風樂樂所以立故長於和春秋辯是非故長於治
人是故禮以節人樂以發和書以道事詩以達意易以
道化春秋以道義撥亂世反之正莫近於春秋春秋文
成數萬其指數千萬物之散聚皆在春秋春秋之中弒

君三十六亡國五十二諸侯奔走不得保其社稷者不
可勝數察其所以皆失其本已故易曰失之豪釐差以
千里故曰臣弒君子弒父非一旦一夕之故也其漸久
矣故有國者不可以不知春秋前有讒而弗見後有賊
而不知為人臣者不可以不知春秋守經事而不知其
宜遭變事而不知其權為人君父而不通於春秋之義
者必蒙首惡之名為人臣子而不通於春秋之義者必
陷篡弒之誅死罪之名其實皆以為善為之不知其義

（其心實善為之不知其義理則陷於罪咎）被之空言而不敢辭夫不通禮義
之旨至於君不君臣不臣父不父子不子君不君則犯
（顏云為臣下所干犯也一還犯禮義）臣不臣則誅父不父則無道子不子
則不孝此四行者天下之大過也以天下之大過予之
則受而弗敢辭故春秋者禮義之大宗也夫禮禁未然
之前法施已然之後法之所為用者易見而禮之所為
禁者難知壺遂曰孔子之時上無明君下不得任用故
作春秋垂空文以斷禮義當一王之法今夫子上遇明

天子下得守職萬事既具咸各序其宜夫子所論欲以何明太史公曰唯唯否否不然余聞之先人曰伏羲至純厚作易八卦堯舜之盛尚書載之禮樂作焉湯武之隆詩人歌之春秋采善貶惡推三代之德襃周室非獨刺譏而已也漢興以來至明天子獲符瑞封禪改正朔易服色受命於穆清（於音烏顏云於歎辭也穆美也言天子有美德而教化清也）澤流罔極海外殊俗重譯款塞（重譯更譯其言也）請來獻見者不可勝道臣下百官力誦聖德猶不能宣盡其意且士

賢能而不用有國者之恥主上明聖而德不布聞有司之過也且余嘗掌其官廢明聖盛德不載滅功臣世家賢大夫之業不述墮先人所言罪莫大焉余所謂述故事整齊其世傳非所謂作也而君比之於春秋謬矣於是論次其文七年（按從太初元年至天漢三年乃七年也）而太史公遭李陵之禍（太史公舉李陵李陵降也）幽於縲紲乃喟然而嘆曰是余之罪也夫是余之罪也夫身毀不用矣退而深惟曰夫詩書隱約者（詩書隱微而約省者遂深惟欲依其隱約而成其志意也）欲遂其志之思也昔西伯拘羑里演周易孔子戹陳蔡作春秋屈原放逐著離騷左丘失明厥有國語孫子臏脚而論兵法不韋遷蜀世傳呂覽（即呂氏春秋也）韓非囚秦說難孤憤詩三百篇大抵賢聖發憤之所為作也此人皆意有所鬱結不得通其道也故術往事思來者於是卒述陶唐以來至于麟止自黃帝始

維昔黃帝法天則地四聖遵序各成法度唐堯遜位虞舜不台厥美帝功萬世載之作五帝本紀第一

維禹之功九州攸同光唐虞際德流苗裔夏桀淫驕乃放鳴條作夏本紀第二

維契（音薛也）作商爰及成湯太甲居桐德盛阿衡武丁得說乃稱高宗帝辛湛湎諸侯不享作殷本紀第三

維棄作稷德盛西伯武王牧野實撫天下幽厲昏亂既喪酆鎬陵遲至赧洛邑不祀作周本紀第四

維秦之先伯翳佐禹穆公思義悼豪之旅（穆公封崤山軍旅之尸）以人為殉詩歌黃鳥昭襄業帝作秦本紀第五

始皇既立并兼六國銷鋒鑄鐻維偃干革尊號稱帝矜
武任力二世受運子嬰降虜作始皇本紀第六
秦失其道豪桀並擾項梁業之子羽接之殺慶救趙諸
侯立之誅嬰背懷天下非之作項羽本紀第七
子羽暴虐漢行功德憤發蜀漢還定三秦誅籍業帝天
下惟寧改制易俗作高祖本紀第八
惠之早實（音殞）諸吕不台崇彊祿產諸侯謀之殺隱幽
友大臣洞疑遂及宗禍作吕太后本紀第九

漢既初興繼嗣不明迎王踐祚天下歸心蠲除肉刑開
通關梁廣恩博施厥稱太宗作孝文本紀第十
諸侯驕恣吴首為亂京師行誅七國伏辜天下翕然大
安殷富作孝景本紀第十一
漢興五世隆在建元外攘夷狄内脩法度封禪改正朔
易服色作今上本紀第十二
維三代尚矣年紀不可考蓋取之譜牒舊聞本于兹於
是畧推作三代世表第一

幽厲之後周室衰微諸侯專政春秋有所不紀而譜諜
經畧五霸更盛衰欲睹周世相先後之意作十二諸侯
年表第二
春秋之後陪臣秉政彊國相王以至于秦卒并諸侯滅
封地擅其號作六國年表第三
秦既暴虐楚人發難項氏遂亂漢乃扶義征伐八年之
間天下三嬗事繁變衆故詳著秦楚之際月表第四
漢興已來至于太初百年諸侯廢立分削譜紀不明有

司廢踵彊弱之原云以世（言漢興已來百年諸侯廢立分削譜紀不明其嗣有司無所踵繼其後乃云彊弱之原云以世相代相不能有所錄紀也）作漢興已來諸侯年
表第五
維高祖元功輔臣股肱剖符而爵澤流苗裔忘其昭穆
或殺身隕國作高祖功臣侯者年表第六
惠景之間維申功臣宗屬爵邑作惠景間侯者年表
第七
北討彊胡南誅勁越征伐夷蠻武功爰列作建元以來

侯者年表第八

諸侯既彊七國為從子弟衆多無爵封邑推恩行義其勢銷弱德歸京師作王子侯者年表第九

國有賢相良將民之師表也維見漢興以來將相名臣年表賢者記其治不賢者彰其事作漢興以來將相名臣年表第十

維三代之禮所損益各殊務然要以近情性通王道故禮因人質為之節文畧協古今之變作禮書第一

樂者所以移風易俗也自雅頌聲興則已好鄭衛之音鄭衛之音所從來久矣人情之所感遠俗則懷比樂書以述來古作樂書第二

非兵不彊非德不昌黄帝湯武以興桀紂二世以崩可不慎歟司馬法所從來尚矣古者師出以律凡軍出皆吹律聽聲律書云大律為萬事根本其於兵械尤所重望敵知吉凶聞聲效勝負故云司馬兵法所從來尚矣乎太公孫吴王子能紹而明之切近世極人變作律書第三

律居陰而治陽歷居陽而治陰律歷更相治閒不容翲忽翲匹遥反今音匹沼反字當作秒秒禾芒表也忽一蠶口出絲也言律歷相治之閒不容比微細之物也五家之文怫異五家謂黄帝顓頊夏殷周之歷其大相戾乖異不同維太初之元論歷律為是故歷書自太初之元論之也維太初之元論作歷書第四

星氣之書多雜禨祥不經推其文考其應不殊比集論其行事驗于軌度以次作天官書第五

受命而王封禪之符罕用用則萬靈罔不禋祀追本諸神名山大川禮作封禪書第六

維禹浚川九州攸寧爰及宣防決瀆通溝作河渠書第七

維幣之行以通農商其極則玩巧并兼茲殖爭於機利去本趨末作平準書以觀事變第八

太伯避歷江蠻是適文武攸興古公王跡闔廬弑僚賓服荆楚夫差克齊子胥鴟夷信嚭親越吴國既滅嘉伯之讓作吴世家第一

申吕肖矣肖音痟吕尚之祖封於申申吕後痟微故尚父微賤也尚父側微卒歸西伯文武是師功冠羣公繆權于幽繆音武彪反言吕尚綢繆於幽權之策謂六韜三畧陰符七術之屬也番番黄髮爰饗營丘不背柯盟桓公

以昌九合諸侯霸功顯彰田闞爭寵姜姓解亡嘉父之謀作齊太公世家第二

依之違之周公綏之憤發文德天下和之輔翼成王諸侯宗周隱桓之際是獨何哉三桓爭彊魯乃不昌嘉旦金縢作周公世家第三

武王克紂天下未協而崩成王既幼管蔡疑之淮夷叛之於是召公率德安集王室以寧東土燕易之禪乃成禍亂嘉甘棠之詩作燕世家第四

管蔡相武庚將寧舊商及旦攝政二叔不饗殺鮮放度周公為盟大任十子周以宗彊嘉仲悔過 蔡叔度之子蔡仲也 作管蔡世家第五

王後不絕舜禹是説維德休明苗裔蒙烈百世享祀爰周陳杞楚實滅之齊田既起舜何人哉作陳杞世家第六

收殷餘民叔封始邑申以商亂酒材是告及朔之生衛頃不寧南子惡蒯聵子父易名周德卑微戰國既彊衛以小弱角獨後亡嘉彼康誥作衛世家第七

嗟箕子乎嗟箕子乎正言不用乃反為奴武庚既死周封微子襄公傷於泓 泓水名公羊傳云宋與楚人期戰於泓之陽宋師大敗君子大其不鼓不成列臨大事而不忘禮雖文王之戰亦不過此也 君子孰稱景公謙德熒惑退行剔成暴虐宋乃滅亡嘉微子問太師作宋世家第八

武王既崩叔虞邑君子譏名 謂晉穆侯太子名仇少子名成師也 卒滅武公驪姬之愛亂者五世重耳不得意乃能成霸六卿專

權 智伯范中行韓魏趙 晉國以耗嘉文公錫珪鬯作晉世家第九

重黎業之吳回接之殷之季世粥子牒之周用熊繹熊渠是續莊王之賢乃復國陳 楚莊王都陳 既赦鄭伯班師華元懷王客死蘭咎屈原好諛信讒楚并於秦嘉莊王之義作楚世家第十

少康之子實賓南海 吳越春秋云啟使歲時祭禹於越立宗廟南山之上封少康庶子無餘於越使祠禹至句踐遷都山陰立禹廟為始祖廟越亡遂廢也案今禹廟在會稽山下 文身斷髮黿鮮與處既守封禺奉禹之祀句踐困彼乃用種蠡嘉句

踐夷蠻能脩其德滅彊吳以尊周室作越王句踐世家第十一

桓公之東大史是庸及侵周禾王人是議祭仲要盟鄭久不昌子產之仁紹世稱賢三晉侵伐鄭納於韓嘉厲公納惠王作鄭世家第十二

維驥騄耳乃章造父趙夙事獻衰續厥緒（衰楚為反）佐文尊王卒為晉輔襄子困辱乃禽智伯主父生縛餓死探爵王遷辟淫良將是斥嘉鞅討周亂作趙世家第十三

畢萬爵魏卜人知之及絳戮干戎翟和之文侯慕義子夏師之惠王自矜齊秦攻之既疑信陵諸侯罷之卒亡大梁王假廝之嘉武佐晉文申霸道作魏世家第十四

韓厥陰德趙武攸興紹絕立廢晉人宗之昭侯顯列申子庸之疑非不信秦人襲之嘉厥輔晉匡周天子之賦作韓世家第十五

完子避難適齊為援陰施五世齊人歌之成子得政田和為侯王建動心乃遷于共嘉威宣能撥濁世而獨宗周作田敬仲完世家第十六

周室既衰諸侯恣行仲尼悼禮廢樂崩追脩經術以達王道匡亂世反之於正見其文辭為天下制儀法垂六蓺之統紀於後世作孔子世家第十七

桀紂失其道而湯武作周失其道而春秋作（周失其道至秦之時諸侯力事爭彊）秦失其政而陳涉發迹諸侯作難風起雲蒸卒亡秦族天下之端自涉發難作陳涉世家第十八

成皐之臺薄氏始基詘意適代厥崇諸竇栗姬偩貴王氏乃遂陳后太驕卒尊子夫嘉夫德若斯作外戚世家

第十九

漢既譎謀禽信於陳越荊剽輕乃封弟交為楚王爰都彭城以彊淮泗為漢宗藩戊溺於邪禮復紹之嘉游輔祖（游楚王交字也祖高祖也）作楚元王世家第二十

維祖師旅劉賈是與為布所襲喪其荊吳營陵激呂乃王琅邪怵午（胡祝午也）信齊往而不歸遂西入關遭立孝文獲復王燕天下未集賈澤以族為漢藩輔作荊燕世家

第二十一
天下已平親屬既寡悼惠先壯實鎮東土哀王擅興發
怒諸呂駟鈞暴戾京師弗許厲之內淫禍成主父嘉肥
股肱作齊悼惠王世家第二十二
楚人圍我滎陽相守三年蕭何填撫山西謂華山之西也推計踵
兵給糧食不絕使百姓愛漢不樂為楚作蕭相國世家
第二十三
與信定魏破趙拔齊遂弱楚人續何相國不變不革黎

庶攸寧嘉參不伐功矜能作曹相國世家第二十四
運籌帷幄之中制勝於無形子房計謀其事無知名無
勇功圖難於易為大於細作留侯世家第二十五
六奇既用諸侯賓從於漢呂氏之事平為本謀終安宗
廟定社稷作陳丞相世家第二十六
諸呂為從謀弱京師而勃反經合於權吳楚之兵亞夫
駐於昌邑以戹齊趙而出委以梁作絳侯世家第二十
七
七國叛逆蕃屏京師唯梁為扞偩愛矜功幾獲于禍嘉
其能距吳楚作梁孝王世家第二十八
五宗既王親屬洽和諸侯大小為藩爰得其宜僭擬之
事稍衰貶矣作五宗世家第二十九
三子之王文辭可觀作三王世家第三十
末世爭利維彼奔義讓國餓死天下稱之作伯夷列傳
第一
晏子儉矣夷吾則奢齊桓以霸景公以治作管晏列傳

第二
李耳無為自化清淨自正韓非揣事情循勢理作老子
韓非列傳第三
自古王者而有司馬法穰苴能申明之作司馬穰苴列
傳第四
非信廉仁勇不能傳兵論劍與道同符內可以治身外
可以應變君子比德焉作孫子吳起列傳第五
維建遇讒爰及子奢尚既匡父伍員奔吳作伍子胥

列傳第六
孔氏述文弟子興業咸為師傅崇仁厲義作仲尼弟子
列傳第七
鞅去衛適秦能明其術彊霸孝公後世遵其法作商君
列傳第八
天下患衡秦毋饜而蘇子能存諸侯約從以抑貪彊作
蘇秦列傳第九
六國既從親而張儀能明其說復散解諸侯作張儀列

傳第十
秦所以東攘雄諸侯樗里甘茂之策作樗里甘茂列傳
第十一
苞河山圍大梁使諸侯斂手而事秦者魏冉之功作穰
侯列傳第十二
南拔鄢郢北摧長平遂圍邯鄲武安為率破荊滅趙王
翦之計作白起王翦列傳第十三
獵儒墨之遺文明禮義之統紀絕惠王利端列往世興

衰作孟子荀卿列傳第十四
好客喜士士歸于薛為齊扞楚魏作孟嘗君列傳第十五
爭馮亭以權如楚以救邯鄲之圍使其君復稱於諸侯
作平原君虞卿列傳第十六
能以富貴下貧賤賢能詘於不肖唯信陵君為能行之
作魏公子列傳第十七
以身徇君遂脫彊秦使馳說之士南鄉走楚者黃歇之
義作春申君列傳第十八

能忍訽於魏齊而信威於彊秦推賢讓位二子有之作
范雎蔡澤列傳第十九
率行其謀連五國兵為弱燕報彊齊之讎雪其先君之
恥作樂毅列傳第二十
能信意彊秦而屈體廉子用徇其君俱重於諸侯作廉
頗藺相如列傳第二十一
湣王既失臨淄而奔莒唯田單用即墨破走騎劫遂存
齊社稷作田單列傳第二十二

能設詭說解患於圍城輕爵祿樂肆志作魯仲連鄒陽列傳第二十三

作辭以諷諫連類以爭義離騷有之作屈原賈生列傳第二十四

結子楚親使諸侯之士斐然爭入事秦作呂不韋列傳第二十五

曹子匕首魯獲其田齊明其信豫讓義不為二心作刺客列傳第二十六

能明其畫因時推秦遂得意於海內斯為謀首作李斯列傳第二十七

為秦開地益衆北靡匈奴據河為塞因山為固建榆中作蒙恬列傳第二十八

塡趙塞常山以廣河內弱楚權明漢王之信於天下作張耳陳餘列傳第二十九

收西河上黨之兵從至彭城越之侵掠梁地以苦項羽作魏豹彭越列傳第三十

以淮南叛楚歸漢漢用得大司馬殷卒破子羽于陔下作黥布列傳第三十一

楚人迫我京索而信拔魏趙定燕齊使漢三分天下有其二以滅項籍作淮陰侯列傳第三十二

楚漢相距鞏洛而韓信為填潁川盧綰絕籍糧餉作韓信盧綰列傳第三十三

諸侯畔項王唯齊連子羽城陽漢得以間遂入彭城作田儋列傳第三十四

攻城野戰獲功歸報噲商有力焉非獨鞭策與之脫難作樊酈列傳第三十五

漢既初定文理未明蒼為主計整齊度量序律歷作張丞相列傳第三十六

結言通使約懷諸侯諸侯咸親歸漢為藩輔作酈生陸賈列傳第三十七

欲詳知秦楚之事唯周緤常從高祖平定諸侯作傅靳蒯成列傳第三十八

徙彊族都關中和約匈奴明朝廷禮次宗廟儀法作劉敬叔孫通列傳第三十九

能摧剛作柔卒為列臣欒公不劫於勢而倍死作季布欒布列傳第四十

敢犯顏色以達主義不顧其身為國家樹長畫作袁盎朝錯列傳第四十一

守法不失大理言古賢人增主之明作張釋之馮唐列傳第四十二

敦厚慈孝訥於言敏於行務在鞠躬君子長者作萬石張叔列傳第四十三

守節切直義足以言廉行足以厲賢任重權不可以非理撓作田叔列傳第四十四

扁鵲言醫為方者宗守數精明後世修序弗能易也而倉公可謂近之矣作扁鵲倉公列傳第四十五

維仲之省厥濞王吳遭漢初定以塡撫江淮之間作吳王濞列傳第四十六

吳楚為亂宗屬唯嬰賢而喜士士鄉之率師抗山東滎陽作魏其武安列傳第四十七

智足以應近世之變寬足用得人作韓長孺列傳第四十八

勇於當敵仁愛士卒號令不煩師徒鄉之作李將軍列傳第四十九

自三代以來匈奴常為中國患害欲知彊弱之時設備征討作匈奴列傳第五十

直曲塞廣河南破祁連通西國靡北胡作衛將軍驃騎列傳第五十一

大臣宗室以侈靡相高唯弘用節衣食為百吏先作平津侯列傳第五十二

漢既平中國而佗能集楊越以保南藩納貢職作南越列傳第五十三

吳之叛逆甌人斬濞葆守封禺為臣作東越列傳第五十四

燕丹散亂遼間滿收其亡民厥聚海東以集真藩葆塞
為外臣作朝鮮列傳第五十五
唐蒙使畧通夜郎而邛笮之君請為内臣受吏作西南
夷列傳第五十六
子虛之事大人賦説靡麗多誇然其指風諫歸於無為
作司馬相如列傳第五十七
黥布叛逆子長國之以塡江淮之南安剽楚庶民作淮
南衡山列傳第五十八

奉法循理之吏不伐功矜能百姓無稱亦無過行作循
吏列傳第五十九
正衣冠立於朝廷而羣臣莫敢言浮説長孺矜焉好薦
人稱長者壯有溉作汲鄭列傳第六十
自孔子卒京師莫崇庠序唯建元元狩之間文辭粲如
也作儒林列傳第六十一
民倍本多巧姦軌弄法善人不能化唯一切嚴削為能
齊之作酷吏列傳第六十二

漢既通使大夏而西極遠蠻引領内鄉欲觀中國作大
宛列傳第六十三
救人於戹振人不贍仁者有乎不既信不倍言義者有
取焉作游俠列傳第六十四
夫事人君能説主耳目和主顏色而獲親近非獨色愛
能亦各有所長作佞幸列傳第六十五
不流世俗不爭勢利上下無所凝滯人莫之害以道之
用作滑稽列傳第六十六

齊楚秦趙為日者各有俗所用欲循觀其大旨作日者
列傳第六十七
三王不同龜四夷各異卜然各以決吉凶畧窺其要作
龜策列傳第六十八
布衣匹夫之人不害於政不妨百姓取與以時而息財
富智者有采焉作貨殖列傳第六十九
維我漢繼五帝末流接三代統業周道廢秦撥去古文
焚滅詩書故明堂石室金匱玉版圖籍散亂於是漢興

蕭何次律令韓信申軍法張蒼為章程叔孫通定禮儀則文學彬彬稍進詩書往往間出矣自曹參薦蓋公言黄老而賈生晁錯明申商公孫弘以儒顯百年之閒天下遺文古事靡不畢集太史公太史公仍父子相續纂其職曰於戲余維先人嘗掌斯事顯於唐虞至于周復典之故司馬氏世主天官至於余乎欽念哉欽念哉罔羅天下放失舊聞王迹所興原始察終見盛觀衰論考之行事畧推三代録秦漢上記軒轅下至于兹著十二

本紀既科條之矣並時異世年差不明作十表禮樂損益律歷改易兵權山川鬼神天人之際承敝通變作八書二十八宿環北辰三十輻共一轂顏云此說非也言衆星共繞北辰諸輻咸歸車轂臣尊輔天子也運行無窮輔拂股肱之臣配焉忠信行道以奉主上作三十世家扶義俶儻不令已失時立功名於天下作七十列傳凡百三十篇五十二萬六千五百字為太史公書序畧以拾遺補藝成一家之言厥協六經異傳整齊百家雜語太史公撰史記言其協于大經異文整齊諸子百家雜說之語謂不敢比經藝也異傳謂如丘明春秋外傳國語子夏易傳毛公詩傳韓詩外傳伏生尚書大傳之流也藏之名山副在京師俟後世聖人君子第七十

太史公曰余述歷黄帝以來至太初而訖百三十篇

史記正義卷一百三十

訂正史記真本

[宋]洪遵

清道光六安晁氏木活字排印學海類編本

訂正史記眞本

遵[illegible]嚴著

司馬子長所著史記一百三十篇殆絕筆於天
漢之間其書未就卽遭李少卿之禍佴身蠶室篇中
闕文誤句多不及正而十篇有錄無書迨子長歿而
楊惲褚少孫之徒以私見臆說足成之往往纂入太
始以後事而子長之眞面目遂多僞託矣夫子長之
才學宏博富麗包涵萬象蓋有楊惲所不聞於外家
若少孫之淺陋又烏足以語此今以惲與少孫之文

與子長眞本比長絜短相懸匪不啻徑庭矣他如顓
項生鯀召始皇弟授之璽句此正子長一時之誤固
可存而不論論而不更者也余於史記同杜當陽之
嗜左特手錄一帙盡汰其補亡妄益等語而以己所
校定者錄於下方子長有知千載而下其許我乎

凡例

一子長作史大旨具自序篇中其報任安一書實與自
序篇相表裏今取爲史記本序列於篇首

一史記原缺孝景本紀今上本紀漢興以來將相名臣
年表禮書樂書律書三王世家傳靳蒯成列傳日者
列傳龜策列傳班固漢書云十篇有錄無書蓋謂此
也褚少孫補亡諸篇具在筆力文采種種不倫今竝
削而不錄題下直書一亡字以存闕文

一子長自序篇云書凡百三十篇五十二萬六千五百
字計所亡十篇應不下三萬言乃今刪定史記眞本
尙存字五十一萬有奇中閒不無一二添足語特以
一時無跡可尋未敢妄意削去蓋有俟於博雅君子

一史記絕筆於天漢此時武帝尙無謚號其述事皆云

今上今帝今天子今皇帝或有云孝武帝者悉後人
所定也更有雜述孝昭以後事者尤爲不類竝爲改
正刊去

一子長序事篇中以國代邦以滿代盈以野雞代雉以
常代恆以開代啓以通代徹以同代談竝爲君父諱
名處至有不能盡諱者如禹子啓賢有飛雉升鼎耳
而呴邦內甸服以立恆常之類今本與眞本竝同斯
又不可解

一史記一書成於西京中閒悅字作說閑字作閒智字

作知汝字作女早字作蚤後字作后既字作漑勅字作飭制字作剬棄字作弃此之般流緣古少字通共用之眞本有此古字不可更改若其竈鼂從黽辭亂從舌覺學從與泰恭從小巢藻從果耕藉從禾席下爲帶美下爲火哀下爲衣極下爲點析傍著片惡上安西餐側出頭雝邊作禹如此等類直是訛字悉爲改正

一子長序事閒有草草謬誤處略摘一二開載左方夏本紀云鯀之父曰帝顓頊〇十二諸侯年表列國世

家敘各公生卒諡號多有自相矛盾處〇六國年表秦楚三晉燕齊本紀世家敘各公生卒諡號往往亦多不同〇平準書結尾云亨宏羊天乃雨是不了語〇管蔡世家論後別序曹叔〇趙世家越王句踐滅吳後雜出趙襄子元年越圍吳襄子降喪食使楚隆問吳王語〇田單傳尾附見王蠋本事〇趙奢傳中許歷復請諫上著邯鄲二字〇李斯傳云召始皇弟授之璽〇酈生陸賈傳篇末重出酈生事〇游俠傳首漫下太史公曰句今本與眞本竝同不敢妄意更改

一本紀〇五帝〇夏〇殷〇周今本與眞本竝同〇秦篇四字（一日千里是也）係後人添足語〇始皇篇八百十七字（襄公立享國十二年以下是也）係褚少孫考異語孝明皇帝左方係東京語竝從眞本刪去〇項羽〇高祖今本與眞本竝同〇呂太后篇十一字（小論前結尾是也）係後人添足語從眞本刪去〇孝文今本與眞本竝同〇孝景〇今上眞本竝亡止存篇目

一年表〇三代篇張夫子問左方係褚少孫語從眞本

刪去〇十二諸侯篇周魯齊晉秦楚等字從篇首直貫至尾以後竝用各國相傳諡號序去原無周魯齊晉秦楚等字分載各公諡號之上今本妄意增出悉爲削去〇六國篇各公諡號之上眞本竝載秦魏韓趙等字緣每格多有別國公侯諡號附見比十二諸侯表不同此正子長有分曉處不削祇篇末始皇帝元年以後今本亦爲八格非是謹依眞本定八爲七蓋秦至始皇帝而一統故宜與周竝列也〇秦楚之際篇前半分爲九格今本與眞本竝同自義帝元年

後眞本原分廿格今本或分廿一格者不可從也又眞本敘趙王歇分載趙代兩格敘代王陳餘原在代都一格今本謬誤錯亂悉爲改正〇漢興以來諸侯篇今本與眞本竝同其諸王謚號稍雜楊惲潤色語悉爲刪改〇高祖功臣侯者篇失序者正平陽曲周陽河汾陽戴侯今本雜出楊惲語從眞本刪去〇惠景閒侯者篇遒侯容成侯亞谷侯今本雜出楊惲語從眞本刪去其篇中孝惠高后等字亦如十二諸侯表例從篇首直貫至尾今本妄增孝惠某年高后某

年等字眞本所無也亦皆削而不存〇建元以來侯者篇南奅侯龍額侯今本雜出楊惲語而當塗侯左方則少孫添足語也竝從眞本刪去〇王子侯者篇今本與眞本竝同其王侯謚號亦雜楊惲潤色語悉爲刪改〇漢興以來將相名臣篇眞本有錄無書止存篇目〇右年表十篇正子長大手筆處後世鮮有知者故今本校讎殊草草遵不憚殺青之勞三復訂正非徒傳之其人抑以願爲司馬氏忠臣云

一書〇禮〇樂〇律眞本竝亡止存篇目〇歷篇橫艾

掩茂太始元年左方係少孫語從眞本刪去〇天官篇蒼帝行德一段今本誤列書尾從眞本嵌小論前〇封禪〇河渠今本與眞本竝同〇平準篇今本書末小論眞本原列篇首特爲改正

一世家〇吳〇齊太公〇周公〇燕今本與眞本竝同〇管蔡篇四字曹叔世家是也係後人添足語從眞本刪去〇陳杞〇衞〇宋〇晉〇楚〇越王句踐〇鄭〇趙〇魏〇韓〇田敬仲完〇孔子今本與眞本竝同〇陳涉篇小論〇外戚篇褚先生左方係少孫語〇楚

元王篇六十七字是爲楚文王以下是也係楊惲語竝從眞本刪去〇荆燕今本與眞本竝同〇齊悼惠王篇七百三十五字篇末小論前重序城陽景王章一段是也係楊惲語從眞本刪去〇蕭相國今本與眞本竝同〇曹相國篇一十三字篇末小論前一段是也係楊惲語從眞本刪去〇留侯〇陳丞相〇絳侯今本與眞本竝同〇梁孝王篇三十字是爲平王以下十一字襄立三十九年以下十九字是也係楊惲語褚先生左方係少孫語〇五宗篇九十二字六安王慶以下一十九字眞定王平以下七十二字是也係楊惲語竝從眞本刪去〇三王眞本有錄

無書止存篇目

一列傳○伯夷○管晏○老子韓非○司馬穰苴○孫子吳起○伍子胥○仲尼弟子○商君○蘇秦○張儀○樗里甘茂○穰侯○白起王翦○孟子荀卿今本與眞本竝同○平原君虞卿第十五○孟嘗君第十六今本失次從眞本改正○魏公子○春申君○范睢蔡澤○樂毅○廉頗藺相如○田單○魯仲連今本與眞本竝同○屈原賈生篇四十一字（及李文崩以下是也）係楊惲語從眞本删去○呂不韋○刺客○李斯

○蒙恬○張耳陳餘○魏豹彭越○黥布○淮陰侯今本與眞本竝同○韓王信盧綰篇廿一字（子代歲餘坐法死下是也）係楊惲語從眞本删去○田儋今本與眞本竝同○樊酈篇三十四字（繆靖侯卒以下是也）係楊惲語○張丞相篇孝武時丞相左方紀事係少孫語竝從眞本删去○酈生陸賈今本與眞本竝同○傳靳蒯成眞本有錄無書止存篇目○劉敬叔孫通○季布欒布○袁盎晁錯○張釋之馮唐○萬石張叔今本與眞本竝同○田叔篇五十三字（數歲坐太子事以下是也）係楊惲語褚先生左方係少孫語竝從眞本删去○扁鵲倉公○吳王濞○魏其武安○韓長孺○李將軍今本與眞本竝同○衞將軍驃騎第五十篇內百六十四字（長平侯伉代侯以下六字公孫賀傳末一十七字公孫敖傳末八十字韓該傳末三十一字路博德傳末九字趙破奴傳居匈奴中十歲下廿一字是也）係楊惲語○平津侯第五十一篇內太皇太后詔左方係東京語○匈奴第五十二篇內四十九字（貳師聞其家下廿五字有詔捕太醫令下廿四字是也）係楊惲語右方三傳以眞本校定今本失次者改正添足者删去○南越○東越○朝鮮○西南夷今本與眞本

竝同○司馬相如篇廿八字（小論楊雄以下是也）係東京語從眞本删去○淮南衡山○循吏○汲鄭○儒林今本與眞本竝同○酷吏篇四字（杜周傳子孫尊官是也）係楊惲語從眞本删去○大宛○游俠○佞幸今本與眞本竝同○滑稽篇褚先生左方係少孫語從眞本删去○日者○龜策眞本竝亡止存篇目○貨殖今本與眞本竝同○自序篇序傳五條（平原君虞卿孟嘗君衞將軍驃騎平津侯匈奴傳是也）今本失次從眞本改正眞本者名山中藏舊文也

一書中字面眞本與今本同者從楷書同文也眞本與今本異者作篆從先進也觀者當自得之

一起止過接眞本與今本同者隨文錄去閒有起止各別過接受刪者竝著一圈以表其異更有眞本所無而係今增者悉書其字於圈中

一音義詳訓字意略著篇章大旨庶司馬氏眞面目令人深思而自得之竊附漢儒解經之例

一刊誤或揭年月之訛或著事理之謬竝子長小德出入處夫惟愛莫助之故推擊也不遺餘力非敢批駁先賢以拈己之是也

一標記圈形有四庶不誤觀者音義用◎考異用⦶刊誤用●題評用○用之各有攸當也

滹南遺老集·史記辨惑

[金]王若虚

四部叢刊本

滹南遺老集卷之九

滹南王若虛　從之

史記辨惑一

採摭之誤辨上

詩頌言古帝命武湯又曰武王載旆謂之武者詩人之所加也殷紀乃云湯曰吾甚武號曰武王聖人決無此語

燕世家云民人思召公之政懷棠樹不敢伐賛又云甘棠且思之況其人乎謂之愛棠樹則可云懷與思不可也

尚書堯典帝曰疇咨若時登庸放齊曰胤子朱啟明帝曰疇咨若予采驩兜曰共工方鳩僝功帝所謂若時若予采者其義雖不甚明要之是兩事而本紀于後節但云堯又曰誰可者都只是申前事也

舜典稱四罪而天下咸服言刑之當而已史記帝堯本紀云舜言于帝請流共工于幽陵以變北狄放驩兜於崇山以變南蠻遷三苗於三危以變西戎殛鯀於羽山以變東夷至舜紀則引左傳所載渾沌窮奇檮杌饕餮之事云流四凶族遷于四裔以御魑魅文雖差殊其為四罪一也一則曰變四夷一則曰御魑魅舜之意果安在哉蓋二者皆陋說不足取焉且此事止當作舜紀而復見于堯止當從經而反取于傳紀之語不亦冗而雜乎

夏本紀載臯陶之言曰翕受普施九德咸事俊乂在官百吏肅謹毋教邪淫奇謀非其人居其官是謂亂天事索隱曰此取尚書臯陶謨為文斷絕殊無次第即班固所謂疎畧牴牾者也嗚呼豈特此一節而然哉

殷本紀云湯還亳作湯誥維三月王自至于東郊告諸侯群后毋不有功于民勤力乃事予乃大罰殛汝毋予怨曰古禹臯陶久勞于外其有功乎民民乃有安東為江北為濟西為河南為淮四瀆已修萬民乃有居后稷降播農殖百穀三公咸有功于民故后有立

昔蚩尤與其大夫作亂百姓帝乃弗予有狀先王言不可不勉曰不道毋之在國女毋我怨以令諸侯予謂此皆不成文理今湯誥之書具在曷嘗有此遷何所據而載之也

尚書湯誥篇末云咎單作明居而咸有一德乃伊摯復政將歸時所陳在太甲三篇之下次第明甚不可亂也史記乃謂咸有一德作于湯時而列之湯誥之後明居之前豈非誤歟

殷本紀云太甲既立不明伊尹放之桐宮三年悔過迎而授之政太甲修德諸侯咸歸百姓以寧伊尹嘉之乃作太甲訓三篇褒太甲夫三篇之書雖曰伊尹作然自始至終皆史氏所錄豈獨伊尹褒嘉而作乎

封禪書舉殷太戊時伊陟贊巫咸事云巫咸之興自此始按尚書咸乂四篇不見其文莫曉何義孔氏但以巫咸為臣姓名而遷遂以為巫覡據周公作君奭言巫咸乂王家與伊尹伊陟臣扈甘盤等同列蓋一代之勲賢而謂巫覡之類可乎且其間又有曰巫咸者正使為巫覡亦是其名為咸安得謂自此而興乎索隱引楚詞為証彼楚詞何足稽也列子言有神巫字季咸自齊來能言人死生壽夭豈因而亂乎

書序云伊陟贊于巫咸作咸乂四篇君奭云巫咸乂王家夫贊而作書者一時之事耳乂王家者總言其功業也而殷本紀云伊陟贊之于巫咸治王家有成作咸乂何也

盤庚篇云民咨胥怨言咨嗟而相怨也史記乃曰咨胥皆怨何等語耶

盤庚三篇凡以告諭臣民之不欲遷者史記既畧言其大旨矣而復云帝小辛立殷復衰百姓思盤庚而作不已乖乎

殷本紀云武丁祭成湯明日有飛雉登鼎耳而呴武丁懼祖己乃訓王曰云云武丁修政行德天下咸驩殷道復興武丁崩祖庚立祖己嘉武丁之以祥雉為德

立其廟為高宗遂作高宗肜日及訓考之于書此篇即祖己訓王之詞其曰高宗者史氏追稱耳諸篇之體皆然而云武丁既沒祖己嘉之而作繆矣且立廟稱宗自國家之事豈獨出祖己之意哉

高宗之訓乃書篇名自當全著而但云及訓此復失之太簡矣

宋世家云微子度紂終不可諫欲死之及去未能自決乃問太師少師曰云云太師若曰云云誠得治國國

治身死不恨為死終不得治遂亡則微子既已去矣而復記箕子之所以奴比干之所以死而終之曰微子以為父子有骨月而臣主以義屬父有過子三諫不聽則隨而號之人臣三諫不聽則可以去矣于是太師少師乃勸微子去遂行何邪此殆似夢中語也

殷紀云紂淫亂不止微子數諫不聽乃與太師少師謀遂去比干強諫紂紂剖比干觀其心箕子懼佯狂為奴紂又囚之殷之太師少師乃持其祭樂器奔周按

尚書微子篇所謂太師少師即箕子比干也今乃言奔周與書所記異矣而周紀又云紂殺王子比干囚箕子太師疵少師彊抱其樂器而奔周則還所謂太師少師者其樂工邪若殷紀所稱亦止于樂工則微子何至與此輩謀決去就而此輩之奔亦何為併持祭器乎至宋世家則曰武王克殷微子持其祭器造于軍門前後參差殆不可曉

齊世家云武王自盟津還師與太公此作泰誓魯世家

云武王伐紂至牧野周公佐武王作牧誓按尚書二篇皆王言也而一以為與太公作一以為周公佐之而作何所據也且作泰誓何加一此字

書序云武王既勝殷邦諸侯班宗彝作分器分器自是篇名而周紀乃云作分殷之器物失其名矣

金縢一書蓋周公嘗請代武王之死已乃納冊匱中而秘其事武王既喪群叔流言毀公公東征二年罪人斯得作鴟鴞之詩以貽成王而未敢誚及因天變以

啟金縢之書得公代武王之說于是悔過自新而迎公以還其文甚明史記魯世家既載周公納冊金縢及羣叔流言周公東征之事至于封康叔營洛邑還政成王則又云初成王少時病周公自揃其爪沉之于河以祝于神曰王少未有識奸神命者乃旦也亦藏其冊于府成王病有瘳及王用事人或譖公公奔楚成王發府見公禱書乃泣反公公卒之後始有因天變啟金縢事如書之所記戾于經矣然蒙恬對胡

亥亦引周公揃爪及奔楚之事則戰國以來固已有此陋說而子長愛奇因以亂之耳抑不知所謂小子其逆者謂為何義也

周本紀云成王既遷殷遺民周公以王命告作多士無逸魯世家云周公恐成王有所淫逸乃作多士無逸自今考之多士為殷民而作者也無逸為成王而作者也在本紀則併無逸為告殷民在世家則併多士為戒成王混淆差互一至于此蓋不惟牴牾于經而自相矛盾亦甚矣至世家雜舉二篇之旨支離錯亂不成文理讀之可以發笑

衛康叔世家舉酒誥之旨云誥以紂所以亡者以淫于酒酒之失婦人是用故紂之亂自此始案酒誥之文曷嘗有用婦人語

燕世家云周公攝政當國踐阼召公疑之作君奭君奭不悅周公周公乃稱湯時有伊摯格于皇天云云夫既云召公疑之作君奭而又云君奭不悅周公周公

以告之尚書所載之語無乃重複乎且謂之君者猶爾汝也或但稱君或連其名皆周公面呼之辭而遂云君奭不悅周公可乎

周紀云成王既崩召畢二公以太子釗見于先王廟申告以文王武王之為王業之不易務在節儉毋多欲以篤信臨之作顧命今其書但載成王末命使之率循天下燮和天下以答揚文武之訓而已曷嘗有二公申告之事哉

周紀云康王即位徧告諸侯宣告以文武之業以申之作康誥以書考之此篇乃康王之誥耳若康誥則成王所以命康叔者也其繆誤如此且本紀既先序周公作康誥酒誥等篇而于此復云書豈有兩康誥邪

周紀云穆王閔文武之道缺乃命伯冏申誡太僕國之政作冏命復寧絕不成文理

淮夷徐戎反伯禽帥師伐之于肹誓曰云云作此肹誓何用四字

或謂太史公文皆不見先秦古書故其記二帝三王事多與尚書不同此愛之者曲為之說也按武帝嘗詔孔安國作傳史記儒林傳亦具言孔氏有古文尚書而安國以今文讀之蓋尚書滋多于是則其書當時已傳矣縱未列于學官子長豈得不見只是採摭不精耳彼其所取于他書者亦多牴牾而不合豈皆以不見之故邪

或問禘之說子曰知其說者之于天下也其如示諸斯乎指其掌孔子自指掌而言耳封禪書引之直云其于治天下也視其掌不已疎乎

孟武伯問子路仁乎子曰千乘之國可使治其賦也不知其仁問冉求則曰千室之邑百乘之家可使為之宰也不知其仁論語所記云爾史記仲由傳云季康子問仲由仁乎孔子曰千乘之國可使治其賦不知其仁而冉求傳則曰季康問冉求仁乎孔子曰千室之邑百乘之家可使治其賦仁則吾不知問子路孔

子曰如求夫問者孟武伯而遷以為季康子孔子所荅非惟與論語不同而二傳亦自相乖戾荒疎甚矣

論語載孔子在陳之言云歸與歸與吾黨之小子狂簡斐然成章不知所以裁之初不言其何為而發也孟子亦載之曰盍歸乎來吾黨之士狂簡進取不忘其初此正是一事但辭少異耳史記世家乃兩存之而各著其言之之由吾意其妄為遷就也

論語閔子騫辭費宰之命曰如有復我者則吾必在汶

上矣蓋一時拒使者之言也史記子騫傳直云不仕大夫不食汙君之祿如有復我者必在汶上矣殆不成文理

論語云子在齊聞韶三月不知肉味司馬遷意其太久也遂加學之二字夫經有疑義闕之可也以意增損可乎然史記如此者何可勝數

孔子答陳司敗昭公知禮司敗以孔子為黨巫馬期將傳其語而已既非期之言行又非孔子之訓誨而專

著此以為期傳甚無謂也

論語云子罕言利與命與仁而遷併以言為與字豈傳寫之誤歟

論語達巷黨人稱孔子博學無所成名彼但云人而史記以為童子何所據也

孔子世家云季康子問政曰舉直錯諸枉則枉者直司馬氏索隱云哀公問何為則民服子曰舉直錯枉則民服今以為荅康子蓋撮畧論語而失事實按論語所謂舉直錯諸枉能使枉者直乃荅樊遲問知之言耳然則遷之所引既誤而司馬氏辨之者亦非也

南容傳云容問羿奡禹稷事夫子不荅容出子曰君子哉若人尚德哉若人國有道不廢國無道免于刑戮三復白圭之玷以其兄之子妻之按論語此是三章不相附屬而遷合之為一殆不可讀也

孔子嘗謂子貢曰予一以貫非多學而識者蓋泛以告之耳而史記以為在陳蔡時因子貢作色而云不知

一貫之說何以寬子貢也子張問行孔子語之以忠信篤敬此亦平居之所講明而史記又謂因陳蔡之困而發何所據耶

孔子世家載楚狂接輿歌曰往者不可諫兮來者猶可追也加兩助字不惟非其本語抑亦亂其聲韻矣

仲由傳云子路喜從遊遇長沮桀溺荷蓧丈人彼亦偶從夫子耳便謂其喜從遊何以知也且此事亦不必錄

孔子世家云西狩見麟曰吾道窮矣喟然嘆曰莫我知夫子貢曰何為莫知子曰不怨天不尤人下學而上達知我者其天乎不降其志不辱其身伯夷叔齊乎謂柳下惠少連降志辱身矣謂虞仲夷逸隱居放言行中清廢中權我則異于是無可無不可曰弗乎弗乎君子病沒世而名不稱焉吾道不行矣吾何以自見于世哉乃因史記作春秋以論語考之以上三章皆泛稱子曰不記其在何時因何事也而遷著于此

蓋亦妄意云爾其論夷惠之屬尤無謂也

孔子世家總書行事有云食于有喪者之側未嘗飽也是日哭則不歌見齊衰瞽者雖童子必變三人行必得我師德之不修學之不講聞義不能徙不善不能改是吾憂也史氏之所記孔子之所自言豈可混而不別遷採經摭傳大抵皆踳駁而二帝三王紀齊魯燕晉宋衛孔子世家仲尼弟子傳尤不足觀也

孟子初見梁王王汎問利國之說孟子以仁義答之他日又以挫衂于鄰國之故求所以洒其恥者孟子復勸之以施仁政分明是兩節而魏世家云惠王曰寡人不佞兵三折于外太子虜上將死國以空虛以羞先君宗廟社稷寡人甚醜之叟不遠千里辱幸至敝邑之廷將何以利吾國孟軻曰君不可以言利為人君仁義而已矣何以利為文辭雜亂矣

或疑孟子勸齊伐燕孟子辨之甚明而燕世家乃云孟軻謂宣王曰此文武之時不可失何從得邪此直以

或疑而意之耳茆璞曰司馬遷不信真孟子而信假孟子誠中其病

舜本紀云象以舜為已死乃止舜宮居鼓其琴舜往見之象鄂不懌據孟子乃是象往入舜宮舜在床琴也

左傳曰鄭武公夫人武姜生莊公及叔段莊公寤生驚姜氏故名曰寤生遂惡之而愛段杜注云寤寐而莊公已生故驚而惡之史記曰武姜生太子寤生生之難夫人勿愛後生少子叔段段生易夫人愛之予謂

如左氏之說莊公之生蓋易矣夫人特以怪異而惡之耳遷反謂之難而又謂叚生易何邪此雖無係于利害亦可以發一笑也

左傳記石碏之言云陳桓公方有寵于王劉子玄謂陳侯尚存未當稱謚當矣如魯世家云公子揮欲為隱公殺桓公隱公不從揮反譖隱公于桓公曰隱公欲遂立去子子其圖之請為子殺隱公其病猶左氏也

春秋莊公七年夏四月辛卯夜中星隕如雨夫如雨云

者直言其狀之多若雨故以為異而記之後世史書

五行志亦時有載此者左氏乃謂與雨偕而下杜預遂以如訓而蓋失之矣至史記宋世家則併舉之曰宋地實星如雨與雨偕下豈不愈繆哉

魯莊公七年四月辛卯夜中星隕如雨僖公十六年正月戊申隕石于宋五是月六鷁退飛過宋都左氏云隕石于宋隕星也史記世家乃謂宋襄公七年宋地實星如雨與雨偕下六鶂退蜚按春秋星隕如雨初

不掎其在宋且莊公七年之四月與僖公十六年之正月相去亦遠矣安得併為宋地同時之事乎蓋見左氏釋隕石為隕星故誤誌焉而隕石之事反遺而不書荒疎甚矣

據左氏傳注魯僖公為閔公庶兄故夏父弗忌曰新鬼大故鬼小而史記乃云湣公被弒季友自邾奉湣公弟申入立之是為釐公釐公亦莊公少子未知孰是

左氏云季文子卒無衣帛之妾無食粟之馬無藏金玉

無重器備君子是以知季文子之忠于公室也相三君矣而無私積可不謂忠乎史記則云家無衣帛之妾廐無食粟之馬府無金玉以相三君于文為悖

衛世家云蒯聵與渾良夫盟曰免子三死無所與按左氏但云三死無與無與即免也今更加免子二字不亦贅乎

吳世家云季札自衛如晉將舍于宿聞鐘聲曰異哉吾聞之辨而不德必加于戮夫子獲罪于君以在此懼

猶不足而又可以畔乎夫子之在此猶燕之巢于幕也君在殯而可以樂乎遂去之文子聞之終身不聽琴瑟衛世家云季子過宿孫文子爲擊磬曰不樂音大悲使衛亂乃此矣一以爲鐘一以爲磬此未足深病然如前說則是文子自作樂而季子適聞之也如後說則是文子爲札而作也前說則罪其不自愧懼而安于娛樂後說則以音聲之悲而知其爲亂之徵是何乖異而不同邪按前說本于左氏當以爲是後

說正有他據亦相矛盾而不應取也且左氏但言又何樂而史記改之云可以畔乎其義亦乖蓋獲罪于君即所謂畔也而何在于擊鐘邪司馬貞既知其非矣而曰畔字當讀爲樂亦强爲之說也

史記稱宰予與田常爲亂夷其族前人辨之曰齊相闞止亦字子我故遷誤以爲然考之左氏先書闞止而後稱子我注言子我即闞止也今齊世家亦然而田完世家乃云子我者闞止之宗人則其謬誤豈獨宰予之事哉

齊世家書子我爲闞止而田完世家作監止楚世家稱昭王名珍而伍員傳作軫衛世家稱莊公名蒯聵而仲由傳作蕢聵衛世家云孟黶敵子路而仲由傳作壺黶是不當從一乎

滹南遺老集卷九

滹南遺老集卷之十

滹南王若虛 從之

史記辨惑 二

採摭之誤辨下

左傳昭公二十年十月齊景公疥遂痁期而不瘳梁邱據與裔款言于公曰吾事鬼神豐于先君有加矣今君疾病是祝史之罪也盍誅祝史晏子不可曰民人若病夫婦皆詛祝有益也詛亦有損雖其善祝豈能勝億兆人之詛十二月晏子侍公于遄臺梁邱據馳而造焉飲酒樂公曰古而無死其樂若何晏子曰古而無死則古之樂也君何得焉昔爽鳩氏始居此地季萴因之有逢伯陵因之蒲姑氏因之而後太公因之古若無死爽鳩氏之樂非君所願也二十六年冬齊有彗星齊侯使禳之晏子曰無益也祇取誣焉天道不諂不貳其命若之何禳之齊侯與晏子坐于路寢公嘆曰美哉室其誰有此乎晏子曰敢問何謂也

公曰吾以為在德對曰如君之言其陳氏乎列子曰景公游于牛山臨其國城而流涕曰美哉國乎鬱鬱芊芊若何去此國而死乎使古無死者寡人將去斯而之何史孔梁邱據從而泣晏子獨笑于旁公曰寡人今日之遊悲孔與據皆從而泣子之獨笑何也對曰使賢者而常守之則太公桓公常守之矣使有勇者而常守之則莊公靈公常守之矣

數君者將守之吾君方將被蓑笠而立乎畎畝之中惟事之恤何暇念死乎則吾君又安得此位而立焉以其迭處之迭去之至于君也而獨為之流涕是不仁也見不仁之君見諂諛之臣臣所為獨竊笑也史記齊世家雜取二書之說云魯昭公三十二年彗星見景公坐柏寢嘆曰堂堂誰有此乎群臣皆泣晏子笑公怒晏子曰臣笑群臣諛甚景公曰彗星出東北當齊分野寡人以為憂晏子曰君高臺深池賦斂如弗得刑罰恐不勝茀星將出彗星何懼乎公曰

可禳否晏子曰使神可祝而來亦可禳而去也百姓苦怨以萬數而君令一人禳之安能勝衆口乎嗚呼此一事也而差互不同如是其餘謬妄可勝道哉

左傳介之推荅母之言曰身將隱焉用文之是求顯也史記重下文之二字或言如此意乃足因疑左氏脫誤予謂不然古人語簡有如此者禮記云晉獻公將殺世子申生公子重耳謂之曰盍言子之志于公乎世子曰不可君安驪姬是我傷公之心也孟子辨百

里奚事曾不知以食牛干秦繆公之爲汚也可謂智乎亦是類也且遷記漢文之語云吾獨不得廉頗李牧爲吾將吾豈憂匈奴哉此復何異而獨疑推之言也雖然亦不可爲法也

周紀云晉文公召襄王襄王會之河陽踐土書諱曰天王狩于河陽按左傳仲尼言以臣召君不可以訓故書曰狩今直云書諱誰得而知也

左傳稱晉靈公欲攻趙盾其右提彌明死之又謂初盾田于首山舍于翳桑見靈輒餓而食之後輒爲公介鬬公徒而免盾問其名居不告而亡夫言其職則明爲右而輒爲介言其所終則明死輒亡其爲二人明矣而史記云桑下餓人即提彌明且又以爲宰夫何耶左氏之說未必皆可信然遷之所記寔以是爲據焉則其舛誤不得不辨也

晉世家云趙盾嘗田首山食桑下餓人餓人舍其半曰宦三年未知母之存否願遺母夫存否且不知願安

所遺乎左傳有今近焉三字于理乃通遷删而失之耳

晉趙盾弟穿弑君董狐書盾弑以示于朝盾不伏狐曰子爲正卿亡不越竟反不討賊非子而誰仲尼稱狐爲良史左氏云爾晉世家既從之矣而趙世家復云君子譏盾爲正卿亡不出境反不討賊故太史書之如此卻是先出于士論太史因之而書也文既冗復而意又矛盾無乃不當乎

左氏記鉏麑事云盾盛服將朝坐而假寐麑曰不忘恭
敬民之主也賊民之主不忠弃君之命不信觸槐而
死公羊以為見盾閨門無人且食魚飧嘉其易而儉
故爾史記則云盾閨門開居處節麑曰殺忠臣弃君
命罪一也乃死吾不知閨門開居處節何以為忠也
郤克恥為齊母所笑擣曰所不此報無能涉河左傳云
爾齊世家曰不是報不復涉河意既異矣至晉世家
則又云不報齊者河伯視之記一事而差殊若是失

之不精也
左氏曰郤克聘于齊既登婦人笑于房郤克怒故有鞌
之役杜注云跛而登階故笑之穀梁子曰季孫行父
禿郤克眇衛孫良夫跛曹公子手僂同時聘于齊公
羊曰郤克臧孫許聘于齊或眇或跛而史記復云郤
克僂魯使蹇衛使眇然則果誰可信乎三傳之不同
各記所聞固無足怪史記因傳而出者也不從此則
從彼乃又乖異如此何也

左傳曰白公勝在吳子西名而用之後以救鄭之故欲
殺子西子西聞之曰勝如卵余翼而長之此蓋恃其
有恩也而史記亦云勝如卵耳何能為也則是忽其脆
弱而已不亦異乎
左氏曰吳王闔廬將伐齊越子率其衆以朝王及列士
皆有饋賂吳人皆喜惟子胥曰是豢吳也史記改為
棄吳此何意耶
左氏曰吳王賜子胥死子胥將死曰樹吾墓檟檟可材

也吳其亡乎此言時之不久耳史記則云樹吾墓上
以梓令可為器吾不知何意也
吳世家云越王擊吳于檇李使死士挑戰三行造吳師
呼自剄吳師觀之越因伐吳敗之越世家亦同賈逵
曰死罪人也鄭衆曰欲以死報恩者其說皆不安按
左氏云使死士再禽焉不動使罪人三行屬劍于頸
而辭曰二君有治臣奸旗鼓不敏于君之行前無所
逃刑敢歸死遂自剄蓋死士者敢死勇士也與罪人

之事自是兩例而遷混并之故義理不明而說者妄為云云耳

左傳云句踐與吳戰于檇李大敗吳師闔閭還卒于陘夫差使人立于庭苟出入必謂己曰夫差而忘越王之殺而父乎則對曰唯不敢忘蓋闔閭既歿夫差使人問己耳而史記曰闔閭將死立子夫差謂曰爾忘句踐殺爾父乎何其不同也

秦穆公伐鄭之役考之左傳其諫而止之哭而送其子者獨蹇叔而已故晉原軫曰秦違蹇叔而以貪勤民穆公曰孤違蹇叔以辱二三子何嘗有百里奚預其間哉而司馬遷記此以為二老同辭不知其何據也左氏云父召孟明西乞術白乙丙使出師又云蹇叔之子與師蹇叔謂孟子曰孟子見吾師之出而不見其入也哭送其子曰吾收爾骨焉蓋孟明輩自為將帥而蹇叔之子則士卒之屬也此亦不相涉而遷以孟明為百里奚子西乞白乙為蹇叔子又何耶或曰

孔疏引世族譜云或謂西乞術白乙丙為蹇叔子安知于長別無所據而必以左氏為質乎曰此或有之然是役也主其謀者孟明也再敗不沮卒以得逞使果為百里奚子何奚能苦諫其君而無一言以罪其子也以書觀之穆公自敘敗歸即作秦誓以自悔而遷以為取王官封殽尸之後不亦異乎又云君子聞之皆為垂涕曰嗟乎秦穆之與人周也按左氏云君子是以知秦穆之為君也舉人之周也與人之壹也至于孟明子桑皆有贊美之辭凡左氏所謂君子者蓋假之以為褒貶之主而非指乎當時之士也安有所謂聞之垂涕者哉

左氏華督遇孔父妻目逆而送之其言甚文史記乃曰目而觀之不成語矣服虔曰目者極視睛不轉也殆是妄說

公羊傳宋南宮萬弒閔公大夫仇牧手劍叱之萬摋不殺之碎其首齒著乎門闔注謂側手曰摋蓋摑碎其

首故齒迸門閭耳而史記但云萬搏仇牧齒著門闔
死恐先無意
楚莊王圍宋城中無食華元夜見子反而告其情子反
勉之曰我軍亦有七日之粮盡此將去而歸王聞而
責子反子反曰宋猶有不欺之臣可以楚而無乎莊
王不得已乃引師去此公羊之說也史記乃謂莊王
喜華元之誠自發此言而罷兵豈別有所據耶
穀梁曰季孫行父禿晉郤克眇衛孫良夫跛曹公子手

僂同時聘于齊齊使禿者御禿者眇者御眇者跛
者御跛者僂者御僂者所以有鞌之戰公羊畧同唉
助以為似街談巷議故削之劉知幾論省字法云當
作各以其類者逆之此亦可矣史記乃謂令人如之
以導客則是偽效其狀而非真疾也
呂氏春秋云管仲有疾桓公問之仲請遠易牙豎刁公
子啟方公曰易牙烹其子以慊寡人尚可疑邪對曰
人之情非不愛其子也其子之忍又將何有于君公
曰豎刁自宮以近寡人尚可疑耶對曰人之情非不
愛其身也其身之忍又將何有于君公又曰公子啟
方事寡人十五年其父死不敢歸哭尚可疑耶對曰
人之情非不愛其父也其父之忍又將何有于君史
記亦載之而但云殺子以適君非人情不可自宮以
適君非人情難親倍親以適君非人情難近誰得而
知其事邪

滹南遺老集卷十

滹南遺老集卷之十一

滹南王若虛　從之

史記辨惑三

取舍不當辨

遷史之例惟世家最無謂顔師古曰世家者子孫為大官不絶也諸侯有國稱君降天子一等耳雖不可同乎帝紀亦豈可謂之世家且既以諸侯為世家則孔子陳涉將相宗室外戚等復何預也抑又有大不安者曰紀曰傳曰表曰書皆篇籍之目也世家特門第之稱猶強族大姓云爾烏得與紀傳字為類也然古今未有知其非者亦可怪矣然則列國宜何稱曰國志國語之類何所不可在識者定之而已

史記諸世家往往隨年附見他國大事至于列傳亦或有之徒亂其文無關義理夫左氏編年本紀諸國之事或先經以始事或後經以終義互相發明故可也如遷史者各有傳記足以自見何必爾耶近代蘇子容嘗自言其強記之法云吾每以一歲中大事為目欲記當年事則不忘矣如某年改元某年有某事某年命相某年有某事則記事之一法也太史公書恐亦此意嗚呼史書法言也豈徒備強記而已哉蘇氏之説不足信魯世家有云往年冬晉殺其君厲公孔子世家有云明歲子路死于衛子路傳有云是時子貢為魯使于齊魏世家有云其後十四歲而孔子相魯夫當年事且不宜附而又及往年明歲同時十數年之後者何耶

禹之平水土箕子之作洪範史但言其事足矣而全載二書甚無謂蓋聖經自傳不待表出徒增冗滯耳劉子元唯知孟堅地理志全寫禹貢之非而不譏遷史之謬何耶

遷采摭異聞小説習陋傳疑無所不有許由之事既知其非矣而又惑于箕山之冢殆是胸中全無一物也

史記老子傳訓誨孔子如門弟子而孔子嘆其猶龍者

蓋出于莊周寓言是何足信而遂以為實錄乎至于成王剪葉以封唐叔周公吐握以待士孔子不假蓋于子夏曾子以蒸梨而出妻皆委巷之談戰國諸子之所記非聖賢之事而一切信之子由為古史遷之妄謬去之殆盡矣而猶有此等蓋可恨云

伯夷傳云余悲伯夷之意睹軼詩可異焉傳曰云云傳曰二字吾所不曉索隱云謂呂氏春秋韓詩外傳也信如是說則遷所記古人事孰非摭諸前書者而此

獨稱傳乎

新城三老董公遮說漢王以為兵出無名故不成明其為賊敵乃可服者此殊切于義理故孟堅全載其說而遷但云說以義帝死故太簡而不備矣且止于義帝死故則謂之告可也何必云說哉

呂后之名既列于本紀其事跡始末亦隨處具見而外戚世家又云呂娥姁為高祖正后男為太子及戚姬等事恐不須也若唐武氏事跡猥多記中所不可悉故再入后妃傳其例自別

呂后紀末云代王立為天子二十三年崩謚為孝文皇帝按此言代王為天子但以終誅呂之事耳其崩與謚則本紀自具何必及之耶

呂后紀先云封呂須為臨光侯不言須之為誰而後乃云太后女弟呂須失其次矣豈前所稱者別為一人耶

漢文諸詔班固皆書詔而遷稱上曰按其文意當以詔

字為是

竇嬰傳云景帝欲用嬰嬰固辭上曰天下方有急王孫寧可讓耶王孫嬰之字也班氏著之傳首是矣今遷不著讀者何以知之始既不著則當云字謂耳然嬰貴戚大臣非他附見者亦不宜用此法也

義縱傳云甯成家居上欲以為郡守御史大夫弘曰臣居山東為小吏時甯成為濟南都尉其治如狼牧羊成不可使治民上乃拜成為關都尉歲餘關東吏隸

郡國號曰寧見乳虎無值寧成之怒此正當入本傳而書于縱傳何耶雖下有破碎其家事亦不須也張湯傳云趙禹為人廉倨為吏以來舍無食客公卿相造請禹禹終不報謝務在絕知友賓客之請孤立行一意而已見文法輒取亦不覆案求官屬陰罪此段與湯事非必相須亦止當併于禹傳至廉頗趙奢張蒼周昌魏其武安等傳皆是類也

律書之首以為律為萬事根本而其于兵械尤重武王

伐紂吹律聽聲推孟春以至于季冬殺氣相并而音尚宮同聲相從乃物之自然此固可矣乃復備論帝王以來用兵之事而終于漢文歡共百姓樂業數七百言何關于律意哉斯寔無謂之甚而邵氏極稱之以為此其高古雄深非他人拘窘所能到者嗚呼文章必有規矩準繩雖六經不能廢顧乃以疎濶為高深纖密為拘窘何等謬論也又有謂此本為兵書者若果兵書復安用許多律呂事大都皆出于畏遷而

不敢議其非故妄云云耳

史之立傳自忠義孝友循吏烈女儒學文苑與夫酷吏佞倖隱逸方術之類或以善惡示勸戒或以技能備見聞皆可也至于滑稽游俠刺客之屬既已幾于無謂矣若乃貨殖之事特市井鄙人所為是何足以污編錄而遷特記之乎班固徒譏遷之稱述崇勢利而羞賤貧然亦不知其傳之不必立也是故黜而存之范曄而下皆無此目得其體矣

史記索隱謂司馬相如傳不宜在西南夷下大宛傳不宜在酷吏游俠之間此論固當然凡諸夷狄當以類相附則匈奴亦豈得在李廣衛青之間乎循吏儒林而下一節之人皆居列傳之末蓋得體矣及至刺客乃獨第之李斯之上循吏則第之汲鄭之上復何意哉

滹南遺老集卷十一

滹南遺老集卷之十二

滹南王若虛 從之

史記辨惑四

議論不當辨

史氏之評因人事之善惡而正其是非以示勸戒而裨教化故可貴也遷之贊田完徒謂易術幽明非通人達才孰能注意此固不必道者而又云田乞及常所以比犯二君專齊國之政非必事勢之漸然也蓋若遵厭兆祥云則亂臣賊子皆得以天命自解而無所懲矣豈史氏之所宜言乎

孔子世家贊云余讀孔氏書想見其為人夫聖人道德光被萬世雖鄙夫孺子皆知之矣而遷因讀書始想見其為人之大概非所宜言

仲尼弟子傳贊云學者多稱七十二子之徒譽者或過其實毀者或損其真鈞之未覩厥容貌則論語弟子籍出孔氏古文近是余以弟子名姓文字悉取論語弟子問并次為篇疑者闕焉予謂論人者亦據其行事而已豈必容貌之覩以貌取人孔子亦失之而遷顧以為準乎且遷所引雜說鄙事有不足信者又豈皆論語之所載耶

魏世家贊云說者皆曰魏以不用信陵君故國削弱至于亡余以天方令秦平海內其業未成魏雖得阿衡之佐曷益乎此大謬之說也魏之亡既兆于秦興而非人謀之所能救則秦之亡亦兆于漢興而無可為者也而遷于本紀乃取賈生之論以不任忠賢罪二世何哉夫無忌之徒固未足以益國然遷之失言不得為罪也

循吏傳贊云孫叔敖出一言郢市復子產病死鄭民號哭公儀子見好布而家婦逐石奢縱父而死楚昭君立李離過殺而伏劍晉文以正國法無乃少評論總結之語乎

呂不韋贊曰孔子之所謂聞者其呂子乎按孔子所謂

聞者似達而非者也雖不取于君子然不韋亦不足當之也

項羽傳贊云吾聞之周生舜目蓋重瞳子又聞項羽亦重瞳子羽豈其苗裔耶何興之暴也陋哉此論人之形貌容有偶相同者羽出舜後千有餘年而獨以此事遂疑其為苗裔不亦迂乎商均舜之親子遺體在焉然不聞其亦重瞳也而千餘年之遠裔乃必重瞳耶周生何人所據何書而上知古帝王之形貌正復有據亦非學者之所宜講也夫舜以元德升聞四岳薦之帝堯試之上當天心下允衆望然後踐天子之位其得之固有道矣豈專以異相之故而暴興者哉使舜果由此而興則羽之成功亦應畧等奚其不旋踵而剗滅也遷輕信愛奇初不知道故其謬妄每如此後世狀人君之相者類以舜瞳為美談皆史遷之所啟而後梁朱友敬自恃重瞳當為天子因作亂而伏誅亦本此之誤也悲夫

司馬遷贊蕭何云與閎夭散宜生爭烈贊韓信則云可以比周召太公之徒贊周勃則云伊尹周公何以加夫史氏擬人必于其倫不可不慎也以何信等輩而上方三代聖賢談何容易哉至論張耳陳餘則又譏其異于太伯季子遷之品藻陋矣

遷論壺遂云天子方倚以為相會遂卒不然壺遂之內廉行修斯鞠躬君子也夫鞠躬特折身耳而以為君子之盛德何也且天子以輔相期之而充其所有纔止于是乎

李廣傳云其射見敵急度不中不發發即應弦而倒用此其將兵數困辱其射虎亦多為所傷此在陰里容或有之然亦失之意料非史氏所可必者也

汲鄭贊無他襃貶獨嘆其有勢則賓客十倍無勢則否至并載翟公署門事此何足道而著之史評哉

滑稽傳首云孔子曰六藝于治一也禮以節人樂以發和書以道事詩以達意易以神化春秋以道義太史

公曰天道恢恢豈不大哉談言微中亦何可以解紛

夫天道恢恢已不見發明滑稽之意而六藝之事又何所干涉也

貨殖傳云無巖處奇士之行而長貧賤好語仁義亦足羞也貧賤而羞固已甚謬而好語仁義者又可羞乎遷之罪不容誅矣

外戚世家序云夫婦之際人道之大倫也禮之用唯婚姻為兢兢夫樂調而四時和陰陽之變萬物之統也

可不慎哉人能弘道無如命何甚哉妃匹之愛君不能得之于臣父不能得之于子況卑下乎既驩合矣或不能成子姓能成子姓矣或不能要其終豈非命也哉孔子罕稱命蓋難言之也非通幽明之變惡能識乎性命哉夫一婦人之遇否亦不足道矣且凡人事孰非命者而遷于此反覆致意何其費辭也人能弘道之語其意尤疎

滹南遺老集卷十二

滹南遺老集卷之十三

滹南王若虛　從之

史記辨惑五

文勢不相承接辨

呂不韋使華陽夫人姊說夫人曰以色事人者色衰而愛弛今夫人事太子甚愛而無子不以此時早自結于諸子中賢孝者舉立以為嫡子子之夫在則重尊夫百歲之後所子者為王終不失勢此所謂一言而

萬世之利也中間文勢蹉跌不相承接

范雎至秦秦王使舍食草具待命歲餘當是時昭王已立十六年歲餘下接不得當是時字樂毅使于燕昭王以為亞卿久之當是時齊湣王彊陳平長可娶妻富人莫肯與者貧者平亦恥之久之戶牖富人有張負女孫五嫁而夫輒死平欲得之李廣嘗有罪當斬贖為庶人頃之家居數歲皆同病也

范增勸項梁立楚後梁乃求楚懷王孫心民間為人牧

羊立以為楚懷王又不相接不若云時懷王孫心民間為人牧羊梁求得之為順也

留侯世家末云子房始所見下邳圯上老父與太公書者後十三年從高帝過濟北果見穀城山下黃石取而葆祠之文勢不接不若云始下邳老父所言黃石後十三年從高帝過濟北果見于穀城山下

蕭相國世家客說相國曰君胡不多買田地賤貰貸以自汙上心乃安不相承接

淮陰侯傳云其勢非置之死地使人人自為戰今予之生地皆走寧尚可得而用之乎不相承接甚矣

汲黯傳云匈奴渾邪王來降至京師賈人與市者坐當死者五百餘人黯曰夫匈奴攻當路塞絕和親中國興兵誅之死傷者不可勝計而費以巨萬百數臣愚以為陛下得胡人皆以為奴婢以賜從軍死事者家所鹵獲因予之以謝天下之苦塞百姓之心今縱不能渾邪率數萬之衆來降虛府庫賞賜發良民侍養譬若奉驕子愚民安知市買長安中物而文吏繩以為闌出財物于邊關乎陛下縱不能得匈奴之資以謝天下又以微文殺無知者五百餘人是所謂庇其葉而傷其枝者也刪今縱不能一句不唯語意重疊而其眇睉亦不通也

滹南遺老集卷十三

滹南遺老集卷之十四

滹南王若虚　從之

史記辨惑 六

姓名冗複辨

夏本記云禹之父曰鯀鯀之父曰帝顓頊顓頊之父曰昌意昌意之父曰黃帝禹者黃帝之元孫而顓頊之孫也禹之曾大父昌意及父鯀皆不得在帝位為人臣劉子元史通點煩云顓頊紀中具言黃帝是顓頊

祖矣此篇云禹是顓頊孫則其上不得更言黃帝之元孫既云昌意及鯀不得在帝位則下文不當復云為人臣也遂除五十七字誠大中其病然遷書率皆此類可勝道哉今略舉之如此紀既明敘啟為禹之子矣及即位又曰帝啟禹之子衛世家既明敘蒯聵為出公之父矣及蒯聵立又曰是為莊公莊公者出公之父也晉世家既明敘公子重耳為獻公之子矣及重耳立又曰是為文公晉文公重耳晉獻公之子也其後又曰重耳即位為晉君是為文公晉厲公八年閏十二月欒書中行偃囚厲公迎公子周而立之是為悼公悼公元年正月書等弑厲公智瑩迎公子周來至絳刑雞與大夫盟而立之是為悼公魯世家云宣公卒子成公黑肱立是為成公管蔡世家云武王同母兄弟十人長曰伯邑考次曰武王發次曰管叔鮮次曰周公旦次曰蔡叔度次曰曹叔振鐸次曰成叔武次曰霍叔處次曰康叔封次曰冄季載季

載最少同母兄弟十人唯發旦賢左右輔文王故文王舍伯邑考而以發為太子是為武王夫冄季載次第在末自可知其最少何必更言前已言同母兄弟十人亦何必重舉前既偁武王發何必又云是為武王武王賢而立止宜入本紀耳康叔封冄季載既見于此矣而衛世家復云康叔名封武王同母少弟其次尚有冄季載季載最少蔡平侯卒靈侯般之孫東國攻平侯子而自立是為悼侯悼侯父曰隱太子友

者靈侯之太子平侯立而殺隐太子故平侯卒而隐
太子之子東國攻平侯子而代立是為悼侯田完世
家云田乞卒子常代立是為田成子及常卒又云常
諡為成子吳王濞傳既云高帝兄劉仲之子也而又
云劉仲子沛侯濞年二十有氣力義縱傳既云縱有
姊姁以醫幸王太后而又云拜義姁弟縱為中郎若
是之類皆當為史通之所黜也
史記稱人姓名冗複為甚正是不及諸史處殷紀云武

丁以雉雊而懼祖己曰王勿憂先修政事祖己乃訓
王曰此正當云乃訓之曰越世家云句踐棲會稽欲
殺妻子燔寶器觸戰以死大夫種止句踐曰止當云
止之陳世家云孔寧儀行父請殺泄冶公弗禁遂殺
泄冶止當云遂殺之吳世家云季札使于鄭見子產
如舊交謂子產曰鄭之執政侈難將至矣止當云謂
之趙世家云自叔帶以下五世而生趙夙趙夙晉獻
公之十六年伐霍魁耿而趙夙為將伐霍中間多趙

夙字又云趙盾卒子朔嗣趙朔景公之三年朔為晉
將下軍救鄭中間多趙朔字季布傳云丁公為項羽
逐窘高祖彭城西短兵接高祖急顧丁公曰兩賢豈
相戹哉于是丁公引兵而還漢王遂解去及項羽滅
丁公謁見高祖高祖以丁公徇軍中丁公為項王臣
不忠使項王失天下者乃丁公也遂斬丁公曰使後
世為人臣者無效丁公安用許多丁公字耶蕭相國
世家贊云蕭相國何于秦時為刀筆吏錄錄未有奇

節及漢興依日月之末光何謹守管籥因民之疾秦
法順流與之更始謹守管籥上多却何字周昌嘗燕
時入奏事高帝方擁戚姬昌還走帝逐得騎周昌項
止當云騎其項高后使使召周昌周昌至謁高后高
后怒而罵周昌止當云既至后怒而罵郅都為中尉
丞相條侯至貴倨也而都揖丞相止當云都揖之臨
江王徵詣中尉府對簿臨江王欲得刀筆為書謝上
而都禁吏不予魏其侯使人以閒予臨江王多兩臨

江王字止當云欲得刀筆以間子之竇太后中都以漢法于是遂斬郅都止當云于是斬之主父偃傳云是時徐樂嚴安俱上書言世務各一事徐樂曰云云嚴安上書曰云云重郎上書二字天子召見三人乃拜主父偃徐樂嚴安為郎中止當云俱拜為郎中偃以齊王自殺下吏上欲勿誅公孫弘曰主父偃本首惡陛下不誅主父偃無以謝天下乃遂族主父偃止當云不誅無以謝天下遂族之張湯傳云上疑湯有

姦問湯湯不謝湯又作驚多一湯字董仲舒傳云弟子以次相受業或莫見其面蓋三年董仲舒不窺于園何必更言姓名郭解得罪公孫弘議當大逆無道遂族郭解翁伯翁伯解之字也傳首既著之次尤為贅

劉子元駁遷書曰宋世家初云襄公即位而仍謂宋襄公吳世家云闔閭越世家云勾踐皆于其號上加吳王越王字句句未嘗捨之其論甚當然此乃遷全體之病也凡稱某王類加國號凡舉人名每連姓氏冗複蕪穢最是不滿人意處班范而下乃始淨盡焉

滹南遺老集卷十四

滹南遺老集卷之十五

史記辨惑七

字語冗複辨

舜本紀云瞽叟更娶妻而生象象傲瞽叟愛後妻子常欲殺舜舜避逃及有小過則受罪順事父及後母與弟日以篤謹匪有懈後又云舜父瞽叟頑母嚚弟象傲皆欲殺舜舜順適不失子道兄弟孝慈欲殺不可

得即求常在側字語重復而兄弟孝慈一句亦不成義理

周本紀齊世家稱武王觀兵諸侯不期而會盟津者八百諸侯諸侯皆曰紂可伐矣無乃剩諸侯諸侯字冗

衛世家云宣公以子伋為太子令右公子傅之右公子為太子取齊女未入室而宣公見所欲為太子婦者好說而自取之何不但云宣公見其美而煩重如是乎又云齊女子朔讒惡太子伋宣公乃使伋于齊而令盜擿界上殺之與太子白旄而告界盜見持白旄者殺之何若但云使伋于齊與之白旄而令盜于界上視持旄者殺之乎又云朔之兄壽知朔之惡太子而君欲殺之乃謂太子曰界盜見太子白旄即殺太子太子可毋行何若但云知之以告太子使毋行乎又云太子朔立是為惠公左右公子不平朔之立也惠公四年左右公子怨惠公之讒殺前太子伋而代立乃作亂語意重複但存不平朔之立一句足矣又

云翟殺懿公也衛人憐之思復立宣公前死太子伋之後伋子又死而代伋死者子壽又無子此但云思復立太子伋之後而伋子亦死壽又無子可也安用許多字耶

趙世家云趙朔及程嬰謂公孫杵臼曰朔之婦有遺腹若幸而男吾奉之居無何而朔婦免身生男多朔婦免身字

子貢傳云子貢一出存魯亂齊破吳彊晉而霸越子貢

一使使勢相破十年之中五國各有變文意重複矣

越世家云莊生謂陶朱公長男曰若自入室取金長男即自入室取金但云男即取之可也

曹沫為魯將與齊戰三敗北魯莊公懼乃獻遂邑之地以和柯之盟沫刼齊桓公乃許盡歸魯之侵地既而桓公欲倍其約管仲曰不可于是桓公乃遂割魯侵地曹沫三戰所亡地盡復予魯但云桓公乃從可矣何必重疊如此

孔子世家云其先宋人也孔防叔至叔梁紇禱于尼丘得孔子生而首上圩頂故因名曰丘云字仲尼姓孔氏既云孔防叔又言孔子生何必更注姓氏乎

鄭世家云孔子嘗過鄭與子產如兄弟云及聞子產死孔子為泣曰古之遺愛也兄事子產乎謂言孔子為泣則聞字亦著不得或只云及聞其死泣曰更為簡省也夫既如兄弟而子產年長則何必復言兄事哉蓋已死之後及此其次第亦不應爾

春申君言所幸李園女弟于楚王楚王召入幸之遂生子男立為太子以李園女弟為王后楚王貴李園園用事李園既入其女弟立為王后子為太子恐春申君語泄而益驕陰養死士欲殺春申君以滅口自園用事以下冗複重濁殆不可讀以精當律之當云園用事益驕恐春申君語泄陰養死士欲殺之以滅口

楚考烈王卒李園盡滅春申君之家而李園女弟初幸春申君有身而入之王所生子者遂立是為楚幽王

予謂遷先記李園女弟事既已詳悉備見于此但云園女弟所生子立或直云太子立足矣何必費辭如是

趙簡子疾五日不知人既寤語大夫曰我之帝所有一熊欲來援我帝命我射之中熊熊死又有一熊來我又射之中熊熊死予謂中熊字不須要中熊事但云我又射殺之可也

趙襄子滅智伯豫讓曰智伯知我我必為報仇而死以

報智伯則吾魂魄不愧矣多以報智伯字

石奢爲楚相行縣道有殺人者追之乃其父也縱其父而還自繫焉但云縱之可也、

趙奢傳云廉頗之免長平歸也失勢之時故客盡去免歸即失勢時也何必再下此句

魯仲連傳云仲連游于趙趙孝成王時秦兵圍邯鄲魏安釐王使客將軍新垣衍間入邯鄲因平原君謂趙王曰趙誠發使尊秦昭王爲帝秦必喜罷兵去平原

君猶豫未有所決時魯仲連適游趙會秦圍趙聞魏將欲令趙尊秦爲帝乃見平原君曰云云此文理重複但云仲連聞之乃見平原君可也仲連謂新垣衍曰吾將使秦王烹醢梁王新垣衍曰噫嘻亦太甚矣先生之言也多先生言字必欲存之當在太甚字上

聶政欲爲嚴仲子刺韓相俠累仲子請益車騎壯士爲輔翼政言不可遂謝車騎人徒聶政乃辭獨行仗劍至韓多聶政乃辭四字又云刺殺俠累因自皮面決眼自屠出腸遂以死何必遂字又云韓取聶政尸暴于市購問莫知誰子于是韓購縣之有能言殺相俠累者予千金久之莫知也政姊嫈聞人有刺殺韓相者賊不得國不知其名姓暴尸而縣之千金乃於邑曰云云但言政姊嫈聞之于邑豈不簡快乎又曰市行者諸衆人皆曰此人暴虐吾國相多諸衆人字

李斯出獄與其中子俱執顧謂其中子曰多下其中子三字

張儀傳云昔趙襄子令工人作爲金斗長其尾令可以擊人與代王飲陰告廚人曰即酒酣樂進熱啜及斗以擊代王殺之但云廚人如其言擊殺之

范雎傳云須賈謂范雎曰非大車駟馬吾固不出范雎曰願爲君借大車駟馬于主人翁范雎歸取大車駟馬此當云願爲君借於主人翁即歸取車馬

項羽紀諸侯無不人人惴恐無不人人字意重

項羽紀云漢王與韓信彭越期會擊楚軍至固陵而信

越之兵不會張子房曰君王能自陳以東傅海盡與韓信睢陽以北至穀城以與彭越使各自為戰則楚易敗也漢王乃發使者告韓信彭越曰并力擊楚楚破自陳以東傅海與齊上睢陽以北至穀城與彭相國此當云發使者告之也

留侯世家云良與客狙擊秦皇帝秦皇帝大怒大索天下求賊甚急為張良故不須言為良意

淮陰侯傳云漢王欲拜信為大將諸將皆喜人人各自

以為得大將多各自字至拜大將乃韓信也一軍皆驚此但當云至拜一軍皆驚

曹相國世家云卿大夫已下吏及賓客見參不事事來者皆欲有言至者參輒飲以醇酒來者至者重複又云相舍後園近吏舍吏舍日飲歌呼從吏惡之無如之何乃請參遊園中聞吏醉歌呼從吏幸相國召按之曷若但云乃請參遊園中幸其聞而召按也

叔孫通以惠帝作複道勸之立原廟上乃詔有司立之

則立廟之由已自見矣而復云原廟起以複道故此句安用哉前漢削之當矣

陳丞相世家云始陳平曰我多陰謀是道家之所禁吾世即廢亦已矣終不能復起以吾多陰禍也然其後曾孫陳掌以衛氏親貴戚願得續封陳氏然終不得多兩然字吾多陰禍一句亦不須也

賈生傳云懷王墮馬而死無後賈生自傷為傅無狀哭泣歲餘亦死賈生之死時年三十三矣不必再言賈

生之死

馮唐言李牧之事云當是之時趙幾霸其後會趙王遷立其母倡也王遷立乃用郭開讒卒誅李牧再言王遷立何也

張釋之傳文帝問上林尉諸禽獸簿尉左右視盡不能對虎圈嗇夫從旁代尉對上所問禽獸簿甚悉止云從旁代對甚悉豈不善乎

張釋之傳有人盜高廟坐前玉環捕得文帝怒下廷尉

廷尉治釋之按律盜宗廟服御物者為奏不須廷尉
治三字又曰有如萬分之一假令愚民有盜長陵一
抔土但云有如或云萬一或云假令足矣煩重如此
殆不可讀
申屠嘉傳云是時大中大夫鄧通方隆愛幸文帝嘗燕
飲通家其寵如是是時丞相入朝而通居上傍有怠
慢之禮再下是時字不惟文勢重疊意亦不愜也其
寵如是一句亦不必道嘉困辱通上使使者召通既

至為文帝泣多為文帝字
鄧通傳云文帝崩景帝立劉子元謂不必言帝崩固當
矣然遷史類此者甚多夫文景相繼猶或可也至賈
生傳云孝文崩孝武皇帝立既隔景帝而亦書之豈
不愈無謂也
袁盎稱文帝西向讓天子位者再南面讓天子位者三
何必重言天子位
太倉公傳云詔召問所為治病死生驗者幾何人主名
為誰詔問故太倉長臣意方伎所長及所能治病者
有其書無有皆安受學受學幾何歲嘗有所驗何縣
里人也何病醫藥已（史通作與）其病之狀皆何如具悉以
對文勢重疊如此是必前者遷所敘而後乃當時詔
語倉公引之耳不必并而為一云詔名問曰意對曰
則簡而明矣
吳王濞傳云景帝與吳太子博爭道引博局提殺之吳
王由此稍失藩臣之禮稱病不朝京師知其以子故

稱病不朝但當云知其故也
甯成遷濟南都尉而郅都為守如（史記作始）前數都尉皆步
入府因吏謁守如縣令其畏郅都如此及成往直陵
都出其上剽其畏郅都如此一句
王溫舒為河內太守捕郡中豪猾郡中豪猾相連坐千
餘家不須再道郡中豪猾
司馬相如病甚天子曰可往從悉取其書使所忠往而
相如已死家無書問其妻對曰長卿固未嘗有書也

時時著書人又取去即空居長卿未死時為一卷書曰有使者來求書奏之無他書其遺札書言封禪事奏所忠所忠奏其書天子異之其書曰凡用十書字何其繁也若云相如已死其妻曰長卿固未嘗有書時有所著人又取去且死獨遺一卷曰有使者來即奏之其書乃言封禪事也既奏天子異焉其辭云云不亦可乎

李廣見草中石以為虎而射之中石沒鏃視之石也因復更射終不能復入石矣凡多三石字當云以為虎而射之沒鏃既知其石因復更射終不能入或云嘗見草中有虎射之沒鏃視之石也亦可又云其射見敵急非在數十步之內度不中不發度不中三字重疊若此句存則上句宜去也又言廣自剄軍士大夫一軍皆哭但云一軍足矣或去此二字亦可

汲黯傳云東越相攻使黯往視之不至至吳而還多不至字

鄭當時傳云存諸故人請謝賓客夜以繼日至其明旦常恐不徧剩至其明旦字

申公傳云天子問治亂之事申公時已八十餘老對曰云云伏生傳云年九十餘老不能行老字贅矣

竇太后使轅固入圈刺豕正中其心一刺豕應手而倒多一刺豕字

張湯傳云湯嘗病天子至自視病當作視之或云臨視也又云三長史皆害湯欲陷之據下文不須用此語

觀者可見又云或告湯姦事下減宣宣嘗與湯有郤及得此事窮竟其事當云窮竟之也

郭解傳既稱為人短小精悍不飲酒而後又云為人短小不飲酒何耶雒陽人有相仇者解夜見仇家仇家曲聽解解夜去不使人知曰且無用待我待我去令雒陽豪居其間乃聽之疑重用待我字

貨殖傳云魯人曹邴氏以鐵冶起富至巨萬鄒魯以其故去文學而趨利者以曹邴氏也既言以其故則不

必更云以曹邸氏也

匈奴傳云單于頭曼欲廢太子冒頓作為鳴鏑習勒其騎射令曰鳴鏑所射而不悉射者斬之行獵鳥獸有不射鳴鏑所射者輒斬之前後凡用八鳴鏑字據文勢相蒙其餘可盡去也

晉張輔論遷固史云遷記二千年事而五十萬言固記二百年事乃八十萬言繁簡不同優劣可知此說大謬劉子元既辨其大節矣抑予嘗考之遷記事疎畧而剩語甚多固記事詳備而刪削精當然則遷似簡而實繁固似繁而實簡也安得以是為優劣哉

滹南遺老集卷之十五

滹南遺老集卷之十六

滹南王若虛　從之

史記辨惑

重疊載事辨

楚莊王圍鄭鄭伯迎降之辭既載于楚世家又載于鄭世家莊王縣陳申叔時為牽牛徑田之喻既載于楚世家又載于陳世家莊王圍宋華元告以析骨食子之急既載于楚世家又載于宋世家陳恒殺闞止事既詳見于齊世家而又見于田完世家陳乞立陽生事亦然子路死難事既詳見于衞世家而又見于本傳陳厲公齊懿仲卜田完事止宜載于完世家而又全載于陳世家專諸刺吳王僚事止宜載于本傳而又載于吳世家楚平王執伍奢召二子事止宜詳見于子胥傳而又全見于楚世家子胥諫吳王之言吳王賜死之事子胥將死之語亦止宜見于子胥傳而楚越世家又皆載之闔廬將死屬太子報越事載于

吳世家是矣而又見于子胥傳春秋書天王狩河陽
事載于孔子世家矣而又見於晉世家又見於周本
紀項羽遷義帝事既載于羽本紀而又見于高帝紀
陳平間楚君臣事既載于項羽紀而又見于本傳張
良難酈生事既載于高帝紀而又見於本傳酈生責
高祖倨見事止宜載于本傳而又見于帝紀緹縈上
書救父事載于孝文紀而又見于倉公傳近來孔毅
夫雜説論晉史王隱諫祖約弈棊事兩傳俱出謂之
繁文而嚴有翼著藝苑雌黄亦摭新唐重複事以為
病獨未見遷書之失耶

吳世家云季札聘于魯請觀周樂其言云云使于齊説
晏子曰子速納邑與政乃免于難齊國之政將有所
歸未得所歸難未息也使于鄭見子產如舊交謂子
產曰鄭之執政侈難將至矣政必及子子為國慎以
禮不然鄭國將敗適衛説蘧瑗史狗史猶公子荊公
叔發公子朝曰衛多君子未有患也適晉説趙文子
韓宣子魏獻子曰晉國其萃于三家乎將去謂叔向
曰君侈而多良大夫皆富政將在三家吾子直必思
自免于難凡此皆以見季子之明識著之可矣至魯
世家襄公二十九年云吳延陵季子使魯問周樂盡
知其意鄭世家簡公二十二年云吳使延陵季子于
鄭見子產如舊交謂曰鄭之執政侈難將至政將及
子子為政必以禮不然鄭將敗衛世家獻公後三年
云吳延陵季子使過衛見蘧伯玉史鰌曰衛多君子

其國無故晉世家平公十四年云吳延陵季子來使
與趙文子韓宣子魏獻子語曰晉國之政卒歸此三
家矣是何必哉

管蔡世家既備言武王崩成王少管蔡疑周公之為不
利故挾武庚作亂周公承以王命誅之矣而衛世家
又詳出之何若但云周公既誅管蔡乎

趙世家贊云吾聞馮王孫曰趙王遷其母倡也嬖于悼
襄王悼襄王廢嫡子嘉而立遷遷素無行信讒故誅

其良將李牧用郭開豈不謬哉至馮唐傳稱李牧之功曰是時趙幾霸後會趙王遷立其母倡也用郭開讒而誅李牧予謂趙王遷所以奪嫡而立則由其母見嬖之故若乃信讒而誅李牧倡何與焉此句為贅而班書亦存之過矣

竇嬰傳云梁孝王者孝景弟也其母竇太后愛之梁孝王朝因昆弟燕飲是時上未立太子酒酣從容言曰千秋之後傳梁王太后驩嬰引卮進諫按帝言傳位

孝王事世家自具何不但輕道過

滹南遺老集卷之十六

滹南遺老集卷之十七

滹南王若虛　從之

史記辨惑九

疑誤辨

酈生說高祖復立六國後張良發八難古今稱頌以為美談竊嘗有所疑焉彼其言曰湯伐桀而封其後于杞者度能制桀之死命也今陛下能制項籍之死命乎武王伐紂而封其後于宋者度能得紂之頭也今

陛下能得項籍之頭乎此論甚疎夫桀紂已滅然後湯武封其後而良云度能制桀死命得紂之頭豈封于未滅之前耶且湯武所以封之者重絕人之世耳非以計其利害也奈何其以項籍之命為此哉酈生所以說帝者特欲係衆人之心庶幾叛楚而附漢耳非使封諸項氏也奈何其以湯武之事勢相較哉湯武雖殊時事理何異制死命與得其頭亦何以分而列為兩節表商容之閭釋箕子之拘封比干之墓此

本三事而良并之者以其一體也至于倒置干戈休
馬放牛獨非一體乎而復析之為三何哉班氏頗見
其非而乃并湯武事為一而但云度能制其死命豈
以死命字不屬桀紂而屬其後歟然終與項籍事不
類也既以湯武為一事故又分楚唯無疆以下為第
八節蓋二書已自參差矣近世胡寅謂是時高祖未
稱尊而子房呼陛下作史者之過也然則八難之目
安知其無誤耶

漢書老父相呂后及二子皆貴及見高祖曰卿者夫人
兒子皆以君如淳曰以或作似顏氏破其說當矣然
史記正作似豈誤歟

酈生既自有傳而朱建傳後又叙生初見沛公及下陳
留事大同小異而詞頗浮誇此必褚先生輩附入之
猶田仁之類也

漢文以公主嫁匈奴使宦者中行說傳之說不欲行漢
彊使之說曰必我行也為漢患者漢書但云必我而
無行字此恐錯誤若曰為漢患者必我也或云必我
行為漢患矣如此乃順

司馬相如傳贊云相如雖多虛辭濫說然其要歸引之
節儉此與詩之風諫何異揚雄以為靡麗之賦勸百
風一猶騁鄭衛之聲曲終而奏雅不已虧乎前漢書
全引此語予嘗疑之按遷傳雖不著其死之歲月然
去遷既死後其書稍出宣帝時遷外孫楊惲祖述其
書遂宣布焉則其死不過在昭宣之間耳而雄以成

帝元延之初始自蜀遊京師年七十一卒于王莽天
鳳五年逆而推之宣帝之二十年雄乃始生遷著書
時安得雄之言乎是必孟堅所續而後人誤附于史
記耳

公孫宏主父偃贊云公孫宏行義雖修然亦遇時漢興
八十餘年矣上方嚮文學招俊乂以廣儒墨宏為舉
首主父偃當路諸公皆譽之及名敗身誅士爭言其
惡悲夫舉首字下意似不足豈有闕文乎

滹南遺老集卷之十七

滹南遺老集卷之十八

滹南王若虛　從之

史記辨惑十

史記用而字多不安今略舉甚者

齊世家云郤克使于齊齊使夫人帷中而觀之晉世家云襄公之六年而趙衰卒景公時而趙盾卒平公十二年而趙武為正卿荀卿傳云齊襄王時而荀卿最為老師魯仲連傳云趙孝成王時而秦王使白起破長平之軍伍子胥傳云吳國內空而公子光乃令專諸襲刺吳王僚又云吳與越平其後五年而吳王聞齊景公死而大臣爭寵新君弱多上一而字聶政傳云嚴仲子奉黃金百鎰前為聶政母壽固進而聶政謝曰云云又云夫賢者以感憤睚眦之意而親信窮僻之人而政安得嘿然而已乎多中間一而字呂不韋傳云不韋以五百金與子楚為進用結賓客而復以五百金買奇物玩好而西遊秦多上一而字趙堯

問高帝曰陛下所為不樂非為趙王年少而戚夫人與呂氏有隙也（監本史紀作耶）陛下（監本作備）萬歲之後而趙王不能自全乎多下一而字也字亦剩韓信傳云趙軍戰不勝欲還歸壁皆漢赤幟而大驚賈生傳生以為漢興至孝文二十餘年天下和洽而固當改正朔易服色韓生傳云自是之後而燕趙間言詩者由韓生此等而字皆當去之直不疑為郎同舍有告歸者誤持同舍郎金去金主意不疑不疑買金償而告歸者

來而亡金者大慙多兩而字李廣與望氣王朔燕語曰自漢擊匈奴而廣未嘗不在其中而諸部校尉以下才能不及中人然以擊胡軍功取侯者數十人而廣不為後人然無尺寸之功以得封邑者何也三而字皆剩上一然字却作而字則愜當矣

司馬遷用於是乃遂等字冗而不當者十有七八今畧舉之如殷武丁夢傅說事云于是乃使百工營求之野既有乃字何須更云于是鄭文公之妾燕姞夢天與之蘭曰以是為而子以告文公文公幸之而予之草蘭為符遂生子名曰蘭遂字殊不安若云既而生子遂名曰蘭則可晉世家云武王與叔虞母會時夢天謂已曰余命女生子名虞及生子有文在其手曰虞故遂因命之曰虞故遂因三字豈可連用鄭世家亦舉此事則云遂以命之何巧于彼而拙于此也曹沫劫齊桓公求所侵地許之既而欲倍約管仲以為不可于

是乃遂割魯侵地其病猶晉世家言叔虞事也趙世家記程嬰杵臼事云乃二人謀取他人嬰兒負之乃字却當作于是或云二人乃謀則順矣范雎說秦王云臣聞善治國者乃內固其威而外重其權多却乃字蒙毅對胡亥云臣乃何言之敢諫何慮之敢謀乃字為悖語意亦乖高帝斬白蛇有老嫗夜哭人問何哭嫗曰云云人乃以嫗為不誠欲笞之乃字當去田横二客自剄高帝聞之乃大驚多却乃字叔孫通傳

云上見留侯所招客入見上乃遂無易太子志乃遂
二字當去其一惠帝即位乃謂叔孫生曰云云惠帝
出遊離宮叔孫生勸上取櫻桃獻宗廟上乃許之二
乃字皆贅曹參謂惠帝云陛下自察聖武孰與高帝
上曰朕乃安敢望高帝其病如蒙毅語袁盎謂絳侯
非社稷臣絳侯望盎盎遂不謝多却遂字灞陵尉呵
止李廣廣騎曰故李將軍尉曰今將軍尚不得夜行
何乃故也乃字不安伏生傳孝文時欲求能治尚書

者天下無有乃聞伏生能治之石建為郎中令事有
可言屏人恣言極切至廷見如不能言者是以上乃
親尊禮之周仁傳云武帝立以為先帝臣重之仁乃
病免三乃字皆不妥

滹南遺老集卷之十八

滹南遺老集卷之十九

滹南王若虛　從之

史記辨惑十一雜辨

鄭莊公稱其母為姜氏陸生晁錯父稱子為公皆于義
不安殆邱明子長之失未必當時本語也

楚世家云莊王圍鄭鄭伯降楚羣臣曰王勿許莊王曰
其君能下人必能信用其民庸可絕乎遂許之平此
蓋本乎左氏也至鄭世家則云莊王曰所為伐伐不

服也今已服尚何求乎二者果孰是

宋世家云莊王圍宋宋華元出告子反曰城中析骨而
炊易子而食莊王曰誠哉言楚世家亦載王語云君
子哉二者果孰是此類甚多不可殫述也

史記載伍員父子語言本傳與世家參差不同或云此
變文也予謂不然言出于一人之口書出于一人之
手而自變其文人何以取信哉

晉世家云唐叔虞姓姬氏武王之子按周紀自有姓氏

既云武王之子何必更言姓也且魯衛管蔡等世家
類皆不著而此獨著何哉
晉世家云趙盾昆弟將軍趙穿灌夫傳云竇甫竇太后
昆弟也未曉昆弟之義
宋世家云襄公及楚人戰于泓公曰君子不困人于阨
不鼓不成列子魚曰如公言即奴事之耳又何戰為
奴事字不似當時語蓋遷撰出者三傳初無此意也
抑其句法亦是不順凡尊奉其人則有曰師事父事
凡事者鄙賤其人則有曰奴使奴親奴畜者上一字
屬乎彼而已今此奴字以意則屬乎我以句法則屬
乎彼豈非思之不審歟
孫武傳云吴王闔廬問曰子之十三篇吾盡觀之矣可
以小試勒兵乎對曰可闔廬曰可試以婦人乎曰可
于是許之出宮中美人此王問武而非武所請也何
用許之字
老父相高祖曰君相貴不可言高祖乃謝曰誠如父言
不敢忘德此但其術可貴耳何德之有
漢封侯公為平國君匿弗肯復見曰此天下辯士所居
傾國故號為平國君予謂匿弗肯復見字當在號為
平國君下
高祖紀云稱劉季者在當時人可也而遷亦數稱之不
唯于文體為非而臣子之道亦不當爾也漢書正之
為是
高祖紀云父老皆曰平生所聞劉季諸珍怪當貴珍字
不安漢書改為奇是矣
太公家令云高祖雖子人主也是時未有高祖號劉子
元辯之誠中其病漢書改為皇帝是矣
陳丞相世家云平從攻韓王信于代至平城為匈奴所
圍七日不得食高祖用平奇計使單于閼氏圍以得
開而其計秘世莫得聞桓譚應劭意其以漢有美女
動之世或喜其說然吾觀韓王信傳云上出白登匈
奴騎圍之上乃使人厚遺閼氏閼氏乃說冒頓曰今

得漢地猶不能居且兩主不相戹居七日胡騎稍引去漢出圍入平城救兵亦到胡騎遂解去匈奴傳畧同而又云冒頓與韓王信之將王黄趙利期而黄利兵不來疑其與漢有謀亦取閼氏之言乃解圍之一角信如此說則漢之所以動閼氏者止于重賂而胡騎之所以解去者又不專因閼氏之力也烏有所謂不傳之奇計哉其言反覆殆未足信

張敖傳云趙相貫高等欲殺高祖壁人柏人上過欲宿

心動問縣名為何曰柏人柏人者廹于人也不宿而去予謂廹人之意本出高祖非縣名本有此理又非史氏所當言則宜加上以二字漢書又去也字猶覺不圓

荆燕世家云荆王劉賈諸劉者不知其何屬諸劉字絶下不得其曰燕王劉澤諸劉遠屬則是矣

梁孝王世家云孝文帝兄四男長子曰太子是為孝景帝次子武次子參次子勝夫上既言男則子字皆贅太子非名則曰字亦不安法當云其長景帝也次曰某次曰某

淮南厲王長謀反召至長安丞相臣張蒼典客臣馮敬行御史大夫事宗正臣逸廷尉臣賀備盜賊中尉臣福昧死言云云制曰朕不忍致法于王其與列侯二千石議臣蒼臣敬臣逸臣福臣賀昧死言云云夫稱臣某等昧死言者當時所奏語史家輙爾書之無乃不可乎遷固每每如是而後世亦或襲之竊所未喻

田仁傳云武帝時拜為司直數歲坐太子事時左丞相自將兵令司直田仁主閉守城門坐縱太子下吏誅死仁發兵長陵令車千秋上變仁仁族死陘城始但言坐太子事而復言坐縱太子誅死又言因千秋上變族死語意重疊昏晦甚矣遷之叙事此類尤多

田敬仲世家云齊宣王好文思之士自如騶衍淳于髡之徒皆賜列第荀卿傳云自如孟子至于吁子世多有其書自如二字連用不得十二諸侯年表序用及

如字尤不安也
儒林傳序云孟子荀卿之列咸遵夫子之業而潤色之剔字不安
子胥傳云公子光令專諸襲刺吳王僚如何下襲字
田橫二客自剄高帝聞之乃大驚以田橫之客皆賢吾聞其餘尚五百人在海中使使召之至則聞田橫死亦皆自殺子謂聞之乃大驚剩乃字吾聞其餘尚五百人剩吾字

呂后紀云呂后祓還過軹道見物如蒼犬據高后掖呂后高后似是兩人但云據其掖可矣丁公窘高祖彭城西沛公顧曰兩賢豈相阸哉方言高祖還曰沛公此亦同病也
留侯世家記圯上老父事云良因怪之跪曰諾劉貢父漢書刊誤以為怪字合在因字上此固是矣然漢書之文本緣史記且其下又有云良因異之者則非獨孟堅之誤也

張良贊曰余以為其人計魁梧奇偉至見其圖狀貌乃如婦人好女蓋孔子曰以貌取人失之子羽留侯亦云以為字與計字相窒留侯亦云上當有余於二字
留侯世家云留侯性多病多病何關性事
韓信傳贊云假令韓信學道謙讓不伐巳功不矜其能則庶幾哉於漢家勳可以比周召太公之徒後世血食矣假令字下不得哉字亦不便於文勢
呂后紀孝惠為人仁弱高祖以為不類我常欲廢太子

立戚姬子如意如意類我再言如意類我於文為複且我字不順去之可也
蕭何傳云益封何二千户以嘗繇咸陽時何送我獨贏奉錢二也我字悖
文帝聞馮唐言歎曰吾獨不得廉頗李牧時為吾將時字甚悖
伍被諫淮南王王於是氣怨結而不揚涕滿匡而橫流其詞不典殆似古賦豈史氏實錄之體哉

衛綰傳云建元年中以景帝疾時諸官囚多坐不辜者而君不任職免之君字悖

禮書首云太史公曰洋洋美德乎宰制萬物役使羣衆豈人力也哉洋洋美德孰遽知其為禮遷文無首尾每如此

律書贊太史公曰故璇璣玉衡以齊七政按故字自是因上接下之辭首句如何便用得

石奮傳云子孫勝冠者在側雖燕居必冠申申如也僮

僕訢訢如也唯謹其執喪哀戚甚悼唯謹甚悼字俱不安

范雎傳云魏聞秦且東伐韓魏魏使須賈於秦多一魏字又云穰侯為秦將欲越韓魏而伐齊欲以廣其陶封多一欲字

藺相如請王齋五日乃上璧秦王度之終不可彊奪遂許齋五日多却之字

留侯世家云劉敬說高帝曰都關中多却曰字左右大臣多勸上都雒陽雒陽東有成皋西有殽黽却少一曰字

袁盎贊曰時以變易及吳楚一說說雖行哉然復不遂上三句語意不接亦不成語

韓信傳云此所謂驅市人而戰之之字不安

趙堯薦周昌曰其人有堅忍質直何用有字

燕太子請荊軻曰日已盡矣荊卿豈有意哉范雎傳云須賈問范雎曰今吾事之去留在張君孺子豈有客

習于相君者哉婁敬說高帝曰陛下都雒陽豈欲與周室比隆哉哉字皆不安作乎字可也

范蠡傳載楚王之言曰寡人雖不德耳柰何以朱公之子故而施惠乎耳字不安去之可也

荊軻傳云軻雖游于酒人乎乎字尤乖

灌夫傳云諸公莫弗稱之莫弗字不成語

楚昭王病甚讓其弟公子閭為王五讓乃後許乃後不成語

趙世家云智伯與趙韓魏盡分其范中行故地多其字

田完世家云田乞事齊景公為大夫其收賦税於民以小斗受之其粟予民以大斗多粟字

循吏傳序云網漏於吞舟之魚多却於字

范雎傳云散家財物盡以報所嘗困厄者所嘗字不安

李斯出獄與其中子俱執遂父子相哭此而夷三族此而不成語

李斯贊曰人皆以斯極忠而被五刑死察其本乃與俗

議之異之字極難下

蒙恬自責曰塹萬餘里此其中不能無絶地脈哉不字當作豈

高祖令張良獻白璧玉斗于項羽范增張良曰謹諾謹字道不得

高祖紀云老父相魯元公主亦皆貴皆字不安

武涉説韓信足下雖自以與漢王為厚交為之盡力用兵終為之所禽矣之所二字當去其一又云足下所以得須臾至今者以項王尚存也須臾字亦道不過

孫叔敖問市令市亂事曰如此幾何頃乎市令曰三月矣頃字道不得

田横曰吾烹人之兄與其弟併肩而事其主縱彼畏天子之詔不敢動我我獨不媿于心乎人字與弟字相窒當云烹人之兄而與之併肩事主或云烹人而與其弟併肩事主則可矣

燕世家云齊湣王謂燕太子平曰雖然則唯太子所以

令之則字下不得

項羽對項梁云劍一人敵不足學學萬人敵此句不圖

漢書加耳字是也

陸賈謂陳平曰天下雖有變即權不分即當作而

項籍見始皇曰彼可取而代也梁掩其口毋妄言族矣其語不圓

趙禹傳云令上時禹以刀筆吏積勞稍遷為御史時字不安

申屠嘉傳云高帝時大臣又皆多死皆多二字不可連
用嘉對文帝青鄧通上曰君勿言吾私之罷朝坐府
申嘉為檄召鄧通此語法不順不若言府檄
召也
聶政曰嚴仲子奉百金為親壽我雖不受然是者徒深
知政也然是字不成語
屈源傳秦昭王欲與懷王會懷王稚子子蘭勸王行奈
何絕秦歡少曰字
荊軻傳田光謂燕太子曰太子聞光盛壯之時不知臣
精已消亡矣雖然光不敢以圖國事所善荊卿可使
也雖然字悖
王溫舒傳為廣平都尉擇郡中豪敢以為爪牙督盜賊
以其故齊趙之郊盜賊不敢近廣平多其字
史記太史公自序云民倍本多巧奸軌弄法善人不能
化唯一切嚴削為能齊之作酷吏傳夫事人君能說
主耳目和主顏色而獲親近非獨色愛能亦各有所

長作佞倖傳夫酷吏佞倖類皆小人史之立傳大抵
著其罪惡以為世戒而遷獨有取于此等然則是非
之謬豈特游俠貨殖之論哉
自序云嘉尚父之謀作齊世家嘉旦金縢作魯世家其
序燕云嘉甘棠之詩其序衛云嘉彼康誥序宋則云
嘉微子問太師序晉則云嘉文公錫珪鬯此類甚多
夫史書實録也事所當記善惡必存豈因嘉一事而
後作乎大抵諸序傳皆不足觀刪之可也
呂氏大事記云太史公於夏紀則稱孔子正夏時於殷
紀則稱孔子善殷輅聖人損益四代之大意不可謂
不略窺之矣予謂遷特因孔子之言而猥引之耳既
非已見又不能別有發明而呂氏遽以為知損益之
意何遽過譽之甚也
大事記史記文帝紀多載詔書至景帝紀則皆不載蓋
以為不足載也其旨微矣予謂史書實録也詔誥一
時之大事縱使帝之所行不能副其言豈容悉沒之

乎此自遷之私憤而呂氏深取之遂以判班馬之才識予未敢知也

班固譏遷論游俠述貨殖之非世稱其當而秦少游辨之以為遷被腐刑家貧不能自贖而交游莫救故發憤而云此誠得其本意然信史將為法于萬世非一己之書也豈所以發其私憤者哉

滹南遺老集卷之十九

困學紀聞·史記

[宋]王應麟

文淵閣四庫全書本

欽定四庫全書

子部

困學紀聞　御製文　卷一

詳校官中書臣張經田
員外郎臣牛稔文覆勘
總校官降調編修臣倉聖脉
校對官主事臣陳文樞
謄錄監生臣王士傑

御製讀王應麟困學紀聞

應麟博學多聞著書頗富而議論皆出於正是編乃隨筆考訂理融辭達其說經具有淵源深合內聖外王之旨偶披說易卷於凡修辭立誠陽大陰小防於未然恐以致福未嘗不反復而誦沈潛而思以為有天下國家者不可不熟讀而切己體察也獨其論五陽之盛一陰生而引陳完之奔齊為亡齊者已至漢宣帝時匈奴來朝而王政君已在太子宮唐太宗即位而武氏已生於前二年宋藝祖二年女真來貢而宣和之禍乃作於女真以為易者極深研幾當勿用而知有亢履霜而知有戰國亦戒將然凜消息之義耶而未免失之鑿矣夫為君者慮泰否之幾察盛衰之運朝乾夕惕持盈危明如是而已耳必舉數世之前之事以為數世之後之兆或轉疑於謬悠而不信則反懈其儆懼之心涉此說有以甚之乎且五世八世之說出於左傳本屬浮誇使景公聽晏嬰之諫簡公從御鞅之言平公拒田常之計宣公

奪襄子之權則陳氏終不能為齊侯也至於王元后武則天之事皆因漢唐之帝不能自立亦人所共知者而女真入貢於藝祖更去侵宋一百數十年使徽宗不用奸亂政及遣馬政通使而復背盟金人又安能如之何哉蓋禍福互倚伏治亂相循環為人君者不可不懔然悟而變然懼若如應麟所云智者必鄙而謂誕愚者將忽而不省等而上之堯舉舜舜舉禹之時謂之為失天下之機可乎雖然當天下極盛之時而為思患預防之

想亦為君者所當知也亦豈可以小疵而棄其大醇

欽定四庫全書　　子部十

困學紀聞　　雜家類二雜考之屬

提要

臣等謹案困學紀聞二十卷宋王應麟撰應麟有周易鄭康成注諸書皆別著錄是編乃其劄記考証之文凡說經八卷天道地理諸子二卷考史六卷評詩文三卷雜識一卷首有自題云幼承義方晚遇艱屯炳燭之明用志不分云云蓋亦成於入元之後也應麟博

洽多聞而理軌於正其學問淵源出於朱子然書中辨正朱子語誤數條如論語注不舍晝夜舍字之音孟子注曹交曹君之弟及謂大戴禮為鄭康成注之類皆考證是非無所遷就不肯如元胡炳文諸人堅持門戶亦不至如明楊慎陳耀文

國朝毛奇齡諸人肆相攻擊蓋學問既深意氣

自平故絶無黨同伐異之私其所考覈率切實可據良有由也此本乃

國朝閻若璩何焯所校各有評注多足與應麟之説相發明今仍從刋本附於各條之下以相參證焯頗以詞科之學輕詆應麟然應麟博極羣書著述至六百餘卷焯之所學恐難望其涯涘未免輕於立言以其補苴罅漏一知半解亦多可採故仍並存之不加芟薙焉

乾隆四十六年五月恭校上

總纂官臣紀昀臣陸錫熊臣孫士毅

總校官臣陸費墀

困學紀聞題識

幼承義方晚遇囏屯炳燭之明用志不分困而學之庶自別于下民開卷有得述為紀聞深寧叟識

欽定四庫全書

子部

困學紀聞卷十一

詳校官中書臣張經田

員外郎臣牛稔文覆勘

總校官降調編修臣倉聖脉

校對官修撰臣吳錫齡

謄錄監生臣吳孝顯

欽定四庫全書

困學紀聞卷十一

宋 王應麟 撰

考史

戰國策張儀說秦王曰世有三亡而天下得之姚氏云韓非子第一篇初見秦文與此同鮑氏失於攷證呂成公麗澤集文取此篇

鄒忌不如徐公美新序云齊有田巴先生行修於外王聞其賢聘之將問政焉田巴改製新衣拂飭冠帶顧謂其妾妾曰佼將出門問其從者從者曰佼過於淄水自照視醜惡甚焉遂見齊王齊王問政對曰今者大王召臣臣問妾妾愛臣諛臣曰佼問從者從者畏臣諛臣曰佼臣至臨淄水而觀然後知醜惡也今王察之齊國治矣與鄒忌之言畧同洪景盧謂孟子所書齊景公問晏子與管子内言戒篇相似蓋傳記若是者多矣

齊負郭之民有狐咺者正議閔王斮之檀衢抜呂氏春秋貴直論狐援說齊湣王曰殷之鼎陳於周之廷其社蓋於周之屏其干戚之音在人之遊亡國之音不得至於廟亡國之社不得見於天亡國之器陳於廷所以為戒王必勉之其無使齊之大呂陳之廷無使太公之社蓋之屏無使齊音充人之遊齊王不受狐援出而哭國五日其辭曰先出也衣絺紵後出也滿囹圄吾今見民之洋洋然東走而不知所處齊王問

吏曰哭國之法若何吏曰斮王曰行法狐援乃言曰有人自南方來鮒入而鯢居使人之朝為草而國為墟殷有比干吳有子胥齊有狐援已不用若言又斮之東閭每斮者以吾參夫二子者乎漢古今人表作狐爰注即狐咺也愚謂殺諍臣者必亡狐援其洩冶之類乎

齊威王封即墨大夫燕取齊七十餘城唯莒即墨不下田單以即墨破燕齊王建將入秦即墨大夫入見畫臨晉武關之策建不聽而亡吁何即墨之多君子也建能聽即墨大夫之謀則齊可以勝秦矣國未嘗無士也

太平御覽引戰國策曰吳子問孫武曰敵人保山據險擅利而處糧食又足挑之則不出乘間則侵掠為之奈何武曰分兵守要謹備勿懈潛探其情密候其怠以利誘之禁其牧採久無所得自然變改待離其故奪其所愛今本無之

樂間入趙燕王以書謝焉新序以為惠王遺樂毅書新序樂毅書君子絕交無惡言去臣無惡聲

戰國有兩公孫弘一在齊為孟嘗君見秦昭王一在中山言司馬憙招大國之威求相與漢平津侯為三韓子云公孫弘斷髮而為越王騎是又一人也

禹貢正義鄭康成云戰國策碣石在九門姚宏云戰國策遺逸如司馬正引馬犯謂周君徐廣引韓兵入西周李善引呂不韋言周三十七王歐陽詢引蘇秦謂

元戎以鐵為矢史記正義引九門本有宮室而居今本所無

晏元獻論秦穆公以由余為賢用其謀伐戎夫臣節有死無貳戎使由余觀秦終竭謀慮滅其舊疆豈鍾儀操南音樂毅不謀燕國之意哉秦穆之致由余而闢戎土也失君君臣臣之訓矣元獻之論有補世教故録之

唐太宗問褚遂良曰舜造漆器禹彫其俎其事見韓子

由余對秦穆公曰舜作食器流漆墨其上國之不服者十三禹作祭器墨染其外朱畫其內國之不服者三十三

薛士龍曰齊威之霸不在阿即墨之斷而在毀譽者之刑今按毀譽者乃佞臣周破胡見列女傳若璩按士龍名季宣永嘉人即前所謂薛常州也齊威之霸三語乃使還言於孝宗以攻其左右者

大事記魏以田文為相解題曰田文與孟嘗君姓名適同而在前呂氏春秋審分覽作商文所載吳起問荅與史記畧同西山讀書乙記謂田文游俠之宗主以主少國疑自任未知其可也誤以為孟嘗君

王逸云屈原為三閭大夫三閭之職掌王族三姓曰昭屈景屈原序其譜屬率其賢良以厲國士漢興徙楚昭屈景於長陵以強幹弱支則三姓至漢初猶盛也莊子曰昭景也著戴也甲氏也著封也非一也說云昭景甲三者皆楚同宗也甲氏其即屈氏歟秦欲與楚懷王會武關昭雎屈平皆諫王無行襄王自齊歸

齊求東地五百里昭常請守之景鯉請西索救於秦東地復全三閭之賢者忠於宗國所以長久

陳軫傳卞莊子刺虎戰國策作管莊子索隱引戰國策作館莊子館謂逆旅舍其人字莊子

晉楚之爭霸在鄭秦之爭天下在韓魏林少穎謂六國卒并於秦出於范雎遠交近攻之策取韓魏以執天下之樞也其遠交也二十年不加兵於楚四十年不加兵於齊其近攻也今年伐韓明年伐魏更出迭入

無寧歲韓魏折而入於秦四國所以相繼而亡也秦取六國謂之蠶食蓋蠶之食葉自近及遠古史云范雎自為身謀未見有益於秦愚謂此策不為無益然韓不用韓玘魏不廢信陵則國不亡若璩按韓玘亡韓事不經見僅李斯上書短趙高云宋子罕劫君齊田常取國繼以信高之志若韓玘為韓安相也斯與同時事定有據而王氏用此亦新矣哉

周赧王卒於乙巳明年丙午秦遷西周公而東周君猶存也壬子秦遷東周君而周遂不祀作史者當自丙

午至壬子繫周統于七國之上乃得春秋存陳之義大事記周赧後即繫秦若璩按通鑑已然朱子以為未當綱目以七國如楚漢並書之

七國齊魏趙韓皆大夫簒楚為黃秦為呂唯燕為舊國召公之澤遠矣惠王不用樂毅太子丹乃用荊軻其能國乎若璩按楚為黃者僅幽王悍十年悍卒而猶立是為哀王仍考烈王所親生也秦長安君亦爾惜讀史者不能析別之

老泉謂秦之憂在六國蜀最僻最小最先取楚最彊最後取非其憂在蜀也愚謂取蜀則楚在掌中矣白起所以再戰而燒夷陵也

魯仲連書富比乎陶衛延篤注戰國策云陶朱公子荊王邵云魏冉封陶商君封衛今按商君封於商非封衛也

李文叔書戰國策曰為是說者非難而載是說者為不易得使秦漢而後復有為是說者必無能載之者矣

愚觀董晉之荅回紇語李懷光譚若璩按文苑英華作談忠之

說劉總詞氣雄健有先秦風韓杜二公之筆力足以發之也董晉行狀燕將錄若璩按董晉行狀曰先皇帝時公副李涵使回紇回紇之人來曰唐之復土壃取回紇力焉約我為市馬既入而歸我賄不足我於使人乎取之涵懼不敢對視公公與之言曰我之復土壃爾信有力焉吾非無馬而與爾為市為賜不既多乎爾之馬歲至吾數皮而歸資邊吏請致詰也天子念爾有勞故下詔禁侵犯諸戎畏我大國之爾與也莫敢校焉爾之父子寧而畜馬蕃者非我誰使之於是其衆皆環公拜李懷光反公知其謀與朱泚合也患之造懷光言曰公之功天下無與敵公之過未有聞於人某至上所言公之情上寬明將無不赦宥焉乃能為朱泚臣乎彼為臣而背其君苟得志於公何有且公既為太尉矣彼雖寵公何以加此彼不能事君能以臣事公乎公能事彼而有不能

事君乎彼知天下之怨朝夕戮死者也故求其同罪而與之比公何所利焉公之敵彼有餘力不如明告之絕而起兵襲取之清宮而迎天子庶人服而請罪有司雖有大過猶將拚焉如公則誰敢議語已懷光拜曰天賜公活懷光之命燕將錄曰元和十四年春趙人獻城十二冬誅齊三分其地忠因說總曰凡天地數窮合必離離必合河北與天下相離六十年矣此亦數之窮也必與天下復合且建中時朱泚拇天子狩蠡向李希烈僭于梁王武俊稱趙朱滔稱冀田悅稱魏李納稱齊郡國往往弄兵者抵目而視當此之時可謂危矣然天下卒為無事自元和以來劉闢守蜀棧道劒閣自以為子孫世世之地然甲卒三萬數月見戮李錡橫大江撫石頭全吳之兵不得一戰反束帳下田季安守魏盧從史守潞皆天下之精甲駕趙為騎鼎立相視可為强矣然從史繞壁五十里萬戟自護身如大醉忽在檻車季安兆墳杵未收家為逐客蔡人被重葉之甲闔三石之弦持九尺之刃突前跳後卒如搏鵝一可支百者衆數萬人四歲不北二三可為堅矣然夜半大雪忽失其城齊人經城數千里倚渤海墻太山塹大河精甲數億鈴劒其阮可為安矣然兵折於濼趙首竿於都市此皆君之自見亦非人力所能及蓋上帝神兵下來誅之耳今天子臣謀纖計必畢章於大臣鋪樂張獵未嘗戴星俳倡顛戲之臣顏溫不展縮衣節口以賞戰士此志豈須臾忘於天下哉今國兵騃騃北來趙人已獻城十二助魏破齊惟燕未得一日之勞為子孫壽後世其能帖帖無事乎吾深為君憂之總泣且拜曰今幸枉大教吾心定矣

秦昭王五十一年滅周是歲漢高祖生於豐沛天道之倚伏可畏哉史記昭王五十一年赧王卒皇甫謐曰高祖生　若璩按臣瓚以高帝為漢王

年四十二則生於秦莊襄王四年甲寅是亦秦亡之歲哉

秦莊襄王元年滅東周三年若璩按秦本紀為四年此從六國表始皇立而柏翳之秦亦滅二世元年廢衛君是歲諸侯之起者五國三年而秦亡然則滅人之國乃所以自滅也

秦皇欲以一至萬新莽推三萬六千歲歷紀宋明帝給三百年期其愚一也漢世祖曰日復一日安敢遠期十歲乎真帝王之言哉

魏公子退讓而口不忍獻五城尹翁歸不私而不敢見其邑子是以君子正容以悟之使人之意也消

狙語燔書秦欲愚其民而不能愚陳涉指鹿束蒲高欲愚其君而不能愚子嬰

韋昭洞歷記紂無道比干知極諫必死作秣馬金闕歌古歌尚質必無秣馬金闕之語蓋依託也

賈生過秦曰秦孝公據殽函之固春秋時殽桃林晉地非秦有也若璩按秦孝公亦非春秋時

史記正誤索隱正義史剡通鑑考異古史大事記解題所攷正者皆不著

五帝本紀列黃帝顓辛堯舜謂孔子所告宰予儒者或不傳及春秋國語發明五德繫姓章矣書缺有間乃時見於他說五峰胡氏曰仲尼繫易歷敘制器致用兼濟生民者獨稱犧農黃帝堯舜氏蓋以是為五帝也而顓辛無聞焉太史公所載特形容之虛語爾朱文公曰易大傳孔聖之言八卦文字之祖何故遺而不錄

舜年二十以孝聞年三十堯舉之年五十攝行天子事

年六十一代堯踐帝位踐帝位三十九年書正義曰舜年六十二為天子大禹謨朕宅帝位三十有三載乃求禪禹孟子云舜薦禹於天十七年是在位五十年明矣史記皆謬

夏本紀太康崩弟仲康立仲康崩子相立相崩子少康立左傳正義曰太康失邦及少康紹國尚有百載乃滅有窮本紀不言羿浞之事是遷說之疎若璩按左傳正義與史記索隱正義正同

殷本紀祖乙遷於邢書正義曰鄭玄云祖乙去相居耿而國為水所毀於是修德以禦之不復徙也

小辛立殷復衰百姓思盤庚乃作盤庚三篇與書序違非也

太甲既立三年伊尹放之於桐宮居桐宮三年悔過反善伊尹乃迎而授之政謂太甲歸亳之歲已為即位六年遷說妄也若璩按孟子敘太甲亦兩三年字蓋凡六年而後復歸亳與今孔書異詳尚書古文疏證卷四第六十條

祖已嘉武丁之以祥雉為德立其廟為高宗遂作高宗肜日及訓與書序相違

帝陽甲之時殷衰自中丁以來廢適而更立諸弟子弟子或爭相代立比九世亂皇王大紀曰以其世攷之自沃丁至陽甲立弟者九世中丁之名誤也

太戊為太甲之孫三代表云太戊小甲弟則亦是沃丁弟太甲子書正義謂本紀世表必有一誤

周本紀不窋末年夏氏政亂去稷不務不窋以失其官

而奔戎狄之間周語云不窋自竄于戎狄之間韋昭云不窋去夏而遷于豳詩正義按公劉之篇公劉避亂適豳公劉者不窋之孫若璩按竄戎狄者不窋適豳者公劉乃二事一當太康一當桀也

古公有長子曰大伯次曰虞仲大姜生季歷左傳正義曰如史記之文似王季與大伯別母還言疏繆大伯虞仲辟季歷適荆蠻若有適庶不須相辟知其皆同母也

詩人道西伯蓋受命之年稱王而斷虞芮之訟歐陽公以為妄說五峰胡氏曰詩人言文王受命指其至誠動天得天人之助耳李子思曰以虞芮質成之年為文王興王業之初則可而謂文王於是自稱王則不可朱文公謂武成有惟九年大統未集之說若以在位五十年推之不知九年當從何處數起亦未見史遷全不是歐公全是不若兩存之劉道原曰遷不見古文尚書以文王受命七年而崩孔安國見武成篇故泰誓傳曰周自虞芮質厥成諸侯並附以為受命之年至九年文王卒劉歆三統歷以為九年若璩按九年大統未集出孔書辨見尚書古文疏證卷二第二十六條

武王祭于畢觀兵盟津歐陽公曰伯夷傳又載父死不葬之說皆不可為信程子曰觀兵必無此理今日天命絕則紂是獨夫豈容更待三年林氏曰漢儒以觀政轉為觀兵而為周師再舉之說若璩按觀政亦出孔書辨見同上

武王追思先聖乃褎封神農之後於焦封黃帝之後於薊封帝堯之後於祝封帝舜之後於陳禮記正義曰追思先聖乃封之與樂記未及下車義反當以記為正

襄王母早死後母曰惠后生叔帶左傳曰母弟俱是惠后所生正義曰史記謬也

周召二相行政號曰共和呂成公曰古史案汲冢紀年共伯和干王位故謚共和左傳王子朝告諸侯曰諸侯釋位以間王政宣王有志而後效官推是而言則厲宣之間諸侯有去其位而代王為政者莊子曰共伯得之於丘首

舜封棄於邰號曰后稷詩正義曰稷之功成實在堯世

其封於邰必是堯之封故箋傳皆以為堯本紀以后稷之號亦起舜時其言不可信也

武王伐紂卜龜兆不吉羣公皆懼惟太公強之書正義曰太公六韜云卜戰龜兆焦筮又不吉太公曰枯骨朽蓍不踰人矣彼言不吉者六韜之書後人所作史記又採用六韜好事者妄矜太公非實事也

穆王即位春秋已五十矣立五十五年書正義曰孔傳云穆王即位過四十矣不知出何書遷若在孔後或

當各有所據

秦本紀晉獻公虜虞君與其大夫百里奚以為秦穆公夫人媵於秦百里奚亡秦走宛楚鄙人執之穆公以五羖羊皮贖之范太史曰商鞅傳又載趙良之言曰五羖大夫荊之鄙人也自鬻於秦客被褐食牛期年穆公知之舉之牛口之下而加之百姓之上史記所傳自相矛盾如此朱文公曰按左氏媵秦穆姬者乃井伯非百里奚也若璩按孟子言百里奚先去虞自不至為晉所虜益知井伯者另一人且史載繆公四年乙丑迎婦於晉左則倍五年丙寅以媵秦穆姬亦差一年

賜襄公岐以西之地襄公生文公於是文公遂收周餘民有之地至岐岐以東獻之周詩正義曰鄭氏詩譜言横有周西都宗周畿内八百里之地則是全得西畿與本紀異按終南之山在岐之東南大夫之戒襄公已引終南為喻則襄公亦得岐東非唯自岐以西也如本紀之言文公獻岐東於周則秦之東境終不過岐而春秋之時秦境東至於河明襄公救周即得之矣本紀之言不可信也

呂后本紀夾漈鄭氏曰遷遺惠而紀呂無亦奬盜乎若璩按漢書有惠帝紀帝崩即紀高后不紀兩少帝豈無因

樂書得神馬渥洼水中為太一之歌後代大宛得千里馬為歌中尉汲黯進曰云云丞相公孫弘曰黯誹謗聖制説齋唐氏曰按漢書武帝紀元鼎四年秋馬生渥洼水中作天馬之歌太初四年春貳師將軍廣利斬大宛王首獲汗血馬來作西極天馬之歌而元狩

二年春三月丞相弘薨則先元鼎四年已八年矣汲黯傳渾邪王降之歲汲黯坐法免官隱田園者數年至更立五銖錢復起為淮陽太守居淮陽十歲而卒按武紀昆邪之降在元狩二年而行五銖錢在五年又十歲則元封四年也其去太初四年尚六年則汲黯之卒亦久矣今樂書乃云得大宛馬而作天馬之歌汲黯嘗有言而公孫弘又從而譖之不亦厚誣古人哉況黯在武帝時始為謁者遷滎陽令稱疾歸乃

召為中大夫又出為東海太守又召為主爵都尉又公孫弘請徙為右内史數歲而免官又數歲而起為淮陽太守則未嘗為中尉也假使黯之言在馬生渥注之年則弘之死固已久矣漢書司馬遷傳言史記十篇有録無書而注言樂書亦亡則此非遷之作明矣使遷在當時而乖舛如此不亦繆乎

天官書東宮蒼龍南宮朱鳥西宮咸池北宮玄武吳氏曰蒼龍朱鳥玄武各總其方七宿而言咸池別一星名晉天文志所謂天潢南三星曰咸池魚囿者是已豈所以總西方七宿哉又列參白虎於昴畢之後何其類例之駁也

十二諸侯年表敬王四十一年孔子卒四十三年敬王崩周本紀敬王崩子元王立八年崩子定王立六國年表定王元年左傳盡此左傳正義曰杜世族譜云敬王三十九年魯哀公十四年獲麟之歲也四十二年而敬王崩敬王子元王十年春秋之傳終矣與史

記不同史記世代年月事多舛錯故班固以文多牴牾按世本敬王崩貞王介立貞王崩元王赤立宋忠注引太史公書云元王仁生貞王介與世本不相應不知誰是則宋忠不能定也帝王世紀敬王三十九年春秋經終四十四年敬王崩子貞定王立貞定王崩子元王立是世本與史記參差不同書籍久遠事多紕繆杜違史記亦何怪焉

吳世家以光為諸樊之子僚為夷眛之子左傳正義曰

世本云夷昧及僚夷昧生光服虔云夷昧生光而廢之僚者夷昧之庶兄夷昧卒僚代立故光曰我王嗣也是用公羊為說也杜言光吳子諸樊子用史記為說也班固云遷采世本為史記而今之世本與遷言不同世本多誤不足依馮故杜以史記為正

傳言大伯端委仲雍斷髮史記云二人皆文身斷髮示不可用文身斷髮自辟害耳遠適荆蠻則周人不知其處何以須示不可用也皆遷之謬石林葉氏曰以春秋傳考之斷

髮文身蓋仲雍太伯無與焉　若璩按近益辨論語虞仲亦非仲雍蓋虞仲乃逸民非繼世有土之君也

越王滅吳誅太宰嚭通鑑外紀曰左傳哀二十四年閏月哀公如越季孫懼因太宰嚭而納賂焉在吳亡後二年也嚭入越亦用事安得吳亡即誅哉

宋世家武王克殷微子肉袒面縛左牽羊右把茅書正義曰面縛縛手於後故口銜其璧又安得左牽羊右把茅也

燕世家成王既幼周公攝政當國踐阼召公疑之作君奭書正義曰此篇是致政之後言留輔成王之意其文甚明遷妄為說爾

衛世家莊公娶齊女為夫人而無子又娶陳女為夫人生子早死陳女女娣生完完母死莊公命夫人齊女子之詩正義曰禮諸侯不再娶且莊姜仍在左傳唯言又娶於陳不言為夫人左傳言莊姜以為己子云完母死亦非也

武公殺兄篡國呂成公曰武公在位五十五年國語又稱武公年九十有五猶箴儆于國計其初即位其齒

蓋已四十餘矣使果弒共伯而篡立則共伯見弒之時其齒又加長於武公安得謂之蚤死乎髦者子事父母之飾諸侯既小斂則脫之史記謂釐侯已葬而共伯自殺則是時共伯已脫髦矣詩安得猶謂之髧彼兩髦乎是共伯未嘗有見弒之事武公未嘗有篡弒之惡也若璩按東萊此論亦本之小司馬索隱而援證至為精詳王魯齋猶作駢墻之見者何與

初宣公愛夫人夷姜左傳正義曰烝淫而謂之夫人謬也

鄭桓公世家云宣王庶弟年表云宣王母弟詩正義曰世家年表自乖異

虢鄶果獻十邑桓公竟國之詩正義曰詩譜武公卒取十邑如世家則桓公皆自取十邑馬遷見國語有史伯為桓公謀取十邑之文不知桓身未得故傳會為此說耳外傳云皆子男之國虢鄶為大則八邑各為其國非虢鄶之地無由得獻之桓公也案左傳正義曰鄭語桓公始謀未取之也武公始國非桓公也全滅虢鄶非獻邑也遷之言皆謬　若璩按詩集傳檜下誤亦同馬遷

齊世家胡公始徙都薄姑周夷王之時獻公因徙薄姑都治臨菑詩正義曰詩烝民云仲山甫徂齊傳曰古者諸侯逼隘則王者遷其邑而定其居蓋去薄姑遷於臨菑以為宣王之時始遷臨菑與世家異毛公在遷之前其言當有據

頃公十一年晉初置六卿賞鞌之功頃公朝晉欲尊王晉景公景公不敢當晉世家景公十二年齊頃公如晉欲上尊景公為王景公讓不敢左傳正義曰此時天子雖微諸侯並盛晉文不敢請隧楚莊不敢問鼎又齊弱於晉所較不多豈為一戰而勝便即以王相許準時度勢理必不然齊侯朝于晉將授玉遷之意所以有此說者當讀此傳將授玉以為將授王遂飾成為此謬亂耳

魯世家哀公奔越國人迎哀公復歸卒於有山氏左傳正義曰傳稱國人施罪於有山氏不得復歸而卒於

其家也遷妄耳

齊世家周西伯昌與呂尚陰謀修德以傾商政其事多兵權與奇計故後世之言兵及周之陰權皆宗太公為本謀石林葉氏曰其說蓋出六韜夫太公賢者也其所用王術也其所事聖人也則出處必有義而致君必有道自墨翟以太公於文王為忤合而孫武謂之用間且以嘗為文武將兵故尚權詐者多並緣自見說齊唐氏曰三分有二而猶事商在衆人必以為

失時三后協心而後道洽在常情必以為無功二聖人信之篤守之固至誠惻怛之心寬厚和平之政浹於斯民固結而不可解此豈矯拂而偽為亦出於自然而已彼太史公曾不知此乃曰周西伯昌囚羑里歸與呂尚陰謀修德以傾商政又曰周公聞伯禽報政遲乃歎曰魯後世其北面事齊矣此特戰國變詐之謀後世苟簡之說殆非文王之事周公之言也遷不能辨其是否又從而筆之於書使後人懷欲得之

心務速成之功者藉此以為口實其害豈小哉

晉世家鄂侯郤立六年當魯隱公五年卒子哀侯光立詩正義曰案左傳隱五年曲沃莊伯伐翼翼侯奔隨秋王命虢公伐曲沃而立哀侯于翼六年翼九宗五正頃父之子嘉父逆晉侯于隨納諸鄂晉人謂之鄂侯則哀侯之立鄂侯未卒世家言卒非也

獻公使士蔿盡殺諸公子而城聚都之命曰絳詩正義曰案左傳士蔿使羣公子盡殺游氏之族乃城聚而處之則城聚以處羣公子非晉都也言命聚曰絳非也

天子使王子虎命晉侯為伯周作晉文侯命夾漈鄭氏曰于時去文侯十有五世而誤以文侯為重耳

申生母齊桓女也同母女弟為秦穆夫人夷吾母重耳母女弟也左傳正義曰案傳申生之母本是武公之妾武公末年齊桓始立不得為齊桓女也驪射惠公之舅狐偃文公之舅二母不得為姊妹也皆遷之妄

夢天謂武王曰余命女生子名虞左傳正義曰邑姜方

震而夢明是邑姜夢矣安得以為武王夢也薄姬之夢龍據其心燕姞之夢蘭為巳子彼皆夢發於母此何以夢發於父是遷之妄

陳世家桓公鮑卒弟佗其母蔡女故蔡人為佗殺五父及桓公太子免而立佗是為厲公太子免之三弟長者名躍中曰林少曰杵臼與蔡人共殺厲公而立躍是為利公詩正義曰案左傳桓五年文公子佗殺大子免而代之則是佗自殺免非蔡人為佗殺免也六

年蔡人殺陳佗莊二十二年傳曰陳厲公蔡出也故蔡人殺五父而立之五父與佗一人不得云為佗殺五父也六年殺佗十二年陳侯躍卒則厲公即是躍躍既為厲公則無復利公矣既誤以佗為厲公又妄稱躍為利公世家言佗死而躍立立五月而卒然則躍亦以桓六年卒矣而春秋躍卒在桓十二年非徒五月皆史記之謬左傳正義曰東晳言遷分一人以為兩人以無為有謂此事也若璩按索隱亦辨其誤而此按證尤精

舜居嬀汭其後因姓嬀氏左傳正義曰世本舜姓姚氏虞思猶姓姚也至胡公周乃賜姓為嬀謂胡公之前已姓嬀妄也

楚世家高陽生稱稱生卷章卷章生重黎高辛氏之火正能光融天下帝嚳命曰祝融詩正義曰楚語稱顓頊命南正重司天以屬神命火正黎司地以屬民則黎為火正高陽時也言高辛者以重黎是顓頊命之歷及高辛仍為此職故二文不同也黎實祝融重為南正而楚世家同以重黎為祝融謬也世家又云帝嚳誅重黎而以其弟吳回為重黎後復居火正為祝融鄭語以八姓為黎後者以吳回繫黎之後復居黎職故本之黎也左傳少皞氏有子曰重顓頊氏有子曰黎史記以重黎為一人又言以吳回為重黎皆謬

蚡冒卒弟熊達立是為楚武王左傳正義曰杜注蚡冒楚武王父不從史記劉炫以世家規杜云蚡冒是兄不得為父

莊王即位三年伍舉入諫曰願進隱愚按莊王時有嬖人伍參其子伍舉在康王時康王莊王之孫呂氏春秋審應覽云荊莊王立三年不聽而好讔成公賈入諫曰願與君王讔新序云士慶然則非伍舉也

燕世家孟軻謂齊王曰今伐燕此文武之時不可失也朱文公曰或問勸齊伐燕有諸史記蓋傳聞此說之誤

三代世表稷契皆為帝嚳之子堯亦帝嚳之子左傳正義曰世族譜取史記之說又從而譏之案鯀則舜之

五世從祖父也而及舜共為堯臣堯則舜之三從高祖而妻其女此史記之可疑者

杞世家其殷後則初封武庚於殷墟復以叛而誅之更命微子為殷後詩正義曰書序微子之命是宋為殷後成王始命之樂記武王投殷之後於宋其實武王之時始封於宋未為殷後也成王命為殷後當爵為公地方百里史記以為成王之時始封微子於宋與樂記又乖

管蔡世家武王同母兄弟十人蔡叔周公弟也左傳正義曰僖二十四年傳富辰言文之昭十六國蔡在魯上明以長幼為次賈逵等皆言蔡叔周公兄故杜從之聃季載杜云毛叔聃又不數叔振鐸者杜以振鐸非周公同母故不數之或杜別有所見不以管蔡世家為說（若璩按毛叔鄭見周本紀杜註名聃非）

魏世家三十六年惠王卒左傳後序曰古書紀年篇魏惠王三十六年改元從一年始至十六年而稱惠成王卒即惠王也疑史記誤分惠成之世以為後王年也朱文公曰惠襄哀之年見於竹書明甚史記蓋失其實邵子皇極之書乃從史記而不取竹書（若璩按此余從史記詳孟子生卒年月考）

太史公曰天方令秦平海內其業未成魏雖得阿衡之佐曷益乎史通曰論成敗者當以人事為主必推命而言則其理悖矣（若璩按索隱引譙周語已辨天之亡者由有賢而不用不待史通也）

趙世家趙朔娶晉成公姊為夫人左傳正義曰案傳趙衰適妻是文公之女若朔妻成公之姊則亦文公之女父之從母不可以為妻且文公之卒距此四十六年莊姬此時尚少不得為成公姊賈服先儒皆以為成公之女故杜從之（若璩按衰內子為叔隗文公女則妾）

屠岸賈誅趙氏殺趙朔趙同趙括又云公孫杵臼取他兒代武死程嬰匿武於山中居十五年左傳正義曰欒書將下軍則於時朔已死矣不得與同括俱死也晉君明諸臣強無容有屠岸賈輒廁其閒如此專恣

呂成公曰史記失於傳聞之差是時晉室正盛而云索莊姬子於宮中晉宮中自有紀綱不容如此趙朔已亡而云與同括同時死以二者考之見其誤若璩按事之微信史不若傳傳不若經余嘗以經案此事成公八年大書晉殺其大夫趙同趙括不聞有趙朔蓋朔已前死矣朔死而武生於是年已七歲從母畜公宮無遺腹之說雖妝其田以韓厥言輒反之冠而見卿大夫皆歷歷訓戒無庸有為容匿孤之事趙世家似得諸傳聞其殆莊生鮒魚之辭賈生鵩鳥之對哉

孔子世家王文公曰仲尼之才帝王可也何特公侯哉仲尼之道世天下可也何特世其家哉處之世家仲尼之道不從而大置之列傳仲尼之道不從而小而遷也自亂其例濟水李氏曰欲尊大聖人而反小之其所以稱夫子者識會稽之骨辨墳羊之怪道楛矢之異測桓釐之災斯以為聖而已矣何其陋也皇王大紀曰遷載孔子言行不得其真者尤多

伯夷傳朱文公曰孔子謂求仁得仁又何怨傳但見伯夷滿身是怨致堂胡氏曰叩馬之諫孔氏未嘗及也程子曰史記所載諫詞皆非也武王伐商即位已十一年矣安得父死不葬之語

仲尼弟子傳子貢一出存魯亂齊破吳強晉而霸越通鑑外紀曰戰國之時齊魯交兵者數矣一不被伐安能存哉田氏弱齊一當吳兵安能亂哉吳不備越而亡勝齊安能破哉四卿擅權晉以衰弱修兵休卒安能強哉越從吳伐齊滅吳乃強此安能伯哉十年之中魯齊晉未嘗有變吳越不為是而存亡遷之言華而少實哉

有若狀似孔子共立為師宋景文公曰此鄒魯閭野人語耳觀孟子書則始嘗謀之後弗克舉安有撤坐之論乎

宰予與田常作亂龜山楊氏曰田常為亂於齊齊君蓋弗勝也宰予附田常則誰得而殺之使其為齊君而死則予何罪焉當是時有闞止字子我死於田常之亂是必傳之者誤而為宰我也若璩按洪景盧曰孟子載三子論聖人賢於堯舜等語疑是夫子歿後所談不然師在而各出意見議之無復質正恐非也然則宰我不死於田常更可見矣此處會為尤妙云又按因闞止字子我與宰予字相涉而誤亦索隱之言

孟子列傳梁惠王謀欲攻趙孟軻稱大王去邠葛氏曰於孟子無所見但有對滕文公之語

刺客傳説齋唐氏曰諸侯棄甲兵之讎為盟會之禮乃於登壇之後奮匕首而劫國君賊天下之禮者非沫乎君臣之義有死無隕專諸感公子光之豢養而親刺刃於王僚賊天下之義者非諸乎父母全而生之子全而歸之政纔終老母之年遂殺身以為仲子賊天下之仁者非政乎樊將軍以困窮歸燕丹軻説取

其首以濟入秦之詐賊天下之信者非軻乎以賊禮賊義賊仁賊信之人並列於傳又從而嗟歎其志不亦繆哉豫子以不忘舊君殺身而不悔抗節致忠行出乎列士乃引而寘諸四子之間不亦薰蕕之共器乎

張叔傳未嘗言案人呂成公曰景帝誅鼂錯時丞相青翟中尉嘉廷尉歐劾奏錯之大逆無道錯當要斬父母妻子同產無少長皆棄市廷尉歐即張歐也安得為不案人哉則歐固謹於細而畧於大也若璩按何屺瞻曰此景帝納袁盎之説自示意於丞相等行之非張叔所欲案劾也錯之門誅也冤矣或譏其不能如釋之之守天子法則可耳

商君傳趙良曰五羖大夫相秦六七年而東伐鄭三置晉君呂成公曰秦穆納晉惠在僖九年納晉文在僖二十四年相距十九若璩按九當作六年

司馬相如傳贊揚雄以為勸百而風一江氏溱曰雄後於遷甚从遷得引雄辭何哉蓋後人以漢書贊附益之若璩按此小司馬固言之矣

滑稽傳韓魏處戰國之時而云其君陪楚莊王葬馬史通謂以後為先

貨殖傳子贛廢著鬻財史通曰太史公述儒林則不取游夏之文學著循吏則不言冉季之政事至於貨殖為傳獨以子貢居先成人之美不其缺如

酷吏周陽由傳與汲黯俱為忮司馬安之文惡俱在二千石列同車未嘗敢均茵伏漢書作馮呂成公曰吾觀汲黯廷折公孫弘質張湯揖衛青所謂眼高四海空無

人者也彼周陽由孤豚腐鼠何足以辱同車而反謂黯不敢均茵馮班固之陋至此愚按班史實本於史記自序桀紂失其道而湯武作周失其道而春秋作秦失其政而陳涉發迹夾漈鄭氏曰湯武仗大義平殘賊易謂順天應人烏可與陳涉同日而並議哉

獵儒墨之遺文明禮義之統紀絕惠王利端作孟子荀卿傳鄭氏曰孟子距楊墨荀卿亦非墨子儒墨固異矣豈嘗獵其遺文哉若璩按何屺瞻曰獵儒墨之遺文謂附見於傳諸子也明禮義之統紀謂荀絕惠王利端謂孟夾漈或讀之不詳

仁者有乎義者有取焉作游俠傳鄭氏曰游俠之徒未足為煦煦孑孑之萬一況能當仁義之重名乎

太史公論六家之要指西山真氏曰列儒者於陰陽墨名法道家之間是謂儒者特六家之一爾而不知儒者之道無所不該五家之所長儒者皆有之其短者吾道之所棄也談之學本於黃老故其論如此

封禪書皇王大紀曰自史遷載管仲言上古封禪之君七十有二後世人主希慕之以為太平盛典然登不徧於四岳封非十有二山入懷宴安不行五載一巡守之制出崇泰侈無納言計功行賞之實鐫文告成明示得意而非所以教諸侯德也泥金檢玉遂其侈心而非所以教諸侯禮也心與天道相反事與聖人相悖故太平之典方舉而天災人禍隨至者多矣梁許懋曰燧人之前世質民淳安得泥金檢玉結繩而治安得鐫文告成是故攷舜典可以知後世封禪之失稽懋言可以知史遷著書之謬

魯世家開金縢書呂子進曰考之於書啟金縢之書在周公未薨前而無揃蚤事此蓋一事傳之者不同耳揃元板作揃

張釋之傳事孝文帝十歲不得調張廷尉事景帝歲餘為淮南王相洪氏曰漢百官公卿表文帝即位三年釋之為廷尉至十年書廷尉昌廷尉嘉又二人凡歷十三年景帝乃立而張歐為廷尉則是釋之未嘗十

年不調及未嘗以廷尉事景帝也

匈奴傳夏道衰公劉變于西戎其後三百有餘歲戎狄攻大王亶父王氏（逵）曰自后稷三傳而得公劉自亶父三傳而武王滅商則公劉在夏之中衰而亶父宜在商之季世不啻五六百年而曰三百歲未知何所據

秦穆公得由余西戎服於秦後百有餘年晉悼公使魏絳和戎翟以左氏考之魯文公三年秦始霸西戎（史記差一年）襄公四年晉魏絳和戎裁五十餘歲（若璩按魏絳和者北戎非西戎也王氏未及辨）

田敬仲世家齊人歌之曰嫗乎采芑歸乎田成子史通曰田常見存而遽呼以謚此之不實昭然可見（蘇氏曰田常之時安知其為成子而稱之）

周本紀秦取九鼎寳器而遷西周君於憚狐秦始皇本紀還過彭城齋戒禱祠欲出周鼎泗水使千人没水求之弗得涑水李氏曰是時泗水在彭城宋之分九鼎何緣而至宋夫取九鼎者秦昭襄王也始皇乃莊襄之子也世數年歲相去不遠始皇東遊過彭城於泗水欲出周鼎竟不得兩説牴牾如此

宋世家襄公之時其大夫正考父美之故追道契湯高宗殷所以興作商頌曹氏曰自戴公至襄公凡一百五十有一年正考甫既佐戴公而能至于襄公之時作頌何其壽耶朱子曰太史公蓋本韓詩之説頌皆天子之事非宋所有其辭古奥亦不類周世之文

殷本紀曰微子數諫紂不聽乃與太師少師謀遂去比干强諫而死箕子佯狂為奴而後太師少師挾其祭樂器以奔于周武王乘此東伐劉氏（度）曰以書考之太師即箕子也少師即比干也（若璩按周本紀明著太師名疵少師名彊皆伶官）若已殺比干囚箕子則所謂太師少師奔周者又何人也宋世家曰箕子不忍彰君之惡乃佯狂為奴比干見箕子諫不聽乃直諫而死微子曰義可以去矣於是太師勸微子遂行及武王伐商微子遂持其祭器造于軍門肉袒面縛以降于周今以論語考

之微子則先去箕子奴次之比干死又次之聖人之言固有次第且微子已行矣則武王伐商之際何反歸于國以自取面縛之辱也蔡氏沈曰按左傳微子適周乃在克商之後所謂去者特去其位而逃遯於外耳

伯夷傳天道無親常與善人若伯夷者可謂善人非邪程子曰天道甚大安可以一人之故妄意窺測如曰顏何為而夭跖何為而壽皆指一人計較天理非知

天也

秦廢太后逐穰侯朱文公曰經世書只言秦奪太后權蓋實不曾廢若璩按戰國策亦是廢

孔子世家匡人拘孔子益急孔子使從者為甯武子臣於衛然後得去致堂胡氏曰穆公末武子之子相已與孫良夫將兵侵齊武子非老則卒矣穆公卒歷定公獻公若璩按甯氏滅於獻公手凡三十七年至靈公三十八年而孔子來使有兩武子則可若猶俞也其年當百有五六十矣何子長之疎也

三年不蜚不鳴楚世家謂伍舉進隱於莊王滑稽傳謂淳于髡說齊威王此一事而兩見然莊王時嬖人伍參見左氏傳舉其子也新序以為士慶呂氏春秋以為成公賈不言伍舉

困學紀聞卷十一

欽定四庫全書

子部

困學紀聞卷十二三

詳校官中書臣張經田

員外郎臣牛稔文覆勘

總校官降調編修臣倉聖脈

校對官主事臣陳墉

謄錄監生臣馮萬程

欽定四庫全書

困學紀聞卷十二

宋 王應麟 撰

考史

三皇之書伏羲有易神農有本草黃帝有素問易以卜筮存本草素問以方技存其天乎新安王晦叔云程子曰素問必出於戰國之末

三皇象春五帝象夏三王象秋五伯象冬見于王莽傳

蓋古之遺言也與邵子觀物同

司馬公詩曰虞舜在倦勤薦禹為天子豈有復南巡迢迢度湘水張文潛詩曰重瞳陟方時二妃蓋老人安肯泣路旁洒淚留叢筠二詩可以袪千載之惑

天官書云熟五斗米頃李商隱李賀小傳如炊五斗黍許時本於此

趙使樂乘代廉頗頗怒攻樂乘使趙葱顏聚代李牧牧不受命此非為將之法頗牧特戰國之將爾易之師

曰行險而順（若璩按樂毅使有賢將之風）

太史公傳周陽由云與汲黯俱為忮黯之正直所謂仁者有勇剛毅近仁者也謂之忮可乎周陽由蝮鷙之靡爾其可以與黯並言乎汲鄭同傳猶不可而以由與黯俱是鸞梟接翼也

賈生弔屈原曰謂跖蹻廉注楚之大盜曰莊蹻韓非子楚莊王欲伐越杜子諫曰莊蹻為盜於境內而吏不能禁此政之亂也蹻蓋在莊王時漢西南夷傳莊蹻

者楚莊王苗裔也以其衆王滇此又一莊蹻也名氏與盜同何哉

淮南人間訓曰秦皇利越之犀角象齒翡翠珠璣乃使尉屠睢發卒五十萬為五軍一軍塞鐔城之嶺一軍守九嶷之塞一軍處番禺之都一軍守南野之界一軍結餘干之水三年不解甲弛弩使監祿轉餉又以卒鑿渠而通糧道以與越人戰殺西嘔君譯吁宋而越人皆入叢薄中與禽獸處莫肯為秦虜置桀駿以為將而夜攻秦人大破之殺尉屠睢伏尸流血數十萬乃發適戍以備之於是陳勝起於大澤秦擊越之事詳見於此大事記在始皇三十三年解題不引鴻烈書錄此以補遺（淮南王諫伐閩越其言略同）

太史公述楚漢春秋其不載於書者正義云項羽歌美人和之楚漢春秋云歌曰漢兵已略地四面楚歌聲大王意氣盡賤妾何聊生是時已為五言矣五言始於五子之歌行露

楚漢春秋曰高帝初封侯者皆賜丹書鐵券曰使黃河如帶太山如礪漢有宗廟爾無絕世（下二句不同）

又曰惠帝崩呂太后欲為高墳使從未央宮而見之諸將諫不許東陽侯垂泣曰陛下見惠帝冢悲哀流涕無已是傷生也臣竊哀之太后乃止東陽侯張相如也又曰下蔡亭長詈淮南王曰封汝爵為千乘東南盡日所出尚未足黔徒羣盜所邪而反何也（謂英布史漢不載）

漢大啓九國燕代齊趙梁楚荊吳淮南淮陽皆同姓也

長沙異姓不與焉漢表削淮陽而列長沙當從史記

斷而敢行鬼神避之見末而知本觀指而覩歸秋霜降者草花落水搖動者萬物作此戰國諸子之言而趙高誦之爾高非能為此言也

樂書作十九章索隱云安世房中樂令竝之漢志安世房中歌十七章郊祀歌十九章索隱誤

御覽載淳于髡十酒說曰羅襦排門翠笄窕牖蓋好事者因滑稽傳而廣之非戰國時語也

鄒陽書齊用越人蒙漢書云越人子臧其事未詳

李斯傳注辯士隱姓名遺秦將章邯書曰云云此書在善文中隋志善文五十卷杜預撰

滑稽傳齊使淳于髡獻鵠於楚說苑云魏文侯使舍人毋擇獻鵠於齊魯連子云展無所為魯君使遺齊君鴻韓詩外傳云齊使使獻鴻於楚其事皆同而四書所載異

項羽紀說者曰人言楚人沐猴而冠耳法言以為蔡生漢書以為韓生

漢高祖起布衣滅秦楚自後世處之必夸大功業以為軼堯舜駕湯武矣其赦令曰兵不得休八年萬民與苦甚今天下事畢其赦天下殊死以下言甚簡而無自矜之意此所以詒厥子孫享四百年之祚歟

升菴集·小司馬索隱注誤

〔明〕楊慎

文淵閣四庫全書本

小司馬索隱注誤

司馬遷既論商鞅刻薄少恩，又讀鞅開塞書，謂與其行事相類，卒受惡名有以也。索隱曰：開謂刑嚴峻則政化開，塞謂布恩惠則政化塞。今考其書，司馬承禎蓋未嘗見之，妄為之說耳。開塞乃其第七篇，謂道塞久矣，今欲開之，必刑九而賞一。刑用於將過則大邪不生，賞施於告姦則細過不失。由是觀之，鞅之術無他，獨恃告訐而止耳，故其治不告姦與降敵同罰，告姦者與殺敵同賞，此秦俗所以日壞，至於父子相夷，而鞅不能自脫也。太史之言信不誣乎！